陕西社科精品文库

炎 黄 学

霍彦儒 著

西北大学出版社

·西安·

图书在版编目(CIP)数据

炎黄学 / 霍彦儒著. —西安:西北大学出版社,2022.12

ISBN 978-7-5604-5093-3

Ⅰ.①炎… Ⅱ.①霍… Ⅲ.①中华文化—研究 Ⅳ.①K203

中国版本图书馆 CIP 数据核字(2022)第 257235 号

炎 黄 学
YAN HUANG XUE　霍彦儒　著

出版发行	西北大学出版社
地　　址	西安市太白北路 229 号　　邮　编　710069
网　　址	http://nwupress.nwu.edu.cn　　E – mail　xdpress@nwu.edu.cn
电　　话	029-88303059
经　　销	全国新华书店
印　　装	陕西隆昌印刷有限公司
开　　本	787 毫米×1092 毫米　1/16
印　　张	29.5
字　　数	496 千字
版　　次	2022 年 12 月第 1 版　2022 年 12 月第 1 次印刷
书　　号	ISBN 978-7-5604-5093-3
定　　价	128.00 元

如有印装质量问题,请与本社联系调换,电话 029-88302966。

《陕西社科精品文库》编委会

主　　任　甘　晖　郭建树
副 主 任　高红霞　张　雄　苗锐军
执行主任　张　雄
委　　员（按姓氏笔画排序）
　　　　　　马　来　杜　牧　张金高　张蓬勃
　　　　　　陈建伟　周晓霞　赵建斌　祝志明
　　　　　　桂方海　惠克明　翟金荣

序

王震中

霍彦儒先生大作《炎黄学》即将面世,遵嘱作序,我深感欣慰。一是感到从炎黄文化走向炎黄学,符合"新文科"发展的时代需求;二是感到建设炎黄学需要学者们多方面的努力,霍先生的《炎黄学》是一力作;三是感到《炎黄学》问世也是霍先生对自己几十年从事炎黄文化研究的一个总结和升华。

说到炎黄学学科建设,就会使我们想到提出建立炎黄学的事情和信阳师范学院于2017年12月成立炎黄学研究院的事情。

提出建立炎黄学学科前后有过两个阶段。第一个阶段是霍彦儒先生于2007年4月初在西安召开的一次"黄帝与中华文化"学术研讨会上提出"炎黄学"这样一个概念(参见霍彦儒《炎黄认同与中华民族的形成和发展》,朱恪孝、谢阳举主编《黄帝与中华文化学术研讨会论文集》,西北大学出版社2008年版,第199页);随后于2010年6月,中华炎黄文化研究会和陕西黄帝陵基金会、湖南炎帝陵基金会在北京联合举办了主题为"新时期炎黄文化研究的回顾与思考"的学术研讨会,在向大会提交的论文《新时期以来炎帝与炎帝文化研究扫描》一文中,他又一次提出了建立"炎黄学"学科的建议,并在大会发言中,对建立"炎黄学"学科的意义做了说明[参见霍彦儒《新时期以来炎帝与炎帝文化研究扫描》,中华文化的传承与创新论坛组委会学术组编:《新时期炎黄文化研究的回顾与思考学术研讨会论文集》2010年(内部),第64页]。在此次会议上,还有一位陕西学者也提出了建立"炎黄学"学科的议题[参见李养民《炎黄文化研究的哲学思考》,中华文化的传承与创新论坛组委会学术组编《新时期炎黄文化研究的回顾与思考学术研讨会论文集》2010年(内部),第79页]。这是关于炎黄学概念的提出。这时霍先生所说的"炎黄学"只是学问之学,还没有涉及"学科化"的议题。

第二个阶段是与信阳师范学院2017年12月成立炎黄学研究院联系在一起的。2017年12月23日,在河南省委原书记、中华炎黄文化研究会首席顾问徐光春先生的支持下,在时任信阳师范学院党委书记宋争辉、校长李俊等领导的主导下,信阳师范学院在北京召开了"炎黄学学科建设暨信阳师范学院炎黄学研究院成立大会",在全国率先成立了炎黄学研究院,旨在推动以炎黄学为代表的国学学科化进程。信阳师范学院在成立了炎黄学研究院之后,从第二年开始,即从2018年9月新学年开始,以大学本科二、三年级必修课的方式开设了"炎黄学公开课",并着手编写《炎黄学概论》,《炎黄学概论》还被确立为2018年度国家社科基金特别委托项目。《炎黄学概论》分"学术版"和"教材版"两种,由李俊和王震中主编的学术版《炎黄学概论》,于2021年由人民出版社出版;教材版的《炎黄学概论》初稿已成,正在加工完善之中。正如我们在《炎黄学概论》的"绪论"中所说的那样,信阳师范学院炎黄学研究院建设的"炎黄学"是"学问"之"学"与"学科"之"学"的结合;这种"把传统文化学科化的做法,使教与学、教与研有机统一,使炎黄文化研究真正进入高等教育课程体系,迈开了把传统文化从'学问'之学转为'学科'之学的坚实步伐,推动了以炎黄学为代表的国学学科化进程"。信阳师范学院炎黄学研究院成立之后,霍彦儒先生是该院特聘研究员,参与到了炎黄学学科建设的队伍之中,并承担《炎黄学概论》两章的写作,为炎黄文化和中华传统文化的研究和弘扬贡献了自己的力量。现在,信阳师范学院炎黄学研究院在李俊校长的直接领导下,已建成河南省特色优势学科,继《炎黄学概论》出版之后,正在组织撰写一套颇具特色的"炎黄文化研究丛书",使得以炎黄学为代表的中华优秀传统文化的学科化建设又上一新的台阶,行进在全国高校的前列。

设立炎黄学、让炎黄文化走向学科化的举措,是重要的、必要的,也适逢其时。就其重要性和必要性而言,正像我们在《炎黄学概论·绪论》中所指出的那样:

> 炎黄文化研究是取得了很大的成绩,但也存在一些结构性问题。目前,在全国范围内,炎黄文化研究可以划分为三个层次、三种类型:一是对部分资料的整理,例如,由中华炎黄文化研究会两位原副会长李学勤、张岂之主编的八卷本《炎黄汇典》;二是各个大学和科研机构的教授、学者以及地方上的研究人员进行的带有学术性的研究;三是被称为"民科"的民间文化人的研究。上述第一类属于资料性的基础工作。第二类中虽然说多数是带有学术性的,但这些研究,科研与教学脱节,科研成果不能及时转化为教学内容;各地的研究是散点式的,缺乏总体规划,很多成果无法得到系统性的总结,无法将不同成果内在地联系成一个整体。

> 多年来,上述这些问题属于结构性的,它们在炎黄文化研究的旧有的模

式与框架下只是反复出现,不断重演,而没有很好地解决。这一问题要求我们,要从结构这一层面寻找解决问题的办法。现在我们找到了让以炎黄学为龙头的国学进校园,在大学创建炎黄学学科的方式来解决这一问题。也就是说,只有通过炎黄学学科的建设,以学科为依托,通过学科平台,这些顽症才能得到解决。这是创立炎黄学的一个重要意义与价值所在。

炎黄学学科建设的另一重要意义在于把文化自信、文化自觉建立在文化自知的基础上。习近平总书记在党的十九大报告中强调了"文化自信",并指出"没有高度的文化自信,没有文化的繁荣昌盛,就没有中华民族伟大复兴""中国特色社会主义文化,源自中华民族五千多年文明历史所孕育的中华优秀传统文化"(习近平:《决胜全面建成小康社会 夺取新时代中国特色社会主义伟大胜利——在中国共产党第十九次代表大会上的报告》,人民出版社2017年版,第41页)。我们知道,文化自信的基础是文化自知。炎黄学学科建设,对于我们全面、深刻地认识中国自远古而来的文化特质,是一项基础性的建设,也就是说,炎黄学学科建设有利于我们把炎黄与中华民族的关系、炎黄精神与中华精神的关系、炎黄文化与中华文化的关系讲清说透,从而在对中华传统文化的自我认识的基础上,来达到文化自信和文化自觉。

诚然,在由"文化自知"而达到"文化自信"和"文化自觉"这一点上,以往的炎黄文化研究也有近似的作用,然而它远不如炎黄学这种方式更有意义。炎黄学与炎黄文化研究这两种方式,在培养和增强文化自信、自觉上,最主要的区别就在于:炎黄学是把我们对炎黄文化的自我认识,放在科学的、系统的学理基础之上,来进行学术建树、学科建设和文化弘扬的。所以,炎黄学凸显了炎黄文化研究的科学性和系统性。只有在科学性和系统性基础之上,才能实现从"文化自知"走向"文化自信"和"文化自觉"。这也是我们把炎黄文化研究提升为炎黄学的另一价值所在。

我们说的适逢其时,是说炎黄学走向学科化建设有时代契机。党的十八大以来,以习近平同志为核心的党中央高度重视文化自信。2014年,习近平总书记《在文艺工作座谈会上的讲话》中说:"中华优秀传统文化是中华民族的精神命脉,是涵养社会主义核心价值观的重要源泉,也是我们在世界文化激荡中站稳脚跟的坚实根基。"(《人民日报》2015年10月15日)2015年2月,习近平总书记在陕西考察时讲话说:

"黄帝陵是中华文明的精神标识,轩辕黄帝陵文化积淀十分深厚,对历史文化要注意发掘和利用,溯到源,找到根,寻到魂。"(陕西省公祭黄帝陵工作委员会办公室编:《黄帝陵是中华文明的精神标识学术交流会论文选集》,陕西人民出版社2016年版) 2019年,习近平总书记《在全国民族团结进步表彰大会上的讲话》中说:"我们悠久的历史是各民族共同书写的。早在先秦时期,我国就逐渐形成了以炎黄华夏为凝聚核心、'五方之民'共天下的交融格局。"(《人民日报》2019年9月28日)党的十九大报告中,习近平总书记讲到"实现中华文化的创造性转化和创新性发展"。在党的二十大报告中,习总书记在讲到"推进文化自信自强,铸就社会主义文化新辉煌"时说,要"发展面向现代化、面向世界、面向未来的,民族的科学的大众的社会主义文化",要"坚持创造性转化、创新性发展"。2017年1月,中共中央办公厅和国务院办公厅印发了《关于实施中华优秀传统文化传承发展工程意见》,提出"要坚持中华优秀传统文化的创造性转化和创新性发展",要"推动高校开设中华优秀传统文化必修课……公开课"等。显然,习近平总书记的一系列重要讲话、十九大报告、二十大报告和两办印发的《关于实施中华优秀传统文化传承发展工程意见》可以说是包括炎黄学在内的国学学科化与进校园的集结号和动员令,它成为炎黄学走向学科化建设的时代契机。

在这样可喜的形势下,霍彦儒先生完成了他的《炎黄学》的写作。在书中,霍先生满怀热情地阐述了炎黄学学科研究的设想、内容与方法,并把炎黄学的研究对象分为三个层面:第一个层面是对炎黄学涉及的所有史料进行搜集、整理、排比和鉴别,既包括地上的文献资料、民间传说,也包括地下的考古学资料。第二个层面是在对各种资料梳理的基础上,进行炎黄学学科体系的理论思考、研究和建设。第三个层面是结合时代之需要,进行炎黄文化的"转化"和"发展",使蕴含其中的价值观念、道德规范、治国智慧为今天的现实服务。我认为这样的划分是科学合理的。

为此,霍先生设想当前和今后一个时期应开展以下几方面工作:一是建立"两个中心",即研究中心和资料中心;二是建立"两支队伍",即专业研究队伍和业余研究队伍;三是搭建"两座平台",即社会普及炎黄文化平台和大、中学校普及炎黄文化平台。

对此,我认为非常好,也是可行的。事实上,近年来我们也是这样做的。霍先生非常清晰地做了如上的概括,展现了一个炎黄学研究老兵的智慧,体现了优秀的炎黄儿女的事业追求。

我们把炎黄文化分为"广义"与"狭义"两种。狭义的炎黄文化是指炎黄二帝及其时代所创造的文化;广义的炎黄文化是既包括炎黄时代亦包括炎黄子孙所创造的文化,这样就等同于中华传统文化。通观《炎黄学》全书,前八章是站在狭义的炎黄文化的角度写的,后五章是站在广义的炎黄文化的角度写的。前八章是:第一章"炎黄与炎黄族的起源、时代和生态环境",第二章"炎黄二帝的生葬传说",第三章"炎黄二帝的称谓、族姓和形象诸问题",第四章"炎黄二帝的谱系传说",第五章"炎黄与'三皇五帝'暨司马迁'五帝观'",第六章"炎黄与炎黄族的迁徙",第七章"炎黄时代与中华文明之起源(上)",第八章"炎黄时代与中华文明之起源(下)"。后五章是:第九章"炎黄文化与中国传统文化之肇端",第十章"炎黄二帝与中华民族共同体之形成",第十一章"炎黄精神及其当代价值",第十二章"炎黄祭祀与历史现实意义",第十三章"炎黄与炎黄文化研究概述"。在这十三章中特别是前八章中,霍先生在充分叙述前人研究或各种学术观点的基础上,展开了自己的研究,也汇聚了自己以往的研究成果。我认为这样做是可取的:既尊重了别人的研究成果,又阐述和论证了自己的学术观点,并能自洽、形成自己的学术体系。这是著书立说最基本的要求。我对霍彦儒先生在炎黄学研究上所取得的成果、对炎黄学学科建设所做的努力、对炎黄文化和炎黄学的情怀,深表敬佩,并以此为序。

王震中,现为全国政协委员,中国社会科学院学部委员,中国社会科学院历史学部副主任,中国殷商文化学会会长,信阳师范学院炎黄学研究院学术委员会主任

目 录

序 ·· 王震中(1)

导 言 ·· (1)
 一、"炎黄学"学科概念的提出与思考 ································ (1)
 二、"炎黄学"学科的界定和特点 ···································· (5)
 三、开展"炎黄学"学科研究的思路、内容与方法 ···················· (7)
 四、开展"炎黄学"学科研究的意义 ·································· (11)
 五、开展"炎黄学"学科研究的初步设想 ······························ (13)
 六、本书框架设计 ·· (15)

第一章 炎黄与炎黄族的起源、时代和生态环境 ······················ (16)
 第一节 炎黄与炎黄族的起源地 ···································· (16)
 第二节 炎黄时代的断限与社会基本特征 ···························· (42)
 第三节 炎黄与炎黄族起源地的生态环境 ···························· (57)

第二章 炎黄二帝的生葬传说 ·· (62)
 第一节 炎黄二帝的降生 ·· (62)
 第二节 炎黄二帝的葬地 ·· (66)

第三章 炎黄二帝的称谓、族姓和形象诸问题 ························ (72)
 第一节 炎黄二帝的称谓与尊号 ···································· (72)
 第二节 炎黄二帝的族姓与图腾 ···································· (95)
 第三节 炎黄二帝的人神多元形象与成因 ···························· (103)

I

第四章　炎黄二帝的世系传说 ……………………………………………… (111)
第一节　炎黄二帝的父族与母族 ………………………………………… (111)
第二节　炎黄二帝的妻妃族与子女族 …………………………………… (116)
第三节　炎黄二帝的裔孙裔族 …………………………………………… (129)

第五章　炎黄与"三皇五帝"暨司马迁"五帝观" ……………………… (166)
第一节　炎黄与"三皇五帝"诸说 ……………………………………… (166)
第二节　司马迁"五帝观"与其历史现实意义 ………………………… (172)

第六章　炎黄与炎黄族的迁徙 …………………………………………… (181)
第一节　炎帝与炎帝族的迁徙 …………………………………………… (181)
第二节　黄帝与黄帝族的迁徙 …………………………………………… (198)

第七章　炎黄时代与中华文明之起源(上) …………………………… (211)
第一节　炎帝与炎帝时代的物质文明创造 ……………………………… (212)
第二节　黄帝与黄帝时代的物质文明创造 ……………………………… (232)

第八章　炎黄时代与中华文明之起源(下) …………………………… (246)
第一节　炎帝与炎帝时代的精神文明创造 ……………………………… (246)
第二节　黄帝与黄帝时代的精神文明创造 ……………………………… (256)

第九章　炎黄文化与中国传统文化之肇端 ……………………………… (273)
第一节　炎黄文化与儒家思想 …………………………………………… (273)
第二节　炎黄文化与墨家思想 …………………………………………… (277)
第三节　炎黄文化与道家思想 …………………………………………… (280)
第四节　炎黄文化与法家思想 …………………………………………… (284)
第五节　炎黄文化与兵家思想 …………………………………………… (286)

第十章　炎黄二帝与中华民族共同体之形成 …………………………… (290)
第一节　炎黄二帝与华夏族 ……………………………………………… (290)

第二节　炎黄二帝与"四夷"族 …………………………………（304）
　　第三节　炎黄二帝与中华姓氏 …………………………………（317）
　　第四节　炎黄二帝与中华龙文化 ………………………………（330）
　　第五节　炎黄二帝与中华民族凝聚力 …………………………（338）

第十一章　炎黄精神及其当代价值 ………………………………（350）
　　第一节　炎黄精神的深厚内涵 …………………………………（350）
　　第二节　炎黄精神的当代价值 …………………………………（358）

第十二章　炎黄祭祀与历史现实意义 ……………………………（364）
　　第一节　古代炎黄祭祀 …………………………………………（364）
　　第二节　现代炎黄祭祀 …………………………………………（386）
　　第三节　炎黄祭祀的历史现实意义 ……………………………（397）
　　第四节　升格炎黄"国祭"与申请"世遗" ……………………（404）

第十三章　炎黄与炎黄文化研究概述 ……………………………（407）
　　第一节　古代炎黄与炎黄文化研究 ……………………………（407）
　　第二节　现代炎黄与炎黄文化研究 ……………………………（414）

主要参考文献 …………………………………………………………（446）
后　记 …………………………………………………………………（453）

导　言

在中国传统文化研究中,炎黄与炎黄文化是绕不过去的话题,并以其特殊的地位,自20世纪80年代以来,愈来愈受到学界和社会各界的广泛关注和重视,其研究时间之长,涉及内容之广,参加人数之多,研讨会规模之大、层次之高,是前所未有的。虽则经过30多年的研究,取得了一系列成果,但学者们越来越感到仅仅从文化的层面进行研究,已经不能适应新时代的要求,学术上也很难再取得新的突破,获得社会的广泛认同。所以,必须另辟蹊径,将炎黄和炎黄文化的研究纳入"学科"的建设范畴,提升到"学科"的层面,即由"学问之学"上升为"学科之学"。于是,笔者欲建立"炎黄学"学科的想法便应运而生。

一、"炎黄学"学科概念的提出与思考

笔者提出"炎黄学"始于2007年4月初,在西安召开的一次"黄帝与中华文化"学术研讨会上[①]。随后于2010年6月,中华炎黄文化研究会和陕西黄帝陵基金会、湖南炎帝陵基金会在北京联合举办了主题为"新时期炎黄文化研究的回顾与思考"的学术研讨会。在这次会上,笔者在向大会提交的《新时期以来炎帝与炎帝文化研究扫描》论文中,又一次提出建立"炎黄学"学科的建议,并在大会发言中,对建立"炎黄学"学科的意义及有关问题做了说明[②](在此会上,有位陕西学者也提出建立"炎黄学"学科的构想[③])。此建议得到与会专家学者的响应。会后,时任中华炎黄文化研究会常务

---

① 霍彦儒:《炎黄认同与中华民族的形成和发展》,朱恪孝、谢阳举主编:《黄帝与中华文化学术研讨会论文集》,西北大学出版社2008年版,第199页。
② 参见霍彦儒:《新时期以来炎帝与炎帝文化研究扫描》,中华文化的传承与创新论坛组委会学术组:《新时期炎黄文化研究的回顾与思考学术研讨会论文集》,2010年(内部),第64页。
③ 参见李养民:《炎黄文化研究的哲学思考》,中华文化的传承与创新论坛组委会学术组:《新时期炎黄文化研究的回顾与思考学术研讨会论文集》,2010年(内部),第79页。

副会长、国家文物局原局长张文彬交给我一项任务,让我们宝鸡炎帝研究会(今改名为宝鸡炎帝与周秦文化研究会)拟定炎黄文化十年研究规划,开始"炎黄学"研究的准备工作。我于当年8月初拟出初稿,正准备在西安召开座谈会讨论时,天有不测风云,张会长因劳累过度而患病住院,座谈会也就随之搁置下来。随后,我对初稿进行了修改,以《炎黄学论纲》为题,发表在2012年出版的《炎黄文化研究》(总)第14辑上。在这篇论文里,从"炎黄学"学科定义、研究基础、研究成果、研究领域、研究特点、研究价值、学科建设、未来发展等八个方面对"炎黄学"学科建设做了论述。认为"建立'炎黄学'的目的,是将炎黄文化的研究提升为学科研究的高度,构建系统、完整和科学的炎黄文化研究理论体系"。随后,我在完成国家一项重大委托项目《中国节日志》子课题《祭炎帝》和地方课题《炎帝故里——华夏先祖的诞生之地》两本著作的出版之后,于2015年6月开始做准备,于年底进入《炎黄学》一书的撰写。

当时,提出建立"炎黄学"学科是基于以下五个方面的思考:

一是大量存在的古史传说。中国古史传说有两种类型:一种是记载于历史文献中的;一种是口耳相传的,即所谓的民间传说。对于上古来说,传说又包含两种成分,即古史传说和神话传说。我们这里所讲的传说是指古史传说。在历代文献中,有关炎黄二帝的记载虽则不少,但不像历史时期的人物那样,其事迹文字记载完整、系统,而是依据人们口耳相传追记、整理而成的。因而,真伪混杂、抵牾错讹,且零星地散见于浩如烟海的古籍之中。尽管如此,在历代尤其是先秦文献中,还是多有涉及炎黄二帝的只言片语。据不完全统计,经书类有10余种,史籍类有近60种,诸子类有50余种,志、铭、碑等类就更多了。这仅仅是我们目前所能看到的,而未看到的不知还有多少,尤其是珍藏在地下而未出土的简帛等方面的文献。其中秦汉以前的史书和诸子书中,如《逸周书》《左传》《国语》《周易》《竹书纪年》《礼记》《庄子》《世本》《山海经》《吕氏春秋》《淮南子》《史记》《汉书》等重要古籍中均有记载,①保留了比较丰富的资料。这为我们今人研究炎黄二帝与炎黄文化提供了第一手珍贵史料。再说,代代相传的民间传说也属于历史传说的范畴。固然民间传说有许多不科学的地方,有许多粗率、虚妄、神话、仙话的成分,虽不能完全认为是信史,但也不能采取虚无主义态度,认为是无中生有,予以完全否定。我们说,从某种意义上讲,它们也属于人类历史,蕴

---

① 分别参见陕西省地方志编纂委员会(霍彦儒主编):《陕西省志·炎帝志》,三秦出版社2009年版,第529—629页;陕西省地方志编纂委员会(何炳武、刘宝才主编):《陕西省志·黄帝陵志》,陕西人民出版社2005年版,第332—476页。

藏着史话。所以,不管是文献中的古史传说,还是口头上的古史传说,"学术框架的建立往往离不开这些传说历史资料"①。对于这些"传说历史",我们应当科学地、全面地加以分析和利用,也同样给以足够的重视。在这些传说中,只要我们多用些去粗取精、去伪存真的功夫,就可以从中"披沙拣金",探寻到一些有价值的信息。由于有这些信息,我们对远古以来人类发展的历史,才可能有真实、本质的了解和认识。这也正是传说的价值和意义所在。林剑鸣曾引用赫胥黎的话说:"古代的传说如用现代严密的科学方法去检验,大都像梦一样的消逝了,但奇怪的是,这种像梦一样的传说往往是一个半醒半睡的梦,预示着真实。"接着他又说:"像神农氏这样久远、古老的传说背后,一定隐藏、蕴含着远古时代大量的、真实的历史,关键是如何用'现代严密的科学方法'将它们揭示出来,使人们通过这些神奇、动人的传说,加深对中国历史的认识,发挥神话、传说对研究历史的作用。"②

二是丰富的考古学文化。研究成果表明,学术界大多认为炎黄时代(炎黄二帝的鼎盛时期)约与新石器仰韶文化(距今7000—5000年)相始终。而这一时期的考古学文化,从遗址和遗存器物来看,不仅发现的数量最多,而且各时段考古资料最为系统和完备。从考古学文化的分布地域来看,黄河中游地区是仰韶文化及龙山文化分布最为密集的地区。这里仅以仰韶文化为例:从1983年陕西、甘肃、河南、山西、河北、内蒙古、宁夏、青海、湖北等九省区文物普查数字来看,仰韶文化的遗址有5000多处,已试掘或发掘的仰韶文化遗址共计约有200处。从1949年至2000年,发掘面积总计近20万平方米,获得很多重要发现。据不完全统计,已发现房屋1400多座,窖穴和灰坑7350多个,灶坑145个,陶窑112座,壕沟62条,土坑墓3200多座,城址1处,其他发现的还有瓮棺葬、圈栏、道路、制陶作坊、石器制造场、祭祀坑等。生产工具、生活用具及装饰品等各类文物6.7万多件。③ 重要的考古学文化遗址有半坡遗址、庙底沟遗址、元君庙遗址、横阵遗址、王湾遗址、西王村遗址、后岗和大司空村遗址、大正集老磨岗遗址、鲍家堂和大寒南岗遗址、姜寨遗址、史家遗址、大河村遗址、下王岗遗址、大地湾遗址、西山遗址、八里岗遗址、零口遗址、北首岭遗址、福临堡遗址,以及新近发现的甘肃的张家川圪垯川遗址和庆阳南佐遗址,等等。另外,在黄河中上游的甘青地区有马家窑文化,黄河中下游的山东等地有大汶口文化,北方地区有红山文化等。仰韶

---

① 王冠英:《中国文明起源于早期国家学术研讨会纪要》,《历史研究》2001年第1期。
② 景明:《神农氏·炎帝》,西北大学出版社1993年版,第2页。
③ 巩启明:《仰韶文化》,文物出版社2002年版,第90、126页。

文化的前身是新石器早期文化即前仰韶文化,重要遗址有河北武安磁山遗址、河南新郑裴里岗遗址、陕西华县(今华州区)老关台遗址和宝鸡关桃园下层遗址等。仰韶文化之后在中原发展为庙底沟二期文化,在山东、河南、浙江、江苏、河北、陕西等地又发展为龙山文化,且发现了大量的遗址遗存。[①] 在辽宁沈阳的新乐和长海县小珠山下文化层也有此时期文化的发现。在长江中下游地区,与前仰韶文化相当的有江西万年仙人洞、浙江余姚河姆渡、嘉兴马家浜和桐乡罗家角等遗址。与仰韶文化相当的有大溪文化、屈家岭文化等。总之,这些数以千计的新石器时代遗址和数以万计的各类文物遗存,为我们研究炎黄时代、炎黄文化提供了最直接、最重要的真实史料。

三是众多专家学者的参与。一门学科的建立,除了有文献、考古等资料外,研究队伍的形成和建立是这门学科能够得以设立的基本条件之一。20世纪80年代以来,随着炎黄文化研究的勃兴,炎黄文化愈来愈引起一部分从事上古史和先秦史研究的专家学者的关注,尽管专门从事炎黄文化研究的专家学者还为数有限,但参与的专家学者却不断增加。不仅有本土民间专家学者,也有高等院校和国家、省、市社科院所专家学者,其中既有知名的中青年学者,也不乏有著名、资深的老专家老学者,如周谷城、费孝通、张岱年、任继愈、李学勤、张岂之、石兴邦、邹衡、许嘉璐、张文彬、李伯谦等。截至目前,已成立各类炎黄文化研究会和与之有关联的群团组织50多家,研究人员以每个学会平均200人计算,共计10万多人,再按最低百分之三的比例计算实际参与者,至少也在300人。这对一个学科来说,其研究人员是相当可观的。再从多次召开的国内、国际学术研讨会来看,每次参会者多则百人,少者也有四五十人。这说明炎黄文化研究队伍已基本形成。

四是各级政府的大力支持。随着寻根祭祖旅游文化的兴起,有关传说炎黄二帝出生地和活动地的省、市、县,为了提高本地知名度和扩大影响力,推动本地旅游业发展,对炎黄文化研究给予极大的重视和支持。例如陕西宝鸡,自21世纪以来,由当地政府主办,连续召开了4次高规格的国内国际炎帝与姜炎文化学术研讨会;陕西省人民政府自21世纪初期起,在每年清明节祭祀黄帝陵期间邀请海内外专家学者召开黄帝文化学术研讨会;中华炎黄文化研究会与陕西黄帝陵基金会、湖南炎帝陵基金会、河南新郑黄帝故里研究会等多地社会组织联合,多次召开炎黄文化研讨会;中部六省轮流每年召开一次炎黄文化研讨会。还有如陕西、湖南、湖北、河南、山西、甘肃等省

---

① 张学海:《龙山文化》,文物出版社2006年版,第21—27页。

的一些市、县社会组织,在当地政府的支持下,也自行多次召开学术研讨会或每年定期举办炎帝、黄帝高层论坛等。一种文化项目,能长久地得到政府的支持,尤其是经费上的大力资助,这在学术史上是不多见的。

五是党和国家领导人以及老一辈革命家的关注和重视。邓小平、胡耀邦、江泽民、陈云、李先念、萧克、李瑞环、许嘉璐等众多党和国家领导人,为有关刊物、书籍、陵祠题词或参加炎黄文化研讨会、炎黄二帝祭祀典礼等。这在中国历史上也是少有的。特别是2019年9月18日在河南郑州召开的黄河流域生态保护和高质量发展座谈会和9月27日在北京召开的全国民族团结进步表彰大会上,习近平总书记曾先后两次明确提到"炎黄二帝"①"炎黄华夏"。他说:"我们悠久的历史是各民族共同书写的。早在先秦时期,我国就逐渐形成了以炎黄华夏为凝聚核心、'五方之民'共天下的交融格局。"②这也是炎黄文化研究经30多年而不衰的重要原因之一。

二、"炎黄学"学科的界定和特点

如上所说,"炎黄学"学科的提出是基于炎黄文化的长期研究。也就是说,是建立在炎黄文化诸多因素之上。关于炎黄文化的界定,目前学术界有三种观点:一种是狭义,一种是广义,一种是"中义"。狭义是指炎黄二帝所处时代产生的文化。具体来说,一是指炎黄二帝及其所在的时代;二是指与炎黄二帝密不可分的整个五帝时代乃至之前的三皇时代。③ 广义是指"炎黄文化不仅是炎黄时代的文化,而是泛指中华文化,或者说就是中华文化一种形象的称谓"④。中义是介乎狭义与广义之间的文化。⑤ 从时间来说,是指"炎黄时代和后代与炎黄相关的中华文化"⑥。这里包含了两层意

---

① 习近平:《在黄河流域生态保护和高质量发展座谈会上的讲话》,《求是》2019年第20期。

② 习近平:《在全国民族团结进步表彰大会上的讲话》,《光明日报》2019年9月28日第2版。

③ 参见王震中:《炎黄学:炎黄文化研究的创造性转化与创新性发展》,《信阳师范学院学报》(哲学社会科学版)2018年第3期。

④ 参见鲁谆:《世纪之交的炎黄研究与中华文化》,《炎黄春秋》增刊《炎黄文化研究》,1999年(总)第6期。

⑤ 高强:《近百年来炎黄文化研究的回顾和思考》,王俊义主编:《炎黄文化研究》(第五辑),大象出版社2007年版,第31页。

⑥ 刘宝才:《炎黄文化三题》,《求学续集》,陕西人民出版社2019年版,第78页。

思:一是指炎黄时代所产生的文化,所涉及的地域范围,不仅是指炎黄与炎黄族的起源地和迁徙地,而且包括公元前5000年至公元前3000年之间黄河流域和长江中下游诸考古学文化,如黄河上游的关桃园文化(中晚期)、马家窑文化以及齐家文化,黄河中游的仰韶文化、河南龙山文化(早期),黄河下游的山东大汶口文化等;长江中游的屈家岭文化和青龙泉文化,下游的崧泽文化和良渚文化。这些考古学所反映的文化,与当时社会的发展是基本相符的,与古史传说的炎黄时代也是基本吻合的,处在文明的开端时期。炎黄时代是炎黄文化的"源"。另一层意思是指炎黄时代的后世对炎黄文化所进行的阐释、认同、重构的文化。具体是指"后代关于中国各民族与炎黄二帝族系关系的记载,学术文化中借炎黄传说发展起来的派别和著作,先后出现的与炎黄相关的古迹文物,祭祀炎黄的礼仪,以及与炎黄相关的民间风俗和故事"[①]等。这是炎黄文化的"流"。源与流共同构成"炎黄学"学科的研究体系和范畴。对以上三种观点,本书主张第三种"中义"说较为合理。认为一门学科的建立,必须要有明确的研究对象,即研究领域。这个研究领域不能太宽泛,太宽泛就失去了这门学科的特殊性。正如毛泽东所说:"科学研究的区分,就是根据科学对象所具有的特殊的矛盾性。因此,对于某一现象的领域所特有的某一种矛盾的研究就构成了某一门学科研究的对象。"[②]当然,也不能太狭窄,这不利于对这门学科的发展。炎黄文化是属于中国历史的传说时代的文化,因其文献记载的缺失、简略、抵牾、错讹等原因,致使真伪混杂、虚实交织,而要得到其中的历史真谛,须借助历代文人学士对炎黄文化的阐释、注译、民俗、传说、祭祀,等等,尤其是近代以来出现的考古学文化,这也就自然地成为炎黄学研究的重要内容。基于这些原因,取炎黄文化的"中义"作为"炎黄学"学科研究的对象,是比较符合客观实际的。这就避免了将"炎黄学"泛化为"中华学"或狭隘为"史前学"。而无论偏向哪一方,都将不利于"炎黄学"的发展。

"炎黄学"学科的特点,主要反映在以下三个方面:

一是地域性。传说在炎黄二帝活动的地方,留有大量的炎黄二帝的遗迹,即使是在炎黄二帝未活动的地方,因传播亦留有丰富的炎黄二帝的传说。但由于各地地理、气候和历史发展等自然环境和人文环境不同,形成了不同的地域文化,反映在炎黄文化上,也必然具有其地域性特点。比如,传说炎帝发明了农业,在黄河流域是指粟作农业,而在长江流域则是指稻作农业。农作物品种的不同,所反映的文化内涵必然也

[①] 刘宝才:《炎黄文化三题》,《求学续集》,陕西人民出版社2019年版,第79页。
[②] 毛泽东:《毛泽东选集》(第一卷),人民出版社1991年版,第300页。

有其差异。再如,在民俗方面,其表现的地域性特点更为明显。对炎黄二帝的民间祭祀,北方(陕西、河南等)多以庙会形式,而南方(湖南、湖北等)多为随祭,即随到随祭,或以节令为祭祀日。所以说,炎黄学的研究不能脱离地域性文化的研究。

二是跨时代性。炎黄文化在数千年的发展中一脉相承,前后互为影响和补充,这就使炎黄文化具有了跨时代性。尽管每个时代对炎黄二帝、炎黄文化的阐释有所不同,但其基本精神是一致的。所以,我们在进行炎黄学研究时,不能拘泥于一朝一代的研究,而要从数千年的整个发展过程着手,进行跨时代的研究。

三是世界性。炎黄学研究既有地域性特点,也有世界性特点。炎黄文化发展到今天,已不是大陆文化,也不是包括港台澳在内的中国文化,而早已走出国门,成为具有世界意义的文化。凡是有华夏儿女生活的地方,自认为是炎黄子孙,就有炎黄文化的存在,也就是炎黄学应该涉及的研究内容。这对团结、凝聚全世界炎黄子孙及增强异民族和国家对中华传统文化的认知无疑具有积极的意义。

三、开展"炎黄学"学科研究的思路、内容与方法

研究思路:一是通过对炎黄有关文献、考古、传说等多方面资料的梳理和整合,厘清炎黄和炎黄族的起源、时代、世系、迁徙、功绩等问题,以确立炎黄二帝是中国古史传说时代的历史人物,而非神话传说人物,是具有一脉相承的华夏民族的亲缘始祖。二是通过对炎黄文化的文化生成和传承史研究,厘清炎黄和炎黄文化与中华文明的起源和形成,厘清炎黄和炎黄文化与中华民族的起源和形成,厘清炎黄精神与中华民族精神的孕育和形成,厘清炎黄和炎黄文化与中华传统文化"源"与"流"的诸种关系,以说明炎黄文化是中华民族的民族之魂、文化之根、文明之源。三是通过对历代炎黄二帝祭祀的梳理,以反映炎黄二帝在华夏儿女心目中的崇高地位。

研究内容:一是炎黄二帝的起源、生葬、家庭、族系、迁徙等;二是炎黄与炎黄时代的创造发明和与中华物质、精神文明的关系;三是炎黄文化与中国传统文化即儒家、道家、墨家、法家、兵家等思想的关系;四是炎黄二帝与中华民族的起源与形成;五是炎黄精神的内涵与传承、弘扬炎黄精神的当代价值;六是炎黄古今祭祀和祭祀意义;七是炎黄二帝与炎黄文化历代研究情况和研究的主要观点等。研究的重点内容是炎黄二帝、炎黄文化与中华文化、中华文明、中华民族的起源、形成和发展,以确立炎黄二帝是中华民族之"祖",炎黄文化是中华文化之"根"、中华文明之"源"和中华民族之"魂"。

研究方法：一是历史学的研究。历史学研究包含的内容比较多，历史观点、历史资料、史书的结构和文字的表述，等等，都属于历史学的研究范围。这里所说的历史学研究主要是指历史文献的研究，是属于历史资料的范围。这在炎黄文化研究中占有极其重要的地位。其研究内容主要包括：一是历代有关炎黄二帝的文献记载，二是出土器物即甲骨、青铜器、简帛等上面有关炎黄二帝和炎黄文化的记载，三是明清以来的方志文献，四是碑刻、墓志铭等。另外，还有文学艺术方面的资料等。而在这些文献史料中，更应该注重于对先秦及秦汉时期经、史类文献的研究。在辩证唯物主义和历史唯物主义的指导下，通过搜集、校勘、考订、梳理、比较、分析各类史料，搞清历代史料中，哪些史料是有价值的，哪些史料是无价值的；哪些是正确的，哪些是含有后人附会的材料应加以剔除。王震中依据徐旭生在《中国古史的传说时代》一书中提出文献材料的等次性，即一等为先秦时期（包括出土文献资料和古文字资料），二等为秦汉时期，三等为魏晋南北朝及其以后。① 这应该成为我们选择史料的原则。

近年来，我们尽管在这方面做了大量工作，出版了多部史料选编方面的书籍，如《炎黄汇典·史籍卷》《陕西省志·黄帝陵志》《黄帝文化志》《炎帝神农氏——中华远古文明》《陕西省志·炎帝志》《炎帝历史文献选编》等，但只做了史料的搜集、辑录等工作，而对文献的甄别工作做得还比较少。在对各类史料进行甄别、分类的同时，还要对历代有关专家学者的研究成果，尤其是对近百年来的研究成果加以整合，归纳出哪些观点应肯定下来成为共识，哪些观点还应继续加以研究和探讨，以避免研究的重复性和在有些问题上无休止的争论。

二是考古学的研究。历史学研究固然重要，但炎黄二帝属于史前人物，当时文字还未出现，而前面所说的历史文献，严格来说是传说文献，即后人通过前人口耳相传而记录下来的，或称史传文献、文献传说、古史传说等，所以，考古学文化研究也就成了炎黄文化研究的重要内容，尤其在史前史研究方面更是占有举足轻重的地位。中华人民共和国成立后，尤其是新时期以来，我国的考古学文化有了长足的发展。特别是新石器时代的考古学文化更是发展迅速。目前学术界一般认为，炎黄二帝所处时代，从社会形态来说，属于原始社会的末期，是母系氏族社会向父系氏族社会的过渡或为父系氏族社会的初期。从考古学文化来说，是新石器时代的晚期，即仰韶文化时期及龙山文化的早期。而这个时期的考古学文化，无论是黄河流域还是长江流域；无

---

① 王震中：《炎黄学：炎黄文化研究的创造性转化与创新性发展》，《信阳师范学院学报》（哲学社会科学版）2018年第3期。

论是内蒙古、辽宁等北方地区,还是广东、福建的岭南、闽越等南方地区,都出土了大量的新石器时代的遗址和文物。比如,陕、豫、晋交会的中原地区,是仰韶文化的密集区,其序列完整,传承清楚,出土文物数不胜数。可以说凡是文献中有记载的,在考古学上几乎都能找到其对应的器物。所以,加强考古学文化的研究,应用"二重证据法"研究炎黄时代,是研究炎黄文化的重要方法和途径。今后考古学研究的重点应是建立炎黄文化的考古学体系,正如张岂之所提出来的,应"充分运用渭河流域石器时代的丰富考古资料,以大量的仰韶文化资料解释对应炎帝传说"①。当然,这种对应解释应是较为宏观的,而不是一对一的关系。虽说这项研究有一定的难度,但随着考古学文化的日益繁荣,会逐步达到的。这或将是炎黄文化研究的突破口。

在考古资料的使用上,王震中提出,要以新石器时代和铜石并用时代的考古资料为第一等资料;进入成文史的历史时期以来的考古学实物资料(包括地上的后代的庙宇、陵寝等建筑物和碑刻等资料)的等次性将依时间的先后而递减。现代我国少数民族和国外土著民族的人类学资料则可作为参照系而对待。②

三是民俗学的研究。民俗学研究主要是指在炎黄文化影响下,所产生的民俗事象等。其中关于历代炎黄二帝的传说和祭祀等是民俗研究的主要内容。在炎黄二帝活动地区,都分别流传有大量的民间传说故事。这些传说故事是历经数千年而口耳相传下来的,它涉及炎黄二帝生葬、功绩等各个方面。尽管这些传说在长期的流传过程中,难免有附会的成分或添加有神话的色彩,但是,我们如果将其附会成分或神话色彩加以剥离、剔除,其中必含有历史之"素地",所以这也是我们应该关注和研究的方面。

关于炎黄二帝的祭祀,在炎黄二帝曾经活动过的地方,几乎历代都有,而且有大量的文献记载。虽说这些祭祀既有朝廷(政府)的公祭,也有民间社团和个人的民祭,但不管哪种形式的祭祀,均属于炎黄文化的组成部分,都是我们要研究的内容之一。对炎黄文化的民俗学研究,与历史学、考古学一起构成了"三重证据法"的研究方法。

四是民族学的研究。从中华民族的孕育、起源、形成、发展,以及中华民族精神的形成来看,均与炎黄二帝和炎黄文化有着密切联系。反过来说,炎黄二帝和炎黄文化对中华民族的起源、形成和发展都曾起过重要的作用。我们知道,中华民族是一个以

---

① 张岂之:《关于〈炎帝志〉(终审稿)阅后的几点意见》,宝鸡炎帝研究会、宝鸡周秦文化研究会:《厥功甚伟 其德至大——〈陕西省志·炎帝志〉汇评》,西安出版社2011年版,第15页。

② 王震中:《炎黄学:炎黄文化研究的创造性转化与创新性发展》,《信阳师范学院学报》(哲学社会科学版)2018年第3期。

汉族为主体的统一的多民族的共同体,而汉族的前身是华夏族,华夏族的最早产生和形成,可追溯至华夏集团(炎黄集团)①,以及炎、黄、蚩经过阪泉和涿鹿之战而形成的华夏联盟集团,是以此为核心而逐步发展、壮大起来的。所以,通过对炎黄时代在共同语言、共同地域、共同经济生活和表现于共同文化上的共同心理以及炎黄精神等的研究,探讨炎黄二帝和炎黄文化在华夏族及中华民族和中华民族精神产生、形成、发展过程中所起的重要作用,以增强民族、国家认同感,增强中华民族的凝聚力和向心力。

五是人类学的研究。所谓人类学,是一门从生物和文化的角度对人类进行全面研究的学科。我们这里所说的人类学研究,是指运用人类学的有关理论和观点所进行的研究。一是将炎黄二族作为一个人类学族群,与其他人类学族群进行比较,以探讨炎黄族群与其他族群在体质特征上的区别和联系,研究炎黄族群在体貌形态、形成过程、地理分布等方面的相互关系,从而为民族学研究提供炎黄族群的体貌特征,以证明中华民族在生理和心理等方面的基本一致性。二是从文化的角度,研究炎黄族群的起源、发展、变迁的过程,以及炎黄族群与其他族群在文化上的差异,文化性质和变化规律等。从生物和文化的角度,以确立炎黄二帝和炎黄文化与中华民族、中华文明的基因关系。

六是文艺学的研究。文艺学是指反映在历代各类文艺作品中有关炎黄二帝的材料。比如在秦汉以至于唐宋元明清的诗词歌赋等文艺作品中,存在着大量有关描写炎黄二帝的内容,这些文艺性的作品虽不能作为史料,但这是当时原始先民生活的反映,其中也渗透、熔铸着当时作者的理念、思想和情感。通过对这些作品的研究,可以了解历代炎黄子孙对炎黄二帝的认同,也可以了解炎黄文化在不同时代的影响。所以这方面的研究也是炎黄学这门学科不可或缺的。

总之,本书在研究方法上,以历史唯物主义和辩证唯物主义为指导,运用多学科即历史学、考古学、民族学、民俗学、人类学、文艺学等综合研究的方法。在史料的使用上,注意史料的等次性,将文献典籍与考古资料相对应,并结合有关民俗、民间传说,即"三重证据法"和"多学科结合、多角度支持"的研究方法。在学术观点上,注意吸收前人及当代学人的研究成果。研究中,坚持三条基本原则:一是实事求是的原则,从史实出发,尊重史实,去伪存真,求真求实;二是理论联系实际的原则,以马克思主义的史学理论与中国历史实际相结合,科学、完整地阐释炎黄文化的发生、发展;三

---

① 徐旭生:《中国古史的传说时代》,广西师范大学出版社2003年版,第45页。

是注重炎黄文化研究的当代性,即炎黄文化在当今社会的价值、意义和影响等。

四、开展"炎黄学"学科研究的意义

2015年2月,习近平总书记视察陕西,在讲述黄帝陵和黄帝文化时说:"黄帝陵是中华文明的精神标识,轩辕黄帝陵文化积淀十分深厚,对历史文化要注重发掘和利用,溯到源,找到根,寻到魂,找到历史和现实的结合点,深入挖掘历史文化的价值观念、道德规范、治国智慧,做到以文化人,以史资政。"①2019年9月,习近平总书记在郑州召开的黄河流域生态保护和高质量发展座谈会上又明确提到"炎黄"。他说:"早在上古时期,炎黄二帝的传说就产生在这里。"②时隔几天,在召开的全国民族团结进步表彰大会上,习近平总书记再一次指出:"我们悠久的历史是各民族共同书写的。早在先秦时期,我国就逐渐形成了以炎黄华夏为凝聚核心、'五方之民'共天下的交融格局。"③我们从习近平总书记在不同场合的多次讲话中提到炎黄和炎黄文化可以看出,作为党和国家的领导人,习总书记不仅对炎黄和炎黄文化十分关注和重视,而且言简意赅地揭示出炎黄文化所蕴藏的丰富内涵,即"源""根""魂",以及炎黄文化所具有的深远的历史意义和重要的现实意义。具体来说:

一是开展"炎黄学"学科建设和研究,有利于建立炎黄文化研究的科学理论体系。虽则炎黄文化研究已走过漫长的道路,但至今还处在一般意义上的文化现象研究层次,在研究上出现碎片化、零散化等现象。这不仅直接影响到炎黄文化的进一步深入研究,而且影响到全社会对炎黄文化的广泛认同。要解决这一问题,就必须建立"炎黄学"学科,从理论上进行系统的全面的科学的研究,建立"炎黄学"学科理论体系。当然,这不是一朝一夕就能实现的,需要经过长期的努力。

二是开展"炎黄学"学科建设和研究,有利于古今和各地炎黄文化研究资源、研究成果、研究力量的整合。炎黄文化的研究历时2000多年,尤其是近现代以来,在炎黄

---

① 参见姚引良:《黄帝陵是凝聚海内外中华儿女的精神纽带》,陕西省公祭黄帝陵工作委员会办公室:《黄帝陵是中华文明的精神标识学术交流会论文选集》,陕西人民出版社2016年版,第1页。

② 习近平:《在黄河流域生态保护和高质量发展座谈会上的讲话》,《求是》2020年第20期。

③ 习近平:《在全国民族团结进步表彰大会上的讲话》,《光明日报》2019年9月28日第2版。

文化研究方面取得了一系列重要成果,但这些成果散见于各类图书中。自20世纪80年代以来,有炎帝、黄帝遗迹的地方和流传炎帝、黄帝传说的地方,相继组织人力,开展研究,出版了一批炎黄方面的书籍,亦取得了一系列研究成果。但由于受历史条件和地方利益的影响和驱动,在炎黄文化研究上,不免出现带有主观色彩和地域性观念,甚至出现相互否定、"争抢"炎黄的现象。要解决这一不正常的研究现象,就必须通过"炎黄学"学科建设,梳理、整合古今和各地炎黄资料、研究成果,并将炎黄文化研究置于整个中华传统文化的研究之中,才能突破炎黄文化研究中的主观性、地方性和利益观念,完成炎黄文化研究的学科化和理论化。

三是开展"炎黄学"学科建设和研究,变"学问"为学科,有利于进课堂,在高等学校推广和普及炎黄文化,培养、建立"炎黄学"学科研究队伍。炎黄文化研究从20世纪初开始,至今已走过了百年,但还局限在社会层面,未进入高等学府,成为一门学科课程向学生讲授,更没有从事这一方面研究的硕士生和博士生。所以,从目前研究炎黄文化的整体队伍来看,专门从事这方面研究的人员呈现出两种情况:一是非专业化,二是老年化。要解决这一问题,就必须建立"炎黄学"学科,让炎黄文化研究学科化、专业化,培养从事这方面研究的专门学科人才。

四是开展"炎黄学"学科建设和研究,有利于传承和弘扬炎黄文化和中华优秀传统文化,以炎黄文化和中华优秀传统文化为"基因",有利于筑牢中华民族共同体意识和构建人类命运共同体。中华民族由56个民族组成,而这56个民族虽然生活在同一块版图上,有地缘、业缘和亲缘关系,在长期的交流、交往中形成了"你中有我,我中有你"的"一体"格局。但是,由于其族源、地域、历史的差异,而又形成了不同的文化传统,即"多元文化"。要将这些具有"多元文化"传统的众多民族凝聚在一起,形成牢固的"一体",就必须找到筑牢中华民族共同体意识的力量和基因,而传承数千年的炎黄文化无疑为其中一支重要的力量和基因,是增强中华民族凝聚力、向心力、亲和力,增强各民族之间认同、融合的重要思想基础,其特有的"血缘"和"文缘"的相互交织,是其他文化无法替代的。

五是开展"炎黄学"学科建设和研究,有利于炎黄文化"创造性转化和创新性发展"。习近平总书记多次指出,对待传统文化,我们要做好"创造性转化和创新性发展。""转化"和"发展"使炎黄文化与时俱进,以适应时代发展之需要。"转化"和"发展"的前提是"创造"和"创新"。要做到"创造"和"创新",就必须要有坚定的文化自信和文化自觉。要有对炎黄文化的自信和自觉,就如前面所说,开展"炎黄学"学科建设和研究,建立"炎黄学"学科理论体系,就是从理论上解决人们对炎黄文化、中国传统文化的认知。有了这种对炎黄文化理性的科学的认识,就会将自知转化为自信、自觉,自然而然地落实到践行上,即"创造"和"创新"上,通过"创造"和"创新"达到"转化"和"发展"之目的。

五、开展"炎黄学"学科研究的初步设想

因为炎黄学是一门新兴学科,所以有必要对炎黄学学科的建设提出一些个人不成熟的设想。根据炎黄学的学科定义,炎黄学的研究对象可分为三个层面:第一个层面是对炎黄学涉及的所有史料进行搜集、整理、排比和鉴别,既包括地上的文献资料、民间传说,也包括地下的考古学资料。第二个层面是在各种资料梳理的基础上,进行炎黄学学科体系的理论思考、研究和建设。第三个层面是结合时代之需要,进行炎黄文化的"转化"和"发展",使蕴含其中的价值观念、道德规范、治国智慧,为今天的现实服务。

为此,设想当前和今后一个时期应开展以下几方面工作:

一是建立"两个中心",即研究中心和资料中心。炎黄学研究是一项长期的科研工作,需要有两个中心来支撑。首先,需要有一个"中心"或"基地",将各方面研究力量组织起来,这是研究工作长期有序开展下去的组织保证。可喜的是2018年初,信阳师范学院依托本校文学院,挂牌成立了炎黄学研究院,并邀请全国十多位热爱从事炎黄文化研究的专家学者组成炎黄学学术委员会和研究队伍,多次召开座谈会,开始启动炎黄学的研究工作。炎黄学已被确立为2018年度国家社科基金特别委托项目。从当年9月起,炎黄学公开课也已向该院历史、文学两学院本科、研究生讲授。完成的《炎黄学概论》已出版面世,计划的炎黄学六套丛书也正在编写中。

资料是研究的基础。所以我们说,随着炎黄学研究院的成立,应着手建立资料库,收集古今以来有关炎黄及与炎黄有关的所有资料,包括文献、考古、民俗、民族以及近现代以来有关炎黄文化研究的论著等,应收尽收,并建立炎黄学数据库。这也需要一个长期的积累过程。

二是建立"两支队伍",即专业研究队伍和业余研究队伍。近几十年来的研究实践表明,炎黄文化的研究需要有两支队伍:其一是专业的,以大专院校、科研院所为基础,以从事学术、理论研究为主;其二是业余的,即民间的,由炎黄文化传播地的专家学者和民间爱好者组成,以民俗和应用研究为主。这股研究力量是不容忽视的。从

某种意义上说,改革开放以后,各地炎黄文化研究的兴起,更多的是由地方业余专家学者和民间有关人士较早介入,开始研究、宣传,逐步走向专业人士的参与和研究。所以,在炎黄学研究中,虽则更多的是一种学术、理论研究,但也不能离开民间的民俗、传说等的应用性研究。

三是搭建"两座平台",即社会普及炎黄文化平台和大、中学校普及炎黄文化平台。举办"炎黄论坛"不仅是开展炎黄学研究和交流的重要平台,而且也是普及炎黄文化的有效形式和途径。近年来,陕西黄陵、宝鸡,河南新郑,湖北随州,山西高平,湖南炎陵等地依托炎帝、黄帝祭祀活动,多次举办炎黄论坛和讲座,向当地机关干部、大中小学学生和群众普及炎黄文化,收到了良好的效果。在向社会普及炎黄文化的同时,应该走进学校,开办炎黄文化讲座,培养和增强大中学学生热爱炎黄文化和中华优秀传统文化的情感,尤其通过对文科大学生的普及,为他们将来从事炎黄学和中华传统文化研究作知识储备奠定基础。

四是创办"一报一刊",即《炎黄文化报》和《中国炎黄学》刊物。炎黄学学科的建设和研究,不仅需要前面所说的"中心""队伍""平台",还需要有远距离的信息传播手段和学术研究成果发表阵地。所以依托信阳师范学院炎黄学研究院创办《炎黄文化报》和《中国炎黄学》刊物。前者为普及型的,以传播炎黄文化研究和各种与炎黄有关的活动信息为主;后者为学术型的,以发表炎黄文化和中华传统文化研究学术成果为主。原由中华炎黄文化研究会主办的《炎黄文化研究》已创刊20多年,发表了数以百计有见地、有分量的作品,在研究和宣传炎黄文化方面功不可没,受到广大学人、尤其是炎黄文化研究者的肯定和赞誉。应该多方协作,继续坚持。同时利用互联网,开办网站、公众号,向海内外普及炎黄学知识,宣传炎黄学研究成果。

五是扩展炎黄学课题项目,编写炎黄学系列丛书。近年来在组织人力编写《炎黄学概论》的基础上,编写《炎黄学辞典》《炎黄文化研究学术史》等图书。同时还可设想,分门别类地从文献、考古、民俗等方面入手,编纂《炎黄学大系》等。

六是有计划、有目的地开展学术研讨活动。学术研讨活动是推动学术发展的重要手段和平台。炎黄学学科建设应根据国家学科建设的需要,拟定主题,一方或多方联合,有计划、有目的地开展一些专题性学术研讨活动。通过研讨解决炎黄学学科建设中的一些难点问题,尤其是长期争论不休的问题,以取得学术上的共识,推动炎黄学学科建设健康发展

七是设立炎黄学学科研究基金。炎黄学学科的研究,是一项长期的任务,需要有

一定数量的经费支持。但仅仅依靠国家课题或某一方的经费支持，可能难以为继，这就需要调动各方面积极性，多方筹措资金。所以，可根据有关政策，设立炎黄学学科建设和研究基金，吸引海内外热心于炎黄文化研究事业的企事业和社会团体、个人捐资捐物，资助炎黄学学科建设和研究。或通过成果共享，即我出智、你出资的办法筹措资金。

六、本书框架设计

不同于其他学科是以某一领域为研究对象，如历史学、考古学、人类学等，或以某一地域、朝代、学派为研究对象，如敦煌学、西夏学、儒学等，而"炎黄学"是以人物和人物所处时代，以及后世的阐释和所传播地域等为研究对象，所以，这就决定了炎黄学学科研究的特殊性：既不是单项的某一方面的研究，也不是某一个时代的研究，而是多方面、多领域、多层次的研究，即多学科的综合性研究。为此，本书依据其学科的特殊性，本着以创立炎黄学学科体系为宗旨，以炎黄二帝的生平事迹为纬线，炎黄文化与中华文化、中华文明、中华民族为经线，从炎黄二帝的起源、家族、迁徙到炎黄祭祀、炎黄精神、炎黄研究，以及炎黄与中华文明、中华民族的关系等角度切入，全面、系统地论证"炎黄学"的学科内涵，以建立"炎黄学"的学科体系。为此，全书框架设计13章37节，分为四个层次：第一个层次（第1—6章）主要从纵向研究炎黄二帝的起源、生葬、世族和迁徙等，这既是炎黄学学科体系建设和研究的基本内容，也是读者进入炎黄学学科体系，了解、认知炎黄与炎黄文化的基本知识；第二个层次（第7—10章）主要从横向研究炎黄、炎黄文化与中华文明、中华民族的起源，炎黄文化与先秦诸子思想，让读者了解炎黄二帝、炎黄文化对中华文化、中华文明、中华民族的影响和作用；第三个层次（第11—12章）主要从纵横两个方面研究炎黄精神、炎黄祭祀和其精神、祭祀在现当代的意义、价值等；第四个层次（第13章）主要对古今以来炎黄二帝和炎黄文化研究予以简要的学术史总结，让读者对古今炎黄二帝、炎黄文化研究从学术史角度有一个初步地、粗线条的了解和认识。

总之，"炎黄学"学科的研究和建设，是一项长期的工作，需要多方协同和努力。只要我们坚定文化自信，坚持不懈，一定能够建立起一门具有中国特色、中国风格、中国气派的新兴学科——炎黄学。

第一章 炎黄与炎黄族的起源、时代和生态环境

确定炎帝、黄帝的起源地,是研究炎黄二帝和炎黄文化的基本和首要问题。古史传说"黄帝以姬水成,炎帝以姜水成"(《国语·晋语四》)。但由于对"姬水""姜水"理解的不同,产生了多种起源地说,如陕西、河南、甘肃、湖北、山西、湖南等。笔者依据文献与相应的考古学文化和民间传说,并综合多位专家学者的研究成果后认为:陕西黄土高原的渭河流域的支流"姜水""姬水",就是炎黄与炎黄二族最早的起源地。并且,渭河流域得天独厚、宜耕宜居的地理环境为炎黄与炎黄二族在此生息,提供了良好的自然条件。

第一节 炎黄与炎黄族的起源地

对于一个人物,我们首先要搞清楚这个人物是从哪里来的,对于炎帝、黄帝也不例外。本节从文献资料入手,结合相关考古学文化和民俗文化,以及今人研究成果,对炎黄与炎黄二族的起源地加以探讨。

一、炎帝与炎帝族的起源地

依据文献和相应的考古学文化及民间传说,目前,学术界基本上形成共识:陕西黄土高原的渭河流域的支流"姜水"一带,即炎帝与炎帝族最早的起源地。

(一)古史传说中的炎帝与炎帝族的起源地

因古文献中,关于炎帝和炎帝族起源地的记载或语焉不详,或相互抵牾,所以,至今在学术界,对此问题还是见仁见智,莫衷一是。若将古今各种观点归纳起来,主要涉及陕西、河南、湖北、山西、甘肃、湖南、河北、四川等地。而对这些地方,目前学术界争议比较大的是陕西、湖北、山西三地。但从古史传说的记载和今人的研究成果来

看,相较上面的三种说法,目前学界多倾向于"陕西宝鸡说",即宝鸡渭河流域的"姜水"说。

古史传说,最早涉及陕西宝鸡说的是《国语·晋语四》:

> 昔少典娶于有蟜氏,生黄帝、炎帝。黄帝以姬水成,炎帝以姜水成。成而异德,故黄帝为姬,炎帝为姜。二帝用师以相济也,异德之故也。

其中"炎帝以姜水成"就与陕西宝鸡有关。《水经注·渭水》云:"岐水又东,迳姜氏城南,为姜水。"这条记载虽然很简约,但却指向很明确地给我们提供了一条重要的炎帝与炎帝族的起源地信息。

我们知道,《国语》为春秋左丘明所著,是我国最早的一部国别史。所以从史料价值上说,《国语》相较于其他后世文献要可靠得多。再说《晋语四》里记载的这段话,是当时季子劝重耳时所说的。那时晋公子重耳流亡秦国,秦穆公欲把怀嬴等五位女子嫁给他。但怀嬴原先嫁给在秦国作人质的晋公子子圉,子圉逃回了晋国,怀嬴寡居。因重耳与子圉是叔侄关系,所以,重耳欲辞婚。季子劝他时说了这段话。季子意在说明:炎帝和黄帝虽都是少典与有蟜氏的后裔,但因活动地域不同,所以不同"德",即传统、习俗等不同,以至于相互发生战争;今天,为了结交秦国,娶被子圉遗弃的妻子是可以的。因为季子和重耳都是姬姓,是黄帝的后裔,所以,对其先祖及近亲炎帝的事迹,应该说是比较清楚的。① 再说,季子为晋国大夫,对于相邻的关中渭河流域之水系即"姜水""姬水"历史应该是比较了解的。所以才能说出这样肯定的话。不仅如此,从近年来出土的有关材料也可得到证明。1987年夏天,在湖南慈利县石板村发掘的战国中期墓中,出土竹简4371枚。学者整理后发现,记载有楚和吴、越两国的史料,与传世文献《国语》《战国策》《越绝书》等大体吻合。② 过去,关于《国语》的成书时间和真伪问题,因慈利竹简《国语》的出土,而得到了解决——为我们提供了最早最坚实的版本依据。因而,学者现在认为这段关于炎帝和黄帝的记载,是比较可靠的。

对于"炎帝以姜水成"的说法,不仅最早出现在《国语》一书里,而且,在其以后的多种文献中也有此说法。《世本》说:"育于姜水",《帝王世纪》说:"长于姜水"。《史记·补三皇本纪》《路史·炎帝纪》等书也有此说。说明炎帝和姜炎族从"姜水"所在地起源,自古以来是大家基本认可的。所以,确定了"姜水"的位置,也就确定了炎帝

---

① 参见炎帝与宝鸡课题组:《炎帝·姜炎文化》,三秦出版社1992年版,第2页。
② 参见湖南省文物考古所、慈利县文物保护管理研究所:《湖南省慈利县石板村战国墓》,《考古学报》1995年第2期。

与炎帝族的起源地。

那么,"姜水"地望今位于何处?自古以来有两种观点:一是"岐山说",一是"宝鸡说"。前者是北魏郦道元首次提出的:"岐水又东,迳姜氏城南,为姜水。"是说姜水在岐山一带。今人学者也有此说法。郭沫若主编的《中国史稿》中说:岐水"在今陕西岐山东,是渭河的一条支流"①。邹衡说:"姜氏城今固不知所在,但姜水在岐山下周原一带是无疑问的。"②后者是明清方志《陕西通志》《重修凤翔府志》《宝鸡县志》等书中提出的看法。明嘉靖《陕西通志》卷之十一"土地·圣神遗迹"条下载:"姜氏城,在宝鸡县南七里。城南有姜水。"明万历《重修凤翔府志》宝鸡县卷一"古迹"条下载:"姜氏城,县南七里,城临姜水。"明万历《宝鸡县志》"古迹"条下载:"姜氏城,今传炎帝、周姜诞生于此。"清乾隆《重修凤翔府志》宝鸡县卷之一"舆地·古迹"条下载:"姜氏城,县南五里,姜水东南涯,有遗址。"

那么,"姜水"又具体指今哪一条水?这里也有两种观点:一是指古岐水即今"沣河"(当地人称为"后河"),一是指今宝鸡市区南的"清姜河"。(见图1-1)

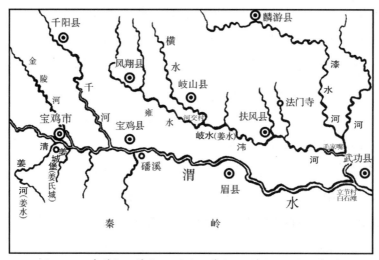

图1-1 清姜河(姜水)、岐水(姜水)、沣河位置示意图
(选自《陕西省志·炎帝志》蒋五宝绘)

对第一种说法,郦道元在《水经注·渭水》里说:"雍水又东南流与横水合……东南流左会漆水……谓之漆渠。漆渠水南流,大恋水注之……东南流入漆(今漆水河——作者注),即故岐水也。"这里提到的"雍水""横水"与"岐水"等,实际上为一

---

① 郭沫若主编:《中国史稿》(第一册),人民出版社1976年版,第108页。
② 邹衡:《夏商周考古学论文集》,文物出版社1980年版,第350页。

条水和其支流。按照郦氏所描述的河流方位,正好与今天的"沣河"流域相符。

沣河(古称"沮水"),漆水河支流。它流经不同的地段,其名称不一样。流入凤翔境内称"雍水",流入岐山、扶风境内称"沣河",流入武功境内称"小北河"。沣河发源于陕西省凤翔县西北千山余脉老爷岭南麓,即今雍山,故名"雍水",主要流经地以今宝鸡地区为主,即今凤翔、岐山、扶风、武功(原属于宝鸡市管辖)等县境。全长151.9公里,流域面积2316平方公里。属于常流水,年平均流量为3.77立方米/秒。上游多山,中下游河谷宽阔,两岸塬面为平原。流入今岐山一带,河流南岸为碛雍原,北岸为平地。流入扶风县老县城东南今杨凌区五泉镇夹道村北一带,南岸为陡崖,北岸为缓坡,南高北低。因而,在今凤翔、岐山、扶风境内,南无支流下注,北多有支流注入,主要有凤翔的东干河、西干河、横水河,岐山的砚瓦沟、龙尾沟、张庄沟,扶风的七星河、美阳河等。① 沣河在岐山境内,与古"岐水"本为同一条河流,其"故道出陕西岐山县东北沣谷"(《水经注·雍水》),故名"沣河"。东南流汇入发源于今凤翔县西北部千山南麓的雍水,其水向东南流入今岐山县凤鸣镇河交村南与横水河汇合,再东南流经岐山之南称"岐水(沣河)",再东南流经"姜氏城"(具体地望无考)南,即为"姜水",再东南流经扶风县老县城南到达今杨凌区至武功县境内毛家嘴村,汇入发源于麟游县招贤镇西北宁里沟的漆水河,再东南流至武功县大庄乡南立节村白石滩注入渭河。

但对今沣河是姜水的说法,又有不同的意见,有说沣河流经岐山徐家河以东的"沣河"②,指的是其某一段;有说是指西周岐邑遗址之西南的"畤沟河",即"姜水应即畤沟河流经扶风县城至入雍[水]口(实际为沣河)这段。姜氏城当在这段水北"③。这些说法,虽然在具体位置上有异,但实际上都是指的一条水,即今"沣河",也就是郦氏所说的古"岐水"。只不过有的是指沣河的某一段,有的是指沣河的支流,有的是指沣河的整条河流。

关于"清姜河"说。在前引明清方志中虽未明确指出"姜水"是哪条水,"姜氏城"为哪一座城,但从所说地理方位看,"姜水"是指今宝鸡市区渭河南的"清姜河","姜

---

① 参见常崇信主编:《宝鸡河流考略》,西北农林科技大学出版社2012年版,第219—222页。
② 刘宏斌:《岐水、姜水与姜氏城》,宝鸡市社科联:《姜炎文化论》,三秦出版社2001年版,第142页。
③ 李仲操:《姜水辨》,宝鸡市社科联:《姜炎文化论》,三秦出版社2001年版,第136页。

氏城"是指今位于宝鸡市区渭河南岸渭滨区神农镇的"姜城堡村"。其西不远处则为清姜河与渭河的交汇处。至于在志书里,有的说姜水、姜氏城在旧宝鸡县南七里,或有的说在县南五里等,一者是指距旧宝鸡县城(今金台区中山路西端)的实际距离,一者是指径直距离。

清姜河(又名"清江河""清涧河"),地处今宝鸡市渭滨区神农镇境内,发源于秦岭主脊北麓的玉皇山北坡,全长43公里,流域面积234.4平方公里,其上游称神沙河,由东南流向西北,至青石崖折向东北,流经观音堂、杨家河和益门堡,在二里关纳入右岸李家河,至渭滨区石家营汇入渭河(参见图1-1)。它的上游因流经地为石岩和植被浓密的秦岭山区,所以河水清澈见底,无有杂物。清姜河水流丰沛,属于常流水,年平均流量为4.92立方米/秒。① 它的下游流经二、三、四、五级阶地,其阶地宽阔而肥沃,两岸居民富庶。清姜河为陈仓故道之北端,其沿岸有蒙峪沟村、茹家村、姜城堡村、高家村及強国墓地、大散关等古遗迹,为西周时的強国、散国之地。今天的清姜地区已是宝鸡电子机械工业最密集的工业区之一。清姜河水是供应宝鸡居民和工业用水的重要水源之一。

关于姜水与岐水、姜水与清姜河、姜氏城与姜城堡的关系,20世纪30年代初,徐旭生在宝鸡地区考察后,在其《中国古史的传说时代》一书中,依据文献和考古资料曾做了较为系统的论述:

> 比较可靠的是姜水所在。《水经注》"渭水"条下说:"岐水又东,迳姜氏城南,为姜水。"按《世本》:炎帝姜姓。《帝王世纪》曰:"炎帝神农氏,姜姓。母女登游华阳,感神而生炎帝于姜水,是其地也。"岐水在岐山的南面,当在今陕西岐山县城的东面,就是地图上西出岐山、东过武功、折南流入渭水的小水。此水南面隔着渭水,就离秦岭不远。秦岭古代通称华山,秦岭南面就叫作华阳,区域很广,所以《尚书·禹贡》说:"华阳、黑水惟梁州。"它这里说华阳,就是要说梁州和雍州以秦岭为界。姜水与古华山很近,炎帝的传说或可以传播到山的南面,皇甫谧所说的"炎帝母游华阳",来源颇古,也很难说。现在宝鸡县城南门外就临着渭水,过渭水南一二里,在黄土原边上有一村,叫作姜城堡。堡西有一小水,从秦岭中流出,叫作清姜河。堡的东面约一里地的光景有一个很大的神农庙,庙前面有一口泉,叫作九圣泉,俗传为神农

---

① 参见常崇信主编:《宝鸡河流考略》,西北农林科技大学出版社2012年版,第45页。

皇帝洗三的地方。这一个姜城堡,《宝鸡县志》说它就是《水经注》所说的姜氏城。实则,宝鸡与岐山虽属邻县,而宝鸡在西,岐山在东,相距将近百里。并且,姜氏城在渭水北,《水经注》中说得很清楚,姜城堡在渭水南,而渭水在这几百里内全在原中间走,没有改道的可能。然则姜城堡与姜氏城虽有两个字相同,一定不能是一个地方。虽然如此,姜城堡附近却有很好的彩陶遗址,在我国历史的黎明时期就有人居住,毫无疑问。姜城堡和清姜河的名字,以及很特别的神农庙(神农并非炎帝,《史记·封禅书》中有明文,但自汉以来,二名混淆不清,这里所说的神农即指炎帝),全像是渊源有自,并非后人的臆造。岐山一带,我们没有详细调查过,但是我在那里经过,知道那里史前遗址并不缺乏。所以虽说《宝鸡县志》勉强附会的说法靠不住,可是两地相距并不太远,全是姜姓所居旧地,可能性也很大。……我个人于1935年曾往一游。此地离岐山更近,同周文王出猎曾到过那里的说法也颇相合。这以上所述文献内的材料、考古方面的材料、民间传说的材料似乎完全相合,足以证明炎帝氏族的发祥地在今陕西境内渭水上游一带。①

我们说,今宝鸡地区所在地,正好与徐先生在这段话中所说的"炎帝氏族的发祥地在今陕西境内渭水上游一带"相一致。

邹衡在其《论先周文化》一文中,也有一段关于姜水与岐水、姜水与清姜河、姜氏城与姜城堡关系的论述。他说:

……《西羌传》又说:"西羌之本,出自三苗,姜姓之别也。"《路史·国名纪卷一》谓玄氏羌,九州戎之出于炎帝。因而研究古史传说的学者,有的就认为"姜与羌本属同源,为西方著名的氏族"②。《世本》:"炎帝,姜姓"(《水经·渭水注》引)。《说文》十二:"姜,神农居姜水,以为姓。"此二说可能皆出自《晋语》,所谓"炎帝以姜水成,……炎帝为姜"之说。按《水经·渭水注》:"岐水又东,迳姜氏城南,为姜水";并认为是炎帝成长的地方。姜氏城今固不知所在,但姜水在岐山下周原一带是无疑问的。在今岐山县蔡家坡渭水南还有姜太公垂钓的古迹,这应该就是《渭水注》"所谓太公钓兹泉"的

---

① 徐旭生:《中国古史的传说时代》,广西师范大学出版社2003年版,第47—48页。
② 徐旭生:《中国古史的传说时代》(增订本),科学出版社1960年版,第48页;丁山:《中国古代宗教与神话考》(上海书店出版社2011年版,第75页)也说:"由牧羊的图腾演化为炎帝后姜姓。"

"垂钓之所"。(衡按:此出《吕氏春秋·谨听篇》)

除岐山以外,今宝鸡市也有类似的古迹。在宝鸡市渭水南不远,有一村名姜城堡,分布有大片的仰韶文化至东周的遗址和墓葬,附近桑园堡并出过先周铜器①。在此往南即益门堡,堡西有一小水叫清姜河。1975年5月,作者到此调查时,据宝鸡市博物馆同志说,清姜河旁也有太公垂钓处。在其附近并发现了大范围的西周遗址。尤其是距此遗址不远,又发现了茹家庄墓地,其中有井姬之墓(《文物》1976:4,页54)。此井姬应为姬姓之女嫁为井国之妇。可见西周时代的井应该就在这一带。《广韵》卷三:"井,姓姜,子牙之后也。"井,正是姜姓国。

传世铜器中有一件先周第二期的《⿰父丁方鼎》(《恒轩》上,4;《三代》4.10.2)记载了商王征井方的史实。有人根据卜辞中地名的排比,证明商代末期的井方同宗周蒡京(或即丰镐)有间接关系,其"位置在商西甚远"②。现在通过井姬墓的发现,就把⿰、井、姜姓和今天的宝鸡市联系了起来。

岐山(贺家村、双庵)、宝鸡(斗鸡台、姬家店、朝峪大队等地)都发现了高领、双耳分裆鬲,岐山并发现了⿰器。现在宝鸡也同⿰族发生了联系。同时,宝鸡、岐山两地又都有名姜的古地。这样,自然可以把先周文化和⿰族、姜姓以及今天的宝鸡、岐山一带统统联系了起来。

另外,前面提到洛阳出土的《辭鼎》,其族徽上面还有一"火"字(《三代》4.47.3),似属下读而与⿰字相联。如果是这样,则《左传》哀公九年"炎帝为火师,姜姓其后也"(又见于《左传》昭公十七年)的记载,正好为"火⿰"族徽作了注脚。

总之,陕西的⿰族就是文献上所说的姜炎族,也可能就是所谓炎帝族,最早是住在宝鸡和周原一带,大概是可以说得过去了吧。③

以上所引徐、邹二位先生的文字,都是经过实地考察,并结合文献、考古及有关学者研究成果而分别得出"炎帝氏族的发祥地在今陕西境内渭水上游一带"和"炎帝族最早是住在宝鸡和周原一带"的结论,是值得我们特别重视的。

---

① 程子华:《宝鸡扶风发现西周铜器》,《文物》1959年第11期。
② 李学勤:《殷代地理简论》,科学出版社1959年版,第94页。
③ 邹衡:《夏商周考古学论文集》,文物出版社1980年版,第350—351页。

邹衡在其《漫谈姜炎文化》一文中又说:"所谓'炎帝以姜水成',我们可以理解为炎帝族最早活动的地方在姜水。古之姜水,据《水经注·渭水》所载是在姜氏城南,即今岐山县周原一带,但不知道确定地点。不过,《大明一统志》:凤翔府宝鸡县南七里有姜氏城,城南也有姜水,此姜氏城今名姜城堡,往南即益门堡,堡西有一水名今仍名清姜河。古代传说,本来难得考实。以上两说孰是孰非,不必过于拘泥。但总是在凤翔府地,即今宝鸡市区之内。"①邹衡的意见无疑是比较客观的。今天,我们要真正地落实哪一条水是"姜水",哪座城为"姜氏城",因无文献记载,的确是件很困难的事。

虽然,现在所说宝鸡与岐山为一个辖区,古为凤翔府,今为宝鸡市,但处在两地,一在渭河南、一在渭河北,中间相隔近百里。姜炎族在二者之地孰先孰后,邹衡未在此指明,古史传说里也未有文字记载。但从考古学文化的角度加以推定,我们说,宝鸡市区清姜河流域可能是炎帝与姜炎族在渭河流域的最早居地。因为,在今宝鸡市区清姜河和渭河的交汇地带即高家村一带,曾发现过多件刘家文化(姜炎文化)的典型器物——高领乳状袋足鬲。而且这种遗存,在宝鸡市区斗鸡台、石嘴头、晁峪等多处地方也有发现。据测,这比在岐山、扶风境内发现的同类器物要早。这就是说,岐山、扶风境内出现的刘家文化是宝鸡市区炎帝与姜炎族向东迁徙、推进的结果。②可能有这种情况,炎帝和炎帝族由于生存和发展的需要,其中一部分迁居今岐山、扶风一带,为了不忘先祖旧居,又将旧居地名带到新居地,所以,在新居地也出现了带"姜"的水名和城名,即"姜水"和"姜氏城"。③如果这个推测不错的话,炎帝和炎帝族的原生地即最早起源地就在今清姜河流域,即《国语·晋语四》所说的古"姜水"。

(二)考古学文化中的炎帝与炎帝族的起源地

除了以上古史传说和今人研究之外,宝鸡渭河流域的考古学文化为炎帝与炎帝族起源于"陕西境内渭水上游一带"提供了多方面的佐证。

目前,学界基本上认为,炎黄时代处于距今7000—5000年左右(参见本章第二节),即考古学文化的仰韶文化时期。严文明即持此观点,他将古史传说与考古发现资料相结合研究后认为:"从现有的知识水平来推测,炎黄初起的时候,恐怕不会超过

---

① 邹衡:《漫谈姜炎文化》,宝鸡市社科联:《炎帝论》,陕西人民出版社1996年版,第1页。
② 刘军社:《先周文化研究》,三秦出版社2003年版,第286页。
③ 霍彦儒:《"姜水"新解》,《中华科技学报》2004年第5期。

仰韶文化的一个地方类型。"①这里所说的炎黄时代,实际是炎帝时代和黄帝时代的合称。二者之关系,从古史传说看,炎帝时代大概早于黄帝时代,处在仰韶文化的早中期,即距今7000—5500年左右。在这期间,仰韶文化广泛分布于陕西、河南、山西、河北和甘肃等部分地区,但其发生、发展的核心地区则为"西起宝鸡、东到伊洛间的八百里秦川"②。而就宝鸡渭河流域而言,据2008—2010年全国第三次文物普查结果,宝鸡境内已发现被确定的人类史前时期文化遗址共计888处,与同类地区相比,不仅数量大、分布广,而且时代跨度长。在发现的近900处古遗址中,以仰韶文化遗址数量最多,分布最密集,内涵也最丰富。其中仅仰韶文化遗址就多达五六百处,龙山文化遗址二三百处。在市区20多平方公里的区域内就有新石器文化遗址80余处。就这些遗址的规模而言,超过10万平方米的约占总遗址数量的15%以上,超过5万平方米的约占40%以上。从已发掘的关桃园、北首岭、福临堡和石嘴头等遗址看,其序列完整,一脉相承,丰富的遗址遗存真实地反映了新石器时代的宝鸡地区,在不同古史传说时期先民的社会组织和生产生活状况。再加上宝鸡得天独厚、适合人类生存的地理和生态环境(参见本章第三节),正好说明今宝鸡渭河流域"在我国历史的黎明时期就有人居住"③,生息着一支较大的先民群。而这个先民群生活时间最早、最集中的地区可能就是严先生所说的"仰韶文化的一个地方类型",即半坡类型。考古发现,宝鸡的北首岭遗址中上层和福临堡遗址下层就属于仰韶文化的半坡类型。下面根据炎帝与炎帝族所生活的时代和地域,主要以北首岭中上层(下层为"前仰韶文化")和福临堡下层仰韶文化遗址为例加以具体说明。

北首岭遗址位于宝鸡市区渭河支流金陵河西岸的第二阶地上,被国务院于2006年公布为全国第六批重点文物保护单位;福临堡遗址位于宝鸡市西郊渭河北岸的第二阶黄土台地上,被陕西省人民政府于1957年公布为第二批省级重点文物保护单位。若将这两处考古学文化与有关炎帝的古史传说相印证,我们便会发现它们之间有着颇多的吻合之处。其一,所处时代基本一致。北首岭遗址经过了仰韶文化早、中二期,距今7100—5700年;福临堡遗址稍晚于北首岭遗址,经过了仰韶文化的中、晚期,距今5800—5000年。二者与炎帝"生活于仰韶文化的晚期之前"是基本吻合的。

---

① 严文明:《炎黄传说与炎黄文化》,《协商论坛》2006年第3期。
② 石兴邦:《炎黄文化研究及有关问题》,《中国社会科学院古代文明研究中心通讯》2006年第11期。
③ 徐旭生:《中国古史的传说时代》,广西师范大学出版社2003年版,第48页。

其二,所处时代的特征基本一致。北首岭遗址居址叠压、村落形制具有相当的规模,总面积达6万平方米,文化堆积达4米以上,上、中、下三层连续相承性明显。其遗存基本上都是生产工具和生活用具。说明北首岭原始先民的生产活动,已经以农耕经济为主。福临堡遗址分为三期,各期文化面貌,特别是陶器,均有比较显著的特点,又有一定的继承性,在长达近1000年的时间里,文化发展序列几乎从未中断。在发掘出土的生产工具中,与农业生产有关的约占88%,与相距较近的北首岭遗址发现的、与农耕有关的生产工具占74%相比,福临堡原始先民的农耕经济有了进一步的发展,饲养、渔猎经济占次要地位,他们过着以农耕为主的定居生活。此外,在福临堡遗址,还发现了其他众多的遗物和遗迹,如形体较大的盛贮器缸、瓮、罐,较大较多的袋状窖穴,带小龛和内室的房子,粟粒的遗迹,用于贮藏的子母坑等。大型贮藏设施和较大器物的大量增加,与农产品出现剩余有直接的关系。这也从另一方面显示出福临堡原始先民农耕和手工业制作技术的进步。其三,从北首岭、福临堡等遗址发现的剩余产品来看,与炎帝所处的母系氏族社会向父系氏族社会过渡的社会形态大体吻合。在这一时期,农耕生产水平的提高,带来了更多的剩余产品,导致贫富分化、等级差别的出现;同时,男子在氏族中的地位也逐渐提高。如福临堡遗址中的一个陶壶内置大石斧两件。斧、钺在古代是有特殊意义之物,被认为是权势的象征。这两件大石斧,说明在福临堡先民中已有了权威性人物。在福临堡遗址中,还发现了陶祖和石祖,意味着这里已出现对男性的崇拜,男子在社会生活中有了较高的地位。同时,这种现象也说明母系氏族社会的繁荣已成过去,父系家庭已经成为社会的基本细胞。① 第四,尤为值得注意的是,在北首岭遗址,还出土了一件完整的"人面鱼纹"陶片(标本T129:2)。有学者研究后认为:"半坡类型仰韶文化之发源地在宝鸡,而炎帝部落之发祥地也在宝鸡,二者地域相同;炎帝部落所处的历史发展阶段,当在仰韶文化之发展内,二者时代相合",所以,"半坡类型仰韶文化之'人面鱼纹'图与《山海经》中氐人之'人面鱼纹'图有着早晚相承的渊源关系,而氐人又恰恰是炎帝之后裔。由此可证:半坡类型仰韶文化之居民就是炎帝部落之居民,二者地域、时间、文化内涵均完全吻

---

① 分别参见中国社会科学院考古研究所:《宝鸡北首岭》,文物出版社1983年版,第122—131页;宝鸡市考古工作队、陕西省考古研究所宝鸡工作站:《宝鸡福临堡——新石器时代遗址发掘报告》,文物出版社1993年版,第179—195页。

合"。① 故而陈连开也认为,正因为新石器的发现,宝鸡这块地方从前仰韶文化到仰韶文化的遗存都比较丰富,与炎帝传说相符,有证可信。②

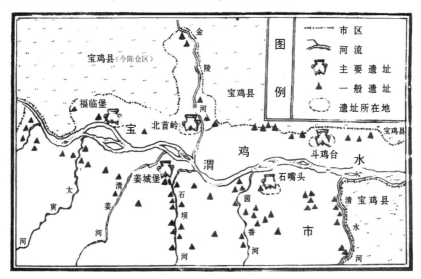

图 1-2　宝鸡市区新石器时代主要遗址示意图

(选自《炎帝·姜炎文化》蒋五宝绘)

在北首岭、福临堡遗址年代之前,是于 2003 年在距宝鸡市区不足百里的西山,即今陈仓区拓石镇关桃园发现的距今 8000 年左右的前仰韶文化和仰韶文化遗址。该遗址的前仰韶文化部分分为三期(距今 7800—6900 年),其中在二、三期发掘出土了 25 件骨耜,是迄今为止在黄河流域的首次发现。③ 此发现虽超出了炎帝时代的时限近千年,但说明宝鸡渭河流域的农耕起源至少可以推至 8000 多年前或更远,同时也说明那时的先民(有说为"神农时代")已开始使用骨制"耒耜"进行耕作。那么,进入距今 7000 年后的炎帝时代,骨耜无疑已成为当时先民主要的农耕生产工具。说明耜耕农业在渭河流域已经普遍实行。

此外,就前面提到的沣河流域而言,虽则此河仅有 150 多公里长,但这是一条非常古老的河流。从 1988 年文物普查所知,在沣河流经的岐山县境内,共有各类新石器时代遗址 124 处,其中含有仰韶文化成分的遗址有 89 处,龙山文化成分的有 57

---

① 曹定云:《炎帝部落早期图腾初探》,霍彦儒主编:《炎帝·姜炎文化与和谐社会》,三秦出版社 2007 年版,第 2—4 页。

② 陈连开:《中国民族史纲要》,中国财政经济出版社 1999 年版,第 52—53 页。

③ 陕西省考古研究院、宝鸡市考古工作队:《宝鸡关桃园》,文物出版社 2007 年版,第 23 页。

处;扶风县境内有各类新石器遗址67处。这200多处遗址,且大多分布于今渖河(包括渖河上游的雍水、横水)的北岸。现已探明或发掘的大型遗址有水沟、双庵、案板、刘家村等。说明渖河流域自新石器时代以来,就是先民重要的生息之地。其中扶风刘家村遗址发现的高领乳状袋足鬲,佐证了岐山、扶风至商周时期仍然是姜姓族人的生息之地。

如果将以上考古资料与古籍中有关炎帝"斫木为耜,揉木为耒,耒耨之利,以教天下""日中为市""作陶、冶斧斤""神农始教民播种五谷""耕而作陶""耕而食,织而衣"等传说加以相互印证,我们便会清楚地看到,这里生活的原始先民群不是别的,就是"以姜水成"、以炎帝为首且以农立族的姜炎族。正如唐嘉弘所说:"如果从传说时代到古代的历史实际考虑,宝鸡地区及其毗邻地区确实出现许多不同的共同体……其中主要的氏族部落当为姜炎族系,其中的主要文化当为姜炎文化。"①

(三)民俗文化中的炎帝与炎帝族的起源地

在民俗方面,宝鸡渭河流域从远古流传、积淀下来的生活、生产习俗相当丰富。考察其渊源,多与生息于这块土地上的炎帝与炎帝族的生活习俗有着直接或间接的承继关系。当然,随着社会的演进,文明的进步,有些习俗消失了,如"燔柴祭天";有些习俗已改变了原有形式和内容,如"傩舞";但有些习俗至今仍然保留在民间,如古史传说炎帝"火师而火名"。因而,自古以来,"崇火"(即崇拜炎帝)的习俗和礼仪,就在宝鸡城乡长期流传下来,至今仍很盛行。如闹社火、放焰火、举办火龙会、用火避邪祛病等。可以说崇火已渗透于人们的日常生活之中。由崇火而衍生出的"尚红"习俗也是很流行的。因为红是火的颜色,尚红即尚火,所以,宝鸡人自古以来就有爱红、尚红的喜好。比如,结婚或春节时,全是以红为主色。新娘里外上下一身红,新郎披红、系红带;春节家里家外挂红灯、挂红布、贴对联,图个红红火火,热热闹闹。从民俗学的角度看,这不能不与炎帝与炎帝族的崇火、尚红习俗代代传承有关。

有关炎帝的民间传说故事在宝鸡及其周边地区也是流传较广的。例如,在今宝鸡市渭滨区的清姜河一带,世代相传有女登感神龙首而生炎帝于濛峪、长于瓦峪、沐浴于九龙泉,神鸟送嘉谷而发明种子,炎帝遍尝百草而发明医药,误尝断肠草(俗名"火焰子")中毒而死,葬于天台山,炎帝之母女登在今秦岭北麓和今凤翔槐原养蜂,

---

① 唐嘉弘:《炎帝传说考述——兼论姜炎文化的源流》,《史学月刊》1991年第1期。

炎黄结盟战蚩尤等故事。炎帝为"太阳之神""农业之神""医药之神"的生动传说更是家喻户晓、尽人皆知。传说是历史的影子。宝鸡大量与炎帝有关的民俗事象、传说故事无不是渊源有自，有着炎帝的历史"素地"。

祭祀炎帝的活动在宝鸡渭河流域也是由来已久。《史记·封禅书》记载：秦灵公三年（前422），曾在今宝鸡陈仓区"吴山之阳……作下畤"，首次以国家名义"祭炎帝"。之后，在今宝鸡地区的民间，祭祀炎帝也是相沿成习，流传至今。传说农历正月十一是炎帝的诞生日，七月初七是炎帝的忌日。在每年的这两天，今渭滨、金台两区四乡八村的群众就来到神农庙、先农坛、炎帝陵、炎帝祠、炎帝宫等祠庙，焚香叩拜，烧"香山"，献供品，耍"火龙"，唱大戏。七月初七的炎帝忌日，祭祀活动在天台山断断续续要持续一月有余。在有炎帝传说的村落，农历年三十日还有设祖案祭祀炎帝的习俗。凤翔县（今宝鸡市凤翔区）槐原村和陈仓区桥镇在每年农历正月二十六、三月二十都要举办庙会，踩高跷、挑排灯、唱大戏，以祭祀炎帝之母女登（亦称安登、任姒）和炎帝。徐旭生20世纪30年代在宝鸡进行文物考察时就发现，宝鸡渭河附近，还供奉着一个高四五尺，仅有头、无身躯的"大头爷"的"农神"塑像。[①]

（四）炎帝裔族在宝鸡渭水流域的活动

由于生存和发展的需要，炎帝与炎帝族或向东南、或向西南、或向西北、或向东北等地迁徙，但有部分氏族仍留居在今宝鸡渭河流域继续发展。据古史传说，留居今宝鸡及关中渭河流域的裔族有：有邰氏、列山氏（骊山氏）、莱氏族、戏氏族、殳氏族、延氏族、夸父氏族、太岳氏族、孤竹氏族、灵氏族、并氏族、彤鱼氏、午氏族、丙氏族、赤氏族、信氏族、井氏族、箕氏族、互（氏）人氏族、许氏族、甘氏族、户氏族、姜戎族，以及強、方、函、邓等方国。这些氏族和方国有些一直延续到夏商周三代时期。在这些裔族中，比较著名和延续时间较长的是太岳（四岳）、有邰氏及太岳的后裔姜太公一支。太岳亦称大岳，此裔族原居地在今宝鸡市区一带。太岳之名是因姜姓之裔伯夷曾居住在吴山，成为姜氏部族祭祀吴山神的大祭司而得名。伯夷的后代又分化出四个分支而又称四岳。伯夷因佐禹治水有功而被封于吕，并复赐以祖姓"姜"，以"绍炎帝之后"。与炎帝族一脉相承的有邰氏，居于今杨陵区揉谷镇姜嫄村（原为宝鸡市扶风县管辖）一带。《说文解字》说：邰为"炎帝之后，姜姓所封周弃外家国。从邑、台声，右

[①] 徐旭生：《中国古史的传说时代》，广西师范大学出版社2003年版，第50页。

扶风邰县是也。"今之"揉谷"之地名传说因姜嫄在此种粟(谷)、揉谷而得名。史传周弃(后稷)为有邰氏之女姜嫄所生。他从小继承其母族和"外家国"农耕文化，"好种树麻、菽，麻、菽美。及为成人，遂好耕农，相地之宜，宜谷者稼穑焉，民皆法则之""举弃为农师"(《史记·周本纪》)。说明周人始祖后稷不仅在血缘上与"外家国"炎帝族一脉相承，在文化上也是前后相继。在姜姓炎帝裔族中，人口繁衍最多的是姜太公一支，传说为伯夷之后。考古发现，今岐山孔头沟遗址为姜太公家族的祖地①。他晚年隐居磻溪(今宝鸡市陈仓区)，因辅佐周武王翦商立国有功而被封于齐。至今，《吕氏春秋》所说的姜太公当年隐居磻溪"钓兹泉"的遗迹犹存。旁有始建于唐代的姜太公庙。

关于文献中记载的炎帝裔族在此活动的情况，考古学资料也为我们提供了这方面的信息。近年来，在扶风刘家遗址不仅发现了姜姓羌族的高领乳状袋足鬲，而且发现了以洞室墓为其主要特征的所谓姜戎墓葬。又如2012年，在宝鸡市渭滨区的石鼓山西周M3墓地出土了一批器物，其中有一件高领乳状袋足鬲，其年代大致相当于殷墟文化的四期。考古人员从墓葬形制和青铜器上面的铭文"亚羌"判断，"M3的主人应当就是姜姓羌族后裔，或者说是姜戎人"②，具体说是姜戎族户氏家族墓地。其族属被大多数学者判定为宝鸡土著部族——姜姓。③ 这在今宝鸡石鼓山发掘的M3墓葬得到了证实。说明文献记载的炎帝裔族直至西周时期还生活于宝鸡渭河流域的史实。

石兴邦曾在他主编的《陕西通史·原始社会》一书中，依据考古学资料，对炎帝裔族在宝鸡渭河流域的活动情况做了较为详细的论述：

> 进入龙山时代后，关中宝鸡以东地区、陕北、晋陕交界地区，在制作陶器的方法上发生了显著的变化，普遍以灰色夹砂陶为主，仰韶时代的红陶已经很少见到。器形上出现了鼎、斝一类的新式炊器，也看不到过去多彩鲜艳的彩绘陶器。但在宝鸡地区仍在流行前一时期的以红陶为主的风格，斝类器物很少发现，鼎也罕见，形成以各式罐为代表、器表饰篮纹和附加堆纹的文化风格。代表性的遗址有旭光遗址、老虎沟遗址和斗鸡台遗址。到了龙山时代晚期，这个地区形成了以双庵遗址为代表的双庵类型文化，位于渭河北岸的岐水附近，面积有100万平方米。发现的房屋有方形和圆形两种形式，发现的7座房址中有5座是由双间组成的套间，居住面和墙壁均涂抹白灰，

---

① 辛怡华：《岐山孔头沟遗址与姜太公家族之关系》，《宝鸡社会科学》2018年第1期。
② 石鼓山考古队：《陕西宝鸡石鼓山西周墓葬发掘简报》，《考古与文物》2013年第1期。
③ 石鼓山考古队：《陕西宝鸡石鼓山西周墓葬发掘简报》，《文物》2013年第2期。

光洁平滑,房内均有灶坑或炉壁及储存东西的窖穴。生产工具精细规整。生活用具中有泥质和夹砂陶两种,陶色仍以红陶为主,陶器中罐、䰩比较普遍,瓮、盆、鬲、簋、盉、盘、豆比较少,纹饰以绳纹和篮纹为主。综合此阶段的文化遗存内容,可以看出这时社会经济有了明显的发展,同类的石嘴头遗址中出土的石祖、陶祖说明父权制已经确立。创造这类遗存的应当是仍滞留在关中的炎帝部族的一支。虽然他们的文化中也有东方地区中的斝、鼎类因素,但他们仍以红陶为主的现象表明传统文化力量在生活中占有很重要的地位。另外从分布范围上看比之以前已小了很多,说明他们已逐步走向衰落。这支文化继续向前发展至殷商时期,逐渐演变成以高领乳状袋足鬲为代表的刘家文化。它分布在武功、扶风、岐山、凤翔、宝鸡、眉县、千阳、陇县,在泾水上游的彬县、长武以及甘肃平凉、庆阳地区也有分布。①

我们说,这些陆续出土的刘家文化陶鬲,经考古专家考证,判定为"姜戎文化",与甘肃齐家文化、辛店文化、寺洼文化一脉相承。邹衡将此类器物命名为"姜炎文化"②。意为炎帝与炎帝族创造的一种文化。这就从考古学上落实了下来,即使在商代晚期,直到西周,在宝鸡地区还生息着一支姜姓炎帝裔族。"姬姓和姜姓是姻亲关系……共同组成了周民族"③,建立了西周姬姜政治、军事联盟,姜人为周人的一支可靠同盟军,为周朝的建立、巩固和繁荣,做出了重要贡献。

总之,从目前的研究看,学术界已基本上达成共识:炎帝与炎帝族的起源地就在今陕西关中渭河流域,具体来说就是陕西关中宝鸡的渭河流域。正如学者们所说的:"一般地来说,学术界通常主张在今陕西宝鸡一带。"④"把炎帝族的发祥地确定在陕西渭水上游一带具有很多合理因素,似可信从。"⑤由白寿彝任总主编的《中国通史·上古时代》一书中说:"大体言之,炎帝氏族以姜水为发祥地,渭水下游有邰为姜嫄居

---

① 石兴邦主编:《陕西通史·原始社会》,陕西师范大学出版社1997年版,第326—327页。

② 邹衡:《夏商周考古学论文集》,文物出版社1980年版,第351页。

③ 邹衡:《宝鸡:姬姓和姜姓的联姻地》,吴红主编:《名人说宝鸡》,安徽教育出版社2005年版,第29页。

④ 宫长为:《2004年山西高平炎帝文化全国学术研讨会综述》,《先秦史研究动态》2005年第1期。

⑤ 杜勇:《关于炎帝研究的几个问题》,王树新、孟世凯主编:《炎帝文化》,中华书局2005年版,第103页。

地,因而可以推定以渭水流域为最早活动中心。"①王献唐在其《炎黄氏族文化考》一书中,在考证炎帝与列山氏关系时说:"以姜姓诸端证之神农实生西土之陕西,不在湖北。更以岐山树艺诸端证之,神农发明来麦,亦在陕西,不在湖北。"②张岂之在他主编的《中国历史·先秦卷》中说:"炎帝族所在姜水是渭水的一条支流,在今陕西宝鸡市境内。"③沈长云经过对"五帝"等诸帝的考察,认为现在已形成一个基本的判断:"炎帝居住在今陕甘交界一带及渭水流域。"④沈先生又在另一篇论文中明确指出:"姜水乃是宝鸡附近渭水的一条支流。"⑤赵世超说:"炎帝最初发祥地在姜水流域,姜水可能就是渭水的支流,岐水中间的一段,即姜氏城往东的这一段。"⑥石兴邦说:炎黄时代"形成了三个大的部落联盟或集团,即中西部的华夏集团、南方的苗蛮集团和东方的夷僚集团。而华夏集团则是这三者后来形成中华原始文化共同体的主要组成部分。华夏集团的核心是炎黄部落联盟及其分支部族,而炎黄部落的祖根则在以渭水流域关中地区为中心的秦陇黄土高原……炎帝部落则分布在南部的渭水河谷,过着定居的农耕生活。"⑦教育部组织编写的七年级《中国历史》(上册)教科书第3课"远古的传说"一节写道:"传说中的炎帝,其部落主要活动于陕西渭河流域。"⑧范文澜的《中国通史简编》⑨、王玉哲的《中国远古史》⑩等书中也有相类似的说法。前辈著名历史学家吕思勉、翦伯赞、周谷城等也持此观点。

---

① 白寿彝总主编,徐喜辰、斯维至、杨钊主编:《中国通史·上古时代》(修订本)第三卷上,上海人民出版社2004年版,第174页。

② 王献唐:《炎黄氏族文化考》,齐鲁书社1985年版,第407页。

③ 张岂之主编,刘宝才、钱逊、周苏平本卷主编:《中国历史·先秦卷》,高等教育出版社2001年版,第25页。

④ 沈长云:《华夏族、周族起源与石峁遗址的发现和探究》,《历史研究》2018年第2期。

⑤ 沈长云:《中华文明起源的历史学、考古学与人类学考察》,《历史研究》2021年第1期。

⑥ 赵世超:《阴阳五行学说与炎帝文化的南迁》,宝鸡市社科联:《姜炎文化论》,三秦出版社2001年版,第28页。

⑦ 石兴邦:《研究姜炎文化,振奋民族精神,以促进新文化建设的繁荣与发展》,宝鸡市社科联:《炎帝论》,陕西人民出版社1996年版,第11页。

⑧ 齐世荣总主编(本册主编:瞿林东、叶小兵):《中国历史》(七年级·上册),人民教育出版社2016年版,第13页。

⑨ 范文澜:《中国通史简编(修订本)》(第一编),人民出版社1949年版,第89—90页。

⑩ 王玉哲:《中国远古史》,上海人民出版社2003年版,第129页。

至于有些古史传说炎帝"本起于烈山"(《帝王世纪》),或发祥于"伊""耆"(《路史·禅通记》)等地,这只能说是炎帝与炎帝族的迁徙之地或炎帝文化的传播之地,而不是炎帝与炎帝族的最早起源地。关于这些古史传说,将在第六章第一节"炎帝与炎帝族的迁徙"加以论述。此不赘言。

二、黄帝与黄帝族的起源地

关于黄帝与黄帝族的起源地,古今以来也涉及多个地方。有学者统计,黄帝与黄帝族的起源,有陕西、甘肃、青海、河南、山东、河北、内蒙古、辽宁、四川、湖南、广西等11个省区的15处地方。① 而主要有甘肃天水、陕西宝鸡、陕西黄陵、山东曲阜、河南新郑等不同说法。这些不同地方的说法,有些是魏晋南北朝以降学人的观点,有些是今人提出来的观点。造成不同观点的产生,可能与黄帝和黄帝族群的迁徙有关。但是,笔者认为,从古史传说记载的先后和可信度来看,指向比较明确的是"姬水"。

(一)古史传说中的黄帝与黄帝族的起源地

《国语·晋语四》记载:"昔少典娶于有蟜氏,生黄帝、炎帝。黄帝以姬水成,炎帝以姜水成,成而异德,故黄帝为姬,炎帝为姜。二帝用师以相济也,异德之故也。"从这句话里可以解读出两条重要信息:一是明确提出"黄帝以姬水成"。《说文》亦说:"黄帝居姬水,以为姓。"所以,确定"姬水"的位置,是寻找黄帝与黄帝族起源地的关键所在;二是炎帝、黄帝是两个具有亲缘、地缘、业缘关系的"双胞族",即"他们的远祖都是从与有蟜氏互为婚姻集团的少典氏分裂出来的女儿氏族"②,有"相济"③的关系。因而,我们说,寻找、确定"姬水"的地望,也就离不开炎帝族的起源地"姜水"。

从上面引文我们知道,学术界基本上认可,炎帝与炎帝族起源于"陕西西部"④的宝鸡渭河流域。那么,我们要寻找黄帝与黄帝族起源地"姬水",也就不能离开宝鸡渭

---

① 杨东晨:《黄帝故里的诸种说法和观点分析》,《中华文明探源》,三秦出版社2017年版,第260页。

② 罗琨:《论阪泉之战与涿鹿之战》,《炎黄春秋》增刊《炎黄文化研究》1999年(总)第6期。

③ 关于"相济",有两种解释:一是指"救济""帮助""支持"等意思;一种同于"挤",有"挤对""对抗""灭"的意思。韦氏注:"济当为挤,挤,灭也。"炎黄二族在长期的发展过程中有联合有斗争,是有可能的,但联合是主流。

④ 徐旭生:《中国古史的传说时代》,广西师范大学出版社2003版,第49页。

河流域。对此，曾有多位学者讨论过。

徐旭生说，看古代关于姬姓传说流传的地方，可以推断黄帝氏族的发祥地，与"发祥在陕西西部偏南的炎帝氏族的居住地相距并不很远"[①]。林庚祥根据《帝王世纪》《水经注·渭水》等古籍记载认为："姜水即岐水，它源出岐山（今陕西省岐山县西），南流合横水入雍水（今称"沣河"——作者注），最后汇入渭水，是渭河上游的一条支流。……作为炎帝族的亲属氏族部落，黄帝族的发祥地可能就在陕西一带距离炎帝族居住地不远的地方。"[②]张岂之说："黄帝族所在的姬水是现今的哪一条河流尚无定论，但应距姜水不很远。"[③]又说："从我国远古传说的记载来看，在原始社会后期，炎帝部落和黄帝部落曾活动于陕西黄土高原的渭水流域。"[④]李绍连说："姜水即今陕西省岐山县城东。可见，炎帝一支早期活动于渭水流域。由于黄帝部落也是少典部分裂出来的，亦当活动于渭水流域。"[⑤]杜勇说："炎黄二帝既然是由同一母族分化发展起来的两个氏族和部落，并长期保持着婚姻关系，其最初的居地自然相距不会太过遥远。尽管黄帝族的起源地也有歧说，但据《史记·五帝本纪》称黄帝曾'西至于空峒'（今甘肃镇原县境内），死后'葬桥山'（今陕西黄陵县）等事，大致可以判断黄帝族的发祥地当在陕北与陇东一带，此与居于渭水上游的炎帝族正相毗邻。"宫长为、郑剑英在其主编的《炎帝神农氏——中华远古文明追索》一书中说："姬水和姜水的地望，虽不能确指，但是，肯定在宝鸡一带，则无问题。"[⑥]

以上所说虽指出姬水或"距姜水不远"，或为炎黄二族"正相毗邻"，或"在宝鸡一带"，但均未指明"姬水"是指今哪条水。

关于姬水，在历代史书上均无明确记载。今人研究有五六种意见：一种认为，是指从今麟游流出而南流入渭河的漆水河。该河古称"漆沮水""武亭水""杜阳水""中

---

① 徐旭生：《中国古史的传说时代》，广西师范大学出版社2003版，第49页。

② 林庚祥：《中华民族的象征——黄帝及其传说之试释》，郑杰祥主编：《炎黄汇典·文论卷》，吉林文史出版社2002年版，第348页。

③ 张岂之主编，刘宝才、钱逊、周苏平本卷主编：《中国历史·先秦卷》，高等教育出版社2000年版，第25页。

④ 张岂之：《黄帝与陕北黄土高原》，黄帝陵基金会（刘宝才、韩养民主编）：《黄帝文化志》，陕西人民出版社2008年版，第403页。

⑤ 李绍连：《华夏文明之源》，河南人民出版社1992年版，第60页。

⑥ 宫长为、郑剑英：《炎帝神农氏——中华远古文明追索》，中国文史出版社2005年版，第290页。

亭水"。全长152公里,流域面积3824平方公里。"姬""漆"谐音。所以说黄帝与黄帝族起源于今漆水河流域①;一种认为,因"姬"和"岐"同音,即今陕西岐山县南横水河②;一种认为,姬水即渭水(姜水即羌水。羌水与白龙江、白水江合,入西汉水)③;一种认为"姬水即沛水"④。另外,还有学者认为,姬水为今流经黄陵县而入北洛河的沮河⑤,或为渭水与湟水之间的一条水,即今甘肃临夏的姬家川⑥,或今天水(实为清水)的轩辕谷⑦、氐水⑧、汤峪河⑨等。尽管以上说法各异,但有一点是相同的,即均未离开渭河流域。

  对于第一种意见,多有学者赞同。杨向奎说:"姜水可寻,姬水无踪,其实姬水即漆水,在周原一带。"⑩黄石林说:"姬水,古水名,在今陕西省。一说,即岐水;一说,即漆水。这两条河的两岸都是姬周旧地。其中漆水较大,流域也较长,沿河两岸台地上,也发现多处仰韶、龙山、先周、西周遗址。姬、漆二字可以通假。看来,姬水当系漆水。《国语·周语》:'我姬氏出自天鼋'。郭沫若先生考证:'天鼋即轩辕氏族徽'。轩辕氏族长期居于姬水流域,成长壮大,为姬周远祖。所以说,渭水中游关中平原偏北部为轩辕黄帝的发祥地之一。"⑪罗琨说:"(黄帝)发祥于姬水,当即发源于今麟游

---

① 罗琨:《论阪泉之战与涿鹿之战》,《炎黄春秋》增刊《炎黄文化研究》1999年(总)第6期。
② 何光岳:《炎黄源流史》,江西教育出版社1992年版,第510页。
③ 刘起釪:《炎黄二帝时代地点考》,《炎黄春秋》增刊《炎黄文化研究》1999年(总)第6期;姜蕴刚:《黄帝及其时代》,郑杰祥主编:《炎黄汇典·文论卷》,吉林文史出版社2002年版,第171页。
④ 杨东晨:《黄帝故里的诸种说法和观点分析》,《中华文明探源》,三秦出版社2017年版,第242页。
⑤ 穆长青:《"沮水""桥山""寿丘"新考》,《中华文化》创刊号。
⑥ 李延军:《人间正道》,2015年(内部),第30页。
⑦ 赵世超:《阴阳五行学说与炎帝文化的南迁》,宝鸡市社科联:《姜炎文化论》,三秦出版社2001年版,第25页。
⑧ 王建兴:《轩辕故里·清水文化》,转自杨东晨:《论黄帝故里在甘肃清水县》,《中华文明探源》,三秦出版社2017年版,第274页。
⑨ 杨东晨:《论黄帝故里在甘肃清水县》,《中华文明探源》,三秦出版社2017年版,第278页。
⑩ 杨向奎:《宗周社会与礼乐文明》,人民出版社1997年版,第17页。
⑪ 黄石林:《中国古史中的黄帝时代》,郑杰祥主编:《炎黄汇典·文论卷》,吉林文史出版社2002年版,第574页。

西偏北的杜林,于今武功入渭的古漆水。"①杨东晨认为:"麟游、岐山、扶风相邻,均属宝鸡,其东北的长武、彬县则属咸阳,皆为少典部落居地,不论是漆水(一说为沮水,今漆水河)、古漆水(今水帘河),还是 沣水为'姬'水,均在关中西部,无什么大的分歧。"②(参见图1-1)

以上诸说不无道理。我们说,从已知推未知,若承认炎帝和炎帝族起源于宝鸡渭河流域,承认炎(姜)黄(姬)二族为通婚的"双胞族",那么,我们就应该承认黄帝和黄帝族也起源于宝鸡渭河流域。再者,若肯定姬水就是今天的漆水河,那么,这种说法也就符合炎黄二帝是"双胞族"相邻的地缘关系。

诚然,在今人研究中,也有另外的说法。有一种意见认为,"姬水即渽水"③。《说文》云:"渽水,出蜀汶江徼外,东南入江。"汶江即岷江,出其徼外,东南入江,则正为今之大渡河。还有一种意见认为,姬水当为今河南新郑的"溟水河"④。以上这两种说法欠妥的主要原因是,作为世代"相济"(包括通婚)的"双胞族"相距似乎有些太远,不合乎当时的实情。再说传世文献中也无"溟水"即"姬水"的记载。另有一种意见,苏秉琦依据"《史记·五帝本纪》中所记黄帝时代的活动中心,只有红山文化的时空框架可以与之呼应"的观点,把黄帝与黄帝族说成"发祥于燕山、军都山和长城以北的辽蒙冀边区"⑤,郭大顺认为黄帝族本是燕山地区土生土长的一个部族⑥。对这些说法鲜有认同者。

(二)考古学文化中的黄帝与黄帝族的起源地

若将"姬水"确认为"漆水河",则考古学文化也为黄帝与黄帝族起源于以"姬

---

① 罗琨:《论阪泉之战与涿鹿之战》,《炎黄春秋》增刊《炎黄文化研究》1999年(总)第6期。
② 杨东晨:《黄帝故里的诸种说法和观点分析》,《中华文明探源》,三秦出版社2017年版,第243页。
③ 陈寄生:《黄帝族地考》,郑杰祥主编:《炎黄汇典·文论卷》,吉林文史出版社2002年版,第162页。
④ 参见赵国鼎:《〈黄帝故里故都历代文献会典〉学术研讨会纪要》,《黄帝故里通鉴》,中州古籍出版社2006年版,第175页。
⑤ 陈平:《略论阪泉涿鹿大战前后炎帝族的来龙去脉》,《炎黄春秋》增刊《炎黄文化研究》2001年(总)第8期。
⑥ 郭大顺:《追寻五帝:揭幕中国历史纪元的开篇》,辽宁人民出版社2010年版,第122页。

水"为中心的关中渭河流域提供了相应的佐证。范文澜说:"仰韶文化所在地,当是黄帝族的文化遗址。"①现在学术界一般认同范先生的说法,黄帝属于仰韶文化的中晚期,即距今6500—5000年前后。为此,苏秉琦曾指出:中国古文化有两个重要区系,其中之一就是"源于渭河流域的仰韶文化"②。若从考古学文化的类型看,黄帝时代主要文化类型应属于仰韶文化的庙底沟文化。所以,通过考察渭河流域即陕西宝鸡、延安等地仰韶文化的庙底沟文化遗址,我们认为提出以"姬水"为核心的关中渭河流域为黄帝与黄帝族的起源地在考古学上是站得住脚的。

根据许顺湛在《豫晋陕史前聚落研究》一书所提出的大、中、小三个级别聚落和聚落群标准:10个聚落遗址以下的为小聚落群,11—20个聚落遗址为中等聚落群,21个聚落遗址以上的为大聚落群。在一个聚落群中又分为四个等级:50万平方米以上的聚落称为特级聚落,30万至49万平方米的称为一级聚落,10万平方米至29万平方米的称为二级聚落,9万平方米以下的称为三级聚落。以此划分标准,许先生将陕西全省1918处仰韶文化聚落遗址,分为74个聚落群。其中宝鸡辖区划分为13群539处聚落(不含零星遗址)遗址,其中特级聚落8处、一级聚落8处、二级聚落61处、三级聚落462处。延安辖区划分为14群545处聚落遗址,其中特级聚落7处、一级聚落22处、二级聚落78处、三级聚落438处。在关中及陕北延安市的仰韶文化遗址中,庙底沟类型的遗址占到380处。具体到黄陵县仰韶文化聚落群,在10个乡镇发现35处仰韶文化遗址,其中半坡类型的遗址5处,庙底沟类型遗址19处,其余为未判定类型。这些遗址主要集中在县城的东部洛河及其支流流域。其中特级聚落遗址是庙底沟类型遗址,即田庄镇赵卓遗址,面积为50万平方米。一级聚落遗址2处,一处遗址未判定类型,一处为庙底沟类型。二级聚落遗址8处,其中半坡类型遗址1处,未判定类型2处,有5处属于庙底沟类型。在24处三级聚落遗址中,庙底沟类型遗址(12处)占了一半。很明显,这个聚落群是以庙底沟类型为主体的。像这样密集的聚落群,尤其是超大型的聚落和聚落群,在全国都是很少有的。③ 就是地处河南的郑州、新郑等地,也仅占宝鸡、延安的一半多一点。(参见图1-3,图1-4)

---

① 范文澜:《中国通史简编(修订本)》(第一编),人民出版社1956年版,第99页。
② 苏秉琦:《龙人·龙的传人·中国人》,《苏秉琦文集》(三),文物出版社2009年版,第127页。
③ 参见许顺湛:《豫晋陕史前聚落研究》,中州古籍出版社2012年版,第331—337页。

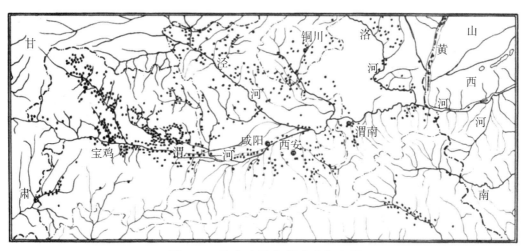

图 1-3 关中地区仰韶遗址分布图

(选自郭琦、史念海、张岂之主编:《陕西通史》之石兴邦主编《原始社会卷》)

图 1-4 陕北地区仰韶文化分布图

(选自郭琦、史念海、张岂之主编:《陕西通史》之石兴邦主编《原始社会卷》)

据此,我们认为,关中与陕北延安是陕晋豫相交的金三角的第一角,是黄帝与黄帝族起源和活动的主要地区。对这一点,许先生在其书中做了较为充分地论述。他说:陕、豫、晋相交的金三角,一直为研究仰韶文化的学者所关注。关中及陕北延安地区已被判定为庙底沟类型的遗址共有380处,未判定类型的仰韶文化遗址还有1000多处。随着研究工作的深入,可能还有庙底沟类型遗址再被发现。

现仅依据已确认的380处庙底沟类型遗址分析来看,在以庙底沟类型为主体的20个聚落群中有特级聚落15处,其面积均在50万平方米以上,最大的达300万平方米。有人研究,一万平方米可能就有一个氏族。陕西庙底沟类型最保守估计,其总面积要在4000万平方米上下,当有4000个氏族。若以两万平方米是一个氏族计算,也应有2000个氏族。如果将未判定类型的可能是庙底沟类型的聚落估计在内,其氏族数量将会更大。有2000多个氏族组成的庙底沟类型的仰韶族团,生产、生活在关中及陕北延安地区长达上千年的时间,这是多么庞大的一个族团!"这样的聚落具备了古国的规模,也就是说出现了邦国,最大的聚落遗址可能就是邦国的国都所在地。"① 从这些遗址和遗存看,反映了"当时农业生产的社会化、手工业专门化和礼制的制度化,这是文明曙光的初现"。② 许先生说法甚确。在这段话里,虽未指明"邦国的国都"是何人何族所建,但联系有关黄帝的文献记载和传说、遗迹和遗存,不难想象,这个"邦国的国都"很可能是黄帝与黄帝族所建邦国或国都。③ 为此,有学者提出距今5000多年的西安杨官寨遗址有可能就是当年黄帝部族的"都邑"或居邑。④

石兴邦在其《炎黄文化研究及有关问题》一文中,根据巩文对宝鸡到郑州之间仰韶文化晚期12个聚落群的调研数据指出,在大(含特大级遗址)、中、小三级共计"1358处聚落遗址中,仅宝鸡市就有500多处,占三分之一还多。宝鸡这一庞大的、富裕的食物采集区,其特点在全国也是独一无二的。我将这一信息函告曾写过《东方摇篮》这本名著、主张中国文化本土论的何炳棣先生。他很惊讶。他说这比西亚古文化分布密度大数倍,是全世界古文化分布密度最高的地区,应该好好研究问题所在,值得我们重视。我国史籍明确记载,炎黄二帝均起源于宝鸡,炎帝以姜水成,黄帝以姬水成,宝鸡是二帝故里,也是他们的发祥地。我想除了这个地方自然生态特别优越

---

① ② ③ 参见许顺湛:《豫晋陕史前聚落研究》,中州古籍出版社2012年版,第338页、第340页、第336—337页。

④ 胡义成:《西安"黄帝都邑"杨官寨选址探析》,胡义成、曾文芳、赵东:《周文化和黄帝文化管窥》(下),陕西人民出版社2015年版,第287页。

外,可能是炎黄二帝初期活动的中心的核心,是文化重地和圣地的原因"①。石先生依据考古学文化所得出的认识,值得我们重视。

(三)黄帝裔族在宝鸡渭河流域的活动

除过考古学文化外,还有其他史料和遗存可作为黄帝与黄帝族起源于以"姬水"为中心的关中渭河流域的佐证。《史记·周本纪》说,周人始祖弃曾被封于其母姜嫄的封地"邰"。邰,在古漆水河下游之畔。所以说,古漆水为周人的起源地。这里分布有众多的今武功郑家坡类型的先周文化。黄帝为姬姓,周人亦为姬姓。古史传说周人为黄帝的后裔。邹衡说:"我很怀疑,黄帝和炎帝很有可能都是周人远古的祖先而已。"②那么,后裔居始祖之居地亦在情理之中。又据古史传说,黄帝曾在古陈仓(今宝鸡)建过都城。《水经注·渭水》说:"渭水东过陈仓县西。"注曰:"黄帝都城在此。"《路史·黄帝》亦说:黄帝"都于陈"。陈即陈仓。《史记·封禅书》载:"黄帝郊雍上帝,宿三月。"意思是说黄帝曾在"雍"(今凤翔简称"雍")地祭祀过天帝。黄帝有位臣子(一说为黄帝老师,一说为诸侯)岐伯为药圣,《路史·黄帝》说:古有岐伯,原居岐山之下。黄帝"复岐下,见岐伯,引载而归,访于治道"。《通志·氏族略》说:岐氏,周故郡也,今凤翔岐山是也。太王居之,之文王始迁于丰,其支庶留岐,故为岐氏。又古有岐伯,为黄帝师。这是把岐伯和岐山联系起来的又一佐证。是说岐伯曾活动于岐山一带。今岐山有岐阳村,传说当为岐伯故里。③古岐国、岐地,属于今之岐山县西北古之岐城遗址,因山而名,古今未变。《史记·封禅书》记载秦灵公设"上畤"祭黄帝的"吴阳",也距漆水河不远。史传黄帝之师吴权出生在吴山(所在地为今宝鸡市陈仓区境内),岐伯在吴山采过药,颛顼后裔吴回部族也是从吴山兴起和发展的。《汉书·地理志》还记载在今宝鸡千阳、陈仓等地曾建有黄帝子孙以及舜帝妻子育的墓和祠。这说明至少在汉以前今宝鸡地区还存在有多处黄帝及其后裔的祠庙。与扶风相邻的乾县出土的周成王时的献侯鼎铭文上的"天黿"二字,学术界多有学者认为,这就是文献中所说的黄帝的名号"轩辕"。这也说明从史前到商周时,轩辕或"天黿"部族

---

① 石兴邦:《炎黄文化研究及有关问题》,《中国社会科学院古代文明研究中心通讯》,2006年第11期。

② 邹衡:《炎帝的原生地究竟在哪里?》,霍彦儒主编:《炎帝与汉民族论集》,三秦出版社2003年版,第2页。

③ 另有甘肃庆阳、四川盐亭及浙江宁波等地也有岐伯的民间传说。

一直是存在的。《庄子·在宥》载有黄帝曾在空同山(今甘肃平凉市境内)会见广成子的故事。《大明一统志》载:"世传轩辕黄帝生坊州,葬衣冠于此。"坊州治所在中部县(今陕西省黄陵县西北的隆坊镇),包括今陕西省黄陵县、宜君县。古史传说仓颉是黄帝的史官,其出生地据说就是现在处于关中平原与陕北高原过渡地带的陕西白水县史官村。这些地方均属于渭河流域,距"姬水"也不是很遥远。

关中渭河流域有关黄帝的民间传说也是相当丰富的,如在宝鸡地区民间有黄帝登天台山祭炎帝、炎黄结亲、臣子岐伯采药、仓颉造字、黄帝臣子大鸿"葬雍"等传说故事。在延安黄陵地区,根据兰草搜集整理的轩辕黄帝传说故事,有五六十则之多,内容涉及黄帝时代的战争、黄帝对衣食住行的发明创造以及黄帝陵地区的地理风貌等。这些民间传说反映了黄帝从出生到死葬的各个方面。虽说传说不能当成信史,但也不能完全予以否定。我们说,当一种文化现象集中反映在某一地区且流传久远时,就要考虑这种文化现象背后所隐藏或所要传达的某种历史信息。我们若将这些传说与文献记载和考古资料相印证,有些传说是有其合理性的,为黄帝起源于关中渭河流域提供了佐证。

(四)今人研究中关于黄帝与黄帝族的起源地

今人通过对古史传说、考古学文化和民间传说等多种资料的整合与研究,学者中多将黄帝与黄帝族的起源地指向"陕西关中的渭水流域",指向今宝鸡渭河支流"漆水河",即古"姬水"。徐旭生说:华夏集团(炎帝族和黄帝族)是发祥于"甘肃和陕西交界地区的两个氏族",即"发祥于今陕西省的黄土原上"[①]。白寿彝说,黄帝族"以陕北和陇东为最早活动中心"[②]。刘起釪说:"黄帝族在未向中原发展以前的居住活动地区,就在东起渭水北境,自陕西中部,西迄甘肃之境的地域。"[③]张岂之说:"黄帝出生于陕北黄土高原""黄帝族主要活动于陕北黄土高原。"[④]黄土高原的地理范围西

---

① 徐旭生:《中国古史的传说时代》,广西师范大学出版社2003年版,第49、55页。

② 白寿彝总编,徐喜辰、斯维至、杨钊主编:《中国通史·上古时代》(修订本)(第三卷上),上海人民出版社2004年版,第174页。

③ 刘起釪:《炎黄二帝时代地点考》,《炎黄春秋》增刊《炎黄文化研究》1994年(总)第1期。

④ 张岂之:《黄帝与陕北黄土高原》,黄帝陵基金会(刘宝才、韩养民主编):《黄帝文化志》,陕西人民出版社2008年版,第400—401页。

至青海贵德,东到太行山,北抵鄂尔多斯沙漠,南达秦岭北麓,渭河流域正处在陕北黄土高原的南部。

对此,石兴邦认为:"根据我国文献记载和考古史迹的研究,炎黄族群最初发迹于渭河中上游地区。这是我国氏族社会时期文化最繁荣发达的地区,也是文明最早的地方。何炳棣根据考古史迹认为也是世界氏族社会最发达的地方。"①"从目前学者的研究趋向和认识看,炎黄部落最早的发祥地在陇东、陕西西部的黄土高原的溪谷中,即古代的秦川大地。"②又说:少典和有蟜这两个通婚集团"最初繁衍在今日陕西宝鸡地区和甘肃天水地区一带……"③沈长云在《人文始祖——黄帝》一文中说:"黄帝居住在今陕西黄土高原"④,并肯定地说:"黄帝和黄帝族当年就应当活动在这一带,也就是今天陕北榆林和延安地区。这里不仅是我们新中国红色政权的发源地,也是我们华夏民族乃至中华民族的起源地、发祥地。"⑤沈先生在另一篇论文中又明确指出:"黄帝所居姬水不可确指,或为渭水北岸的一条支流,即漆水河。据此可推断黄帝、炎帝部落主要分布在今陕西中西部一带。"⑥陆思贤认为黄帝最早起源于陇山地区,即与宝鸡相邻的今甘肃天水地区,秦安"大地湾文化所在的大陇山便是'轩辕之丘',以大地湾原始宫殿为代表的大地湾文化便是'轩辕之国'。此原始宫殿便是'轩辕之宫'。"⑦李晓伟说:"现今的甘肃天水一带,包括陕西西部,即渭河的上游地区,相传是中国远古时代的三皇即伏羲、炎帝、黄帝的出生成长之地。"⑧徐喜辰等人主编的《中国通史·上古时代》一书中依据《庄子·在宥》《五帝本纪》《新唐书·地理志》等书对空桐山地理位置和黄帝在其山的活动的记载,研究后认为:"可以推断黄帝氏族

---

①③ 石兴邦:《黄帝与中华民族的形成与发展》,黄帝陵基金会(刘宝才、韩养民主编):《黄帝文化志》,陕西人民出版社2008年版,第416页,第417页。

② 石兴邦:《有关炎帝文化的几个问题》,宝鸡市社科联:《姜炎文化论》,三秦出版社2001年版,第14页。

④ 沈长云:《华夏族、周族起源与石峁遗址的发现和探究》,《历史研究》2018年第2期。

⑤ 沈长云:《人文始祖——黄帝》,《光明日报》2018年11月24日第11版。

⑥ 沈长云:《中华文明起源的历史学、考古学与人类学考察》,《历史研究》2021年第1期。

⑦ 陆思贤:《〈山海经〉中的轩辕之国——黄帝族发祥地的考古发现》,《炎黄春秋》增刊《炎黄文化研究》2001年(总)第8期。

⑧ 李晓伟:《昆仑山——探寻西王母古国》,天津社会科学出版社2001年版,第69页。

以今之陕北与陇东为最早活动中心。"①

尽管以上说法在具体地域上不完全相同,但基本上未超出"陕西黄土高原的渭河流域"。宝鸡、天水虽属两省,却以渭河相连,相距仅有100多公里;以陇山为界,形成东西相邻之地,古称"关陇",今称"关天",自古以来就属于一个经济带和文化圈,即"关陇经济带"和"关陇文化圈"。也不论是"陕北黄土高原",还是"渭河中上游地区",其实是一个地域圈,都属于渭河流域,只不过前者稍微靠北一点,后者稍微靠南一些。这是从黄帝与黄帝族起源地的广义来说。

如果我们从狭义来说,所谓"宝鸡渭河流域"的古"姬水",就是指与今之"沣河"(古"姜水")相邻的"漆水河",与张岂之所提出的"陕西黄土高原的渭河流域"也并不矛盾,前者是从一个小范围(狭义)来说,后者是从一个大范围(广义)来说。其实二者都是在一个地域之内。

至于魏晋以后,有关古史传说"黄帝生于寿丘",寿丘"在鲁城东门之北"(《帝王世纪》);或说"寿丘在上邽",即"在上邽城东七十里轩辕谷"(罗苹注《路史》);或说"黄帝……受国于有熊,今河南新郑县是也"等,我们说这都是黄帝裔族的迁徙地,而不是黄帝与黄帝族的最早起源地。关于这个问题,将在第六章第二节"黄帝与黄帝族的迁徙"做专门论述。此不赘言。

第二节 炎黄时代的断限与社会基本特征

由于没有文字记载,所以,对炎黄时代的上下时限是仁者见仁、智者见智,出现了多种不同的说法。根据考古学文化与古史传说相印证,学术界一般认为,炎黄时代与考古学的仰韶文化相对应,即距今7000—5000年前后。炎帝和炎帝时代为仰韶文化的早中期,黄帝和黄帝时代为仰韶文化的中晚期。其社会形态正处于母系氏族社会向父系氏族社会的过渡阶段及父系氏族社会的初期。其时代特征是正处在中华文明的前夜,即起源阶段。用摩尔根的话说,为野蛮时期的中高级阶段及文明时代的初期,即炎帝和炎帝时代为中级阶段,黄帝和黄帝时代为高级阶段及文明时代的初期。在这一时期,政治、经济、文化等各方面均有了较快发展,为中华文明的起源、形成和

---

① 白寿彝总主编,徐喜辰、斯维至、杨钊主编:《中国通史·上古时代》(修订本)(第三卷上),上海人民出版社2004年版,第174页。

发展奠定了基础。

一、炎黄时代的断限

研究炎黄和炎黄文化诸类问题,首先要对炎黄时代的断限有一个基本的认识和界定,这是研究的基础和前提。因古文献中无明确的文字记载,所以,今人在研究中只能借助社会人类学和历史、考古学等学科予以推测。

关于炎黄时代的社会性质和起始年代,从目前学术界研究来看,还存在着诸多不同的看法。从社会形态划分:一种认为炎黄时代为母系氏族社会,且认为包括炎黄二帝在内的一切氏族首领均为女性;[1]一种认为"黄帝传说所反映的社会发展阶段应是母系氏族社会向父系氏族社会的转化阶段"[2]。郭沫若在其主编的《中国史稿》一书中认为,炎黄生活的时代"在四千年之前,大约相当于父系氏族公社时期或略早一些"[3]。张岂之将炎黄时代定位于距今约5000年左右[4]。刘宝才将"炎黄时代的时间范围确定为距今6000年至4000年之间,相当于社会发展史的氏族社会后期,即父系氏族社会阶段"[5]。杜勇提出炎帝时代为距今5176年,黄帝时代为距今4676年。[6] 炎黄时代前后相继约为500年。

如果从考古学文化划分炎黄时代,也存在着诸种不同的看法:李伯谦认为:炎黄时代属于新石器时代的晚期,距今5000—4500年(神农氏为新石器时代的早期、中期,距今15000—5000年),社会形态为部落联盟和古国时期,主要经济生活方式是农

---

[1] 郑慧生:《我国母系氏族社会与传说时代——黄帝等人为女人辨》,转自高强:《近百年炎黄文化研究的回顾与思考》,黄帝陵基金会(刘宝才、韩养民主编):《黄帝文化志》,陕西人民出版社2008年版,第480页。

[2] 林祥庚:《中华民族的象征——黄帝及其传说之试释》,《福建师范大学学报》1983年第4期。

[3] 郭沫若主编:《中国史稿》(第一册),人民出版社1978年版,第107页。

[4] 张岂之:《从炎黄时代到周秦文化》,宝鸡市社科联:《炎帝论》,陕西人民出版社1996年版,第3页。

[5] 刘宝才:《论炎黄时代》,《求学集》,陕西人民出版社2004年版,第531页。

[6] 杜勇:《中华文明五千年的学理问题》,《中原文化研究》2018年第1期。

业、畜牧业和手工业。① 又说:"黄帝生活的时代是距今 4500 年前后或者 4300 年前后。"②许顺湛认为:"炎黄时代与仰韶文化相对应,其绝对年代大体是距今 7000—5000 年。"③王震中与许先生认识基本一致,认为炎黄时代为新石器时代晚期的仰韶文化,距今 7000 年至 5000 年(神农氏为新石器时代的早期、中期,距今 12000—7000 年),社会形态为部落、部族,主要经济生活方式是农业、畜牧业和手工业。④ 严文明认为:"炎黄文化当即仰韶文化后期的文化。"⑤石兴邦说:"根据现在考古发现与文献的整合研讨,炎黄文化时代相当于新石器时代仰韶文化晚期到龙山文化早、中期阶段,即原史时代的初期。距今 6000 年到 5000 多年。"⑥王晖认为,黄帝时代为距今 6000—5700 年,引用苏秉琦观点,与"花瓣纹的庙底沟文化"⑦相对应。沈长云赞同"黄帝应当是在公元前 2500 —前 2300 年之间"⑧。

另外,还有学者将炎黄时代划为"距今七八千年左右到五千年左右,前后跨越了三千年之久"⑨;有说"'炎黄'跨越的时代历经六千年,包括了氏族社会的繁荣和解体,包括了整个新石器时代"⑩。又有学者认为炎黄时代有狭义和广义之分。广义的炎黄时代是指"从距今 1 万年左右的神农时代到中国第一个王朝——夏朝建立以前大约 6000 年左右的时间";狭义的炎黄时代是"仅指距今 5000 年左右……即仰韶文

---

① 李伯谦:《考古学视野的三皇五帝时代》,王俊义主编:《炎黄文化研究》(第八辑),大象出版社 2008 年版,第 12 页。
② 李伯谦:《祭拜黄帝要达成共识》,《光明日报》2015 年 9 月 7 日第 16 版。
③ 许顺湛:《五帝时代研究》,中州古籍出版社 2005 年版,第 56 页。
④ 王震中:《古史传说中的"虚"与"实"》,赵德润主编:《炎黄文化研究》(第十二辑),大象出版社 2011 年版,第 15 页。
⑤ 严文明:《炎黄传说与炎黄文化》,黄帝陵基金会(刘宝才、韩养民主编):《黄帝文化志》,陕西人民出版社 2008 年版,第 397 页。
⑥ 石兴邦:《炎黄文化研究及有关问题》,《中国社会科学院古代文明研究中心通讯》2006 年第 11 期。
⑦ 王晖:《考古学视域下黄帝部落研究》,陕西省公祭黄帝陵工作委员会:《黄帝陵是中华文明的精神标识学术交流会论文选集》,陕西人民出版社 2016 年版,第 62—63 页。
⑧ 沈长云:《人文始祖——黄帝》,《光明日报》2018 年 11 月 24 日第 11 版。
⑨ 吴汝祚主编:《炎黄汇典·考古卷》,吉林文史出版社 2002 年版,第 3 页。
⑩ 罗琨:《"炎黄""黄炎"与黄帝陵》,《炎黄春秋》增刊《炎黄文化研究》1994 年(总)第 1 期。

化后期至龙山文化时期这一阶段"①。又说:"广义的炎黄时代可以分为早、中、晚三期……中期从距今 7000 年至距今 5000 年左右,即仰韶文化时期……大体相当于传说中的炎黄时代。"②

尽管以上说法各异,但把这些不同说法综合起来看,从考古学上说,笔者赞同炎黄时代大致不会超出新石器晚期即仰韶文化这个范围,也就是距今 7000—5000 年。若再将炎帝时代与黄帝时代做一划分,炎帝时代为距今 7000—5500 年,黄帝时代为距今 6500—5000 年。若以炎黄二帝的"称雄"时代来说,以距今 6000 年为界,炎帝大概称雄于距今 7000—6000 年,距今 6000—5500 年为炎帝和炎帝族的衰落期;黄帝大概称雄于距今 6000—5000 年,距今 6500—6000 年是黄帝和黄帝族的孕育形成期。二者之间有 1000 多年的并存发展期,即"相济"联盟期。

从与考古学的对应关系来看,石兴邦曾在《有关炎帝文化的几个问题》一文中说:"严肃地说,在史前时代和原史时代,我们将某一考古学文化与传说记载完全整合起来,是比较困难的。我们说,仰韶文化的某一类型和阶段属于炎帝文化或黄帝文化,就目前的学术状况来说,还不可能。但根据传说记载中的史实和考古文化诸因素(时代、特点和分布地域)大体可以置于一定的历史时空框架内则是合理的(虽然不是绝对正确的)。"③石先生的说法是有一定道理的,是实事求是的。若将炎黄二帝"传说记载的史实和考古文化诸因素"相对应,炎黄时代与考古学上的仰韶文化是基本相符的。从"一定的时空框架"来说,即炎帝时代相当于仰韶文化的早中期,可与陕西半坡类型、山东大汶口文化早期类型相对应;黄帝时代相当于仰韶文化的中晚期,可与河南庙底沟文化类型、陕西半坡四期文化类型、豫西晋西南庙底沟二期早期文化以及龙山文化的初期相对应。

若将炎黄时代与整个新石器时期联系起来看,以早、中、晚、末四期划分新石器时代,那么,其早期(距今 12000—8000 年)和中期前仰韶文化时期(距今 8000—7000 年),可称为前炎黄时代(也可称为神农时代),社会形态为氏族、部落;其晚期(距今 7000—5000 年)为仰韶文化时期,可称为炎黄时代,社会形态为部落、部族;其末期(距今 5000—4000 年)为龙山文化时期,可称为后炎黄时代,社会形态为酋邦或邦国。

---

① 高强:《炎黄文化与中华民族凝聚力》,人民出版社 2019 年版,第 38 页。
② 高强:《炎黄文化与中华民族凝聚力》,人民出版社 2019 年版,第 39 页。
③ 石兴邦:《有关炎帝文化的几个问题》,宝鸡市社科联:《姜炎文化论》,三秦出版社 2001 年版,第 21 页。

这一整个时期反映在经济和生产方式上,早中期为渔猎和农牧业,晚期和末期除了农牧业外,已有了手工业。

若将炎黄时代与社会形态联系起来看,笔者认为炎黄时代正是原始社会的末期,社会形态处于氏族和部落阶段,开始向部族和部落联盟或族邦、邦国过渡。从社会属性来说,属于母系氏族社会的末期,父系氏族社会的初期。具体来说,炎帝时代处在母系氏族社会末期且向父系氏族社会过渡时期,黄帝时代可能已处在父系氏族社会的初期。

摩尔根通过对社会物质生产资料发展状况的研究认为,远古人类社会的发展划分为蒙昧、野蛮和文明三个时期。石兴邦依据摩尔根的这一理论,通过对我国远古社会的分析,认为蒙昧时代为我国旧石器时代的早、中期;野蛮时代的低级阶段和中级阶段为我国旧石器时代的晚期和新石器时代的早、中期;野蛮时代的高级阶段为新石器时代的晚期;文明时代从青铜时代初期开始。按照此分期,炎黄时代应该为野蛮时代的高级阶段及文明时代的初级阶段。

为什么要将炎黄时代与仰韶文化相对应,除我们所说炎黄事迹与这一时期出土遗迹遗存基本相符外,还有一个重要原因:这一时期是原始社会经济发展和繁荣时期,是由野蛮向文明的过渡时期,具有承前启后的作用,即前承"三皇"时代,后启"五帝"时代。正如有的学者所说:仰韶文化"为中华文化和文明提供了很多文化基因,是中华文化的主根、主脉""它的意义是完成了华夏文化的认同,影响到周边红山文化、大汶口文化甚至良渚文化""是全国规模最大、影响最为深远的一种核心文化。是早期中国文化圈最亮丽的一道风景线,为中华文明的形成奠定了总的物质基础"。为此,将仰韶文化比喻为中华文明起源的"满天星斗"中最亮的星,"重瓣花朵"中正中间的花朵。① 而古史传说的炎黄二帝的发明创造也正好反映了这一时期灿烂辉煌的社会经济和文化状况。所以,我们将炎黄时代与仰韶文化相联系,是比较符合新石器时期历史发展实际的。当然,这种对应和分期,也是为了便于读者认识这一重要历史发展阶段和行文叙述,并不代表炎黄时代或者说炎帝时代和黄帝时代的实际年代。从某种意义上也可以说是一种人为的认定。

关于炎帝、黄帝各自"在位"和延续的时间,根据古文献传说记载,有说炎帝"在位百二十年而崩。至榆罔凡八世,合五百三十年"(《帝王世纪》),有说"五百一十

---

① 分别参见李韵:《仰韶文化:满天星斗中最亮的那颗》,《光明日报》2021年10月18日;陈星灿:《中国考古学百年成就》,《中国社会科学报》2021年10月19日。

年"(《春秋命历序》),有说传了"十三世"(《路史·炎帝纪》)或说传了"七十世"(《尸子》)。若按《说文》以每世30年计算,则为390年或2100年。而对黄帝,有说"在位百年而崩,年百一十岁。或言三百岁"(《帝王世纪》),其族先后传了10世,经历了1520年,或说"黄帝至禹三十世"(《竹书纪年》),经历了900年,等等。当然,这些说法是否确切,今天是无法落实的,只能作为今人研究的一个参照。实际上,炎帝和黄帝并不是前后接续的,而是炎帝时代已有黄帝(族)正在兴起;黄帝时代炎帝(族)也仍然存在,只不过"世衰"罢了。所以说,仰韶文化的早中期不能排除黄帝族和黄帝文化,仰韶文化的中晚期也不能排除炎帝族和炎帝文化。只不过当时谁为"共主"或"称雄",就以谁的称谓作为这个时代的名称罢了。

二、炎黄时代的社会基本特征

从前文知道,炎黄时代属于考古学文化的仰韶文化时期。这个时期,反映在社会、经济、文化等各方面的状况较前都有了较大的发展。可以说这是原始社会发展最快的时期,也是原始社会的黄金时期,为中华文明社会的产生和形成奠定了基础。通过对古史传说和对这一时期仰韶文化的分析、研究,我们认为炎黄时代的社会基本状况具有以下几方面的特征:

首先,反映在社会组织和社会形态方面,开始由母系氏族社会向父系氏族社会过渡或已有部分氏族部落开始进入父系氏族社会。

中华民族的发展,和世界上其他民族一样,曾经历了若干万年的原始社会生活时期。这个时期的社会形态便是氏族社会制度。氏族社会又分为母系和父系两个相互衔接的阶段。大约从数万年以前开始,原始先民逐渐进入了氏族社会,这时是母系氏族社会时期。大约从一万年前后起,黄河流域的许多氏族部落,已发展到临近母系氏族社会的鼎盛时期。

进入距今7000年左右,即仰韶文化的早中期,与氏族社会结构相适应,那时的村落已有了特定的布局。宝鸡北首岭、西安半坡,都是比较典型的氏族村落遗址。以西安半坡为例,其村落总面积约5万平方米,包括居住区、制陶窑场和公共墓地三大部分。居住区的周围有一条深宽各五六米的壕沟,可能是出于安全防卫上的考虑。沟北边是氏族公共墓地,东边是窑场。在居住区和沟外的空地上,分布着各种形式的窖穴,是氏族的公共仓库。居住区内四五十座房屋,密集地排列着,布局井然有序。在居住区中心,有一座规模很大的长方形房屋,看来应该是全氏族的公共活动场所,氏族会议、节日集会和祭祀活动大概都在这里举行。大房屋四周的中小型房屋,则是氏族成员的住处。这种现象从一个侧面反映了氏族社会的结构。氏族成员被牢固的血缘纽带联结在一起,一切活动都是和氏族不可分的。每个氏族成员都依赖氏族而生存,氏族又是由它的每个成员组成统一的整体。他们共同占有一定的土地和其他的自然产物,"日出而作,日落而息",共同劳动,共同消费,互相协作,过着平等、和谐的生活。

自然,每个氏族乃至由许多氏族组成的部落,再由部落组成部族或部落联盟,都有自己的首领,如炎帝、黄帝分别就是氏族部落或部落联盟的杰出首领。一般认为,氏族的首领要经由氏族会议民主选举产生。那些勤劳勇敢、能力卓越,并为大家拥戴的成年妇女或男子都可以当选。氏族首领的职责是负责管理氏族的日常事务和处理偶然发生的冲突事件。氏族首领和一般氏族成员完全处于平等的地位,没有什么特权和私有财产,也不脱离生产劳动。关于炎帝"身自耕,妻亲织"(《淮南子·齐俗》)的传说,虽然不免夹杂着后人想象的成分,但仍反映了这一历史时期氏族首领的地位。

氏族内部的政治生活,也充分体现着原始的民主精神。氏族内部的一切重大事件,如氏族首领的选举和更换、血族复仇等,都要在氏族的民主集会上决定。这种大规模的民主集会就是氏族的最高权力机关,会议往往就在居住区中央的大房子里进行,氏族的所有成年男女都有权参加。传说"神农无制令而民从"(《淮南子·氾论训》),"刑政不用而治,甲兵不起而王"(《商君书·画策》)。说明那时候还没有压迫和奴役,没有强加于氏族成员身上的法律、刑罚、监狱、军队和其他暴力统治,一切按照传统习惯行事。这种传统习惯具有相当的约束力,是团结全体氏族成员、协调相互关系、维护氏族存在和发展所不可缺少的。全体氏族共同生活在和谐融洽的气氛之中。《庄子·盗跖》篇所说的"神农之世,卧则居居,起则于于,……无有相害之心",反映的就是这种融洽和谐的淳朴风气。

进入距今6000年左右,即仰韶文化的中晚期,为母系氏族社会向父系氏族社会的转化时期。这一时期的早期,原始的氏族社会早已形成,不言而喻,这种氏族组织也就是社会组织。先民们凭借着这种社会组织,团结起来,同自然界进行着不懈的斗争,以获取衣食之源。无论是狩猎、捕鱼、采集,还是农业劳动,都是集体进行,劳动是每个氏族成员的光荣职责。人们还没有私有财产观念,他们的财产就是氏族活动范围之内的森林、草场、山丘、河流、动物、植物和住所,这些都归全氏族占有和使用。人们共同劳动,共同消费。所以,反映在人与人、人与社会、人与自然等方面呈现出和谐景象。《古三坟》说:"父子不背恩,夫妇不背情,兄弟不去义。"《淮南子·览冥训》说:"强不掩弱,众不暴寡,人民保命而不夭,岁时熟而不凶。"这是说父子、夫妇、兄弟之间的亲情关系,以及社会平等相待,和睦相处的情景。表现在社会和谐方面,《古三坟》说:"国无邪教,市无淫货,官无滥土,邑无游民,官有常职,民有常业……鳏寡孤独,各有所养。"《淮南子·览冥训》说:"百官正而无私,上下调而无尤,法令明而不暗,辅佐公而不阿。田者不侵畔,渔者不争隈。道不拾遗,市不豫贾,城郭不关,邑无盗贼,鄙旅之人,相让以财。"《管子·任法》说:"黄帝之治天下也,其民不引而来,不推而往,不使而成,不禁而止。"可见炎黄二帝所处时代之和谐。在保护自然方面,人们使自然界也保持一种和谐状态。《古三坟》说:"地无荒土,山不童,泽不涸……禽兽不失长,草木不失生。"自然界也呈现出一派勃勃生机的和谐景象。

这一时期,已有了按性别年龄区分的不稳定的简单分工。出外狩猎、捕鱼以及防御猛兽等,主要由青壮年男子承担。采集植物,看守住所,烧烤食物,加工皮毛,缝制衣服,养老抚幼,主要由妇女承担。老年和儿童也从事一些辅助性的劳动。这种分工,早在裴李岗文化遗址中已有反映,男性墓内多随葬石铲、石斧、石镰、石镞等,女性墓内则多随葬石磨盘、石棒等。① 因是母系氏族社会向父系氏族社会转化的初期,因而在氏族内部,妇女还拥有一定的权力,仍然为氏族的组织者和领导者。

血缘关系仍是维系氏族的纽带,是氏族社会的基础。由于当时处在族外婚、对偶婚状态下,氏族成员的世系还只能根据女系的血统来计算。《庄子·盗跖》篇所说的神农之世,"民知其母,不知其父",指的就是这种情况。这时,同一始祖母生下的若干后代,便形成一个氏族,氏族发展壮大后再行分离,又分出新的氏族。如炎帝族和黄帝族就是两个分裂出来的"双胞族"。若干氏族组成胞族,或直接组成的部落或部落联盟。在氏族和部落内部,每个男女成员都是平等的,互相保护、继承,共同遵守氏族习惯,参加公共活动。生前是这样,死后的安葬也是这样。

到了距今5500年左右,即仰韶文化的晚期,黄河流域的许多氏族部落,自然也包括活动在该地区的炎黄部落,在由母系氏族社会向父系氏族社会转化的同时,已开始出现父系氏族社会。具体来说,仰韶文化的早中期,是氏族社会的转化期;仰韶文化的中晚期,则为父系社会的初期。当然,在父系氏族社会初期,人们仍然生活在以集

---

① 中国社会科学院考古研究所河南一队:《河南新郑沙窝李新石器时代遗址》,《考古》1983年第2期。

体共有为基础的原始共产制度下,血缘关系依然是维系氏族组织的有力纽带。

大量考古资料表明,大概从新石器时代晚期起,即炎黄时代的中晚期,我国黄河和长江流域的一些氏族部落,先后进入了父系氏族社会时期。从此,原始社会开始解体,阶级社会的因素开始萌芽,并最终取代了原始社会。所以,从本质上讲,父系氏族社会是原始社会向奴隶社会过渡的历史阶段。这一时期,社会形态、家庭关系发生了多种变化:

一是产生了一夫一妻制的小家庭。一夫一妻婚姻制的产生,经过了一个漫长的发展过程。在原始社会的早期,人类的生活是极其艰难困苦的。那时的人们,必须依靠集体的力量向自然界斗争才能生存和发展。所以,他们大约是几十个人结成一群,过着群居的生活。在这样的群体中,他们之间的两性关系,还处在原始的群婚状态,即整个一群男子和整个一群女子互为婚配,各对配偶仅仅只是暂时的结合。当时社会各成员间两性结合还没有任何规定,习俗上对两性关系也没有任何的约束。

大约又过了若干万年,人们的两性关系渐渐脱离了原始群居的婚姻状态,进入了血婚制阶段。用摩尔根的话说:"这是由嫡亲的和旁系的兄弟姊妹集体相互婚配而建立的。"①这时候,父母同子女之间的婚姻关系开始被禁止,两性关系也开始被限制在同辈分的兄弟姐妹之间。这种按照辈分区别的婚姻,也叫作血缘婚姻。这种婚姻关系是原始社会组织的基础,也是从原始人群过渡到氏族制度的一个重要环节。

原始先民们在经历了漫长的血婚制后,便进入了母系氏族社会。这时候的婚姻形态也相应地发生了变化。兄弟姐妹之间的乱婚状态逐渐被排除掉了,母系氏族外婚制度开始确立起来。摩尔根将这种婚姻关系称为"伙婚制",即"一群男子伙同与一群女子婚配"②。这种婚姻制度,按照母系氏族外婚制的要求,本氏族的兄弟姐妹不能通婚,兄弟必须出嫁,在相互通婚的对方氏族中寻找配偶。当然,那时的配偶也不是固定的。出嫁的男子死后,都要归葬于各自出生的氏族。这是目前普遍流行的看法。我们则认为,那时的男子并不一定都要出嫁,也有可能像云南纳西族那样,实行"走婚制",即青壮年男子晚上到别的氏族去会情人,第二天早上又返回本氏族从事生产劳动。

前面我们说过,早于炎黄时代即距今一万年左右的时候,已经进入了母系氏族社会,实行族外婚制。从种种文献记载看,炎帝、黄帝父亲的氏族为少典氏,母亲的氏族

---

①② [美]路易斯·亨利·摩尔根:《古代社会》(下),商务印书馆1977年版,第382页。

为有蟜氏。少典和有蟜,就是相距不远、互通婚姻的两个氏族部落,即"双胞族"。

《尔雅·释亲》篇关于古代亲属的称谓,也为我们隐隐约约地透露出了母系氏族社会婚姻关系的某些信息。譬如说:"男子谓姊妹之子为'出',女子谓兄弟之子为'侄';谓出之子为'离孙',谓侄之子为'归孙'"。郭沫若先生解释说,在母系氏族外婚制中,或者是一个氏族同其他许多氏族通婚,或者是在两个氏族同辈分的男女之间通婚。按照后一种情况,因姊妹之子必须从本氏族出嫁到对方氏族中去,所以称为"出"。出之子不生于本氏族,但以辈分而论为孙,所以叫作"离孙"。反之,因兄弟出嫁到对方氏族,与对方氏族女子所生之子,一定要嫁回本氏族,所以称'侄',"侄"即"至"的意思。侄之子又生于本氏族,所以就叫作"归孙"。[①]

仰韶文化的墓葬更能反映炎黄时代的婚姻关系。宝鸡北首岭墓地中发现了男女分区埋葬的现象。在同一块墓地的两个区域内,一边多是男子单人葬,另一边则是女子单人葬。在半坡墓地,发现两个男子合葬和四个女子合葬的墓葬各一座,也有同一墓区里的男女单人葬。在华县元君庙,发现有母子合葬墓。然而,迄今为止,各地都未发现一对成年男女(夫妻)合葬或父子合葬的情况。这是因为,按照氏族内部不许通婚的规定,他们不可能跟本氏族的姊妹同墓合葬。但同性合葬或男女分区埋葬,则是许可的。因此,兄弟与姊妹分开埋葬,就是十分自然的了。上述男女分区埋葬的现象,正说明了仰韶文化的氏族一般都遵循着母系氏族外婚的制度。

当然,就每个氏族来讲,一般实行族外婚。但就整个部落来讲,又多实行族内婚。即一个部落内部的各个氏族相互通婚,构成一个相当大的血缘集团。

大概到了炎黄时代的中期,原始先民们的婚姻关系也在慢慢地发生变化。由于社会经济和氏族制度的发展,氏族对血亲通婚的禁例日益增多,通婚范围也愈加狭小,群婚已逐渐成为不可能了。这样,基于习惯的对偶同居便逐渐地稳定下来,这就慢慢地形成了对偶婚制度,即"偶婚制"。对偶婚关系下的夫妻还不是独占的同居,两性结合还比较松散。如摩尔根所说:"这是由一对配偶结婚而建立的,但不专限与固定的配偶同居。婚姻关系只有在双方愿意的期间才维持有效。"[②]所以,子女"只知其母,不知其父"的情况依然存在。

到了炎黄时代的晚期,随着母权制向父权制的过渡,对偶婚也转变为一夫一妻制了。这种婚姻关系被称为"专偶制"婚姻,即"由一对配偶结婚而建立的,专限与固定

[①] 参见郭沫若主编:《中国史稿》(第一册),人民出版社1976年版,第44—45页。

[②] [美]路易斯·亨利·摩尔根:《古代社会》(下),商务印书馆1977年版,第382页。

的配偶同居"①。一夫一妻制和对偶婚不同的是,对偶婚缺乏一种独占性的同居,而一夫一妻制的婚姻关系则是男女双方比较牢固持久的结合。除了特殊情况需要离异外,一般都发展为终身的夫妻关系。由这样的夫妻关系形成的社会生活的基本细胞,和母系氏族制度是截然不同的,因而构成了氏族制度瓦解的重要因素。

在一夫一妻制的婚姻形态下,男女双方的关系也被颠倒过来了。原来是女子留在本氏族,男子出嫁到外氏族或去外氏族"走婚"。现在是男子留在本氏族,女子要出嫁到外氏族,并随男方居住,甚至死后还要采取夫妻合葬的形式。这时候,男子成了维系氏族的中心,妇女则处于从属地位。

这种一夫一妻制的小家庭生活,在陕西关中和河南西部一带的仰韶文化晚期墓葬中都有反映。陕西宝鸡的福临堡、西安半坡、临潼姜寨、邠县下孟村、华县(今华州区)泉护村和元君庙、华阴横阵村,河南安阳后冈、陕县庙底沟、渑池仰韶村、洛阳王湾等地,均发现了那时的村落遗址,即属于一夫一妻制的房屋、墓葬等。例如,在西安半坡遗址中,发现在一些房子内,有自己的生产工具、粮瓮、粮窖、灶膛等,这"显然是一夫一妻制小家庭的遗迹";在淅川下王岗仰韶文化遗址中,也发现了成排的小房间,这是小家庭产生的见证;大汶口文化中发现的男女合葬墓,普遍是男左女右,这也是一夫一妻制的见证。②在大地湾发现的长约6米、宽约5米的F411房址,居住地面正中上方绘制有地画,画正中为一男性形象,左侧系一女性,右侧为一小孩,其中女子处主导地位。毫无疑问,这幅地画,"反映了一对夫妻和一个小孩三人为一小家庭的基本组合体"③。

二是贫富分化,阶级开始出现。到了炎黄时代的晚期,即距今5500年左右,在宝鸡福临堡和陕县庙底沟及庙底沟二期等遗址中,尤其是大汶口文化、红山文化、良渚文化中,从墓葬随葬品的悬殊,可以清楚地看出贫富分化已走向极端。甚至在红山文化中还发现了类似于金字塔式的大型基石冢,在仰韶文化和大汶口文化墓葬中,发现了奴隶殉葬。同时发现有人牲的奠基。"这样的社会已经不是原始共产社会的模式,各尽所能,平均分配,人人平等的社会已经成为过去,贫富分化,阶级已经出现。"④

---

① [美]路易斯·亨利·摩尔根:《古代社会》(下),商务印书馆1977年版,第382页。

②④ 许顺湛:《黄帝时代是中国文明的源头》,《许顺湛考古论集》,中州古籍出版社2001年版,第147页。

③ 黄石林:《中国古史中的黄帝时代》,郑杰祥主编:《炎黄汇典·文论卷》,吉林文史出版社2002年版,第581页。

三是刑法和战争已经产生。《商君书·画策》载："神农之世,男耕而食,妇织而衣;刑政不用而治,甲兵不起而王。"这是指炎黄时代的早中期,即炎帝时代的早期。而到了炎黄时代的中晚期,即黄帝时代的晚期,"神农既殁,以强胜弱,以众暴寡,故黄帝作为君臣上下之义,父子兄弟之礼,夫妇妃(配)匹之合,内行刀锯,外用甲兵"(《商君书·画策》)。《史记·五帝本纪》说得更具体、更明确:"轩辕之时,神农世衰,诸侯相侵伐,暴虐百姓,而神农氏弗能征。于是轩辕乃用干戈,以征不享,诸侯咸来宾从。""炎帝欲侵凌诸侯……以与炎帝战于阪泉之野,三战,然后得其志。蚩尤作乱,不用帝命。于是黄帝乃征师诸侯,与蚩尤战于涿鹿之野,遂擒杀蚩尤。"这种类似的记载还在《逸周书·尝麦解》《新书·益壤》《龙鱼河图》《帝王世纪》等古籍有记载。"这些记载说明一个问题,那就是黄帝时代,由贫富分化、阶级出现,而发展到内行刀锯,外用甲兵阶段。"①

四是"邦国"开始出现。炎黄时代的中晚期,以黄帝为首领的部落联盟开始形成。通过阪泉、涿鹿之战,建立起炎黄蚩华夏联盟集团,黄帝成为拥有"万诸侯"的"天子""领袖",统一了黄河中下游地区。黄帝还在联盟内设官建政。《史记·五帝本纪》说:"举风后、力牧、常先、大鸿以治民。"《集解》引郑玄曰:"风后,黄帝三公也。"引班固曰:"力牧,黄帝相也。"《管子·五行》篇中说:"黄帝得六相而天下治。"分别设立了管理天时、仓廪、农业、手工业、兵马、司法等官员。另外,还命伯余、胡曹管做衣服,宁封管做陶器,共鼓、货狄管做舟,挥与夷牟管做弓矢,垂管做农具。并封仓颉为史官,伶伦为乐官,容成负责管理天象历法,参与者有羲和、常仪、臾区、大挠、隶数等。从这些管理分工和黄帝所拥有的权威来看,"古代社会的部落达不到,部落联盟也达不到,只有发展到酋邦王国阶段才有这种可能"②。说明黄帝时代已经成为邦国的世袭领袖人物。

其次,反映在经济方面,大体说来,在原始社会的早期,人们一般只能进行采集和渔猎活动,利用自然界现成的东西,以维持自己的生活。氏族制度形成以后,人们才把自然的东西愈来愈多地改造或再生产出来,改善并提高自己的生活水平。

从距今一万年前后开始,黄河流域的氏族部落逐渐形成了以农业为主的综合经济。相传"古之人皆食禽兽肉,至于神农,人民众多,禽兽不足,于是神农因天之时,分地之利,制耒耜,教民农作,神而化之,使民宜之,故谓之神农也"(《白虎通义·

---

①② 许顺湛:《黄帝时代是中国文明的源头》,《许顺湛考古论集》,中州古籍出版社2001年版,第147页,第148页。

号》)。传说里把农业的发明归之于炎帝一个人,实际上应是初期农业阶段集体经验的集中反映。

炎黄时代的初期,即炎帝时代的早期,农耕的领导工作起初主要由妇女来承担。她们领导着大家,利用天时地利,从事农业生产劳动。那时的农田,就分布在村落附近。每当农忙季节到来的时候,她们就率领全氏族成员一齐出动,男子砍伐树木,披荆斩棘,开辟土地;妇女们松土整地,挖洞点种;儿童也是辅助劳力,帮助碎土、下种、盖土。播种后的田间管理也主要由妇女承担,老人和儿童也参加一些力所能及的劳动。收获是全氏族成员共同所有。这种原始农业通常被称为"刀耕火种",也叫锄耕农业。那时的劳动工具十分简单,开地用"骨耜"或磨光的石斧,松土整地用石铲和弯柄短木锄,点种主要用尖木棒,收获谷物用石刀或陶刀。刀呈长方形,两侧有凹腰,或中间穿孔,以便系上绳索或皮条,套在手指上,割取禾穗。农作物主要是粟谷。粟谷十分耐旱,自生能力较强,非常适宜雨量较少的黄河流域种植。长江流域因水量充足以种植稻谷为主。秋季收打以后,先民们便把粟米或稻谷储藏在窖穴或住房中。在黄河流域的宝鸡北首岭、西安半坡和华县泉护村等仰韶文化遗址中,都发现了大量炭化了的粟壳;在长江流域两湖地区的彭头山、城背溪、大溪遗址,长江下游的浙江河姆渡、江苏的马家浜遗址,以及黄淮地区的河南舞阳贾湖遗址,都发现了稻壳和炭化了的稻谷。不仅如此,还在这些遗址内发现了一定数量的农耕生产工具,如石刀、石镰、石斧、石犁和骨耜、木制的铲、耒、杵等。这说明,我国不仅是世界上农业产生最早的国家之一,还是一个最早产粟和稻的国家。

自从进入炎黄时代中期,原始先民们经过一个较长时间的农业经营之后,他们便能够用自己生产的食物来满足基本的生活需要了。那时已经发明了一些简单的谷物加工工具,如新郑裴李岗、宝鸡北首岭、西安半坡等遗址中发现的石磨盘、石磨棒(或石饼)之类,就是这种简单的谷物加工工具。先民们把谷物放在石磨盘上,手执石棒或石饼,反复碾磨,以达到去皮脱壳的目的。相传古时"断木为杵,掘地为臼"这种原始的谷物加工方法可能那时也被采用了。粟谷、稻谷加工以后,被人们用来做成各种食物,果腹充饥。所谓"神农时,民方食谷,释米加烧石上而食之。"(《艺文类聚·食物部》)就是指人们把脱去谷壳的米粒放在石板上烧烤食用的情形。在北首岭、半坡、姜寨等先民住房遗址中,几乎都发现了用陶罐烧火做饭的灶炕,这比石板烤米又大大前进了一步。虽说农业较前有所发展,但从整体来说,农业生产还处在初级阶段,再生产是在轮流丢荒和不断开辟新耕地的条件下进行的,耕作技术极为原始,工具也极其简陋,再加上还常常受到各种自然灾害的影响,收获量不高,有时甚至颗粒无收。这种情况往往会引起氏族村落的迁徙。

除种植谷物以外,那时也开始种植蔬菜。西安半坡遗址的一个陶罐里,就发现了白菜或芥菜之类的蔬菜种子。这与文献传说烈山氏(炎帝)的儿子柱"能植百谷百蔬"(《左传·昭公二十九年》)相印证,说明我国蔬菜的种植与谷物一样,同样具有悠久的历史,早在炎黄时代的早期,即母系氏族社会时期就已经出现了。

渔猎是仅次于农业的生产活动,在当时人们的经济生活中仍占有一定的地位。用以渔猎的主要工具有弓箭、石矛、鱼叉、鱼钩和束有石网坠的渔网等。

家畜的饲养,在母系氏族社会也已出现。从西安半坡遗址发现的圈栏和动物骨骼看,当时饲养的主要家畜为猪和狗。牛、羊、马、鸡等家畜家禽可能还处在驯养阶段。

尽管农业已有了一定的发展。但采集仍然是那时不可缺少的经济活动之一。在半坡遗址的房屋和地窖中,就发现了许多榛子、松子、栗子、朴树子以及螺蛳壳和蚌壳等植物、水产物。

这一时期,生产工具和生活器具数量的增多和质量的提高,是手工业发展的标志。大量磨制工具的制作,给人们提供了新的生产工具,促进了社会生产的发展。从斧、锛、铲、凿和刀、针、笄的制作来看,已经有了切、削、磨、钻等技术。带倒刺的鱼叉、鱼钩和穿孔骨针的出现,标志着原始手工业的制骨技术达到比较高的水平。

纺织和缝纫在炎黄时代也有了较大进步。人们可以剥取野麻纤维,用陶或石纺轮捻成细线,织成布匹。《世本》说:"伯余作衣裳""胡曹作冕衣",以及相传炎帝妻子听訞纺织、黄帝妻子嫘祖养蚕缫丝的故事,看来并非完全出自臆想。兽皮在那时候也是人们重要的御寒衣料。人们已可以运用精巧的骨针、骨锥和角锥,把麻布、兽皮缝制成各种各样的服装。

制陶是炎黄时代新兴的很有特色的一种手工业。传说神农"耕而作陶"(《太平御览》卷823引《周书》)。考古发现,陶器主要是作为生活生产用具出现的,可能比炎黄时代要早,在距今两万年左右。到了炎黄时代,出现了轮制,出现了彩陶,品种增多,有炊具,如甑、鬲、釜之类,用来蒸煮各种食物;有食器,如钵、盆、盘、碗、杯等;有盛器,如瓮和罐,用来储存粮食之类的东西。陶质的工具较少,有一种口小底尖中间大的陶瓶——尖底瓶,据有关专家研究认为,可能是用来汲水浇灌农作物的。

第三,反映在文化艺术方面,先民们不仅在生产实践中创造着原始物质生活,同时也创造着原始的文化艺术生活。

文字的发明,被认为是进入文明时代的重要标志之一。在文字发明以前,先民们先后有过结绳记事、木契记事等历史阶段。到了炎黄时代,出现了刻画符号记事的新事物。这种新的刻画符号,在陕西西安半坡、临潼姜寨、宝鸡北首岭,青海乐都柳湾,山东莒县等许多新石器时代遗址出土的陶器陶片上,都有大量发现。古文字学家对这些刻画符号进行了研究,认为这就是汉字的原始形态。

原始先民在劳动生活的实践中,还创造出了歌舞音乐。歌舞,可以说是人类最古老的艺术之一。它直接起源于原始先民的劳动生活。原始先民在某种场合,由于感情的冲动,便会用简洁的语言来发泄这一情感。这种简洁的语言可能就是后代的诗;而语言不足以表达时,便会呼喊或发出整齐而有节奏的声音,这就是歌;在歌唱时,配以表现这种感情的手、足、身体各部位的活动,便是舞蹈。

随着歌舞的出现,乐器伴奏助兴也慢慢出现了。开始阶段大概是用打击发声的器乐,先民手中的生产工具如竹木棍棒、石刀石斧等,都可能随意用来敲击发声。诚如《尚书》《易经》里所说的"击石拊石""击缶而歌"之类。到了后来,才有了特制的打击乐器,如钟、鼓,等等。

《世本》说:"史皇作图。"宋衷注:"史皇,黄帝臣也。图为画物象也。"说明绘画和雕塑在炎黄时代的文化艺术中也占有非常重要的地位。原始先民绘画艺术的载体当然不是纸张,因为那时候纸还没有发明出来。今天人们所能看到的炎黄时代的图画,主要保留在陶器和岩石上。绘画内容有鹿、鱼、青蛙、水鸟等。除此还有植物、花卉等。

作为造型艺术的雕塑,在炎黄时代也产生和发展起来了。雕塑又可分为陶塑和雕刻。雕刻又有骨雕、石雕、牙雕之分。应该承认,陶器本身的出现,就是陶塑艺术的肇端。所以,最初的陶塑创作是在陶器上进行的,以后才慢慢地脱离了陶器这个母体,成为独立的艺术。最早的陶塑工艺品为动物造型,如陶羊、陶猪之类。后来才发展到人物造型等。

另外,炎黄时代已出现了八卦、天象历法。《竹书纪年》中所提到的"河图""洛书",则是古代的天文历法,与八卦关系密切。对照考古发现,曾在安徽省含山县零家滩"发现了距今5000多年前大汶口文化的玉版龟书八卦图,天文学家认为是中国最早的历法"[①]。

---

① 许顺湛:《黄帝时代是中国文明的源头》,《许顺湛考古论集》,中州古籍出版社2001年版,第146页。

总之,炎黄时代处在原始社会的晚期,经过了仰韶文化的半坡、姜寨、庙底沟、西王村等早、中、晚历史阶段,是母系氏族社会繁荣发展和向父系氏族社会过渡时期或为父系氏族社会的初期阶段,社会、经济、文化等各方面较前都有了长足的发展,产生了构成文明起源和形成的多种因素,为龙山文化和三代文明社会的到来,奠定了物质和精神的文明基础。可以说,这一时期是承上启下、从野蛮向文明过渡的重要历史阶段,是中国史前时期最灿烂的转折期,是彩陶广泛传播、多元一体化形成期,是族群大规模迁移、整合和中原王朝的形成期。一言以蔽之,是华夏文化的根和魂。

第三节 炎黄与炎黄族起源地的生态环境

生态环境是人类生存的基础。对于生产力低下的原始社会的人们来说,生态环境更是与他们的生存息息相关。我们说渭河流域是炎黄与炎黄二族的起源地,还有一个很重要的原因,即优越的宜居、宜耕的生态环境。

所谓生态环境,石兴邦说:"是指影响人们及其群落形态和分布的自然因素所构成的环境条件。这些包括诸如气候的寒暖、土壤的肥瘠、动植物品类的特点和变化,地理形势(位置、地形、地貌、地质、历史条件),这些自然环境所提供的天然财富和条件,是人类文化发展的物质基础,它给人们提供了必需的生活资料和劳动手段。"[①]渭河流域因其温暖湿润的气候,丰沛的水利资源,肥沃的土壤和茂密的森林植被,自古以来就成为人们宜居、宜农、宜牧的首选之地。

渭河形成于早更新世,距今约200万年前,域内人类活动踪迹约有80—100万年以上。渭河发源于甘肃省渭源县的鸟鼠山,至陕西潼关县港口镇注入黄河,全长818千米,流域面积约为13.5万平方千米,流经甘肃省定西市、平凉市、庆阳市和天水市,宁夏回族自治区固原市,陕西省宝鸡市、杨陵区、咸阳市、西安市和渭南市等3省(区)10市(区)84个县(市、区)。

渭河以陇山和子午岭为界,分为上、中、下游三个地区。其上游为甘肃的陇东地区,渭北属黄土高原陇中盆地,渭南系西秦岭陇南山地,覆盖有很厚的黄土层,其支流有葫芦河、牛头河、榜沙河、散渡河等;其中下游为陕西的关中地区,是一个东西狭长

---

① 石兴邦:《中国新石器时代考古文化与生态环境的考察》,《石兴邦考古论文集》,陕西师范大学出版社2015年版,第158页。

的盆地,东边宽,西边窄。源出于南北两山的清姜河、石头河、骆谷河、黑河、涝河、洋河、灞河、炉河、戏水、沂水、雍水、漆水、泾河、石川河、北洛河等数十条小河川,穿过盆地,注入渭河,使渭河构成一个羽状型水系。

从地质构造上讲,关中盆地是属于鄂尔多斯台地南缘的下沉地带。渭河南边是秦岭山脉,最高峰为太白山,海拔 3767 米;北边是北山山系,主要山脉有六盘山、陇山、子午岭和黄龙山,中间是广阔的平野,地面上覆盖着很厚的黄土层。其地形地貌复杂多样。地貌主要有黄土丘陵区、黄土塬区、土石山区、黄土阶地区和河谷冲击平原区等;地形是西高东低,西部最高处海拔 3495 米,自西向东地势逐渐变缓,河谷变宽,入黄口海拔与最高处海拔相差 3000 多米。特别是由于河流长期的侵蚀和冲刷,在渭河盆地南缘和河流两岸的阶地上,被切割成了宽度不等、深度不同的狭谷,渭河两岸形成头道塬、二道塬、三道塬的阶地,高度为数米、数十米和数百米。

今天渭河流域的自然环境,并非自古已然,而是数千年来自然本身和人类活动综合作用的结果。

早在地质时代,渭河流域就开始有人类活动。陕西蓝田人所生活的环境,从伴生的哺乳动物化石,如南方大熊猫、东方剑齿象、猎豹、毛冠鹿等,一个突出的特征即"强烈地表现出南方东洋界动物群成分占主要地位",说明"当时的秦岭北麓气候是相当湿暖的"。山地上有茂密的森林,山下有丰腴的草地。生活于中更新世晚期到晚更新世初期的大荔人,从其"生存的剖面所取得的 8 个孢粉带中,虽有干冷、温湿的气候变化,但整个还是生活在气候温暖和半温暖的环境中"。到了晚期智人时代,从河套人遗址发现的人类化石、石器和大量的更新世晚期的哺乳动物化石及鸟类化石可以看出,包括渭河流域在内的这一区域的自然环境的特点是冷暖和干湿多次颤动。生活环境以草原为主,兼有针、阔叶混交林的生态类型,气候湿润,植物繁茂,水草丰美,非常适宜于早期人类从事狩猎、采集的生产方式和繁衍生息。

据地质资料显示,渭河流域地质构造复杂,地形南、北、中差别较大。南部和西部是秦岭、陇山、关山山地,秦岭属褶皱断块山;北部为黄土覆盖的低山、丘陵,其构造属鄂尔多斯台地;中部为地势平坦的渭河平原和黄土台塬,为鄂尔多斯台地与秦岭褶皱带之间的过渡地带。由于多次造山运动的影响,形成渭河断陷盆地。渭河盆地是我国最大的封而不闭的盆地,中间低平,四面环山,渭河源自陇东黄土高原,流经陇山峡谷,进入关中盆地。盆地南北两侧分布着许许多多湍急的小河,分别被纳入横贯盆地中的渭河。在这种水系中,由于支流密集,河流渠道纵横交错,所流经地区多形成肥沃的谷地。同时,渭河断陷,由于河流冲积和地壳的间歇性变动,又形成河流两侧大小不同块片的黄土台塬,一般称一道塬、二道塬、三道塬、四道塬。所以,在距今300多万年前已基本形成关陇目前山、川、塬兼备的地貌格局。这些台塬和谷地,由于河流的滋润和冲击,形成腐殖质堆积,土地肥美,又接近水源,成为早期人类生息繁衍的良好选择。徐旭生说:"我国在洪水之前,掘井的技术还没有发明,人民居住的地方不能离水边太远。如果在陕、甘及河南西部黄土原边的台阶地上面,离水不远,可是它的高度已经颇快地增加,那是古代人民居住最理想的地方。"[①]关中北为黄土高原,渭水紧靠原脚流过,使原始先民"顺原边掘窑洞居住很容易,下原取水也不困难,即使有霪雨为患,河水猛涨,可是他们居住的窑洞高在原边,漂没它们却是不会有的事情"[②]。据考古发现,在新石器时代,我国北方各氏族部落主要居住在黄河支流的二级台地上。宝鸡北首岭和福临堡等遗址就很能说明这个问题。多样性的地形地貌为原始先民在此生活提供了良好的地理环境。

据气象资料分析,我国从新生代第四纪全新世以来的一万多年间,由于主导风向(即南风和西北风)的交替出现,气候也在不时变化着,经过了冷干—温暖—冷干三个发展阶段。冷温差在5℃—6℃,最大幅度在8℃—10℃,降水量也相应变化。渭河流域也在这种大的变化之内。

在距今7000—5000年的仰韶文化时期,是全球气候最温暖时期。东南风在关中占优势,来自海洋温暖湿润的气流,使气候变暖、变湿,形成暖湿气候期,年气温比现在高2℃—3℃;雨水量达1000毫升,比现在高出一倍。在这种气候条件下,茂密的落叶阔叶林和林内丰富的灌木、草本植物丛生,显示出亚热带自然景观。从北首岭、福临堡遗址出土的渔猎工具、鱼骨、鱼刺,以及在陶器上刻画的鱼纹、鱼鸟图等来看,当时雨多、水多、鱼也多,表现出与暖湿气候的一致性。这个时期也正是以北首岭、福临堡为代表的氏族部落文化达到最繁荣发达阶段。

距今5000—4000年期间,是仰韶文化向龙山文化的转变时期。气候由温热转为干凉。来自北方寒冷干燥的气候使气温下降,雨水减少,又出现了干冷气候期。据资料分析,当时年平均气温8℃—12℃,较前降低4℃—8℃;年平均降水量400—600毫米,较前期减少300毫米。在这种气候条件下,自然景观也由亚热带落叶阔叶林过渡到温带森林草原。气候较湿润的山区,生长着茂密的以栎类树种为主的原始森林;而

---

①② 徐旭生:《中国古史的传说时代》,广西师范大学出版社2003年版,第149页。

气候较干燥的台塬区,则生长着大面积的草原。宽广肥美的草原,既适宜于发展以养牛、养羊为主的畜牧业,也适宜于耐干旱、生长期短的旱作物即粟类植物的生长。温、湿度适宜的气候特征,为原始先民的生产、生活提供了优越的气候环境。

渭河流域的土壤,据古土壤学研究表明,强劲的西北风,将北方干燥地区的沙尘物质吹扬而来,经过长期大量的堆积,在原来埋藏土壤之上覆盖了厚厚一层风成黄土,再加上又处在暖温带半湿润、半干旱的气候条件下,所以形成了十分复杂且多种多样的土壤。比如,在渭河谷地是新积土、沼泽土、潮土、水稻土和娄土土区;渭河北和渭河南的黄土台塬是娄土、黄绵土、红黏土、黑垆土和紫色土土区等。这种土壤结构紧密,颗粒细小,蓄水性、渗水性强,土质肥沃,质地疏松,土层深厚,含有较多的有机质和矿物质养分。《禹贡》说:"辨九州之土,以雍州黄壤为上上";周人称"周原膴膴,堇荼如饴"(《诗经·大雅·绵》)。《汉书·东方朔传》亦说:关中"其地从千陇以东,商雒以西,厥壤肥饶"。这都说明当时渭河流域的土壤肥沃,为天下第一等。这种土壤不仅很适宜粟类旱作物的生长,而且在生产力水平十分低下,劳动工具极为简陋,对自然界依赖性极大的炎黄时代,先民在这里比耕种像南方的"水稻土""红壤"等土壤要较省力且易见功效。肥沃、湿润的黄土地是原始先民在此发明农耕、种植农作物的重要物质条件之一。

据考古气候学、考古学多年研究,进入全新世后,在经过了较短时期(1.2—1万年)的冷干—温暖—冷干三个发展阶段后,气候开始进入逐渐上升变暖时期。关中地层为全新世中期"周原黄土"——褐红色顶层埋藏土,主要为褐红色黏质粉沙土。气温比现在高2—4℃。这种土壤、气候造就了植物优越的生长环境。甘肃天水的葫芦河流域气候温暖湿润,森林繁茂。六盘山周围的固原等地,当时生长着云杉、冷杉、落叶松、油松、圆柏等巨大树木,这些大面积的针、阔叶混交林只有在降水量比现在高200—300毫米的情况下才有可能出现。当时关中的平均气温为15℃,年均降雨量约为800毫米,秦岭南北两侧均为亚热带气候。岐山生长有包含栗、化香、山核桃等亚热带乔木的落叶阔叶林,年均气温比现在高3℃,年均降水量比现在多200毫米左右。在西安和蓝田一带,发育了含枫、杨、化香、山核桃等亚热带植物的阔叶林。到了仰韶文化的晚期(距今5500—5000年),甘肃庆阳遗址还发现了大量栽培稻。从大地湾遗址大房子所用不少巨木立柱推测,当时在葫芦河流域还生长着大片的原始森林。小陇山林区山地生长着以栎类为主的落叶阔叶林或局部为针阔混交林。从以上考古资料可以看出,当时气候比今天要温暖湿润,是属于全新世气候最适宜期。这种暖湿气候一直延续到距今3000年前后。考古发现,在陕西扶风案板、张家湾(距今5000—4000年)"文化沉积层中,发现了丰富的植被孢粉,经过分析研究,与仰韶时代比较起来,松、桦、柏属和槭、栗、柳属均有增加,栎属减少。草本中蒿、菊、藜占优势,湿生、水生植物、禾本科鱼黄草出现,蕨类以麦松、水龙骨为主,其特点是以阔叶林为主的针阔混交疏林和草原"①。这反映了先秦以前,渭河流域的植被是很好的。正如《荀子·强国》篇所说:"山林川谷美,天材之利多。"宜人的气候,形成了最适宜人类生活的生态环境,为生活于渭河流域的炎黄和炎黄二族开辟了广阔的空间,并提供了优越的生态条件,使炎黄时代的氏族社会进入了空前发展的阶段。

茂密的森林和繁茂的植被,也为动物的生存、繁衍提供了良好的生存环境。据考古发现,新石器时期该地区存在有大量的野生动物。位于宝鸡市区、渭河北岸二阶地上的北首岭仰韶文化遗址,距今已有7000余年。考古发掘出的动物遗骸,经鉴定有兽类、鸟类、鱼类、龟鳖类和软体动物五大类,至少代表了中华竹鼠、猕猴、马鹿、蚌等21种。按动物地理区划,北首岭实际上是华北地区的森林草原环境。从动物种类上看,又是以偶蹄类为主的森林和山林荒野动物群。其中以野猪、马鹿、麂等为主。猕猴、狗獾、貉、狐和棕熊等虽说数量少,但也是这种环境里的栖居者。此外,虎、豹、豺、狼等中、大型食肉类猛兽的骨骸也有发现。又据扶风案板遗址对发掘所获的300多件动物骨骸鉴定,共发现了16个属种的动物,其中啮齿目有竹鼠、豪猪、中华鼢鼠,食肉目有家犬、豺貉,偶蹄目有家猪、野猪、斑鹿、牛、獐、羊,此外还有少量的爬行类、双壳类、腹足类和鸟类等。在西安半坡遗址发现的河麂(獐)和竹鼠均为亚热带动物。

总之,新石器尤其仰韶文化时期的渭河流域,"地处北温带,气候温和,雨量适中,四季分明,宜于植物生长和动物生存,渭水横贯东西,水量丰沛,为渔猎采集生活提供了良好的场所,在渭河及其支流两岸自然形成众多的二、三级阶地,疏松肥沃的土壤适宜于粟类作物的生长,使炎帝部族获得良好的发展环境,他们的发展水平成了这一地域内先进文化的代表,部落的力量日渐强大并对周邻的氏族产生了强大的吸引力,为部族日后的发展提供了内动力"②。

---

① 石兴邦:《中国新石器时代考古文化与生态环境的考察》,《史前研究》(辑刊)1990—1991年第22页。

② 石兴邦主编:《陕西通史·原始社会卷》,陕西师范大学出版社1997年版,第323页。

第二章　炎黄二帝的生葬传说

炎帝、黄帝的生葬,也一直是研究炎黄二帝与炎黄文化所要涉及的问题之一。古史记载中,虽有炎黄二帝生葬的传说,但文字简略,语焉不详。民间虽也有这方面的传说,但带有浓厚的神话色彩。既然我们承认炎黄二帝是中华民族的始祖,是一个传说时代的历史人物,就必然有一个生和葬的问题。为此,本章依据有关古史传说和民间传说,对其生葬予以"还原"。还原未必"真实",但可使读者对炎黄二帝的"身世"有一个较为全面、系统的了解。

第一节　炎黄二帝的降生

炎黄二帝作为一个传说时代的历史人物,是不同于神话人物的。传说人物与神话人物的最大区别,传说人物有生有死、有妻有子,而神话人物则无生无死、无家无室。正如张岱年所说:"神话是有意编造的,传说则是远古以来口耳相传的历史故事""传说可能把历史人物过分夸大了,但仍然是人而不是神。"[①]因而,我们从炎黄二帝的降生,可以确认炎黄二帝是真有其"人",而非神话人物。

一、炎帝的降生

炎帝的降生,就我们现在所能看到的古代文献典籍而言,最早涉及这一问题的是春秋末年左丘明编著的《国语·晋语四》。该书中说:"昔少典娶于有蟜氏,生……炎帝。"对于"生"的意义,晋人郭璞解说:"诸言生者,多谓其苗裔,未必是亲产。"[②]所以,这里的"生",意指"派生""分化""分支""分衍"等。因而,对"史书上经常说的某人

---

① 张岱年:《炎帝黄帝是中国古代文明的象征》,《炎黄春秋》增刊《炎黄文化研究》1994年(总)第1期。

② 袁珂:《山海经校注》郭璞注,上海古籍出版社1980年版,第348页。

生某人的现象,除了存有父子关系的意味外,其基本含义则是氏族分支或部落分支的关系。"①依此可知,少典氏为炎帝的"父"族,有蟜氏为炎帝的"母"族。之后,东汉《潜夫论》的作者王符受"五行"学说的影响,将炎帝的降生像与其他人物的降生一样,赋予了浓厚的神话色彩,即"感生"说,这也是首次提出来的。他说:有一条神龙的头出现于常羊山,女登因之感应怀孕,生下了赤帝魁隗,其身号称炎帝,世号称神农。其后,晋初皇甫谧的《帝王世纪》又将炎帝的降生加以具体化,说炎帝的母亲叫妊姒(任巳),又名女登、安登,为有蟜氏的女儿,是少典族一个男子的妻子,于秦岭南游历,女登于常羊山感应神龙首,生下了炎帝。② 在这部书里已经指明炎帝的母亲为女登(又称安登),其父为少典氏族的一位男子。南宋罗泌综合前人诸说,又加以系统化。说在渭水流域的宝鸡姜水一带,分布着许许多多的氏族,他们过着稳定的农耕生活,间以渔猎作为生活补充,其中有两个通婚的氏族,一个叫少典氏,一个叫有蟜氏。有蟜氏族内一名叫女登的女子与少典氏族的一位首领结为对偶婚。据传这对情人是在秦岭南一带巡游过程中,女登"感神龙"而怀孕,经十月怀胎于农历正月十一产下一个"人身牛首"的男婴,开始给他起名"轨",又叫"石年",他就是后来常被称为"炎帝"的孩子。他生下三天就能说话,五天就能走路,七天嘴里就长满了牙齿,三岁就能知道种庄稼、歌舞游乐之类事情。(《路史·后记三》)

而在湖北随州等其他地区,后人又演绎出另外一种不同的版本。一天女登赶着羊群,提着篮子上到烈山。来到一石洞前,这里百花盛开,草盛莺飞,清爽宜人。女登就靠着洞壁休息。不一会儿,她感到困乏,便睡着了。这时,住在洞里的七龙子从王母娘娘那里赴宴归来,看见洞外睡着一位美丽动人的姑娘,就把她抱起,走进石洞,放在龙床上……女登梦见一个自称为七龙子的英俊小伙子正和自己亲热……女登怀孕了。第二年农历四月二十六日,她生下一块肉球。丈夫少典看了,气得发抖,举起石刀欲把肉球劈开。不料肉球滚动起来,砰的一声,自动裂开,从里面跳出一个胖小子,迎风而长。少典和女登都乐了。女登为他起名叫"石年"。这个石年就是后来的

---

① 白寿彝总主编,徐喜辰、斯维至、杨钊主编:《中国通史·上古时代》(修订本)(第三卷上),上海人民出版社2004年版,第168页。

② (西晋)皇甫谧:《帝王世纪》:"神农氏,姜姓也。母曰任巳。有乔氏之女,名女登,为少典妃。游于华阳,有神农首感女登于尚(常)羊,生炎帝。"注:"乔",即"蟜";"农",即"龙"。

炎帝。①

用现在科学的眼光来审视《帝王世纪》《路史》以及民间这些传说,我们不能不说这些演绎出来的故事、降生日期有些"荒诞无稽"。但是,如果我们了解到,世界上每个民族在其文字产生之前,都有个口耳相传的历史阶段,且这些传说涉及人类的起源、氏族部落的历史、著名首领的活动、各部族的发展变化、社会经济、婚姻状况和文化生活等广泛而丰富的内容,就会发现其中所蕴含的历史信息。正如尹达所言,这些传说都有其历史的"素地",都在一定程度上反映了历史的真实,拂去附着其上的荒诞不经的尘垢,便可揭示出其合理的内核。② 我们知道,从春秋尤其秦汉以后,一些学者开始用文字记录这些传说的内容。因年代久远,这些传说时代的历史不仅错杂且含有不同时代、不同地域、不同文化结构的学者们的臆想成分,同时传说内容又包含有不同传授者的喜好厌恶,种种不能解释的现象又被赋予了神异色彩,因此,种种传说均有不可信的内容。但是,当我们透过披在《帝王世纪》《路史》及神话传说的外衣,就不难发现,它们在一定程度上反映了一个基本的历史事实:炎帝是出生于"只知其母,不知其父"的母系氏族社会。因为无论是《帝王世纪》《路史》的古史传说,还是民间的神话传说,都告诉我们炎帝是由其母女登与动物——龙,交相感应而生。而这正是母系氏族社会对偶婚制下子女"只知其母、不知其父"的社会现象在古史传说中的折射与投影。从只知父亲所在的氏族,而不知其父具体名字的现象看,炎帝是出生于母系氏族社会向父系氏族社会的过渡阶段,还未完全进入父系氏族社会。至于民间所传说的炎帝降生日,在当时历法还未出现日月和文字的情况下,显然这是不可能的。只能被看作为后世人为了缅怀、祭拜炎帝,根据当地某些习俗自己拟定的日子罢了。

二、黄帝的降生

关于黄帝的降生,也有许许多多的传说故事。《国语·晋语四》说:"昔少典娶于有蟜氏,生黄帝……"这里的"生"与前文所说炎帝降生一样,是说黄帝是从少典氏族和有蟜氏族派生出来的支族。虽《国语》讲到生,但未讲黄帝是怎样降生的。《竹书

---

① 参见陕西省地方志编纂委员会(霍彦儒主编):《陕西省志·炎帝志》,陕西人民出版社2009年版,第27页。

② 参见李伯谦:《考古学视野的三皇五帝时代》,《古代文明研究通讯》2008年(总)第36期。

纪年》(卷上)说:"黄帝轩辕氏,母曰附宝,见大电光绕北斗枢星,光照郊野,感而孕,二十五月而生帝于寿丘。"《纬书集成·河图编·河图握矩记》说:"黄轩母曰地祇之子名附宝,之郊野,大霓绕北斗,枢星耀,感附宝,生轩辕。"这两段话告诉我们,黄帝与炎帝一样都是"感生",因其母附宝感闪电而怀孕25个月(有说24或20个月)生下黄帝。并有传说黄帝生于农历三月初三。这显然是不可能的,因为那时候还没有具体的日月。因为古人对杰出人物的诞生都会赋予一种神秘的色彩,以反映他们与常人的不一般,以突出其"神"性。所以,在以后的古史传说中,如《论衡》《帝王世纪》《路史》《皇王大纪》《宋书》《黄帝轩辕传》《潜夫论》以及明清的一些地方志书中,基本上都沿用了《竹书纪年》的说法。只不过有些在"感生"的基础上"层累地造"又加进了一些成长的过程等内容。《史记·五帝本纪》说:黄帝"生而神灵,弱而能言,幼而循齐,长而敦敏,成而聪明"。《路史》作者罗泌在《竹书纪年》《史记》的基础上,又做了进一步发挥:黄帝"母吴枢,曰符葆(附宝),秘电绕斗轩而震,二十有四月而生帝于寿丘,故名曰轩。生而紫气冲房,身逾九尺,附函挺朵,修髯花瘤,河目隆颡,日角龙颜。生而神灵,弱而能言;幼慧齐,长敦敏,知幽明死生之故。"这里将《竹书纪年》中的25个月改为24个月,并对黄帝的体貌、知性做了较为细致的描述。

  关于黄帝的降生,与炎帝一样,也有着不同的故事版本流传。有一种传说附宝嫁给少典后,因思念儿子心切,经常求神问卦。有一天她在郊外向苍天祈祷,突然间电闪雷鸣,全身麻木,眼花缭乱。从此过后,就身怀有孕。当时的巫婆到处奔走相告,说什么不久这里必有圣人降生。附宝怀孕24个月,到了农历二月初二这一天,天空出现五色祥云,百鸟朝凤。于是,黄帝在沮水河畔沮源关降龙峡出生了。从此世间有了"二月二龙抬头"的说法。黄帝长大以后,他既聪明又能干,对人和善,处事公正,团结族民。在他22岁时,族民推举他当了部落酋长。从此,他带领族民挖洞穴,筑房屋,耕种粟谷,打鱼狩猎,过着安详的日子。①

  另有一种传说:少典与附宝成亲后不久,便迁居到姬水一带。在一个初冬的晚上,附宝独自一人来到郊外散步,她仰望天空,思念故土之情油然而生。突然间,天空中出现了一道银白色的电光,围绕北斗星中的枢星转了几个圈后迅速坠落在地上。附宝顿时感到肚子里有一种异样的感觉。此后她的肚子一天天地长大,她知道自己怀孕了,非常高兴。但怀了10个月,却没有生下来,身体还与过去一样,直到24个月

---

① 参见兰草:《轩辕黄帝传说故事》,陕西旅游出版社1986年版,第107页。

之后,她在姬水旁生下了一个男婴。他额骨隆起,龙颜竖耳,与一般婴儿不同。他刚生下来就会说话,不久就会走路。长大后,因他才能非凡,被先民拥戴为氏族首领。①

附宝感"大电光"而受孕生黄帝的故事,与女登"感神龙首"而生炎帝一样,虽都是不可能的事,但它正好反映了母系氏族社会时期"只知其母、不知其父"的社会特征。尽管黄帝所处的时代已是父系氏族社会的初期,但说明当时母系氏族社会还未完全消失,仍有部分存在,在婚姻上实行的还是对偶婚。所以,从这一方面看,感生虽不可能,但有其合理性,反映了当时社会的婚姻状况。同时也正好说明炎帝、黄帝是人而非神。

第二节 炎黄二帝的葬地

炎黄二帝作为传说性历史人物,有生地,也必然有葬地。关于炎帝的葬地,文献中没有记载,根据宝鸡民间传说,因在天台山采药,不慎误尝毒草中毒而死,葬天台山。湖南炎陵县炎帝陵传说为炎帝后裔榆罔陵,是宋人寻访而得,亦称"炎帝陵"。黄帝的葬地,根据《史记·五帝本纪》记载:是在今陕西黄陵县桥山。自汉武帝祭祀黄帝陵以降,历经两千多年,今天,黄帝陵已成为海内外炎黄子孙心目中的圣陵、神陵、魂陵。正如习近平总书记所说:"黄帝陵是中华文明的精神标识。"②

一、炎帝的葬地

关于炎帝的葬地,从古史及民间传说来说,有湖南炎陵、陕西宝鸡和山西高平等三处。

炎帝葬地在湖南炎陵县(原名"酃县")的传说。据西晋皇甫谧《帝王世纪》载:"炎帝在位百二十年,崩,葬长沙。"唐司马贞《史记·补三皇本记》亦载:"炎帝崩,葬长沙。"《太平御览》引《郡国志》曰:"炎帝神农氏葬长沙。长沙之尾,东至江夏,谓之

---

① 参见陕西省地方志编纂委员会(何炳武、刘宝才主编):《陕西省志·黄帝陵志》,陕西人民出版社2005年版,第10页。

② 参见赵世超:《以文化人,以史资政——学习习近平总书记关于黄帝陵指示的体会》,黄帝陵基金会:《"文以载道·文以化人"清明黄帝文化学术交流会论文选集》,陕西人民出版社2015年版,第9页。

沙羡,是其地。"宋王象之的《舆地记胜》和罗泌《路史》说得更为具体。前者云"炎帝墓在茶陵县南一百里康乐乡白鹿原"。后者云炎帝"崩葬长沙乡之尾,是曰茶陵","地有陵名者皆以古帝王之墓。竟陵、零陵、江陵之类是矣"。唐代陵前建唐兴寺,"有唐尝奉祀焉"(《路史·后纪》)。《路史》作者罗泌自注(或说其子罗苹)云:"丁未春,予至焉,寓人云,年常有气出之,今数载无矣,所葬代云衣冠,赤眉时,人虑发掘,夷之。"是说炎帝陵墓在西汉末年赤眉兵乱时才夷为平地。又有民间传说,炎帝(传说为第八代炎帝榆罔)阪泉之战被黄帝打败后,有一支南迁至环洞庭湖一带,其首领炎帝榆罔死后葬"茶陵之尾",即现在的炎陵县白鹿原。

对"长沙炎陵"说,刘复生认为:"其实是'五运'说即'五德转移'政治思想在当时的产物""秦汉以降,颇为历代统治者所吸纳运用(阴阳五行)。根据'五运'法则,水、木、火、土、金'五行',相次转移,凡帝王之兴,必感其一。前德之衰,后之运起。炎帝被追认作为第一个乘火德之瑞的古代帝王,代炎帝而起的黄帝则被推算认作有土德之瑞,火生土,得以代炎帝而立。"①因而,高诱在注《吕氏春秋》时云:"炎帝……死托祀于南方,为火德之帝。""'死托祀于南方'是谓在南方行祭祀之礼,并不表示炎帝墓真的与南方有什么关系。正如高诱注云黄帝死后'托祀为中央之帝'一样,意思是一样的。"②赵世超也有类似的看法,认为炎帝在南方,"这是阴阳五行学说影响下,炎帝文化南迁造成的结果"③。此说值得研究者重视。

炎帝葬地在陕西宝鸡的传说。民间相传,一天,姜氏城出现瘟疫,炎帝又去离姜氏城不远的天台山上采药。采药中,他看到一种不知名的黄黄的小花,就摘下一片叶子,放在嘴里,谁知不一会儿肠子一截一截地断开了,还没有来得及用茶解毒,就离开了世间。黄帝听到炎帝误食断肠草而不幸逝世的噩耗后,当即带领各部落首领,身着白色孝服,从姬水之畔日夜兼程,来到天台山,正好遇上安葬炎帝。黄帝先点燃八八六十四堆篝火当作香火,又命九九八十一位部落首领叩拜,自己亲自主持祭祀。随后黄帝封安葬炎帝的天台山为"西泰山"。后世人又因黄帝在天台山祭祀过炎帝,也就把天台山称作"蘮(音祭)陵""嘉陵""蟠冢"。时至今日,传说天台山上还留有炎帝当年采药时小憩的大石窟、"日中为市"的太阳市、炎帝仙逝后置放尸体的汉白玉寝骨台基址、炎帝后裔在此焚香祭拜的烧香台、炎帝饮水的神农溪、炎帝骑马而过的白马关

---

① ② 刘复生:《"长沙炎陵"说的缘起》,《社会科学研究》2003年第3期。
③ 参照赵世超:《阴阳五行学说与炎帝文化的南迁》,宝鸡市社科联:《姜炎文化论》,三秦出版社2001年版,第28页。

和跌马崖、炎帝做饭的支锅石等遗迹。传说炎帝是农历七月初七逝世的,因而,宝鸡民间便将这一天定为炎帝忌日。每年到了这一天,当地群众都要带上祭品,到天台山的炎帝"寝骨台"去祭奠。这种祭祀活动前后要延续一月有余。为了便于民众祭拜,1993年当地乡政府便将炎帝陵冢从天台山移至今宝鸡市渭滨区神农镇常羊山上。

炎帝葬地在山西高平的传说。民间相传,炎帝是因试尝百足虫中毒而死。百足虫,长约15厘米,粗如人的手指,赤黑色,皮极硬,节节有横纹的金线,身有百足,医药上称之为马陆。据传,炎帝不顾年老体衰,仍坚持上山亲自采药。在采药中,他发现了百足虫,便将它洗净,切取中间一截,准备入口尝试。当炎帝将百足虫放入口中咀嚼,开头只觉口舌发木,但无大碍,他想再试试,于是咀嚼下咽。不料百足虫刚一入腹,一虫变百虫,且千变万化,不多时,毒性大发,浑身发热,他知道自己中毒了,遂匆忙喝了解毒汤,但无济于事。于是,按照事前安排,随从的人立即扶炎帝上马。马载着腹痛难忍的炎帝,跑了一程,炎帝脸色大变,几乎昏迷,不能再骑马了。随从只好扶他下来,抬着他往回赶,后来便有"换马"之传说。于是,在今老顶山南,羊头山下,有了名叫"换马"的村子。复行一程,随从人发现炎帝昏迷,呼唤之已不能应答,后来就又有了名叫"不应"的村子,谐音为"北营",即今天的北营村。再后,人们把炎帝抬到一个避风山沟,放下来察看病情,始知他已逝去,遂命此地为"卧龙湾"。行至最后,炎帝被抬到其行宫,装殓安葬,遂称此地为"装殓",后讹为"庄里",即今天的庄里村。炎帝死后,其坐骑长夜嘶鸣,沿着山岭奔跑不止,于是便有了叫"跑马岭"的地名。因此,在今高平市神农镇庄里村发现有北齐的炎帝陵碑,在五谷庙旁有座民间传说的炎帝陵冢。

二、黄帝的葬地

关于黄帝的葬地,自古以来,则有多种说法,主要有"陕西说""河北说""甘肃说""山西说""山东说""河南说"和"湖南说"等。前四种说法主要反映在对"桥山"地域的不同认识上。司马迁在《史记·五帝本纪》中说:"黄帝崩,葬桥山。"明确指出黄帝死后所葬之地为"桥山",但桥山具体位于何处?司马迁未说,所以在以后的古史传说和今人的研究中出现了"上郡桥山""宁州桥山""妫州桥山"和"山西桥山"四种说法。

妫州(今河北省张家口一带)桥山。据《水经注·漯水》记载:"漯水又东,温泉水注之,水上承温泉于桥山下。《魏土地记》曰:下洛城东南四十里有桥山,山下有温泉,泉上有祭堂。"清康熙五十一年(1712)《怀来县志》卷三"地舆"条下载:"桥山,旧《镇志》:两山相近,中有一石如桥,阔五尺长丈余,可通行,因名。"《魏书·太宗本纪》载:神瑞二年(415)夏四月,"幸涿鹿,登桥山,观温泉",使使者以太牢祠黄帝。又载:太常七年(422)秋九月,"幸桥山,遣使者祠黄帝、唐尧庙"。在道光十五年(1835)《保安州志》卷二"地部"条下也有相同的记载。在上引的两段文字中,仅提到桥山和在此祠黄帝而未说这里曾是黄帝的葬地。但在《太平寰宇记》中载:"妫州,怀戎县。桥山,山有祠。黄帝葬于此。"怀戎县即怀来县。在今人编纂的《涿鹿县志》第二十九编"古遗迹"条下对桥山的解释:"桥山,位于涿鹿城东南20公里处,以山顶有天然形成的拱形石桥而得名,海拔918米。史载:'黄帝崩,葬桥山'即指这里,现仍存有黄帝庙遗址。"但经学者考证后认为:"上谷(同妫州)黄帝古迹,隋唐以前,只有祠庙,并无陵墓。"所以认为《太平寰宇记》所说"黄帝葬于此"不确。① 河北说的另一条依据为《日下旧闻考》。其书载:"世传黄帝陵在渔子山,今平谷区东北十五里,冈阜隆然,形如大冢,即渔子山也,其下有轩辕庙。"因冈阜"形如大冢"而传说为黄帝陵。其说以地形为陵很难成立。

宁州②桥山。根据《魏书》和《隋书》记载,拓跋氏自称为黄帝的后裔。北魏孝文帝元宏酷爱汉族文化,便粉饰一切,于"太和十一年(487)复置汉阳周县"(《元和郡县图志》卷第三),因汉阳周县有黄帝冢,便在子午山上也造了一座黄帝陵;又因汉阳周县之黄帝陵在桥山,便又将子午山也叫作桥山。③可见"宁州桥山"是移植过来的。这是因为李吉甫、乐史等人不识北魏阳周县是移植过来的,便与汉上郡阳周县混同。实际上二者是名同地不同。因而,清人在写《甘肃省志》和《正宁县志》时,因查境内实无陵迹可寻,于是,始怀疑《大明一统志》所载均为传闻之误。

上郡桥山。据《史记·五帝本纪·集解》引《皇览》曰:"黄帝冢在上郡桥山。"《索隐》引《地理志》:"桥山在上郡阳周县,山有黄帝冢也。"《正义》引《括地志》云:"黄帝陵在宁州罗川县东八十里子午山。《地理志》云:'上郡阳周县桥山南有黄帝冢。'案:

---

①③ 参见张筱衡:《黄帝陵庙简考》,郑杰祥主编:《炎黄汇典·文论卷》,吉林文史出版社2002年版,第244页,第247页。

② 《元和郡县图志》卷第三云:"[宁州]真宁县。西北至周七十里。本汉阳周县地,属上郡。《汉书》陈馀与章邯书曰:'蒙恬为秦将,北逐戎人,开榆中地数千里,竟斩阳周。'谓此县也。后魏置泥阳、惠涉二护军,孝文帝太和十一年复置阳周县。隋开皇十八年改为罗川,因县南罗水为名属宁周。皇朝因之,天宝元年改为真宁县。""子午山,亦曰桥山,在县东八十里,黄帝陵在桥山上,即群臣葬衣冠之处。"真宁县:雍正元年(1723),因避清世宗"胤禛"讳,更名真宁县为正宁县,并沿用至今,为今甘肃省庆阳市辖。

阳州,隋改为罗川。"《汉书·地理志》曰:上郡"阳周,桥山在南,有黄帝冢。莽曰上陵畤。"应劭亦注曰:"在上郡,周阳(当为阳周)县有黄帝冢。"汉上郡阳周县大致在今陕西榆林东南一带。以上因未说明"上郡桥山"的具体位置,所以又出现了三种解释:第一种解释根据清乾隆二十八年(1764)《正宁县志》卷三"地理志·山川"记载:"桥山,在县东七十里,与中部县连接,黄帝葬衣冠于此"的记载认为,黄帝葬地在今甘肃省正宁县境。一种解释根据《水经注》《清一统志》等记载认为:上郡桥山应在"汉上郡之阳周县,当在旧安定县——今子洲县境内。"①即《清一统志·庆阳府》"陵墓"条下所说:黄帝陵"以地考之,当在陕西延安府安定县"。第三种解释根据《元和郡县图志》记载认为:"桥山"就是指今陕西黄陵县的桥山。《元和志》云:"子午山,亦曰桥山,在(宁州)真(正)宁县东八十里。黄帝陵在山上,即群臣葬衣冠之处。"因正宁县在子午山西,黄陵县在子午山东,两县毗邻,"县东八十里"正好是今黄陵县黄帝陵所在的桥山。桥者,《尔雅》云:"山锐而高曰桥也。"从前文引《正义》注可知,"黄帝陵"之名是由唐李泰在《括地志》中首次提出。

以上尽管对"上郡桥山"说法有所不同,但都未出陕北黄土高原,具体来说都在子午山一带,与黄帝出生地基本吻合。《正义》引《列仙传》说:"轩辕自择亡日与群臣辞。还葬桥山。"这句话透露出古代社会广泛流行过的一种习俗,即人死后入葬前要沿着氏族迁出的路线,一站一站将死者灵魂送回祖先居地即氏族的发祥地。② 再从历朝历代官方、民间祭祀黄帝陵均到今黄陵县桥山的事实,我们主张黄帝的葬地就是在今陕西黄陵县的桥山。

关于山西桥山,钱穆认为陕西黄陵县桥山上的黄帝陵,只是轩辕黄帝的衣冠冢,而山西襄陵县(今襄汾县襄陵镇)东西40里与曲沃县接壤的桥山"最有可能"是轩辕黄帝的"埋骨所在"。③ 钱穆一说,今学术界鲜有认同。

另有一种说法,关于黄帝葬地在河南灵宝的传说。司马迁在《史记·封禅书》中说:"黄帝采首山铜,铸鼎于荆山下。鼎既成,有龙垂胡须下迎黄帝。黄帝上骑,群臣后宫从上者七十余人,龙乃上去。余小臣不得上,乃悉持龙须,龙须拔,堕,堕黄帝之

---

① 参见张筱衡:《黄帝陵庙简考》,郑杰祥主编:《炎黄汇典·文论卷》,吉林文史出版社2002年版,第247页。

② 参见罗琨:《"炎黄""黄炎"与黄帝陵》,《炎黄春秋》增刊《炎黄文化研究》,1994年(总)第1期。

③ 钱穆:《黄帝》,生活·读书·新知三联出版社2003年版,第36页。

号。百姓仰望黄帝既上天,乃抱其弓与胡须号,故后世因名其处曰鼎湖,其弓曰乌号。"这是公孙卿借申公之口对汉武帝讲的一段话,以迎合汉武帝祈求化仙而长生不老的心理。在《抱朴子》等古籍中,也有类似的记载。黄帝"御龙升天"是神化的一种说法,不可能存在。尽管如此,却反映了人们对黄帝的崇敬和依依不舍。有学者依据《水经注·河水》记载的"有龙垂胡于鼎,黄帝乘龙,故名其地为鼎湖"认为,鼎湖,在今河南省灵宝市。① 因而,有人说河南灵宝是黄帝的葬地。但黄帝"御龙升天"的神话不仅在今灵宝有传说,在今浙江缙云县境内也有铸鼎升天的传说。

有学者依据《史记》和《山海经》等有关记载,提出"鼎湖"应指湖南的洞庭湖,荆山在洞庭山附近,洞庭山又在洞庭湖附近。黄帝所葬之地为"洞庭山"。据说常德古称"鼎州",张传玺《古今地名对照》一书中,以鼎为地名的地方独此鼎州一处,因而鼎湖当指洞庭湖。再联系《庄子·天运》"黄帝张咸池之乐于洞庭之野",可知黄帝在铸鼎之处即帝位不久便去世,乘龙升天。《历代帝王年表》说:"黄帝轩辕氏……在位百年,崩于荆山之阳,葬桥山。"《山海经·中次八经》载荆山附近有桥山。又查《帝王世纪》第二:"长沙(下隽)罗有黄陵亭。"《湖南通志》卷三十六:"湘阴县……县有地名黄陵。"《湖南风物志》说:"君山……山上有轩辕台,传为黄帝铸鼎的地方。"今湖南黄陵附近有黄水,疑为古姬水。唐代胡曾诗道:"五月扁舟过洞庭,鱼龙吹浪水云腥。轩辕黄帝今何在?回首巴山芦叶青。"为此,作者认为"黄帝即位及死葬在湖南无疑"。②

至于黄帝陵在山东的传说,仅在《大明一统志》"曲阜县"条目下有记载:"轩辕寿陵,在曲阜县东北二里,相传黄帝轩辕氏葬地,本名寿丘。"此说不仅无其他史料佐证,而且与该书所载"真宁县""中部县"有黄帝陵相矛盾。若此说不误,也只能是黄帝某一后裔的陵墓,而非其本人。所以,此说不足为据。

实际上,不管是传说陕西宝鸡的炎帝陵、湖南炎陵的炎帝陵、山西高平的炎帝陵,还是传说陕西桥山的黄帝陵、河北怀来县的黄帝陵、河南灵宝的黄帝陵,等等,笔者认为,这都不是我们今天所说真正意义上的陵冢,也不是人们传说的所谓"衣冠冢",而是人们根据古史传说和当地民间口耳相传,以表达对炎黄二帝的崇敬而"造"的象征性的陵墓。尽管如此,经过数千年的历史积淀,陕西黄帝陵至今已成为海内外炎黄子孙心目中的一座圣地,一种信仰,一种象征,一种"精神标识"。因而,我们也就无须去追溯它们的真假了。

---

① 参见何光岳、杨东晨:《中华炎黄时代》,三秦出版社2007年版,第176页。
② 参见刘俊男:《华夏上古史研究》,延边大学出版社2000年,第76页。

第三章　炎黄二帝的称谓、族姓和形象诸问题

何谓炎帝？何谓黄帝？其称谓、尊号和族姓的来源、含义，炎黄二族的图腾，炎黄二帝的形象等，这些既是研究者需要回答的问题，也是读者所关注的问题。本章依据有关古史传说、考古资料和民俗予以试析。

第一节　炎黄二帝的称谓与尊号

根据古史传说和今人研究，关于炎黄二帝的称谓和尊号，其来源和含义有多种阐释。虽说这些解释不一定完全符合当时的实际情况，但通过对其称谓和尊号多种含义的揭示，有助于对炎黄二帝其人其事有进一步的了解和认识。

一、炎帝的称谓与尊号

炎帝称谓有身号、世号之分。由于其功德的不同，又形成了多个尊号。

（一）炎帝的称谓

古史传说，炎帝姓伊耆，名轨，又叫石年。（《路史·后纪三·禅通纪》）那么，怎么又叫"炎帝"，又姓"姜"（姜姓见本章第二节）呢？王献唐说："炎帝之号，乃汉人以五行配五方五帝，造为此名。南方属火，神农位南，因敷会为火德曰炎帝耳。"[①]笔者认为，炎帝之名，是其长大成为姜炎族首领后，因"火师而火名"，故称为"炎"帝。《说文解字》说："炎，火光上也，从重火。"即火焰上升为炎。从有关记载看，炎帝称谓源于"修火之利"，即炎帝善于取火、存火、掌火、用火，以"火正""火师"而名。但在古史传说中，燧人氏是火的发明者。传说在遥远的古代，人喝的是露水，吃的是草木果

[①]　王献唐：《炎黄氏族文化考》，齐鲁书社1985年版，第407—408页。

实,有位圣人出现,以"火德"著称,创造了钻木取火,从此以后人们开始以火取暖、驱逐野兽等。这位圣人就是后世人所称的"燧人"。燧人氏与炎帝虽都具有"火德",但他们的"德"是有所不同的,也就是说他们的功业不一样。燧人氏是火的最初发明者,而炎帝是在前人发明火的基础上最大限度地利用了火,创造了使用火的多项技术,尤其是把火广泛地运用于生产、生活之中,发明了火耕、熟食、"火疗"、烧制陶器,等等。由于炎帝有多种火德,遂"以火德王",号"炎"帝,又称"赤"帝,死托祀南方炎火之地,为火德之帝,号天帝赤熛怒,又名赤奋若、赤翼若等,均与火有关。因火与太阳都能给人间带来光明,带来温暖,五谷更离不开太阳,所以,民间又称炎帝为"太阳之神",用太阳以象征炎帝。可见,火在炎帝族中占有多么崇高的地位,"火德"便成为凝聚姜炎族的一种精神纽带,一种图腾崇拜。为此,氏族成员渐渐地已不再称呼他的原名,而改称为"炎"。所以,炎帝之"炎"就有了双层含义:一是指阳光哺育、刀耕火种的农耕文化之滥觞,一是指崇日尚火的图腾和信仰。

关于炎帝善于用火的事迹,在古籍中多有记载。《竹书纪年》"炎帝神农氏"引《汉志》说:"神农氏作,以火承木,故曰炎帝,教民耕种。"又注引应劭说:"春官为大火,夏官为鹑火,秋官为西火,冬官为北火,中官为中火。"说明炎帝"根据作物的不同节令,确定用火的形式,一年四季都在放火,放火烧荒,刀耕火种。人类战胜自然的过程,也就是用火的过程"①。

关于将"火"与"帝"连在一起,称谓"炎帝",这与先民祭祀观念的产生有关。我们说,原始先民在其漫长的生存斗争中,先民的体力和脑力日益进步,到了他们"两手教导头脑,随后聪明一些的头脑教导双手,以及聪明的两手再度更有力地促进头脑的发展"②的时候,先民们便不再仅仅被动地应付自然的考验,而开始试图对长期困扰他们的自然现象,如月落日升、电闪雷鸣、草木枯荣,动物乃至人类自身的生死等问题提出解释。梦幻诱发了先民的"灵魂"观念,即激烈的争斗、危险的狩猎、失败的沮丧、成功的喜悦……但是一觉醒来,伴随他们的却只有空寂的寒冷与呼号的山风。这种现象诱导出一种寄寓于人体之内但又不受身体制约,在人们睡梦中或死亡之后便离开躯体自由活动的"灵魂"存在的观念。这种观念扩而大之,他们便认为凡世上不受人的身体直接控制、不受人的意愿随意支配的万事万物,都是受某种神灵驱使。于

---

① 陆思贤:《神话考古》,文物出版社1995年版,第218页。
② [苏]高尔基:《苏联的文学》,转引自冯天喻主编:《中华文化史》,上海人民出版社1990年版,第283页。

是,所有影响作用于人类生存的自然物、自然力,纷纷被幻化为形形色色的神灵:日神、月神、雷公、电母、土地爷、河伯、火神……祈祷这些神灵保佑平安、帮助先民们战胜无法预料而又无法抵御的灾祸的祭祀,也就如同农耕生产、对外战争一样,成为本部落的一件大事,如《左传》所说的"国之大事,在祀与戎"。像这种原始宗教的崇拜,从考古资料及古籍记载中也可得到说明。在农耕时期的新石器时代,太阳普照大地,土地养育万物,太阳和土地是他们赖以生存的依靠,这也就成了先民们虔诚供奉的神祇。在仰韶、屈家岭、马厂等文化遗址出土的陶器上,人们往往发现表现太阳图形的纹饰;在江苏连云港将军崖、四川珙县、云南仓源、广西宁明的新石器时代岩画上,也清晰地刻画着太阳神的形象。殷墟卜辞和《尚书》均有"宾日""饯日"等宗教仪式的记录,这显然是原始时代太阳崇拜的继续。对土地的崇拜也很盛行,虽然古实物的证据尚不丰富,但考之以"社稷五祀……自夏以上祀之"(《左传·昭公二十九年》),"郊祀社稷,所从来尚矣"(《汉书·郊祀志》)的典籍记载和民间长久流传的"地母"神话传说,我们可以推断出太阳、土地之外的自然物,也为我们的原始先民所崇拜,"山林、川谷、丘陵,能出云为风雨,见怪物,皆曰神"(《礼记·祭法》)。对自然物、自然力的崇拜,必然要时时加以祭祀。①

《史记·封禅书》记载:"炎帝封泰山,禅云云,黄帝封泰山,禅亭亭。"因炎帝、黄帝分别为本部落"酋长",负有田地管理的责任,所以在每一年将尽的十二月,就要对天地万物之神进行一次总的答谢祭祀,即"蜡祭"②,既报答一年来众神赐福助佑之功,同时也为来年的农业生产祈福,以感谢天地带来的好收成。③ 这些隆重的祭祀活动,常常由部落首领主持,相沿日久,就形成了一种崇高的概念——帝。以此配有功德的首领。汉服虔说:"自少昊以上,天子之号以其德"(《礼记·月令》疏引),班固说:"德合天地称帝。"(《白虎通义·号》)《吕氏春秋》解释:"帝者,天下之所适。王者,天下之所往。"就是说,帝就是象征着可以承天之运,降福于人间,掌握祭祀天地权力的人。

"帝"最早见于甲骨文的卜辞。关于"帝"的解释,《说文解字》说:"帝者,谛也。

---

① 参见冯天喻主编:《中华文化史》,上海人民出版社 1990 年版,第 284—285 页。
② 《礼记·郊特牲》:"天子大蜡八。伊耆氏始为蜡。蜡也者,索也。岁十二月,合聚万物而索飨之也。蜡之祭也,主先啬而祭司啬也,祭百种以报啬也。"
③ (唐)司马贞:《史记·补三皇本纪》云:"炎帝神农氏,以其初为田事,故为腊祭,以报天地。"

王天下之号也。"《白虎通义·号》说:"帝者,谛也,象可承也。"谛与禘通,禘又与祭通。祭就是"以事鬼神上帝"(《礼记·月令》孔疏)。

到了商代,商人编造出"上帝立商"①"玄鸟生商"②的神话,于是,将自然的"天"视为至上神,视为上帝。于是,"帝"不仅指掌握了祭祀权力的人,而且"帝"又有了"上帝"之义,成为祖先神与至上神的统称。张光直曾说:"事实上,卜辞中的上帝与先祖的分别并无严格清楚的界限,而我觉得殷人的'帝'很可能是先祖的统称或是先祖观念的一个抽象。"③侯外庐也曾指出:"殷人的宗教祖先神是一元的,'帝'和'祖'是不分的。这是氏族公社具有强有力的地位的社会自然发生的意识。卜辞没有祀天的记载,只有祀祖祀帝的记载。"④商王自认为是天命神授,是上帝的儿子,于是,又将"帝"用作对君王的称呼。《尔雅·释诂》解释:"帝,君也。"因而,商人将君王称帝。不仅如此,"帝"还有"本""原"之引申义。《易·益卦》:"王用享于帝。"王弼注:"帝者,生物之王,兴益之宗。"《礼记·郊特牲》:"祭帝勿用也。"疏说:"因其生育之功谓之帝。"而"帝"和"祖"的分开则是从西周开始的。

以上是古人对"帝"的解释。而今人对"帝"的解释,王国维、郭沫若等依据清人吴大澂《字说》所说的"象花蒂之形……蒂落成果"⑤,也认为:"帝"乃是"蒂"之本文,即花蒂之"蒂"。"帝"像花萼全形者是也。"蒂"即"本"或"根"。⑥ 裘锡圭则释"帝"为"嫡庶"之"嫡"。"嫡"即"世"。"蒂""本"和"嫡""世"构成了一个"宗族树谱"图。⑦ 徐中舒在《甲骨文字典》中解释"帝"字说:"象架薪木烧,祭,主体象薪木。"即像架木或束木燔以祭天之形,为禘之初文。姜广辉引申说:"炎帝、黄帝时代,这是一个缔结部落联盟的时代。炎帝、黄帝是当时的两个中心氏族,后来融合为一。在这样一

---

① 《诗经·商颂·长发》:"帝立子生商。"
② 《诗经·商颂·玄鸟》:"天命玄鸟,降而生商。"
③ 张光直:《中国青铜时代》,三联书店1983年版,第264页。
④ 侯外庐:《中国古代社会史论》,河北教育出版社2003年,第127页。
⑤ 《说文解字诂林》引吴大澂《字说》云:"象花蒂之形……蒂落成果。即草木之所由生,枝叶之所由发,生物之始,与天合德,故帝足以配天,虞、夏禘喾,禘其祖之所从出,故禘字从帝也。"又有其《说文古籀补·附录》:"古帝字",如花之有蒂,果之所自出也,后人增益之,作添象根枝形。"
⑥ 郭沫若:《郭沫若全集》(第一卷),科学出版社1982年版,第48—52页。
⑦ 江林昌:《历史的黄帝、神话的黄帝和仙化的黄帝》,《轩辕黄帝与缙云仙都》编辑委员会:《轩辕黄帝与缙云仙都》,浙江人民出版社2002年版,第69页。

种归'根'结'蒂'的大联盟中,主盟者便被尊为'蒂'即'帝'。及其死后其继承者对他的祭祀便称为'禘祭'。帝、蒂、缔、禘数字本为一系。而在文字创造之前凡表'根本'之义者即发'di'音,如氐、柢、底等,亦与'帝'字音同义近,后来意义分化,在造字时以不同形符区以别之。"①

除了上面从字形字义解释外,还有另外三种解释:一种认为"帝"来源于1979年初,河南汝州市阎村遗址出土的一件6000年前的"鹳鱼石斧图"。此图由"鹳鸟衔鱼图"和"绳结柄斧图"两部分组成。"绳结柄斧图"画的是一根竖直的木柄上端由绳子紧绑的石斧,木柄和石斧上有明晰的绳结纹路。这个"绳结柄斧图"就是汉语"帝"字的雏形,或称原始"帝"字。甲骨文"帝"字 、 、 、 的形体与"绳结柄斧图"在图形上有相似性。随之以后演变为金文 、 、 ,篆文 ,隶书帝和楷书帝。因为,在以竹木、石块为武器的原始时代,带刃的武器"帝"威力无比,所向无敌,所以,"帝"成为当时最高权力的徽标,手执(掌握)"帝"(武器)的人(首领)被称为"帝"。② 还有一种认为:"黄帝的'帝'不是生称,不是秦始皇称自己是'始皇帝'那样的生称。它实际上是古代部族对已故去的部族首领的尊称,或者是三代王室对他们先王的称呼。《礼记·曲礼下》说:'措之庙,立之主,曰帝。''措之庙'就是把祖先牌位放在庙里头,'庙'就是'太庙',祭祀祖先的地方。'立之主'就是给祖宗立一个牌位,这个牌位就叫作'主'。所以,'帝'实际上就是庙主、祖宗,是后人对祖宗的尊称。"③第三种解释,刘翔从仰韶文化遗址等史前陶文中找出一些认为是"帝"之初文符号,提出"帝"字最主要的部分像植物子房,认为这"无疑是当时华夏民族对植物崇拜的原始的文化心理的反映……华夏文明是在植物文化的历史背景下滋生发育的,华夏民族称谓本身就保存着原始植物崇拜文化的信息。华、花二字在殷代卜辞里是同一个形体,便是佳证。至于本像花蒂之形的帝字,其最初语义蕴涵的意念,即对植物的原始崇拜,这是不言而喻的。就植物而言,开花结果,生生不息,花蒂是其根本。植物花蒂的这种带根本性的神异力量,很自然会引起人类的重视和崇拜,进而成为自然界至尊神的化身。到了殷商时代,隐没了花蒂本义的帝字,已经成为表述人们意念里的自然界至

---

① 姜广辉:《论中国文化基因的形成——前轴心时代的史影与传统》,《国际儒学研究》(第六集),1988年版,第299页。
② 参见高万须:《"鹳鱼石斧图"与"帝"字雏形》,载新浪博客网。
③ 沈长云:《人文始祖——黄帝》,《光明日报》2018年11月24日第11版。

尊神的尊称"①。

对于以上几种古今学者的解释,笔者认为"祭—禘—谛—帝"的解释比较符合当时的实际情景。"祭"对原始先民来说具有十分重要的意义,只有部落首领既有这种"祭"的权力,又被后人尊为祖先神而成为"祭"的对象。所以,到了商周时期,人们在追溯先祖时,便将其与后世君王一样看待,分别以"帝"字赐炎帝、黄帝等先祖,以表示对其先祖的尊崇。

炎帝称谓的内涵,大概有四层含义:一是炎帝为一个具体的古史传说时代的历史人物。从多种历史文献记载来看,炎帝有名有姓又有出生和死葬地,有妻有子又有世系传承,其事迹既具体又实在,而不像神话人物那样空泛,无生无死。二是炎帝作为姜炎族"第一代"首领的称谓,又具有承袭性,为炎帝部落代代首领所沿用,即使这位首领战死、病死后,继任者们都还叫炎帝。所以炎帝又是这个部落若干首领的总称谓。因而,炎帝又是氏族、部落的称谓。这可能就是现在中国大地上有多个炎帝的出生地、生活地、墓葬地的原因吧。三是炎帝称谓还具有时代的含义。传说炎帝传八世,或十七世、七十世。尽管说法不一,但有一点是可以肯定的,炎帝代表一个氏族和部落,其前后存在了比较长的时间。这一时期正是原始社会由母系氏族社会向父系氏族社会过渡的时期,其社会的主要特征是生产活动方式已由过去的采集和渔猎转向以农耕为主。而炎帝是率先进入农耕文明的首领和氏族部落,又是首先发明"刀耕火种"生产方式的人,故炎帝为其"身号",神农为其"世号",合称为"炎帝神农氏"或"神农氏炎帝"。这正鲜明地反映了那个时代社会的主要特征。因此,我们说炎帝又具有时代的象征意义。四是炎帝称谓还具有文化表征的意义。代表了以炎帝为首的氏族、部落或部落联盟生活的那个时代所发生的一切文化现象,即炎帝文化。对此,吕振羽在《史前期中国社会研究》一书中有段话,对我们理解炎帝包括黄帝在内其称谓的含义,可能会有一定的帮助。他说:

> 所谓伏羲氏、金天氏、神农氏、有熊氏,等等,在最初不仅是其氏族的名称,而且是其每个成员的名称。但是后人关于古代部落、氏族的一些传说或关于某一氏族成员的一些传说,反映到他们的阶级社会的意识中,不制造出一个特定的人出来作代表,在他们是难于说明和传述的,甚而在他们为阶级社会的一定阶级的代言人的立场上说来,也不能不需要去创造出那些异于

---

① 刘翔:《中国传统价值观诠释学》,华东师范大学出版社2010年版,第10—11页。

常人的"帝""皇"和"昊"出来。但是,那些和某一氏族或部落结合的传说,也未必就属于某一氏族或部落自己的古代遗传,不过这种传说的来源,总有其如此一个或一群相当的主人,便是可能的。①

(二)炎帝的尊号

实际上,中国古史传说时代的"三皇五帝"及其相关人物,都有较多的称号"以象其德",即寓意其功德政绩。炎帝的尊号亦是如此。同时,我们还可以看到,三皇五帝及其以前或同期传说人物之所以有较多的称号,是由于当时社会上有许多氏族、部落或部落联盟首领,其贡献有大有小或有多有少,所以先民在传说中将其贡献逐渐集中在某一典型的氏族部落首领身上,形成后世有文献记载的人物之尊号。有些尊号称谓也可能为炎帝部落在迁徙过程中不断随地名的不同而重新更改。这些称号有着丰富的文化内涵,代表了炎帝不同时期的功绩和精神。

神农氏 关于神农氏,在先秦古籍中多有记载。有学者研究,认为"神农这一用语出现于晚周,晚于炎帝,但也不是凭空臆造的,是从烈山氏之子发明农业的传说演化来的"②,即从"柱—农—神农的演化逐步完成"③的。

关于神农与炎帝的关系,历来有不同的说法:一种炎帝即神农,一种炎帝非神农。今人研究虽还存在着两种说法,但大多数人认为,既然历史上已经"合户"——炎帝即神农氏,神农氏即炎帝,那么,就没有必要再继续将其分开。④ 实际上,在先秦文献中,炎帝与神农氏本无联系,炎帝族发祥于宝鸡渭水流域的支流"姜水",而神农传说降生于湖北随县。自战国学者整理古史传说,《世本》问世,始将神农氏与炎帝合户,出现了"炎帝神农氏"一语。西汉末年刘歆等进一步以五德终始的思想整理古史,在《世经》中形成了"太昊伏羲氏""炎帝神农氏""黄帝轩辕氏""少昊金天氏""颛顼高阳氏",分别成为木、火、土、金、水德而传承的古史系统。东汉班固在撰写的《汉书》中,

---

① 吕振羽:《史前期中国社会研究》(上),河北教育出版社2000年版,第103页。

② 罗琨:《五帝与文明初晓的英雄时代》,郑杰祥主编:《炎黄汇典·文论卷》,吉林文史出版社2002年版,第557页。

③ 罗琨:《"炎黄""黄炎"与黄帝陵》,《炎黄春秋》增刊《炎黄文化研究》1994年(总)第1期。

④ 张序民:《炎帝·神农氏·烈山氏》,宝鸡市社科联编:《炎帝论》,陕西人民出版社1996年版,第80页。

开始以"炎帝"代"神农氏"。由此可知,自西汉以后随着"炎帝神农氏"一语的使用,便产生了"炎帝即神农氏,炎帝身号,神农代号也"①之说。本文视神农不是一个具体的人或氏族,是对农耕时代的一种比喻性称呼,所以全书以"炎帝"相称,将"神农"视为"炎帝"之尊号,即"代号(世号)"。这是对农耕文明有重要贡献的人的一种敬称,犹如今天称袁隆平为当代"神农"一样。

关于神农氏称谓的含义,大概有两个方面的意思:其一,为农业文明的发明者,这也是神农之所以为神农的根本原因。古史传说,在远古时候,人民都是靠渔猎生活,吃的是飞禽走兽和鱼虾蟹鳖等。而到了神农时代,因人民众多,仅靠渔猎已无法满足人们的生活需要,于是传说有一个名叫"神农"的"人"或氏族部落,利用天气和土地,发明了耒耜,教族民耕种,并以神奇的力量感化族民,使他们适应农作。所以,大家都称他为"神农"。②《风俗通义·三皇》亦说:"神农,神者,信也。农者,浓也。始作耒耜,教民耕种,美其衣食,德浓厚若神,故为神农也。"《搜神记》《史记·补三皇本纪》等均说神农之名是与发明农耕、发明耒耜分不开的。可见,神农氏是一个善于农耕的氏族或部落。当然,这个氏族或部落,"不代表一个具体的氏族,更不是一个具体的人"③,而是泛指,是一个集合体,具有重叠性和延时性;有"农耕"之意义。正如张舜徽所说:"神农二字,神是治理的意思。④ 其义自然可解为'治田'。"⑤

其二,既如此,神农氏称谓就具有了时代的象征意义,是后世人"对原始社会发明农业时代的总结性提法"⑥。这从《逸周书·尝麦解》《周易·系辞下》《管子·轻重戊》《庄子·盗跖》《商君书·画策》《吕氏春秋·爱类》《淮南子·主术训》《史记·五帝本纪》等书中所记载的"神农之时""神农之世""神农世衰"等语句来看,神农氏称谓是具有明显的时代意义的。所以,后世人不仅将神农氏视为原始社会在农业生产方面作出杰出贡献的氏族或部落的"世号",也就是农业文明初期象征性的人物或氏

---

① 参照罗琨:《五帝与文明初晓的英雄时代》,郑杰祥主编:《炎黄汇典·文论卷》,吉林文史出版社2002年版,第557页。
② (东汉)班固:《白虎通义·号》云:"谓之神农何? 古之人民皆食禽兽肉。至于神农,人民众多,禽兽不足,于是神农因天之时,分地之利,制耒耜,教民农作,神而化之,使民宜之。故谓之神农也。"
③ 景明:《神农氏·炎帝》,西北大学出版社1993年版,第62页。
④ 《尔雅·释诂》:"神,治也。"
⑤ 张舜徽:《中国劳动人民创物志》,华中工学院出版社1984年版,第1页。
⑥ 景明:《神农氏·炎帝》,西北大学出版社1993年版,第72页。

族,而且成为文明演化的一个重要历史阶段,即被用来指示时代的特征——农耕时代。

传说炎帝"修火之利",将原始社会的"荒耕(抛荒)"农业推进到"火耕"和"耜耕"农业阶段,大大提高了农业生产力。正因为炎帝在农业上的特殊贡献,后世人们才称誉他为"神农"。神农也就成为炎帝的"代号""世号",即尊号。《世本·帝系》云:"炎帝,神农氏。宋衷子曰:'炎帝神农氏。炎帝,身号;神农,代号也'。"所谓"代号",就是世代之号。这世代之号,也就是黄帝之前、伏羲之后的农业发明发展的"农耕时代"的称号。所以,人们将他称为"神农氏炎帝"或"炎帝神农氏"。为此,罗琨说:"传说中的炎帝还有一重要身份,即'炎帝神农氏'。'神农'一语出现于周代晚期,源于烈山氏之子'柱'发明原始农业的传说,承载的是刀耕火种的原始农业脱胎于火猎史实。以后随着原始农业的发展,出于对农业生产工具的崇拜而造就的农神,经历了从'柱'到'农'的演化,'神农氏'成为农业发明的代名词。其实,神农氏原本与伏羲氏一样,代表一种新的生产力及其产生的历史时代,并不是某古氏族的专名,但随着对古史传说的整理,完成了与炎帝的合户。"① 当然,在上古时代,按照"法施于民则祀之"的原则,对农业发明作出贡献而被誉为"神农"称号的不止于炎帝,还有列山氏之子"柱"和周人始祖"弃"。高诱注《吕览》说:因为炎帝能种植嘉谷,并能神奇地

---

① 罗琨:《文明探源与炎帝史迹索隐》,霍彦儒主编:《炎帝·姜炎文化与和谐社会》,三秦出版社 2007 年版,第 111—112 页。关于炎帝与神农氏的关系,还有另外两种说法:一种意见认为神农与炎帝是两个人(氏族或部落),神农在前,炎帝在后,炎帝是神农时代后期的一个在农业上作出重要贡献的人。炎帝与神农既有联系又有区别:联系是都为农业的产生和发展作出重要贡献,区别则是一前一后,代表了两个不同的农业发展时期,即神农侧重于对农业的发明和创造,炎帝侧重于对农业的推动和发展。(分别参见徐旭生:《中国古史的传说时代》,广西师范大学出版社 2003 年版,第 48 页;石兴邦主编:《陕西通史·原始社会卷》,陕西师范大学出版社 1997 年版,第 317—325 页)

又一种意见认为,炎帝是部落之名,神农氏是氏族之名。炎帝部落在其漫长的历史发展过程中,会有很多的部落首领——炎帝。炎帝部落内部包含有很多的氏族,例如彤鱼氏、神农氏、烈山氏、鱼凫氏等。炎帝部落首领究竟出自哪个氏族,在不同的历史阶段,会有不同的结果。我们常说的"炎帝神农氏",是说此时的炎帝部落首领是出于炎帝部落内部的神农氏。换言之,是说神农氏的族长担任炎帝部落的首领,由他来管理和统领整个炎帝部落。由此可以明白,炎帝和神农氏不是同一个概念,更不是同一个人。(参见曹定云:《宝鸡北首岭仰韶文化"人面鱼纹"图腾与炎帝彤鱼氏——兼论炎帝名号的由来》,霍彦儒主编:《炎帝·姜炎文化与民生》,三秦出版社 2010 年版,第 2 页)

教化天下，所以人们取神农号为炎帝，后世沿袭神农这一名称为管理农业的官名。郑玄注《礼记》说："神农者，以其言稼穑。"又说："田祖，始耕者，谓之神农。"是说，只要为农业作出贡献的，都可誉称为"神农"。所以，在《国语·鲁语上》篇中说：列山氏拥有了天下，他的儿子叫柱，能种植多种多样的粟谷和蔬菜。尧舜至夏代兴起后，周人始祖弃(后稷)继承了柱播植百谷百蔬的技术，所以柱和弃也都以"稷"而被祭祀。到了商汤取代夏桀后，祭祀的对象"废柱而以弃代之"①，主要祭祀弃。按照《左传·昭公二十九年》的解释："稷，田正也。"②就是指管理农业生产的官。这些史料说明，至少在东汉之前，既有以神农为农官的，也有以神农为"农神"的名称。由此可以看出，神农之名是冠之于对原始农业有功之人物或氏族的一种尊称。人们之所以称"炎帝神农氏"或"神农氏炎帝"，正是反映了炎帝与炎帝族在其最早的原生地——宝鸡渭河流域，对推进、发展原始农业所作出的重大贡献和炎帝时代社会经济的主要特征。中国人自古就有"成天地之大功者，其子孙未尝不章"的品德，所以在今陕西宝鸡、湖南炎陵、湖北随州、山西高平、河南淮阳以及台湾等地古今以来都建有神农庙、炎帝祠，三皇庙、先农坛在清代更是遍布全国各地。这正反映了炎黄子孙对"成天地之大功者"炎帝这位"神农"的崇敬。

烈山氏　《帝王世纪》说炎帝"又曰列山氏"。烈(列、厉)山氏之含义，孟子曾做了一个明确而具体的解释："烈山泽而焚之"。其意是放火烧山，便于耕种，即史书上所说的"刀耕火种"。传说这种原始耕作生产方式是炎帝发明的，所以，后人便以其生产方式和功绩，亦称炎帝为烈山氏。三国韦昭在为《国语·鲁语》作注时说："列山氏，炎帝之号也。""炎帝烈山氏"之名号正反映了炎帝族在今临潼骊(丽)山"刀耕火种"的先进的农耕生产方式。骊山即厉山、烈山、列山，与姜水同处一地，前者在东，后者在西，炎帝由西向东迁徙时曾在骊山居住过，故炎帝亦称烈山氏。对"列山"，王献堂做了详细考证。他说："知神农之生于姜水，种艺岐山，其逐渐繁盛于有邰，乃必然之事也。由有邰而东，更繁殖于临潼、渭南、大荔一带，又必然之事也。既逐渐繁衍，初尚局小，及至临潼各地，其业始大，至时神农负一族重望，万众影从，总持一切，地位随农业而起，故言起于列山。故所谓列山，就当时情势及所在区域求之，必为临潼之

---

① (西晋)杜预注《左传》："弃，周之始祖，能播百谷，汤既胜夏，废柱而以弃代之。"
② 《左传·昭公二十九年》："稷，田正也。有列山氏之子曰柱为稷，自夏以上祀之。周弃亦为稷，自商以来祀之。"

列山明矣。"①其实,"列山"之名在湖北随州、山西高平等地,也以此命名。如唐代天授二年(691)的《泽州高平县羊头山清化寺碑》和在高平神农镇团西村出土的《唐故浩府君墓志铭并序》均将羊头山称为"列山"。而在《括地志》里却说:"厉山在随州随县北百里。"我们说,这两处出现的"列山"②,是由炎帝与炎帝族迁徙所造成的。这也正好反映了"列山氏"为炎帝之尊称的事实。因古人不了解炎帝与炎帝族迁徙将原地名又带入新迁地的情况,故误认为炎帝"起于烈山"。

魁隗氏 《帝王世纪》云:炎帝"号魁隗氏"。可能以寓炎帝为一个高大魁梧之人。另有一说,魁隗氏是炎帝的名字,非号。传说炎帝魁隗氏发祥于秦岭常羊山,兴起于赤水(今贵州赤水市),取代伏羲女娲氏政权,建帝都于陈仓③(今陕西宝鸡市一带),班固的《汉书·律历志》、郑樵的《通志》等亦持此说。《孝经纬·钩命诀》说:"任(妊)巳(姒)感龙生帝魁。"注曰:"魁,神农名。"这是说魁隗是其母妊姒(女登)感神龙首怀孕而生。这与《帝王世纪》记载的炎帝的诞生是一样的。《通鉴外纪》则分为帝临、帝魁。还有一说魁为炎帝的子孙辈,非炎帝之名。传说炎帝部落曾建有两大政权:一为炎帝魁隗氏政权,一为炎帝神农氏政权。魁隗氏在位执政五十八年。魁为帝号。后又有"炎帝魁隗氏",不仅是称炎帝的长相、身材,而且反映了炎帝时代开始"建典立制",有了"国家"政权。而按照王献唐的考证,炎帝有二称,"一为魁隗,一为帝魁。帝魁犹帝尧、帝舜,帝为尊号,魁为名称。魁、隗同音一事。神农(炎帝)曾居魁地,以地为氏,呼之曰魁,久之魁为帝号,又合所居地名称为魁。魁义言魁地之魁氏,后以名字重复,别署魁氏之魁为隗,遂为魁隗氏"④。

伊耆氏 《礼记·郊特牲》说:"伊耆氏,始为蜡。"郑玄注说伊耆氏是古天子之称号。一说它为炎帝之称号,一说它为帝尧之称号。炎帝因在伊(今河南伊川县)、耆(今山西长治)称"诸侯"(部落酋长)而得此称号。《竹书纪年》说炎帝神农氏开始建国在伊地,继而又建国在耆地,"合而称之,又号伊耆氏"。《通志》《皇王大纪》等书也说炎帝称伊耆氏。清人雷学淇在《竹书纪年义证》中说耆为姜姓国名,炎帝之先祖名为伊耆,所以炎帝亦称伊耆氏。我们说炎帝伊耆氏可能是炎帝以"国(部落)"的名称

---

① 王献唐:《炎黄氏族文化考》,齐鲁书社1985年版,第406页。
② 高平市炎帝文化研究会:《炎帝古庙》,文物出版社2011年版,第12、16页。
③ (汉)王符:《潜夫论·五德志》:"有神龙首出常羊,感任姒,生赤帝魁隗。身号炎帝,世号神农,代伏羲氏。"
④ 参见王献唐:《炎黄氏族文化考》,齐鲁书社1985年版,第392页。

而形成的称号。① 这反映了炎帝族迁徙太行山一带后,随着农耕生产的进步,其部落进一步壮大,文明程度进一步提高,开始由部族向邦国(方国)转变。据《潞安府志》及庙宇碑文记载,在古上党地区(今长治市和晋城市一带)有炎帝族活动,可能就是传说中的炎帝伊耆氏族。为此,此地后世从北齐始建有数十座纪念性的炎帝庙宇。今高平市神农镇在羊头山重修神农庙,长治市区百谷山建有30米高的炎帝铜像。

朱襄氏　在《帝王世纪》《路史·禅通纪》《古史考》《易系辞疏》《初学记》《读史方舆纪要》等古籍,以及方志《柘城县志》中,对朱襄氏多有记载。传说朱襄氏在治理天下的时候,天下阴气不足,乃风沙干旱连年,万物枯死,颗粒无收。于是便令士达制作五弦瑟,引来阴风,使万民安定,适应寒暑,万物生长。士达为了制服风沙干旱而发明了五弦瑟,鼓瑟除魔,施雨抗灾,驱逐恶疾,使当地居民安居乐业。(《吕氏春秋·古乐》)还传说太昊命朱襄氏为飞龙"造书契"(《竹书纪年》笺按引《通鉴外纪》)。关于五弦瑟,《史记·补三皇本纪》《竹书纪年》《路史》等古籍中有记载,均言为炎帝所作,于是汉代学者高诱等通过考证,认为"朱襄氏"就是炎帝,所以在《吕氏春秋》注释中说:"朱襄氏,古天子,炎帝之别号。"又称"炎帝朱襄氏"。② 这反映了朱襄氏族战胜自然灾害的重要贡献。还传说朱襄氏是最早以"朱"为号者,是"朱"姓中最古老的一支。《帝王世纪》说朱襄氏是伏羲后裔之十五世之一世。还传说朱襄、昊英为伏羲左、右相,共工、伯皇分任伏羲上、下相。朱襄氏分治定都于柘(今河南柘城县。时称株野)。《寰宇记》记载:"柘城为朱襄氏邑。"柘城在上古之时称"朱",又称"朱襄氏邑";春秋属陈(今河南淮阳),战国属楚,均称"朱野";在秦时因此地盛产柘桑而始设"柘县",后称"柘城县"。朱襄氏以109岁而终。朱邑百姓念其功绩,将其葬于城东十里处的朱固(即朱贡寺)。明成化年间又在墓前修建朱襄庙,建有大殿、山门、配殿共十余间。至清嘉庆二十五年(1820)时,"庙貌荒废"。随后乃修葺而立。寺后墓前有块碑,上题:"朱襄氏之墓"。光绪十二年(1886)重修。民国二十九年(1940)三月

---

① 另有两说。一是伊耆为炎帝之姓。《路史》云:"炎帝神农氏,姓伊耆。"或以姓为其代号。一是伊耆氏为官名。《周礼》谓秋官司寇所属有伊耆氏,设下士一人及徒二人。遇大祭祀,供给老臣杖函,使行礼时去杖,以敬鬼神。遇兵事,授受杖给有爵者。军吏执殳,意在与士卒区别。北周亦于秋官府设伊耆氏中士、下士。

② 有文献传说朱襄氏非炎帝,他是原始社会末期的一位部落酋长,历三世,率本部族加入以伏羲为首的中原部落联盟,并继伏羲之后统领中原诸部落。今河南淮阳东北一带是远古时期伏羲活动的中心区域,朱襄氏部族也在此居住。

县知事傅静波又重修。1949年后庙宇被拆。2001年,地方政府为保护历史文化遗产,重新修建了炎帝朱襄氏陵园。该陵园占地120亩,陵高10.9米,周长158米,立石碑三通,恢复了昔日的雄姿。

大庭氏 见于《庄子·胠箧》:"昔者容成氏、大庭氏、伯皇氏、中央氏、栗陆氏、骊畜氏、轩辕氏、赫胥氏、尊卢氏、祝融氏、伏牺氏、神农氏,当是时也,民结绳而用之。"也见于晋定公所作《晋公盆》铭文:"我皇祖唐公,庸受大命,左右武王,敬百蛮,广司四方,至于大廷,莫不来王。"①(《集成》10342)大廷即大庭。说明大庭氏是存在的。根据王献堂考证,大庭者应有二人,一为伏羲后裔之大庭,一为神农(炎帝)之大庭。《路史》误混为一,以大庭远置伏羲之前,称为炎帝。②关于伏羲后裔之大庭,传说为风姓,是伏羲氏族的一个分支或一世,"及女娲氏没,次大庭氏……"(《帝王世纪》)。王献堂说:"大泰通用,庭帝音转,大庭犹言泰帝。泰帝为伏羲,以居泰山而有此号。后裔居曲阜者,袭其旧称,亦曰泰帝。易字为大庭,所居之地,亦以大庭为号。"③传说伏羲后裔之大庭氏,最先发明了饲养牲畜和栽培牧草的技术,并把原始农业实施于黄土高原而名其族为大庭氏。又有传说大庭氏先祖兴起于太行山,经过数百年的发展,族群逐渐强大起来,形成了一个很有实力的部落。于是,这个部落在头人的带领下走出太行山,在黄河以北吕梁山以南,兴建了一个较大的聚落,建立了本部落的活动中心,结束了游猎生活,从此定居下来。因为领导开发新聚落的首领名叫大庭,族人便把新建聚落命名为大庭,此后族人便改称为大庭氏。大庭氏既是人名,又是氏族名,同时也是一个"国家"的代名词。传说大庭氏历三任帝,前后共执政一百三十七年。首任帝为新印大庭氏,为伏羲女娲氏政权的第十二任帝号。第二任帝为姚印大庭氏,伏羲女娲氏政权的第十三任帝。这两任帝均为女性。传说均立都于今西安临潼区一带。新印死后葬今山西运城芮城县大王镇南,姚印死后葬骊山(今西安临潼区东南)。第三任帝是姚印的孙子随象,传说他出生于蓝田。他从小机智善辩,能说会道,深得祖母喜爱,便一直把他留在身边,等他长大成人,帝姚印便以自己年老多病为由,正式宣布立随象为帝位继承人,让他执政。

所谓炎帝之大庭氏,是因其"自陈徙都于此,昔大庭阪。"谯周曰:炎帝居大庭。

---

① 中国社会科学院考古研究所:《商周金文集成》,中华书局2015年版。释文见吴镇烽:《晋公盘与晋公盆铭文对读》,复旦大学出土文献与古文字研究中心网站,2014年6月22日。

②③ 王献唐:《炎黄氏族文化考》,齐鲁书社1985年版,第417页,第416页。

(《后汉书·郡国志》)《寰宇记》亦说:"曲阜,炎帝之虚。"曲阜之地,有大庭之库,"本名为大庭,炎帝徙此,后人以地名呼之,亦曰大庭,非大庭始自神农也。"故,《春秋命历序》说:炎帝号大庭氏。《通记》亦以大庭为炎帝之号。对此,《左传·昭公十八年》载:"宋、卫、陈、郑皆火,梓慎登大庭氏之库以望之。"杜预注:"大庭氏,古国名,在鲁城内,鲁于其处作库。"孔颖达疏:"先儒旧说皆云炎帝号神农氏,一曰大庭氏。郑玄亦说大庭氏为古国名,炎帝居大庭。这是说大庭氏一支于炎帝之先而迁居今山东曲阜。炎帝东迁居住此地后,因原为大庭氏之故地,所以,人们称"炎帝大庭氏"。"庭",即粮仓、粮库之意。说明炎帝时代粮食生产比较充裕。

又有一说:大庭氏为"炎帝时诸侯,且在轩辕之前"[①],故炎帝与大庭氏非为一人。

连山氏 《帝王世纪》说炎帝"又曰连山氏"。唐孔颖达《周易正义序·论三代易名》及《世普》等书传说:"神农,一曰连山氏,亦曰列山氏"。王献唐考证说,列山"字又作烈、作丽、作连,亦为烈山、丽山、连山。神农既曾居治于斯,后人以地名呼之,因而为列山氏。其所用卦卜之术,更以神农名号呼之曰'连山'"[②]。宋王应麟在说到为何要将连山氏称为炎帝的代号时,在其《玉海·夏〈连山〉·宓戏〈连山〉》引"皇甫谧云:'夏人因炎帝曰"连山""连山易",其卦以纯艮为首。艮为山,山上山下,是名连山,云气出纳于山'。"意思是说艮是八卦之一,为山。万物的生长和死亡都在山间。方位上,艮在东北,八卦是从艮开始,故称这种易为"连山易"。传说它是由炎帝发明的,所以连山氏又被称为炎帝的尊号。[③] "炎帝连山氏"之名号正反映了炎帝在其农耕生产中对自然环境与农耕关系的一种认识。

农皇 古人想象中的先民最早是由一位称"皇"的人管理的。于是,战国诸子在构想远古至战国史时,也依照皇、王、帝的顺序排列。《管子·兵法》说:"明一者皇。"《白虎通义·号》将"皇"解释为"君也,美也,大也,天人之总,美大之称也"。这是说号称为"皇"的人,伟大而没有人敢于违背和超越。《春秋命历序》说:"有神人,名石

---

① 杨东晨:《炎帝的族属与称号考》,《中华文明探源》,三秦出版社 2017 年版,第 189 页。

② 参见王献唐:《炎黄氏族文化考》,齐鲁书社 1985 年版,第 406 页。

③ 另有两说:一是"连山",实即"厉山""列山""烈山"音转。清人孙诒让说"'连''历''烈''列',一声之转";一是"'连山'的'连'字其实原本就有与交通相关的意义。"《周礼·春官·巾车》:"辇车组輓",《释文》:"'辇'本作'连'。"见王子今:《神农"连山"名义推索》,赵德润主编:《炎黄文化研究》(第十一辑),大象出版社 2010 年版,第 25 页。

年,苍色大眉,戴玉理,驾六龙,出地辅,号皇神农。"由此,古代史学家,又将发明农业、功德无量的炎帝,称为"农皇"或"人皇"。如东汉应劭在《风俗通·皇霸·三皇》里说:遂(燧)人为遂皇,伏羲为戏皇,神农为农皇。

人皇 郑樵在《通志》卷一中说:炎帝神农氏亦曰"人皇"。人皇,传说三皇之一。旧有三皇五帝之称,三皇曰天皇、地皇、人皇。传说人皇氏兄弟九人共同出生于仙家圣地刑马山,他们拜仙人为师,后来共同出山治理中国。当时地皇氏已经衰败,天灾人祸横行,山崩地裂,洪水泛滥,人类再次面临灭顶之灾。人皇氏兄弟九人分大地为九区,兄弟九人各据一方,带领人们抗灾自救。经过多年奋战,终于战胜了自然灾害,使人类得以生存下来。于是他们在各自居住的地区建都立国,共称人皇。① 前后共传一百五十世,立国四万五千六百年。这显然是不可信的,但反映原始先民与自然灾害做斗争的传说却是有事实依据的。

二、黄帝的称谓与尊号

黄帝与炎帝一样,也有多个称谓和尊号。

(一)黄帝的称谓

关于黄帝称谓的最早出现,从目前所能看到的文献是前文所引《国语·晋语四》,以后战国齐威王时齐人所铸《陈侯因𬭚敦》金文有"高祖黄帝"之文,自认为其始祖帝舜为黄帝八代孙,故奉黄帝为始祖。但对黄帝称谓的来源和内涵,在古史传说里有多种说法。若将这些说法归纳到一点,实际上就是对"黄"和"帝"的解释。"帝"已在前面第一节做了解释,这里主要试释"黄"。

关于"黄"的解释,在古史传说中有多种说法:一是认为与"土德"之"祥瑞"有关。《史记·五帝本纪》《索隐》说:"案:有土德之瑞……故称黄帝。"《正义》案:黄帝"生日角龙颜,有景云之瑞,以土德王,故曰黄帝。"

二是认为与"颜色"有关。此说又有三种看法:第一种认为来源于土地之色。《索隐》说:"……土色黄,故称黄帝,犹神农火德王而称炎帝然也。"《吕氏春秋·应同》篇说:"其色尚黄,其事则土。"《说文解字》说:"黄,地之色也,从田,光声。"《论

---

① 〔清〕王谟:《汉唐地理书钞》辑《荣氏遁甲开山图》说:"人皇兄弟九人,生于刑马山,身有九色。"〔唐〕司马贞:《史记·补三皇本纪》说:"人皇九头,乘云车,驾六羽,出谷口,兄弟九人……"

衡·验符》篇说:"黄为土色,位在中央,故轩辕德优,以黄为号。"《广韵》说:"黄,中央色也。"《易·乾卦》说:"天玄而地黄。"《汉书·律历志上》说:"黄土,中之色也。"《风俗通·五帝》说:"黄者,光也,厚也,中和之色也。"在《淮南子》《吕氏春秋》中,以五行与五方五帝相配来安排黄帝,认为黄帝之"黄"取于金木水火土五行之土色,且土为中。"从中国地域来看,黄土高原正处中央,黄土高原乃我们祖先繁衍生息的地方,故特重黄色。"①这是说"黄帝起源于陕甘之交的黄土高原",居天下之中央,中央之土为黄,因而便自称为"黄部落"②。《孙子》十三篇记有,黄帝胜四帝(青、白、赤、黑),黄帝之所以为黄帝,言"黄者,地之色"。第二种认为来源于黄河之色。姜蕴刚认为:"黄帝之所以名为黄帝者,当因沿黄河而来所得名,黄河乃由于其水之黄浊的缘故。"此种观点是说黄帝起源于昆仑,随后"下昆仑,涉流沙(大戈壁),济积石(青海之积石山)而至姬水故也"。第三种认为来源于秋之色,因秋天是金黄色,故称为"黄帝"。③

三是认为"黄帝"为"皇帝"之变字,"黄"通"皇"。《易·系辞下》说:"黄帝尧舜垂衣裳而天下治。"而在《风俗通·声音》篇里则为"皇帝尧舜垂衣裳而天下治"。《春秋繁露·三代改制质文》篇说:"周人之王,尚推神农为九皇,而改号轩辕,是为皇帝。"崔适以此证明"皇帝"即"黄帝"。《逸周书·王会解》说:"吉黄之乘",《说文》作"吉皇之乘"。《吕氏春秋·贵公》篇说:"丑不若黄帝。"毕沅校改为:"黄帝,刘本作皇帝,黄、皇古通用。"④今人刘师培亦认为:"黄与皇通。故上古之君称黄帝。"⑤

在对"黄帝"之名的解读上,王震中依据《左传·昭公十七年》所载"昔者黄帝氏以云纪,故为云氏而云名",则认为,云因与天空有关系,也就与天有关系,联系郭沫若所说"天鼋"族徽是古轩辕氏和邹衡所说"天兽"的族徽是有熊氏,那么,"天鼋""天兽"之"天"与黄帝即皇天上帝之"天"有关联。所以,王先生认为:"黄帝的得名应该是先秦时期的人们以'天'和'天鼋'(轩辕氏)、'天兽'(有熊氏)族徽为蓝本,加以抽象或转化的结果,也就是说黄帝之'黄'(皇)来源于'天鼋''天兽'之'天'。"⑥此说也

---

① 吴玛:《由尧典透视黄帝文化之价值》,朱恪孝、谢阳举主编:《黄帝与中华文化学术研讨会论文集》,西北大学出版社2008年版,第80页。

② 何光岳:《炎黄源流史》,江西教育出版社1992年版,第512页。

③ 姜蕴刚:《黄帝及其时代》,郑杰祥主编:《炎黄汇典·文论卷》,吉林文史出版社2002年版,第171页。

④⑤ 刘师培:《读书随笔·古代以黄色为重》,《国粹学报》第4卷第4期。

⑥ 参见王震中:《黄帝时代的部族融合与和谐文化——兼论"黄帝"的得名》,王俊义主编:《炎黄文化研究》(第九辑),大象出版社2009年版,第22页。

可称为一家之言,是否确切,还需要做进一步的考证。

以上几种说法,从揭示"黄帝"之"黄"的来源,就其本身可以说都有其一定的道理,对我们认识"黄帝"之名的来源和内涵有参考价值。但联系黄帝所生活的地域、功业,笔者同意"黄帝"之"黄"的来源与黄土高原有密切关系的观点。从前文我们知道,黄帝生于渭河流域的黄土高原,长于渭河流域的黄土高原,又建功立业于渭河流域的黄土高原,所以,以"黄"为名,既反映了他的出生地和成长地,也反映了"黄帝"之名的特征。吴玞说:"黄帝者,黄土高原之奇葩也。它是一种美称……"① 石兴邦说:"黄是一种中和之色,自然之色,'黄帝始作制度,得其中和,万世长存,故称黄帝也。'看黄帝之黄,又有接纳、融合与同化各部族之意,开创多元逐步向一统的格局,'帝'乃天神之尊号,以显示部落联盟最高军事首领之尊威,'黄帝'一词之原意,应是黄土高原上农业部落联盟最高首领之尊号,可以是人名,也可以是部落族名……"② 笔者认为,至于郯子所说的"以云师而云名"应与黄帝之母附宝"之祈野,见大电绕北斗枢星,感而怀孕"有关。有闪电,必有云,故说"昔者黄帝以云纪"而称"云"。而后可能此名渐失,以"黄帝"称世。

关于"黄帝"概念的内涵,我们认为与"炎帝"一样,也是一个集合概念。既是氏族或部落酋长的名字,也是这个氏族或部落的名字;既是一个时代即黄帝时代的时代之称,也是这个时代的一个文化符号。如此理解黄帝名称所包含的意义,才能更深入地理解黄帝其他一系列的问题。

(二)黄帝的尊号

《史纪·五帝本纪》说:"黄帝者……名曰轩辕。"《正义》说:黄帝"号曰有熊氏,又曰缙云氏,又曰帝鸿氏,亦曰帝轩氏"。帝号又叫皇帝,又叫黄精之君,又叫中央之帝。另外,还有黄帝氏、帝轩、黄轩、轩黄、轩皇③、浑沌(混沌)、浑敦④等称号。这些种种的

---

① 吴玞:《由尧典透视黄帝文化之价值》,朱恪孝、谢阳举主编:《黄帝与中华文化学术研讨会论文集》,西北大学出版社2008年版,第81页。

② 石兴邦:《黄帝与中华民族的形成和发展》,黄帝陵基金会:《黄帝祭祀与中国传统文化学术研讨会论文集》,陕西人民出版社2007年版,第179页。

③ 钱穆:《黄帝的故事》,郑杰祥主编:《炎黄汇典·文论卷》,吉林文史出版社2002年版,第146页。

④ 王晖:《古史传说时代新探》,科学出版社2009年版,第12页。

称号,实际上与炎帝多种称呼一样,都是其尊号。这些不同的尊号包含着不同意义,"以象其德",以志其特能,反映了黄帝不同方面的功绩和精神。这里根据有关古史传说和学者们的研究,主要对轩辕氏、有熊氏、缙云氏、帝鸿氏等加以解读。

轩辕氏 关于黄帝尊号轩辕氏的来源,古今有多种解释。第一种解释"以地为号"。《史记·五帝本纪·索隐》引皇甫谧云:黄帝"居轩辕之丘,因以为名,又以为号"。因为黄帝居住在轩辕丘这个地方,因而得名"轩辕氏"。而郭璞注《山海经·西山经》云:"轩辕居此丘……因号轩辕丘。"其说正好与皇甫谧的说法相反,即先有黄帝的轩辕之号,因黄帝居住,然后才有"轩辕丘"之地名。关于"轩辕丘"的地望,也有不同说法:一是《山海经·海外西经》说轩辕之丘"在穷山之际……不敢西射,畏轩辕之丘"。是说轩辕丘在西部,即珂案:"西王母所居玉山之四百八十里"①处。二是《大明一统志》却说:"轩辕丘在新郑县境……轩辕黄帝生此,故名。"今人研究认为,轩辕丘在"陕甘交界一带"。石兴邦主编的《陕西通史·原始社会卷》中说:"黄帝取名为轩辕,是因为他这一氏族曾在叫轩辕的地方活动过,这个地方位于陕甘交界一带的黄土高原上,古人有因地为名的习惯。"这里所说的"陕甘交界一带",具体是指宝鸡、天水一带。史书记载,今天水市清水县就有叫"轩辕谷""轩辕溪"的地方。传说黄帝与黄帝族就起源于这里。另外,丁山考证,轩辕即昆仑异说,即轩辕丘是指昆仑丘。

第二种解释"以制车为号"。《汉书·地理志》说:"昔在黄帝,作舟车以济不通。"对这种说法,有学者解释,"轩辕"其实原义是指车辕。②《说文·车部》:"辕,辀也。""辀,辕也。""轩,曲辀藩车也。"段玉裁《说文解字注》:"谓曲辀而有藩蔽之车也。曲辀者……小车谓之辀,大车谓之辕""藩者,屏也""车有藩,曰轩""于藩车上必云曲辀者,以辀穿曲而上,而后得言轩。凡轩辕之义,引申于此。曲辀所谓轩辕也。"意思是说,有"藩"遮蔽的大车就叫"轩辕"。为此,王子今先生解释:"'轩辕氏'以及所谓'轩皇''轩帝'被用来作为后人以及中华民族始祖的著名帝王黄帝的名号,暗示交通方面的创制,很可能是这位传说时代的部族领袖诸多功业之中最突出的内容之一。"并说:王逸在注释屈原《楚辞·远游》"轩辕不可攀援兮"一句时说:"轩辕,黄帝号也。始作车服,天下号之,为轩辕氏也。"所以,王先生认为:"'作舟舆''作车服',很可能

---

① 袁珂:《山海经校注》,上海古籍出版社1980年版,第222页。
② 王子今:《轩辕传说与早期交通的发展》,《炎黄春秋》增刊《炎黄文化研究》2001年(总)第8期。

是黄帝得名'轩辕氏'的主要原因。"①林祥庚等人也持此观点。②

第三种解释"'轩辕'乃'鲜虞'之对音。"陈寄生说:"考轩辕之得名,史者谓黄帝能制作舟车,因号轩辕氏,余意非是。"陈先生认为黄帝起源于昆仑山,即今之果洛山。这里为"青藏高原,当昆仑之巅,地形崎岖,河流奔湍,既不能用车,也不能行舟"。所以,"未闻有舟车之兴也",黄帝所居轩辕丘,"其义当不为制舟车而始有"。"考雅砻江上游,有二支流,其东源之水,藏语名鲜曲,嘉戎为鲜虞……鲜虞,即鲜水,'轩辕'乃'鲜虞'之音译,黄帝起于鲜虞,故名鲜虞之国,其地因名鲜虞之丘也。黄帝乃夏人,夏人乃嘉戎,故名鲜水为鲜虞。"③当然,这种解释还有待做进一步的考证。

第四种解释"以族徽为号",即天鼋氏——轩辕氏。④《国语·周语》载:"我姬氏出自天鼋。"郭沫若通过考证青铜器图形文字,得出"天鼋"即"古之轩辕氏",轩辕乃天鼋之音转。鼋,即鳖,龟属。《楚辞·河伯》注云:"鼋,大龟也。"《说文》云:"鼋,大鳖也,从邑元声。"这是说部落图腾"鼋"转而为"国族之名号"和氏族族徽。对此,杨向奎、邹衡、王晖等均赞同此说法。⑤于省吾同意轩辕与"天鼋"有关,但将"鼋"解释为"青蛙",而非"龟鳖"。⑥

第五种解释,"以星象为号"。《史记·天官书》云:"轩辕,黄龙体。"《集解》引孟康曰:"形如腾龙。"《正义》曰:"轩辕十七星……黄龙之体。"黄石林说:"依次说,即以轩辕龙体星座而命名的。"⑦

第六种解释"以轩冕之服为号"。《史记·五帝本纪·正义》引张宴云:"作轩辕之服,故号轩辕。"《汉书·律历志》云:"黄帝始有轩冕之服,故号曰轩辕。"《轩辕黄

---

① 参见王子今:《轩辕传说与早期交通的发展》,《炎黄春秋》增刊《炎黄文化研究》2001年(总)第8期。

② 参见林祥庚:《中华民族的象征——黄帝及其传说试释》,郑杰祥主编:《炎黄汇典·文论卷》,吉林文史出版社2002年版,第349页。

③ 参见陈寄生:《黄帝族地考》,郑杰祥主编:《炎黄汇典·文论卷》,吉林文史出版社2002年版,第161页。

④ 黄石林:《中国古史的黄帝时代》,郑杰祥主编:《炎黄汇典·文论卷》,吉林文史出版社2002年版,第575页。

⑤ 参见王晖:《古史传说时代新探》,科学出版社2009年版,第10页。

⑥ 参见于省吾:《释黾、鼋》,《古文字研究》(第七辑),中华书局1982年版,第2—3页。

⑦ 黄石林:《中国古史的黄帝时代》,郑杰祥主编:《炎黄汇典·文论卷》,吉林文史出版社2002年版,第574页。

帝传》云:"以制作轩冕,乃号轩辕。"轩冕:指官职,轩:车子;冕:高官戴的礼帽。代指古时大夫以上官员的车乘和冕服。

以上六种意见,孰是孰非,莫衷一是。笔者认为"轩辕"之来源,以"作车"比较合理可信。因为,古代人物之尊号,是其"德"的一种反映。传说黄帝受到"飞蓬转"的启示而"知为车"(《淮南子·说山训》)。"车辆的发明是当时一件很惊人的事,人们遂以'轩辕'来称呼车辆的发明者。"①因此《通考·氏族略》说:"古者得姓受氏者,有以技为氏,以事为氏。"黄帝的"作车",正是黄帝"德"和"技"的具体反映。当然,从考古来说,我国出现最早的车辆在夏代,也有了专司车辆制造的官员叫"车正"。我们说,考古固然是一种重要佐证,但不是唯一的佐证。虽说,现在考古未有发现,但不等于将来就不会发现。所以,若从当时黄帝"披山通道,未尝宁居"的频繁流动来看,黄帝时代发明雏形的车子是完全有可能的。

另有一种说法,认为轩辕为本名,而"'黄帝'则是人们对于轩辕氏的尊称",因为,"黄帝是个有功于民的氏族部落领袖,他自然就成为人们崇拜的祖宗神,被尊称为'帝'"。依据"张舜徽在《释帝的原始受议》中说,'帝'甲骨文作禾,像日之光芒四射,在古书中每有以'帝'为'日'的别名。由于太阳在自然界中的重要地位,古人使用'日'亦即'帝'来作为神或君王的尊称。黄帝本居黄土高原,黄是土地的颜色,农业的象征",所以,"黄帝是个受到万民爱戴的、对发展农业作出杰出贡献的原始社会部落联盟领袖,'黄帝'是人们对他的尊称。"②其实,此说与上面所说的并不矛盾,只是互换而已。因时间久远,难以考实谁是本名谁是尊号。即使如此,也并不影响人们对黄帝的崇敬。

有熊氏 对黄帝尊号有熊氏的来源,有两种解释:一是《帝王世纪》说:"有熊氏之墟,黄帝之所都焉。"因受此观点影响,则在魏晋以后的古籍中,如《水经注》《太平御览》《通鉴外纪》《路史》等,均采用了皇甫谧的观点,认为是因黄帝居住或受国于有熊而称为"有熊氏",并认为新郑曾是黄帝建有熊国的地方。所以,今人的研究,也有持此说法的。许顺湛说:"几千年来的文献记载,没有人否定黄帝都有熊,也没有人否定有熊地望在新郑。"③但也有不同意此说的,认为此说源于《史记》的一条"徐广曰"

---

①② 林祥庚:《中华民族的象征——黄帝及其传说之试释》,郑杰祥主编:《炎黄汇典·文论卷》,吉林文史出版社2002年版,第349页,第347—348页。

③ 许顺湛:《五帝时代研究》,中州古籍出版社2005年版,第55页。

的注释,而徐广是汉晋间人,因"更晚,所以也难于据信"①。

另有一种解释,是袭"父"族之号。《史记·五帝本纪·索隐》云:"黄帝号有熊者,以其本是有熊国君子也。"西汉焦延寿的《焦氏易林》载:"黄帝,有熊国君少典之子。"又云:"有熊,即今河南新郑是也。"《括地志》云:"郑州新郑县,本有熊之墟也。"于是,有学者认为:"这些文献说明新郑是有熊国君少典的邑城所在地。"其活动地域,"主要是在嵩山(又称中岳)地区今洛阳以东的巩义、登封、禹州、新密、新郑、郑州等市县"②。同时说明,少典是以"熊"为图腾的氏族。少典之子黄帝在姬水流域发展壮大后,其中有一支族以黄帝为旗号向东发展,迁居今新郑一带,即在父族少典曾居住过的"有熊之墟"建都,故而也就很自然地袭其父族之图腾"熊"而号有熊氏。

对以上两种说法,有学者认为,《帝王世纪》的说法较晚,在先秦文献里找不到这方面的记载,所以难以为据。再说,皇甫谧在文中也不敢肯定,是借用他人之口"或曰""或言"。另有学者从考古学文化考察,认为"新郑建都说"也得不到考古学文化的有力支撑。所以,对许顺湛引用的考古学材料,说"黄帝10代约1500年,相当于仰韶文化中晚期"(距今约6500—5000年),"对应的考古学文化,相当于仰韶文化的大河村类型(也称秦王寨类型)文化"③的观点提出质疑。张宏彦在其论文《陕北史前文化与"黄帝文化"的考古学观察》一文中认为:"郑州至洛阳之间的大河村类型仰韶文化与主要分布于渭水流域的仰韶文化应该是两个相对独立的考古学文化。"④他说:

> 依据目前公布的调查数据看,陕西发现的仰韶文化遗址最多,达2040余处,主要分布在关中和陕北南部的延安地区,两地相加达1774处,耀县石柱塬遗址,面积竟达300万平方米,是目前仰韶文化分布面积最大的遗址。而河南全省发现的仰韶时期的遗址(包括大河村类型仰韶文化)共633处,其中豫西地区153处,目前尚未发现面积超过100万平方米的特大型遗址。因此,渭水及其支流泾、洛河流域,理应是仰韶文化的主要分布区和中心所在。

---

① 沈长云:《人文始祖——黄帝》,《光明日报》2018年11月24日第11版。
② 杨东晨:《黄帝故里的诸种说法和观点辨析》,《中华文明探源》,三秦出版社2017年版,第252页。
③ 许顺湛:《五帝时代研究》,中州古籍出版社2005年版,第55页。
④ 张宏彦:《陕北史前文化与"黄帝文化"的考古学观察》,朱恪孝、谢阳举主编:《黄帝与中华文化学术研讨会论文集》,西北大学出版社2008年版,第22页。

黄帝陵所在的陕北南部延安地区,属洛河中上游。调查表明,这一带是仰韶文化的重要分布区之一,已发现遗址545处。其中面积超过100万平方米的特大型遗址3处(富县交道遗址面积为250万平方米,洛川坻盘遗址150万平方米,洛川新店遗址120万平方米),面积达30万平方米以上的大型遗址也近30处。最早的属仰韶文化早期,大部分遗址属所谓"黄帝文化"的仰韶文化中晚期。而被认为是"黄帝故里"的河南新郑,仅发现仰韶文化遗址9处,最大的一处面积仅10万平方米。因此,如果把仰韶文化与"黄帝文化"联系起来的话,黄帝陵所在区域的考古学文化,理应是探索"黄帝文化"不可忽视的重要地区。①

以上引文说明,对一个"君临天下"的华夏集团盟主黄帝与黄帝族来说,与新郑发现的仰韶文化遗址面积是极不相称的。所以说,从考古学文化来看,很难支持河南新郑既是"黄帝故里",又是"黄帝都城"之说。

由此来看,黄帝尊号"有熊氏",袭父族之图腾是有可能的。因为在原始社会,其氏族首领的名、号及族名具有沿袭性。而"有熊氏"正好反映了从父族少典氏到子族黄帝族的沿袭性。

缙云氏 在古史传说中,缙云氏是一个古老的氏族。《说文解字》云:"缙,帛赤色也……从系,晋声。"缙又写作"晋"。氏族的初居地在晋水(位于今山西一带)。又传说缙云氏在今浙江缙云县也有封地。缙云氏族因以赤云为图腾,故称缙云氏。其氏族发展为部落后,从晋水东迁于缙云山(又称晋阳山,在今山东济宁西南处),部落长称号皆袭缙云氏。其族在古史文献中留下颇多的记载,而这些记载又有不同的解释:一是缙云氏即黄帝。缙云之"缙"本作"晋",又通"景";"云"指云雨之"云",即瑞云、祥云、吉云之意。所以缙云则与景云、卿云、吉云有相通之处,有五色彩云、五色祥云的含义。黄帝受命云瑞,以云为纪,以云为名,所以号缙云氏,成为黄帝的别称、尊号。《史记·五帝本纪·正义》:"黄帝……又曰缙云氏。"二是缙云氏为姜姓,炎帝之苗裔。《史记·五帝本纪·集解》引贾逵曰:"缙云氏,姜姓也,炎帝之苗裔。"三是缙云氏是黄帝时之官名,主夏,位于南方。《左传·文公十八年》云:"缙云氏有不才子。"杜注:"缙云,黄帝时官名。"孔疏:"昭公十七年《传》称黄帝以云命官,故知缙云黄帝时官名。《字书》:缙,赤缯也。服虔云:夏官为缙云氏。"在其他古籍中也有此类

---

① 张宏彦:《陕北史前文化与"黄帝文化"的考古学观察》,朱恪孝、谢阳举主编:《黄帝与中华文化学术研讨会论文集》,西北大学出版社2008年版,第22页。

记载。如《左传事纬》前集卷七云:"缙云氏,黄帝官。"《御批历代通鉴辑览》卷一云:"缙云氏,黄帝之官。"《文献通考》卷二百五十九、《春秋左传注疏》卷二十等文献均记载:"缙云,黄帝时官名。"在《左传·昭公十七年》还记载:"昔者黄帝氏以云纪,故为云师而云名。"杜注:"黄帝受命,有云瑞,故以云纪事,百官师长皆以云为名号。缙云氏,盖其一官也。"《皇王大纪》卷二也有类似的记载:"黄帝以云名官,盖春官为青云氏,夏官为缙云氏,秋官为白云氏,冬官为黑云氏,中官为黄云氏。"四是缙云氏与帝鸿氏有关。如《名义考》卷五:缙云氏"帝鸿氏之子"。

另外,从古史传说中,我们还知道,缙云氏有三层含义,即缙云氏与饕餮、三苗、云氏等也有关系。如《史记·五帝本纪》说:"缙云氏有不才子,贪于饮食,冒于货贿,天下谓之饕餮。"《史通》外篇《疑古》第三云:"缙云氏亦有不才子,天下谓之饕餮,以比三族,俱称四凶。"有说缙云氏的不才子,实则为"三苗"。《古经解钩沉》卷三云:"三苗,官名,缙云氏之后,为诸侯,盖饕餮同。"在中华姓氏中,云氏为其一种。《元和姓纂》卷三:"云,缙云氏之后。"《名贤氏族言行类稿》《万姓统谱》等也有类似的记载。直至现在还有其正宗后代在中华大地上繁衍。

缙云氏有着悠久的历史。从黄帝开始至帝舜,缙云氏主要在中原发展,所以,山西、河北、山东,甚至北京地区都有缙云氏的遗存,如缙云山、缙云古城等。到了尧舜时期,缙云氏部落势力强大,聚敛财产,不顺服帝舜,受到了惩罚,被流放于江南。而流徙到江南的缙云氏也将黄帝文化带到此地,是我国南方有黄帝文化的开始。在今缙云县,就有颇多的黄帝文化传说,魏晋时开始有祭祀黄帝活动,唐重修黄帝祠宇,宋代有皇帝前来祭祀,直至延续今天。另有传说在西南有一群人,浑身长毛,头上戴猪皮制作的帽子,性情暴烈、凶猛,喜欢睡觉,"积财而不用,善夺人谷物"。强壮的人欺辱老弱病残的,畏惧群体而专门攻击单个人。① 这个氏族和炎帝后裔防风氏部落,在江浙一带迁布甚广,可能为良渚文化的创造者。

总之,由于缙云氏曾为黄帝之官,又与黄帝密切的帝鸿氏有关系,所以认为"缙云氏为黄帝的直系族裔,至少其主支与黄帝有着直接的传承关系","后来,大约是黄帝的业绩、影响最大,'缙云'或'缙云氏'是黄帝一说便占了上风"。② 故黄帝又号曰"缙云氏"。

---

① 刘宝才:《缙云仙都黄帝文化源远流长》,《轩辕黄帝与缙云仙都》编委会:《轩辕黄帝与缙云仙都》,浙江人民出版社2001年版,第2页。
② 张新斌:《缙云氏初论》,《中州学刊》2011年第6期。

帝鸿氏 历史文献对帝鸿氏的解释有三种：一是说黄帝即帝鸿氏。《世本》："黄帝又曰帝鸿氏"。《左传·文公十八年》杜注："帝鸿，黄帝。"《史记·五帝本纪·正义》："黄帝……又曰帝鸿氏。"又有《庄子·应帝王》："中央之帝为浑沌。""正与黄帝在'五方帝'中为中央天帝相符，以知此经帝江即帝鸿亦即黄帝也。"①于是，贾逵则把帝鸿与黄帝联系起来，比附为一人。对此，徐旭生认为："黄帝与帝鸿不过是各氏族里面的人神首长。谁先谁后，现在文献无证，没有法子知道。"②二是将帝鸿与黄帝视为两人。《路史》引干宝《搜神记》云："鸿、黄世及，其道一也"，判定鸿、黄是两个人，不是一个人。在排序帝王时，也是将黄帝、帝鸿分开来排，即伏羲，神农，黄帝，少昊，帝鸿，颛顼，帝喾等。三是说帝鸿亦称"帝江"。《山海经·西山经·西次三经》："天山……有神焉，其状如黄囊，赤如丹火，六足，四翼，浑敦无面目，是识歌舞，实为帝江也。""鸿"从"江"音，古字义符常常省减，径作"江"。毕沅注："江读如鸿。"帝江"赤如丹火"，与《文子·上义》："赤帝为火灾"都含有"赤""火"二字。尽管说法各异，但用"帝鸿"来命名黄帝，是要形容黄帝如头雁带领群雁飞行那样带领族民前进。因此，"帝鸿"一名的意思是"鸿鸟中的帝者"，相当于"王雁""头雁"。这也可能就是"黄帝，又曰帝鸿氏"的原因。

第二节　炎黄二帝的族姓与图腾

母系氏族社会发展到末期，出现了一种新型的婚姻制度——对偶婚。这种婚姻制度要比族外婚前进了一步，比较固定的配偶使子女与生母和还不很固定的父亲之间的关系变得密切起来。过去那种完全不知生父的现象有所改变，子女不仅有继承固定的母亲那份生活资料的权利，而且有继承还不很固定的父亲的那一部分生活资料的权利，还可以获得父亲氏族或多或少的认可和帮助，并有了继承母亲所有的公有土地和成立新的女儿氏族的可能。在这种情况下，便导致了姓的产生。姓，表示女儿氏族产生于有共同母系血缘的氏族中，成为女儿氏族的代称和区分同一氏族之下的众多女儿氏族的标志。《说文解字》云："姓，人所生也。从女从生。"所谓生，即派分之意。而传说的炎帝族姜姓和黄帝族姬姓就是在这一社会背景下产生的。《国语·

---

① 袁珂：《山海经校注·西山经》珂注（五），上海古籍出版社1980年版，第56页。
② 徐旭生：《中国古史的传说时代》，广西师范大学出版社2003年版，第85页。

晋语四》中所说的少典氏与有蟜氏婚配,生下黄帝和炎帝,黄帝姬姓,炎帝姜姓,实际上,就反映了这种情况——一个母系氏族下,派分出两个女儿氏族,即炎帝族和黄帝族,因"异德"之故,分别用姜、姬两个不同的姓加以区别。

一、炎帝与炎帝族的族姓与图腾

从前文可知,炎帝姜姓。那么,姜姓是怎样产生的?对此,古人多认为是以地为姓。《国语·晋语四》:"炎帝以姜水成……为姜。"《说文解字》:"姜,神农居姜水,以为姓。"《帝王世纪》《史记·补三皇本纪》等书均有炎帝"长于姜水,因以为姓"的记载。当今研究者,也多有沿用此种说法的。周谷城说:"炎帝是传说中的神人,他长于姜水,姓姜。"①但从当时的实际情况考虑,不可能先有水名再有族名,而是族名在前,水名因族名而起的可能性要大。赵宧光《说文长笺》说:"水因姓而名,故从女,若水先名姜,从女便无义。"②刘起釪也认为:"所谓……姜水并不是得姓之源,而是相反,正是由于……姜姓族居住地区的一条水,就叫姜水。"③再从目前河北有姜各庄、姜家店,四川有姜家场,吉林有姜家店、姜家街,内蒙古有姜家营子,山东有姜家坡、姜山、姜庄,浙江有姜山,湖南有姜畲,辽宁有姜屯,江苏有姜灶港、姜堰,云南有姜驿,陕西有姜嫄村、姜城堡、姜家沟等几十处带姜的地名来看,姜水之名有可能是由于姜炎族居住而叫姜水。正如王献唐所说:"姜氏繁衍其所居之地,或书羊为姜,遂有姜水。族之迁于他处者,亦沿姜名,遂有山东莱阳之姜山。"④

关于姓氏的来源,班固的《白虎通·姓氏》云:"姓者生也。"姓从女从生。由此可知,姓的来源与生育有关。所以有一种传说,炎帝的姜姓是因为母亲生他的前夕遇到羊的关系。实际上,炎帝之姜姓与炎帝族的图腾有关。我国古代最早的姓多来源于图腾。这在我国史学界是普遍认可的。因而,在中国今日的姓氏中,仍明显地保留着不少原始图腾名称的痕迹,如牛、羊、马、猪、邬、鸟、凤、梅、李、桃、花、叶、林、河、山、

---

① 株洲市修复炎帝陵筹备委员会、酃县修复炎帝陵工程指挥部:《炎帝与炎帝陵》,光明日报出版社1989年版,第1页。
② 转引自于省吾:《释羌、苟、敬、美》,《吉林大学学报》1963年第1期。
③ 刘起釪:《姬姜与氏羌的渊源关系》,《古史续辨》,中国社会科学出版社1991年版,第171页。
④ 王献唐:《炎黄氏族文化考》,齐鲁书社1985年版,第45页。

水、云、沙、石、毛、皮、龙、冯、蛇、凤,等等。一般认为,图腾①产生于氏族社会的形成和发展过程之中,是印第安语"totem"的音译,意思为"他的亲族"或"他的标记"。在原始先民的信仰中,认为本氏族人都源于某种特定的物种,与某种动物、植物或无生物有着亲属或其他特殊关系。于是,图腾信仰便与祖先崇拜发生了关系,认为自己的祖先就是由作为他们图腾名称的某种动物、植物或无生物转变来的,而某种动物、植物或无生物便成了这个氏族最古老的祖先。还有一种解释,认为"图腾起源于原始社会的妇女对其怀孕生育现象的一种解释"②。就是说是某种动物或植物"感应"的结果,如古史传说的"华胥履大人迹而生伏羲""感神龙首而生炎帝""天命玄鸟,降而生商"等。这样,"图腾便成了一种不可侵犯的具有维系部落成员的魔力"③。于是,就把它当作是自己氏族的起源和保护者,或者当作本氏族的象征和保护神。每个氏族都采用一种动物、植物或无生物作为本氏族的名称,也就是氏族的徽号即图腾。这样,图腾就成了氏族的标志,反过来氏族成员又把图腾当作神化了的祖先加以崇拜。

据大量的历史资料证明,我国远古时代是普遍盛行过图腾制度的。郭沫若主编的《中国史稿》(第一册)中说:《史记·五帝本纪》里记载"黄帝教熊、罴、貔、貅、䝙、虎,以与炎帝战于阪泉之野",实际上是黄帝率领着以熊、罴、貔、貅、䝙、虎为图腾的一些氏族或部落以与炎帝作战。④ 古代部落都包括两个或两个以上的氏族,而每一个氏族,尤其是大的氏族,都会有自己的图腾或族徽标志。虽说"图腾崇拜"是一种原始的宗教迷信观念,然而它的产生和存在,也有其社会意义。它在那时的社会生活中起着维护氏族内部团结和统一的纽带作用。另外,以图腾为特殊标志,还起着把各个不同的氏族区分开来的作用。

进入炎黄时代,"图腾崇拜"这种带有宗教性质的观念仍然继续存在并有所发展。相传炎帝"人身牛首",黄帝"人面蛇身",都透露出炎黄时代曾有过的"牛(羊)"图腾

---

① "图腾"一名,最早出现在18世纪末的文献中。英国商人J.朗格在《印第安旅行记》一书中,为了记述印第安人相信人与动物存在血缘亲属关系的信仰而首先使用了这一词。他在与操阿尔衮琴(Algonkin)语的奥吉布瓦和奇佩瓦印第安人交往中,了解到"ot-otem"或"ot-otam"一词,意为"他的亲族"。

② 王震中:《中国古代人与自然和谐的思想渊源及其对自然的保护》,赵德润主编:《炎黄文化研究》(第十二辑),大象出版社2011年版,第212页。

③ 吕振羽:《史前期中国社会研究》,河北教育出版社2000年版,第97页。

④ 郭沫若主编:《中国史稿》(第一册),人民出版社1976年版,第118页。

崇拜和"龙"图腾崇拜的真实情况。人们从考古资料中也可以看到,仰韶文化氏族部落的彩陶上常有鱼、鹿、蛙、人面鱼等图形,有人推测这可能就是当时的氏族图腾。为此,今有研究者认为,炎帝之姜姓,有可能来源于图腾或族徽,即以某种动植物图腾为姓。所以,以"图腾为姓"区别他氏族而团结本氏族,就成为顺理成章之事。

关于炎帝族的图腾或族徽,根据古史传说和考古发现推测,其族内可能包含有多个氏族,因而也可能有过多种图腾崇拜现象。考古发现宝鸡北首岭和西安半坡出土的"人面鱼纹",结合文献记载发现,"这种'人格化'的'人面鱼纹',应是半坡类型仰韶文化居民之图腾崇拜,是该部落或部落内某一大的氏族之图腾标志。'人面鱼纹'耳部两边两条小鱼,则是象征小的'鱼'氏族依附大的'人面鱼纹'氏族,从而更加突出了'人面鱼纹'之'神圣'与'宗主'的地位,与图腾之义甚合"。若将"人面鱼纹"图案与《古本山海经图说》所绘之图作以比较,我们会发现:"《古本山海经图说》中之'人面鱼身'图,实际根源于半坡类型仰韶文化'人面鱼纹'图","半坡类型仰韶文化'人面鱼纹'图案与《山海经》中氏族的图腾相吻合。"所以,现今发现的半坡类型仰韶文化"人面鱼纹"图腾,在半坡类型仰韶文化中,占有最重要和最突出的位置。因此,该图腾应是炎帝部落早期首领所在氏族之图腾。而这个氏族具体来说,就是指彤鱼氏。在炎帝部落早期,是以彤鱼氏族为其首领,因而这时的炎帝部落也称"炎帝彤鱼氏"部落。① 这正反映了炎帝族或其中某一支族初期的经济生活,还是以渔猎为主,鱼为当时族民的重要食物来源。

但进入农业、游牧经济生活后,族民的食物除了种植外,还要依靠家养的动物来做补充。王献唐说:"畜牧时代之牲畜,当取其驯顺易牧者畜之,羊为最,牛次之,故当时炎族有畜羊者,也有畜牛者。契文牢字,从牛,亦从牢,即当时牛羊并畜之证。"②因而,羊便成了重要的食物来源之一。于是,羊便与人亲密起来,在炎帝族民的心目中占有相当重要的地位。所以,在稍晚的西安半坡仰韶文化遗址中,出现的"羊角图腾柱",可能为炎帝部落内部氏族间出现的新变化,以"羊"为图腾的氏族兴旺起来,并逐渐取代了"鱼"氏族的首领地位。③这个氏族为神农氏,因而炎帝部落便由原来的

---

①③ 曹定云:《炎帝部落早期图腾初探》,霍彦儒主编:《炎帝·姜炎文化与和谐社会》,三秦出版社2007年版,第2—4页。

② 王献唐:《炎黄氏族文化考》,齐鲁书社1985年版,第428页。

"炎帝彤鱼氏"改称为"炎帝神农氏"。① 另外有古史传说炎帝"人首牛身"②。当时，在炎帝部落中，有氏族在养羊的同时，也有养牛的，所以，牛也成为崇拜的对象。再说牛首与羊首颇有相似之处，故以牛角为头饰，自认为羊、牛都为炎帝及其后裔族的图腾崇拜。另外，从食物角度说，牛也是当时仅次于羊的主要家养肉食之一。还有史料传说炎帝"感神龙首而生"，"人面龙颜"，是说炎帝以龙为图腾。有学者并举例说，陕西宝鸡北首岭仰韶文化的墓葬中，在一件彩陶壶的腹肩部，绘有一条双头大鱼，鱼身为长方形，其外形近似后来的蟠龙。③ 说炎帝为龙图腾，有可能是羼入了后世人"华夏是龙的传人"的观念而致之。

古史传说炎帝姜姓，正反映的是炎帝族由渔猎、游牧到农耕这一时期的图腾。那么，"姜"字的意义何在？"姜"字之古文本从羊、从女，羊亦声，即象征女性管理羊群之意。从字义看，姜与羌同。"羌"字之古文则从羊、从人，羊亦声（《说文解字》），即好像人跪着一条腿在挤羊乳为食。从字符看，"古文字中从女之字与从人之字往往无别"④。从语音看，今可能由于方言语音的变化，姜与羌读音略有差别，但古音无别。根据刘起釪所说，"姜"为居良切，读见纽，与读溪纽开口音去羊切的"羌"同属牙音，由溪转见，只是声纽的同类相转；又"姜"与"羌"韵部全同，属古韵唐部。可知《广韵》的姜为古羌字的音转，所以，二字古音原同读。⑤ 足见姜与羌确为一字之异构。《后汉书·西羌传》说："西羌之本……姜姓之别也"。炎帝"是古羌人氏族部落的宗神"⑥。"若姜、若羌，皆出于羊"⑦。"'羌'从人，作为族之名，'姜'从女，作为羌人女子之姓。"⑧以上所说，都反映了姜、羌为同一个族系。

---

① 曹定云：《北首岭仰韶文化"人面鱼纹"图腾与炎帝彤鱼氏——兼论炎帝名号的由来。》，霍彦儒主编：《炎帝·姜炎文化与民生》，三秦出版社2010年版，第3—5页。

② 《帝王世纪》："炎帝，人身牛首，长于姜水。"《补史记·三皇本纪》："炎帝神农氏……人身牛首。"《天中记》卷二十二引《帝系谱》："神农牛首。"《路史·后记》：炎帝"长八尺有七寸，宏身而牛首，龙额而大唇"。

③ 许顺湛：《五帝时代研究》，中州古籍出版社2005年版，第49页。

④ 高明：《中国古文字学通论》，北京大学出版社1997年版，第27页。

⑤ 参见刘起釪：《姬姜与氏羌的渊源关系》，《古史续辨》，中国社会科学出版社1991年版，第181页。

⑥ 郭沫若主编：《中国史稿》（第二册），人民出版社1976年版，第118页。

⑦ 王献唐：《炎黄文化氏族考》，齐鲁书社1985年版，第45页。

⑧ 冉光荣等：《羌族史》，四川民族出版社1985年版，第1—2页。

而"羌"字的意义,殷墟卜辞作ᛞᛞᛞᛞ等,上从羊角,下从人。《说文解字》说:"羌,西戎牧羊人也。"《风俗通义》也有同样的说法,说羌的主业是以牧羊为生,所以"羌"字从羊从人,因而便以"羌"为族名。据动物学家研究,早在1万多年前,羊就生活在甘、青草原上。虽则考古学证明,西亚是世界养羊业和养牛业的起源地,但到青铜时代养羊业、养牛业已传播到了东亚。这一时期,以擅长养羊而得名的羌人正生活在甘肃、青海等地。约距今4000年前的齐家文化遗址曾出土的黄牛骨骼说明,甘肃一带是世界养羊、养牛东传过程中最为重要的过渡带。① 由于羊性情温顺,易于驯服,肉食鲜美,皮毛又是御寒的最佳物品,具有多种实用价值,所以,羌族先民们很早就学会了养羊,从羊身上获取生活的必需品,并从中获得与大自然做斗争的力量。当时的羌人认为羊除了能提供日常生活的需要外,其灵魂还能保护自己部族的成员。因此在众多的自然物中,羌族先民选出了与自己生存最密切、最亲近、最重要、影响最大的羊,将它放置在特殊的位置上。采用一定的专门仪式,经常对之崇拜,期望能得到它的庇护和好处,由此产生了羊崇拜。正如于省吾所说:"追溯羌字构形的由来,因为羌族有戴羊角的习俗,造字者遂取以为象。"②

羌族先民在对羊的崇拜过程中,还逐渐对羊注入了人类特有的血缘和亲族的观念,羊开始显示出它从未有过的神圣性,羊伴随着羌人部落集团自身来源的传说、种的繁衍活动以及人们的社会组织和制度而发展起来,逐渐成为羌人氏族的标志和符号,继而演进到了一个独特的崇拜时期——羊图腾崇拜阶段。

羌族自古以来对羊就有着特殊的感情。以北川羌族自治县为例,以羊祭山是古羌人的重大典礼。在一些羌人活动地区,羌民所供奉的神全是"人面羊身",视羊为祖先。现在的羌族地区,仍然存在许多视羊为血缘关系形式的崇拜。在羌人的日常生活中,羌人喜欢养羊、穿羊皮褂、用羊毛织线;祭祀活动中常用羊作祭品;羌族少年举行成年礼时,羌族巫师用白羊毛线拴在被祝福者的颈项上,以求羊神保佑。羌族巫师所戴的帽子有两个角,是用羊皮制成的,巫师所持法器,也全是用羊角、羊皮、羊骨等制成。传说羌族在向岷江上游迁徙途中,巫师劳累过度,昏昏入睡,他们的经书掉落在地上被羊吞吃,后来羊托梦给羌人说:我死后,可将皮做成鼓,敲三下,经书就会吐出来。由此可以看出,羊被羌人赋予高于巫师的地位,甚至成为羌族文化的神圣传承

---

① 刘基:《华夏文明起源和繁荣发展的重要见证》,《光明日报》2013年4月11日第11版。

② 于省吾:《释羌、笱、敬、美》,《吉林大学学报》(哲学社会科学版)1963年第1期。

者。羌人死后,要杀一头羊为死者引路,俗称为引路羊子。羌人认为,死者的病都可以在羊身上反映出来,杀羊后要寻找死者病根,并认为羊是人的一半,将羊血洒在死者手掌上,意为人骑羊西归。在一些羌族地区,还有用羊骨和羊毛线作占卜的习俗,以预测吉凶。可见,羊图腾崇拜是羌族较普遍的一种崇拜形式,至今仍然在羌族聚居地存在许多遗存,如宰羊杀鸡祭山神等活动,是羌族原始宗教信仰的一项重要内容。

由此可以看出,"羌"与"姜"反映的是同一类事:一是表示其所从事的主要工作或食物之主要来源,即善于牧羊或以牧羊为生;二是由于羊在生产生活中的特殊重要地位,便产生了对羊的崇拜。因此,我们说炎帝的姜姓,是由炎帝族以羊为图腾而得来的,即"以图腾为姓"。

二、黄帝与黄帝族的族姓与图腾

关于黄帝族的族姓,《史记·五帝本纪》记载:"黄帝者……姓公孙"。"公孙"之姓氏怎么来的,司马迁未讲。其他史书也未见对"公孙"的解释。今人有研究者认为,公孙就是公之孙,公是一种爵位,与侯、伯、子、男只能出现于国家产生之后,而黄帝时代,国家还未产生,所以,公孙之姓是后起之说,是后人的附会罢了①。此说不无道理。《国语·晋语四》云:"黄帝之子二十五人,其同姓者二人而已:唯青阳与夷鼓皆为己姓。青阳,方雷氏之甥也。夷鼓,彤鱼氏之甥也。其同生而异姓者,四母之子别为十二姓。凡黄帝之子,二十五宗,其得姓者十四人,为十二姓。姬、酉、祁、己、滕、箴、任、荀、僖、姞、儇、依是也。唯青阳与苍林氏同于黄帝,故皆为姬姓。同德之难也如是。"又说"黄帝以姬水成……为姬"。从这段话里我们知道,黄帝姓姬,是由于成长于姬水而以地为"姬"姓。此外,从这段话里,我们还了解到,黄帝族除了姬姓,在其族里,还有其他十一个姓。有学者指出,"'皆为己姓'当读作'皆为姬姓',换句话说,'己'应非旧解所认为的姓'己'之'己',而应是'姬'字之误",其"下节'故皆为姬姓'正是申说上节'皆为己姓',也即应是它的注解"②。若此说不误,黄帝族连同"姬"姓,共得姓有十二个,为十四人。

黄帝"姬"姓,古人多认为是由于"以姬水成"而为"姬"。《帝王世纪》云:"长于姬水,因以为姓。"实际上这也是不可能的。前文已经说过,在炎黄时代,人还没有一

---

① 沈长云:《人文始祖——黄帝》,《光明日报》2018年11月24日第11版。
② 杨希枚:《〈国语〉黄帝二十五子得姓传说的分析(上)》,郑杰祥主编:《炎黄汇典·文论卷》,吉林文史出版社2002年版,第251页。

个固定的名字,山川河流怎么能有名字呢? 显然这只能是一种推测而已。如刘起釪所说:"所谓……姬水并不是得姓之源,而是相反,正是由于……姬姓族居住地区的一条水,就叫姬水。"①所以,笔者同意刘先生所说,认为黄帝"姬"姓,与炎帝的姜姓一样,不是由"姬水"之"姬"而来,而是"姬水"之"姬"由黄帝的"姬"姓而来。也就是说,先有黄帝姬姓,后有姬水之名。这从多处留有带"姬"字的地名可以得到佐证。如陕西的姬家店、安徽的姬村湖、姬村泊,等等。

那么,黄帝的"姬"姓是怎么得来的? 我们说,与炎帝一样,其族姓也来自图腾,即"以图腾为姓"。前文已经说过,我国古代姓氏起源于原始社会,而其中一个重要来源便是图腾。如姜、姒、风等姓氏。所以,我们在追溯这些姓氏的来源时,应主要分析与此相关的图腾。杨亚长依据有关文献记载认为,黄帝姬姓与炎帝姜姓一样,也来源于图腾。炎帝以羊为图腾,故姓姜;黄帝以熊为图腾,故姓姬。姬字从女从匝。认为,"匝"字在商代青铜器铭文中有的作"形"(《匝父丁卣》三代·一三·三),在一些西周青铜器铭文中又作"形"(《格伯作晋姬鼎》三代·九·一六)。因为在甲骨文字和青铜器铭文中有一个惯例,就是为了便于书写和契刻,一般动物的形象都作竖立形。所以,上述青铜器铭文中的"匝"字实际上应当为熊的竖立形象。由于黄帝为姬姓,而匝字最早则为熊的形象,因而可证明黄帝氏族应当以熊为图腾②。林祥庚亦持此观点。他在引《史记·五帝本纪》所说的"黄帝者,少典之子,姓公孙,名曰轩辕"和《正义》"号曰有熊氏"之后,说:"这里的有熊氏表明'熊'是黄帝族的氏族图腾。黄帝族本居西北黄土高原,那里盛产熊。考'有熊氏'的'有'字,古文字作彡,手下一肉,意为以手取肉。所谓'有熊氏'就是以猎熊著称的氏族部落。'熊'即其氏族图腾。"③王震中认为:"文献中轩辕氏和有熊氏来自其天鼋图腾和天兽(熊、罴、貔、貅、貙、虎等)图腾。"如此来说,有熊氏之"熊"是其以熊、罴等猛兽为图腾的总称。④ 如前

---

① 刘起釪:《姬姜与氐羌的渊源关系》,《古史续辨》,中国社会科学出版社1991年版,第171页。

② 杨亚长:《炎帝、黄帝传说的初步分析与考古学观察》,郑杰祥主编:《炎黄汇典·文论卷》,吉林文史出版社2002年版,第375页。

③ 林祥庚:《中华民族的象征——黄帝及其传说之试释》,郑杰祥主编:《炎黄汇典·文论卷》,吉林文史出版社2002年版,第349页。

④ 参见王震中:《黄帝名号的来历和考古发现——兼论古史辨派的贡献和局限》,陕西省黄帝陵文化园区管理委员会、西北大学中国思想文化研究所:《2019年清明祭黄帝陵与弘扬中华优秀传统文化"学术论坛论文集》,西北大学出版社2019年版,第43页。

所说,黄帝族的熊图腾,其来源于袭父族少典之熊图腾,因少典氏族居西北黄土高原,那里盛产熊而为之。上面三种说法,虽对有熊氏来源的说法有所不同,但实质都指向"熊"图腾是应该肯定的。

另有学者也承认"姬"姓由图腾而来,但对"姬"的解释不同。认为:"黄帝为天鼋氏,以龟(鼋)为图腾。姬字,从'女'、从'匝'。匝,古文象形'龟(鼋)'(侧面),是姬姓即龟姓"。① 还有学者依据《左传·昭公十七年》"昔者黄帝氏以云纪,故云师而云名"的记载,认为黄帝氏族先以熊为图腾,其后又以云为图腾。王充《论衡·龙虚》云:"故《易》曰:'云从龙,风从虎。'又言:虎啸卷风至,龙兴景云起。龙与云相招……云雨感龙,龙亦起云而升天。"由于云与龙有着密切的关系,所以,黄帝部落从云的图腾而又转化为龙的图腾。② 故有学者认为:"黄帝原以龙而非熊为图腾。"

对这些说法,笔者认为,从发展的角度来说,熊图腾可能是指黄帝族的早期,龙图腾可能是指黄帝族与炎帝族、蚩尤族通过阪泉、涿鹿之战相融合,建立华夏联盟集团后的图腾(下一节将进一步论述)。尽管解释不同,但有一点是一致的,均认为黄帝姬姓和炎帝姜姓一样,均来源于图腾而不是其他。

第三节 炎黄二帝的人神多元形象与成因

根据古史记载,关于炎黄二帝的形象,曾有多种传说,即有华夏始祖说、皇天上帝说、五方帝说、神仙说、半人半神说、人文始祖说等。归纳起来就是"人"的形象和"神"的形象,有学者概括为"人格"与"神格"③,或概括为"历史的黄帝、神话的黄帝和仙化的黄帝"④;或概括为"历史的炎帝"与"文化的炎帝"⑤等。当然,人格也好,神格也好,并非是纯粹的,而是人(格)、神(格)、仙兼有,也就是张岂之所说的历史与传

---

① 徐铁生:《中华姓氏源流大辞典》,中华书局2004年版,第230页。
② 参见吴汝祚主编:《炎黄汇典·考古卷》,吉林文史出版社2002年版,第218页。
③ 高强:《炎黄文化与中华民族凝聚力》,人民出版社2020年版,第360页。
④ 江林昌:《历史的黄帝、神话的黄帝和仙化的黄帝》,《轩辕黄帝与缙云仙都》编委会:《轩辕黄帝与缙云仙都》,浙江人民出版社2001年版,第58页。
⑤ 霍彦儒:《关于炎帝研究中的几个学术问题》,霍彦儒:《孺子文集》(上),三秦出版社2007年版,第140页。

说神话的"统一体"①。我们说,尽管如此,炎黄二帝是人而非神,即传说的历史性人物,而非传说的神话性人物,也就是历史的神话化人物,而非神话的历史化人物。

一、炎黄二帝的人神多元形象

关于炎黄二帝在历史上是否真有其人,至今否定其是人的人可以说是越来越少了。但对炎黄二帝的人、神形象,或半人半神形象,自先秦至今一直流传着、存在着。这不仅流传、存在于民间,而且历史文献中也多有记载。

关于炎黄二帝"人"(历史人物)的形象,是指炎黄二帝既是"华夏始祖(血缘之祖)""远古圣王(治统之祖)",又是"人文初祖(道统之祖)"。② 称炎黄为华夏始祖的历史文献,如《国语·晋语四》曰:"昔少典娶于有蟜氏,生黄帝、炎帝。黄帝以姬水成,炎帝以姜水成,成而异德,故黄帝为姬,炎帝为姜。二帝用师以相济也。"《国语·周语下》曰:"……夫亡者岂系无宠,皆黄、炎之后也。"《国语·鲁语上》曰:"故有虞氏禘黄帝而祖颛顼,郊尧而宗舜;夏后氏禘黄帝而祖颛顼,郊鲧而宗禹……"《大戴礼记·五帝德》《世本·帝系》篇都将颛顼、帝喾、尧、舜说成是黄帝的后裔,黄帝为他们之始祖。如田齐国齐威王就自认为黄帝为其"高祖"(《陈侯因𬿟敦》铭文)。《史记·五帝本纪》曰:"黄帝二十五子,其得姓者十四人。"又曰:"自黄帝至舜、禹,皆同姓而异其国号,以章明德。"不仅将颛顼、帝喾、尧、舜说成是黄帝的后裔,而且将禹、契、弃等也说成了黄帝的后裔。奠定了黄帝是华夏民族/汉族(中华民族)的始祖地位。在秦汉以后的历代中,也多有将炎帝、黄帝作为华夏始祖祭祀的。如汉武帝首次在桥山祭祀黄帝,魏晋南北朝一些少数民族政权的皇帝,如北魏、北周等,都自认为是炎帝或黄帝的后裔。唐宋明清祭祀更为频繁,立祠建庙,设坛修陵,以朝廷名义祭祀炎黄二帝。这些可以说都是将炎黄视为具有血缘关系的华夏始祖。炎黄二帝的圣王形象不仅在先秦《逸周书》《周易》《商君书》《尸子》《管子》《庄子》《韩非子》《竹书纪年》《战国策》《吕氏春秋》等著作中有记载,而且秦汉以后的《新书》《新论》《淮南子》《越绝书》《史记》等著作也多有记载。如《周易·系辞下》说:"神农氏没,黄帝、尧、舜氏作,通其变,使民不倦,神而化之,使民宜之。"《尸子》:"神农氏治天下""神农氏十七世有天下"。《管子·任法》:"黄帝之治天下也,其民不引而来,不推而往,不使而成,不禁而止。故黄帝之治也,置法而不变,使民安其法者也。"《淮南子·主术训》:"昔者神

---

① 张岂之:《论陕北黄土高原是中华民族的发祥地》,《陕西日报》1990年4月9日。
② 参见高强:《炎黄文化与中华民族凝聚力》,人民出版社2019年版,第361—368页。

农之治天下也……威厉而不杀,刑错而不用,法省而不烦,故其化如神。其地南至交阯,北至幽都,东至旸谷,西至三危,莫不听从。"《史记·五帝本纪》:"诸侯咸尊轩辕为天子,代神农氏,是为黄帝。天下有不顺者,黄帝从而征之,平者去之,披山通道,未尝宁居。""置左右大监,监于万国。……举风后、力牧、常先、大鸿以治民。"《帝王世纪》:"炎帝都于陈,在位百二十年而崩,至榆罔,凡八世,合五百三十年。"这些记载,均将炎黄二帝视为圣王、帝王形象看待。炎黄二帝的人文初祖形象,源自程潜为黄陵县轩辕庙题匾"人文初祖"。这是对黄帝在物质文明、精神文明和制度文明方面所作杰出贡献的高度概括,是对黄帝在中国历史上所占地位的准确定位(参见第七章和第八章)。此题词一出,便得到社会的广泛认可。当然,"人文初祖"这一称号也适合于炎帝。我们今天祭祀炎黄二帝,颂扬炎黄二帝,就是从"人文初祖"这一人物形象出发的。

关于炎黄二帝"神"(神话人物)的形象,是指炎黄二帝是皇天上帝、五方帝之南方帝和中央帝、太阳神、火神、灶神、医药神等。[①] 这在古史传说中也不乏其例。如《左传·昭公十七年》:"炎帝氏以火纪,故为火师而火名。"《淮南子·氾论训》:"故炎帝作火,死而为灶。"将炎帝封为灶神。《白虎通·五行》:"其帝炎帝者,太阳也。"《后汉书·旬爽传》:"夫在地为火,在天为日。"因"积阳之热气生火,火气之精者为日"(《淮南子·天文训》),火与太阳有同类性质的光和亮,所以又将炎帝说成"太阳之神"。在民间,因传说炎帝发明了五谷和耒耜而将炎帝称为"农业之神",又因其"尝百草"发明了医药,而尊为"医药之神"进行祭祀。在有些古史传说中,又将炎帝、黄帝列为五方帝和五方帝中的中央帝和南方帝。如说到炎帝,《吕氏春秋·孟夏纪》云:"其帝炎帝,其神祝融。"《淮南子·天文训》云:"南方火也,其帝炎帝,其佐朱明,执衡而治夏。"朱明即祝融。这是说炎帝在五方帝中位在南方,主夏,"以火德王天下"(《纲鉴易知录·五帝纪》)。将炎帝说成"火神""南方帝"。文献说到黄帝,《吕氏春秋·季夏纪》云:"其帝黄帝,其神后土。"《淮南子·天文训》云:"中央土也,其帝黄帝,其佐后土,执绳而治四方。"是说黄帝位在中央之土,主四方。《史记·封禅书》云:"秦灵公作吴阳上畤,祭黄帝;作下畤,祭炎帝。"秦人将炎帝、黄帝列入"四帝"中,与白帝、青帝一同祭祀。之后汉高祖刘邦加颛顼为黑帝,设立北畤,成为"五方帝"。其后的汉文帝、汉景帝、汉武帝等皇帝以"五方帝(神)"的身份对炎帝、黄帝进行

[①] 参见高强:《炎黄文化与中华民族凝聚力》,人民出版社2019年版,第368—372页。

祭祀。

关于黄帝神仙的形象,早在战国时期就已出现。《庄子·大宗命》云:"黄帝得之,以登云天。"《韩非子·十过》云:"黄帝合鬼神于西泰山之上,驾象车六蛟龙。"《楚辞·远游》云:"轩辕不可攀援兮,吾将从王乔而娱戏。"这里将黄帝与周灵王太子"王乔"一类仙人并列。到了秦汉及其以降,黄帝神仙化有过之而无不及。《史记·孝武本纪》载有"黄帝且战且学仙"的话,术士李少君向武帝讲黄帝见蓬莱神仙、封禅不死的故事,炎帝、黄帝"感生"以及黄帝"骑龙上天"的故事(参见第二章)就是例证。说明当时的人们已将黄帝神仙化,黄帝成为人们心目中长寿不死的偶像,寄托着人们对黄帝的崇敬。

其实,对炎黄二帝形象的定位,在历史上一直处于二者之间,即既有人的形象,也有神的形象,也有半人半神的形象。即高强所说:"人格系统内和神格系统内的各种炎黄形象,往往交织杂糅在一起的,往往联袂登场,令人难以分辨。"①那么,什么原因造成炎黄二帝这种人神多元形象呢?

二、造成炎黄二帝人神多元形象的原因

从古史传说和民间传说看,尽管造成炎黄二帝人神多元形象的原因比较复杂,但概括起来,大概不外乎以下几个方面:

其一,与口耳相传有关。我们说,因炎黄时代还未产生文字,而记录在古史中的有关炎黄二帝的事迹,都是靠一代一代口耳相传下来的。在数千年的流传过程中,必然有意或无意地附会某些内容,而附会的内容往往是人们主观幻想的带有某些神话色彩的东西;而这些附会的内容在流传过程中,因地域、环境或生活习俗、人伦传统等的不同,又出现了不同或者相互矛盾的说法。而记录者对这些流传的内容或不能科学地认识,或因观念的不同,或因某种利害关系等,在记载时各取所需,有损有益,有原生,有演绎,所以出现了即使在同一部文献中,往往既有炎黄二帝是人的形象的描写,也有炎黄二帝是神的形象的描写,再加上历代不论是官方还是民间对炎黄的祭祀,也因人因时而异,各取所需。所以,这就更强化、丰富了炎黄二帝的人神多元形象(这不仅指炎黄二帝,还有其他古帝,如伏羲、女娲、尧、舜、禹等)。对此现象,常金仓

---

① 高强:《炎黄文化与中华民族凝聚力》,人民出版社 2019 年版,第 372 页。

指出,这是"历史神话化"而非"神话历史化"①。历史神话化尽管有后世人们的附丽或臆增,但不失其历史的"素地"。这种情况无论在中国历史,还是世界历史上,尤其是对历史的传说时代来说,是一种普遍的文化现象。在文字没有出现之前,人类的历史,实际上就是一部"神化"了的历史,但其"原型"还是历史。所以,不管"炎黄二帝的形象如何多元和复杂,其原型仍然是人,不是神"。②

其二,与统治者的帝王正统观念有关。历代的统治者为了宣扬自己的正统地位,往往要打出炎黄二帝的旗号,把自己与炎黄二帝挂起钩来,视其为始祖,自称为"炎黄之后""炎黄苗裔"。夏商周三代自不必说,就连以后的秦、晋、卫、宋、陈、郑、韩、赵、魏、楚、吴、越等也都自称为炎黄后裔。华夏族/汉民族统治者如此,少数民族的统治者也不例外。如魏晋南北朝时期的魏、晋、宋、齐、梁、陈等朝在南郊祭天的同时以设五帝神位陪祭。北魏等鲜卑少数民族皇帝如魏太祖、魏世祖、文成等亦都自称为黄帝后裔,尊黄帝为始祖,多次"幸涿鹿,登桥山,观温泉,使使者以太牢祠黄帝庙",或"遣有司祀黄帝"。(《魏书》卷三、卷一〇八)唐代始立"三皇(伏羲、神农、黄帝)庙",元、明、清在全国20多个省的府、郡、州、县设三皇庙、先农坛,每到春耕时节举办"藉田"礼,以祭炎帝。明、清在京城南京、北京设立帝王庙,炎帝、黄帝牌位列置中间前排。自北宋赵匡胤在今炎陵县(旧称酃县)确立炎帝陵之后,宋、元、明、清直至民国时期,历朝历代每隔三年便派员赴炎帝陵致祭,留下了五十多篇祭炎帝文。至今,这种黄帝、炎帝祭祀活动或公祭或民祭,已涉及全国多个有关地区,如陕西、河南、山西、湖北、湖南、河北、福建、甘肃、四川、浙江、台湾等省、市、县。这些祭祀将炎黄二帝要么视为"治统之祖",要么视为"道统之祖",即把炎黄二帝树立为华夏始祖或人文始祖之形象。

其三,与"阴阳五行"说分不开。前面提到炎黄二帝被封为五方帝之"南方帝""中央帝",这与战国秦汉期间,社会上影响力非常大的一种文化思潮——阴阳五行学说分不开。战国时期,经邹衍操作,将阴阳五行说改造成五德终始说,即"五德转移"说。这种学说经过不断传播和改造,到了汉代,阴阳五行说不仅成为统治者制定国家制度的依据,而且影响到民间,把日常生活的一切行为都与阴阳五行搭配起来,成为支配人们思想行为的一种学说。比如,"以五方配五行,东方属木,西方属金,南方配

---

① 常金仓:《中国神话学的基本问题:神话的历史化还是历史的神话化?》,《陕西师范大学学报》(哲学社会科学版)2000年第3期。

② 高强:《炎黄文化与中华民族凝聚力》,人民出版社2019年版,第375页。

了五行当中的火,北方配了五行当中的水,中央配了五行当中的土;把四季也与五行相配,春季属木,秋季属金,夏季属火,冬季属水,土无季节可配,有人主张把六月拿来和土相配;把物种颜色和五行相配,木为青,火为赤,金为白,水为黑,土为黄;还给五行各配了一个标志物,东方青龙,西方白虎,南方朱雀,北方玄武。"①另外,还给五方各配了一个帝,即东方太皞,西方少皞,南方炎帝,北方颛顼,中央黄帝。这样一来,在五方帝中,炎帝被搭配到南方,成为南方帝,黄帝被搭配到中央,成为中央帝。"在五方帝的系统中,炎黄二帝是以神的身份得到祭祀的,这与炎黄二帝的庙祭和陵祭不同。"②因庙祭是将炎黄二帝同历代帝王放在一起祭祀,陵祭是以炎黄二帝为始祖进行祭祀,其二者均视炎黄二帝为人的形象,即历史人物形象。

其四,与"疑古派"(亦称"古史辨派")的影响有关。"疑古"是发生于20世纪20年代史学界一股影响巨大的文化思潮。疑古派代表人物顾颉刚提出了"层累地造成的中国古史"观,认为"时代愈后,传说的古史期愈长","时代愈后,传说中的中心人物愈放愈大"③等。并提出了四个需要打破的观念:一是"打破民族出于一元的观念";二是"打破地域向来一统的观念";三是"打破古史人化的观念";四是"打破古代为黄金时代的观念"。④顾先生此观点一出,"从根本上推翻了两千多年来人们崇信的偶像,轰动了国内外学术界,引起了多方人士的关注,在社会上产生了广泛的影响。可以说,他的疑古辨伪,不仅具有除旧布新的重大学术价值,而且具有反封建的重要社会意义。"⑤其学术成就"主要是揭示出战国、秦汉以来的古书特别是'经书'上所载的古史,大多出于神话传说的演变,是由不同时代的神话传说一层一层积累起来造成的,从而把古史中的虚妄的伪史料清除出去,为进一步科学地研究我国古代史开辟了道路。"⑥但疑古派也有其局限性:一是"疑古过度",二是"古史化人"。在此局限性的影响下,一些人至今还将"传说"与"神话"混为一谈,认为炎黄二帝是神话人物,而非

---

① 赵世超:《阴阳五行学说与炎帝文化的南迁》,宝鸡市社科联:《姜炎文化论》,三秦出版社2001年版,第26—27页。
② 高强:《炎黄文化与中华民族凝聚力》,人民出版社2019年版,第370页。
③ 顾颉刚:《与钱玄同先生论古史书》,《古史辨自序》(上),河北教育出版社2000年版,第4页。
④ 顾颉刚:《答刘胡两先生书》,《古史辨自序》(上),河北教育出版社2000年版,第14—16页。
⑤⑥ 王煦华:《古史辨自序·前言》,顾颉刚:《古史辨自序》(上),河北教育出版社2000年版,第3页,第4页。

历史人物。

其五，与道家及道教宣扬、鼓吹"神仙不死""得道不死"观念分不开。《释名·释长幼》曰："老而不死曰仙。"《神仙传·彭祖传》："仙人者，或竦身入云，无翅而飞；或驾龙乘云，上造天阶……"随着战国、秦汉间神话、道家出世思想及巫术的流行，以追求长生不老、飞升成仙为主题的仙话也开始流行起来。于是，黄帝由始祖、圣王、半人半神变成了仙人。刘宝才说："神和仙有别，神是原本没有肉体的或者肉体已经死亡的灵魂，仙是肉体与灵魂一起永生的生命体。"①即马克思所说：神话是"通过人民的幻想用一种不自觉的艺术方式加工过的自然和社会形式本身"②。而"仙话则是自觉的艺术加工和境界追求"③。黄帝本是真人，后成为神，又成为仙，与东汉道教产生以后有很大的关系。因道教的主旨简单地说就是以长生不老之"道"作为最高信仰，用神仙不死之"道"来教化信仰者，劝人们通过养生修炼和道德品质的修养而长生成仙，最终求得解脱，求得永恒。《庄子·在宥》讲了一则黄帝问道于广成子的故事。黄帝问广成子长寿"至道"的精髓，广成子告诉黄帝说："无视无听，抱神以静，形将自正。必静必清，无劳女形，无摇女精，乃可以长生。目无所见，耳无所闻，心无所知，女形将守形，形乃长生。"广成子修身一千二百年，终生不老，但他还要"入无穷之门，以游无穷之野。吾欲日月参光，吾欲天地为常"，直到人类完全灭亡，但他还独自存在世上。《列仙传》为刘向所撰，是专门记载神仙故事的一本书，其中亦将黄帝列入其中。魏晋以后道教讲神仙故事多引自此书，其中记载黄帝"能劾百神朝而使之"，说黄帝有预知能力，自择亡日，与群臣辞，乘龙升天。④ 所以，尊黄帝与老子为道教始祖，将黄帝塑造成神仙的化身。东晋葛洪在《抱朴子·极言》中说："言黄帝仙者，见于道书及百家之说者甚多。"又在《辨问》篇说："黄帝先治世而后登仙，此是偶有能兼之者才。"由于道教的宣扬，在民间多将黄帝列入神仙一类人物而祭祀。

总之，由于以上几种原因，造成炎黄二帝在数千年流传中形成了多元化形象。尽

---

① 刘宝才：《黄帝文化中的神仙故事》，《求学续集》，陕西人民出版社2019年版，第149页。

② 马克思：《〈政治经济学批判〉导言》，《马克思恩格斯选集》（第二卷），人民出版社1972年版，第113页。

③ 江林昌：《历史的黄帝、神话的黄帝和仙化的黄帝》，《轩辕黄帝与缙云仙都》编委会：《轩辕黄帝与缙云仙都》，浙江人民出版社2001年版，第58页。

④ 参见刘宝才：《黄帝文化中的神仙故事》，《求学续集》，陕西人民出版社2019年版，第152页。

管炎黄二帝人神多元化形象至今仍然存在,尤其在民间神仙的形象还比较浓厚,但从某种意义上说,炎黄二帝的神性更强化了炎帝、黄帝在中华儿女心目中的崇高地位。但我们应该相信,随着历史学、考古学、人类学等学科的进一步发展,炎黄二帝的"人文初祖"形象(不完全排除血缘始祖形象)即人格形象会越来越鲜明、越来越突出,得到海内外炎黄子孙的广泛认同。

第四章 炎黄二帝的世系传说

丁山说:"古帝王世系,必渊源有自,绝非晚周诸子所得凭空虚构。"①炎帝、黄帝也是一样,有自己的世系传说,即父族、母族、妻妃、子女及裔孙、世族等。尽管炎黄世系是属于古史的传说部分,但必有其渊源。既然我们承认炎帝、黄帝是真有其人,是传说性的历史人物,那么,也就要承认其世系的存在。所谓世系(谱系),是指在一定历史时期,为一定族群所认同的血缘关系的传承形式。所谓炎黄世系是指炎黄时代及其后世族群认同炎帝或黄帝为其血缘始祖而传承下来的一种形式。其大概包括炎黄子嗣、五帝系统和三代帝王系统等。本章根据《国语》《世本》《山海经》《史记》等古史传说,对炎黄二帝的谱系予以梳理。

第一节 炎黄二帝的父族与母族

炎帝、黄帝所降生的时代,是母系氏族社会向父系氏族社会过渡阶段或父系氏族社会的初期阶段,世系还是以母系计算,与父系仅有不固定的关系。因而,炎帝只知其母为有蟜氏女登(安登、妊姒)。黄帝只知其母为有蟜氏女附宝(符宝、付宝),而对其父只知为少典氏族的某个男子。少典氏、有蟜氏约生活于距今7000多年的前仰韶文化时期,分别延续了二三千年或更长的时间。为中华民族的始祖族,为中华文明的孕育、形成作出了重要贡献。

一、炎黄二帝的父族

古史传说,少典氏是炎帝、黄帝的父族。少典是古代中原一个古老氏族的首领,世代沿袭此号。这个氏族以"熊"为图腾,故称有熊氏。传说少典氏族兴起于前仰韶

---

① 转引王晖:《古史传说时代新探》,科学出版社2009年版,第6页。

文化时期,是三皇之一的伏羲氏、女娲氏夫妇之子。天水《伏羲庙残碑》云:"东迁少典君于颛顼,以奉伏羲之祀。"可证少典为伏羲之后裔。关于少典氏的古史传说记载,多是在记述炎帝、黄帝事迹时所涉及。

根据《史记·五帝本纪》所说的黄帝是少典氏的儿子,姓公孙,名叫轩辕,号"有熊"的记载,唐代司马贞在《史记·五帝本纪·索隐》中、张守节在《正义》中也都说黄帝是有熊国君,为少典国君之次子,其号曰"有熊氏"。虽则文献中未能具体说明炎帝是少典的儿子,但从《国语·晋语四》记载的"昔少典娶于有蟜氏,生黄帝、炎帝"来看,炎帝无疑也是少典氏的儿子。唐代以前的这些记载,都是围绕黄帝而涉及少典氏的。宋朝至明代亦然。清代至今,不少史学家在总结以往研究成果时,又进行了归类和分析。

古史传说有熊氏族是以"熊"为图腾而得名,氏族的称号和徽号均以有熊氏而称之。其氏族部落处在伏羲、女娲时期或稍后,部落聚邑早期在豫州中部的"有熊之墟"(有说今河南新郑一带),中心活动区域在今河南洛阳至开封之间,以今郑州一带的人口较为密集。其后部落内的一支族,西迁至上邽(今甘肃天水),后与新郑的有熊氏部落一样,发展为部落古国,仍以"少典"为国号。那时是母系氏族社会,少典部落的男子与陈仓(今陕西宝鸡)有蟜部落的女子"登"通婚,以"国名"称谓的男子少典则入于有蟜部落,"生"炎帝。炎帝氏族发展为部落后,占据宝鸡渭河流域,取代了衰败的有蟜部落。数百年或千年后,母系氏族社会逐渐向父系氏族社会过渡,上邽的少典氏男子又与陈仓故地有蟜氏女子附宝通婚,"生"黄帝。黄帝承袭其父族(以父系计算世系)称号,也叫有熊氏。黄帝氏族在宝鸡渭河支流漆水河(在今陕西麟游、武功一带)流域起源后,渐又发展为部落,越过泾水,修筑聚落居室于桥山(今陕西黄陵)一带繁衍生息。其实,炎帝、黄帝部落,先后都是由少典(有熊)、有蟜两个部落衍(派)生出来的"双胞族",即他们都是少典族、有蟜族两个通婚族的后裔族。

少典氏又写作小典氏,说明其前必有大典氏或太典氏,因事迹不多而失载了。有学者研究后认为:从典字看,它与"册"字形象相似。典似乎是以竹册、木椟串在一起的简片,置于祭台上,供祭祀的酋长们查看本氏族人员情况和记载祭神过程。所以有人说少典氏可能是最早发明文字的人。仓颉发明文字,是刻在陶器或者崖壁上,而少典氏则是刻在竹片或木片上,用葛藤穿起来保存,比仓颉更早。因而有说仓颉是在少典氏创造文字的基础上加以规范和象形化的。所以典字被后来衍化为典册、典籍、典常、典型、典范等词。河南舞阳县贾湖裴李岗文化遗址中,发现距今8000年左右(一说距今 9000—7800 年)的一批契刻符号,证实不仅在伏羲、少典时代已有刻画符号,而且在距今八九千年以前的华胥时代就有了雏形"文字"。当时的符号是刻在龟甲、骨器和石器上,有的契刻符号与商代殷墟甲骨文的某些字形相似。可见,少典氏族可能与最早出现的"文字"有关系。

从《竹书纪年》《通鉴外纪》等记载看,新郑是古有熊国所在地。少典部落的别称,即有熊氏,亦可能最早兴起于今河南新郑一带。之后发展为分布地域较广的大部落,支族又向四周迁徙,今河南大部分地区都有其族人。考古发现,以河南新郑裴李岗村遗址命名的"裴李岗文化"及其延续的文化,则应是距今 8000 年前的少典有熊氏族部落的文化遗存。遗址中发掘出一批窖穴、墓葬和陶窑,出土的陶器均为手制,多是火候较低而又质松易碎的红陶,形制也较特殊,包括附有弯月形耳的球形壶、筒形罐、高足碗形鼎等;石器磨制精致,具有固定造型,如四足鞋底形石磨盘、圆柱形石磨棒、两端均磨有圆弧刃的石铲、锯齿状石镰、断面呈椭圆形的石斧等,也有少量的打制细石器。此外,遗址内还出土有猪、羊骨骼和陶猪、陶羊等原始艺术品。漯河翟庄、长葛石固、偃师马涧沟等遗址出土的器物,亦是如此。密县莪沟北岗遗址除发掘出窖穴、墓葬、陶器、石器外,还发现了房基,麻、栎、枣、核桃等果核、兽骨等。这些都说明了有熊氏部落的氏族较多,广布于今洛阳以东的郑州、新郑地区,人们已经定居农耕,有了房屋、窖穴、墓葬、陶器,在以狩猎、采集为主要生活来源的同时,有了简单的原始农业。这也就是说,今河南新郑一带当为少典有熊氏族部落的起源地。

裴李岗文化遗址的发现,为研究我国农业的起源和发展、陶器的起源和发展、纺织的起源和发展、建筑的起源和发展提供了重要的数据,也为我们研究少典氏族部落的社会经济、文化状况提供了翔实资料,丰富了传说人物的内涵。有学者研究认为,裴李岗文化族群除了有一支向豫西南发展形成的下王岗一期文化外,其中一支从南阳盆地继续迁徙到丹江下游,然后沿汉水向西进入汉中盆地和关中盆地西部的宝鸡渭河流域,与当地的老官台文化一道发展,共同创造了仰韶文化早期的半坡类型。这一支裴李岗文化有可能就是传说中西迁渭河中上游的少典族。徐旭生说:"我们的祖先有一部分,此后叫作华夏族,内中有一个氏族叫作少典。它与有蟜氏族为互通婚姻的氏族。它的生活区域大约在今甘肃、陕西两省交界的黄土原上或它的附近。"①

---

① 徐旭生:《中国古史的传说时代》,广西师范大学出版社 2003 年版,第 6 页。

二、炎黄二帝的母族

古史传说,炎帝、黄帝的母族是有蟜氏(一说"蟜"即"娇"或"娲",故"有娇氏"即"有娲氏")。有蟜氏是以蜜蜂幼虫为图腾(一说为野蚕或蛇)的氏族部落,故被称为有蟜氏。传说居住在伊洛河(今河南洛阳)至华山(今陕西华阴)一带,善于养蜂采蜜(在今凤翔槐原一带有其支族炎帝之母女登养蜂采蜜的传说①)。其部落的氏族中有一支西迁进入今陕西宝鸡渭河流域,先后与迁入上邽的少典氏族通婚,派生出了炎帝、黄帝部落。古史传说,有蟜氏女登②,在"华阳"③游历,于常羊感神龙首而孕,"生"下神子——炎帝。炎帝"人面龙颜",善于耕种,所以,人们称他为神农。而有古史传说,黄帝母为有蟜氏女附宝,在野外因闪电而感应受孕"生"黄帝。因有蟜氏附宝曾迁入北洛水(今陕北沮河流域),遂将居处的山脉称为乔(桥)山。后来,活动在桥山的黄帝部落的一支族西迁或东迁时,又将桥山之名带到各地,形成西海(今青海省青海湖)有"桥山"(今称日月山),涿鹿(一说在今河北怀来县,一说在今河北涿鹿县)也有桥山等。

有蟜氏属于前仰韶文化时期,其后裔延续了二三千年,迁居地广泛,文化遗存较

---

① 霍彦儒:《女登与女登文化的考察》,《湖南工业大学学报》(社会科学版)2021年第4期。

② 关于"女登"之名的来历,王献唐在《炎黄氏族文化考》(齐鲁书社,1985年版,第378—379页)一书中认为:"女登亦曰安登,安为族名,声与奄言音通,与羊亦双声音转。神农,姜姓,本出于羊,意为羊族故以族名名之曰羊,音转易字为安。其言女登者,犹言女娲,以为女子故也,神农既为姜族之甥,故其母曰安登。凡古代女子,类以母家之氏署名,其氏类出族地名称,故安登之安,与姜义相合,尤可证也。"对于"登"的解释,笔者认为:"'登',《说文》曰'上车也。从𣥠、豆,象登车形。'段玉裁注:'引伸之,凡上陞曰登。'为此,可以引伸为攀登、攀援之意。说明这个名叫女'登'的炎帝之母,是个善于攀登的女子。这也符合当时主要以采摘果实为生的情景。人们要采摘果实,必然要经常攀登树木。"(霍彦儒:《女登与女登文化的考察》,《湖南工业大学学报》(社会科学版)2021年第4期)

③ 关于"华阳"地理位置,王献唐在《炎黄氏族文化考》(齐鲁书社1985年版,第378页)一书中认为:"后世所谓华阳有数处,此言华阳,殆即陕西之华山,华山在东,古但泛泛言之。今秦岭一脉,横亘东西,有九华山、东岐山、东南有青华山(疑即此山),在岐山南甚近,在在可以华名。古史记载类出口传,年久失其本处,但就其一带泛言曰华阳,亦必岐山南方秦岭之华山一脉。其曰常羊,羊者,姜族,二者以族名地,因地名山,姜氏女登游此,其氏地名号,亦无不合。"

多,仅以洛阳至陕西关中地区而论,河南西部的洛阳、孟津、渑池、嵩县、卢氏等地,距今8000年的裴李岗类型遗址,其延续的文化则应是有蟜和少典部落的文化遗存。陕西渭河流域的老官台类型遗址,如渭南北刘、临潼白家、华县老官台等距今8000至7000年的遗址,以及宝鸡关桃园(距今8000年左右)、北首岭下层(距今7100年)遗址等,都可能与有蟜氏和西迁的少典支族有一定的关系(包含华胥、燧人、女娲等裔支族)。从裴李岗、老官台类型遗址出土器物看,有蟜部落已有定居的村落和房屋,有窖穴、墓葬、陶窑等,以狩猎、采集为主,有了简单的原始农业。石器以磨制为主,器具主要有双弧刃扁平石铲、剖面呈扁圆形的石斧,以及石刀、石锛、石凿等。打制石器有刮削器、敲砸器及尖状器等,骨器较少。陶器以泥质和夹砂陶为主,色不纯正,多为橘红或砖红色,有相当数量的内黑外红与红褐色陶器。火候不高,陶质松脆,皆为手制,器壁薄厚不均匀,有圈足或假圈足碗、钵形三足器、罐形三足器、筒形深腹罐、圜底钵、小口球腹形罐等。纹饰主要是绳纹,也有划纹、附加堆纹、剔刺纹。彩陶少见,只是在钵或钵形三足器口沿外有一道较器身颜色为深红的宽带纹。老官台文化主要分布于关中渭河流域及其支流,在秦岭以南的汉水上游(今陕西汉中和安康一带)亦有分布。

从汉江上游考古调查和发掘资料看,以汉中市西乡县李家村遗址命名的李家村文化(即"老官台文化李家村类型"),在汉中、安康两市辖区均有发现,年代在8000—7000年前,遗迹和出土器物与遗址中的同类窖穴形制完全相同。这佐证了汉江上游新石器时代早期的氏族先民相当多是从关中等地迁入的。《陕西考古重大发现》一书中说:"从西乡何家湾新石器时代遗址的地层关系来看,李家村文化层叠压于仰韶文化层之下,碳14测定年代距今7000年左右。这说明李家村文化和老官台文化,以及中原地区发现的裴李岗文化,都较仰韶文化为早,是我国新石器时代早期偏晚阶段不同地域的文化。它为研究探讨仰韶文化的前身提供了难得的资料。"[①]夏鼐也说:"这次李家村的发现,才是探索仰韶文化前身的一个可靠的新线索。"[②]换言之,这也为研究伏羲、少典、有蟜部落的迁徙以及炎帝部落的兴起提供了重要依据。

有蟜氏部落沿渭河流域西迁及北徙,使北洛水的乔(桥)山,即渭河中上游有了其裔支族的分布。在这个区域内自然还有少典族及华胥氏等裔族。渭河流域的今宝鸡市区在前仰韶文化阶段有何氏族?通过对北首岭遗址下层(属于老官台文化类型。

---

① 陕西考古学会:《陕西考古重大发现(1949—1984)》,陕西人民出版社1986年版,第184页。

② 夏鼐:《我国近五年来的考古新收获》,《考古》1964年第10期。

距今 7300—7000 年)的分析,其文化遗存的主人,应该是早于炎帝氏族的有蟜氏裔支族。有学者认为:"宝学"内涵之一是"以北首岭为代表的'炎帝祖先学'"①。这是说北首岭下层遗址的文化主人有可能是炎黄二帝的祖先族即有蟜氏部落。

第二节　炎黄二帝的妻妃族与子女族

据古史传说,炎帝、黄帝不仅知道父族和自己的母族、母亲是谁,而且有妻有妃,有完整的家庭。据《国语·晋语》《史记·五帝本纪》《帝王世纪》等书记载,炎帝有一妻一妃,子十三人,女四人;黄帝有一妻三妃(称"四妃"),子二人,女一人。妻妃不仅为炎帝、黄帝生儿育女,而且偕同子女协助炎帝、黄帝在发明、发展农耕文化和衣食住行等日常生活方面作出了重要贡献,也是值得我们书写和崇敬的。

一、炎帝的妻妃与子女族

(一)炎帝妻妃族

古史传说炎帝有一妻一妃。

妻族　其名字有多种叫法:有叫赤水之子"听訞"(《山海经·海内经》)的,有叫纳莽水之女"听谈"(《通鉴外纪》)的,又有说是"纳奔水之女",或说是承桑氏、桑水氏之女的,《周易》毛氏本又写作"听詙"。徐旭生说:"訞、詙、谈三字是从一个字讹误变出来,赤、奔、莽也是从一个字讹误变出来,都不成问题。"②另有一说听訞和听谈为两人。又说赤水氏族为炎帝之后裔族。这个赤水氏族在何处?鲜有考证。

赤水,《山海经》所记为昆仑山附近的一条河。因两岸及江中产赤金(纯度很高的黄金)而得名。因水势湍急,故又称"奔水"。所以,听訞又称奔水氏。实则,赤水指的是长江上游的金沙江。古时并不把金沙江作为长江上游,而把岷江作为长江的上游,称为大江。金沙江有条支流,至今仍叫赤水。"訞"字,是古人对于所生女子的昵称。这一古音在四川方言中至今仍保留着。四川人把小弟弟或小妹妹叫"幺妹

---

① 文怀沙、邵迎武:《中华根与本——宝学概论》,中国文联出版社 997 年版,第 4 页。
② 徐旭生:《中国古史的传说时代》,广西师范大学出版社 2003 年版,第 266 页。

儿"①。这就是说赤水氏族曾居住于今四川金沙江的支流赤水流域,听訞为四川的女子。

赤水氏族以水而得名。在今甘肃东北、东南部也有叫赤水的河流,说明赤水氏族也曾在这一带分布。北魏曾在今甘肃岷县东北90里的地方置县,以水名而称赤水县。礼县东北有赤土山,色如朱,可作染料。赤水氏族初居在礼县赤土山,后迁陇西赤谷、赤水一带,所以在陇西县(今甘肃临洮县南)东北亦有赤谷,下有赤水,又称赤亭水。根据《水经注·渭水》所说,赤亭水出东山赤谷,西流,南注入渭水。赤水氏族后又迁入今陕西眉县南赤谷水、勉县赤谷川及洋县赤阪等地。据古史传说"赤奋、赤松,炎帝诸侯",后有赤氏。"赤氏、赤民为高阳(颛顼)师。"(《路史·国名纪》)在赤水氏族里有位赤松子,传说为神农时的"雨师"。平时以喝水吃玉而教导炎帝,他还能入火而不死,随风雨而上下自行,常常到昆仑山(甘肃与青海之间的祁连山)西王母石屋做客。②炎帝族在今陕西宝鸡渭河流域一带,距甘肃临洮不是很远。赤松子又为炎帝的"雨师",娶赤水氏部落的女儿听訞为妻也较合乎情理。

妃族 传说其名字叫"尊卢氏女"。她所在的尊卢氏族是个甚为古老的氏族。《庄子·胠箧》篇中说尊卢氏为古十二氏之一③。《帝王世纪》说尊卢氏为伏羲氏族后裔十五世之一,"皆袭庖牺之号"。据《长安志》卷十六引《魏书·风土记》说:骊山北麓(今属西安市蓝田县)"西有尊卢氏冢",《太平寰宇记》卷六"蓝田县"条有记载:在这里有尊卢氏陵,其北有女娲氏山谷,以此可知这里曾是三皇的旧居地。《帝王世纪》《汉书·古今人表》皆将尊卢氏(又写作"宗卢氏")排在女娲去世后的"王"中,可知尊卢氏也传说为伏羲、女娲之母华胥氏的后裔。④

尊卢氏后裔在炎帝时代,成为炎帝部落的一个重要分支,同为姜姓,不仅参加过涿鹿大战,其后裔还参加过武王伐纣。后世人造字取该部落的图腾"虎"的字头,又取尊卢氏发明的"卢器"——陶土取之于"田",烧制成陶器为"皿",组成繁体的"盧"字。尊卢氏族的世代首领皆袭用"尊卢氏"之号。传说尊卢氏族或部落传到炎帝时,

---

① 胡太玉:《破译〈山海经〉》,中国言实出版社2002年版,第70页。
② 〔汉〕刘向:《列仙传》(卷上)载:"赤松子者,神农时雨师也。服水玉以教神农,能入火自烧。往往至昆仑山上,常止西王母石室中,随风雨上下。"
③ 《庄子·胠箧》:"昔者容成氏、大庭氏、伯皇氏、中央氏、栗陆氏、骊畜氏、轩辕氏、赫胥氏、尊卢氏、祝融氏、伏牺氏、神农氏,当是时也,民结绳而用之。"
④ 〔晋〕皇甫谧:《帝王世纪》曰:"尊卢氏,赫胥氏后。"

因善于"刀耕火种"而在骊山一带著名。炎帝带领族民到骊山农耕时,"复纳尊卢氏之女"(《历代神仙通鉴》)为妃。今人研究,今河南卢氏县名源于古卢氏国,卢姓源于远古时代的尊卢氏部落。

(二)炎帝子女族

古史传说炎帝与奔水氏生有五个儿子[①]。而记载和认识比较一致的是炎居。又有传说,其子董、权、不浩及嵩,为炎帝与承桑氏(又称"桑水氏")所生;邛、柱、起我为炎帝与尊卢氏之女所生。(《历代神仙通鉴》首集卷二《神农艺谷救民饥》)这样一来,我们便知传说炎帝有名字的儿子是八个,另五个儿子的名字失载。他们都未留下什么事迹。

根据古史传说,炎帝有四个女儿,分别是:

赤帝女 赤帝女为炎帝与听訞所生,名字失载,便以"赤帝女""才女"或"女才"称呼。相传她学道成仙,住在今河南南阳峾山的桑树之上。每年农历正月初一,她就在树上筑巢,正月十五日完成,以此为家。这个美丽的仙女,有时又变为白鹊,在空中飞翔。炎帝思念女儿,劝其从树上下来回家,女不听。炎帝便令人放火烧桑树,女儿却在大火中腾空飞去。炎帝悲伤,遂将桑树命名为"帝女桑"。[②]《山海经·中山经》收录了这个故事:再往东五十里,有座山叫宣山。沦水从这座山发源,东南流注入视水,水中多产蛟。山上有一棵桑树,合抱五丈,树枝交叉伸向四方,树叶大有一尺多,红色的纹理,黄色的花,青色的花房,名字叫帝女桑。《太平御览》卷九二一引《广异记》说:这棵合抱五丈的桑树,也是一棵神树,火烧不死,仍然存在,每年照样有鹊鸟筑巢。正月十五日,当地人取下鹊巢,燃烧成灰后入水中,把蚕蛹放进浸泡,育化的蚕吐丝量大为增加。因而,人们又把炎帝这个成仙的女儿崇敬为"蚕神"。

女娃(精卫) 女娃也为炎帝与听訞所生。传说有座山叫发鸠山(据说位于今山西太行山一带),山上长了很多柘树。有一种鸟,它的形状像乌鸦,头部有花纹,白色的嘴,红色的脚,名叫精卫,它的叫声像在呼唤自己的名字。传说这种鸟是炎帝小女儿的化身,名叫女娃。有一次,女娃去东海游泳,不幸溺水而亡,再也没有回来,所以

[①] 〔清〕徐道等:《历代神仙通鉴》:炎帝"娶奔水氏之女曰听訞为妃,生子五人"。

[②] 〔宋〕李昉等:《太平御览》卷九二一引《广异记》:"南方赤帝,女学道得仙,居南阳峾山桑树上,正月一日衔柴作巢,至十五日成,或作白鹊,或女人。赤帝见之悲恸,诱之不得,以火焚之,女即升天,因名帝女桑。"

化为精卫鸟。经常口衔西山上的树枝和石子,用来填塞东海。① 传说炎帝为失去女儿悲伤,作歌曰:"精卫鸣兮,天地动容! 山木翠兮,人为鱼虫! 娇女不能言兮,父至悲痛! 海何以不平兮,波涛汹涌! 愿子孙后代兮,勿入海中! 愿吾民族兮,永以大陆为荣!"这显然为后人所附会。"精卫填海"的故事即由此而来。

炎帝少女 传说这个名字失载的女儿为炎帝与尊卢氏女所生,比"赤帝女"年少。前面提到当时炎帝有个雨师叫赤松子,系今甘肃临洮赤水氏族之人,相传修炼成仙。屈原《楚辞·远游》:"闻赤松之清尘兮,愿承风乎遗则。"传说他是以常服用"水玉"(即石英)助吸气、呼气而修炼成仙的。传说在今陕西华山、湖北襄樊、湖南张家界、山东泰山、甘肃与青海的祁连山等名山大川,都有他云游的踪迹。传说赤松子一次在烈山上焚山时,手持用水玉制成的礼器教炎帝求雨,不慎跌入着火的山谷中。炎帝少女上前相救,不幸也一并被大火吞没。《列仙传》卷上说:赤松子常住的地方是祁连山的"西王母石室",能"随风雨上下",即在空中飞翔。炎帝少女羡慕神仙而"追之,亦得仙俱去"②。

瑶姬 传说瑶姬亦为炎帝与尊卢氏女所生。她刚要出嫁时,随父到长江三峡一带巡游,不幸病死,后化成仙女,又称"巫山之女",或"高唐神女"。又有传说帝女瑶姬死后,化为瑶草,其叶子碧绿,黄花,有媚人之色。③ 这种美丽的瑶草,结的果实对妇女有美容作用,得到人们喜爱,便精心护养。后来在阳光、雨露照射、滋润下,瑶草变成了一位美丽的仙女。炎帝哀怜,封她为巫山"云雨之神"。瑶姬早上化为朝云,在天空飘荡,暮时则化为细雨,滋润山川。相传楚怀王(前328—前299)出巡云梦(今属湖北)时,驻休在"高唐馆"内。一天他正在午休,"云雨之神"降临,向怀王诉说漂泊不定、无处安身之苦,又向怀王倾诉了爱慕之情。怀王喜而醒来,不见美丽的仙女,很是

---

① 《山海经·北山经》载:"又北二百里,曰发鸠之山,其上多柘木。有鸟焉,其状如乌,文首、白喙、赤足,名曰精卫,其鸣自詨。是炎帝之少女名曰女娃,女娃游于东海,溺而不返,故为精卫,常衔西山之木石,以堙于东海。"发鸠山,其主峰海拔1647米,位于山西省长治市长子县城西约25公里处。漳河就发源于发鸠山。

② 〔汉〕刘向:《列仙传》(卷上)云:"赤松子者,神农时雨师也。服水玉以教神农,能入火自烧。往往至昆仑山上,常止西王母石室中,随风雨上下。炎帝少女追之,亦得仙,俱去。至高辛时,复为雨师。今之雨师本是焉。眇眇赤松,飘飘少女。接手翻飞,泠然双举。纵身长风,俄翼玄圃。妙达巽坎,作范司雨。"

③ 《山海经·中山经》载:"又东二百里,曰姑媱之山。帝女死焉,其名曰女尸,化为瑶草,其叶胥成,其华黄,其实如菟丘,服之媚于人。"

同情和思念,便令人在巫山修建祠庙祭祀,名曰"朝云"。宋玉的《高唐赋》《神女赋》,对此故事的记载比较详细。①《襄阳耆旧传》也有与此大同小异的记载。传说楚怀王去世后,其子继位,称楚襄王(前298—前262)。有一年,楚襄王由朝臣兼诗人的宋玉陪同巡游云梦,望见高唐观上空有五彩云气,变化无穷,襄王便问宋玉是何云彩?宋玉答曰"朝云"。再问何为朝云?宋玉便讲了当年一段故事。传说有一天怀王在云梦巡游,身体困乏,便在此休息,梦见一美女,称自己是炎帝之女,未嫁而死,葬巫山之阳,成为巫山之女,名叫瑶姬,闻君王来游高唐,情愿前来陪侍君王。怀王答应其请求。女神临走时,又向怀王说:我住在巫山之阳,高丘之嘴,旦为朝云,暮为行雨,朝朝暮暮,阳台之下。第二天早上,怀王观察天象,果如女神所言,便在巫山之巅为其修建了一座祠庙,名曰"朝云庙"。

二、黄帝的妻妃族与子女族

(一) 黄帝妻妃族

古史传说黄帝有一妻三妃(也有称"四妃"的)。

妻族(亦称"正妃") 名叫"嫘祖"(也写作"累祖""傫祖""雷祖"),其真名称"方雷氏"②,与黄帝一样为古史中的传说人物。嫘祖被誉为"人文女祖""万邦之母",祀为"先蚕""道神"。她与华胥氏、女娲氏同为中华文明女性开创者的杰出代表。

关于嫘祖的出生地即故里,自古及今分歧较大,至今有七种说法,分别为湖北的宜昌(远安)说、黄冈说、浠水说,四川的茂县说、延亭说③,河南的西平说④以及河北的涿鹿(雷水)说⑤等。对以上诸种说法,目前学界认为嫘祖文化遗迹较为丰富的是湖北远安、四川延亭及河南西平。这三处不仅有古史传说,自古以来有嫘祖庙宇,而且有每年一次的祭祀活动。我们说,研究嫘祖故里,关键是确定西陵的确切地址。依据

---

① 〔战国〕宋玉:《文选·高唐赋》注引《襄阳耆旧传》:"赤帝(炎帝)女曰瑶姬,未行而卒,葬于巫山之阳,故曰巫山之女。楚怀王游于高唐,昼寝,梦见与神遇,王因幸之。遂为置观于巫山之南,号为朝云。后至襄王时,复游高唐。"

②⑤ 沈长云:《从周族的起源论及黄帝氏族的发祥地》,《河北师范大学学报》(哲学社会科学版)1996年第1期。

③ 段渝:《嫘祖考》,《炎黄春秋》增刊《炎黄文化研究》1997年(总)第4期。

④ 马世之:《嫘祖与嫘祖故里》,王俊义主编:《炎黄文化研究》(第六辑),大象出版社2007年版,第32页。

古史传说及当地的考古和民俗,多数认为湖北远安为嫘祖故里,似乎是比较可靠的。

《史记·五帝本纪》称嫘祖为"西陵之女"。《战国策·秦四》:"顷襄王二十年,秦白起拔楚西陵,或拔鄢、郢、夷陵,烧先王之墓。"《史记·六国年表》载:"秦拔我郢,烧西陵,王亡走秦。""秦拔郢、西陵。"《史记·楚世家》中也有"秦将白起拔我西陵"的记载。这些记载表明,西陵在春秋时期的楚国,靠近郢(今湖北荆州)、鄢(今湖北宜都)。为此,今多有学者认为古西陵就在今宜昌市境内。翦伯赞在其《中国史纲要》一书中说:"秦将白起拔西陵"的西陵,在今"宜昌市西北"。顾颉刚、章巽编,谭其骧校对的《传说中的古代中国》附图,将古西陵位置标明在今重庆市和宜昌市接壤的地区。谭其骧《中国历史地图集》所绘西陵位置,也大体如此。为此,鲁谆说:"概括起来,宜昌市的古西陵之称,有以下几个特点:一是早在战国时期即称西陵,年代较早,可信;二是文献认定古西陵属楚、近郢之说甚多,绝非孤证;三是《史记》同一本书里,《五帝本纪》说嫘祖为'西陵之女',《六国年表》和《楚世家》指西陵近郊,前后呼应;四是多为当代史家认为,古西陵在今宜昌市一带,观点一致;五是地处三峡之西陵峡口,得天独厚,知名度高。"①此说甚确。

从民俗文化看,这里早在4000年前就有了蚕丝业,并且是作为贡品生产。《禹贡》记载,在荆州"厥篚玄纁玑组",是指装在筐子里的赤黑色丝绸和一串串珍珠。且《禹贡》中所说的"九州"之荆州,要比今天说的大,远安就在其中。《史记·夏本纪》《礼记·玉藻》等古籍中均有此类记载。《大清一统志》载:湖北宜昌府"黄陵庙……在东湖县(即今夷陵区),三国时蜀汉建庙"。今宜昌西陵峡口西陵山有嫘祖庙,1938年被日本侵略军炸毁,1994年重建。传说在三斗坪有黄帝与嫘祖居住过的轩辕洞。另外,《远安县志》《湖北通志》也都有记载:远安产丝绸,至明代还为朝廷贡品,并经过上海远销英国、法国、印度及中东许多国家。②考古学文化也为我们提供了依据。距宜昌不远的巫山县,发现有200万年前的"巫山人",10万年前的"长阳人"。在宜昌市境内新石器时代遗址较多。如西陵峡的朝天嘴,发现了早于大溪文化的遗址。在李家河、中堡岛、杨家湾等地,出土了距今7000—5000年的陶纺轮,以及骨针、骨锥等纺织工具。总之,湖北远安西陵的文献记载要比其他几处地方为早,有些是东汉,有些是三国,有些是唐代,还有较为丰富的民间传说。所以,我们说西陵在远安的依据是比较充分的。

---

①② 鲁谆:《嫘祖文化及其当代价值》,《炎黄》(总第30辑),武汉出版社2016年版,第10页。

但根据段渝考证,四川盐亭与嫘祖有关的地名和传说也是很丰富的,仅祭祀嫘祖的庙宇就达上百处。[①]《四川通志》卷十八《舆地志》卷十七原注引《九域志》："梓潼有蚕丝山,每上春七日,远近士女多游于此,以祈蚕丝。"我们说,盐亭颇多的嫘祖文化遗迹,有可能为嫘祖支族或后裔族迁徙于此而留下的。

嫘祖对开创中华文明的贡献,首先体现在植桑养蚕、缫丝制衣方面。当原始社会发展到新石器时期,在人们初步解决温饱以后,解决遮羞御寒就成为当时人们的首要任务。《路史·后纪五》云："元妃西陵氏曰嫘祖,……以其始蚕,故又祀先蚕。"关于嫘祖养蚕缫丝的发明,在民间有这样的传说:嫘祖生来聪明伶俐,人称天女神童。她童年时就爱动脑筋,遇事多想多思,善听爱问。她少年时才多智广,心灵手巧。成年后关注人间疾苦。在日常生活中,她看到天下百姓光身露体,很不体面。于是,她开始思考要改变这种状况。有一天,在西陵山山坡上,她发现了一种树,人称桑树。树上爬有许多蚕虫,蚕虫吐出蚕丝,结成蚕茧。嫘祖把收集的蚕茧拿回家放在水中浸泡,发现可以抽出丝来,把这些丝加以整理,经过横竖交叉,细细连接,越连接丝片越大。于是,她把连成的丝片缠在腰间,不露中体,上披一件又不露胸脯,别人看后都赞不绝口。嫘祖植桑缫丝的事迹传来传去,传到黄帝耳中。一天,黄帝和随从常伯等人,来到西陵山访贤问道,恰巧遇上了淑女嫘祖。见她正在桑园里摘蚕茧,身缠一件金色灿烂的腰巾,上佩一件丝巾,阳光下,闪耀着轻盈温和的光彩。见她面前放着一堆蚕茧,黄帝心中一惊,暗暗思忖着:她是不是人们传说中的那位"育桑养蚕"的姑娘?常伯看出黄帝心思,忙上前询问。这时嫘祖看黄帝和常伯等人,行姿端正,说话顺理大方,便将育桑养蚕、抽丝织巾之经过说给他们听。黄帝听后,认定这是一件利族利民的大好事。今天自己又亲眼见到了。如果收下她让她的技艺传授于天下,不仅使天下百姓有了遮身避丑之巾,而且有了春夏秋冬四季更换的衣服,这确是族民们的福气,这将为后世人作出一项极大的贡献。于是,黄帝纳嫘祖为正妃,教民养蚕。尽管这是后人的附会之说,但从中可以窥见嫘祖发明养蚕抽丝制衣的某些过程。

嫘祖生活于炎黄时代,而学者们大都认为炎黄时代属于仰韶文化时期。这一时期考古出土的蚕茧等遗存,也印证了文献记载和民间传说。比如1926年,在山西省夏县西阴村灰土岭发掘出土了半个蚕茧,有学者认为,这使素称中国是"丝绸之源"的说法获得了证明。又如1958年考古学家在浙江吴兴钱山漾新石器时代遗址出土了

[①] 参见段渝:《嫘祖考》,《炎黄春秋》增刊《炎黄文化研究》1997年(总)第4期。

一批纺织残片,其中包括一批麻织品和一些丝织品。这些出土的丝织品经碳14测定,平均为5000年左右。另外,在黄河流域和长江流域都有纺织使用的工具的发现,如纺轮、纺锤、线垛、绵坠等。这些纺织工具和丝织物的发现,说明黄河流域和长江流域已经诞生丝织业,这应该是合情合理的。① 同时,说明嫘祖发明植桑养蚕、缫丝制衣的传说是可信的。

嫘祖植桑养蚕、缫丝制衣的发明,在当时是一件了不起的重大事件。她不仅解决了人们的穿衣问题,结束了人们穿戴兽皮、树叶和葛麻的日子,而且预示着一个新的历史时代,即文明时代的孕育和萌芽。

嫘祖不仅自己植桑养蚕、缫丝制衣,而且还将这项技术传授给其他族民。刘恕《通鉴外纪》载:"西陵氏之女嫘祖,为黄帝元妃,始教民育蚕,治丝茧以供衣服,后世祀为先蚕。"这是说嫘祖不仅是第一个发明了养蚕缫丝的人,而且是第一个教民学习运用这一技术的人。

嫘祖发明的植桑缫丝,在解决人们穿衣的同时,对黄帝统一天下也起到了重要作用,有利于黄帝吸引、凝聚其他氏族和部落。《路史·后纪五》载:黄帝"命西陵氏劝桑"。这是说嫘祖是以植桑缫丝辅佐黄帝治理天下。《易·系辞》云:黄帝"垂衣裳而天下治。"说明衣裳的发明,是文明的开始。为此,柏杨曾说:"姬轩辕的妻子嫘祖,和姬轩辕的大臣仓颉、隶首容成,都有同样伟大的贡献:嫘祖发明了养蚕抽丝。……中国以丝织品独霸世界四千余年,完全是她开创的功绩。"②

不仅如此,嫘祖对中华民族的开创和兴起也作出了重要贡献。《山海经·海内经》云:"黄帝妻嫘祖,生昌意;昌意降处若水。"《史记·五纪本纪》云:"黄帝居轩辕之丘,而娶于西陵之女,是为嫘祖。嫘祖为黄帝正妃,生二子,其后皆有天下,其一曰玄嚣,是为青阳,青阳降居江水,其二曰昌意,降居若水。"又载:"帝颛顼高阳者,黄帝之孙而昌意之子也""帝喾高辛者,黄帝之曾孙也"。从这些记载可以看出,嫘祖和黄帝的结合,奠定了华夏族的根基,其后裔代代相传,成为华夏族的主要来源。随着华夏族的融合、发展、壮大和繁荣,至汉族,成为中华民族的主体民族,今天人口的百分之八九十可以说都来自黄帝族系(有说占98%)。这可以说与嫘祖对其所生玄嚣、昌意

---

① 参见张硕:《嫘祖及中国丝绸文化起源的社会背景》,《炎黄》(总第30辑),武汉出版社2016年版,第27—29页。

② 柏杨:《中国人史纲》(上册),时代出版社1987年版,第67页。转引自马世之:《嫘祖与嫘祖故里》,王俊义主编:《炎黄文化研究》(第六辑),大象出版社2007年版,第28页。

二子的养育是分不开的。因此,从这一点上说,没有嫘祖也就没有今天的汉民族乃至中华民族。

嫘祖的另一个贡献,人们称她为"道神"。《宋书·礼志》注引崔寔《四民月令》云:"祖,道神也。黄帝之子曰嫘祖,好远游,死道路,故祀以为道神,以求道路之福。"《集韵·平脂》云:"嫘祖好远游,死于道,后人祀之为行神。"清人李元度重修《南岳志》引《湘衡稽古》云:"雷祖从(黄)帝南游,死于衡山,随葬之。"这些记载正如马世之在一篇题为《嫘祖与嫘祖故里》一文里所说的:"嫘祖开中国历史上远游之风,被祀为'道神''行神'或'祖神',用现代的话来说,就叫作旅游之神。""嫘祖是当之无愧的旅游文化的创始人。"①

总之,在嫘祖的身上集聚着多重文化现象,既有蚕丝文化,也有始祖文化;既有女性文化,也有旅游文化,总称为"嫘祖文化"。嫘祖所开创的嫘祖文化,不仅是黄帝文化的重要组成部分,同时也是中华民族优秀传统文化的重要组成部分,在中华民族传统文化中占有重要地位。

《史记·五帝本纪》《索隐》案:"黄帝立四妃,象后妃四星。"除前面说的"正妃"嫘祖外,黄帝还有三位妃子,即女节、肜鱼氏、嫫母。

女节 《索隐》案:"皇甫谧云:'……次妃方雷氏女,曰女节,生青阳。'"有学者根据韦昭注"方雷,西陵氏之姓"和清人梁玉绳在《史记志疑》一书中对西陵氏之女、方雷氏之女节的考证,认为女节与嫘祖为姊妹关系,同嫁给黄帝为妃。②

肜鱼氏 《史记·五帝本纪》《索隐》案:"皇甫谧云:'……次妃肜鱼氏之女,生夷鼓,一名苍林。'"《汉书·古今人表》说:"黄帝次妃肜鱼氏,生夷鼓,己姓。"《路史·国名纪》说:"黄帝三妃,肜鱼氏。"从这些古史传说看,黄帝的第三位妃子是肜鱼氏女,是没有问题的。又根据古史传说和考古资料得知,肜鱼氏为姜姓,炎帝族之后裔,与黄帝族通婚。这说明姬姜二族很早就是两个通婚的双胞族(关于"肜鱼氏"下文将要谈到,此不赘言)。

嫫母 《史记·五帝本纪》《索隐》案:"皇甫谧云:'……次妃嫫母,班在三人之下'。"根据《通志·氏族略》"莫即幕氏省文,望出巨鹿(今属河北)"的记载,何光岳、杨东晨认为,嫫母"与莫人有直接关系"。幕原为东夷有虞氏的一支,迁居于陌,金代

---

① 马世之:《嫘祖与嫘祖故里》,王俊义主编:《炎黄文化研究》(第六辑),大象出版社2007年版,第28页。

② 何光岳、杨东晨:《中华炎黄时代》,三秦出版社2007年版,第134页。

曾在此设置莫亭县,"黄帝纳嫫母为第四妃的事很可能是迁居涿鹿以后的事"①。另有多部古籍记载,嫫母外表是位"丑女"。《周玉集》卷十四《丑人篇》描述嫫母的形貌是:前额像秤锤,紧锁双眉,形体平扁,肤色黝黑,打鬼驱疫时用的面具就是她的画像。但是她品质高尚,心地善良,"有淑德",黄帝"使训宫人"(《云笈七签》卷一〇〇《轩辕本纪》)。传说元妃嫘祖死于出巡道中,安葬后由她守护和祭祀,被黄帝赐姓"方相氏"。因而,她得到黄帝的宠爱。黄帝和嫫母的爱情故事,成为历史上的一则佳话而流传至今。

(二)黄帝子女族

《国语·晋语四》载:

> 黄帝之子二十五人,其同姓者二人而已:唯青阳和夷鼓皆为己姓。青阳,方雷氏之甥也。夷鼓,彤鱼氏之甥也。其同生而异姓者,四母之子别为十二姓。凡黄帝之子,二十五宗,其得姓者十四人,为十二姓。姬、酉、祁、己、滕、箴、任、荀、僖、姞、儇、依是也。唯青阳与苍林氏同于黄帝,故皆为姬姓。

《史记·五帝本纪》说:

> 黄帝二十五子,其得姓者十四人。……嫘祖为黄帝正妃,生二子……其一曰为玄嚣是为青阳……其二曰昌意……

《帝王世纪》说:

> 元妃,西陵氏女,曰嫘祖,生昌意。次妃,方雷氏女,曰女节,生青阳。次妃,彤鱼氏女,生夷鼓,一名苍林。

依据以上文献记载,黄帝有二十五子,除过三人留有名字即玄嚣(青阳)、昌意、夷鼓(苍林)外,其余名字皆失载。但按皇甫谧所说,青阳(玄嚣)为方雷氏所生,而非嫘祖所生。清人梁玉绳在《史记志疑》一书中考证,认为:"玄嚣乃嫘祖所生,姬姓,与青阳实二人。"依此说法,何光岳、杨东晨认为:"嫘祖之子玄嚣与青阳非一人。女节之子青阳,又与东方之青阳重名,非一人。因为古今学者多认为青(清)阳金天氏,是太昊伏羲氏的后裔少昊,居于东方,约与黄帝同代。"②另据《山海经》说,黄帝有名字的儿子还有禹虢、骆明、苗龙等。这里依据《史记·五帝本纪》所说,仅对玄嚣(青阳)和昌

---

①② 何光岳、杨东晨:《中华炎黄时代》,三秦出版社2007年版,第134页

意加以简介。

玄嚣 据《史记·五帝本纪》说:"……嫘祖为黄帝正妃,生二子,其后皆有天下。其一曰玄嚣,是为青阳,青阳降居江水。"《集解》亦说:"玄嚣,即青阳也。""江水"地望,《索隐》云:"江水、若水皆在蜀,即所封国也。"据《水经注·江水》"又东南过僰道县北,若水、淹水合从西来注之。"而有学者依据《左传·哀公四年》《淮南子·原道训》《括地志》诸书,认为"淮水古亦称江"①。是说玄嚣降居的"江水"在豫地而非蜀地,即"黄帝支族之一的玄嚣,最早可能活动在今河南正阳县境的淮水流域地区"②。但综合考查江水、若水和西陵氏嫘祖出生地,以及玄嚣、昌意两"兄弟"封国、"昌意娶蜀山氏女"等传说,笔者认为江水在蜀地的依据要更充分些。

关于青阳与少昊的关系。《帝王世纪》说:"少昊(又写作"少暤")帝名挚,字青阳,姬姓也。"说明少昊虽字为"青阳",但不是玄嚣。《史记·五帝本纪》《索隐》说:"青阳非少昊。"《路史·发挥》说:"玄嚣、青阳、少昊,三人也。"说玄嚣非青阳欠确,说玄嚣与少昊非一人甚确。既然"玄嚣与少昊非一人",那么,《世本》所说的"少昊黄帝之子"也就不能成立,只能说可能是同名而已。因有说:"少昊曰清。清者,黄帝之子青阳也。"(《汉书·律历志》)将"清阳"误认为"青阳"。但有研究者说少昊为太昊之后裔。这是因古代学者误认为少昊"契(挚)立,王以金德,号金天氏"(《世本》),而金天氏能修太昊之法,故称少昊。今天研究者多认为,太昊与少昊并不存在前后相继的后裔关系,应是基本同时存在于今山东一带的两个著名部落或部族。至于古史传说中将少昊封为主西方之白帝,秦襄公在今甘肃礼县作西畤以祭祀,那是后话,此不赘言。

昌意 据《史记·五帝本纪》说:"……嫘祖为黄帝正妃,生二子……其二曰昌意,降居若水。昌意娶蜀山氏女,曰昌仆,生高阳,高阳有圣德焉。"《世本》《大戴礼记·帝系》《山海经·海内经》诸书也有此记载。"降居若水"一语,按《史记·五帝本纪》《索隐》解释:"降,下也。言帝子为诸侯,降居江水、'若水'。江水、若水皆在蜀,即所封国也。《水经注·若水》云:'若水'出蜀郡旄牛徼外,东南至故关,为若水也……黄帝长子昌意,德劣不足绍承大位,降居斯水,为诸侯焉。娶蜀山氏女,生颛顼于若水之野……"《后汉书·西南夷传》注:"泸水一名若水,出旄牛徼外。"若水即泸

---

① ② 马世之:《嫘祖与嫘祖故里》,王俊义主编:《炎黄文化研究》(第六辑),大象出版社2007年版,第30页,第31页。

水。古代泸水,今指四川省西北部的雅砻江下游和金沙江会合以后的一段。① 也有说若水即今雅砻江。② 对"蜀地说",顾颉刚③、徐中舒④、吕思勉⑤等先生均不同意,而田昌五、孙华、马世之等先生又提出了"豫地说"。田昌五认为:"若水即河南的汝水。汝、若,音同意通。"⑥孙华认为:"若、汝在上古音俱通,汝水即若水。"马世之依据以上诸说也认为:"若水即汝水,应在河南境内。"⑦对上面两种说法,我们认为,若联系到"昌意娶蜀山氏女"和江水,"蜀地说"要比较可信。其原因:一是文献记载较早。《山海经·海内经》云:"南海之内,黑水青水之间,有木名曰若木,若水出焉。"《水经注·若水》引《淮南子》曰:"若木在建木西,木有十华……黑水之间,厥木所植,水出其焉,故水受其称焉。"是说若水之名从若木而来,若木因建木而来。二是蜀山指蜀地之山,具体何指,因无文献记载而不知。但因其生活于蜀山而故名蜀山氏。《正义》云:"《华阳国志》及《十三州志》云:蜀之先,肇于人皇之际。黄帝为子昌意娶蜀山氏,后子孙因封焉。"江水亦在蜀地。《索隐》云:"江水、若水皆在蜀,即所封国也。"三是在《水经注》"若水"条目,"若水"之名多次出现,而且其流域地方具体。故而认为若水在蜀地的可能性要大。

魃 古史传说魃为黄帝的女儿。《诗·大雅·云汉》云:"旱魃为虐,如惔如焚。"《诗经》孔疏引《神异经·南荒经》云:"南方有人,长二三尺,袒身而目在顶上,走行如风,名曰魃。"《说文》解释:"魃,旱鬼也。"传说中,对魃有三种说法:第一种说法,她是黄帝的女儿;第二种说法,她是天上的神女,曾助黄帝打败蚩尤;第三种说法,她是道教法师用僵尸经过修炼而成的妖怪,专以求雨骗取百姓钱财。面似人,身似兽,一手一脚,行如飞,一旦出现,天下就会持续大旱,赤地千里。所以,又名:"旱魃""旱母"。

关于魃助黄帝打败蚩尤的故事,在《山海经·大荒北经》中有记载:"有人衣青衣,名曰黄帝女魃。蚩尤作兵伐黄帝,黄帝乃令应龙攻之冀州之野。应龙畜水,蚩尤请风伯雨师,纵大风雨。黄帝乃下天女曰魃,雨止,遂杀蚩尤。魃不得复上,所居不

---

①⑦ 马世之:《嫘祖与嫘祖故里》,王俊义主编:《炎黄文化研究》(第六辑),大象出版社2007年版,第31页。

② 姜夫亮:《说高阳》,《楚辞学论文集》,上海古籍出版社1984年版,第65—75页。

③ 顾颉刚:《论巴蜀与中原的关系》,四川人民出版社1981年版,第40页。

④ 徐中舒:《论巴蜀文化》,四川人民出版社1981年版,第3页。

⑤ 吕思勉:《少昊考》,《读史杂记》(上册),上海古籍出版社1982年版,第51页。

⑥ 田昌五:《古代社会形态研究》,四川人民出版社1980年版,第152页。

雨。叔均言之帝,后置之赤水之北。叔均乃为田祖。魃时亡之,所欲逐之者,令曰:
'神北行!'先除水道,决通沟渎。"这句话的大意是说,在涿鹿之战中,蚩尤制造了各
种兵器去攻打黄帝。于是,黄帝便派应龙到冀州之野去抗击蚩尤。应龙蓄积了滔天
洪水围困蚩尤。蚩尤请来风伯、雨师,纵起一场暴风雨,使应龙蓄积的水失去了作用。
黄帝便又降下神女魃参战。魃身穿青衣,来到阵前施展神力,风雨顿时止住了。蚩尤
被黄帝擒杀。因魃用尽了神力,再也回不到天上去了。于是,她所住的地方长期不下
雨。叔均便告诉黄帝,将魃安排住到赤水的北边。因此,旱灾解除了,叔均做了管理
田地的神。但魃不安生,时时逃亡,到处骚扰。黄帝欲要驱逐她,便设下禁咒:神呀,
回到你的北方的住处去吧!便事先清除水道,疏通大小沟渎。这样做了就往往能得
到大雨。

　　关于旱魃的故事,在古籍、方志及民间中多有记载和传说。先秦至汉代的旱魃形
象以天女形象为代表,其形象特征为身着青衣的女子。这一时期的旱魃带有神、怪二
重身份,人们将其视为旱神,但又以日晒、水淹、虎食等方式对其驱逐,以实现驱旱求
雨的目的。汉代中后期至明初,天女形象逐渐演变为一种小鬼形象。其演变原因,先
秦时期盛行的自然神崇拜至汉代逐渐衰退,旱魃神性的一面逐渐被人们否定,其女性
身份也因此遭到质疑,其形象遂逐渐转为一种"人面兽身"的小鬼形象。传说宋真宗
时,旱魃作怪,竭盐池之水。真宗求助于张天师,天师就派关羽去降伏。关羽苦战七
天,降伏了妖魔。真宗感其神力,封为"义勇武安王"。这一天恰好是农历五月十三
日,后民间便多于是日举办关帝庙会,祈求关帝显灵逐魔消灾、普降甘霖,并把这天称
为雨节。且以为是日必雨,所以,在民间便产生了所谓"大旱不过五月十三"的说法。
明代中期以后,小鬼形象逐渐演变为僵尸形象。明清时期,在山东等地,以僵尸为旱
魃的观念十分流行,由此派生出"打旱骨桩""焚旱魃"等求雨习俗。《明史》中记载,
每遇干旱,人们便发掘新葬墓冢,将尸体拖出,残其肢体,称作"打旱骨桩"。虽然明王
朝下令禁止此风,但直至清代,此风在民间仍很盛行,且由"打旱骨桩"进而发展为焚
烧尸骨。明人杨循吉在《蓬轩别记》中写道:"山东、河南愚民,遭亢旱,聚众发掘葬
尸,砸烂以祈雨。"据《大清律例·贼盗·发冢》记载,清嘉庆九年(1804),高密久旱不
雨,有人发现年初病故的村民李宪德坟土潮湿,便纷纷传说李死后变成了旱魃。各村
民众不顾李家阻拦,刨坟开棺,见李的尸体尚未腐烂,更加确信李就是旱魃,不由分说
将尸体烧毁。一些地方乡村还传说,旱魃是由死后一百天内的死人所变。变为旱魃
的死人尸体不腐烂,坟上不长草,坟头渗水,旱魃鬼会夜间往家里挑水。只有烧了旱

魃，天才会下雨。鲁中一带乡村中烧旱魃习俗延续至20世纪60年代。不仅如此，这种习俗也见于外国，如俄罗斯有些地区的农民，一旦遇到旱灾，常去挖出醉酒致死者的尸体，将其沉入最近的沼泽或湖泊之中，甚至也有残其肢体的行为，以此来求得雨水。其实早在汉代就有了此风俗。董仲舒《春秋繁露》记载民间求雨的仪式，主要程序之一就是"取死人骨埋之"。

由于旱魃故事流传久远，所以，也多反映在历代一些诗词文赋里。《子不语》卷一《旱魃》里描写为："猱形披发，一足行。"。袁枚在《续子不语》一文里说："尸初变旱魃，再变即为犼。"杜甫诗句："退藏恨雨师，健步闻旱魃。"（《七月三日亭午已后较热退晚加小凉稳睡》）。可见其影响之大。

第三节　炎黄二帝的裔孙裔族

炎帝、黄帝的世系传说，除其父族、母族和妻妃、子女等族外，还有延续多代的裔孙裔族。在有关古史传说中，亦留下了他们的名号和事迹。尽管这些古史传说比较简略，但通过这些简略的文字，我们还能窥其事迹于一斑。

一、炎帝的裔孙裔族

古史传说中，炎帝留下名号和事迹的主要有共工、后土、夸父、封钜、太岳、有邰氏、彤鱼氏、灵恝（契）、互（氏）人、姜（逢）伯陵、祝融等。这些既是人名，也是族名。根据《春秋命历序》等文献传说，炎帝还下传八代，即炎帝临（炎帝柱）、炎帝承（节并）、帝庆甲、炎帝魁（姜殁、姜延、姜鼓）、炎帝明、炎帝直、炎帝鳌（术器、禄续）、炎帝哀（炎帝戏、炎帝榆罔、炎帝器）等。当然，据《路史》等说法，炎帝传了十三代或七十代。但绝大部分已失传了，或仅有名号而无事迹。当然，这些世代是很难考证落实下来的，只能依据有关古史传说中提到的裔孙裔族予以记述。

共工　郭沫若主编的《中国史稿》中说："在传说的炎帝后裔中（有说为尧的大臣），比较有点头绪的是共工部落。"[①]古史中多传有共工的事迹，上及远古，下至虞夏，可以看出共工氏在古代是一个显赫的氏族。"共"系地名，"工"不知何意（有学者

---

① 郭沫若主编：《中国史稿》（第一册），人民出版社1976年版，第99—100页。

考证共工即"鲧",鲧缓读曰共工,急读则成鲧①)。对共工氏的传说颇不一致:有恭维他的,也有诋毁他的。不管恭维还是诋毁,他的传说大都与水有关,因而以水名官,其氏族也是以水为名。② 恭维共工的有《国语·鲁语上》说:"共工氏之伯九有也,其子曰后土,能平九土,故祀以为社。"意思是说共工曾占有"九州",他的后代治理九州土地有功,因而被称为社神并加以祭祀。《礼记·祭法》篇中也有与前者略为相同的记载,只不过将"九有"改为"九州"。实际上,"九有""九土",皆当解为"九州",这是由于古今语不同的缘故。"九有""九土"中的"九",在古汉语中与"三"一样,均指多数。所以,从字面上看"九有""九土"是指九个地方,"伯九有"也就是"霸九州"。这反映了共工氏有多个氏族或多块地方,并在其中居于首要地位。诋毁共工的有《国语·周语下》,说共工氏"欲壅防百川,堕高堙庳以害天下"。由于共工氏抛弃了"不堕山,不崇薮,不防川,不窦泽"的规则,结果治水失败了。另外,传说共工与颛顼、帝喾、祝融争帝而战,不胜而怒触不周山。(《淮南子·天文训》)说明共工氏也是个善于武功的氏族部落。共工氏长期活动的地方是今河南西部伊水和洛水流域。这块地方,古代称为"九州岛",可能来源于共工氏的九个氏族。③ 之后,共工部落向北发展,迁都于共(今河南辉县一带)。九个氏族分布在河南北部与河北南部,与羊头山(今山西高平一带)、淇山之阳(今河南林州一带)等地的姜姓部落相互支持,形成一股较大的势力。当时天下是陆地占十分之三,江河湖泽池沼占十分之七,共工部落位于黄河中下游,便利用地理优势发展自己的势力④,是炎帝部落集团中的一支强盛部落。其地域西起渭河上游,东至豫中嵩山脚下,北达豫北辉县及山西境内,南至熊耳山乃至今南阳地区。在这一范围内,其活动中心,起初在渭河流域,后来移到中原地区。⑤共工虽未被列入以"炎帝"为号的"八世",但因其强盛而被时人誉称为"王",且世代部落首领皆以"共工"为号。《山海经·海外北经》说共工之臣中有个叫相柳的人即

---

① 参见《古史辨》(第7册)上编第335页,下编第156页。转引自张富祥:《东夷文化通论》,上海古籍出版社2008年版,第228页。
② 《左传·昭公十七年》:"共工氏以水纪,故为水师而水名。"
③ 郭沫若主编:《中国史稿》(第一册),人民出版社1976年版,第99—100页。
④ 《管子·揆度》:"共工之王,水处十之七,陆处十之三,乘天势以隘制天下。"
⑤ 另外有两种说法:一是说共工氏的活动中心起初就在中原地区,并长期活动于此,其后裔即四岳曾发展到渭水上游;一是说共工氏源于山东东部的莒县之阪泉与昌乐县之古营丘一带,后又沿古济水播迁于济南、章丘、莱芜一带。

"人脸蛇身",浑身为青色,长有九个头,一次要吃九座山上的食物,又叫相繇。① 相柳的神话传说,是说他武艺、智慧不凡,佐共工发展势力,威震天下,成为独霸中原的共主。

后土 传说共工有个儿子叫后土,又称句(勾)龙。② 他是位社神,善于治理水土,在帝颛顼之世,推举为土正,即管理土地的君主。依据他的功绩,唐尧时祭祀他为社神。(《独断》)曹植《社颂》诗曰:"于惟太社,官名后土。是曰句龙,功著上古。德配帝皇,实为灵主。"后土信仰源于中国古代对土地的崇拜。古代人生活有赖于土地,故"亲于地",并加以"献祭",遂有后土崇拜③,这大约始于春秋时期。后土子噎鸣,生有十二子。他们以干支为名,形成辰、丙等十二个氏族。(《独断》《山海经·海内经》)其居地分别为:辰氏族初居于阏伯(今河南商丘),后向东北、南方迁徙;午氏族,以发明杵臼著名,初居子午岭(今陕西富县),后南迁至秦岭子午谷,再南迁至子午山(今陕西西乡南一带),之后沿汉水东迁河南、山西、山东等地;末氏族,又写作沫,初居地在朝歌(今河南淇县),后南迁;丑氏族,初居于丑阳山(今河南西部),后迁至蜀;丙氏族初居于丙山、丙水(今陕西勉县),后迁于蜀;甲氏族初居于甲水(今陕西商州),后迁甲河关(今湖北十堰郧阳区);丁氏族初居于丁溪水(今甘肃成县),后东迁于中原;卯氏族初居于陈留(今河南开封东),后迁于山东。其他五个氏族事迹不详。除过上面的传说外,关于后土的传说还有很多。传说后土为盘古之后诞生的第三位大神,继后土之后才是人类的创造者女娲,就连炎帝、黄帝也传说为后土的后裔,为中华民族的初元之始、炎黄子孙的繁衍之根。故有民间称之为"后土圣母""后土娘娘",与主持天界的玉皇大帝相配,为主宰大地山川的女性神。在今山西省万荣县自黄帝"扫地为坛"始,就在汾水、黄河夹角地带的脽上设坛祭祀,以后又立祠建庙祭祀,到宋代已形成规模宏大的建筑群,壮观、雄伟,被誉为海内祠庙之冠。后虽因黄河倒岸,水流浸溃,脽塬坍塌,致使祠庙中的大部分建筑沦于隳弃,但后经清康熙元年(1662)和同治九年(1870)多次移址、修葺、重建,遂成今规模。其祠南北长 440.81 米,东西宽

---

① 《山海经·海外北经》:"共工之臣曰相柳氏,九首,以食于九山。……相柳者,九首人面,蛇身而青。"

② 《山海经·海内经》:"共工生后土,后土生噎鸣。"《左传·昭公二十九年》:"蔡墨曰:共工有子曰句龙,为后土。"

③ 《礼记·郊特牲》:"地载万物,天垂象,取财于地,取法于天,是以尊天而亲地也,故教民美报焉。"

105.21米,占地总面积25268平方米,主要建筑有舞台、五虎殿、献殿、正殿和秋风楼等。传说农历三月十八日为后土诞辰日,每年这一天四面八方的人们都要在这里举行祭祀活动。①

夸父 传说夸父是后土的孙子,共工的曾孙②。夸父的名字不仅是人名,又是部落的名称。传说黄帝取胜蚩尤、榆冈后,欲图中原,与共工展开激战,共工部族败,被黄帝所围,夸父不忍心看到全族覆亡,于是组织突围,并自行断后。共工逃至函谷关,被黄帝部族应龙射杀。依据《山海经·海外北经》"夸父追日"的故事,古时候,在黄河、渭水之间,生活着一位巨人,名叫夸父,双耳挂着两条黄蛇,手里拿着两条黄蛇,住在一座荒凉的山上。有一天,他突然产生了一个念头,想看看太阳究竟是个什么样子(实则为夸父族由泾渭地区东迁)。他迈开双腿,像一阵风似的跑起来,眨眼之间就跑出了几百里。夸父一心要追上太阳,一直追到禹峪(也称虞渊)。传说这是太阳落下的地方。落日像一团火球,烤得夸父口干舌燥。他渴得要死,跑到黄河边去喝水,黄河的水不够喝;他又赶到渭河,渭河的水也喝干了,还是不解渴,他又往北方的大湖赶。没有来得及赶到大湖,就在半路上渴死了。夸父死的时候,丢掉了手里的拐杖,拐杖落下的地方,变成了一片桃林,夸父的尸体变成了一座大山,后人称为夸父山。据说桃林、夸父山都在今河南省灵宝市境内。灵宝市古时候叫桃林县,从函谷关以西直到华阴,三百里间桃林茂盛。③在《列子·汤问》篇中说,愚公移山精神感动了上帝,便命夸娥氏的两个儿子背走了这两座山。夸娥即夸父,他的两个儿子名字失载,传说为炎帝第十代裔孙。

封钜 据传封钜是炎帝之后,黄帝的老师,他是"胙土命氏",即以土地赐封功臣。据说封钜曾被封于一个叫作"丰沮"的地方,所以他起名为封钜。至夏封父,为诸侯国,其地在封邱(丘)④。封邱今属河南省。其族在夏还有封氏、封文侯,至周失国,仍有封氏、钜氏、封父氏、富父氏延续。⑤ 在封钜的后代中,以祖名为氏的分别姓"封"和

---

① 参见艾斐:《在这里寻找"最早的中国"》,《光明日报》2013年5月3日第13版。
② 《山海经·大荒北经》:"后土生信,信生夸父。"
③ 《山海经·海外北经》:"夸父与日逐走,入日。渴欲得饮,饮于河渭,河渭不足,北饮大泽。未至,道渴而死。弃其杖,化为邓林。"
④ 《世本·氏姓篇》:"封氏,炎帝之后,封钜为黄帝师,胙土命氏,夏封父,侯国君也,今封邱。"
⑤ 〔南宋〕罗泌:《路史·后纪四》:"炎帝器,器生钜及伯陵、祝庸。钜为黄帝师,胙土命氏而为封钜。夏有封氏,封文侯,至周失国,有封氏、钜氏、封父氏、富父氏。"

"钜"。所以,一种说法认为巨姓人的最早祖先是封钜,后钜氏去"钅"旁简化成了"巨"。但也有说巨姓则与商纣王的庶兄微子启有关。但如何从"丰沮"演变成"封钜",目前尚未找到确切资料能加以证实。

太岳 文献传说,太岳是伯夷父的儿子。① 伯夷父为炎帝之后裔,帝颛顼的老师。② 又传说太岳为共工侄孙,曾辅佐过大禹治水。他在治水中能按照地形的高下,疏浚河道,打通障碍,聚水成湖使百物丰茂繁殖,增高九州的山脉,开浚九州的河流,为九州之中的沼泽修筑了堤坝,使其形成湖泊,防止洪水泛滥成灾。因太岳功绩卓著,上天保佑他为诸侯,尧任命他为诸侯首领,并赐姓姜,封地在吕,建立了姜姓吕国。③ 徐旭生考证:大(泰、太)岳、四岳,实为一个人。④ 是一个人的不同写法。顾颉刚在《史林杂识初编》中考证,四岳氏一直住在炎帝族最古老的活动地即今宝鸡的西镇吴山。陈连开亦说:"渭水上游以北今陕西陇县吴山(今属宝鸡市陈仓区——作者注),又称岳山,据考定即姜姓四岳集团发源之地。"⑤西岳是他居于吴山的称谓。太岳因其居住于太岳(吴山)而成为姜氏部落祭祀太岳山神的大祭司而被称为太岳。因太岳是炎帝部落中的重要一支,所以文献中记载其发展脉络也比较清楚。其后裔,形成了不少"国家"和姓氏,分布和迁徙之地广泛。约在颛顼、帝喾之时,太岳部落由于人口繁衍,在吴岳及渭河沿岸,已有相当发展,于是便有部分族人与其亲族共工、句龙、有邰、有莘等族沿渭水东迁至山西汾水、浍水和涑水流域。太岳之名也随之东移,于是在晋南一带也出现了太岳、岳阳⑥(今山西霍州市霍山)的地名。(《水经注·汾水》)随着太岳一支(申国)向河南嵩山、南阳等地迁徙,在这些地方也出现了太岳、四岳、中岳的名称。另有一支(吕国)封于东海之滨的齐地,泰山便有了"东岳""太岳"

---

① 《山海经·海内经》:"伯夷父生西岳,西岳生先龙,先龙是始生氐羌,氐羌乞姓。"有说四岳(西岳)为伯夷父分化出的四个支族,因而为"四岳"之名;有说"四"为"西"之误。
② 《吕氏春秋·尊师》:"帝颛顼师伯夷父。"郭璞注:"伯夷父,颛顼师。"
③ 《国语·周语下》:"共之从孙,四岳佐之。高高下下,疏川导滞,钟水丰物,封崇九山,决汨九川,陂障九泽……祚四岳国,命以侯伯,赐姓曰'姜',氏曰'有吕',谓其能为禹股肱心膂,以养物丰民人也。"韦昭注:"炎帝世衰,其后变易,四岳有德,帝赐之祖姓,使绍炎帝之后。"
④ 徐旭生:《中国古史的传说时代》,广西师范大学出版社2003年版,第141页注。
⑤ 陈连开:《论华夏民族雏形的形成》,《社会科学战线》1993年第3期。
⑥ 《尚书·禹贡》:"壶口、雷首,至于太岳""既修太原,至于岳阳。"

之名。① 在太岳的后裔中还有一支孤竹氏。始于商代封为诸侯国,称孤竹国。其后裔以国为姓。早期王城位于今天的唐山市附近(其早期疆域,西至今唐山市西兴城镇,北达凌源、朝阳、老哈河,东抵锦西,西南迄乐亭、滦南、唐海等地。东临渤海,西边和燕国接壤,南边是齐国)。孤竹国从商朝早期(一说中期)一直延续至春秋晚期。孤竹国伯夷、叔齐的故事至今流传。孤竹国于公元前 664 年被齐国、燕国灭掉。

有邰氏 传说有邰氏为炎帝之后,"姜姓所封,周弃外家国"(《说文解字》)。按《元和郡县图志》的说法,古邰国在今陕西武功县城西南二十二里处。1986 年发掘武功县杨陵镇(今咸阳市杨陵区)遗址时,发现从战国至西汉的八件陶器上,都有"斄亭""斄市"印文,佐证了文献记载的真实性。相传帝喾有四位妻子,占卜说他们的儿子都将有天下。第一位妻子是有邰氏族的女儿姜嫄,生下了后稷(弃)。(《史记·五帝本纪·正义》引《帝王世纪》)以后,有邰氏族部落从武功迁到山西汾水流域,带去了山名、水名及地名。所以,今山西闻喜、稷山、运城等地,均有邰、台骀、台等地名。据说有邰氏(台骀)还曾协助过夏禹治水,疏导汾水、洮水。因其治水有功,被舜帝封于汾川,首领死后被尊奉为汾神。所以在很早以前,晋南汾水流域的曲沃就出现了台骀祠。大约到唐尧时期,一部分邰人,又从汾水流域向东南方向迁徙,到了台桑。台即邰。台桑即邰桑②,是指邰地的桑林。邰桑之地,根据屈原《楚辞·天问》篇说,是大禹和涂山女相会的地方,大概在涂山附近。关于涂山的所在地,根据文献记载判断,其地约为当今河南嵩县一带。夏末商初,邰人中的一支,可能受到商人的威胁东迁山东一带,因而在山东境内也留下了不少与邰人有关的地名和遗迹。③

彤鱼氏 彤鱼氏,炎帝后裔,姜姓。《国语·晋语四》韦昭注:"彤鱼,国名。"其实,彤鱼氏是一支以鱼为图腾的氏族部落,属于炎帝族系中的鱼族。从其图腾来看,可能是处在炎帝时代即半坡类型仰韶文化的早期或中期,因其曾在炎帝族团担任过部落首领,所以将此时的炎帝部落称为"炎帝彤鱼氏",到了半坡类型仰韶文化的晚期,神农氏渐渐发展壮大起来,取代了日渐衰弱的彤鱼氏的首领地位,炎帝部落的发

---

① 王玉哲:《先周族最早来源于山西》,《中华文化论丛》1982 年第 3 辑。
② 闻一多:《天问疏证》,转引自江林昌:《中国早期文明是怎样建立起来的》,《湖南科技学院学报》2006 年第 4 期。
③ 杨伯峻:《春秋左传注》(中华书局 1981 年版):"台,《穀梁》作邰,邰、台通。台在今山东费县东南十二三里。"

展也就进入"炎帝神农氏"时代。① 又有传说肜鱼氏为炎帝之女,黄帝的第三位妻子②。她生挥(张氏始祖)、夷鼓(郦氏始祖)。她主要负责人们的饮食住行,是用石板炒肉的发明者。传说当时很多人因吃生肉,经常腹泻,黄帝手下的名医岐伯、俞夫想了很多办法,都未治好。黄帝为此事常常寝食难安。这年夏天,部落成员跟随肜鱼氏上山打猎,在雷电引发的森林大火中,肜鱼氏发现烧焦的野羊肉特别香,就叫大伙都来尝尝。从此,她让大家都把猎物烧熟再吃。为了烧烤猎物,她又带领女性族人磨制大小石板;为避免手指烧伤,她又将木棍竹棍做成筷子,翻炒食物。为此,后世将她尊为烹饪业的始祖。

灵恝(契) 《山海经·大荒西经》说:"炎帝之孙名曰灵恝。"郭璞注:恝,"音如券契之契。"即姜灵恝又写作姜灵契。古代先民向天祈祷降雨,是以占卜祈求,将卜辞刻在木板或甲骨、竹片上,抑或刻在石头上,皆称为"契"。可见契文并非晚至商朝才有,而是始于伏羲时代,炎帝时代又有所发展,这个发展人就是灵契,且以契为名,又视为图腾崇拜和族名。灵契氏族初兴于今甘肃灵台县,系隋代封之以立县,以灵人居此地而得名。《山海经·大荒西经》说:大荒中"有灵山,巫咸、巫即、巫盼、巫彭、巫姑、巫真、巫礼、巫抵、巫谢、巫罗"十个巫师,从这里上天下地,各种药物都生长在这里。有西王母山、壑山、海山。西王母传说为神女,实为从伏羲时代就见于记载的母系氏族首领,代代相传,均以"西王母"为号。炎帝时西王母之山,即今甘肃灵台县之王母山。灵山,袁珂注曰即巫山。今人研究,当时的巫山非今重庆的巫山,是指今灵台县西北的灵山(一说为今甘肃祁连山)。灵契部落以善于占卜著名,出了十名"巫师",即部落由十个氏族组成。之后,氏族四处迁徙,有的东迁陕西、河南、山西及山东等地。陕西咸阳的得名,就源于巫咸氏族的迁居该地。西安市长安区的灵台、灵沼,渭南市东南的灵台山等,皆以灵人迁徙此地或经营此地而得名。

互(氐)人 《山海经·海内南经》说:有个氐人国,他在建木的西边,他是人的面目,但却是鱼的身体,没有脚。《大荒西经》又说:在氐人的国家,炎帝的孙子名叫灵恝,生下氐人,能够在天空中上下翻飞。袁珂在《山海经校注》注文中说:"经文互人之国,王念孙校改互作氐。"我们仍以经文称其互人(互、氐相通)。这是指人的面、鱼的身子、无足的"氐人国",当然不是炎帝裔孙姜互人的形象,而是由姜互人为氏族首

---

① 参见曹定云:《北首岭仰韶文化"人面鱼纹"图腾与炎帝肜鱼氏——兼论炎帝名号的由来》,霍彦儒主编:《炎帝·姜炎文化与民生》,三秦出版社2010年版,第5—8页。
② 《汉书·古今人表》:"肜鱼氏黄帝妃,生夷鼓。"

领、以鱼为图腾、称为"互人"的姜姓氏族。互人氏族初兴地在今宝鸡之北的甘肃灵台县一带,后向东迁徙,生息于渭水支流河畔的今西安半坡一带,崇拜食源之一的鱼,因而在生活器具陶器上画上了各种人面鱼的图案,可以典型的"人面鱼纹"盆为代表。不知过了多长时间,互人的后裔也不知何因,南迁到了"建木西"(今四川西部与西藏交界处),又建立了互人国。

姜(逢)伯陵 《山海经·海内经》说炎帝有个孙子叫伯陵,又称逢(逄)伯陵。伯陵,是其后代封爵之称,其本名为姜陵。《路史·国名纪甲》说:"逢,伯爵,伯陵之国,黄帝所封。"可见逢伯陵是陵氏族的后代人。陵氏族的父族已西迁逢留(今青海贵德县),故亦称逢氏族部落,姜陵也以地名称逢陵。《读史方舆纪要》卷六十四"陕西西宁镇赐支河"条说:"后汉永元五年(93),护羌校尉贯龙造桥于逢留大河,欲渡河击迷唐。"逢陵氏族在发展中逐渐东徙,形成以逢或陵命名的山、水、地名等,且形成逢姓族人。

祝融 祝融有天神与火神之说,又有氏族部落首领以"火正"而称祝融之说,如"重"和"黎"。《庄子·胠箧》等文献传说,伏羲氏以前已有祝融氏。祝融氏是伏羲、女娲时期的氏族部落首领。其活动之地在今河南新郑一带。《左传·昭公十七年》说:"郑,祝融之墟也。"《山海经·海内经》说:"炎帝之妻赤水之子听訞生炎居,炎居生节茎,节茎生戏器,戏器生祝融,祝融降处于江水,生共工。"可知祝融为炎帝之后裔,主要生活在南方一带。因祝融与炎帝一样,是以善于用火、管火而著名,主管南方,世代任火官,号曰"祝融氏"。《淮南子·天文训》说:"南方火也,其帝炎帝,其佐朱明,执绳而治夏。"朱明即祝融。相传他去世后升天,被天帝封为天神,又称火神,这不过是表达人们对他的祝愿而已。祝融死后,传说葬于衡山(今湖南衡阳),其山名叫祝融峰。与炎帝明同代有姜祝融。这实为两个不同的氏族部落。

关于炎帝的裔孙裔族,除上面所说外,《山海经·海内经》及《周易·系辞下·正义》引《帝王世纪》《礼记·祭法》疏引《春秋命历序》说炎帝下传了八代;《史记·补三皇本纪》增加了"帝克",再加上炎帝一代,为十代。《路史》除炎帝、柱、庆甲之外,下又列明、直、来(釐)、居、节茎、哀、克与戏、器、榆罔,计十三代。《吕氏春秋·慎势》说:"神农十七世有天下,与天下同之也。"《太平御览》卷七十八引《尸子》《路史·后纪四》引《吕氏春秋》皆作"七十世",疑为"十七"之颠倒。若以每世30年计算,十七世为510年,与古史传说记载的炎帝世系520年或530年基本吻合。

比较详细的是北宋刘恕《通鉴外纪》所说:"神农在位一百二十年,或云一百四十年。神农纳奔（莽）水氏曰听谈，生临魁。帝临魁元年辛巳，在位六十年，或云八十年。帝承，元年辛巳，在位六年，或云六十年。一本承在临魁前。帝明，元年丁亥，在位四十九年。帝直，元年丙子，在位四十五年。直，一作宜。帝釐，一曰克，元年辛酉，在位四十八年。釐，一作来。帝哀，元年己酉，在位四十三年。帝榆罔，元年壬辰，在位五十五年。自神农至榆罔四百二十六年。临魁至榆罔七帝，袭神农氏之号三百年。《春秋命历序》云：炎帝传八世五百二十岁，或云三百八十岁。"南宋郑樵《通志》及《帝王世纪纂要》等也有基本相同的传说。对此，徐旭生说："《春秋命历序》不过说神农世系为五百余年，并未指出八世各帝每帝各有几处。《路史》注说《帝王世纪》说本于《春秋命历序》，应当靠得住。看《周易·正义》所引《帝王世纪》说，八世包括神农在内，那五百余年也应当包括神农在位年数，毫无疑问。可是在唐以后，各帝又都有在位年数，加起来也是四百几十年，可是又不包括神农的一百二十年（《路史注》说'或云百四十年'，《路史》则为百四十五）。此说此后古史书大约承用。"又说："罗泌这样考出的新世系虽说牵强支难，但从另外一方面看，也可以说它几乎无一字无来历。"[①] 清代马骕《绎史·世系图》排的次序为：神农、临、魁、承、明、直、釐、榆罔。二者所列虽不尽相同，但均认为炎帝第八世裔孙是帝榆罔（又称参庐）。而榆罔是与黄帝大约同期的部落酋长，其后的子孙年代较晚，故我们这里只取传说中为"帝"的所谓"八世"及虽未为"帝"，但有影响的后裔予以简述。

炎帝临（魁） 临与魁，有的传说为一人，有的传说为二人，次序也不一样。北宋刘恕《通鉴外纪》云："帝临魁，元年辛巳，在位六十年，或云八十年。"而南宋罗泌在《路史·后纪四》中说：炎帝临，在《通鉴外纪》中以帝临作为临魁，是不对的。帝临在帝承前，而帝魁乃在帝承之后，二人为不同的时代。《世本》中说凤沙氏背叛以归帝魁，而不是帝临。合临、魁为一个人的，则又以帝魁为神农。何光岳《炎帝八世考》将临归为炎帝子，列在柱之前，称其为柱之兄。又认为"帝临已东迁今河南洛阳市北郊谷城"。传说炎帝临奉祖父炎帝之命带领其氏族向东发展。古史传说与临或魁同时期的还有：

炎帝柱 传说炎帝柱为烈山氏的儿子，为农官。因炎帝又称烈山氏，所以，又说柱为炎帝之子。他七岁有圣德，辅佐神农氏，会种各种蔬菜，区分多种粟谷，并能深耕细作，兴作农事。天下因有他而富裕。《左传·昭公二十九年》说："柱为稷，自夏以

---

① 徐旭生：《中国古史的传说时代》，广西师范大学出版社2003年版，第271页。

上祀之。"柱与弃、句龙一样得到了后世的崇敬和祭奠。

炎帝承　《通鉴外纪》说："帝承,元年辛巳,在位六年,或云六十年。"传说承为临之子,亦称炎帝。在入居渭河流域的祖先部落里任管理赋税的职务,颇有成就。《神农书》说:神农教民稼耕后才有了民众谷米赋贡之事。这"民赋"标志着"国"有法之始。这是"帝承为之制"。传说帝承袭炎帝的部落长,封于黄河之北,即今之河南温县,继承炎帝采药之业,且"以枝画地,虽成洞"。后人在此建庙设坛以祭祀。传说与承同代而未继位的有：

节并　炎帝之妻听訞生炎居,炎居有子节并,系罕见的连体人。甲骨文中的"竝"字,字形为两人并立。金文中的"竝"字,犹如两人头戴尖盔并立地上。节并实为原始社会的连体人,被视为神奇而受到人们的崇敬,后来便形成了"并氏族"的称号。节、并二氏族的始居地在今陕西大荔县的并蓝镇,地名以并人居住而得名。它发展为部落后,有的向中原迁徙,有的向今山西北部迁徙,禹治水时划分的"并州"(今山西太原一带),就因并氏族或部落居此而得名。

帝庆甲　有古史传说帝庆甲,为炎帝柱之后裔。杨长史《手录》说："帝庆甲,古之炎帝也。"说明庆甲亦为炎帝之裔。

炎帝魁　传说魁氏族奉部落长炎帝之命,东迁于共地(今河南辉县一带),逐渐发展为部落。共地距盐池不远,夙沙氏因晒盐而富强,不服从帝魁辖治,于是帝魁派诈去讨伐,"质沙之民,自攻其主以归。"质沙氏又称夙沙氏、宿沙氏,是一个善于晒盐的氏族部落,居于盐池(今山西运城境内)。古史传说,炎帝迁徙至"淇山"(在今河南辉县市西北部),在此山之南种植"五谷"。从此以后,天下老百姓才知道了种谷子。在其北有"怀山","怀"通"隗""鬼""魁",可能与炎帝魁迁此有关。传说与炎帝魁同代的还有姜殳、姜延、姜鼓三兄弟。传说这三兄弟是炎帝的孙子伯陵同吴权的妻子阿女缘妇私通,缘妇怀了三年孕,生下鼓、延、殳这三个儿子。

姜殳　殳创制发明了箭靶,延和鼓制作了钟,并创制了乐曲和音律。因姜殳以发明箭靶著名,便以殳(箭靶)为图腾崇拜,殳也成为氏族部落名称,自己则是这个部落的酋长。其部落的兴起地在今陕西扶风县境,后东迁居郚(今陕西杨凌一带),后又迁于沮河下游(今陕西铜川一带),西汉初曾在此置祋祤县,以殳部落居此而得名。

姜延　姜延氏族部落初居于今甘肃会宁县东北的大延水、小延水一带。此水以延人居此而得名。后又向东北迁居于今陕北,那里有延水,又称吐延水,隋置延川县,唐置延水县。西魏置延州,又于绥德县置延陵县,隋改名为延福县。唐置延安郡及延昌县(今安塞区、延长县一带)。在今陕西延安、延川、安塞及绥德一带,以"延"命名的县,皆以延人居此而得名。姜延为首领的部落呼为"延",成为延水流域一大部落,地跨今甘肃庆阳和陕西延安一带。有的延人氏族还迁徙于黄河北岸(今内蒙古河套一带),成为匈奴人的祖先。居繇、呼衍、呼延、居延等匈奴族名或地名,皆源于延人。陕北及内蒙古河套地区的仰韶文化遗存,可以说是延部落及土著氏族先民创造的。

姜鼓 传说姜鼓任炎帝部落的乐官。以鼓的声音"嘭"而形成彭姓。

炎帝明 《通鉴外纪》说:"帝明,元年丁亥,在位四十九年。"《路史·后纪四》说炎帝明是帝魁之子。传说炎帝明主要活动于古上党地区,即今长治、高平一带。其地神釜冈有神农尝药之鼎,成阳山中有神农鞭药处,山上有紫阳观,世传神农在此辨尝百药。这里还有座羊头山,其上有神农城。相传羊头山是神农得嘉谷之处。类似的炎帝传说还有很多。为此,自北齐起,在古上党地区多建有神农庙、炎帝陵、炎帝祠等。

炎帝直 《通鉴外纪》说:"帝直元年丙子,在位四十五年。"《路史·后纪四》说:"明生直""直生釐,是为帝[直]。"炎帝直的氏族部落分布于陈,即今河南淮阳一带。这里何时成为炎帝族之地,史载不一。传说陈有株邑,为朱襄氏之地。据前文知朱襄氏为炎帝之别号。《路史·后纪四》又说:"朱襄氏都于朱。"注说:"朱或作株。"何光岳释朱襄氏说:"在今河南淮阳县。炎帝以火为纪,尚赤,朱亦是赤。襄则像农人扶耧耕于山岗播种之状。"①在城北十里,自古以来建有五谷庙。相传为神农播种五谷之处。

炎帝釐 《通鉴外纪》说:"帝釐,一曰克,元年辛酉,在位四十八年。"他是炎帝明之孙,炎帝直之子,不知何因,既未继承祖父的部落长之位,也未继承父亲的部落长之位,而是另有自己的发展地域。《路史·后纪四》说:"炎帝釐,釐生居,是为帝来。"传说炎帝都曲阜,可能是指帝釐,居大庭氏之故地。其后裔一支为釐国。传说与炎帝釐同代的有:

术器 《山海经·海内经》说:共工生术器,术器头顶方且平,恢复了祖父祝融所有的土地,仍旧住在江水。江水,据《史记·五帝本纪·正义》引《括地志》说:安阳故城在豫州新息县西南八十里地,即今河南新县和息县一带。就是东汉应劭说的古江国,也就是《地理志》所说的安阳古江国。

---

① 何光岳:《炎黄源流史》,江西教育出版社1992年版,第111—112年。

禄续 《鸿庞氏传》说:"帝明生帝直",帝直生"禄续"。"封禄续为泾阳王以治南方。"其氏族部落之地在巴陵(今湖南岳阳)洞庭湖一带。

炎帝哀(炎帝居) 《路史·后纪四》说:"鳌生居。"《通鉴外纪》说:"帝哀元年乙酉,在位四十三年。"《通志》又说:"帝哀嗣位四十三年。"炎帝鳌去世后,安葬于鲁(今山东曲阜),儿子姜哀(居)继位,仍以炎帝为号。传说与炎帝哀同时代的有:

炎帝克 炎帝克未袭过部落集团酋长之位,代系也较错乱。《路史·后纪四》说:"炎帝节茎,节茎生克及戏。"罗苹注:"年代与帝克同,余书皆作'哀',非。古书'克'作'㞻',又作'㱇',谬为'哀'尔。"《路史·后纪四》说:"炎居生节茎,节茎生戏,戏生器。鳌后为哀,哀后为榆罔。失之。按'鳌''来'互音,故书传多作'帝来'。《史记》:'鳌生哀,哀生克,克生榆罔。'又以'哀''克'为二。"古今学者多以哀、克、戏、榆罔(又叫参卢)为兄弟,均以"炎帝"为号。

炎帝戏 《路史·后纪四》说:"炎帝戏,戏生器及小帝,自庆甲以来疑年。"《路史·国名纪甲》载姜姓国有戏国。传说姜戏的氏族部落在今西安市临潼区东北,有戏水、戏亭等,均以戏人居此而得名。之后,以"炎帝"为称号的姜姓(戏)部落向西南迁移,建聚落于骊山脚下。这一地区北临渭水,气候温和,土地肥沃,山水宜人,是戏部落先民居住、农耕的理想之地。共工部落也曾在此地活动过。

从考古学来说,陕西临潼姜寨(前5000—前4000)是处仰韶文化的聚落遗址。聚落分居住区、窑场和墓地三部分。居住区外围以较小的界沟护卫,沟东是公共墓地,沟西靠河岸的地方作为烧制陶器的窑场,形成椭圆形布局,即南北长150米,东西宽160米,面积1.8万平方米。从聚落内部结构看,120座房屋的平面分布,都围绕中心广场而建,分为五个部分,即东、南、西、西北、北五个建筑群。以此推测,这个聚落可能是由五个氏族组成。五个建筑群与其周围的窖穴、圈栏、牲畜夜宿场、广场、道路、窑址所组成的居住区和壕沟、墓地等遗迹,构成了一个完整的原始聚落。遗址中还出土了1万多件生产工具和生活用具,以及粮食朽壳、动物骨骸、装饰品及工艺品等。聚落使用时间很长,恰与炎帝戏部落世代居此相吻合,有可能为戏及其子孙的生息之地。戏人的一支,后来又迁入山西繁峙县东120里的大戏山一带,有的又迁入河南地区。

炎帝榆罔 《通鉴外纪》说:"帝榆罔元年壬辰在位五十五年。"传说榆罔与黄帝是同时代人,其"国"在榆州。"曲沃灭榆州,其社存焉,谓之榆社。地次相接者为榆次。"榆次在今山西。榆罔与黄帝联合在涿鹿大败蚩尤。黄帝被尊为部落联盟首领,而炎帝榆冈被迫南迁于湖南今炎陵县之白鹿原。宋代人在此起冢立庙，传之于今。又因在今湖南茶陵县境种植茶叶等，被称为茶王，县名亦为茶陵。

炎帝器 《路史·后纪四》说："戏生器""器生钜及伯陵、祝庸。"黄帝取代炎帝榆冈而成为中原部落大联盟首领后，建有熊国都于今河南新郑。而炎帝戏、炎帝器降为炎帝本部落的酋长，后来形成了戏国等诸侯国，成为黄帝的属国。据《路史·后纪四》记载，器的后裔钜、伯陵、祝庸分别做了"黄帝师""黄帝臣"和"黄帝司徒"。而戏和器仍保留着帝号。

另外，炎帝的裔族中还有纪氏、箕氏、三乌（乌）氏。纪氏族初居于成纪（今甘肃秦安县）①，尧舜时东迁于纪城（今河南偃师市），再迁于纪氏城（今河南郑县东），后又迁于山东。迁徙时都将其名"纪"带入新居地。箕氏为炎帝后裔箕，姜姓。氏族初居渭水，后南迁于箕山、箕谷（均在今陕西勉县）。尧舜时，箕氏族又东迁于今山西平陆的箕山。三乌（乌）氏初居于吴山，后迁于汉之乌氏县（今甘肃平凉西北）。②

二、黄帝的裔孙裔族

依据《史记》《山海经》《路史》等古史传说，黄帝的后世裔孙裔族要比炎帝的裔孙裔族庞大。有说传了十世，有说传了三十世。司马迁说："自黄帝至舜、禹皆同姓而异其国号。"这是说黄帝世代虽有着不同的族徽和名号，但与黄帝"同姓"，有着一脉相传的"血缘"关系。而纵观各书的记载，却都不完全一致。如《史记·三代世表》记载："黄帝生昌意。昌意生颛顼。颛顼生穷禅。穷禅生敬康。敬康生句望。句望生蟜牛。蟜牛生瞽叟。瞽叟生重华，是为帝舜。""黄帝生昌意。昌意生颛顼。颛顼生鲧。鲧生文命。文命，是为禹。""黄帝生玄嚣。玄嚣生蟜极。蟜极生高辛，为帝俈（喾）。""黄帝生玄嚣。玄嚣生蟜极。蟜极生高辛。高辛生放勋。放勋为尧。""黄帝生玄嚣。玄嚣生蟜极。蟜极生高辛。高辛生禼。禼为殷祖。""黄帝生玄嚣。玄嚣生蟜极。蟜极生高辛。高辛生后稷，为周祖。"《大戴礼记·帝系》：瞽叟"生舜及产象、敖"。还说颛顼"产重、黎及吴回""吴回产陆终"。在《山海经》里所记载的黄帝裔孙，要远远超出以上所记载的范围。《大荒东经》载："黄帝生禺虢，禺虢生禺京，禺京处北海，禺虢处东海，是为海神。"《大荒西经》载："有北狄之国。黄帝之孙曰始均，始均生北狄。"《大荒北经》载："有大人之国，釐姓，黍食。"釐姓即僖姓。"有毛民之国，依姓""有儋

---

① 《世本》："纪氏，炎帝之后，封纪，为齐所灭。"
② 《世本》："三乌，炎帝之后，侯国，氏焉。"

耳之国,任姓""有无肠之国,是任姓。"僖、依、任之姓,皆为黄帝十二姓之列,当属黄帝的后裔。又载:"黄帝生苗龙,苗龙生融吾,融吾生弄明,弄明生白犬,白犬有牝牡,是为犬戎。"《海内经》载:"黄帝生骆明,骆明生白马,白马是为鲧。"《大荒南经》载:"有季禺之国,颛顼之子,食粟。""有国曰伯服,颛顼生伯服,食粟。""鲧妻士敬。士敬子曰炎融,生驩头。"《大荒西经》载:"颛顼生老童,老童生祝融,祝融生太子长琴。""颛顼生老童,老童生重及黎""黎生……噎鸣。""有人焉三面,颛顼之子。"《大荒北经》载:"有叔歜国,颛顼之子,黍食""有国名曰中轮,颛顼之子,食粟""颛顼生驩头,驩头生苗民,苗民釐姓,食肉。"《海内经》载:"黄帝妻雷祖,生昌意,昌意降处若水,生韩流。韩流……生帝颛顼"。

这些记载,均为传说而已,是否有无,现在很难一一落实;有些仅有名号,而无其他事迹。尽管如此,我们也不能全盘否定。既有传说,必有史影,绝不是空穴来风、无中生有。为此,这里根据《史记·五帝本纪》及有关记载和传说,仅就在历史上有较大影响的裔孙裔族予以简述。

颛顼 号高阳。五帝之一。颛顼之名,既是一个族团之名,也是一个族团的首领之名。依据司马迁所说,颛顼被列入五帝之一。《春秋命历序》说颛顼延续了九世三百五十年,这应是他的族团居于领袖地位的年代。若将其失去领袖地位而继续存在的时间加起来计算,至少有上千年。颛顼族经过千百年的发展变迁,形成了众多裔族。而在这些裔族中,舜、禹等裔族在中国历史上占有重要地位。

据《史记·五帝本纪》载:颛顼为黄帝之孙,是黄帝子昌意的儿子。娶滕氏而生子穷蝉和老童。颛顼"静渊以有谋,疏通而知事;养材以任地,载时以象天,依鬼神以制义,治气以教化,絜诚以祭祀。"意思是说颛顼有谋有略,处事待物通情达理,利用土地以生产财富,遵照四季变化和自然天象规律从事农耕生产、安排生活,决定自己的行动,根据神祇的意图来规范人们的言行,用治理四时五行之气以教化民众,对神祇的祭祀诚心诚意。从司马迁这段描述可以看出,颛顼是位具有优秀品格和才能的族团领袖。又据皇甫谧《帝王世纪》说:颛顼"在位七十八年,年九十八"。

颛顼的生长和活动地域,据《史记·五帝本纪》载:"昌意娶蜀山氏女,曰昌仆,生高阳,高阳有圣德焉。"《正义》引《华阳国志》及《十三州志》云:"蜀之先肇于人皇之际。黄帝为子昌意娶蜀山氏,后子孙因封焉。帝颛顼高阳氏,黄帝之孙,昌意之子,母曰昌仆,亦谓之女枢。"又引《河图》云:"瑶光如蜺贯月,正白,感女枢于幽房之宫,生颛顼,首戴干戈,有德文焉。"这段话是说颛顼生于和早期活动于蜀地,即今天的四川一带。而历代史地学家多认为颛顼生于和活动于今山东的曲阜。① 还有学者认为颛顼生于今河南北汝河流域。② 关于颛顼的生地还有待于做进一步考察。《史记·五帝本纪》又载：颛顼"北至于幽陵，南至于交阯，西至于流沙，东至于蟠木。动静之物，大小之神，日月所照，莫不砥属"。这段话是从宏观上对颛顼的活动地做了描述。据《正义》《集解》的注释，幽陵即幽州，大体是指今河北的北部和辽宁的南部。交阯即交州，大体是指今广东、广西直至越南境内。流沙是指甘肃张掖的居延县。蟠木，泛指东海。在这四至的范围内，山岳、河流、草木、鸟兽都为颛顼所属。这仅从颛顼个人来说是不可能的，但与其族团和后裔联系起来看，以及从颛顼文化的传播角度看，是完全有可能的。

关于颛顼的葬地，从文献传说看，有多个地方。《史记·五帝本纪·集解》引《皇览》曰："颛顼墓在东郡濮阳顿丘城门外广阳里中。"《索隐》引皇甫谧云："据《左氏》岁在鹑火而崩，葬东郡。"以上两条是说颛顼葬于今河南濮阳。但在《山海经》里，却对颛顼的葬地提出了另外的说法。《海内东经》说："汉水出鲋鱼之山帝颛顼葬于阳，九嫔葬于阴，四蛇围之。"《大荒北经》说："东北海之外，大荒之中，河水之间，附禺之山，帝颛顼与九嫔葬焉。"《海外北经》说："务禺之山，帝颛顼葬于阳，九嫔葬于阴。"《山海经》这三处说法，依据许顺湛先生的解释，"鲋鱼""附禺""务禺"三山，"实际上是同一座山名，音同字异而已"。③ 此解释是对的。但其山具体在什么地方，《山海经》注释者也是见仁见智，莫衷一是。有说在甘肃的，也有说在陕西或四川的。因颛顼不仅是一个族团领袖的名字，而且是一个族团的称号。而作为一个族团，要流传好多代，名随族迁。所以，其他地方也就出现了与之前读音一样的名字。今天要具体落实下来，也是不大容易的。

我们说，颛顼既然是一个族团，延续了九世，说明其后裔是很多的。除过《史记·五帝本纪》所说"穷蝉""老童""舜""禹"等之外，按照罗泌《路史·国名记·高阳氏后》的汇总，其后裔达125个小国(姓)，其中有92个大概指其地。直至今天，仅在河南就有78个姓。④ 其姓在全国就可想而知了。

---

① 吕思勉：《先秦史》，上海古籍出版社2005年版，第64页。
② 马世之：《嫘祖与嫘祖故里》，王俊义主编：《炎黄文化研究》(第六辑)，大象出版社，2007年版，第28页。
③ 许顺湛：《五帝时代研究》，中州古籍出版社2005年版，第82页。
④ 参见许湛顺：《五帝时代研究》，中州古籍出版社2005年版，第87页。

根据《大戴礼记·五帝德》《竹书纪年》等古籍记载,颛顼作为一位受后代人长久传颂的古帝,为中华古代文明作出了重要贡献。《国语·鲁语上》说:"黄帝能成命百物,以明民共财,颛顼能修之。"注说颛顼"能修黄帝之功"。也如《路史·后记八·高阳》所说:"上缘黄帝之道而行之,修黄帝之道而赏之,弗或损益而致治平。"这是说颛顼能继承黄帝的功绩、法规,并在继承的基础上有所创造。颛顼的功绩主要表现在以下三个方面:

其一,创立《颛顼历》。《大戴礼记·五帝德》载:颛顼"履时以象天""治气以教民",就是指以天象历法指导农业生产,理四时五行之气以教化民众。《竹书纪年》说颛顼"十三年初,作历象"。《宋书·礼志》说:"高阳、虞氏、有周,皆以十一月为正。"这是说颛顼创立的每年以十一月为岁首,到了西周还在沿用。《五帝本纪·正义》引《尚书考灵曜》云:"'主春者,张昏中,可以种稷。主夏者,火昏中,可以种黍菽。主秋者,虚昏中,可以种麦。主冬者,昴昏中,可以收敛也。'天子视四星之中,知民缓急,故云敬授民时也。"这是说历法与农业生产的关系是非常密切的。《集解》引孔安国曰:日中谓"春分之日也",日永(长)谓"夏至之日也",夜中谓"春言日,秋言夜,互相备也。虚,玄武之中星。亦言七星皆以秋分日见,以正三秋也。"日短谓"冬至之日也"。帝尧使用的是《颛顼历》,颛顼将一年四季中的春分、夏至、秋分、冬至计算得非常清楚。《颛顼历》将一年定为"三百六十六日,以闰月正四时"。颛顼生活于四千多年前,而在那时能将四季的时日分得如此清楚,实在是一项了不起的发明,对当时的农业生产发挥了重要作用。

其二,改革宗教。《国语·楚语下》说:"颛顼受之,乃命南正重,司天以属神,命火正黎,司地以属民,使复旧常,无相侵渎,是谓绝地天通。"这是颛顼的一项重大改革。他依靠南正重、火正黎的辅佐,使地民与天神断绝沟通,只允许颛顼和重、黎与天神沟通,随时传达天神的旨意,以规范万民的行为。这样一来,颛顼成为天神的代言人,具有了绝对的权威,一切按规矩办事。这对稳定当时社会秩序起到了积极作用。为了推行这一宗教改革,颛顼还建立了宗教中心。《庄子·大宗师》说:"颛顼得之,以处玄宫。"这个玄宫就是宗教中心。不仅如此,这个玄宫还延续了好长时间。《墨子·非攻下》说:"高阳乃命(禹)于玄宫。"直到大禹时还存在。

其三,规范礼制。祭祀是古人的一项重要活动。在此活动中必有乐舞参与。所以,规范乐舞也是礼制的一项重要内容。《吕氏春秋·古乐》说:"帝颛顼生自若水,实处空桑,乃登为帝。惟天之合,正风乃行,其音若熙熙凄凄锵锵,帝颛顼好其音,乃令飞龙作,效八风之音,命之曰《承云》,以祭上帝。乃令鱓先为乐倡,鱓乃偃寝,以其尾鼓其腹,其音英英。"注曰:八风即八卦风。乐倡即乐人,英英为和盛之貌。这段话是说颛顼时已经有了定型的音乐。名之为《承云》,飞龙是音乐的作者,乐倡是专职的乐人,奏出的音乐象征和平兴旺景象。在《拾遗记·颛顼》中也有颛顼"有浮金之钟,沉明之磬,以羽毛拂之,则声震百里"的记载。

帝喾 号高辛氏。五帝之一。其父为蟜极,蟜极的父亲为玄嚣,玄嚣的父亲为黄帝。所以帝喾为黄帝曾孙,是颛顼的堂侄。颛顼去世,帝喾继位。(《史记·五帝本纪》)根据《春秋命历序》记载,帝喾继位至尧传十世,共四百年。说明帝喾之名与颛顼一样,既是一个族团的名字,也是一个族团领袖的名字。

关于帝喾的名义,据史书记载,有两种解释。一种是《史记·五帝本纪·索隐》引宋衷说:"高辛地名,因以为号。喾,名也。"另一种《索隐》引皇甫谧云:"帝喾名夋也。"以地为名多见于史书,以夋为名多见于《山海经》。

对帝喾的评价,《竹书纪年》载:帝喾有"圣德"。《史记·五帝本纪》对其做了比较全面的评价:"高辛生而神灵,自言其名。普施利物,不于其身。聪以知远,明以察微,顺天之义,知民之急。仁而威,惠而信,修身而天下服。取地之财而节用之,抚教万民而利诲之,历日月而迎送之,明鬼神而敬事之。其色郁郁,其德嶷嶷。其动也时,其服也士。帝喾溉执中而徧天下,日月所照,风雨所至,莫不从服。"此段话的意思是说,高辛一生下来就非常聪明伶俐,能说出自己的名字。能广布恩惠,便利他人,但对自己考虑得少。他聪慧而预知遥远之事,明白事理能洞察细微之处,能顺乎天意而知晓民众的难处。仁爱又有威严,慈爱又有笃信,能严以律己而受到天下人的佩服。收取土地的财物而能依据时节使用,能抚慰教导万民而又能以利教诲他们。观察日月而能迎送他们,明了鬼神而能恭敬的侍奉他们。他的神态郁郁然非常庄重,他的德性嶷嶷然特别高尚。他的举动总是顺应天时,但他的衣着总是如同一般的士人。帝喾治理民众,像水灌溉农田,平等而公正的遍及天下日月所照到的地方,风雨所吹淋的地方,没有不来服从的。这段话对帝喾的思想、品德、性格、执政等各方面都涉及了。

关于帝喾的出生、活动和葬地。帝喾生地无文献记载,其活动地,据《竹书纪年》载:"初封辛侯,代高阳氏王天下。"笺按引《一统志》:"高辛里在归德府城东门外",归德府即河南商丘地区。《史记·五帝本纪·集解》引皇甫谧曰:帝喾"都亳,今河南偃师是"。《括地志》云:"亳邑古城,在洛州四十四里,本帝喾之墟,商汤之都也。"帝喾死后之葬地。《史记·五帝本纪·集解》引《皇览》曰:"帝喾冢在东郡濮阳顿丘城南台阴野中。"从这些记载可知,帝喾的都城、活动、死葬等都是在河南境内。

帝喾的功绩史书记载较少,仅在《路史·后记九·高辛》有较多的记载,说帝喾能明黄帝之道,能遵颛顼之道,能节用修财,能治序三辰以治历明时,教民稼穑。在治理民众方面,能实行"五行之官",即设置"木正""火正""金正""水正""土正"等官职。根据《路史》所说,帝喾时代,政通人和,社会安宁,人人和睦,上下有序,四海同风,九州共贯,天下归往,人以乐生。

据古史传说,帝喾的后裔较多,影响最大的是尧、舜和后稷(弃)。《史记·五帝本纪》说:"帝喾娶陈锋氏女,生放勋。娶娵訾女,生挚。帝喾崩,而挚代立。帝挚立,不善(崩),而弟放勋立,是为帝尧。"《正义》引《帝王世纪》云:"帝佶(喾)有四妃,卜其子皆有天下。元妃有邰氏女,曰姜嫄,生后稷。次妃有娀氏女,曰简狄,生卨。次妃陈丰氏女,曰庆都,生放勋。次妃娵訾氏女,曰常仪,生帝挚。"《帝王世纪》与《大戴礼记》的记载相同,都是四妃。《史记·三代世表》说:"帝喾生尧""帝喾生卨,是为商祖""帝喾生后稷,是为周族"。可见,帝喾后裔在历史上颇有建树,其功绩可与日月相比。这也是帝喾为什么能受到有虞氏、商、周等族人祭奠的重要原因。另外,根据有关史书记载,帝喾还有两个儿子,一个为阏伯,一个为实沈。他们都是火正,即天文官。《左传·昭公元年》载:"昔高辛氏有二子,伯曰阏伯,季曰实沈,居于旷林,不相能也。日寻干戈,以相征讨。后帝不臧,迁阏伯于商丘,主辰。商人是因,故辰为商星。迁实沈于大夏,主参。唐人是因……及成王灭唐而封大叔焉,故参为晋星。由是观之,则实沈,参神也。"这段话是说,阏伯、实沈都是帝喾的子族,也为帝尧的火正。二人不和,干戈相斗。帝尧把阏伯迁商丘,主要观察辰星,也叫商星,即大火星。把实沈迁山西大夏,主要观察参星,周代称晋星。

除了尧、舜、后稷外,帝喾后裔还有很多。根据《路史·国名纪》所载,陶唐氏后裔的国名有20个,有虞氏后裔的国名有57个,夏后裔的国名有58个,商后裔的国名有81个,周后裔的国名有201个,总共为417个。其中有虞氏和夏后裔国名共计115个,属于颛顼系统。其余302个为帝喾系统。① 帝喾后裔之所以繁衍旺盛,是因为商周两朝均为帝喾后裔统治而产生重大影响的结果。

帝尧 五帝之一。名放勋,号唐尧,亦称帝尧、尧帝,姓伊祁氏,属陶唐氏(《说文解字》)。传说生活于距今4000多年前父系氏族社会晚期,是位著名的原始氏族首

---

① 参见许湛顺:《五帝时代研究》,中州古籍出版社2005年版,第94页。

领。按司马迁的说法,属于黄帝世族。

尧,繁体作堯。《说文》:"垚,土高貌。……堯,高也。从垚,在兀上,高远也。"段玉裁注:"尧,本谓高。"《白虎通》曰:"尧犹峣峣,至高之貌。"其后的字书大都以高释尧。如《广韵》:"尧,至高之貌。"《风俗通》:"尧,高也。言其隆兴焕炳,最高明也。"这是说尧的名字,不仅含有其体形魁梧高大之意,还含有品德高尚之意。如《史记·五帝本纪·集解》引《谥法》曰:"翼善传圣曰尧。"《索隐》:"尧,谥也。"这是说"尧"的称号,是后代人根据他"至高之貌"和生前辅助善行传布圣德之"至高"精神而送的称号。所谓陶唐氏,传说陶是尧晚年别宫所在地,尧经常到那里休息,最后逝世于此。① 又说先封陶。陶,国名。《说文》曰:陶"在济阴",即今山东省菏泽市定陶区西南。后再改封唐,故称"陶唐氏"或"唐尧"。唐,国名,地处今河北唐县境内。② 所谓伊祁氏,因"尧初生时,其母在三阿之南,寄于伊长孺之家,故从母所居为姓也"(《史记·五帝本纪·索隐》引皇甫谧语)。《史记·五帝本纪》载:"帝喾娶陈锋氏女,生放勋。"帝喾即其父族,陈锋氏即其母族。帝尧是帝喾的继承者。

《五帝本纪》在介绍尧生平的同时,还对帝尧做了宏观评价:"帝尧者,放勋。其仁如天,其知如神。就之如日,望之如云。富而不骄,贵而不舒。黄收纯衣,彤车乘白马。能明驯德,以亲九族。九族既睦,便章百姓。百姓昭明,合和万国。"这段话翻译过来,就是说:帝尧就是放勋。他的仁爱如天之涵养,他的智慧如神之微妙。人们以为他就像葵藿倾心面向太阳一样,人们仰望他就像百谷期待泽云一般。富贵而不骄奢,高贵而不怠惰。顶戴黄冠,身穿士的祭服,乘坐白马拉的红色车子。宣明恭顺的德行,因而能同九族人团结和睦。九族既睦,就能明确地划分百官的职责。百官职责明确,天下诸侯和谐。③ 孔子说:"大哉尧之为君也,巍巍乎!唯天为大,唯尧则之。荡荡乎,民无能名焉。巍巍乎其有成功也,焕乎其有文章。"(《论语·泰伯》)《白虎通·号》曰:尧"清妙高远,优游博衍。众圣之主,百王之长"。虽说对帝尧的评价有些夸饰之词,但反映了人们对帝尧的崇拜和敬仰。正如《史记·五帝本纪》所说:尧崩,"百姓悲哀,如丧父母。三年,四方莫举乐,以思尧"。

---

① 今本《竹书纪年》:"八十九年,作游宫于陶。九十年,帝游居于陶。……一百岁,帝陟于陶。"

② 关于唐陶的地望,史料所记约有六种,除文中所说河北唐县外,其余均在山西:翼城说、平阳(今临汾)说、安邑(今夏县)说、晋阳(今太原)说、永安(今霍县)说等。

③ 参见杨燕起、陈焕良:《白话史记》,岳麓书社2002年版,第3页。

关于帝尧的生地、葬地和活动地。帝尧的生地,《五帝本纪》虽有其生降的记载,但未具体讲明生在何处?《索隐》引皇甫谧云:"陈锋氏女曰庆都。"《帝王世纪》云:"帝尧陶唐氏,祁姓也。母庆都,十四月生尧。"这里虽提到其母,但未说明在何地所生。《竹书纪年》说:庆都"孕十四月,而生尧于丹陵。"《路史·疏仡纪·陶唐氏》也提到"生于丹陵"。而丹陵在什么地方,未说明。虽有一句"年有十三,佐挚封植受封于陶",其注陶在定陶,但也不能确定尧的生地。虽未明确说到尧的生地,但在《明一统志》里说尧母居"保定府完县西二十里有伊祁山"。《竹书纪年》说尧"封于唐"。笺按:"汉,中山国,唐县也。"根据这些记载,许顺湛先生认为:"从尧的祖族、父族及母族庆都以及尧初封地等有关记载分析,尧的生地必在这个范围之内。"①即河北、河南一带。

尧的葬地,众说不一。根据文献记载,归纳起来,大概有以下三说:一说尧的葬地在雷泽县或城阳县,即今山东的鄄城县与河南的濮阳县范围内。司马迁在《史记·五帝本纪》里未说到尧的葬地,只在注释里有学者们提出尧的葬地。《集解》引《皇览》曰:"尧冢在济阴城阳。"引《吕氏春秋》曰:"尧葬谷林。"引皇甫谧曰:"谷林即城阳。"《正义》引《括地志》云:"尧陵在濮州雷泽县西三里。郭缘生《述征记》云:'城阳县东有尧冢、亦曰尧陵,有碑'是也。"《括地志》还说:"雷泽县本汉成阳县也。"在《路史》卷二十六《辨帝尧冢》中也有此说法。以上所说基本一致。虽一说在城阳县西,一说在城阳县东,但都在一个范围内。《中国古今地名大辞典》在"城阳"条下说:尧游城阳而死葬焉。汉为成阳县,晋改为城阳,隋更名为雷泽县。故城在山东濮县东南。"尧陵"条下说:尧陵在雷泽城西,与濮阳接界。以此说明,城阳即雷泽县,在今山东鄄城县境内。濮县旧址在今河南濮阳市的范县境内。两地接壤,古代为一处。二说尧的葬地为今河南濮阳市与山东菏泽市辖区。《山海经·大荒南经》说:"帝尧、帝喾、帝舜葬于岳山。"注云:"岳山即狄山也。"狄山,毕沅注引《元和郡县志》云:"顿丘县狄山,在县西北三十五里,盖以顿丘喾冢所在,故指为狄山。"三说今山西临汾市东北处有尧陵,高50米,直径330米,陵前为祠宇,并在市南2.5公里处的尧庙村建有尧庙。②

如何认识这三处尧的葬地,许顺湛认为,不必拘泥于谁真谁假,因为尧是一个大

---

① 许顺湛:《五帝时代研究》,上海古籍出版社2005年版,第103页。
② 中国国情研究会、建设部、民政部等:《中国县情大全》,中国社会出版社1993年版,第680页,

族团的领袖。根据《竹书纪年》的记载:"一百年帝陟于陶。"《五帝本纪·正义》引孔安国云:"尧寿百一十八岁殂。"又引皇甫谧云:尧"凡年百一十七岁"。尧为什么能有如此高的寿辰？在位时间九十八年或一百年？这里说的可能不是尧一个人的年龄,而是指两代或三代尧的年龄。因那时族团名和族的领袖名是一致的,所以就有了百年的说法。① 此说是有一定道理的。

尧的主要活动地即建都地:一说都平阳。《史记·五帝本纪·正义》引《帝王世纪》云:"尧都平阳。"又引《括地志》云:尧都"今晋州所理平阳古城是也"。一说国于中山,即河北的唐县。目前有学者研究认为,平阳就是今山西临汾县(市)西或西南处,是尧都即唐国所在地,河北的唐国是迁国移其名或为裔子所居而形成的。②《正义》引徐才《宗国都城记》即云:"唐国,帝尧之裔子所封。"

说平阳是尧都,这不仅有文献记载,而且有考古发现。2002年山西临汾考古工作者发现了襄汾陶寺城址,其面积约为300万至400万平方米,陆续发现了1300多座陶寺文化时期的古墓遗址,从大型墓葬中发现的鼍鼓、特磬、土鼓、龙盘以及成组木器、陶器、玉器等礼乐重器,说明墓主人是位至高无上的人物。所以,学者们结合遗址时代、地理位置和出土器物等分析,认为尧都在平阳是可信的。

梳理文献记载,帝尧的功绩主要体现在以下四个方面:一是完善历法,"敬授民时"。历法虽在炎黄时代已经开始创立,但在尧舜时期,使历法得到进一步完善。《史记·五帝本纪》说:尧"乃命羲、和,敬顺昊天,数法日月星辰,敬授民时"。羲、和是古代天文官重、黎的后代,任命他俩顺应浩大的天象,以推算日月星辰的运行来制定历法,并将一年的节令告诉民众进行农耕生产。"分命羲仲,居郁夷,曰旸谷""申命羲叔,居南郊""申命和仲,居西土,曰昧谷""申命和叔,居北方,曰幽都"。尧时设天地之官,管理四季、四方。命羲仲为春官,管理东方;羲叔为夏官,管理南方;和仲为秋官,管理西方;和叔为冬官,管理北方。这几位天地之官,他们都是天文学家,通过管理天象来确定季节,其目的是用来指导农耕生产。尧时还确立了"一岁三百六十六天,置闰月来厘定各年的四时"。二是治理水患,利族利民。虽说尧未能亲自去治理水患,但是,治理水患的决策却是他制订的,他极为重视治水,做了许多组织工作。正如《孟子·滕文公下》所说:"当尧之时,天下犹未平,洪水横流,氾滥于天下……尧独忧之,举舜而敷治焉。"可见,尧在领导、组织民众治理水患方面作出了重要贡献。三

---

①② 参见许顺湛:《五帝时代研究》,上海古籍出版社2005年版,第104页。

是统一中原,宾服四夷。在中国古代时,中原最早的统一可以追溯至炎黄时代,"诸侯咸尊轩辕为天子"。但黄帝之后,中原盟主更迭,时治时乱。中原大地邦国林立,各自称雄。尧即位后,"以亲九族""合和万邦"(《史记·五帝本纪》),重新统一中原,宾服四夷,平治水土,划分"九州",形成了"中国"的雏形。四是"平章百姓""允厘百工"。(《尚书·尧典》)从炎黄时代起,就开始有了政权组织的雏形,也有了百官职务分工。而到了帝尧时期,政权组织和百官分工得到进一步完善。《淮南子·道应训》说:"昔尧之佐九人。"注释中说:尧之佐九人,即禹、皋陶、稷、契、伯夷、倕、益、夔、龙等九人。其中五人的分工:"舜为司徒,契为司马,禹为司空,稷为大田师,奚仲为工,其导万民也。"(《淮南子·齐俗训》)通过职务分工,各负其责,进一步健全了政权组织,提高了社会管理水平,"是故离叛者寡,而听从者众"(《淮南子·齐俗训》),"允厘百工,庶绩咸熙"(《尚书·尧典》)。是说尧规定百官的职责,使各种事情都兴旺起来。

尧不仅在中华文明的形成和发展中建立了历代称颂的功绩,而且具有影响数千年的崇高的思想品德。一是"克明俊德,以亲九族"的德治思想。德治思想萌芽于炎黄时代。到了帝尧时期,其思想有了进一步的发展,以德"协和万邦",处理各族群之间的关系,"九族既睦"。孔子说:"为政以德,譬如北辰,居其所而众星拱之。"(《论语·为政》)尧的这种德治思想影响中国数千年。至今还有其借鉴和启示作用。二是"百姓昭明,合和万国"的和合思想。"和合"一词的原始表达来源于帝尧,所以帝尧的和合思想是中华民族和合文化的源头,是中华传统文化的精华。孔子提出的"和为贵""天人合一"就是对尧和合思想的继承和发展。这种和合思想对我们今天在处理人与人、人与社会、人与自然等关系方面仍有借鉴和启示意义。三是广开言路、赏罚分明的民主思想。《史记·五帝本纪》记载尧在任命官员时,能广开言路,多方考察官员。当尧提出谁能即位时,有推荐丹朱的,有推荐共工的,但都被尧否定了。最后经过众人推荐和三年时间多种形式的考察,禅让虞舜继承了帝位,保证了政权的和平过渡和掌握在有"德"人之手中。在用人上尧赏罚分明。《淮南子·修务训》说:"放驩兜于崇山,窜三苗于三危,流共工于幽州,殛鲧于羽山。"这是说尧在用人上该安抚的安抚,该征伐的征伐,但对民众却是"孝慈仁爱,视民如子弟"。这些做法体现了尧所具有的民主作风和思想。四是中道思想。尧禅让帝位于舜,舜又禅让帝位于禹,体现了"允执厥中"之道。由此"中道遂成为历代士民身体力行的法则和几千年中华文化运动的基准"①。后经孔子等儒家学者的继承和发展，《中庸》作为当时一种时代精神而被列入儒家经典《四书》之中，成为中华道统的精华。在"中庸"的基础上，又演绎出了"中和""中正""执中""适中""时中"等概念。"中道文化以其无偏无过、居中持平的特点，在中国思想史上占有重要的地位。"②

关于帝尧的家世和后裔族，据《史记·五帝本纪·索隐》引《帝王世纪》云："尧娶散宜氏女，曰女皇，生丹朱。又有庶子九人，皆不肖也。"《正义》引郑玄云："帝尧胤嗣之子，名曰丹朱，开明也。"以此可知，尧的妻子为散宜氏族的女儿，生子为丹朱。因其"不肖""凶顽"而未即位。其封地，《集解》引范汪《荆州记》云："丹水县在丹川，尧子朱之所封也。"其地望，《括地志》云："丹水故城在邓州内乡县西南百三十里。丹水故为县。"指今河南南阳市内乡县一带。其他九子"皆不肖也"，为何女所生不明。另据《正义》说：尧还有"二女，娥皇、女英"，皆嫁给舜为妻。尧的后裔族，据《路史》载，有丹氏、房氏等五十七个氏，封国的地区主要在今河北、山东、河南、山西等省市。

总之，帝尧在治理天下和做人方面的功绩和品德，在《庄子》《管子》《墨子》《韩非子》《吕氏春秋》《淮南子》等文献中多有记载，反映了古代学者对尧的推崇，将尧与舜视为至圣明君。毛泽东曾有"春风杨柳万千条，六亿神州尽舜尧"③的诗句，赞扬中国人民个个皆为尧舜一样的人物。尧与舜、禹一道为创造中华原始文化，推动中华原始文明发展作出了重要贡献。

帝舜 五帝之一。名重华，字都君，号虞舜，亦称帝舜、舜帝，姚姓，后因居妫汭，又为妫姓。传说生活于距今4000多年前父系氏族社会晚期，以尧禅让而登上帝位。舜与尧一样亦是位著名的原始氏族首领。司马迁也将其归入黄帝世系。

所谓"舜"，据《史记·五帝本纪·集解》引《谥法》曰："仁圣盛名曰舜。"《索隐》："舜，谥也。"就是说，后代人因他有很大的仁义名声而追赐他"舜"的称号。所谓"虞舜"，又作"吴舜"④，因封于虞(吴)而称之。虞，国名，在河东大阳县(今山西夏县)。

---

①② 周长山：《尧、尧文化与现代文明》，《河北师范大学学报》(哲学社会科学版)2004年第1期。

③ 毛泽东：《七律二首·送瘟神》，臧克家主编：《毛泽东诗词鉴赏》，河北人民出版社1991年版，第189页。

④ 《通志·氏族略二》："武王……封虞仲之庶孙于虞城，以为虞仲后。虞仲国于虤。其支庶封于此，故亦谓之西吴。此姬姓之虞也。""虞"本作"吴"，后因有二吴，故借"虞"字以区别。

《史记·五帝本纪》说:舜"父曰瞽叟"。《正义》云:舜母"握登,见大虹意感而生舜于姚墟,故姓姚。目重瞳子,故曰重华。龙颜,大口,黑色,身长六尺一寸。"舜的家世,"自从穷禅以至帝舜,皆微为庶人"。说明在舜未即位前,他是一个身份低微的普通人。

舜的出生地,有多种说法。归纳起来,大致有三种:一说在山西晋南一带。《史记·五帝本纪》云:"舜,冀州之人也。舜耕历山,渔雷泽,陶河滨,作什器于寿丘,就时于负夏。"冀州,《正义》说:"蒲州河东县(今永济市——作者注)本属冀州。"历山,《集解》引郑玄曰:"在河东。"《正义》引《括地志》云:"蒲州河东县雷首山,一名中条山,一名历山……凡十一名,随州县分之。"雷泽,《正义》引《括地志》云:"雷夏泽在蒲州雷泽县郭外西北。"河滨,《正义》引《括地志》云:"陶城在蒲州河东县北三十里,即舜所都也。"《孟子·娄离下》云:"舜生于诸冯,迁于负夏,卒于鸣条。"据罗泌自注:"(诸冯)即春秋之诸浮,冀州之地。"前面诸说,均为山西晋南一带。二说指今河南濮阳县与山东菏泽市的交会处。《正义》引《括地志》云:"姚墟在濮州雷泽县东十三里。"《集解》引郑玄曰:"雷夏,兖州泽,今属济阴。"河滨,《正义》案:"于曹州滨河作瓦器。"是说舜曾在这个地方烧制陶器。《集解》引皇甫谧云:"济阴定陶西南陶丘亭是也。"寿丘,引皇甫谧曰:"在鲁东门之北。"负夏,《集解》引郑玄曰:"负夏,卫地。"三说在今浙江余姚上虞。《正义》引《会稽旧记》云:"舜上虞人,去虞三十里有姚丘,即舜所生也。"引周处《风土记》云:"舜东夷人,生姚丘。"引《孝经·援神契》云:"帝舜生于姚墟。"《帝王世纪》曰:"瞽叟妻曰握登,陶唐之世,握登见大虹,意感而生舜于姚墟,故姓姚氏。"这里所说,都认为舜生于姚丘(姚墟)。但"姚丘"在何处?又有不同说法:一说在蒲州(今山西),一说在上虞(今浙江)。

以上一、二种说法,虽不具体,但都不超出山西、河南、河北、山东一带。根据文献记载,大多认为舜的生地,在山西晋南和河南濮阳与山东雷泽交会处的可能性要大,但要具体落实下来,还需作进一步探讨。至于第三种说法,如《正义》引《括地志》云:"越州余姚县,顾野王云舜后支庶所封之地。舜姚姓,故云余姚。县西七十里有汉上虞故县。"此种解释有其合理性,但不可能依此而说是舜的生地,有可能是舜的后代被封于浙江余姚一带,所以带去了姚姓,带去了"虞"的地名,同时带去了舜的故事。至于有说生于湖南永州[①]等说法,也可如此看。

[①] 蔡建军:《舜帝生葬湖南永州考》,《求索》2004年第9期。

舜的居地和建都所在地,史书也多有记载。根据许顺湛的梳理,舜的居地涉及十八处,即虞、姚丘、诸冯、负夏、历山、雷泽、河滨、寿丘、冀、平阳、潘、妫汭、鸣条、南河、东夷、饶内、蒲坂等。① 这些地址,今天大都在山西、河南、陕西、河北、山东境内。舜的建都,据《括地志》载:"蒲坂,今蒲州南二里河东县界蒲州古城是也。"对蒲州地望在晋南,自古以来看法一致,为舜的建都地,是虞舜王朝的活动中心。

舜的葬地,也是众说纷纭。有说葬于"苍梧之野"(《山海经·大荒南经》《礼记·檀弓》),有说葬于"苍梧山"之"九嶷山""在长沙零陵界中"(《山海经·海内经》),有说葬于"南巳之市"(《墨子·节葬》),有说葬于"纪市"(《吕氏春秋·安死》),有说葬于"零陵营浦县"(《史记·集解》引《皇览》),有说"卒于鸣条"(《困学记》)等。将这些不同说法予以归纳,大体涉及五个地方,即湖南的零陵,河南东部的陈留,河南北部的濮阳,江苏的东海,山西南部的安邑。② 对这几处葬地,如何去认识,许顺湛认为:"有几种可能:一种是传说记载的,或者这五处都有舜族的后代居住,认为他们的祖先就葬在本地,或者是后代追祀先祖所营建的坟墓,几千年的流传,谁也搞不清真假是非。另一种可能五处葬地并非虚有,因为舜是部族的首领名号,若干代的首领都称舜,即是分支的族团也称舜,根据他们活动地域的不同,也就分别埋葬各地,都称为舜葬地。"③ 笔者认为后一种较为合理,这是无文字记载前古帝王迁徙的一般规律。

关于舜的品德和功绩,《史记·五帝本纪》等书有比较多的记载。归纳起来有四个方面:第一,忠厚恭谨,孝顺父母。据《史记·五帝本纪》载:舜的父亲瞽叟不讲德义,母亲没有忠信,弟弟象狂傲,都欲杀舜。但是,舜孝顺适从,一点儿不违背做儿子的道义,所以,父母找不到杀他的机会;如果有事要找他,也很容易找到。但是,舜父瞽叟和弟弟象为了分得尧给舜的财产,想尽各种办法加害于他,让舜去涂抹廪房,用火从下面烧;让舜挖井,往井下填土,欲致舜于死地。但舜"事奉父瞽叟和爱护弟弟却更加恭谨"。由于舜能孝顺父母,因而他在二十岁就出了名,被"四岳咸荐",做了尧的接班人。

第二,接受考验,显露才干。尧接受了四岳的推荐,但还要实际考验舜,"乃以二女妻舜以观其内,使九男与处以观其外"(《史记·五帝本纪》),并用推行五种伦理和担任各种官职来测试舜。舜不仅对自己的内在修养更加严谨,而且把各方面的事情

---

① ② ③ 许顺湛:《五帝时代研究》,上海古籍出版社2005年版,第108页。

都做得很好。《史记·五帝本纪》载:"舜耕历山,历山之人皆让畔;渔雷泽,雷泽上人皆让居;陶河滨,河滨器皆不苦窳;一年而所居成聚,二年成邑,三年成都。"意思是说:舜在历山耕种,历山的农人都互让田畔;在雷泽捕鱼,雷泽的渔人都能让居处;在黄河水滨作瓦器,黄河水边出产的瓦器都不粗制滥造。一年时间内舜所居的地方成了村落,二年时间成了乡邑,三年时间成了都会。此事在《韩非子·难一》中也有大致相同的记载。

第三,知人善用,各尽所能。舜在辅佐尧时,就开始帮助尧实行考察制度,对所用之人能进行严密的考察。到舜即位后,不仅能继承尧的做法,而且能广泛推行,且按照不同人的才能,施以不同的工作,分工更为细致明确。如《史记·五帝本纪》记载:"舜举八恺,事主后土,以揆百事,莫不时序。举八元,使布五教于四方,父义、母慈、兄友、弟恭、子孝,内平外成。"意思是说,舜举八恺的后代,让他们主持有关土地方面的事务,而他们所总管的各方事务,都完成得顺时并很有秩序。举用八元的后代,让他们在四方布施教诲,使得父亲们仁义,母亲们慈爱,做兄的友善,做弟的恭谨,做儿子的孝顺,中原的各个部族都很太平,边远地区的部族一心向往中原的教化。而且这种分工还能在联盟集团中进行协商,集体讨论。如《五帝本纪》记载:舜对禹、弃、契、皋陶等人的任命,就是通过集体协商、推荐、讨论决定的。在知人上,舜还特别注重被任命人的德行,并要求将这些德行推广到民众中去。《五帝本纪》载:"命十二牧论帝德,行厚德,远佞人,则蛮夷率服。"《正义》解释说:"舜命十二牧(地方长官——作者注)论帝尧之德,又敦之于民,远离邪佞之人。言能如此,则夷狄亦能服从也。"由于舜能知人善用,所以所用的二十二人"各以其职来贡""咸成厥功",即都能尽职尽责,做出了突出的业绩。

第四,以法治国,恩威并施。舜不论是在辅佐尧期间,还是独自执掌政权后,都能施行尧的治国方略,依法治国,恩威并施。《竹书纪年》说:尧在位七十六年时"司空伐曹、魏之戎,克之"。又说:"三十五年,帝命夏后征有苗。"《春秋》说:"舜却苗民,更易其俗。"由于尧舜对外不断征伐不顺者,致使不少诸侯惧怕而前来朝贡。如"有苗氏来朝贡""渠搜氏来宾""息慎氏来朝,贡弓矢""玄都氏来朝,贡宝玉",等等。尧舜对外用兵的结果是"天下咸服",归顺于尧舜部族。舜对外不顺者征伐,对内的"四凶"也是严刑峻法。《五帝本纪》载:"舜宾于四门,乃流四凶族,迁于四裔,以御螭魅,于是四门辟,言毋凶人也。"意思是说:舜掌管四方之门的迎宾事务,就流放四家凶族,把他们迁徙到四个边远地方,用他们来抵御更加凶险邪恶的人,这样做的结果是四门畅达,再未有人提说凶恶的人。但舜对为部落服务的人,施以恩德,要求他们"敬哉,惟时相天事。三岁一考功,三考绌陟,远近众功咸兴"(《史记·五帝本纪》)。就是说让他们谨慎的行使自己的职责,顺应时势辅佐舜完成上天交代的大事。每三年考察一次功绩,通过三次考察来决定官员的升降。如此做了,不管远近,各类事情就都能兴盛起来。由于舜能实行依法治国、辅之以德之方略,所以在舜的时代"四海之内,咸戴帝舜之功……天下明德皆自虞舜始"。

总之,在《尚书·舜典》一文里对舜有这样的评价:"浚哲文明,温恭允塞。"因而,帝舜与帝尧一样,在中国历史上产生了深远的影响。将舜誉为"孝"和"德"的象征,有"德圣""孝族"之誉称。由此而产生和形成的舜文化,不仅反映在伦理、社会道德方面,也反映在职业、政治道德方面。其文化的历史功绩和意义不仅为中国国家的出现奠定了思想基础,也成为今天团结海内外炎黄子孙、实现国家统一的精神力量,对社会主义精神文明建设也具有积极的作用。

舜的后裔,据《路史·有虞氏》篇介绍:舜"年百十有一。三妃,娥皇亡子。女英生义均及季厘。季厘封缗,为桀所克。义均封商,是为商均""次妃癸比氏,生二女曰宵明、烛光""庶子七人,皆厘降于齐人。圭、胡、负、遂、庐、蒲、卫、甄、潘、饶、番、傅、邹、息、有、何、母、辕、馀姚、上虞、濮阳、馀虞、西虞、无锡、巴陵、衡山、长沙,皆其裔也。"共有箕氏、鲜氏等七十多个氏,后世基本上都变为姓。又据《路史·国名纪四》说有虞氏后裔建国的有妫、商、虞等三十多个小国。据《史记·陈杞世家》载,舜的后裔直到西周初还存在,其后裔妫满被周武王封在陈地,建立了陈国。于缗公二十四年,楚惠王灭掉了陈国。陈国前后存在了五百多年。

帝禹 姓姒,名文命,字(高)密,号夏后(氏)。亦称大禹、夏禹、伯禹、禹帝、帝禹,是新石器时代(龙山文化)晚期,继尧、舜之后又一位杰出的传说性历史人物。其父鲧因被帝尧封于崇(今河南登封附近),为伯爵,世称"崇伯鲧"或"崇伯",其母为有莘氏女,谓之女志。"禹者,黄帝之玄孙而帝颛顼之孙也。"(《史记·夏本纪》)司马迁也将禹归入黄帝世系。帝禹是由联邦制向世袭制过渡的关键人物。在禹之前的五帝时期,社会处于联邦制,禹是尧舜联邦制集团中的重要成员之一。舜将政权让予禹,禹以后又将政权让予伯益。但诸侯都不拥护伯益而拥护禹的儿子启,于是,启便成了夏的君主。启依靠其父禹打下的基础,废除五帝时期的联邦制,开创了父传子家天下的世袭制。这种世袭制在中国历史上具有划时代的意义,且延续了两千多年。

关于帝禹的事迹,历史文献记载颇多,经史子集可以说几乎都有所涉及。而最早提到禹的器物是西周中期偏晚的《遂公盨》，其铭文第一句提到"天命禹敷土，随山浚川……"《尚书·禹贡》首句也有"禹敷土"的句子。此外还有秦公簋、齐侯镈、齐侯钟等青铜器铭文中也有"禹迹"的记载。而记载比较详细的有《史记·夏本纪》《竹书纪年·夏后氏》《帝王世纪·第三(夏)》《纲鉴易知录·夏纪·大禹》等。《史记·夏本纪》说："夏禹，名曰文命。禹之父曰鲧，鲧之父曰帝颛顼，颛顼之父曰昌意，昌意之父曰黄帝。禹者黄帝之玄孙而帝颛顼之孙也。禹之曾大父昌意及父鲧皆不得在帝位，为人臣。"这里很清楚地说明禹(族团)的世系是属于黄帝系统。为何曰"禹"？《集解》引谥法曰："受禅成功曰禹。"为何曰"夏"？《正义》说："夏者，帝禹封国号也。"引《帝王世纪》云："禹受封为夏伯，在豫州外方之南，今河南阳翟是也。"这是说禹是位族团的首领，其国号称"夏"，其地望在今河南的禹州市。禹之母，《索隐》又按：《世本·夏世系》："鲧娶有辛氏女，谓之女志，是生高密。"宋衷云："高密，禹所封国。"《正义》引《帝王世纪》云："父鲧妻修己，见流星贯昴，梦接意感，又吞神珠薏苡，胸坼而生禹。"其母谓有辛氏女女志，又曰有辛氏女修己，还曰为鲧妻女嬉、女狄。这四名，既可理解为一人四名，也可理解为四个通婚族，但都生的是禹。关于禹的降生，其他文献如《世本》《吴越春秋》《水经注》《新语》《太平御览》等均有记载。若剔除这些文献中一些神话色彩，如"吞神珠薏苡受孕""水中得月精如鸡子，爱而含之，不觉而吞，遂有孕，十四月，生夏禹"等神秘说法，可以看出，禹是真有其人，而非神，其治水是信史，而非神话传说。①

关于禹的出生地，或是说故里，自古有三说：一是说夏禹出自中原，一说出自东夷，一说出自西戎(西羌、西夷)。今人研究，有两种意见，一是认为出自中原，一是出自西羌。许顺湛先生通过对祖族鲧在崇(嵩)山建国、夏禹居阳城和有莘氏族地望，并结合二里头文化遗址等分析，认为"夏禹的族源在中原"②。

但是，从古文献记载和考古学文化分析，目前大多数学者则倾向于"西戎说"。《竹书纪年》载："帝禹夏后氏，母曰修己……修己背部而生禹于石纽。"《史记·六国年表》说："夫作事者必于东南，收功实者常于西北，故禹兴于西羌。"《正义》引《帝王世纪》云：禹"名文命，字密，身九尺二寸长，本西戎人也"。杨雄《蜀王本纪》说："禹本汶山郡广柔县人也，生于石纽。"引《括地志》云："茂州汶川县石纽山在县西七十三

---

① 参见段渝：《百年大禹研究的主要观点和论争》，《三星堆文明·巴蜀文化研究动态》2018年第4期。

② 许顺湛：《五帝时代研究》，上海古籍出版社2005年版，第160页。

里。《华阳国志》云：'今夷人共营其地，方百里不敢居牧，至今仍不敢放牧六畜。'"按："广柔，隋改为汶川。"《吴越春秋·越王无余外传》说：禹"家于西羌，地曰石纽。石纽在蜀西川也"。《新语·术事》说："大禹出于西羌。"《华阳国志》说："石纽，古汶川郡也。崇伯得有莘氏女，治水，行天下，而生禹于石纽之刳儿坪。"《水经注·若水》说："（广柔）县有石纽乡，禹所生也。"汉王符《潜夫论·五德志》说："白帝文命戎禹。"《三国志·蜀志》说："禹生汶山之石纽，夷人不敢收其地。"

上面所引诸说，皆将禹的出生地指向西羌的"石纽"。而石纽具体在何处？又有不同的说法：一是指茂县石鼓乡石纽山，二是指今汶川县飞沙关山岭，三是指今北川羌族自治县禹里石纽山，四是指理县通化乡汶山寨石纽山。造成这些不同说法的原因，有学者认为："一是汉代的汶山郡包括了今汶川县、理县、茂县和北川县，而这几个县都有石纽山和禹迹的传说；二是这几个县都有禹生石纽的史料依据。"[①] 对这几处石纽山做比较研究后认为，今北川羌族自治县禹里（古石泉县城所在地）石纽山，是"禹生石纽"所在地。这不仅有文献记载，而且有实物见证，即"有两块巨石，石尖纽结为一曰石纽"[②]，且在此石南面阳刻汉隶"石纽"二字，字如斗大，保存完好。此题刻有人认为早在唐贞观八年（634）置石泉县以前就有了。[③] 李学勤通过对多种文献记载和考古学文化、今人研究分析后认为，"禹生石纽"这有三种可能：一是禹生石纽是羌人到此以前蜀人的传说，二是禹生石纽是羌人带来的传说，三是禹生石纽是夏人自己的传说。并说："无论如何，禹生石纽的传说是很重要的，它反映着古代的历史实际。"[④] 此说即是。但是，要将"禹生石纽"这一传说进一步落实，还须通过考古学、文献学和民族学的进一步研究。

关于禹与阳城的关系，古籍多有记载，有说禹都阳城，或说禹居阳城，或说禹避阳城。其中禹都阳城之"阳城"在何处的问题，学术界一直有着不同的认识，即"濮阳说"和"登封说"两种意见。前者沈长云通过对河南濮阳周围连续发现的龙山时代古城的考察，认为将"禹都阳城"定在濮阳是符合实际的。[⑤] 但近年来随着河南登封告城镇王城岗龙山文化中晚期东、西两座小城址和面积达30万平方米且带护城壕大城

---

①② 李德书：《巴蜀文化简论》，四川科学技术出版社2008年版，第46页。
③ 参见李德书：《巴蜀文化简论》，四川科学技术出版社2008年版，第46—49页。
④ 李学勤：《走出疑古时代》，长春出版社2007年版，第138页。
⑤ 沈长云：《禹都阳城即濮阳说》，《中国史研究》1997年第2期。

址的发现,大多数学者认为,王城岗城址可能是"禹都阳城"或"禹居阳城"的夏代遗址。①李伯谦指出:"王城岗河南龙山文化晚期大城是文献所记之'禹都阳城'乃不易之论,回避不得,也难以否定。"②

关于禹的功绩,主要反映在以下三个方面:其一,开山辟道,治理洪水。《史记·五帝本纪》《史记·夏本纪》都有禹治水的记载。其父鲧被帝尧封于崇。因中原洪水泛滥成灾,百姓困苦不堪,帝尧便命令鲧治水。鲧使用"障水法",也就是在河道中设置堤坝,但水却越堵越高,历时九年而未能平息洪水灾祸,结果被杀。禹被任命为司空,继任其父治水之事,立即与益和后稷弃一起,并召集百姓前来协助。他视察河道,在总结其父治水教训的基础上,改革治水方法,以疏导河川为治水方略,经过十三年的治理,疏通了九条河道,消除了水患。禹治水成功的原因,《五帝本纪》《夏本纪》也做了详细记述。一是发动老百姓,即所说的"命诸侯百姓兴人徒以傅土",借用协作、集体力量;二是尊重自然规律,顺势而为,"行山表木,定高山大川",根据标杆,逢山开道,遇洼筑堤,以疏通水道,引洪水入海;三是"劳身焦思"的勤勉精神。他"薄衣食""卑宫室","居外十三年,回家门而不敢入"(《史记·夏本纪》),"执耒锸,以为民先,股无胈,胫无毛,虽臣虏之劳,不苦于此也"。(《韩非子·五蠹》)正是他这种顽强拼搏、艰苦奋斗的精神,才使他取得了"开九州,通九道,陂九泽,度九山"的辉煌成绩。禹在治水的同时,还关心受灾民众的生活,命令益分发稻种给民众,让他们在卑湿之地耕种,又命令后稷弃分发给民众食品。因为治水有功,人们为表达对他的感激之情,便尊称他为"大禹",即"伟大的禹"。客观地说,禹治水的成功,也促进了华夏一统的格局。

其二,"茫茫禹迹,画为九州"(《左传·襄公四年》)。在治水的过程中,禹走遍天下,对各地的地形、习俗、物产等都有所了解。于是他重新将天下规划为九个州,并制定了各州的贡物品种。禹还规定:天子帝畿以外五百里的地区叫甸服,再外五百里叫侯服,再外五百里叫绥服,再外五百里叫要服,最再外五百里叫荒服。甸、侯、绥三服,贡纳不同的物品或负担不同的劳务。要服,不纳物或服役,只要求接受管教、遵守法制政令。荒服,则根据其习俗进行管理,不强制推行中央朝廷政教。禹实行的"任土

---

① 参见段渝:《百年大禹研究的主要观点和论争》,《三星堆文明·巴蜀文化研究动态》2018年第4期。

② 李伯谦:《王城岗龙山文化大城——"禹都阳城"的所在地》,《华夏文化》2016年第12期。

作贡"等政策,结束了邦国林立的局面,为建立第一个统一的夏王朝奠定了基础,开创了中国历史新纪元。即在当时,也受到帝舜联邦王朝的表彰,正如《史记·夏本纪》所说:"于是帝(舜)锡(赐)禹玄圭,以告成功于天下。天下于是太平治。"

其三,铸造九鼎,象征一统。禹涂山盟会之后,诸侯为了表示对禹的敬意,常来阳城献金(即青铜)。后来,九州所贡之铜年年增多,于是,禹想起从前黄帝轩辕氏功成铸鼎的故事。为了纪念涂山大会,就将各方诸侯进献的金,铸造成九鼎,即冀州鼎、兖州鼎、青州鼎、徐州鼎、扬州鼎、荆州鼎、豫州鼎、梁州鼎、雍州鼎。鼎铸成,鼎上又分别铸有各州的山川名物、飞禽异兽。九鼎象征着九州,其中豫州鼎为中央大鼎,豫州即为中央枢纽。九鼎集中放置于夏王朝都城阳城,不仅以此显示夏王禹成了九州之主,天下从此一统,而且成为王权至高无上、国家鼎立、繁荣昌盛的象征。从此以后,"九鼎"成为国家政权之象征。

《史记·夏本纪》载:禹在位"十年,帝东巡狩,至于会稽而崩"。《竹书纪年》云:"禹立四十五年"。《今本》又说:"八年帝陟。"《帝王世纪》说:禹"年百岁崩于会稽,因葬会稽山阴县之南"。这是说禹在世的年龄为"百岁"。禹去世后,其子启继位。据《史记·夏本纪》说:禹的后代分别受封,有夏后氏、有扈氏、有男氏、斟寻氏、彤城氏、褒氏、费氏、杞氏、缯氏、辛氏、冥氏、斟戈氏等。这些后代子孙,在殷商时已绝迹。到周武王灭商后,寻找禹的后代,仅找到东楼公,便将其封在杞,建立杞国,至楚惠王四十四年(前445)而被灭。

对于禹的评价,多有史书提及。《史记·夏本纪》说:"禹为人敏给克勤,其意不违,其仁可亲,其言可信,声为律,身为度,称以出;亹亹穆穆,为纲为纪。"这实际是司马迁的评价。又借用皋陶的话:"敬禹之德,令民皆则禹。不如言,刑从之。"《史记·夏本记》又说:"[索隐述赞]……禹勤沟洫,手足胼胝。言乘四载,动履四时。娶妻有日,过门不私。九土既理,玄圭锡兹。"其他史书如《大戴礼纪·五帝德》《新书·修政语上》《鬻子·禹政》及《竹书纪年》等均有评说。当然,对禹也有微词之说。如《韩非子·说疑》篇中有段话说:"舜逼尧,禹逼舜,汤放桀,武王伐纣。此四王者,人臣弑其君者也,而天下誉之……"这段话把尧、舜、禹、商、汤、周武王并提,说他们弑其君而得到天下,其实禅让是不得已的事情,是在权力的威逼下出现的。

不管怎么说,用今天的唯物史观分析,夏禹是位为中华民族历史发展作出巨大贡献的杰出的传说性的历史人物。他的重大功绩不仅在于治理洪水,发展生产,使人民安居乐业,更重要的是结束了中国原始社会部落联盟的社会组织形态,创造了"国家"

这一新型的社会政治形态。他是一位承上(五帝时代)启下(夏商周)的时代英雄和伟人,顺应历史发展潮流,完成了国家的建立,用阶级(奴隶)社会代替原始社会,用文明社会代替野蛮社会,推动了中国历史的发展。

契(偰、卨) 子姓,又称殷契、玄王。传说为商人的祖先。《说文解字》曰:"契,大约也。从大从韧,《易》曰:'后代圣人易之以书契。'"又有《人部》曰:"偰,高辛氏之子,尧司徒,殷之先。"陆德明释文:"契,本又作偰,同。"传说契商与黄帝为一族。

关于契的生地和事迹,《史记·殷本纪》有段记载:"殷契,母曰简狄,有娀氏之女,为帝喾次妃。三人行浴,见玄鸟堕其卵,简狄取吞之,因孕生契。契长而佐禹治水有功。帝舜乃命契曰:'百姓不亲,五品不训,汝为司徒而敬敷五教,五教在宽。'封于商,赐姓子氏。契兴于唐、虞、大禹之际,功业著于百姓,百姓以平。"这段话里,包含了五层意思:其一,说契是帝喾与次妃有娀氏族的女子简狄所生,这就明确地告诉我们,契属于黄帝系统,是黄帝的五代孙,即其父曰帝喾,帝喾父曰蟜极,蟜极父曰玄嚣,玄嚣父曰黄帝。《诗经·商颂·长发》篇也有此说:"有娀方将,帝立子生商。"生商即因契受封于商,故而生契就是生商。而《史记·殷本纪·索隐》引谯周云:"契生尧代,舜始举之,必非喾子。以其父微,故不著名。其母娀氏女,与宗妇三人浴于川,玄鸟遗卵,简狄吞之,则简狄非帝喾次妃明也。"说契既不是帝喾的儿子,也不是有娀氏的儿子。但如果我们将契和有娀理解为一个族,问题就迎刃而解了。其二是说契降生与其他人物如后稷等一样,具有神性,是吞卵受孕而生。《诗经·商颂·玄鸟》篇说:"天命玄鸟,降而生商",汉郑玄笺:"谓遗鸡卵,娀氏之女简狄吞之而生契,为尧司徒,有功封商。"对于契的降生,还有另一种说法:有娀氏有两个女儿,大女儿叫简狄,小女儿叫建疵,两人都长得非常美丽动人。她们住在九重高的瑶台上,每到进餐时,就有人在旁边敲鼓作乐。有一天,帝喾打发一只燕子去看简狄她们,燕子飞到她们面前,不停回旋,嗌嗌地鸣叫着,惹得她们十分欢喜,都争着去捕捉这只飞鸣的燕子,燕子最终被她们用玉筐盖住。隔了一会儿二女打开玉筐,燕子便从玉筐里飞出来,向北飞去,不再回头,而筐里却遗留下了两颗鸟蛋。简狄吃掉这鸟蛋,不久便怀孕生下了契。这显然是后人演绎的神话故事,不足为凭。其三,是说契曾辅佐禹治水,被舜任命为司徒,管理教化民众,正确处理君臣、父子、夫妇、兄弟、朋友之间的关系。其四是说契长大后被封于商地,也就是契的生地。关于商地,有两种说法:一是指今河南商丘。此说是依据《左传》。《史记·殷本纪·索隐》引"《左传》曰:'昔陶唐氏火正阏伯居商丘,相土因之。'是始封之。"说阏伯即契。一是指今陕西商洛。《集解》引郑玄曰:

"商国在太华之阳。"引皇甫谧曰:"今上洛商是也。"《索隐》:"尧封契于商,即《诗经·商颂》云'有娀方将,帝立子生商'是也。"《正义》引《括地志》云:"商州八十里商洛县,本商邑,古之商国,帝喾之子卨(契)所封也。"以上说法虽然不同,但都指向一个地方,即今陕西商洛一带,只不过有的是指一个较大的范围,即"太华之阳",一个是指较具体的地方,即"上洛商",也就是今"商洛县"。据此,我们认为,契生地应在今商洛一带比较可靠。其五是说契既是一个族的称号,也是这个族的首领的名字。因为一个人不可能经过唐尧、虞舜、大禹三个时代,长达二三百年。作为一个族来理解,才能解释通契经过了三代数百年。

关于契的功绩,除上面所说辅佐禹治水、教化民众外,据《左传·昭公元年》记载,契(阏伯)还被封为火正,管理大火星(星宿),简称为火星、大火等。《左传·襄公九年》记载:"古之火正,或食于心,或食于咮,以出内火。是故咮为鹑火,心为大火。"西晋杜预注:"谓火正之官配食于火星。建辰之月,鹑火星昏在南方,则令民放火。建戌之月,大火星伏在日下,夜不得见,则令民内火,禁放火。"这意思是说:三月未时,大火星出现,阏伯就号召人们放火烧荒;在九月鹑火(指柳星)出现时,也就是在黄昏大火星不见时,阏伯就号召人们在家生火,不准在外放火。后来这个火就成了天上之火,即大火星。这说明契在天文立法方面也取得了重要成果。英国李约瑟在其《中国科技史》中对契在天文历法方面为人类所作的贡献也予以高度评价。但《汉书·五行志上》云:"相土,商祖契之曾孙,代阏伯后主火星。"从这句话看,阏伯不是契,好像为上下代人。

契的后裔经过十四代,"是为成汤"。汤灭夏,建立了商朝,延续了500多年。是中国历史上一个重要的朝代。

后稷 名弃,姬姓。所谓"后",原是对地下神祇的尊称,如同"帝"是对天上最高神的尊称一样。所谓"稷",是指谷物,即今天所说的小米。所以,后稷原是稷神的称谓,不是官名。"后稷作为虞、夏之际的官名,是后起的古史传说;把后稷以后说成世代做后稷之官,更是后起所说。"①其妻相传是姞氏女。姞姓,为5000年前黄帝赐封的"上古十二姓(姬、酉、祁、己、滕、箴、任、荀、僖、姞、儇、依)"之一。《左传·宣公三年》记石癸说:"吾闻姬、姞耦,其子孙必蕃。姞,吉人也,后稷之元妃也。"

司马迁在《史记·五帝本纪》中亦将后稷列为黄帝世系,为五代孙。"周后稷,名弃。其母有邰氏女,曰姜嫄。姜嫄为帝喾元妃。"明确地指出后稷弃是帝喾之子。而

---

① 杨宽:《西周史》,上海人民出版社2003年版,第17页。

比《史记》更早有此说的是《诗经·大雅·生民》:"厥初生民,时为姜嫄……载生载育,时维后稷。"是说周人的起源来源于有邰氏女姜嫄。由姜嫄抚育长大的弃是周人的祖先。《生民》是周人的作品,周人追溯其先人的来历,是不会子虚乌有的去"杜撰"。王国维、徐旭生、李学勤等先生皆持此观点。当然,对后稷的族属还有其他不同的说法,即"夏商周三族并起说""戎狄说""姜人说""夏人说"等。① 其实,夏人说、姜人说也都与黄帝有一定的联系。

关于后稷的降生,《诗经·大雅·生民》说:"厥初生民,时维姜嫄。生民如何? 克禋克祀。以弗无子。履帝武敏歆。攸介攸止,载震载夙,载生载育,时维后稷。……诞寘之隘巷,牛羊腓字之。诞寘之平林,会伐平林。诞寘之寒冰,鸟覆翼之。鸟乃去矣,后稷呱矣。实覃实訏,厥声载路。"《史记·周本纪》说:"姜嫄出野,见巨人迹,心忻然说,欲践之,践之而身动如孕者。居期而生子,以为不祥,弃之隘巷,马牛过者皆辟不践;徙置之林中,适会山林多人,迁之;而弃渠中冰上,飞鸟以其翼覆荐之。姜嫄以为神,遂收养长之。初欲弃之,因名曰弃。"这段话其意与《生民》大体一致,对弃的降生做了较为详细地描述。说明弃是生在"只知其母,不知其父"的时代,这似乎与当时已进入父系社会不大相应。明明说弃的父亲是帝喾,又怎么说是感孕而生。实际上这与契一样,后人在追溯其先祖时,总要予以美化,以荣耀其家族。所以将其祖先的出生附着上神话色彩。

关于弃的出生地,目前还有不同观点:首先,是传统的陕西关中说。《史记·周本纪·集解》引徐广曰:"今斄乡在扶风。"《索隐》引《诗·生民》曰:"'有邰家室'是也。邰即斄,古今字异耳。"《正义》引《括地志》云:"故斄城一名武功县,在雍州武功县西南二十二里,古邰国,后稷所封也。有后稷及姜嫄祠。"又引毛苌曰:"邰,姜嫄国也,后稷所生。尧见天因邰而生后稷,故因封于邰。"这三条注释说得很清楚,后稷的生地在邰,后又封于邰,即今杨凌区(原属于武功县)。因邰是其母族有邰氏的居地。而有邰氏又是炎帝裔族,即"外家国"。早于三家注之前的《汉书·地理志上》说:"右扶风:周后稷所封。"《汉书·地理志下》又说:"故秦地……昔后稷封斄,公刘处豳,大王徙岐,文王作酆,武王治镐,其民有先王遗风,好稼穑,务本业,故《豳诗》言农桑衣食之本甚备。"颜师古注:"斄,读曰邰,今武功故城是也。"《水经注·渭水》注曰:"渭水又东迳斄县故城南,旧邰城也,后稷之封邑矣。《诗》所谓即有邰家室也。城东北有姜嫄

---

① 参见曹书杰:《后稷传说与稷祀文化》,社会科学文献出版社 2006 年版,第 75—83 页。

祠,城西南百步有稷祠,眉之麓亭也。"这种说法被郭沫若、范文澜、翦伯赞、齐思和等历史学家所认同。

其次,有钱穆的"山西晋南说"、近年山东学者依据《路史》提出的"山东台州说"和徐中舒、沈长云的"陕北说"等。对于钱穆的说法,目前大有走强的趋势,持此说的还有吕思勉、陈梦家、谭戒甫、邹衡、许倬云等先生。山东说、陕北说除个别学者坚持外,还未引起更多学者的支持。① 笔者认为,从已大量出土的文物和先周遗址、文献记载,再联系到炎帝、黄帝和姜嫄、姜太公等历史人物的事迹,有理由认为周族的起源地最早应在陕西关中一带。正如尹盛平所说:"武功郑家坡先周文化早期和扶风刘家姜姓文化早期已接近夏代晚期。这从时代、地望、文化性质方面,可以与文献关于周族起源的记载相印证,大体可以证明文献关于周族起源的记载是可信的。周族起源于武功一带的漆水河下游,即所谓古邰地当无可疑。"② 而晋南出现的有关周人的传说和遗迹,可能是在帝喾时代,后稷与有邰部分氏族由今豫西、关中迁往晋南,后在尧舜时,后稷的部分氏族又被封于今武功邰地。今武功郑家坡等文化遗址、遗存也可以说明这一点。

根据《诗经·大雅》中的《生民》《颂·思文》和《尚书》中的《尧典》及《史记》中的《五帝本纪》《夏本纪》等书的记载,后稷的主要功绩可归纳为三个方面:一是农功。《周本纪》说:后稷为儿童的时候,就立下了像大人一样的志向。他做游戏时,就喜欢种植苎麻、豆类农作物,而且长得很好。成人后,就更喜欢耕种,并能根据不同土壤种植不同的谷物,老百姓都效法他。《诗经·大雅·生民》篇的四、五、六章集中描写歌颂了后稷从幼时就具有爱好种植的天性和后来在农耕生产中的成就。二是任"农师"(管理者)。因后稷在农耕生产中的突出表现,被尧知道后,推荐他为负责管理农业的"农师"之职,之后舜继续让他管理农业,带领广大民众按照时令播种百谷。由于他封在邰这个地方,故号称"后稷"。这除了《生民》有记载外,《孟子·滕文公上》篇也说:"后稷教民稼穑,树艺五谷。"《国语·周语》说:"稷勤百谷而山死。"正因为后稷的出色管理才能和带头带领民众发展农业,所以被称为"农神"。三是佐禹治水。《史记·夏本纪》说:"禹乃遂与益、后稷奉帝命,命诸侯百姓与人徒以傅土……"说明后稷在协助大禹治水方面也有功绩。因"后稷之兴,在陶唐、虞、夏皆有令德",如《思文》所唱:"思文后稷,克配彼天。"就是说后稷大有文德,其功德能比天高。因而,后

---

① 参见曹书杰:《后稷传说与稷祀文化》,社会科学文献出版社2006年版,第58—69页。
② 尹盛平:《周文化考古研究论集》,文物出版社2012年版,第37页。

稷在历朝历代都被祭祀,受到人们的景仰和崇拜。

后稷的后代在历史上多有显赫,至周武王灭商,建立了西周,至赧王被秦灭亡,前后延续了800年30余代,这在中国历史上,是朝代延续最长的。其子孙散布于全国各地,仅从周分支出的姓氏就多达150个,人口几乎占到一半以上。①

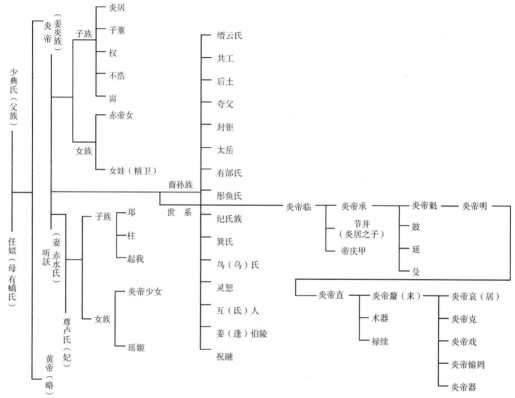

图 4-1　炎帝与炎帝族的裔孙和世系

(选自霍彦儒:《炎帝故里》)

---

①　参见何光岳:《周源流史》,江西教育出版社1997年版,第99—195页

简表一　据《史记》《大戴礼记》《世本》记载：

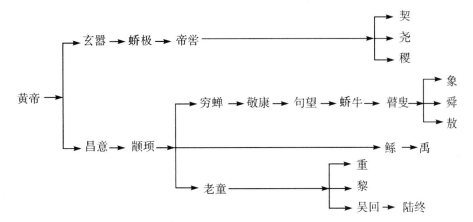

图 4-2　黄帝与黄帝族的裔孙和世系

简表二　据《山海经》记载：

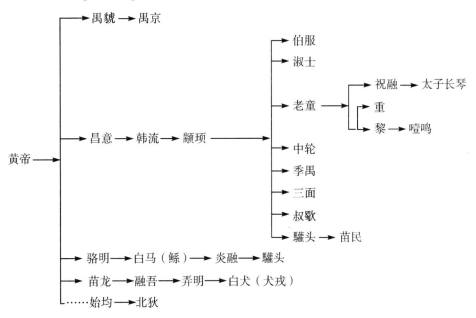

图 4-3　黄帝与黄帝族的裔孙和世系

第五章　炎黄与"三皇五帝"暨司马迁"五帝观"

李伯谦说:"'自从盘古开天地,三皇五帝到如今',是自古以来中国人头脑中固定的古史观。这种古史观不是天上掉下来的,也不是人们头脑中所固有的,除了一代一代口耳相传,还缘于古代文献的记述。"①本章依据有关古史传说和文献记载,对炎黄与"三皇五帝"诸说加以梳理。同时,对司马迁在《史记·五帝本纪》中依据《大戴礼记》中的《五帝德》《帝系》所确认的"五帝观"从历史与现实的角度,对其意义加以讨论。

第一节　炎黄与"三皇五帝"诸说

在古史传说中,不仅有"三皇"诸说,而且有"五帝"诸说,合称为"三皇五帝"。但对"三皇五帝"之说,自疑古派出现并影响下,对此基本上持否定态度,认为这是"层累地造成的中国古史"。但随着考古学文化的发展,传说时代的历史轮廓也越来越清晰,尤其是炎黄二帝的人物形象、形状事迹的史影已隐约显露出来。关于黄帝和黄帝族,郭沫若、邹衡认为金文中常常出现的"天鼋"可能就是黄帝与黄帝族的族徽或图腾,说明黄帝与黄帝族是实有其人其族的。苏秉琦在《关于重建中国史前史的思考》一文中说:"考古发现已日益清楚地揭示出古史传说中'五帝'活动的背景,为复原传说时代的历史提供了条件。"②他在另一篇文章《重建中国古史的远古时代》一文中又说:五帝"实有其人其事",并且指出:联系考古学文化来说,"五帝的时代上限不早于

---

① 李伯谦:《考古学视野的三皇五帝时代》,王俊义主编:《炎黄文化研究》(第八辑),大象出版社2008年版,第5页。
② 苏秉琦:《关于重建中国史前史的思考》,《苏秉琦文集》(三),文物出版社2009年版,第182—183页。

仰韶时代后期"①。大量仰韶文化和龙山文化的发现,为我们从文献与考古的结合上去探讨炎黄二帝与"三皇五帝"提供了依据。

一、"三皇"诸说

关于"三皇"的首次之说,从目前能看到的文献是《易经·系辞下》。其书说:"古者,包牺氏之王天下也……包牺氏没,神农氏作……神农氏没,黄帝、尧、舜氏作……"这里虽未提出"三皇"之概念,但提出了伏羲氏、神农氏、黄帝的名称。这些称呼代表了不同的历史时代。其后,出现了多种不同的"三皇"说。许顺湛根据《庄子·盗跖》《山海经》《左传》《竹书纪年》《韩非子·五蠹》《列子》《白虎通·德论》《春秋命历序》等书的记载,将"三皇"归纳为八种说法,即伏羲、神农、燧人;伏羲、神农、祝融;伏羲、女娲、神农;伏羲、祝融、神农;宓戏(伏羲)、燧人、神农;燧人、伏羲、神农;伏羲、燧人、神农;燧皇、伏羲、女娲。②到了唐以后,各地建立的"三皇"庙塑像均为"伏羲、炎帝、黄帝"。另外,还有"天皇、地皇、人皇"等之说,认为三皇分别为"天皇燧人,人皇伏羲,地皇神农"。以上说明,三皇之说一直到清代也未有一个统一的说法。今天学者多主张三皇为"伏羲、燧人、神农",他们分别代表了原始社会不同历史时期,即渔猎采集、发明用火和农耕时代。

伏羲氏 历史上则有多种名号,如包羲、宓羲、庖羲、宓牺、伏戏、虙戏等,再如牺皇、羲皇、皇羲、戏皇等,此外还有泰昊、大皡伏羲氏等。各名号的含义,历来有多种解释。有从训诂方面解释的,如东汉班固说:"伏羲仰观象于天,俯察法于地,因夫妇,正五行,始定人道;画八卦以治,下伏而化之,故谓之伏羲也。"(《白虎通义·号篇》)东汉应劭说:"伏者,别也,变也;戏者,献也,法也。伏戏始别八卦,以变化天下,天下法则,咸伏贡献,故曰伏戏也。"(《风俗通》引《含文嘉》)唐陆德明说:"包,本又作庖。郑云:取也。孟、京作'伏'。牺,郑云:鸟兽全具曰牺。孟、京作'戏',云:服也,化也。"(《经典释文》)这些多从教化的角度解释。今人有学者解释"伏"谐"父",指代"男性","羲"通"曦",指代"日",所以"伏羲"及"父曦",指"太阳"。有人还将"伏"释为"溥",有广大之意,训诂为"伟大的太阳"。还有训诂为"生殖""狩猎"等。③ 以

---

① 苏秉琦:《重建中国古史的远古时代》,《苏秉琦文集》(三),文物出版社2009年版,第165页。
② 许顺湛:《五帝时代研究》,中国古籍出版社2005年版,第5—6页。
③ 参见刘雁翔:《伏羲庙志》,兰州人民出版社1995年版,第3页。

传说事迹解释:《世本》云:"取牺牲以供包厨,故曰包牺氏;养牺牲以庖厨,故曰庖羲氏。"晋王嘉《拾遗记》云:"庖者包也,言包含万象,以牺牲登荐于百神,民服其圣,故曰庖牺,亦谓伏羲。变混沌之质,文宓其教,故曰宓牺。"晋皇甫谧《帝王世纪》云:"取牺牲以充庖厨,以食天下,故号庖牺氏,是为牺皇。"唐司马贞《补史记·三皇本纪》云:"结网罟以教佃渔,故曰宓牺氏;养牺牲以庖厨,故曰庖牺。"南宋罗泌《路史》云:"继天出震,肇修文教,为百王典。得乎中央,别而能全,宿而有成,因号伏羲。"这些解释,从伏羲所具有事迹的不同方面说明其多种名号的来源。从地域习俗角度解释:有影响的是闻一多的"葫芦"解释。闻先生在对西南少数民族地区民俗调查的基础上,结合音韵学说道:"我注意到伏羲女娲二名字的意义。我试探的结果'伏羲''女娲'就是葫芦。"①实际以上这些不同的解释是记录者的不同理解而用字不同,即同音通假字。今人研究多从民族学的角度予以解释:认为原始社会,个人名号与氏族名称是一致的,"伏羲名号兼有氏族名号和个人名号的双重意义",因而"'伏羲'也是有血缘关系的许多共同承袭的名号"②。如宋《太平御览》引《遁甲开山图》所云:"女娲氏没,大庭氏王。次有柏皇氏、中央氏、粟陆氏、骊连氏、赫胥氏、尊卢氏、祝融氏、混沌氏、号英氏、有巢氏、葛天氏、阴康氏、朱襄氏、无怀氏,凡十五代,袭伏羲之号。"关于伏羲的时代,至今还未有一个基本一致的说法:李伯谦认为伏羲氏处于考古学中国古史体系的旧石器时代中期,年代距今50万年至15万年,社会形态是原始群,主要经济生产方式是采集、渔猎③;王震中认为伏羲氏处于考古学文化的旧石器时代晚期,年代距今5万年至12000年,社会形态是原始群、氏族,主要经济生产方式是渔猎、采集④;有作者还将其定位于距今8000年至5800年之间⑤。对于伏羲的起源和活动地,古今主要有三种说法:其一"成纪说"。成纪说最早出自西晋时期。皇甫谧说:"太昊帝庖牺氏,风姓也,母曰华胥……生伏羲于成纪。"唐人司马贞《补史记·三皇本纪》说:"太昊伏羲氏……生庖羲于成纪。"成纪,司马贞引《帝王世纪》按:"天水有成纪县。"即今

---

① 参见闻一多:《伏羲考》,《闻一多全集》(一),三联出版社1982年版,第59页。
② 刘雁翔:《伏羲庙志》,兰州人民出版社1995年版,第3页。
③ 李伯谦:《考古学视野的三皇五帝时代》,王俊义主编:《炎黄文化研究》(第八辑),大象出版社2008年版,第12页
④ 王震中:《古史传说中的"虚"与"实"》,赵德润主编:《炎黄文化研究》(第十二辑),大象出版社2011年版,第15页。
⑤ 徐日辉:《伏羲文化研究》,中国教育文化出版社2005年版,第41页。

天的天水市。这种说法也被另一位唐人学者李吉甫认可,他在《元和郡县志·陇右道》中说:"成纪县,本汉旧县也,属天水。……生伏羲于成纪,即是也。"以后宋代学者罗泌、胡宏等也都接受了这一观点,分别在其著作《路史·太昊传》《皇王大纪·三皇纪》中均说伏羲为成纪人。成纪不仅有传说的伏羲的史迹,而且有延续至今的规模宏大的伏羲庙和每年的祭祀活动。所以,学界多认可伏羲起源于今天水,即"羲皇故里"。其二"雷泽说"。宋人学者乐史在《太平寰宇记》中说:"大迹出雷泽,华胥履之而生伏羲。"雷泽在何处? 历史上有两种说法:一是郑玄注《禹贡》所云:"雷泽,其泽薮在济阴城阳县西北陂。"即今山东省菏泽市;一是杜佑《通典》说唐置雷泽县属濮州。按许顺湛的考证,濮州即今河南的濮阳县①。其实,雷泽属于太昊之发祥地,因而将太昊与伏羲说成一人,故而也将雷泽说成伏羲起源地。其三"蓝田说"。此说是有人根据《太平寰宇记》《大明一统志》所说"华胥氏陵在蓝田县三十里"而推断出的结论。以陵地推生地,其证据不足。从古史传说来看,伏羲的活动不至于以上所说,他涉及黄河、长江多个地方。宋郑樵《通志·三皇纪》说:伏羲"作都于陈",或说"徙治陈仓"(《路史·太昊纪》引《遁甲开山图》)。对"陈"的解释:罗泌儿子罗苹注云"陈"即"陈仓",今陕西宝鸡市区。而今河南淮阳也称"陈",可能是因伏羲东徙,将"陈"带到那里,于是便也有了"陈"的名字。另有一说,伏羲与女娲为古苗蛮祖先,后迁居西部地区。这说明伏羲还在长江中游一带活动过。伏羲与华胥、女娲、太皞、炎黄等关系,在古史传说中也多有纠葛。古史中多有传说,伏羲"母曰华胥",或说"华胥生庖羲"。不仅如此,还说女娲也为华胥所生。故伏羲、女娲则为兄妹,或为夫妇。又传说炎帝、黄帝之父少典、之母有蟜为伏羲所生,所以,炎黄二帝也就成为伏羲之后裔。用今天的眼光来审视,这种排序自然是不科学的。实际上在古代一些学者中已将他们划在不同的族属里。因各有其发祥地、时代又不相同,所以很难说成"某生某"。如果要说有关系,只能看作为氏族在漫长的发展过程中,由分裂而产生了不同的族群。伏羲与少皞是非一人之关系,因前者出自西方,后者出自东方,地域不同;再说,前者生活于旧石器时代的中期或晚期,即渔猎采集时代,后者生活于新石器时代晚期,农耕时代,与炎黄时代基本对应。而将伏羲与太皞相联系,可能基于五行学说,太皞位于东方,属于木德,有传说伏羲生于雷泽,雷泽在今山东菏泽一带,也属于木德。不知二者之区别,便将他们联系在一起,看成为一人。还有一种说法,《左传·昭公十七年》

---

① 许顺湛:《再说雷泽》,《许顺湛考古论集》,中州古籍出版社2001年版,第358页。

载:"陈,太皞之墟也。"即在今淮阳建都,伏羲也曾迁徙于此,"都于陈"。于是便将二者联系起来。① 关于伏羲对人类的贡献,根据古史传说,可归纳多个方面,但结合伏羲所处时代考察,主要有两个方面:一是"作网罟"。《易·系辞下》云:"(伏羲)作结绳而归网罟,以佃以渔。"《尸子》云:"伏羲之世,天下多兽,教人以猎。" 二是"画八卦"。《易·系辞下》云:"古者包牺氏之王天下,仰则观象于天,俯则观法于地;观鸟兽之文与地之宜,近取诸身,远取诸物,于是始作八卦,以通神明之德,以类万物之情。"《史记·太史公自序》云:"余闻先人曰:伏羲至纯厚,作易八卦。"东汉王充《论衡·对作》篇云:"《易》言伏羲作八卦。前是未有八卦,伏羲造之,故曰作也。"至于有些古籍记载,伏羲"制嫁娶,以俪皮为礼"(三国谯周:《古史考》)、"伏羲作尺度"(《周髀算经》)、"伏羲作琴瑟"(《古史考》)等记载,在伏羲那个时代还不可能出现,嫁娶只能出现于对偶婚的炎黄时代,历法只能产生于农耕时代,琴瑟乐器的发明多记载在炎帝的名下。对于伏羲的形象,经过了一个从人—神—人的演变过程。从对传说伏羲的多种发明创造来说,伏羲具有人格的形象,但在漫长的流传过程中,又将伏羲神化,其形象演变为"人首蛇身"。蛇似龙的原型,故而又演变为龙(图腾),今人将伏羲又回归到人的形象,认同伏羲是中华民族的人文始祖,自称是"龙的传人"。

燧人氏 在司马迁的笔下,是"三皇"之一,排序在伏羲氏之后。但在其他古籍中,有将燧人氏排在伏羲氏之前的。如马骕《绎史》卷三引《帝王世纪》云:"燧人氏没,庖牺氏代之。"又在注附《三坟》曰:"伏羲氏,燧人氏子也。"当然,这里所说的"子",不是今天我们所说的子,而是指从燧人氏部落里派生出来的子部落。今人研究二者关系有两种情况:一种将燧人氏排在伏羲氏之后,其时代属于考古学的旧石器时代的晚期,距今约15万年至12000年,社会形态是氏族社会,生产方式为渔猎采集②;一种是将燧人氏与伏羲氏列为一个时代,都是考古学时代的旧石器时代的晚期,年代距今5万年至12000年,社会形态为原始群、氏族社会,生产方式为渔猎采集。③关于燧人氏的名号和功绩,古史传说钻燧取火、教民熟食。《韩非子·五蠹》云:"上古之世……民食果蓏蚌蛤,腥臊恶臭,而伤害腹胃,民多疾病,有圣人作,钻燧取火,以化腥

---

① 参见李玉洁:《中国古史传说的英雄时代》,科学出版社2010年版,第33页。
② 李伯谦:《考古学视野的三皇五帝时代》,王俊义主编:《炎黄文化研究》(第八辑),大象出版社2008年版,第12页。
③ 王震中:《古史传说中的"虚"与"实"》,赵德润主编:《炎黄文化研究》(第十二辑),大象出版社2011年版,第15页。

臊,而民说之,使王天下,号之曰燧人氏。"《御览》引《古史考》云:"……有圣人,以火德王。造作钻燧出火,教人熟食,铸金作刃。民人大说,号曰燧人。"宋人高承《事物纪原》卷十"火"条下引曰:"《礼纬·含文嘉》燧人始钻木取火,炮生为熟,令人无腹疾,遂人之意,故名燧人。《世本》曰:燧人钻木造火。《尸子》曰:燧人上观星辰,下察五木,以为火。《淮南子》曰:燧人望辰星,钻木生火。《拾遗记》曰:燧明国有火树,名燧。后世圣人至其国,息其下。有鹗啄,灿然火出。圣人感之,用小枝钻火,号燧人氏。"所谓"燧",古代取火的器材。《玉篇·火部》:"燧,以取火于日。"郑玄注《礼记·内则》:"金燧,以取火于日。""木燧,钻火也。"胡三省注《资治通鉴·隋文帝开皇二十年》:"燧,取火之木也。"原始人由采野火到自生火,这是历史的一大进步,正如恩格斯在《家庭、私有制和国家的起源》一文中认为:火的发明这是"人类对自然界的第一个伟大胜利,甚至可以把这种发明看作人类历史的开端"。所以,在民间有把燧人氏与炎帝、祝融一样被称为"火神"的。燧人氏除了发明火,还传说"定方名"、教人"为髻"。高承《事物纪原·天地生植部》引《太一金镜经》说:"昔燧人氏仰观斗极而定方名,东西南北是也。则四方之名,盖始自燧皇,定之日月。"又在《事物纪原·旗旆采章部》引《三仪实录》说:"燧人氏为髻,但以发相缠,而无物系缚。""自燧人之始,妇人束髻。"燧人氏的后裔有燧、遂姓氏,遍布于今山东宁阳、河南遂平、河北遂成等地。

神农氏前文已有记述,此处不再赘言。

二、"五帝"诸说

"五帝"首次之说的是《国语·鲁语上》。其篇说:"黄帝能成命百物,以明民共财;颛顼能修之;帝喾能序三辰以固民;尧能单均刑法以仪民;舜勤民事而野死。"提出黄帝、颛顼、帝喾、帝尧和帝舜。虽未明确指出这是"五帝",但为以后确认五帝奠定了基础。在其后的《易传》《大戴礼记·五帝德》《史记·五帝本纪》等书中所记载的,均为"黄帝、颛顼、帝喾、尧、舜"。另外,还有其他几种说法:《孔子家语·五帝》中,孔子提出太昊、炎帝、黄帝、少昊、颛顼为五帝,但在同部书的另一篇《五帝德》里,孔子又提出黄帝、颛顼、帝喾、尧、舜、禹为五帝(实为六帝)。可见此时,五帝还没有明确定型。《金楼子·兴王篇》虽未具体指出五帝是谁,但从列举的三皇五帝的顺序看,少昊、颛顼、帝喾、帝尧、帝舜为五帝。将少昊列为五帝之首。《白虎通·号》以"皇,君也,美也,大也"和"帝者,谛也,象可承也"为理论依据,在确认"三皇"之后提出:"五帝者,何谓也?《礼》曰:黄帝、颛顼、帝喾、帝尧、帝舜,五帝也。"不过,班固在《五行》篇中,也赞成以五行为基础的天神大帝性质的五帝说,即太昊、炎帝、黄帝、少昊、颛顼之说。这种被神化了的五帝,在《吕氏春秋》《淮南子》等书里也有反映。《风俗通义》对《易传》《礼记》《春秋》《国语》《太史公记》等提出的五帝进行了论述。说明《风俗通义》的作者是认可黄帝、颛顼、帝喾、帝尧和帝舜这种说法的。《拾遗记》虽未直接点名三皇五帝,但从排列的顺序看,也是将少昊、颛顼、帝喾、帝尧、帝舜作为五帝的。现在学界多认可司马迁所确认的黄帝、颛顼、帝喾、帝尧和帝舜的五帝说(其事迹参见第四章第三节"黄帝的裔孙裔族")。

三、炎黄二帝与"三皇五帝"之关系

从上面"三皇""五帝"诸说里,都将炎帝和黄帝列于其中。在八种"三皇"里,有七种提到神农。尽管现在学界多认为神农和炎帝代表了不同的时代,即神农代表的是新石器时代的早中期,炎帝代表的是新石器时代的晚期,不是同一个"人"。但从二者的事迹看,都与农业的产生有关系。神农代表的是早期的农耕文明时代,炎帝接续神农时代的农耕文明,是为推动农耕文明作出重要贡献的一个英雄人物或族群。因神农和炎帝都是农耕文明的代表,所以,秦汉之际的学者们,将炎帝和神农氏"合户",号称"神农氏炎帝"或"炎帝神农氏"。或如有的文献所说:"炎帝,身号;神农氏,世号。"因而,汉以后均将炎帝与神农氏视为一"人"。唐代和明清时期,朝廷下诏,各府、县修建的三皇庙,其祭祀对象,均为伏羲、炎帝和黄帝。明清在北京建立的历代帝王庙里,最前排中央摆放的牌位也是炎帝和黄帝。说明神农氏完全被炎帝所代替。在五帝里,仅有一种列有炎帝,但在其他几种里均列有黄帝,而且均在第一位。尤其是司马迁将颛顼、帝喾、尧、舜、禹及夏、商、周视为黄帝之后裔。可见其黄帝在五帝中的地位之崇高。

第二节 司马迁"五帝观"与其历史现实意义

研究司马迁"五帝观",不仅有着深刻的历史意义,而且对今天铸牢中华民族共同体意识亦有着重要的现实意义。

一、司马迁"五帝观"的内涵

司马迁在综合《世本》《大戴礼记》等书的基础上,在《史记·五帝本纪》中确认黄

帝、颛顼、帝喾、帝尧和帝舜为五帝。其后的《夏本纪》《殷本纪》《周本纪》《秦本纪》等，都是以《五帝本纪》的顺序进行安排。尽管五帝有多种说法，但在历史上还是以司马迁提出的"五帝"说影响最大。

司马迁的功绩不仅在于提出自己所认可的五帝，更重要的是他通过吸收前人研究成果和实际考察，站在国家、民族一统的历史高度，"整齐百家杂语"，在《五帝本纪》里建立起自己一套完整而系统的"五帝观"，也可称为民族观和中国观。他将其他四帝即颛顼、帝喾、尧、舜，置于一个世系内，将他们均说成是黄帝的后裔，具有一脉相承的血缘关系，组成了一个庞大的华夏族谱系，即把颛顼说成是黄帝的孙子，帝喾是黄帝的曾孙，尧为黄帝的玄孙，舜为黄帝的八代孙。即使夏商周三代，也被纳入黄帝一个世系。使黄帝与炎帝一起，成为华夏族的始祖，也就是我们今天所说的中华民族的人文始祖。这显示了一个伟大的历史学家独到的眼光和深邃的思想。

二、司马迁"五帝观"的历史意义

司马迁所建立的"五帝观"，尽管受到后世人的不断质疑，甚至予以否定。但是，从国家一统、民族凝聚这一角度去认识，无疑在中国历史上产生过重大而深远的影响。正如李伯谦所说："运用历史主义的观点，从社会发展的角度来看待这些传说，我认为都可以将三皇五帝作为历史发展的不同阶段来看待。"又说："关于三皇，我比较倾向伏羲—燧人—神农的排序……关于五帝，我认可司马迁的排序。"[①]因而，我们说，司马迁的"五帝观"，不是什么附会之说，也不是什么认识的缺失，更不是"疑古派"所谓的"层累地造成的古史"，即顾颉刚所说的，"三皇五帝夏商周"的历史都是后来一层一层叠加上去的，是靠不住的，而是司马迁在非常理性的"好学深思"后，才写出《史记·五帝本纪》这篇鸿文巨著。他在这篇巨著中明确地说道："学者多称五帝，尚矣。然《尚书》载尧以来，而百家言黄帝，其文不雅训，荐绅先生难言之。"从这句话里，我们可以看出司马迁对民间流传的五帝事迹是非常清楚的，尽管五帝传说已很长久了，但并未引起世人的注意，连《尚书》这样的书都不载，其他诸子们也没有人说黄帝好听的话，即使那些有身份的人也难以说清楚。但在这种情况下，司马迁为什么还要"摘其言尤雅者，故著为本纪书首"？说明司马迁当时写此篇是有深意的。其目的就是想以"血缘"关系建立起华夏民族的"命运共同体"，即我们今天所说的中华民族

[①] 李伯谦：《考古学视野的三皇五帝时代》，王俊义主编：《炎黄文化研究》（第八辑），大象出版社2008年版，第6页。

命运共同体。当然,我们这样说,并不否认华夏族/汉民族(中华民族)的多元性,即以华夏为核心而融合周围"四夷(夷、蛮、戎、狄)"的历史事实。

司马迁为了建立自己的"五帝观"体系,他在深思的基础上,通过"西至空桐,北过涿鹿,东渐于海,南浮江淮"的广泛考察,了解到"长老皆各往往称黄帝、尧、舜",并通过阅读《春秋》《国语》《五帝德》《帝系》等文献,在深入考察了春秋战国以来各自为政、攻伐频仍、华夷互斗的历史和秦汉社会态势后,为了适应当时秦汉王朝中央集权制而建立的"大一统"之国家的时代要求和百姓渴望统一而稳定的社会秩序,而建立起自己的"五帝观"。试想,在"百家言黄帝,其文不雅训,荐神先生难言之"的社会氛围下,提出这样的思想,需要多么大的胆识和勇气。所以,从国家一统,民族凝聚,人民和谐这个意义上来说,司马迁的"五帝观",其政治意义要远远大于血缘意义。他以"血缘认同",不仅为秦汉王朝建立的大一统国家体制确立了理论基础,而且,也为其后两千多年的国家一统、民族共同体形成奠定了理论基础。不论历史上的华夏族和周边之"四夷",还是今天的汉族、少数民族;不论是汉人执掌政权,还是夷人执掌政权,都将黄帝以及炎帝和其他四帝,作为国家之象征,民族之始祖,视为文化之根、文明之源、民族之魂。这也就是中华文明之所以能绵延五千多年或更长时间,中华民族之所以能瓜瓞绵绵,即使遭到重大自然灾害,或面对列强入侵,或内部纷争,裂而不散,散而不灭,由五六千年前的炎黄联盟集团到华夏族/汉民族,再到构成今天 56 个民族的共同体的重要原因之一。"五帝观"在延续、发展、壮大中华民族,构建中华民族命运共同体方面发挥着积极而无可替代的作用。

中华民族共同体的形成,经过了一个漫长的历史过程,有着自己独特的形成、发展道路。按照民族学的观点,追溯中华民族的起源、形成和发展,不仅是指生活在同一地域内,而是由氏族、部落、部落联盟到部族再到华夏族/汉民族和中华民族,就像滚雪球一样,逐步发展起来的。在这漫长曲折地形成、发展过程中,血缘在某种程度上起到至关重要的联系、纽带、凝聚作用。实际上夏商就是一个血缘性的国家,是以夏人和商人为主体而建立的国家。不仅如此,西周和东周也是一个更为明显的例子。从文献记载看,炎黄二帝是由少典氏和有蟜氏派生出来的且具有血缘关系的"双胞族"。① 在其后二者的共同发展中,两族始终相伴而行,互为婚姻。而这种姻亲一直延续至春秋战国时期。从这个意义上说,周人是姬姜二族结合的结果,也就是说周

---

① 霍彦儒:《炎帝故里——华夏先祖的诞生之地》,陕西人民出版社 2014 年版,第 11 页。

人是炎黄二族之共同后裔。所以周人姓姬,称黄帝为其始祖,又将姜炎族称为"外家国"。因有此姻亲关系,所以,在西周及其东周时期,周人与羌(姜)人结成政治联盟,而周人的统治就是以这种政治联盟为基础的,一荣俱荣,一损俱损。西周的灭亡就是因这种政治联盟的破裂而导致的。

这种血缘关系,致使中华民族自古以来就产生了"慎终追远""认祖归宗"的心理和意识。司马迁的"五帝观"也正是这种心理和意识的反映。所以说,司马迁的"五帝观"不仅符合于当时人们的"大一统"观念,也符合于人们"认祖归宗"的心理。在这种观念和心理影响下,自秦汉以降,不管是汉族统治者,还是少数民族统治者,都尊炎黄二帝为始祖,自称为炎黄之后裔(《辽史·世表》)。即使有些少数民族统治者虽未明确称炎帝、黄帝为始祖,或自称为"炎黄子孙",但对炎黄二帝还是十分推崇的。如金朝视炎黄二帝与历代帝王一样,立制对炎帝、黄帝每三年一祭,表示对其崇敬。这种从"血缘认同"到"政治认同""文化认同",虽是为了达到巩固其统治之目的,但在客观上,对构成中华民族命运共同体无疑起到积极地促进和凝聚作用。

司马迁的"五帝观",不仅得到统治者的推崇,而且也为古代有识之士所认同。如宋代学者欧阳修在《新唐书·高祖本纪》中说:"考之世本,夏商周皆出于黄帝……"另一位宋人学者郑樵在《通志·三皇纪》中说:"黄帝在位百年,五帝三王,皆黄帝之裔也。"元代学者马端临在《文献通考·帝系考·皇族》一书中说八恺、八元"皆黄帝之裔也。……盖古之仁者世禄,而五帝三代之世系,未有不出自黄帝者也"。虽未明确说是对司马迁"五帝观"的肯定,但从其表述看,实为司马迁"五帝观"的沿袭。

不仅古代学者多有认同司马迁"五帝观"的,就是在近现代学者中也多有赞同司马迁"五帝观"的。梁启超曾说:从司马迁开始,"认识历史为整个浑一的,为永久相继的。非至秦汉统一后,且文化发展至相当程度,则此观念不能发生。而太史公实应运而生"①。梁先生所说司马迁"五帝观"的产生不是空穴来风,而是"文化发展至相当程度"的结果,即秦汉"大一统"国家建立实践的产物。顾颉刚虽认为司马迁的"五帝观"是"谎言",但又认为司马迁"五帝观"有"匡济时艰,使各民族间发生了同气连枝的信仰"。② 顾颉刚所说"这是谎言"是指血缘方面,但从国家"大一统"政治观念上,顾颉刚还是肯定了司马迁的"五帝观"对构建中华民族共同体具有"同气连枝"的作用。费孝通曾指出:"虚构三皇五帝的系统,不是哪一个人而是各族的群众。如果

---

① 梁启超:《要籍解题及其读法》,岳麓书社2010年版,第22页。
② 顾颉刚:《古史辨·序》(第四册),上海古籍出版社1982年版。

我们同意中华民族统一体的不断扩大正说明了我们民族的强盛和文化的发展,那么为什么不肯认可这种认同象征的联宗呢?"①显然,费先生也不是从血缘方面去评价司马迁的"联宗",而是从国家一统出发,指出司马迁这种"联宗"的意义在于构建了中华民族的共同体。民族共同体是国家一统的基础。有了这个基础,国家才能长治久安,永续长存。杨向奎曾对司马迁的"五帝观"做出高度评价。他说:"司马迁的法后王主张和他的歌颂大一统可以结合起来,这是司马迁历史哲学中的精华所在。"②说明司马迁"五帝观"正是对其"究天人之际,通古今之变,成一家之言"的历史观的体现。

总之,两千多年来的历史证明,司马迁的"五帝观",其政治和文化意义要远远地大于其血缘意义,在构建中华民族共同体和国家一统方面作出了重大贡献。在中国历史上,多次出现的"炎黄热",尤其是在民族危亡,或国家盛世时期,炎黄热的兴起和对炎黄二帝的祭拜,与司马迁的"五帝观"不能不说有着密切的联系。

三、司马迁"五帝观"的现实意义

党的十八大以来,习近平总书记着眼于新时代民族团结进步事业的新发展,站在国家发展战略的高度提出了"铸牢中华民族共同体意识"这一重大历史性命题。特别是习近平总书记在2019年9月召开的全国民族团结进步表彰大会上发表的重要讲话中,明确指出:"要以铸牢中华民族共同体意识为主线,全面贯彻党的民族理论和民族政策,坚持共同团结奋斗、共同繁荣发展,把民族团结进步事业作为基础性事业抓紧抓好,促进各民族像石榴籽一样紧紧拥抱在一起,推动中华民族走向包容性更强、凝聚力更大的命运共同体。"③

习近平总书记提出的"筑牢中华民族共同体意识",不仅是基于中华民族起源、形成的历史原因,更重要的是着眼于中华民族的未来发展。从历史的角度追溯中华民族共同体意识的起源和形成,即可追溯至炎黄时代。炎、黄、蚩通过战争相融合而建立的华夏联盟集团,是中华民族共同体意识产生之渊源。在其后数千年的历史发展长河中,这种以炎黄二帝和炎黄文化为核心的共同体意识,如同由"自在"到"自为"

---

① 费孝通:《顾颉刚先生百年祭》,《读书》1993 年第 1 期。
② 杨向奎:《大一统与儒家思想》,北京出版社 2011 年版,第 126 页。
③ 习近平:《在全国民族团结进步表彰大会上的讲话》,《光明日报》2019 年 9 月 28 日第 2 版。

的中华民族形成一样,是由不自觉到自觉,由无意识到有意识。而司马迁的"五帝观",正是对中华民族共同体意识由"不自觉"到"自觉",由"无意识"到"有意识"的反映。所以,今天,我们面对国际国内的新形势和新任务,面对我国由多民族构成的现状,站在"筑牢中华民族共同体意识"的角度和高度,去认识、理解司马迁的"五帝观",而不是仅仅从血缘关系的角度。那么,司马迁的"五帝观"无疑有着重要的现实意义。其主要反映在以下三个方面:

一是司马迁的"五帝观"为筑牢中华民族共同体意识奠定了血缘认同的基础。中华民族的前身是华夏族,而华夏族的核心是以炎黄二帝为首的华夏联盟集团。所以,我们称炎黄二帝是中华民族的始祖。当然,这里所说的始祖,包括两层含义,一是指人文始祖,一是指血缘始祖。尽管今天,我们更多强调的是人文始祖,但不可否认,以汉族为主体的中华民族有着源远流长的血缘关系。正是这种源远流长的血缘关系,使中华民族由"一元多支"再到"众支融合"①,形成今天包含有56个民族的大家庭。这个大家庭的绝大部分成员,自古能逐渐凝聚在一起,不能不说是与血缘有一定的关系,而且愈在早期这种血缘愈浓。这种中华民族的"一元",已被近年出现的体纹学和肤纹学研究所证明。通过科学家对人体肤纹的比较研究,"发现我们56个民族自古就是一家人,是一元的,一个族系祖先遗传下来的"②。另有科学家获得两组人类生态学和血型学研究的成果,表明现代美洲原住民迁徙到美洲之前,还有一批黄种人群体经过西伯利亚迁移到美洲。科学家通过对这群人基因组合序列的分析,推断出4000年前的这些古人类是具有亚洲人中常见的A型血、褐色眼睛和浓密的黑发等体质特征,通过这些特征可以复原出他们的真实形象(古代亚洲人体形态)。美国考古学家威力教授通过研究发现,冰河后期,亚洲人移居美洲共有三次,有的是从陆桥通过的,其中主要是东亚蒙古人种,即中国系的民族。③

再说,历经数千年的中华姓氏,虽不能作为追溯血缘一脉的唯一线索,但是,从数千年不变的古老姓氏源流中,我们还能找到这种一脉相承的"基因"。关于姓氏,早期是分开的,各有不同的含义和特点。大概战国以后,"氏"逐渐失去其本义,与"姓"合二为一。据《说文解字·女部》解释:"姓,人所生也。"早于《说文》的《白虎通·姓名》说:"姓,生也,人所禀天气所以生者也。"始此许慎所本,其义为所生之子。因而,姓氏则成为血缘之标识。据有关资料显示,2010年出版的《中华姓氏大辞典》(袁义

---

①②③ 石兴邦:《羌文化与凤县·序》,陕西人民出版社2011年版,第2页,第3页,第4页。

达、邱家儒)收录的汉字姓氏 23813 个,2014 年出版的《中华姓氏源流大辞典》(徐铁生)收录的汉字姓氏 31684 个。而据有关居民证信息统计,当今仍在继续使用的汉字姓氏有 7327 个,以常用的 100 个姓氏统计,约占总人口的 85%。① 据张新斌统计:在历代谱书中,所展示的姓氏来源一般来自炎帝、黄帝和东夷(太昊、少昊)三个系统。根据《世本》(秦嘉谟本)的统计,在所收 145 个姓氏里,出自黄帝者 110 个,占比 75.9%。《元和姓纂》收录 1714 个姓氏,出自黄帝者占比 86%,黄帝族系仍为主流族系。若在当今 100 个大姓中,出自黄帝者 86 个,占比 86%,实际人口数量达 9.74 亿,占人口总数的 76%。若在当今 300 个大姓中,出自黄帝者 270 余个,占比 90%,实际人口达 10.6 亿,占人口总数的 82%。若再按 2007 年公布的 100 个大姓排序计算,出自黄帝者 70 个,兼属黄帝、炎帝者 10 个,兼属黄帝、东夷者 8 个。总的来说黄帝族系仍占据着主体地位。② 由此可知,从姓氏的角度追溯,中华民族的绝大多数是与黄帝有关系的,也就是说有着一定的血缘关系。这与前面肤纹学的研究结论大体是吻合的。

虽则这些研究还不能成为绝对结论,但起码从一个侧面说明,司马迁所建立的以黄帝为始祖、其他四帝为后裔的"五帝观"是以一定的历史事实为依据的,而不是一种完全的臆测,也完全不是什么"谎言"。所以,司马迁在《史记·五帝本纪》中说:"自黄帝至舜、禹,皆同姓而异其国号,以章明德。故黄帝为有熊,帝颛顼为高阳,帝喾为高辛,帝尧为陶唐,帝舜为有虞。帝禹为夏侯氏而别氏,姓姒氏。契为商,姓子氏。弃为周,姓姬氏。"可见,在司马迁等古人的眼中,从黄帝到尧、舜、禹及至商周,都是一脉相承,"血浓于水"。所以说,司马迁的"五帝观"就为中华各民族之间和民族内部的血缘认同奠定了基础。

二是司马迁的"五帝观"为筑牢中华民族共同体意识奠定了文化认同的基础。随着历史的演进,越来越多的学者认识到,司马迁所建立的"五帝观",不是仅指一种血缘关系的认同,而同时具有文化的认同意义。所以,在称炎黄是中华民族之始祖,也是更多地从"人文"的角度来认识。在自称"炎黄子孙"的时候,也不是仅指血缘的一种关系,而更多的是指广意上的"徒子徒孙"。因而,这也是司马迁"五帝观"至今越来越被人们认可的重要原因之一。因为"血缘的亲近感和内在情愫的存在"③,更容

---

① ② 张新斌:《略论中华姓氏中的"黄帝主体"文化现象》,张庚富、武敬东主编:《全国炎黄文化论坛暨第五届中部六省炎黄文化论坛论文集》,山西人民出版社 2018 年版,第 44 页,第 46—48 页。

③ 石兴邦:《羌文化与凤县·序》,陕西人民出版社 2011 年版,第 4 页

易产生文化上的相互交流和融合。

司马迁在《史记》开篇《五帝本纪》中,在他所建立的"五帝观"学说中,还有一个不可忽视的方面,即对黄帝及其他四帝为人类所作贡献的记载。这也是构成司马迁"五帝观"的重要组成部分。《五帝本纪》云:

> (黄帝)东至于海,登丸山,及岱宗。西至于空桐,登鸡头。南至于江,登熊、湘。北逐荤粥,合符釜山,而邑于涿鹿之阿。迁徙往来无常处,以师兵为营卫。官名皆以云命,为云师。置左右大监,监于万国。万国和,而鬼神山川封禅与为多焉。获宝鼎,迎日推策。举风后、力牧、常先、大鸿以治民。顺天地之纪,幽明之占,死生之说,存亡之难。时播百谷草木,淳化鸟兽虫蛾,旁罗日月星辰水波土石金玉,劳勤心力耳目,节用水火材物。有土德之瑞,故号黄帝。

在这里,司马迁为我们塑造了一位英雄始祖的形象。说黄帝不仅通过阪泉、涿鹿之战,与炎帝族和蚩尤族融合,建立起中国历史上第一个"大一统"华夏联盟集团,"诸侯咸尊轩辕为天子",始创华夏民族共同体,而且带领族民,为人类在衣食住行等多方面做出了一系列发明创造,开创了中华文化、中华文明之先河。黄帝所创造的一系列物质文化、精神文化和制度文化,成为中华文化之祖根文化、源头文化,所以被称为中华"人文初祖"。

筑牢中华民族共同体意识,其中一个重要方面,就是文化的认同。习近平总书记指出:"文化认同是最深层次的认同,是民族团结之根,民族和睦之魂。"①也就是说,文化认同不仅是构建中华民族凝聚力的基础,同时也是筑牢中华民族共同体意识的基础。所以,司马迁的"五帝观"不仅是一种"血缘观",更是一种"人文观""文化观",对中华民族各民族之间的文化认同起到积极的促进作用。

三是司马迁的"五帝观"为筑牢中华民族共同体意识奠定了政治认同的基础。这里所说的"政治认同",不是仅指对某种政权和政治制度的认同,而是指对"国家"的一种认同。前面所说的血缘认同,从某种意义上说,也是一种民族认同。对于单一民族的国家来说,民族认同也就是国家认同。但对一个多民族的国家来说,只有把民族认同上升为国家认同,才能保障这个国家长治久安,永不分裂或灭亡。反之,这个国家不是动乱不止,就是被外族入侵或自行消亡。这种情况,在中外历史上是不乏其例

---

① 习近平:《在参加第十三届全国人大四次会议内蒙古代表团审议〈政府工作报告〉时的讲话》,《光明日报》2021年3月6日第1版。

的。所以从某种意义上说,国家认同比起民族认同更深刻、更重要。

司马迁的"五帝观"适应的是秦汉"大一统",是王朝认同的理论基础。而古代"王朝"就是国家的象征,所以,"五帝观"实际上也是为国家认同建立理论基础。今天,要让56个民族"像石榴籽一样紧紧拥抱在一起",要保证国家长治久安世代永续,国家认同就显得至关重要。司马迁的"五帝观"无疑对我们从民族认同走向政治认同即国家认同,具有十分积极的促进作用。

中国是一个统一的多民族国家,中华民族是一个统一的命运共同体。中华民族共同体意识,是国家统一之基、民族团结之本、精神力量之魂。因而,筑牢中华民族共同体意识,不论在过去、还是在今天、在未来,都是中华民族一个重大的理论和实践课题,具有重要的政治意义和学术意义。

中华民族自古以来就是一个特别重视慎终追远、认祖归宗的民族,不论是作为个人,还是作为群体;不论是在本土,还是在天涯海角,中华民族都不失其这一优秀的民族品格。所以,司马迁所建立的"五帝观",至今仍有强大的生命力,仍为国人所认同,其根源就在这里。我们不能轻易地予以抛弃和否定。

总之,对司马迁《史记·五帝本纪》中所提出的"五帝""三代"说成与黄帝具有"一脉相承"的血统关系,以及关于炎黄二帝世系的古史传说,学界目前大多认为附会的成分要多于信史,表示怀疑或否定。笔者认为,尽管此说未必是历史的真实记载,但也不能认为子虚乌有,全盘予以否定。我们倘若站在国家"大一统"和中华民族"多元一体"这一历史高度,以及2000多年来,在中华民族生生不息和中华文明绵延不断中所发挥的历史作用来考虑和认识,司马迁的"五帝观"不仅反映了春秋战国和秦汉时期的历史实际,同时也反映了中国历史发展的大趋势,即国家走向统一,民族走向一体。说明司马迁通过秦汉"大一统"现实,已深刻认识到,国家一统必须建立在民族一统的基础之上。这种"五帝观"影响到今天,成为"五方民族共天下"的"血缘"认同的基础。如果我们今天主要从"文化"角度,而非"血缘"角度理解司马迁的"五帝观",承认炎黄二帝的"世系"传说如同"炎黄子孙"这一称呼,不仅是指血缘上的"子子孙孙",更主要的是指人文上的"徒子徒孙"。再说,我们既然承认黄帝是中华民族的人文始祖,也就不妨将司马迁所建构的"五帝""三代"世系看作一种"人文"系统而予以承认。

第六章　炎黄与炎黄族的迁徙

据现有考古学文化提供的资料显示,我国旧石器时代和新石器时代早期遗址发现得还比较少,文化遗存也比较少,说明在此时期人类的活动范围也相对比较小。目前还看不出有族群(包括氏族、部落或部落联盟)迁徙的迹象。而到了距今8000年左右的新石器时代中期以后,考古学发现的古文化遗迹开始增多,文化遗存相对丰富,反映出当时人类活动的范围开始扩大,各地之间的交往逐渐频繁起来,族群迁徙现象业已出现。炎帝与炎帝族、黄帝与黄帝族的向外迁徙也正好发生于这个时期。

第一节　炎帝与炎帝族的迁徙

不知经过了多少岁月,炎帝与炎帝族在宝鸡渭河流域,形成一个拥有众多氏族的部落或者部落联盟。随着部落的壮大,人口的增多,以及渭河流域新石器时代中晚期气候的变化,炎帝族除有部分支族仍然留在宝鸡渭河流域繁衍生息、继续发展外,其他支族开始向外迁徙。可能有一支首先较早地迁移到渭河北岸的岐山、扶风一带,故那里也出现了姜水和姜氏城的水名和地名。随后又有一支或数支顺着渭河向东到骊山一带,再越过黄河到达东北、东方方向的晋、冀、豫、鲁等地,另有一支到达东南方向的鄂、湘地区。另外,还有一支炎帝裔族迁徙至西北甘、青和西南川、藏等地。所以,这些地方也或多或少地留下了炎帝与炎帝族活动的遗迹或炎帝文化的传说。

一、晋冀地区

古史传说,炎帝带领族民在骊山(今西安临潼一带)居住一段时间后,东徙伊水(今河南伊川县一带),以水名而号"伊氏"。后北渡黄河,到达今山西"耆"地,建立了

"耆国"。① "耆国"即"黎国"(《史记·周本纪·正义》)。耆、黎,一地二名,在古上党"潞州黎城县东北十八里"(《括地志》)处,今属山西长治、晋城两市。据明代《潞州志》记载:"潞,《通志略》:炎帝之后,黄帝封其支于潞,即春秋潞子婴儿国是也。""潞"即"路"。唐林宝《元和姓纂》"路"字条下载:春秋路子婴儿国就是"今上党路县"。

炎帝与炎帝族在"耆"地的生产活动,主要集中在百谷山和羊头山(古代称"烈山")一带。百谷山,一名柏谷山(俗称老顶山),位于今长治市东北部十多里处;羊头山在今高平市(古称长平)神农镇北部,位于高平、长子、长治三市县交界处,因山顶巨石状如羊头而得名。长治百谷山和高平羊头山,两山山势高大巍峨,危峰挺拔,沟壑纵横,树木繁茂,是先民理想的生活之地,传说也是炎帝与炎帝族的繁荣时期。

在今长治、晋城两市及所属诸县、市一带,传说有炎帝遗迹百余处。今长子县有神农井(《玉海》卷一四引《国史志》),壶关县有"神皇"得谷处,大宁县有神农尝五谷处(《元丰九域志》),黎城县有神农城、神农泉等。长治市百谷山有神农洞,高平市羊头山有神农城、神农井、五谷畦、艺谷圃等。当然,这里所说"遗迹",不可能为当年炎帝所留,只能被看作是后世人为了纪念炎帝的一种附会之说。

在今长治、晋城两市及所属诸县、市一带,至今还遗存有数十处后世人为祭祀炎帝而修建的神农庙、五谷庙、炎帝行宫等遗址和建筑。有些建筑已被毁坏,仅有碑碣或碑文留存,有些至今完整保存,成为今天民众祭祀炎帝的场所。

此外,在今长治、晋城两市一带,还流传有炎帝在此采药、种谷、仙逝、祭祀等民间故事。如南朝任昉《述异记》说:在今山西长治一带神釜冈中,有神农尝药鼎。成阳山中,有神农鞭药处,一名神农原,一名药草山。山上有紫阳观,世传炎帝曾在此辨百药,山中有"千年龙脑",即今日叫冰片的中药。又如艺谷圃传说是炎帝种谷的实验田;庄里村是炎帝尝百草、不幸中毒而死"装殓"的地方;原家庄传说是炎帝夫人住过的村子,等等。有关炎帝方面的民俗如农历正月初一、正月十五的炎帝祭祀及"春祈""秋报"的炎帝庙会,农历十月初十家家户户用软米、黍捏成元宝、羊、灯盏等形状,以敬谢五谷老爷,等等。这些传说也从一个侧面反映了炎帝与炎帝族迁徙于伊洛、古上党一带的活动情况。

传说炎帝带领族民和土著族一起在此刀耕火种,发展农业生产。在取得成功后,

---

① 另有一种观点认为:炎帝族有一支先期到达今河北阪泉涿鹿一带,自阪泉之战后,炎帝族与黄帝族再沿桑干河、汾河折回晋南一带。参见陈平《略论阪泉涿鹿大战前后炎帝族的来龙去脉》,《炎黄春秋》增刊《炎黄文化研究》2001 年(总)第 8 期。

被族民和土著族奉为首领,号"伊耆氏"。关于炎帝"伊耆氏"称号的来源,有学者认为:耆、岐相同,"耆山"即"岐山";其言伊者,伊为有台(邰、骀)。故迁徙他处,地名相随,也出现了伊、耆或伊耆之称①,"非原始伊耆之耆,本在晋也"②。

在晋南、晋东南活动的炎帝族系还有夙沙氏、炎帝少女(精卫)等。对烈山氏在山西的活动,钱穆在《西周地理考》中认为:山西介休的介山即厉山、烈山,"历、烈、介皆声转相通。……汉魏以来,相传有焚山之事。窃疑相传之事即烈山氏之遗说也"③。传说夙沙氏主要活动于今运城盐池附近,精卫主要活动于太行群山中的发鸠山。除此,在太行山一带传说还有共工氏、四岳氏、姜戎以及吕、申、许等炎帝后裔亦曾在此活动过。

从考古学文化来说,炎帝在这一时期的活动,相当于新石器仰韶文化的中期,即距今6000年前后。在此期间,先后发现或发掘的主要有山西芮城东庄类型和西王村类型,翼城北橄、大同马家小村、侯马褚村、垣曲古城东关与宁家坡等遗址,以及太谷土河、白燕、娄烦童子崖、太原义井等遗址。这些遗址和出土文物,反映了山西地区仰韶文化前、中、后期的社会状况。长治、高平等地也属于仰韶文化区域。其文化面貌既与西安半坡、河南三门峡庙底沟文化有相同因素,又有自身的特点。这从考古学文化遗址说明山西地区在仰韶文化时期,也曾是炎帝、土著、戎、狄等氏族部落的居住地和活动区。

史料传说,炎帝与炎帝族还迁往今河北涿鹿一带。炎帝与蚩尤、黄帝曾在涿鹿、阪泉一带发生战争。(《逸周书·尝麦解》《史记·五帝本纪》)因而,在此地也留下了有关炎帝与炎帝族活动的踪迹。北魏时期的地理书《魏土地记》说:"下洛城东南六十里有涿鹿,城东一里有阪泉④,泉上有黄帝祠。"与今天地名相对应,下洛城址即今之涿鹿县城,其东南六十里的涿鹿城,恰好相当于现在县城东南六十里处的矾山镇涿鹿古城。北魏郦道元《水经注·漯水》沿袭《魏土地记》的说法,将黄帝泉指为"阪

---

① 参见王献唐:《炎黄氏族文化考》,齐鲁书社1985年版,第383页。
② 王献唐:《炎黄氏族文化考》,齐鲁书社1985年版,第384页。
③ 钱穆:《西周地理考》,转自霍彦儒、郭天祥:《炎帝传》,陕西旅游出版社1999年版,第133页。
④ 〔宋〕沈括:《梦溪笔谈》卷三:"解州盐泽,方百二十里。久雨,四山之水悉注其中,未尝大溢;大旱,卤色正赤,在阪泉之下,俚俗谓之蚩尤血。"按:解州在今山西运城市,安邑即今运城市安邑县,盐泽今称解池。此即阪泉所在之地。

泉",而另将涿水所出之泉称作"张公泉"。其原文:"涿水出涿鹿山,世谓之张公泉,东北流涿鹿县故城南……其水又东与阪泉合,水导源县之东泉……涿水又东北迳祚亭北,而东北入漯水。""漯水"即今之桑干河。而另一种说法是指今涿鹿县矾山镇七旗泉为阪泉(还有说在河北中部保定境内,或在河北南部磁县一带①)。《宣化府志》说:"矾山堡西南十里,有七旗里泉,即阪泉也。"在明清的《保安州志》《怀来县志》均有此类记载。在当地今人所编写的《涿鹿风物志》《涿鹿风土人物志》中亦说:"阪泉即古涿水之源,现在矾山镇西南上七旗村。"据调查,阪泉水在20世纪80年代初还在流淌,以后在此办砖厂被填埋,至今仅留下名字而无泉水,即"名存水亡"。② 又有《周书》说:"黄帝杀蚩尤于中冀,名曰绝辔之野。"尽管由于地名的变迁,在记载上有错误之处,但所涉及的遗迹均在今河北涿鹿一带却是无疑的。至今,涿鹿矾山镇有个七旗村(亦叫炎帝营),坐落于阪泉旁,世代相传炎帝与黄帝曾在此打过仗,"树起七杆大旗摆阵势"的故事就是讲的这件事。至今在矾山镇周围,传说的炎帝营、黄帝城、黄帝泉、蚩尤泉、蚩尤城等遗迹犹存。

此外,古史传说,还有一支炎帝后裔即烈山氏从山西介休迁往今河北邯郸一带,在今肥乡东北十五里处有列人城,《竹书纪年》载:"梁惠王伐邯郸,取列人。"就指的这个地方。汉代曾在肥乡一带置列人县,东晋时慕容农等奔列人县,也在这里。可见列人曾长期生活于此地。可能有支列人沿着渤海湾北迁辽东乃至朝鲜半岛的列水流域,在那里留下了多处以列命名的山水名。(《山海经·海内北经》郭璞注)

依据苏秉琦的观点,在距今5500年或稍后,即相应的庙底沟文化中期,黄帝与炎帝、蚩尤发生了阪泉和涿鹿之战,那么,炎帝与炎帝族向冀西北的迁徙大概约在6000年或略后。为此,苏先生从文化传播学角度对炎帝与炎帝族阪泉之迁徙路线做了考证。苏先生指出,源于陕西关中西部的仰韶文化,约当距今6000年前后分化出一个支系(以宝鸡北首岭上层为代表),在华山脚下形成以成熟型的双唇小口尖底瓶与玫瑰花枝图案彩陶组合,为其基本特征的"庙底沟类型",而彩陶的玫瑰花图案又可分为"一枝花"和"一朵花"两种。其中的"一枝花"图案彩陶,由渭河下游关中东部出发,向东北方向,自汾河入黄河的河津渡口东渡黄河,然后溯汾河而上,至汾河与桑干河共源,越过两河分水岭,再沿桑干河而下,出晋东北而到达河北省西北部张家口支流

---

① 江林昌:《中国上古文明考论》,上海教育出版社2005年版,第57页。
② 王北辰:《古涿鹿黄帝遗迹述略》,《炎黄春秋》增刊《炎黄文化研究》1995年(总)第2期。

壶流河畔的蔚县合营一带。通过这"S"形通道,就将华山脚下的仰韶文化庙底沟类型与燕山一带的后期红山文化连接起来,使庙底沟文化类型得以到达冀西北桑干河流域的蔚县合营一带。① 对此,有学者认为,苏秉琦所揭示的"一枝花"玫瑰花形图案彩陶传播路线,正好反映了炎帝与炎帝族一支在阪泉、涿鹿大战前由关中西部渭水流域向冀西北涿鹿、怀来两县桑干河谷地的迁徙路线。②

二、鲁豫地区

古史传说,炎帝"都于陈"(《路史·国名纪甲》)。就是说炎帝与炎帝族发展到今河南西部、山西东南(含偏北地区)及河南北部(今安阳地区)后,又向黄河以南发展,逐渐在古华胥国故地(今河南新郑一带)形成一大部落,中心聚落城在今新郑市郭店镇华阳寨村一带。这里地势平坦,规模较大,遗留有东南走向的巨型土城垣。经考古调查和发掘,采集、出土有仰韶文化遗物,认为是一大型仰韶文化时期的城址。之后,炎帝带领部分族民,又向陈地(今河南淮阳)拓展。炎帝一行到达陈地后,受到同族朱襄氏氏族部落的欢迎,尊奉炎帝为"盟主"(《竹书纪年》)。这在《吕氏春秋·古乐》篇高诱注和《续汉书·郡国志》刘昭注里有记载。因而炎帝也就有了朱襄氏之尊称。

炎帝还有一支族(传说炎帝临)迁往谷城。因神农"法五谷于此,名谷城"(《元丰九域志》)。据《括地志》所说,谷城在今洛阳市郊区谷水乡。此氏族后发展成为部落。

古史传说,有支炎帝后裔赖人迁至今河南鹿邑县东的赖乡建立了赖国。可能因赖国地近殷商地,不得不依附于殷商,所以周武王伐纣时,才命"伯伟伐厉(赖),告以馘俘之举"。殷商灭后,赖人接受了周武王的子爵封号,为赖子国。《史记·老子列传》说老子的故乡为厉乡,其地在今鹿邑县东。《正义》云:"厉,音赖。"(《逸周书·世俘解》)但对赖乡的确切位置,文献记载有歧义。何光岳考证认为,周初所封赖国的故地在商城县南通城店,濒临九水河,为九井水之汇注,而九井又是烈山氏诞生地的地理标志,故赖人所迁地,几乎都有九井相伴,每处都留下了炎帝和后裔烈山氏的遗迹

---

① 参见苏秉琦:《谈"晋文化"考古》《象征中华的辽宁重大文化史迹》《龙·龙的传人·中国人——考古寻根记》等篇论文。载《苏秉琦文集》(第三卷),文物出版社2009年版,第25—36、55—59、127—129页。

② 参见陈平:《略论阪泉涿鹿大战前后炎帝族的来龙去脉》,《炎黄春秋》增刊《炎黄文化研究》2001年(总)第8期。

和传说。因而何先生推断商城之赖乡也为赖人所迁之地。① 可能为赖人南迁时将鹿邑之赖乡而带到商城,所以,这里也出现了赖乡之名。

《管子·轻重》篇云:"神农作,树五谷淇山之阳,九州之民,乃知食谷,而天下化之。"淇山(当地人又称棋子山或谋棋岭),在河南林县(今称河南林州市)东南与共县(今河南辉县)之西北的边界处,又名大号山、沮洳山。淇水发源于此,与山西东北境相邻。② 其实,这里所说"淇山"之"淇",当为"岐山"之"岐"。音同相通。炎帝族迁徙于此,将岐山之名亦移到这里,也就有了淇山、淇水之称。为此《管子·轻重》篇所谓"神农作,树五谷淇山之阳"的"淇山",当即"岐山"。③

之后,炎帝与炎帝族一支又东徙于鲁,居曲阜,即今天的山东一带。《管子·封禅书》云:"炎帝封泰山。"说明炎帝曾到泰山举行过祭祀活动。炎帝一行徙居鲁地后,遂有姜姓氏族亦迁居于此,后发展为部落。高广仁说:"根据后世姜姓族群的踪迹,可知炎帝的一支,曾由黄土高原的姜水沿黄河而下,活动于太行山以东的冀州","而且有可能分迁到海岱区北部沿海一带"。"根据文献、金文和考古发现得知,在海岱北部,现今鲁北一带,曾集中分布有炎帝后裔的逄、纪、齐、州、夷、向等姜姓国家。这些姜姓国家并非直到西周才由西方殖民而来,而是早已落户海岱区的炎帝后裔的旧国。"④从有关历史文献可知,炎帝后裔最早迁入今山东的是逄(逢)伯陵。《左传·昭公二十年》载晏平仲的话说:"昔爽鸠氏始居此地,季荝因之,有逄伯陵因之,薄姑氏因之,而后太公因之。"《国语·周语》中记载伶州鸠讲到一个星座时说:"我皇妣大姜之侄伯陵之后,逄公之所凭神也。"据此可知逄伯陵为姜姓。《山海经·海内经》也说:"炎帝之孙伯陵",与《国语·周语》正合。"这足以见姜炎族的一部分在相当早的时候就住在山东。"⑤

考古学文化表明,在豫、鲁等地,存在着大量的仰韶文化中晚期遗址,如河南陕县

---

① 何光岳:《炎黄源流史》,江西教育出版社1992年版,第118页。
② 另有一说淇山在山东。嘉庆《山东通志》卷六:"淇山,在安丘县南六十里,近淇河。"《读史方舆纪要》卷三十五下言及此山,说"旁有淇河"。
③ 参见王献唐:《炎黄氏族文化考》,齐鲁书社1985年版,第415页。
④ 高广仁:《从海岱姜姓国史看炎帝族系对中国文明的巨大贡献》,霍彦儒主编:《炎帝与民族复兴》,陕西人民出版社2005年版,第130—131页。
⑤ 任周方:《姜炎部族的迁徙》,宝鸡市社科联:《炎帝论》,陕西人民出版社1996年版,第175页。

庙底沟、渑池仰韶村、洛阳王湾、郑州大河村、安阳后冈一期等。从文献上讲，尧舜禹时期的四岳族、共工族，则是后期东迁豫西的炎帝与炎帝族的后裔。山东大汶口文化的刘林期等，可以印证炎帝族在山东一带的活动情况。范文澜说，炎帝是羌族的首领。后冈遗址（河南安阳境内）发掘的最下层的陶器，以赤色为主体，花纹形制都极简单，因"姜炎族先于黄帝族自中国西北部进入中原地区。后冈下层的仰韶文化可能就是炎帝族文化的一个遗址"①。

三、湘鄂地区

《帝王世纪》说："神农氏本起于烈山。"烈山即厉山。古史传说厉山在距今湖北随州市30多里的厉山镇，现为随县政府所在地。

依据王献唐的考证，今随州烈山之名是由今陕西临潼之骊山而移入，骊、丽、列、烈、厉、连皆一声之转，古音相同。② 传说炎帝因在骊山刀耕火种而别称骊山氏。在此发达繁荣后，便向东北、东方、东南等地区陆续迁徙。炎帝族向东南的迁徙路线，大概是沿渭水东行，再折而向南，沿后世称的武关道进入汉水，再沿汉水东南行，才到达汉水之东、长江之北的厉山一带。另有一种说法，传说炎帝与炎帝族从后来的褒斜道进入汉水领域，经今陕西汉中、安康，湖北十堰、襄樊，最后到达湖北随州，然后又逆流而上，全面开发了汉江、鄂西北地区。③ 由此可见，我们说，不管炎帝与炎帝族是从武关道还是褒斜道进入汉水，说明炎帝率领族民确实曾在此耕种过。

在今随州一带，有关炎帝传说的遗迹也比较多。北魏郦道元在《水经注·漻水》中说："漻水北出大义山，南至厉乡西，赐水入焉。水源东出大紫山，分为二水。一水西经厉乡南，水南有重山即列山也。山下有一穴，父老相传云，是神农所生处也，故《礼》谓之烈山氏。水北有九井，子书所谓神农既诞，九井自穿，谓斯水也。又言：汲一井则众水动。今井堙塞，遗迹仿佛存焉。亦云：赖乡［案：近刻脱'赖'字］，故赖国也，有神农社。"郦道元所说的"传说"，来自东晋末期人范汪、南朝初期宋人盛弘之所撰《荆州记》。其文说："随郡北界有厉乡村，村南有重山，山下有一穴，父老相传云：神农所生；村西有两重堑，内有周围一顷二十亩地，中有九井，神农既育，九井自穿，云汲一井则众水动，即以此为神农社，常年祠之。庖牺生乎陈，神农育乎楚，考籍应图，于

---

① 范文澜：《中国通史简编（修订本）》（第一册），人民出版社1965年版，第68页。
② 参见王献唐：《炎黄氏族文化考》，齐鲁书社1985年版，第404—415页。
③ 刘清河主编：《汉水文化史》，陕西人民出版社2013年版，第86页。

是乎在。"以后唐代、宋代书中也有类似的传说。清同治八年(1869)《随州志》说:"列山,在一百二十里黄连村,炎帝神农所生也。"因而自古以来便有湖北随州也为炎帝故里的说法。其实,"文献和今人的研究成果,证明炎帝神农氏生于姜水,发源于今陕西岐山县东,个别文献主张炎帝神农氏出生、兴起于湖北随州,可能与某个炎帝神农氏的后裔的出生与兴起有关"①。除过文献传说外,在当地民间也流传有关炎帝的故事。如"神农洞""神农犁""神农架""炎帝的女儿",等等。

从考古上表现为鄂西北汉水两岸的中晚期仰韶文化,可以今郧阳区青龙泉、大寺和均县(今丹江口市)乱石滩、观音坪、朱家台、林家店,枣阳市的雕龙碑、随县三里岗镇冷皮垭等为代表。雕龙碑遗址是1957年湖北省文物普查时发现的,位于枣阳市鹿头镇北三公里的武庄村,现存遗址总面积约5万平方米。其年代距今约为6200年至5000年,是长江流域与黄河流域交汇地带保存较好的新石器时代晚期氏族聚落遗址。有专家认为,雕龙碑地处中国中部,是南北交通要道,古代南北文化的接壤地带。由于南北文化的相互影响和融合,使其产生了一些不同于其他新石器时代的文化因素,形成了独具特色的新文化类型。从出土文物发现,说明远在6000年左右,北方中原地区仰韶文化的中晚期先民就已拓展到这个地方。该遗址所反映的生产力水平和社会经济文化发展状况,与中国古文献记载的传说中的炎帝时代是基本一致的。石兴邦说,炎帝"沿汉水向东南在江汉北部与大溪文化相融合,形成汉、淮、黄交错的中介文化带"②。

传说炎帝族又有一支曾迁徙到达今湖南地区。大概是先进入"左洞庭"(今湖南岳阳洞庭湖),再沿湘水南行,到达长沙一带。传说在这一地区,留有较多有关炎帝的遗迹。在今湖南桂阳的北面有条淇江,发源于今宁远县九嶷山,其南为嘉禾县,相传与炎帝发明农耕有关。③ 传说,在炎帝之世,天降下"嘉谷",被神农捡到,以此来教族民耕作。于是其地有"禾仓"之称。以后在此设县,称作嘉禾县。嘉禾实为粮仓之意。(《嘉禾县学记》)宜章县有骑田岭,相传为炎帝耕种的"淇田"之处。(《衡湘稽古》卷一《炎帝神农氏》)

---

① 宫长为、郑剑英主编:《炎帝神农氏》,中国文史出版社2005年版,第315页。
② 石兴邦:《有关炎帝文化的几个问题》,宝鸡市社科联:《姜炎文化论》,三秦出版社2001年版,第17页。
③ 《管子·轻重戊》:"神农作,树五谷[于]淇山之阳。"原注云:"长沙地脉发于骑田之阳。桂阳北有淇江,其阳有嘉禾县。"

在今衡南县城南四十里有神农山，其上有神农祠。相传炎帝还让其臣子赤制氏（即赤冀）在今郴州耒山为先民制作耒耜。炎帝又命刑天（一名郴夭）在此为乐官，作《扶持》之乐，以庆贺农业丰收。（《清泉县志》卷一《地理志·山川》）因炎帝在今衡阳耒阳、郴州等地造过耒耜，至今有条河叫"耒水"，县名亦称"耒"。在湘西南的今怀化会同一带，传说炎帝在此创造了《连山易》，今这里有座山叫"连山""神农山""常羊山"等。在此地至今还留有连山卦图，与《连山易》的卦图是基本相同的。又传说在古代这里还有神农庙，庙内供有神农尝百草、种五谷的塑像，历代香火不断。这些炎帝文化遗存，都说明炎帝及其后裔族有可能也在湘西南一带活动过。因而，有文献说"神农生于黔中"（《世说新语》引晋《伏滔集·习凿齿论青楚人物》）。《淮南子·天文训》《礼记·月令·夏之月》①《白虎通义·五行》②等古文献根据五行之说，均说炎帝位在南方，为南方之神、之帝。又说炎帝为太阳之神。太阳即鸾鸟，神鸟之王。炎帝以"鸾"为图腾，祝融则以神鸟为图腾。因而传说炎帝在巡视衡山（今湖南衡阳境内）时，曾祭祀过祝融，取"瑶山之木"制作"瑶琴"，"致五色鸟舞于庭中"，演奏的琴曲为"凤来""鸾来""凰来"（《说郛》引《古琴疏》）。这说明炎帝与炎帝族亦可能曾到过湖南的衡阳和湘西南地区。

传说炎帝在位120岁后仙逝，葬长沙③、茶陵④。实际上是炎帝裔族的一支即帝榆罔族，在涿鹿、阪泉与蚩尤、黄帝作战后，其余部一支迁徙今茶陵、株洲一带。清同治十年（1870）《茶陵县志》记载："帝榆罔封地。《史略》……黄帝杀蚩尤乃封榆罔于路。路，露也。《旧志》：今茶陵州露水有露岭，盖初封在此，《元和姓纂》：黄帝封榆罔于露。""露"为茶陵一处的地名。⑤ 还有古史传说："炎帝墓在茶陵县南一百里地的康乐乡白鹿原。"（《舆地纪胜》）茶陵县有神农尝药亭，传说炎帝曾在此采药和捣药。虽有古文献记载炎帝崩于长沙之茶乡（今茶陵县）的传说，但均未指明是何代。这些记载虽说是零星的，但也说明炎帝与炎帝族有可能在此地活动或居住过。

在酃县（今炎陵县）有炎帝陵，传说为帝榆罔之墓。《酃县志》说："《路史》曰：自

---

① 《礼记·月令·夏之月》："其帝炎帝，其神祝融。"
② 《白虎通义·五行》云："时为夏，夏之为言大也。位在南方。"
③ 《帝王世纪》：（炎帝）"在位百二十年而崩，葬长沙。"
④ 〔宋〕罗泌：《路史·后纪》三注引《世纪》："神农葬茶陵。"
⑤ 对此有两种说法：一说是"参卢"急读为"露"，一说是帝榆罔封地于"路"。因茶陵雨水多，加雨为"露"。

庆甲至小帝皆茶陵令。陵山上有二百余坟,盖后妃亲宗子属存焉。"这是说庆甲至小帝均未成为炎帝部落集团的首领,即未袭"炎帝"之号,只称"帝"。所以,这里所说的"炎帝陵",只能是传说的后裔炎帝榆罔之墓。"二百余坟",可能为包括庆甲后裔和帝榆罔族人在内的公共墓地。是说炎帝榆罔被黄帝流放到湖南之后,为当地的土著人所尊奉,故死后安葬于酃县,而榆罔也沿袭了炎帝之号。还有一种可能是榆罔被流放到茶陵之后,因怀念其先祖炎帝,乃与同族建立此墓,作为纪念先祖的场地。以后,榆罔本人及其亲属也就埋葬在附近,故有古墓群的传说。这两种说法可以说都有其合理性,说明此陵也是一座纪念性的陵墓。①

还传说炎帝及其后裔曾到洞庭湖一带居住过。炎帝三世孙帝明生帝直,帝直又生禄续。禄续被封为泾阳王以治南方。禄续"娶洞庭君女曰龙女,生崇揽,是为貉龙君"。龙君教民耕种,解决了老百姓的穿衣吃饭问题,并开始有了君臣尊卑之序,父子夫妇之伦。龙君与妪姬相处,一年后生得一胞,"胞中开出百卵,一卵一男"。妪姬与五十位男子居于峰胁,推荐受人尊敬且威武者为主,"号曰雄王,国号文郎国"。"百男"成为百粤(越)之始祖,神农又成为百粤之始祖(《鸿庞氏传》)。正因为如此,北至浙江,南到岭南,西达云贵,包括今浙江、江西、福建、广东、广西、云南、贵州、台湾等部分地区,以及越南北部之古越人都崇奉炎帝为先祖。相传洞庭湖周围一带的炎帝裔族,后遭到黄帝征伐,有些炎帝支系继续向南迁徙,从洞庭湖一带直达九嶷苍梧(今湖南宁远县)一带。于是,在湖南一些地方留下了许多关于炎帝的传说和遗迹。

从考古学文化看,湖南地区的新石器时代文化遗址也是比较丰富的,发掘的重要遗址有澧县丁家岗、彭头山、八十垱、孙家岗、城头山,安乡县汤家岗、划城岗、度家岗,华容县车轱山、刘卜台,临澧县胡家屋场,石门县皂市,南县涂家台,津市罗家台、钱粮湖农场坟山堡,汨罗市黄家园和附山园,长沙市南托,平江县献冲舵上坪,湘乡市岱子坪,湘潭县堆子岭,泸溪县浦市,洪江市高庙,辰溪县征溪和松溪口,怀化县高坝垄,靖州县斗篷坡等数十处。尤其是在长沙市南托新石器时代遗址中,发现了陶器上刻画有"太阳""向着太阳、口内含禾苗的鸟""南方干栏或房屋""流水纹""花瓣纹""草绳纹""农田纹"等形象符号,明显地表现了太阳与农作物的关系。这一组颇具系统性

---

① 罗立州:《关于炎帝神农氏几个问题初探》,谷峰:《高平发现炎帝陵》,远方出版社2004年版,第407—408页。

的刻画符号,可视为炎帝农耕文化在艺术上的反映。① 传说炎帝及其后裔活动中心地的茶陵、株洲一带,也发现和发掘了多处新石器时代遗址。这些文化遗址反映出湖南地区在新石器时代,也是多民族分布区。在大溪与屈家岭文化年代(前4400—前3300)内,包括有与中原仰韶文化相应的遗址。刘彬徽说:"炎帝神农氏既可代表北方的粟耕文明,也可以代表南方的稻作文明。北方有位于宝鸡的北首岭遗址下层文化,至新石器仰韶文化、龙山文化,可谓之黄河流域的北方文化类型或文化系统;南方有距今一万多年的湖南道县玉蟾岩稻作文化,依次有彭头山文化、皂市下层文化、大溪文化、屈家岭文化、石家河文化等长江中游地区新石器文化序列,这可作为长江流域南方文化类型或文化系统。这两个北、南文化类型或系统,都可作为炎帝文化历史阶段的代表。"②

在湖南今长沙周围和相邻地区,也多有关于炎帝与炎帝族的民间故事流传。如"五谷的来历""神农制耒""五弦琴的故事""神农饮茶",等等。从日常生活、生产等多个方面反映了炎帝与炎帝族迁徙今衡阳、茶陵、炎陵后在这里的活动情况。

对于炎帝和炎帝族及其后裔是否到过湖南一带,目前学术界还有不同认识。赵世超说:"在战国秦汉阴阳五行说盛行的情况下,把炎帝配成了南方之帝,所以在南方才出现了炎帝崇拜。同时,为了供大家拜祭,就又造了炎帝庙和炎帝陵,有了炎帝崇拜的物化表现形式。炎帝文化的南迁就是这样形成的。"他认为炎帝与炎帝族未到过湖南一带,而是人为的炎帝文化的一种传播。③

四、甘青地区

在距今6500—5500年期间,炎帝部族中有一支溯渭河而上,迁移到西北甘青地区。这些先民逾过陇山,循着后来千陇古道向河湟地区而去,与生活于那里的羌人融合,成为羌族的一部分。炎帝与炎帝族迁居陇西后,与赤水氏部落(传说此部落是从川黔交界的赤水河流域迁徙于今甘肃临洮)及土著戎族交错相居。传说炎帝之妻是

---

① 参见陈先枢:《"炎"的意义与湖南的炎帝传说》,霍彦儒主编:《炎帝与汉民族论集》,三秦出版社2003年版,第69—70页。

② 刘彬徽:《炎帝文化研究的再思考》,霍彦儒主编:《炎帝与民族复兴》,陕西人民出版社2005年版,第237页。

③ 赵世超:《阴阳五行学说与炎帝文化的南迁》,宝鸡市社科联:《姜炎文化论》,三秦出版社2001年版,第27页。

赤水氏族之女,其女儿又在昆仑之丘(今祁连山)服水玉成仙,随赤松子云游天下。因此,炎帝族迁居西北方,也是自然而然的事情。在商周之际羌族还多与中原商、周族发生关系,殷商甲骨文中多有羌的名字。《诗经·商颂·殷武》诗中也有对羌的记载:"昔有成汤,自彼氐羌,莫敢不来享,莫敢不来王。"周武王翦商时,羌族还加入了庸、蜀、髳、微、卢、彭、濮等8个方国组成的联合军队。所以,有学者研究后认为:"姜羌族经过自母系氏族社会至父系氏族社会数千年的生息繁衍,其族民首先由其原始发祥地今宝鸡地区岐山县境的姜水流域蔓延、辐射,而渐次遍布于今陕西关中地区和甘肃陇东地区。这一地区,自上古而及中古,始终是羌人居息的中心地区。"①根据有关传说史料,迁往甘肃地区的有庆甲氏族,部分人西迁于今甘肃祁连山东端至黄河处;烈山氏,部分人迁于今陕甘川的交界地;釐(来)氏族,部分人迁于今甘肃西和一带;牟(来)人支族,迁于甘肃狄道的夏牟山,此族以善种大麦而得名;麦(来)氏族,一支迁于今甘肃天水的麦积山、庆阳的麦川堡及靖远的麦田城一带,因麦人迁居而得名"麦";赤氏族,炎帝裔支族,西迁于今甘肃礼县的赤土山等地,以后又迁入今成县西南的赤亭、今西和县东北魏置的赤万县、今天水西南的赤峪山、庆阳西南的赤城镇及玉门东南的赤金峡等地;三乌(鸟)氏,迁于今甘肃平凉;同氏族,炎帝裔族,迁于甘肃成县;夸父氏族,炎帝裔族,部分人西迁于今甘肃秦安;灵人,炎帝裔族,部分人迁于今甘肃灵台;纪氏族,炎帝裔族,部分人迁于今甘肃秦安;甘氏族,炎帝裔族,其中一支迁于今甘肃甘谷一带;丁氏族,炎帝裔族,西迁于今甘肃东南成县西北的丁溪水一带;封氏族,炎帝裔族,西迁于今甘肃临潭;四岳氏,炎帝裔族,其中一支西迁于今甘肃祁连山一带;圭氏族,炎帝女儿女娃的裔支,西迁于今甘肃庄浪一带;旦氏族,炎帝裔族,西迁于今甘肃崇信,又迁于张掖;林氏族,炎帝裔族,有一部分西迁于今甘肃庆阳的林方;延人,炎帝裔族,一部分迁于今甘肃宁县东北的大延水、小延水一带;申人,炎帝裔族,有一支迁于今甘肃华亭县北的六盘山一带;允人,炎帝裔族,有一支迁于今甘肃永登县南,与戎族结合称允戎。清乾隆二十九年(1764)《直隶秦州新志》卷十一"艺文"载元乔宗亮撰《三皇庙记》说:"又有大圣人,曰神农氏……耒耜是兴,是治稻粱黍稷,为农为坻……"这段碑文说明了炎帝族在今甘肃地区的活动情况。

  从考古学文化来说,甘肃早中期仰韶文化也有颇多的遗址,除过秦安大地湾遗址(中、上层)外,2021年公布的甘肃张家川圪垯川遗址,是一处仰韶文化史家类型聚落

---

① 陈平:《略论阪泉涿鹿大战前后炎帝族的来龙去脉》,《炎黄春秋》增刊《炎黄文化研究》2001年(总)第8期。

遗址,其年代距今6000年左右,正好与炎帝时代相对应。该遗址面积约8万平方米。聚落外围发现三道环壕,中心区为一处广场,围绕广场呈向心状分布三组房屋,共计100余座,每组房屋由1座大房屋(约100平方米)和数量不等的中型房屋(约20—50平方米)、小型房屋(20平方米以下)组成。房屋间发现数座袋状窖穴,最大一座位于中心广场,容积约60立方米,底部保存炭化粟黍遗存。出土大量陶器、石器、玉器、骨器等。陶器以彩陶为主,包括尖底瓶、平底钵、葫芦瓶等,还发现一件玉权杖首。① 圪垯川遗址证实陇西黄土高原是仰韶文化的又一中心区域;大型储粮窖穴及粟黍遗存的发现,与炎帝和炎帝族以种"粟"为主的古史传说相符合。这为炎帝与炎帝族在陇西一带的活动、迁居提供了考古学依据。

炎帝与炎帝族在今青海地区的迁徙有:逢氏族,西迁于今青海省贵德县境内逢留(黄河的别名)一带;灵氏族有一支迁于今青海贵德县东的仙迹山一带,巫真人的部分亦迁入于此;先人、令人的一支迁于今青海湖一带;牟族的一支迁于今青海高原,与其他族杂居;麦人的一支迁于今青海都兰县一带;四岳氏,炎帝裔族,其中一支西迁于今青海湟水一带。在夏商周三代时期,有一支炎帝族后裔迁入今青海湖附近,与戎族结合称允戏族。

五、川藏地区

考古学文化显示,汉水地区与渭水流域之间虽然横隔着高耸的秦岭山脉,但自古以来它们之间的文化交流并未阻断,前仰韶文化时期秦岭南北的文化面貌就开始呈现出令人吃惊的一致性,彼此的文化现象大同小异,都流行三足器和圈足器,并且这种一致性越到后来越明显。由此看来,渭河流域的炎帝与炎帝族越过秦岭与那里的文化进行交流的传说应当是真实的。② 为此,陈连开研究后认为:"炎黄两大集团在距今6000—5000年这个千年纪向西往黄河上游及甘肃地区与今川西北发展,即形成了夏商周三代的氐羌西戎。此所以炎、黄、禹都有出于西羌的传说之故。诸夏与氐羌

---

① 参见《考古中国聚焦新石器时代重要考古发现和研究进展》,文博中国网2021年12月1日。
② 参见石兴邦主编:《陕西通史·原始社会卷》,陕西师范大学出版社1997年版,第328页。

乃至藏族起源时代渊源相通,并非虚构。"①再说炎帝族在此活动也留下了颇多的遗迹和传说。相传炎帝的妻族,曾是活动于川黔交界的赤水河流域的独龙族,因而其妻族为赤水氏族。炎帝孙灵恝的儿子互(氏)人,曾在这里建立了互人国。有人认为陕南、川北的氐羌族就是炎帝氏族从渭河流域迁到陕南与当地土著民族融合形成的。四川有崇拜祭祀炎帝的习俗。成都市内的红石柱街过去有座炳灵祠,是奉祀炎帝的,那里面供奉的神把炎帝塑成炳目三眼状形象,被古蜀人尊为氏族神。在云贵地区一些少数民族里,也有认同炎帝是他们始祖的。② 约在距今4000—5000年前,羌人早期南下支系与当地土著部落融合为僰。僰系"羌之别种"。公元4世纪初,羌人无弋爰剑之后裔自甘、宁、青一带的河湟地区南下,到岷山以东,至金沙江畔,发展为武都、广汉、越嶲(西)诸羌。这是羌人南下的较晚支系。③ 在今四川北部,至今还聚居着二三十万羌族人,2003年经国务院批准,成立了北川羌族自治县。为此,石兴邦在其《有关马家窑文化的一些问题》一文中说,西北地区的马家窑文化在其发展过程中,部分族群曾向南大范围迁徙,迁徙方向主要是今四川西部和云南西部地区。④ 还有学者认为,在川西北岷江上游地区发现的姜维城类型遗存,⑤与西北地区的文化关系密切,马家窑文化风格的彩陶罐、泥质橙红陶和橙黄陶在这里都有发现。所以,姜维城类型是马家窑文化族群的一支南下岷江上游同当地土著文化相融合形成的。⑥

  从西藏所处特殊的地理环境看,炎帝与炎帝族迁入西藏的路线,一支可能向西南从陇南沿横断河谷至四川、云南接壤地区,发展为卡若文化系统;一支可能经由今青海地区,即从西藏的东北方向进入。因为西藏高原的东北方向,虽有唐古拉山的阻隔,但情况与其他方向不同:今青海省的地理条件与西藏高原相似,海拔高差和坡度很小(不超过几百米),挡不住西藏高原的居民从这里走出去的步伐。加之这里又是

---

① 陈连开:《宝鸡秦川地区在中华民族一体格局中的地位与影响》,宝鸡市社科联:《姜炎文化论》,三秦出版社2001年版,第4页。
② 石兴邦:《有关炎帝文化的几个问题》,宝鸡市社科联:《姜炎文化论》,三秦出版社2001年版,第15页。
③ 参见费孝通:《中华民族的多元一体格局》,中央民族学院出版社1989年版,第27页。
④ 石兴邦:《有关马家窑文化的一些问题》,《石兴邦考古论文集》,陕西师范大学出版社2015年版,第224—225页。
⑤ 赵殿增:《巴蜀原始文化的研究》,徐中舒主编:《巴蜀考古论文集》,文物出版社1987年版,第14页。
⑥ 徐学书:《岷江上游新石器时代文化的初步研究》,《考古》1995年第5期。

中华民族的两条"母亲河"——黄河、长江的发源地,更把黄河、长江上下游的居民紧密地联系起来。所以,青海自古以来就成为选择高原同外界交往、联系的主要通道。中国华北的旧石器文化和早期新石器文化是经由这一通道传播到西藏的,古代羌人之一部分是经由这一通道深入到青藏高原腹地的。①

据有关史籍记载,藏族系古羌人的一支,以发羌为主体发展和形成的。"发羌"古音读 bod,即今天藏族的自称。发羌是当时青藏高原上许多部落之一,而且和甘青诸羌人部落有来往,所以,古代汉族史学家们认为"吐蕃人是羌族人的一支",且在"汉文史籍中,从公元前14世纪一直到今天,始终都有对于这些羌人的记载"②。从人种学上讲,现代科学已经证明:"藏族人既不属于欧罗巴人种(即白种人),更不属于尼格罗人种(即黑种人),而是属于蒙古人种(即黄种人),是蒙古人种中的东亚种族。"③其体质特征与蒙古人种中的东亚种族类型相同,因而,"与我国绝大多数人口属于同一个种族类型"④,即华夏族。

考古学文化的发现也为此提供了有力的佐证。细石器和陶器、磨制石器等共存的典型代表是昌都卡若遗址,它代表了西藏高原东部地区以农业为主,兼有畜养、狩猎且占有重要地位的经济文化类型。卡若文化更多的是受到马家窑文化的影响。而马家窑文化是仰韶文化晚期的一个分支,仰韶文化又是由华北早期新石器文化发展而来。卡若遗址的打制石器、磨制石器和细石器共存的现象,在我国北方和新疆新石器时代诸文化中也同样可以找到。中原的裴李岗类型文化中,如今新密市(原密县)莪沟北岗遗址就有类似的共存现象。磨制石器的扁体条形斧、梯形斧、长方形石钵、狭长方形凿、双头刃石凿,以及平背或弧背刃刀,都可以在中原仰韶文化晚期和河南龙山文化中找到同类,这说明"卡若文化"是一处以种粟为主的农业部落文化。骨锥、角铲、骨铲,以及磨制精细的穿孔骨锥和陶片磨制的纺轮,均可在中原裴李岗类型的新密市莪沟北岗和长葛石固等遗址中见到同类器物,这说明西藏很早就有纺织业。陶器中的小口低领鼓腹壶,上腹刻画或彩绘三角折线纹、菱形纹,则同马家窑文化的

---

① 罗广武:《西藏自古以来就是中国的一部分》,《光明日报》2008年5月5日第3版。
② [法]石泰安著、耿升译、王尧审订:《西藏的文明》,中国藏学出版社1999年版,第27页。
③ 罗广武:《西藏自古以来就是中国的一部分》,《光明日报》2008年5月5日第3版。
④ 格勒:《略论藏族古代文化与中华民族文化的历史渊源关系》,《中国藏学》2002年第4期。

彩绘陶罐相似。此外,它的曲腹盆和斜腹盆与中原的淅川下王岗仰韶文化中期的同类盆相似;从遗址发现的枚盘发髻用的骨笄以及少量的石璜、石环和石、玉、骨珠串项链及手镯等装饰品看,此地居民与中原内地居民还有一些共同的习俗和爱好。

中国科学院古脊椎与古人类所专家张振标通过对西藏发现的细石器文化及1957年雅鲁藏布江和尼洋河汇流处的林芝村发现的新石器时代人骨研究推论,人类早在新石器时代已经劳动、生息于西藏地区。林芝人颅骨属于蒙古人种现代人类型。他说:西藏藏族是由西藏新石器时代的古代居民为主体发展而来的。但是,后来随着历史的发展和人群的迁移,北部地区古代蒙古人种逐渐向南部和西南部扩展,其中有一部分进入西藏,并与当地居民不断混血,最后形成今日的藏族。这一观点也被张海国先生民族肤纹学的研究成果所证实。他在其《中国民族纹理学》一书中,通过肤纹样本研究,清晰地表明藏族的族源与古羌族等民族有关,其肤纹表现出鲜明的中华北方群特征,这说明藏族源于我国的北方民族。

当前分子人类学的研究成果从自然科学的角度也提供了羌藏同源的佐证。张梦翰、严实等在《自然》杂志上发表的《语言谱系证据支持汉藏语系在新石器时代起源于中国北方》一文中,通过利用贝叶斯方法,采用Matisoff教授主导整理的STEDT数据库中109种汉藏语系语言的100个词义900余个词汇数据,多种数学模型构建的汉藏语系的演化树,历史文献中的时间标定的各节点的分化时间的计算,其计算结果支持了汉语为汉藏语系中最早分化出的语言,而藏缅语族为一单系群,汉语与藏缅语分化年代约在5900年前,由此支持了汉藏语系起源于中国北方的假说。进一步确认了包括汉语和藏语在内的国内多种语言的同源关系,为探索汉族、藏族等的早期源流和分化、混合过程提出了重要证据。这一证据与考古证据一起,说明了汉族、藏族、彝族、羌族等诸多民族在文化上是近亲,也在历史过程中相互间及与其他民族间发生过不断交融。[①]

以上所述,说明西藏"与中原有着密切关系""西藏地区的文明与中原文明有着内在的联系"[②]。因而,我们说早在距今1万年前的旧石器时代晚期到距今4000年前的新石器时代晚期,西藏史前时期的文化就同中国华北的旧石器、新石器文化建立

---

① 参见麻国庆:《费孝通民族研究理论与"合之又合"的中华民族共同性》,《中央民族大学学报》(哲学社会科学版)2020年第4期。

② 参见李绍连:《华夏文明之源》,河南人民出版社1992年版。转引自杨东晨:《论先秦时期西藏地区的民族和文化》,《西藏大学学报》(哲学社会科学版)1999年第2—3期。

了千丝万缕的联系,并且融入自成体系的中国考古学文化的大圈子内,成为中国远古文化的一个不可分割的组成部分。①

六、其他地区

除以上所说地区外,从文献记载、民间传说和考古学文化看,炎帝与炎帝族迁往其他地区的还有:安徽地区:灵部族的一部分迁于今安徽宿州市西的灵璧城一带;烈山氏的一支迁于今安徽宿县西北的烈山;共工氏和朱襄氏曾在皖北地区活动过。浙江地区:夸父族的一支迁于今浙江台州;赤氏族的一支迁于浙江遂昌县北的赤津岭、永嘉县的赤水山、金华市金东区北的赤松山及赤松溪等地;灵人的一支南迁于今浙江天台县西北的习大溪、龙游县东南的灵溪及平阳县西南的灵溪市一带。江西地区:信人的一支迁于今江西信丰县一带;孤竹人的一支迁于今江西彭泽县北的小孤山,后又南迁于今龙南县的竹山一带;赤松人一支迁于今江西高安市东的松湖一带;赤人的一支迁于今江西省赣州市南康县的赤土村一带。贵州地区:赤族南迁于今贵州赤水市一带;灵族的一支迁于今贵州黔西县的灵博山一带。这些都表明在远古曾确有一支炎帝的后裔族越过秦岭向西南方向迁徙,并为那里的文化发展作出了重要贡献。宁夏地区:在新石器时代后期,有灵氏族一支迁于今宁夏灵武县。在夏商周时期有延人的一支与戎人结合称朐衍(居延)戎,于周初迁入今宁夏灵武一带。在春秋战国时期,在宁夏建立的炎帝后裔国家有朐衍戎国。内蒙古地区:在新石器时代后期有土人、延人、吕人、申人等迁入内蒙古西部的河套地区;内蒙古东部地区有炎帝柱的部分人迁于今内蒙古东北边境的兴安岭一带,后与土著氏族融合而形成新的氏族,成为鄂伦春和鄂温克族的祖族之源。另有箕人、同人的一支分别于夏商、西周末年迁于今内蒙古北部箕陵和西部的乌拉特前旗一带。据有关文献记载,还有部分炎帝裔族越过海峡迁入台湾和东南亚地区。如相传越南开国之君为炎帝三世孙帝明之子,越南全国学童诵读之《四字经》有"系出神农,首肇封疆"之语。又如泰国之泰人,寮国(老挝)之寮人,缅甸之掸人,亦自称为炎帝的后裔。

《淮南子·主术训》中说:炎帝"其地南至交趾(今岭南一带),北至幽都(今河北北部一带),东至旸谷(今山东西部一带),西至三危(今甘肃敦煌一带),莫不听从。"(引文括号内为作者注)范围达大半个中国。当然,这其中既有炎帝与炎帝族的迁徙,

---

① 罗广武:《西藏自古以来就是中国的一部分》,《光明日报》2008年5月5日第3版。

也有炎帝文化的影响和传播。但是,从炎帝和其后裔向东、南、西、北的迁徙地域看,可以说,大体反映了炎帝与炎帝族的迁徙活动情况。不过以上所说就一般情况而言,实际上,在长达数千年的历史发展过程中,远不是如此简单。有因仰韶文化晚期气候的变化,由宝鸡渭水流域向西、向北、向东、向南迁徙的,也有由于生存空间的变迁或洪涝灾害等原因,又有由东向西、由南向北迁徙的。所以说炎帝族的迁徙,既是滚动、放射形的,也是回还往复形的,形成了极其复杂的迁徙格局。(图6-1)

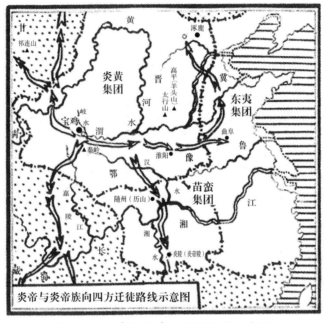

图6-1 炎帝与炎帝族迁徙路线示意图

第二节 黄帝与黄帝族的迁徙

经过若干年的发展,黄帝与黄帝族在以姬水为中心的渭河流域,形成一个拥有众多氏族的部落或部族。随着部落的壮大,人口的增多,以及渭河流域新石器时代中晚期气候的变化,黄帝族除有部分支族仍然留在渭河流域繁衍生息、继续发展外,其中可能有一部分族人由黄帝率领开始向外迁徙。《史记·五帝本纪》载:黄帝"未曾宁居""迁徙往来无常处",正是这种迁徙的真实描写。黄帝与黄帝族可能首先较早地迁徙到今陕西黄陵一带,故那里出现了与黄帝有关的地名、陵墓和传说故事。有一支族或数支族顺着渭河北岸越过黄河迁徙到今山西南部,越过太行山来到东北方向的今河北涿鹿、平谷一带,在今涿鹿一带建立了华夏联盟集团;又有一支裔族迁至今山东曲阜一带。可能为了便于控制中原,黄帝率领大部族人又迁居河南中部一带,传说在今河南新郑建立有熊国;还有一支迁至西北甘青及长江流域的湘蜀等地。因而,这些地区也或多或少地留下了黄帝与黄帝族或遗迹或文化的传说。

一、晋冀地区

徐旭生在《中国古史的传说时代》一书中说:"黄帝东迁的路线大约偏北,他们大约顺北洛水南下,到今大荔、朝邑一带,东渡黄河,跟着中条及太行山边逐渐向东北走。今山西省南部沿黄河的区域,姬姓建国的很多。"①《左传·襄公二十九年》说:"虞、虢、焦、滑、霍、扬、韩、魏皆姬姓也。"考古学文化也提供了这方面较多的资料。根据《中国文物地图集·山西分册》介绍,山西的仰韶文化遗存所涵盖的年代在距今7000—5000年之间,而百分之六十以上集中在晋西南地区。在这百分之六十以上的仰韶文化遗存中,"仰韶文化中期遗址共发现396处,皆属面貌高度统一的典型庙底沟类型","仰韶文化晚期遗存共发现378处"。主要的考古学文化遗址有南部的西王村类型和中部的义井类型。这支"发展水平曾居最高地位"且"最为繁盛时期"的考古学文化,正与我们所说的黄帝时代处于仰韶文化中晚期即庙底沟文化相对应。这说明黄帝曾在山西境内迁徙和活动过。根据古史传说,黄帝后裔族中的尧、舜、禹都在晋西南生息过,尧都平阳,舜都蒲阪,禹都安邑。考古发现的山西临汾陶寺遗址,考古界认为,可能为尧的都城。

黄帝在向东北方向迁徙的过程中,在今内蒙古草原中南部与晋北、陕北黄土高原一带,古史传说也曾留下他们的足迹。《史记·五帝本纪》载:"黄帝……北逐荤粥。"《索隐》:"匈奴别名也。唐虞已上曰山戎,亦曰熏鬻……"陆思贤说:"黄帝北逐荤粥,则从陕北沿黄河进入鄂尔多斯高原,再沿着阴山南麓东去。与现在京包线的通道大致吻合。"②考古发现,在这一带与黄帝时代同时期的新石器时代遗址有几十处,在今内蒙古察右前旗黄旗南岸的庙子沟遗址,发掘出有数十间房屋,在室内灶址、窖穴中,发现埋有尸骨。在遗址中,还发掘出了石刃骨柄刀和石刃骨柄剑。这都是当年使用的兵器。说明当年曾在这里发生过战争。有学者推测,有可能是古史传说中黄帝与

---

① 徐旭生:《中国古史的传说时代》,广西师范大学出版社2003年版,第50页。
② 陆思贤:《〈山海经〉中的轩辕之国——黄帝族发祥地的考古学发现》,《炎黄春秋》增刊《炎黄文化研究》2001年(总)第8期。

蚩尤的战争。

黄帝族又越过太行山,沿桑干河来到今河北涿鹿、怀来一带。据《逸周书·尝麦解》《史记·五帝本纪》等文献记载,黄帝曾与蚩尤、炎帝战于古涿鹿、阪泉①一带(见第十章第一节)。黄帝取胜后,在此建立了炎、黄、蚩华夏联盟集团,"都涿鹿"。《史记·五帝本纪》亦言黄帝在征伐四方之后,"合符釜山,而邑于涿鹿之阿"。《正义》:"广平曰阿。涿鹿,山名……涿鹿故城在山下,即黄帝所都之邑于山下平地。"《括地志》云:"涿鹿故城在妫州东南五十里(今涿鹿县城西南的保岱村一带——作者注),本黄帝所都也。"《魏土地记》《水经注·漯水》也有此记载。

在今涿鹿矾山镇有座土城遗址,古称"涿鹿故城",平面呈不规整的方形,城墙系利用天然地形夯土筑成。城南北长510—540米,东西宽450—500米,残城墙高5—10米,底厚约10米,顶厚约3米。从城墙上可以辨认出夯土层,厚10—14厘米。南、北、西三面尚存断续之残墙,东南角已塌没入水库内。遗址内发现石刀、石斧、石镞、石杵、石磨器及蚌器、陶纺轮等;属于生活用器的有残陶豆、陶鬲、陶鼎、陶缸、陶盆、陶甑等。在城址内北部还发现了各种板瓦、桷瓦和带有鹿形等花纹的半瓦当。此外,据当地县文化部门和当地群众说,在城址内还发现过带巨孔的敲砸器、龟钮和蛙钮铜印及各种古代钱币等。1987年7月,河北省文物研究所人员到涿鹿普查,在城址附近捡到石镞两枚,经鉴定是5000年前的遗物。从这些遗迹遗存看,古城早在新石器时代就是一块先民集居之地。从出土的汉代文物看,古城从远古到汉代一直都是被沿用的。② 所以,有学者推测,这座古城可能就是《世本》中所说的"黄帝都涿鹿"的黄帝城。

另外,根据明清《保定府志》《涿州志》《怀来县志》等志书记载,在今保定、张家口一带,传说有黄帝祠、黄帝泉、定车台、蚩尤城、蚩尤冢、蚩尤三寨、阪泉、桥山、颛顼城、尧母台、尧母洞、尧母陵、尧城、尧山、舜井、舜池等众多与黄帝和黄帝族后裔及蚩尤有关的遗迹和地名。"合符釜山"是黄帝一次重要的政治活动。釜山,传说是黄帝北逐荤粥后,与各部族代表举行合符之地,即统一符契,联合结盟的地点。其位置,据《水

---

① 关于涿鹿地望,自古以来一般认为在今河北涿鹿县境内。《帝王世纪》引《世本》云:"涿鹿在彭城。"唐张守节在《史记·五帝本纪》《正义》引《舆地志》云:"涿鹿本名彭城。"为一地两名。

② 王北辰:《古涿鹿黄帝遗迹述略》,《炎黄春秋》增刊《炎黄文化研究》1995年(总)第2期。

经注》引《魏土地记》云:"潘城西北三里有历山。"《史记·五帝本纪》《正义》引《括地志》云:"釜山在妫州怀戎县北三里,山上有舜庙。"据今人考证,历山即覆釜山,也就是釜山。《魏书》记载釜山在潘城西北三里,与《唐书》记载釜山在距妫州城三里,基本一致。具体位置在今涿鹿县矾山镇保岱村西北约二三里的窑子头村,村外群山中有一山,形体圆整恰如覆釜。① 因涿鹿一带是黄帝与黄帝族的重要活动地,传说遗留有丰富的黄帝遗迹,涿鹿城不仅是黄帝都城,亦传说是其后裔尧、舜的都城(《括地志》)。因而,西周初武王"封黄帝后代于蓟。"蓟,今北京西南。司马迁当年曾"北过涿鹿",在此考察过。

除上面所说涿鹿在今涿鹿县境内外,还有二说:一是《舆地广记》所载:"涿鹿本名彭城。"彭城地望在今河北省南部的磁县境内。有研究者认为,此说"较为合理"②。如果此说不错,说明冀南地区的磁县一带也曾是黄帝族一个重要的聚居之地。另一说是指今山东曲阜一带(将在下文论述)。

黄帝族另有一支,迁徙今北京东的唐山迁安一带。传说,其地亦留有黄帝族的遗迹和传说。据考古发现,在安新庄遗址发现带有多角的与黄帝有关的"天鼋"。与安新庄遗址大致同时期的还有万军山、杨家坡、王莽山、王孟庄等遗址近20处。这些遗址多为仰韶文化时期的遗址,时间为距今六七千年;或是仰韶文化与龙山文化相交时期的遗址,出土有陶轮、弹丸等。这些遗址不论是所处时代,还是出土文物,都与黄帝时代基本吻合。③ 王震中根据《山海经·大荒西经》"有北狄之国。黄帝之孙曰始均,始均生北狄"的记载,认为:"黄帝族中的一支族团属于古戎狄族,与迁安地区的唐虞时代之前的山戎实属同一部族集团,他们之间有渊源关系。"④说明黄帝与黄帝族也曾到达迁安并居住、活动过。

二、鲁豫地区

炎帝、黄帝、蚩尤涿鹿、阪泉之战后,黄帝统一了北方大部分地区,建都涿鹿,组成

---

① 王北辰:《涿鹿、阪泉、釜山考》,《千古文明开涿鹿》,河北省涿鹿县旅游局2004年(内部),第29页。

② 杨亚长:《炎帝、黄帝传说的初步分析与考古学观察》,郑杰祥主编:《炎黄汇典·文论卷》,吉林文史出版社2002年版,第379页。

③ 参见刘庆柱:《轩·轩辕山·安新庄遗址》,《光明日报》2016年11月14日第16版。

④ 王震中:《黄帝与迁安》,《光明日报》2016年11月14日第16版。

华夏联盟集团,成为天下共主。黄帝与黄帝族又有一支东南行,越过黄河到达今山东曲阜一带。此时,蚩尤被杀,东夷族已加入华夏联盟集团。《韩非子·十过》曰:"昔者黄帝合鬼神于西泰山之上……蚩尤(指后代蚩尤族首领——作者注)居前,风伯进扫,雨师洒道。"说明东夷族毕恭毕敬地迎接黄帝与黄帝族徙居此地。《史记·五帝本纪》载:黄帝"东至于海,登丸山,及岱宗"。丸山,《集解》引《地理志》曰:"在琅琊朱虚县。"《正义》引《括地志》云:"丸山即丹山,在青州临朐县界朱虚故县西北二十里。"两地实则为一,均在今山东临朐县境。岱宗,今山东泰山。《史记·封禅书》记载黄帝曾在泰山举行过封禅大典。《帝王世纪》云:"黄帝自穷桑登帝位,后徙曲阜。"又云:"少昊邑于穷桑""颛顼始都穷桑,徙商丘"。《史记·周本纪·正义》亦云:"黄帝自穷桑登帝位。"说明穷桑地位之重要。关于穷桑的地望,《帝王世纪》云:"穷桑在鲁北,或云穷桑即曲阜。"《拾遗记》云:"穷桑者,西海之滨。"这里"西海"实为东海。因少昊为西方之帝,故称"西海"。《路史·轩辕纪》说:"轩辕氏居空桑之北。"空桑即穷桑。罗苹注引《山海经》曰:"空桑之北有轩辕山。"《山海经》亦有记载,黄帝的轩辕国在穷桑或空桑附近,即今天的曲阜一带。当然,这里所说的轩辕国可能是指所迁支族或裔族,以黄帝名义所建之"国"。《黄帝玄女战法》说:"黄帝与蚩尤九战九不胜,黄帝归于泰山。"这里所说黄帝和蚩尤也可能为其二族的支族或裔族,并非为其本人。但是,今人多研究认为"穷桑"或"空桑"指今山东的日照地区。

黄帝与黄帝族在山东曲阜、泰山等地的活动,亦得到了考古学的印证。山东地处黄河下游,因这里气候、土壤、水利等生态环境比较优越,故从旧石器时代起,就有人类在此居住、生息。因而,除陕西关中、陕西汉中、河南大部和山西晋南、河北冀南等地外,山东地区尤其是鲁西地区,是仰韶文化遗址的又一密集区。如大汶口文化,是继北辛文化之后兴起的一种考古学文化,主要分布于山东的大部分地区和江苏、安徽的淮北地区。在此文化遗存中,发现了四间、五间连排式组成的聚落。石制生产工具有斧、锛、凿、铲、刀等,在有的遗址还发现了鹿角锄。在其晚期还发现了石钺和制作精美的玉钺。研究者认为:"这种玉钺可能是象征社会地位、权力的一种礼器。"① 生活用具主要有鼎、罐、豆、壶、盆、杯、钵、鬶、盉等陶器,同时,还发现了一种礼器性的觚形杯。学界一般认为仰韶文化庙底沟文化与黄帝族有关,其早期大汶口文化明显受到仰韶文化庙底沟类型的影响。再说,大汶口文化的绝对年代,距今 6300—4500 年

---

① 李学勤、徐吉军主编:《黄河文化史》(上),江西教育出版社 2003 年版,第 50 页。

之间,与黄帝时代正好大体处在同一个时间内。

关于黄帝是否到过鲁地,今人有不同的认识。针对皇甫谧所说:"黄帝生于寿丘,在鲁城东门之北"(《帝王世纪》)的说法,徐旭生说:"鲁国本为'少昊之虚',是东夷集团的大本营,华夏集团的黄帝绝不能生在那里。"①张岂之也持此观点。他说:"第一,黄帝出生于母系氏族社会,当时山东是夷人的主要活动区,作为姬姓少典族后裔的黄帝怎能出生于夷人的主要活动地区?第二,从考古发现看,在新石器时代,我国北方人主要居住在黄河支流的二级台地上,而山东处于黄河下游,在那洪水浩荡的年代里,下游两岸怎能居住呢?在山东黄河干流两岸很少发现新石器时代的遗址,也可说明这一点。第三,从历史上看,在周成王以前,没有迹象表明姬姓势力已发展到山东境内。"②徐、张二位先生所说黄帝不可能出生于今山东的鲁北或曲阜是对的。但说黄帝族的某一支族或裔族迁居鲁地是有可能的。

《史记·五帝本纪》《正义》引《舆地志》云:"涿鹿本名彭城,黄帝初都,迁有熊也。"黄帝与黄帝族在涿鹿生活一段时间后,可能因此地稍偏北,不利于控制中原地区,于是便率领族人迁往中原,即今河南新郑一带。传说黄帝父族少典氏也曾生活在新郑,号有熊。黄帝徙居其父族原有熊之地,建立有熊国。《帝王世纪》云:"黄帝,龙颜,有圣德,受国于有熊,居轩辕之丘,故因以为名,又因以为号。"又云:"黄帝都有熊,今河南新郑是也。"据此,有一些专家和学者认为,新郑为黄帝与黄帝族的发源地。笔者认为,与其说新郑是黄帝与黄帝族的发源地,或者故里,倒不如说这里曾是"某代黄帝的主要活动基地"③更为确切。

黄帝与黄帝族在新郑的迁居活动,除有文献传说外,这里还传说有"轩辕丘"、具茨山等与黄帝和黄帝族有关的遗迹以及比较丰富的黄帝传说。《庄子·徐无鬼》曰:"黄帝将见大隗于具茨山。"据明清《新郑县志》《密县志》《登封县志》等志书记载,在今新郑、郑州一带传说有黄帝与黄帝族遗迹和地名,如轩辕山、轩辕门、风后顶、力牧宫以及黄帝的御花园、饮马泉、观兽台等。在具茨山(大隗山)中,传说有诸多黄帝遗迹,如岩画、黄帝拜华盖童子处、黄帝避暑宫(山洞)、嫘祖娘娘洞、风后城、大鸿屯兵处

---

① 徐旭生:《中国古史的传说时代》,广西师范大学出版社2003版,第46页。
② 张岂之:《黄帝与陕北黄土高原》,黄帝陵基金会(刘宝才、韩养民主编):《黄帝文化志》,陕西人民出版社2008年版,第401页;马世之:《试析炎黄文化的发祥地》,黄帝陵基金会(刘宝才、韩养民主编):《黄帝文化志》,陕西人民出版社2008年版,第427页。
③ 李学勤、徐吉军主编:《黄河文化史》(上),江西教育出版社2003年版,第73页。

等。这些遗迹和地名只能看作是后世人对黄帝的一种纪念而已,很难说是当年黄帝或黄帝族遗留下来的。考古还发现在新郑一带,也有多处仰韶文化遗址。学者认为,仰韶文化的庙底沟类型、大河村类型、庙底沟二期文化与黄帝时代大体一致,应属于黄帝文化的范围。仰韶文化的中晚期,分别形成新郑市的唐户遗址、灵宝市北阳平遗址和西坡遗址。其中仰韶文化的中期,出现了以郑州西山为代表的早期城址,测定时间距今6000年左右。此城正好在传说的有熊国范围内,所以,有学者认为该城址是黄帝都城。① 2020年5月,郑州市文物考古研究院公布的位于河南巩义河洛镇双槐树遗址,确认为距今5300年,属于仰韶文化的晚期,也就是炎黄时代的晚期,黄帝时代的晚期,面积达117万平方米。有学者认为,这是迄今为止发现的规格最高,具有都邑性质的中心聚落。考古界专家认为,从遗址所呈现的景象和内涵看,正好契合了《易经》"河出图,洛出书,圣人则之"和《竹书纪年》"一百年,地裂,帝陟"的记载,推测双槐树遗址可能与黄帝或黄帝族有关,不排除双槐树遗址是黄帝时代一座都邑。② 在以后的龙山文化时期,在登封王城岗、新密古城寨和新砦发现了此时期尧、舜、禹时代的多处城址。这些遗址和传说,印证了黄帝与黄帝族及其后裔曾迁居河南中原一带,曾在此有过较长时间的生活。如有学者所说,在仰韶文化的晚期,以河洛地区为核心的中原腹地分布着仰韶文化秦王寨类型(秦王寨文化)。该文化长期以来被认为与黄帝轩辕氏关系密切。因为该文化类型的大型环壕和聚落,大型礼仪性建筑基址,高等级墓葬和精美的随葬品,展示出较高的文明化程度,说明此时社会已发展到"古国"或"酋邦"阶段,这与文献中记载的黄帝时代,正处在同一个时代。③

据《史记·封禅书》载,黄帝与黄帝族还曾在今河南灵宝一带采铜铸鼎。其文说,黄帝采首山铜,铸鼎于荆山下。鼎成,有龙垂胡髯,下迎黄帝。黄帝乘龙升天,群臣后宫从上者七十余人。龙乃上去,余小臣不得上,乃悉持龙髯。龙髯拔,下坠黄帝弓。百姓仰望,乃抱其弓与龙髯号。故后世因名其处曰"鼎湖",其弓曰"乌号"。尽管这则传说有臆造的成分,但从至今这里留有"铸鼎原"地名、唐代碑文和铸鼎原周围多处庙底沟文化遗址,以及黄帝建有熊国于新郑的传说等来看,黄帝在此活动也是完全有

---

① 许顺湛:《郑州西山发现黄帝时代古城》,《许顺湛考古论文集》,中州古籍出版社2001年版,第149—153页。

② 参见陈有芳:《河洛古国与万年龙魂》,《炎黄纵横》,2021年第7期。

③ 参见袁广阔:《中原仰韶文化丝织品的发现及其历史价值》,《光明日报》2020年10月19日第14版。

可能的。

三、甘青地区

黄帝与黄帝族在今甘肃的迁居地主要集中在陇东地区,即今天水、平凉一带。

关于黄帝在甘肃天水的迁居,具体来说是在今天水的清水县一带。《山海经·海外西经》说:"轩辕之国,在穷山之际……穷山在其北,不敢西射,畏轩辕之丘,在轩辕国北。"穷山,本神话地名,今按地理方位,似应指六盘山一带。轩辕国在穷山南,应指天水、秦安间。《水经注·渭水》说:"南安姚瞻以为黄帝生于天水,在上邽(今清水县)城东七十里轩辕谷。"皇甫谧在《帝王世纪》中说:"生黄帝于寿丘。"罗苹在注《路史》时说:"寿丘在上邽。"①清人梁玉绳在《汉书·人物考》中亦说:"以戊巳日生黄帝于天水。"其实,天水、清水是为一地。在明清陕、甘地志中也有这方面的记载。如明修《陕西通志》"轩辕丘、轩辕谷、轩辕溪"条引姚瞻的话说:"以为黄帝生于天水,在上邽城东七十里轩辕谷。是谷中有丘,丘边有溪,名虽不同,其为黄帝诞处一也。"清雍正《甘肃通志》:"轩辕谷隘,清水县东七十里,黄帝诞此。"以后的清乾隆《甘肃省志考异》《直隶秦州新志》《清水县志》也均有黄帝诞生于轩辕谷、轩辕丘之说。

对以上文献记载,今人研究主要有两种意见:一种认为,据《清一统志》卷二十"秦州"条目记载:寿山,在州北一里,下有鲁谷水。寿山不高,与土丘相似,叫寿丘也可以。鲁谷水在秦州城之北,因黄帝之裔佶姓所居而得名。州东有轩辕谷,水出南山轩辕溪。轩辕谷、轩辕溪、寿山均在一起,正是黄帝族的最早居地。②田继周也有此认识:"寿丘应在今天水市地区。"③即有学者所说:"天水秦州东南齐寿山"或"天水市麦积区麦积镇街亭东二里的永庆村神农山"。

关于黄帝与黄帝族在甘肃平凉的迁居。《史记·五帝本纪》有明确记载:黄帝"西至于空桐,登鸡头。"空桐即"崆峒"。空桐,《集解》引应劭曰:"山名。"又引韦昭曰:"在陇右。"《索隐》亦说:"山名也。……在陇右。一曰空桐山之别名也。"《正义》引《括地志》云:"空桐山在肃州福禄县东南六十里。《抱朴子·内篇》云:'黄帝西见中黄子,受九品之方,过空桐,从广成子受自然之经',即此山。"鸡头山,《正义》又引

---

① 另有一说:"寿丘指昆仑"。见姜蕴刚:《黄帝及其时代》,郑杰祥主编:《炎黄汇典·文论卷》,吉林文史出版社2002年版,第171页。
② 何光岳:《炎黄源流史》,江西教育出版社1992年版,第510页。
③ 田继周:《先秦民族史》,四川民族出版社1988年版,第108页。

《括地志》云:"笄头山一名空桐山,在原州平高县西百里,《禹贡》泾水所出。《舆地志》云:'或即鸡头山也。'郦道元云'盖大陇山异名也'。"即指今甘肃平凉崆峒山。《庄子》云:"广成子学道空同山,黄帝问道于广成子,盖在此。"说明黄帝曾在此一带活动过。至今,崆峒山上还传说有黄帝问道的遗迹。

关于黄帝与黄帝族在甘肃庆阳的迁居。传说黄帝冢在今庆阳正宁五顷塬一带,有与"黄帝崩,葬桥山"相关的地名,如桥川、桥河、高桥、土桥、柴桥、乔(桥)家塬等;有说"轩辕就是天鼋",黄帝又称轩辕,所以"天鼋"就成为黄帝的图腾,即龙图腾。因为"天鼋"是一种水族动物,是龙体之部分。为此,在这一带,还多有与龙有关的地名,如龙池、龙湫、龙嘴、龙头等。不仅如此,传说庆阳有黄帝与岐伯论医处,如岐伯峰、岐伯洞。① 岐伯是传说中的一位贤哲,黄帝臣子,典主医药,留有《岐伯经》十卷,其故里也有说在庆阳的。此说《帝王世纪》等古籍有记载。还有说在今华池有座黄帝山,传说曾是黄帝乘龙升天的地方。颇多的传说和遗迹,且与今陕西黄陵县桥山不远,说明黄帝与黄帝族曾在此活动过,是完全有可能的。

古史传说昆仑山也曾是黄帝与黄帝族迁居之地。《庄子·至乐》篇曰:"昆仑之虚,黄帝所休。"同书《天地》篇曰:"黄帝游乎赤水之北,登乎昆仑之丘。"《穆天子传》云:"吉日辛酉,天子升于昆仑之丘,以观黄帝之宫。"《吕氏春秋·古乐》篇载:"昔黄帝令伶伦作为律。伶伦自大夏之西,乃之阮隃之阴,取竹于嶰谿之谷……而吹之,以为黄钟之宫,吹曰'舍少'。"高诱注:阮隃,山名。山北曰阴。毕沅曰:"阮隃",《汉书·律历志》作"昆仑",《说苑·修文》篇、《风俗通义·声音》篇、《左传·成公九年·正义》皆作"崑崙"。《山海经·西山经》曰:"西南四百里,曰昆仑之丘,是实惟帝之下都,神陆吾司之。"郭璞注云:"天帝都邑之在下者。"珂案:郭注天帝即黄帝。引《穆天子传》知此帝之下都,即黄帝升天后之下都。近代学者梁启超亦在《黄帝》(四首)一诗中写道:"赫赫我祖名轩辕,降自昆仑山。"

关于黄帝在昆仑山的活动情况,南宋人写的《轩辕黄帝传》(上卷)做了较为详细地描述:

> 黄帝将会神灵于西山之上,乃架象车,六交龙,毕方并辖,蚩尤居前,风伯进扫,雨师洒道,凤皇覆上,乃到山,大合鬼神。帝以号钟之琴奏清角之音,登昆仑之灵峰,致丰大之祭,以诏后代。斯封禅之始也。时有神人西王

---

① 参见张耀民:《岐黄故里在庆阳》,张耀民主编:《庆阳古代史论》,甘肃文化出版社1997年版,第30—40页。

母者,太阴之精,天帝之女,人身、虎首、豹尾,蓬头戴胜,颧然白首,善啸,石城金台而穴居,坐于少广山,有三青鸟常取食此神。西王母美黄帝之德,乘白鹿来献白玉环。又有神人自南来,乘白鹿献鬯。帝德至也,秬鬯乃出。黄帝习乐以舞,众神又感,玄鹤二八翔舞左右。帝于西山尝木果,味如李,状如棠花,赤无核,因名沙棠,食之遇水不溺,立台于沃人国西王母之山,名轩辕台。帝乃休于冥伯之丘,昆仑之墟。帝游华胥国,复往天毒国居之,因名轩辕国。又西至穷山女子国,北又复游逸于昆仑宫赤水北。……

在这段话里,虽有作者想象、附会的成分,夹杂着一些神话色彩,但其中提到的西王母、昆仑山、天毒国等地名和人物却是存在的。联系前面有关文献记载,我们说,文中所写黄帝巡游、迁居昆仑山是有可能的,而不能完全看成是一种所谓的神话故事。

关于昆仑山的地望,《山海经·大荒西经》载:"西海之南,流沙之滨,赤水之后,黑水之前,有大山,名曰昆仑之丘。"《山海经·海内西经》:"海内昆仑之虚,在西北,帝之下都。昆仑之虚,方八百里,高万仞。""洋水、黑水出西北隅,以东,东行,又东北,南入海。"但由于对这些记载理解的不同,至今还没有一个大体一致的看法。先秦人说在天地之中。汉代人说是祁连山,位于甘肃、青海之间,即今敦煌西南一带。唐代以后有人说昆仑是今日之昆仑,地点在西藏、新疆的交界处,即今于阗之南。今人对昆仑山的说法也是莫衷一是:顾颉刚认为昆仑山在酒泉;丁山以须弥山为昆仑山;严文明认为太行山为古昆仑山;顾实认为昆仑山在波斯;何幼琦、何新、李永先等认为昆仑山即泰山。[1] 还有学者认为:昆仑二字是"崇道之徒把'空洞山(即崆峒山)'和'龙山(即陇山)'山名的首字之'空'与'龙'二字神化和仙化为'昆仑'二字。而真正的昆仑山是指今崆峒山和陇山。"[2] 孙作云依据其师唐兰的考证,认为昆仑即"甘肃、青海一带的祁连山"。因"昆仑与祁连为一声之转"。并说:"秦以前所谓昆仑,就是指祁连山和他附近的各山,是毫无疑问的。"笔者认为此说是较为可信的。不过,对孙先生将昆仑山作为黄帝族"故居","本与周人一样应在甘肃、青海一带,其后乃由甘入陕,更东迁中原"[3] 一说,不敢苟同,还需作进一步探讨。

---

[1] 参见李永先:《黄帝建都彭城考》,郑杰祥主编:《炎黄汇典·文论卷》,吉林文史出版社2002年版,第425页。

[2] 侯天勋:《华夏祖地及其方位考辨》,《伏羲文化研究》2018年第4期。

[3] 参见孙作云:《黄帝与尧之传说及其地望》,郑杰祥主编:《炎黄汇典·文论卷》,吉林文史出版社2002年版,第143—144页。

古史传说,黄帝与黄帝族在甘青地区的遗迹,与考古学文化相对应的有马家窑文化。马家窑文化分布的范围相当广泛,以陇西平原为中心,东起陇东地区,西至黄河龙羊峡附近,北抵宁夏清水河之滨,南达四川岷江流域的阿坝藏族羌族自治州汶川县境内,分别有石岭下、马家窑、半山、马厂等四个类型。有的在马家窑类型之后还插入小坪期。据不完全统计,已发现马家窑文化遗址400余处,经过发掘的重要遗址有:甘肃临洮、渭源寺坪、兰州青岗岔、永昌鸳鸯池、庆阳南佐遗址和青海乐都柳湾等20多处。其文化范围与黄帝和黄帝族(包括炎帝族)在甘、青地区的活动范围基本一致。马家窑文化上承仰韶文化庙底沟类型,下启齐家文化,经碳14测定并校正的年代约为公元前3800—前2050年。可见,马家窑文化"是在中原地区的仰韶文化直接影响下而形成的""是庙底沟类型的继承者,可以视作仰韶文化的分支"①。是在向西扩展中"可能同当地的土著文化相结合而发生变异"②。从马家窑文化的遗存看,彩陶特别发达,其数量之多,冠诸远古文化之首。马家窑文化的居民以经营原始的旱地农业和畜牧业为主。2021年公布的甘肃庆阳南佐遗址是一处仰韶文化大型聚落遗址,距今5200年至4600年。处在仰韶文化与龙山文化的过渡时期。遗址核心区由9座大型夯土台围合,面积约30万平方米,紧邻夯土台外侧发现2道环壕,核心区东、南、北三面约1000米处还发现外环壕遗迹,但目前尚不能确认为封闭的环壕。核心区北部发现大型建筑基址、联排房屋等重要遗迹,其中大型建筑F1包括前厅、后堂,仅室内面积已达630平方米,墙壁、地面均为多层白灰面。F2出土白色堆纹陶、白衣陶、白陶、黑陶、朱砂彩绘陶,大型彩陶罐、带塞盖喇叭口平底彩陶瓶以及大量水稻遗存,显示了较高的社会发展水平。③南佐遗址文化内涵与古史传说的黄帝功绩相对应,反映了黄帝与黄帝族在陇东的活动。总之,以上这些考古学文化与黄帝族(包括炎帝族)的文化特征相类似。其后与龙山文化时期及夏代大致相当的齐家文化,与商周时期相当的辛店文化,也都可以是炎黄后裔族在甘青的文化遗存。正如石兴邦所说,炎帝、黄帝"向西发展为马家窑文化系统诸文化共同体"④。

---

① 李学勤、徐吉军主编:《黄河文化史》(上),江西教育出版社2004年版,第104页。
② 《中国大百科全书·考古卷》,中国大百科全书出版社1986年版,第303页。
③ 参见《考古中国聚焦新石器时代重要考古发现和研究进展》,文博中国网2021年12月1日。
④ 石兴邦:《有关炎帝文化的几个问题》,宝鸡市社科联:《姜炎文化论》,三秦出版社2001年版,第17页。

四、湘蜀地区

传说黄帝与黄帝族也迁居今湖南和四川一带。《史记·五帝本纪》载：黄帝"南至于江，登熊、湘。"江，即长江。熊，即熊山（熊耳山）。湘，即湘山。《集解》引《封禅书》曰："南伐至于召陵，登熊山。"《集解》引《地理志》曰："湘山在长沙益阳县。"而《正义》引《括地志》云："熊耳山在商州上洛县西十里，齐桓公登之以望江汉也。湘山一名艑山，在岳州巴陵县南十八里也。"今人根据清《湖南通志》研究后认为，熊山、湘山为一山，叫"熊湘山"，隶属于益阳县（今为益阳市赫山区），而益阳县又隶属于长沙郡。熊湘山先后有两次改名，一次简化为湘山（湘山之山有形似熊耳的山峰），第二次大约在唐末又改为修山（取"轩辕修德振兵"之意），沿用至今。① 黄帝与黄帝族除过在熊湘山活动、居住外，古史传说还曾到过衡山、九嶷山、洞庭湖。《吴越春秋》："禹案黄帝中经，历见圣人所记曰：在九疑东南天柱号曰宛委，乃致斋三月，登宛委山得金简玉字之书。"《徐灵期南岳记》："黄帝受戒于衡山金简峰，禹王致斋，梦苍水使者南方帝群授金简玉书因而记之。"《庄子·天运》："黄帝张咸池之乐于洞庭之野。"《抱朴子》："黄帝洞庭从容成子受天然之经。"传说，黄帝死后，葬洞庭湖畔，今有黄陵。

黄帝与黄帝族迁居蜀地，在《史记·五帝本纪》中有记载："……嫘祖为黄帝正妃，生二子，其后皆有天下，其一曰玄嚣，是为青阳，青阳降居江水；其二曰昌意，降居若水。"玄嚣、昌意均为黄帝之子，分别居住在"江水"和"若水"。关于二水之地望，《索隐》："降，下也。言帝子为诸侯，降居江水、[若水]。江水、若水皆在蜀，即所封国也。"又引"《水经》曰：'水出旄牛徼外，东南至故关为若水，南过邛都，又东北至朱提县为庐江水。'是蜀有此二水也。"很清楚地说明，江水、若水都在蜀地。②《正义》引《十三州志》云："蜀之先肇于人皇之际。黄帝为子昌意娶蜀山氏，后子孙因封焉。"《华阳国志》记载："蜀之未国，肇于人皇。与巴同囿。至黄帝，为其子倡意娶蜀山氏女，生子高阳是为帝颛顼。"说明黄帝之子昌意不仅居住于蜀地，而且娶蜀地女子为

---

① 参见符鸿基、张可平：《黄帝登熊湘》，中国文联出版社2000年版，第5—35页。

② 吕思勉在《史记志疑》（卷一）认为："青阳降居江水，当为东方；昌意所降居若水，则必古空桑之水。"所以说江水、若水不在今四川，而在今山东。吕思勉说："昌意娶蜀山氏，蜀山氏之女，盖即蚩尤之女。"所以认为蜀山氏"后人以蜀地释之误也"。将江水、若水、曲阜说成是一处地方。参见李永先：《黄帝建都彭城考》，郑杰祥主编：《炎黄汇典·文论卷》，吉林文史出版社2002年版，第425页。

妻,生子封国。《史记》虽未说玄嚣娶妻何地,但不难推测,既然他也居住在蜀地,很可能娶的妻子也是蜀地的女子。虽说,黄帝娶嫘祖为妻,其妻故里在今"西陵"(又有一说,嫘祖故里在今四川延亭一带),西陵虽属于今湖北省宜昌市,但其具体位置在今重庆市和宜昌市接壤的地区。虽在行政上分隔两地,但二者有地缘上的关系,也可看作为"蜀地"。这些文献记载都说明黄帝及其子孙与蜀地即今四川、重庆有着很深的渊源关系。

总之,根据古史传说,黄帝与黄帝族的迁徙涉及黄河、长江的大部分地区,其文化影响就更广泛了。当然,这种迁徙既有传说的黄帝与黄帝族足迹所到,也有其文化的传播和扩散。黄帝与黄帝族在其漫长地迁徙过程中,与炎帝、蚩尤等部族相互斗争、交往、杂居,逐渐形成以黄帝为共主的华夏联盟集团,为华夏族的孕育和起源,为大一统中华民族的形成奠定了基础。(如图6-2)

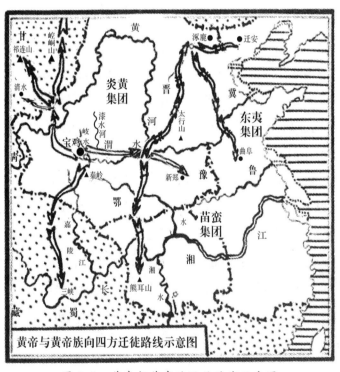

图6-2 黄帝与黄帝族迁徙路线示意图

第七章　炎黄时代与中华文明之起源(上)

中华文明距今已有五千多年的历史,从起源、形成到发展、成熟以至于兴盛,大致经过了这么几个阶段:公元前5000年至前3000年(仰韶文化时期)是文明化的起源阶段;从公元前3000年至五帝时期(龙山文化时期)的一千多年间,则进入初级文明阶段;从公元前2000年夏代开始已正式进入古文明的形成、发展时代,到商周及至春秋战国时期则是古代文明的成熟和兴盛时期。从这一中华文明的发生、发展过程看,我们说炎黄时代正好处在中华文明的起源和初始形成阶段。炎黄与炎黄时代的发明创造,不仅标志着中华文明的孕育和起源,同时也为中华文明的形成和发展奠定了雄厚的物质基础和丰富的精神基础。

摩尔根曾说:"在人类进步的道路上,发明和发现层出不穷,成为顺序相承的各个进步阶段的标识。"①如果将文献资料、考古材料与民间传说结合起来进行考察,我们不难发现,炎黄与炎黄时代有着多方面的辉煌创造。这些辉煌创造成为炎黄时代"进步阶段的标志"。其标志主要反映在两方面,即物质文明的创造和精神文明的创造。从文献记载的古史传说看,均将这些创造归在炎黄二帝的名下。但是,用今天历史唯物主义的眼光来审视这些"发明和发现",我们不难理解,实际上,这些辉煌创造,并非炎帝、黄帝一个人或几个人所为,也非炎帝、黄帝一生一世所能完成,而是由多个氏族、部落或部族的众多人物,经过若干世即炎黄时代及其后世时代反复实践而取得的成果。正如柳诒徵在《中国文化史》(上)一书中所说:"黄帝时之制作,或恃前人之经验,或赖多士之分工,万物并兴,实非一手一足之烈。"②但由于中华民族自古以来有托古、重古的意识,又有崇尚、感恩的情怀,于是,便将炎黄时代集体智慧发明创造的物质文明和精神文明成果"层累叠加"在炎黄二帝的身上,使其成为炎黄时代集体发明创造者的代表、旗帜和象征。

---

① [美]路易斯·亨利·摩尔根:《古代社会·序言》(上册),商务印书馆1977年版,第2页。

② 柳诒徵:《中国文化史》(上),江西教育出版社2018年版,第15页。

本章与第八章以古史传说为线索和依据,以仰韶、龙山早期考古学文化为参照,以民俗文化为补充,主要对炎黄与炎黄时代所发明创造的物质文明和精神文明的成果加以探讨,以此说明炎黄和炎黄时代对中华文明起源、形成和发展所作出的伟大贡献。

第一节　炎帝与炎帝时代的物质文明创造

炎帝与炎帝时代在物质文明方面的创造发明,从古史传说结合考古发现来看,主要反映在农耕、医药、作陶、交易、纺织、造屋、制琴等方面。由于炎帝与炎帝时代的这些发明创造与民生有着直接的关系,因而,被后世人称誉为"农业之神""医药之神""火神"和"太阳之神"。

一、创立农耕

在农业未发明前的一二百万年的岁月里,处于蒙昧时代的先民,靠的是采集和渔猎来维持生计。大约到了距今1.2万年前后,为了获得较为稳定的生活来源,便开始采用新的手段和方式获取物质生活资料,于是,农业出现了。农业的产生是人类具有划时代意义的一件大事,它不仅在生理上,而且在取得生活资料的方式上,把人与动物彻底地区分开来。正如恩格斯所说:"动物仅仅利用外部自然界,单纯地以自己的存在来使自然界改变;而人则通过他所做出的改变来使自然界为自己的目的服务,来支配自然界。这便是人同其他动物的最后的本质的区别。"[1]传说,中国原始农业的产生始于炎帝"耕而种之"(《逸周书·尝麦解》)的发明创造,也就是说炎帝(神农氏)是农耕文明的创立者。[2] 这里从三个方面予以论述:

---

[1]　[德]恩格斯:《自然辩证法》,《马克思恩格斯选集》(第三卷),人民出版社1972年版,第517页。

[2]　在第三章第一节将炎帝与神农看作既有联系又有区别的两个时代。作为三皇之一的神农氏,他代表着农业的起源,是对发明农业这一历史进步的概括,是一个文化符号。其年代是由农业的起源而进入新石器时代早期和中期,即距今12000—7000年之前;而作为姜姓的炎帝,在农业上也有杰出的贡献,他的时代在距今7000—5500年前,即仰韶文化的早中期。这二者的联系就在于他们都在农业上有巨大的贡献。神农氏时代的贡献是在农业的起源,炎帝与炎帝时代的贡献是对早期农业的发展。故而也尊称炎帝为神农。

1.培育粟谷　炎帝发明农业之初,最先或者是从野生的植物中,选择可食者加以栽培,不可食者加以淘汰,或者是将食用的野生果实、野菜和种子,无意间掉到地上或洞口附近,被土壤偷偷地埋起来,当这些种子开花结果时,便想到在附近种些种子,等着来年丰收。通过多次的尝试和失败,发现了可培育和可种植的"嘉谷"——粟。古文献中多有这方面的传说。是说炎帝时代,人们捕鱼狩猎难以养活自己,于是,炎帝便带领族人"尝百草之实,察酸苦之味,教民食五谷"(《新语·道基》)。经过长期的"尝"和"察",使人们能够区分自然物的有毒与无毒,可食与不可食,可口与不可口,以及酸、甜、苦、辣、辛的品性,从而为下一步筛选、驯化、培育可食、可口的粟(谷)、五谷、百谷、百蔬做了必要的准备。农业中的"嘉禾""嘉谷""嘉种",首先是先民通过"尝"和"察"等方式人为选择的结果。传说炎帝是尝百草选择宜食植物根、茎、叶、籽实及蠃蚔之类动物的带头人,是谷、稻等粟类"嘉种"的发现者。

炎帝时代的人们发现"嘉禾(粟)"、种嘉禾是受到了鸟兽的启示。东晋王嘉《拾遗记》说:在当时有丹鸟口衔九穗禾,飞过空中时有掉在地上的,炎帝便拾起来,种植在田地。于是,地上就长出了粟谷或稻谷。我们说,在"与麋鹿共处"的炎帝时代,有人类生息的地方大约就有鸟兽的活动。鸟兽觅食,衔来禾穗,掉在地上被人们捡拾起来,从中受到启示:飞鸟衔来的东西可能为可食之物,品尝结果,味道不错,于是就成了人们食物中的佳品。至于丹鸟善解人意,专门为炎帝送来百谷中的"嘉种",那是"历史的神话"。因为佳食与佳种之间还有相当大的距离,不可同日而语。人们循鸟而行,以鸟之佳食为佳种,不仅少走弯路,避免了某些毒伤之害,而且增加了可食之美味。这在当时人的心目中自然是一件可喜而神奇之事,再加上后来种植粟谷的成功,从而产生了以鸟为图腾的崇拜心理。

《逸周书》说:"神农之时,天雨粟,神农耕而种之。"《本草纲目》说"古者以粟为黍、稷、粱、稻之总称",或又称禾、谷、糜、麦等。粟是北方古代人民,特别是黄河流域人民的主要食物之一,也是北方地区农作物主要品种之一,而在长江以南是以稻谷为主,所以,有传说炎帝也是稻作农业的发明者。

在自然崇拜盛行的炎帝时代,人们以粟为神,崇拜五谷之神,这是很自然的事。再说,人们从地上捡拾的"嘉种",是鸟儿衔食从天空飞过掉下来的。因此视粟是神物,是天所降,是"天雨",也便毫不为奇了。其实,由采集经济进入农耕经济,把草木植物转化为农作物粟,这是人们在漫长的生产实践中人为选择和自然选择的结果。如柯斯文所说:"原始人为从多到数不尽的野生植物中挑选、培育上述一系列栽培植物……曾花费了何等长久的时间,何等坚持的劳动,应该是不难想象的啊!"①原始人在年复一年的采集活动中发现,采集的狗尾草长过的地方明年会有新的狗尾草长出,供人们再次采集;在狗尾草籽贮存或散落的地方,遇有适宜条件也会长出新苗、新穗。人们还发现,气候等条件适合,天下雨最容易长新苗、结新穗,便把雨和粟联系起来,谓为"天雨粟"。于是人们从中受到启发,开始在每年有狗尾草生长的地方自觉地帮助其苗壮成长,以便在采集时有更多的收获。大概从直观感受和直接经验中,人们首先把有碍于"粟"生长的杂草拔掉除去,这可以说是最原始的"中耕除草"了,它起到了除草、松土、保墒、透光等多种作用。与此同时,人们还把长期狩猎活动中获得的经验运用于驱赶、捕捉鸟兽,以防止鸟兽对庄稼的危害或与人争食。当然,这里还应包括对虫害的防治。

种子撒在地上,遇有适宜条件便会发芽、成长、结实,这使人类发现了一个绝大的秘密,原来不仅"天雨粟",人也可以种"粟"。于是,人们便在自己居住地附近,选择适合"粟"生长的土地、时间等条件,撒下"粟"种。由人对天然粟的利用、培育到人工种"粟",这是农业发展上的一个重大转折,是真正意义上的农业的开端。它标志着先民从"以采集现成的天然产物为主的时期"而进入"学会靠人类的活动来增加天然产物生产的方法的时期"②——农耕文明时代。

在人工驯化、培育粟的同时,其他农作物的培育和驯化也在进行。诚如《绎史》卷四引《周书》所言:"神农之时"不仅"天雨粟",炎帝"耕而种之",而且"五谷兴助,百果藏实"。由"尝百草"而"天雨粟",再到种植"五谷""百蔬",这是一个合乎逻辑的发展过程。因而我们说,被炎帝驯化的农作物,除了粟之外,还有黍、稷等耐旱作物。

这里以生长于黄河流域的粟谷为例,加以说明。粟谷的驯化是与炎帝时代的人们对黄河流域土壤、气候、生态等自然环境的正确认识和利用分不开的。《淮南子·修务训》说:"神农乃始教民播种五谷,相土地[之]宜,燥湿肥墝高下。"进入全新世的土壤、气候、生态对粟的生长十分有利。黄土是风化较弱的土壤,表现有疏松、多孔隙、极易渗水等物理特点。土壤内的矿物质,包括比较容易流失的碳酸盐大致尚未溶解流失,保留有相当肥力。③ 土壤具有较长期的保湿能力,纵向结构容易形成毛细管

---

① [苏]柯斯文:《原始文化史纲》(中译本),人民出版社1955年版,第82页。
② [德]恩格斯:《家庭、私有制和国家的起源》,《马克思恩格斯选集》(第四卷),人民出版社1972年版,第23页。
③ 刘东生等:《黄土的物质成分和结构》,科学出版社1966年版,第2页。

作用,把深层水分、肥力带到地表。对较干旱地区来说,这是一种有利于粟谷一类农作物生长的土壤。炎帝时代的人们在种植粟谷的过程中,对土壤的燥湿、肥硗、高下进行了认真仔细的辨认和选择。正如苏秉琦所分析的:"中原地区普遍存在的黄土蓄水和保肥能力都比较低,这两个条件制约了农业起源过程中选择驯化作物品种的方向,即对水肥要求不高,在幼苗期特别能耐旱而在速生期需要高温多雨的作物。粟和黍正是符合这些条件的作物,它们在中原又有大量的野生祖本。"①

"正四时之制"是粟得以驯化的又一重要条件。《尸子·重治》说:"神农理天下,欲雨则雨。五日为行雨,旬为谷雨,旬五日为时雨,正四时之制,万物咸利,故谓之神农。"这是说炎帝能做到欲雨则雨,天遂人愿,这是对炎帝的神化,或者表达了人们希望有"及时雨",以实现丰收的美好愿望,抑或说明炎帝之时可根据气象和经验预知某些降雨现象。同时,又反映了黄土地区气候较干燥,雨量变率大,又缺乏灌溉设施,人们不能不以耐旱作物粟谷作为主要粮食作物的情况。但粟谷的耐旱性是有限的,于是人们便在生产实践中注意观察寒温、暑热、雨霜、旱涝对粟谷生长的影响,以便适时播种、耕耘、收获。特别是在粟谷生长的关键时刻,尽可能避开干旱。所以后世多种早谷,而少种晚谷,早谷在谷雨后播种容易避开春旱,农历七八月份雨量集中,再加上高温,对抽穗、结实有利。文献中所谓的"欲雨则雨","行雨""谷雨""时雨"和"正四时之制",正是对种植粟谷最理想的气候、时令、雨量的描述。这是先民关于农业同气候、时令等关系的宝贵经验和知识的总结。

考古资料表明,新石器时代早中期,在黄河流域发现的粟作文化遗存有甘肃秦安大地湾、兰州白道沟坪、临夏马家湾,青海乐都柳湾,陕西宝鸡北首岭、西安半坡、临潼姜寨、华县泉护村、彬县下孟村,河南洛阳王湾、新郑沙窝李,河北磁山,山东藤县北辛等十几处遗址。这些遗址均属于前仰韶文化、仰韶文化遗址,其年代距今 8000—5000 年之间。在这些遗址内不仅有多件粮食加工工具,如石磨棒和石磨盘以及石臼等出土,而且发现有大量粟谷的贮存,其中河北磁山遗址窖穴内,粟的现存堆积厚度一般为 0.5—0.6 米,还有相当一部分在 1 米以上,堆积最厚的达 2.9 米。有学者经过推算,磁山 88 个窖藏内,粟的总体积约 109 立方米,贮藏量达 12 万斤之多。② 石兴邦说:"在炎黄部落活动的秦陇高原,新石器时代的氏族部落文化是以仰韶和前仰韶文

---

① 苏秉琦:《重建中国古史的远古时代》,《新华文摘》1997 年第 11 期。

② 分别参见刘军社:《黄河流域史前粟作文化遗存的发现与研究》,《农业考古》2000 年第 3 期;佟伟华:《磁山遗址的农业及其相关问题》,《农业考古》1984 年第 1 期。

化为主体的粟作农业文化。这个文化传统以渭河河谷为中心,东及晋南、豫西、豫北、冀南的汾、沁、洛、漳诸河流域地区。"①"根据目前已经掌握和发表的资料,完全可以确定中国北方是世界粟作农业的主要发源地。"②另外,在这些遗址还出土有白菜籽或芥菜籽,说明蔬菜种植也已成为当时农作物的内容之一。正好与文献记载的"百蔬"相对应。以上说明在新石器早中期,全部的华北地区,粟谷种植已经是相当普遍的。

在长江流域,人工栽培稻谷目前考古发现最早的是湖南道县,距今已有1.2万年。在随后的长江中下游地区,陆续发现了浙江余姚河姆渡和桐乡罗家角等多处含有稻谷食物的遗址。这些遗址均属于公元前5000—前3000年前后,这正好属于仰韶文化时期即炎黄时代。以河姆渡为例,经考古发现,在遗址第四层4000平方米的范围内,普遍堆积着厚厚的稻谷、稻壳和稻草,最厚处达1米以上,据测算,稻谷的总量高达120吨以上。经鉴定,这些稻谷属于栽培稻籼亚型种中晚稻型水稻。栽培稻谷收获量之大,反映了稻作农业种植规模之大和生产技术之先进。这正好与古史传说的炎帝时代的农耕发展相适应。

尽管黄河流域与长江流域不属于同一种农业类型,前者为粟作农业,后者为稻作农业,对水土、气候及耕作技术的要求也不尽相同,但都属于粟类农作物,其种子的来源可能是相同的,大概都是由鸟食受到启示,与粟谷的种植一样,是在野生稻谷的基础上经过长期驯化培育的结果。

2.刀耕火种　最早的农耕生产,仅有最简单的石器农具,种植方法主要是在居住地附近或采集地播撒野生粟谷或稻谷的种子,待生长后,拔掉周围的草,并以拔下来的草分置在农作物的根部作为肥料。这种不烧不耕的种植方法,是最原始的耕作方式,被称为"荒耕"或"游耕"。

原始农业的第二个发展阶段便是"刀耕火种"阶段。《左传·昭公十六年》载:"炎帝氏以火纪,故为火师而火名。"《左传·哀公九年》载:"炎帝为火师。"从其名称来源可知,炎帝称谓当与"火"有关。炎帝族之所以崇拜火,并以"火"为族名,可能与炎帝族最早从事"火耕"有关。炎帝又号称"烈山氏"。"烈山"即"烈山泽而焚之"(《孟子·滕文公》)、"焚林而田",即我们所说的"刀耕火种"。火焚林莽、草地,使土

---

① 石兴邦:《有关炎帝文化的几个问题》,宝鸡市社科联:《姜炎文化论》,三秦出版社2001年版,第16—17页。

② 侯毅:《试论我国北方粟作农业的起源问题》,《农业考古》2007年第1期。

地的开垦、耕种变得较前容易,且能较大面积的耕种,草木灰烬留在地表成为肥料,大火除灭了土壤中的病虫害,有利于农作物生长。这比起"荒耕"就要先进得多了。不过,古代放火所焚的山林,不会是高大、整片的森林,有可能是坡地或平地的杂草。因为古代地广人稀,没有放弃平地不先开垦而烧山毁林以辟农田之理。再说,火耕所烧森林必留残根,不易挖出而难以"水耨"。①

这种刀耕火种或火耕水耨的原始耕作方式在我国延续了相当长的时间,不少史料均有相关的记载。《史记·货殖列传》说:南方的荆楚、百越之地,地广人稀,主要以稻和鱼为食,是"火耕而水耨"。《史记·平准书》亦说:"江南火耕水耨。"什么叫火耕水耨?《集解》中应劭解释:"烧草,下水种稻,草与稻并生,高七八寸,因悉芟去,复下水灌之,草死,独稻长,所谓之火耕水耨也。"以火助耕是农业发展的一个重要过程。唐启宇说:"中国古代实行火耕农业,是很有名的。"②早期的人们对除草、施肥、灌溉等农业技术与观念在还没有完全成熟之际,借火焚来清除杂草并取得肥料,然后再播种、引水,以盼望五谷丰登。这种耕作方式,直至20世纪50年代还仍存在于我国南方的有些少数民族中。据史籍记载,我国南方少数民族如土家族、瑶族、畲族、苗族、黎族、高山族、傈僳族、彝族、纳西族、阿昌族、景颇族、普米族、独龙族等山地民族,历史上都曾进行过刀耕火种。③这种刀耕火种的耕作方式,不仅盛行于古代中国,而且,在世界其他民族中也盛行过。苏联著名人类学家柯斯文说:"砍倒—烧光……这种农业过去是很普遍的,并且直到今天仍然在许多落后部落和部族中间持续着……哥伦布来到之前的整个美洲;由北纬十八度至南纬二十二度之间的非洲地带;大洋洲全部;印度尼西亚全部;印度支那全部;印度一大部分;中国的一部分以及亚洲其他许多地方。对土地加工的这种方式,在整个欧洲,直到进入有史时期以后,也还是广泛传布着的。"④

3.创制耒耜　英国著名考古学家柴尔德在《人类创造了自己》一书中,提出了由

---

① 参见王仲孚:《神农氏传说试释》,郑杰祥主编:《炎黄汇典·文论卷》,吉林文史出版社2002年版,第326页。
② 唐启宇:《中国农史稿》,农业出版社1985年版,第44页。
③ 参见何星亮:《炎帝与中华文明的起源》,霍彦儒主编:《炎帝与汉民族》,三秦出版社2003年版,第160页。
④ [苏]柯斯文:《原始文化史纲》(中译本),人民出版社1955年版,第82—83页。

于技术革命,导致新石器革命和城市革命的著名论断。① 耒耜等农业生产工具的出现,是原始社会的第一次技术革命,将原始农业推进到一个新的发展阶段,从根本上改变原始社会的生产手段,即生产力。农具的发明是农业走向成熟、走向文明的重要标志,也是农业成为人类主要的经济生产的重要手段。摩尔根说:农业工具的出现,"对于人类的优越程度和支配自然的程度具有决定的意义"②。几千年来,中国以农立国,然而,农具产生于何时? 自古以来,说法不一。古史传说,是炎帝最早发明了农具——"斫木为耜,揉木为耒"③。类似的内容在其他如《白虎通义·号》④《史记·补三皇本记》⑤等古籍中也有大致相同的记载。但在有些古史传说中,却将耒耜的创制记在黄帝的名下。⑥ 这可能是农业发展到黄帝时代,与其对耒耜一类农具的改进分不开。

在耒耜之类生产工具尚未出现之前,先民在农业生产中可能靠的是指刨手挖。而木棒这种人类最初最容易得到的采集、渔猎工具,大约首先在农业生产中使用。先民们用有尖头的木棒刺地松土或掘洞、点播、栽苗,这是最简易的耕种方式。《国语·鲁语上》载:"昔烈山氏之有天下也,其子曰柱,能殖百谷百蔬。""柱"就是尖头木棒。"柱"是"柱耕"农业的象征。"柱"在炎帝时代就有,在发明耒、耜之后依然使用,所以说炎帝裔孙"柱",能种植"百谷百蔬"。

用柱掘土、松土,面积是有限的,不能成为名副其实的翻土工具,于是便产生了耒。耒是在柱的基础上创造出来的。耒有两种形状,一种是在柱的端头处固定一个短小的横木,刺土时以手持上端、脚踩横木入地,这就是最初的单齿耒。这种耕作工具,中华人民共和国成立前在一些农村仍在使用,名叫"拐桩"。另一种形状是将柱的

---

① 参见[美]戈登·柴尔登:《人类创造了自身》(中译本),上海三联出版社2008年版,第53—54页。

② 转引自[德]恩格斯:《家庭、私有制和国家的起源》,《马克思恩格斯选集》(第四卷),人民出版社1972年版,第17页。

③ 《逸周书·佚文》:"神农之时……斫木为耜……以垦草莽";《周易·系辞下》:"神农氏作……斫木为耜,揉木为耒……"

④ (东汉)班固:《白虎通义·号》:"……因天之时,分地之利,制耒耜,教民农作,神而化之,使民宜之,故谓之神农也。"

⑤ (唐)司马贞:《史记·补三皇本记》:"炎帝神农氏……斫木为耜,揉木为耒。耒耨之利,以教万民。"

⑥ 《世本》:"垂作耒耜。"

尖头经过火烤(揉),使其有一定的弯曲度,且向上微微翘起,成为曲柄斜尖耒。这就是说的"揉木为耒"。甲骨文中的"𧘇"字就是这种耒的象形字。这种工具不仅可以刺土为洞,又可以翻土、松土;不仅用于种,还可用于耕。随着耕种的需要,单齿耒向三个方向改进:

一是由一齿(一木一端)改进为"歧头",即成为"方"形的双齿或者三齿、四齿(是指木棒前端有两个、三个或四个歧枝)。这种双齿、三齿或四齿之耒,不仅可用于翻土、播种,还可用于翻晒、堆摞作物秸秆。这种木耒在殷墟不少窖穴壁上发现其清晰的痕迹,都是双齿。小屯西地 H305 坑壁发现的大型耒痕,齿长 19 厘米、齿径 7 厘米、齿距 8 厘米;大空司村 H112 坑壁发现的小型耒痕,齿长 18 厘米、齿径 4 厘米、齿距 4 厘米。甲骨文中的"耤"字,作𦓝,像人侧立执耒举足刺地之形。这与山东省嘉祥县武梁祠汉代石刻神农氏手持之物极为相似。① 时至今日,在一些偏远山区,仍有使用这种双齿耒的。不过不再用于耕种,而主要用于晾晒、堆摞秸秆、柴草等。名称改为"权"。这实际上是耒的改进和流变。

二是将单齿木耒一端头削成板状刃。这就是说的"斫木为耜"。也就是徐中舒在《耒耜考》一文中所说的"耜下一刃"。从其形制看,甲骨文中作"𠂆"形,像一片有柄的叶子,略似后世的锹头。翻地面积要比单耒齿稍大一些。所以说,耜比耒要进步一些。

三是耒与耜结合,改进成一种复合工具。柄仍为木制,耒的前端则或由石、骨或由蚌作材料,用藤条紧缚于木柄上,用作翻地或锄地。这种耜(锄)耕技术,在炎帝时代虽已出现,但还不很普遍。所以,反映在考古学上,像这种耜耕工具在仰韶文化时期,目前仅有两处遗址发现。一处是距今 7000 多年前的浙江余姚河姆渡遗址,有木质和石质的耜出土。一处是距今 8000 年前后的陕西宝鸡关桃园遗址发现的骨耜,与河姆渡出土的石质耜形状基本相同,仅为大小有别,均以牛或鹿的肩胛骨制成。其中 H221:10 骨耜,通长 25 厘米,柄的大径 6.6 厘米,刃部宽 12 厘米,上端以肩胛骨自然曲颈形成握手,往刃部形成三角形且逐渐放大加宽,刃部有二齿,其加工使用痕迹明显。有的耜,由于长期使用刃部已磨损去一部分。从耜以曲颈为握手来看,可能先民最初是蹲下身子,手握耜颈翻地或锄地的,后来才将石耜或骨耜捆扎固定在耒上,成

---

① 白寿彝总主编,徐喜辰、斯维至、杨钊主编:《中国通史·上古时代》(修订本)(第三卷上),上海人民出版社 2004 年版,第 244 页。

为复合工具——耒耜。① 耒耜是与农业生产直接相关的工具,所以成为农业起源的重要标志之一。

此外,距今8000—6000年前,整个黄河流域及东北地区,以河北磁山、河南裴李岗、甘肃大地湾、陕西老官台、北首岭、半坡、姜寨等前仰韶文化和仰韶文化遗址为代表,发现了包括翻土工具在内的成套农具。石器中有砍伐林木和加工木器用的石斧,松土或翻土用的石铲、骨铲、骨锄,收割用的石镰、石刀,加工粮食用的石磨盘、石磨棒,可以说不仅一应俱全,而且制作精致。长江以南地区,除上述石器外,因经营的是以稻作为主的水田农业,开挖排灌渠道和翻土整地是主要农活,因此导致诸如河姆渡之类遗址中发现的骨耜木铲很发达。在这些遗址中,石斧出土数量也较多,反映了田野的垦辟比以前扩大了。农耕技术水平较前有了较大地提高。

二、发明医药

医药的发明也是炎帝与炎帝时代的一大功绩。古史传说炎帝时代以前,族民们有了疾病,不知道吃药,死伤频频发生。到了炎帝时代,炎帝就口尝草木之滋味,体察草木寒温之性。不仅要亲口尝,而且还要亲身试验,有时一日之内要遇七十毒。② 有的还传说炎帝尝百草之时,有时一日"百死百生"。炎帝所得到的三百六十种药物,正好是一年的天数。后世人传承为书,谓之《神农本草》。③ 这些传说,为我们生动地描绘了炎帝在创立医学、为先民治疗疾病中,不怕牺牲、勇于探索、善于总结的高尚品质和精神。

在原始社会,先民在食物上"茹草饮水,采树木之实,食蠃蚘之肉"(《淮南子·修务训》);居住环境上,穴居野处,风餐露宿,与禽兽相伴,因而"时多疾病毒伤之害"。从各地新石器时代墓地出土的人骨鉴定,那时人们的寿命只有三四十岁,一二十岁青少年夭折者不在少数,其主要原因当系疾病肆虐之故。为此,先民除了要解决衣、食、

---

① 参见陕西省考古研究院、宝鸡市考古工作队:《宝鸡关桃园》,文物出版社2007年版,第23、326页。
② 〔汉〕刘安:《淮南子·修务训》:炎帝"尝百草之滋味,水泉之甘苦,令民知所避就,当此之时,一日而遇七十毒";《史记·补三皇本纪》:"神农以赭鞭鞭草木,始尝百草,始有医药。"
③ 〔晋〕皇甫谧:《帝王世纪》:炎帝"尝味草木,宣药疗疾,救夭伤人命,百姓日用而不知,著《本草》四卷"。

住、行等重大生活问题外，维护自身的健康，同各种疾病做斗争，也是原始先民必须面对和正视的一大难题。

达尔文100多年前在《动物和植物在家养下的变异》一书中，描述非洲人采集野生植物的情景时说："在原始未开化状态下生存的人们，曾经经常被食物的严重缺乏所迫，不得不试几乎每一种可以嚼碎和咽下去的东西。我们在几乎所有食物植物的效果方面的知识，大概要归功于这些人。"[①]这里虽说的是非洲采集食物的情况，但与我国古史传说的炎帝尝百草的情景基本相似。以此推测，我们说医药的发明可能直接源于采集、渔猎等经济活动之中。原始先民在长期的采集活动中逐渐地发现，吃了某种植物的根、茎、花、果，可以消除或减轻身体某一部分的病痛，或者可以消解因吃了某些东西而引起的中毒现象。在渔猎经济生活中，又发现吃了某些动物的肢体、内脏，能产生某种特殊的反应，等等。如此反复地观察和积累，人们慢慢地能够辨识许多的动植物，渐渐了解和掌握了它们的特性和作用，知道了哪些可以作为食物，哪些可以作为药物。这就是古人所说的"医食同源"。于是，遇到一些常见病，也能有意识地选择某些动植物来进行治疗。久而久之，便积累了许多治疗疾病的经验。当然，在那个时代，人们还不可能借助化学分析的方法来了解动植物的成分和性质，而只能靠亲口品尝的办法。古书上所说的口尝百草，始有医药，正是这一探索、实践过程的客观描述。

炎帝在发明草药治疗疾病的同时，还倡导熟食，发明了"食疗"。《古史考》说：炎帝时代的人们开始将食物置于石板上面，用火"五味煎煮""以化腥臊"，再经过"口别生熟"，然后再食用。这样一来，族民就"无兹胃之病"。不仅如此，炎帝还将此种熟食方法推广于天下，让大家都能使用之。

炎帝时代，保健和预防医学也开始萌生。在"尝百草之滋味"，即鉴别哪些可食，哪些不可食；哪些可口，哪些不可口，"择优而食之"的同时，还"凿井出泉"，并对"水泉之甘苦"加以区别，"令民知所避就"。这就避免了因"误食""误饮"而引起疾病或中毒。说明炎帝时代的人们已经懂得了"病从口入"的道理。在保健和预防疾病方面，炎帝时代的人们还懂得了对居住环境的选择和改善。从仰韶文化时期已经出现的用白灰铺地粉墙或烧烤地面来看，可知当时已注意到居住环境的改善。这些预防潮湿、保持清洁的措施，可以预防或减轻因受风寒潮湿而患关节炎、风湿等疾病。

---

① [英]查尔斯·罗伯特·达尔文：《动物和植物在家养下的变异》。转引自《炎帝和炎帝陵》，光明日报出版社1988年版，第18页

炎帝时代，在对药物的使用上，人们开始知道了"配伍"；在对疾病的治疗上，由对症治疗走向辨证施治。经验和知识的积累，使人们一方面逐渐掌握了某些病理、药理知识，另一方面又发现人体各部分是相互关联的，病情和病因不是单一的，而是相互影响、综合并发的。因此用药和治疗手段也不能简单化。尤其是药物之间既有相辅相成的一面，又有相反相克的一面，使用时便讲究"配伍"。《世本·作篇》："神农和药济人"，《广博物志》："神农始究息脉，辨药性"。就是指炎帝"尝百草之滋味，察寒温平热之性"，运用所掌握的有关药物特性，"配伍"成"剂"以施治，以达到较好的治疗效果。再从《太平御览》卷九八四"药部"记载的"太原神釜岗中，有神农尝药之鼎"看，炎帝时代已有了汤剂。这也是药物知识积累的结果。

炎帝发明医药，在考古上亦得到了印证。由于草药易腐烂，不可能在考古中出土，但与治疗有关的一些器具却在考古中有所发现。宝鸡北首岭、西安半坡等仰韶文化遗址出土的砭石，专家认为，这是我国最早的医疗器具。砭石，就是锐利的石刀，用它可以刺破脓肿。这不仅是原始的外科手术器具，而且也是我国针刺术的萌芽。多处仰韶文化遗址出土的石针、骨针、石刀、骨刀等，可能都有与砭石相同的功用。民间传说炎帝发明医药的故事更为丰富，且流传范围很广，如在陕西、山西、河南、甘肃、湖北、湖南等一些地区都有炎帝发明医药的传说。比如现在我们还在服用的"姜""三黄汤""茶""柴胡"等，传说就是炎帝与炎帝时代的人们发明和发现的。

三、制麻作衣

传说炎帝与纺织术的发明也有关系。炎帝"耕而食，织而衣"（《庄子·盗跖》），"身亲耕，妻亲织"（《吕氏春秋·爱类》）。在《商君书》①《庄子》②等书中也均有此类记载。其实，原始纺织、"作衣"是经过了一个比较漫长的历史发展过程。

在旧石器时代的中期或更早时期，即蒙昧时代中期以前，先民不知道衣服，为抵御寒冷，"夏多积薪，冬则炀之"，平时蔽体则是"衣其羽皮"（《绎史》引《古史考》）、"衣皮苇"（《白虎通义·号》）。这是说人类只是把自然形态的兽皮、鸟羽和茅草之类东西，披围到身上，聊以改善赤身露体的状况。但是，这还不能说是"衣服"的制作，或已产生了衣服。因为"再简单的服装也必须经过人工裁、缝所制成"③。考古证实，北

---

① 《商君书·画策》："神农之世，男耕而食，妇织而衣，行政不用而治，甲兵不起而王。"
② 《庄子·盗跖》："神农之世……耕而食，织而衣，无有相害之心，此至德之隆也。"
③ 沈从文：《中国古代服饰研究》，上海书店出版社2005年版，第4页。

京山顶洞遗址发现骨针为距今约两万年前后,说明这时的山顶洞人已经能够用兽皮一类的材料缝制衣服了,揭开了服饰文化史上最早的篇章。到了新石器时代,尤其是距今六七千年的炎帝时代,形成了以农业为主的综合经济,原始手工业如陶器和纺织工艺也得到较快发展。自然界的东西不仅被广泛利用,还不断为人们加工改造或再生出来。其时各种各样的纺织品的产生和进步,为早期服饰缝纫工艺提供了新材料,并对服饰形制也产生了重大影响。①

首先,纺织的材料除了皮革之类外,已有了葛、麻等天然和栽培的有机材料。《礼记·礼运》篇说:"昔者先王……未有丝麻,衣其羽皮。后圣有作,然后……治其丝麻,以为布帛。"有说此"后圣"是指炎帝。亚麻、苎麻1万年前就已生长,是中国乃至世界古代重要的纤维作物之一。因亚麻等灌木植物,较适应于温带和亚热带气候,所以,原产于中国西南地区,以后内蒙古、山西、陕西、山东等北方地区也普遍种植。因为这些天然有机物易于腐朽毁灭,在漫长的历史岁月中是极难保存下来的。所以,目前考古发现,仅在浙江钱山漾新石器时代遗址出土有苎麻布和细麻绳,距今已有4700余年。因而,我们现在所能看到的距今六七千年的,只是西安半坡、临潼姜寨、华县泉护村等仰韶文化遗址出土的有关麻布的材料,而均为陶器上的印痕。据测定,每平方厘米约有经纬线各10根。尤其是在今江苏省苏州市吴中区草鞋山遗址发现的距今6000年前的织物残片,经鉴定可能是用葛(一种豆科藤本植物)的纫皮纤维所织成。可见,葛、麻织物在炎帝时代就得到了广泛的应用。

其次,纺织工具已经出现。最初的"纺织",可能是将葛、麻、毛、丝等纤维置于腿上捻或用双手搓。到了炎帝时代,先民已发明了一种纺织工具——陶纺轮。开始用陶纺轮纺线。其纺线过程,可能是在葛、麻纤维的一端系上一个陶纺轮,让它自然下垂,拉直葛麻纤维。然后拨转陶纺轮,这样葛麻纤维就拧成了一根线。考古中,葛麻纤维不复存在,但有多件陶纺轮出土。如河北武安县磁山早期新石器遗址发现的四件陶纺轮,距今已有七千三四百年;浙江余姚河姆渡遗址不仅出土有刻纹陶纺轮,还出土了一批木制的织机部件,西安半坡遗址出土有陶、石纺轮;宝鸡北首岭遗址出土陶纺轮多达22件,其样式有五种之多,有扁圆形的,有中间隆起作半圆形的,有中间隆起而周侧作凹弧状等;宝鸡福临堡遗址出土的陶纺轮,轮体的平面和侧边均有纹饰,有刺成各种花纹,也有做成锯牙状的,一般直径2.2—4.8厘米,高1.6—3.4厘米,

---

① 参见沈从文:《中国古代服饰研究》,上海书店出版社2005年版,第2—23页。

中间是1厘米左右的小孔。石制的纺轮多为扁平体。由于纺轮的种类和制作之精致,表明此时的纺织技术已有了相当的进步,纺织已成为人们生活中的一项要事。从时代相近的半坡遗址发现的种种编织物印痕来看,在机织物未产生之前,也许各种材料加工成的手织物早已为人们所使用,机织技术导源于更古老的编织技术。这就是说,编织启示人们发明了纺织。

《吕氏春秋·爱类》说:"神农之教曰……女有当年而不织者,则天下或受其寒矣。"说明炎帝时代,不仅有了纺织,而且能够制作衣服。从陶器上留的布纹观察,粗纹像现在的麻袋,细的与现在的帆布差不多。缝衣服的骨针,纤细精巧,出土的数量也很多。这些原料和用具说明缝制衣服在当时是比较普遍的,已成为先民生产和生活的基本内容之一。以此来看,炎帝时代的人们已使用植物纤维(麻类)和兽类毛发来编织布料、缝制衣物(囊袋之类),编织和纺织技术已有一定的水平。从陶器上留下的粗细不同的纹样印痕,以及纺织、编织所使用的工具等看,都显示出这一工艺在当时广泛流行。

衣服是人类须臾不可离开的重要生活资料,也是人类文明的重要表征。纺织技艺的产生,不仅反映了炎帝时代已有手工业生产,而且有了一定的发展。

四、耕而作陶

虽然在文献记载中,昆吾与舜也是作陶的人物(《世本·作篇》),但其传说的时代要晚。所以,实不如古史传说"神农耕而作陶"(《太平御览》八三三卷引《逸周书·佚文》)之原始。《逸周书·佚文》说:"神农……作陶、冶斤斧""神农制作瓦器"。这里说明陶器与农耕是同时出现的(实际上,在农耕未出现之前,陶器就已经出现了。经碳14测定,江西仙人洞出土的陶器距今约2万年)。原始先民发明陶器可能基于两种原因:一是人类最初取水、盛水和贮藏食物的需要。因为人每天都要喝水,而水是液体,若无器具则很难把它取到身边;剩余的粮食或吃剩的肉食,需要贮藏,以免腐烂或被野兽偷吃。一是原始先民发明陶器可能是受了"火种"的启示。在刀耕火种的过程中,原始先民发现黏土经过火烧之后会变硬,不再变形,即使遇到水也不会变形渗漏,于是,经过多次试验和探索,陶器发明了。《路史·外纪》说:炎帝"埏埴以为器"。"埏埴"就是把泥土放入模型中制作陶器。同时,陶器的发明还与先民对火的认识、运用和学会对火的控制分不开。

从陶器的造型来看,一种是几何体陶器,最常见的有罐、钵、盆、壶、杯、碗、器盖等;一种是仿生形陶器,有动物、植物、人物及其他物体形态(如船等)。这是最能显示当时陶器造型艺术水平的。这里主要对仿生形陶器中的植物和动物(人物形陶器发现较少)两种类型器物予以介绍。

模拟植物形陶器有葫芦形、瓜形盖罐、竹节状瓶、莲蓬器口鬶等。《后汉书·南蛮传》引《魏略》"槃瓠",记载了有关"槃瓠"的古老传说。传说帝喾高辛氏族中有一老妇用槃(刨瓠为槃)和瓠(葫芦)制成"槃"与"瓠"。槃与瓠是古代一种容器。以此推测,新石器时代的葫芦形(或葫芦变形、葫芦局部)陶器有可能是模仿自然界中生长的葫芦形状而制作的。长期的生活实践,使先民掌握了葫芦外表光洁、质地坚韧、形状美观、掏空能容物的特点,于是在葫芦外表涂敷泥土,烧煮食物。后来发现,经过高温,葫芦可以烧掉,而泥壳尚存,而且变得十分坚硬,又不怕水和其他液体浸泡,于是便产生了模仿葫芦形状来烧制陶器的意识。以后,先民又按不同需要,把各种形状的葫芦从不同部位割截,仿制出各种形状的陶器。如截去葫芦上半部三分之一或一半便成了瓮或缸,截去葫芦长颈的一半或三分之一便成了瓶、壶、杯、豆,自长颈以下及腹部截去三分之二成盆,将长颈连腹的三分之一倒置使腹口向上则成豆或杯,短颈葫芦截去短颈的顶部成壶,截去短颈则成罐,截去自顶以下二分之一成碗或钵……由此可见,葫芦可能是陶器的祖型,陶器是由葫芦而"滋生"的。

先民模拟动物或其他器物制作的陶器有猪形鬶、螺蛳形盉、龟形盉、鸟形彩陶壶、鸡首壶、鹗鼎等。陕西华县出土一件小鹗鼎,整体似一只硕大的鹗鸟,显然是模仿鹗鸟形象塑造的。陕西武功出土的龟形壶,半坡、姜寨出土的鸟头形、兽形、羊头型、蛙形盖钮等,可能是模仿动物的某一局部制作的。宝鸡北首岭出土的一件造型逼真的船形壶,可能是模仿船制作的。《周易·系辞下》说:"刳木为舟,剡木为楫,舟楫之利,以济不通。"是说炎帝时代已有了船。

随着制陶技术的不断进步,陶器的种类越来越多,用途也越来越广。从仰韶文化中早期遗址出土的陶器看,炊具有灶、鬲、甑、鼎、釜,食具有杯、豆、盘、碗、钵、盆,盛器有缸、瓮、罐、壶以及汲水器,等等。渭河流域的宝鸡关桃园、北首岭,西安半坡,临潼姜寨等遗址出土的陶器,其火候已达1050℃;泥料经过淘洗,去杂质,夹砂,使之更坚硬,耐高温;制法不仅有手捏、泥条盘筑法,而且有用慢轮修整,又用快轮制成。

陶器是农耕文明、定居生活出现后先民的一大创造,极大地改进了先民的生活条件,丰富了先民的生活内容,对先民的生产和生活产生了重大影响:一是用作生产工具。陶瓶等用于汲水、灌溉,陶刀用于收割庄稼,陶锉用于脱去谷壳、锉磨工具,陶球用于狩猎；陶纺轮用于纺织等。二是用作贮藏器。贮存粮食可防潮、防虫、防霉变、防鼠吃；贮存水和流质食物可防损耗、污染、腐烂，也便于搬运；还可盛放其他生活资料。三是作蒸煮器。摩尔根说："在没有陶器之前，人们烹煮食物的方法很笨拙，其方法是：把食物放在涂着黏土的筐子里，或放在铺着兽皮的土坑里，然后再用烧热了的石头把食物弄熟。"而"陶器则给人类带来了便于烹煮食物的耐用器皿"①，使各种食物都可以用陶具煮熟而成为熟食。这不仅扩大了饮食品种，使之变得易消化、易被人体吸收，更富于营养，更适合生理需要，而且有消毒、灭菌、消灭寄生虫的作用。从而使人们的营养结构得到改善，身体素质得到提高。四是用作饮食器。按照饮食品种的不同，可分别用不同器具来盛，既方便拿取，又提高了卫生水平。另外陶器还可用于医药和治疗，某些药物的加工、服用离不开陶器，如蒸、煮、焙、炮、炙等。与此同时，人们在制作陶器过程中，通过陶器制形、施彩、绘图而塑造各种动植物模型的活动，也促进了原始雕塑、绘画艺术的产生和发展。

总之，在人类发展史上，制陶术的发明与种植业的发明一样，都是原始社会的重要创造，也是人类由茹毛饮血的蒙昧时代走向野蛮时代进而迈向文明时代的重要因素之一，为商周各类造型青铜器的产生提供了样本。如摩尔根所说："在人类的进步过程中，制陶器的出现对改善生活、便利家务开辟了一个新纪元。"②

五、构木架屋

古史传说，炎帝时代已有了"明堂"③，"台榭而居"④。不仅如此，还传说炎帝建造房屋，对所建的地方也能按照农耕生产和定居生活的不同要求，"相地之宜"；又能依据房屋的不同类型、水源质量的优劣甘苦，择地而居。⑤ 至于西汉陆贾在《新语》中所谓"至于神农……天下之民，野居穴处，未有室屋，则与禽兽同域"的说法，与考古学文化的发现是不相符合的。

---

①② ［美］路易斯·亨利·摩尔根：《古代社会》（上），商务印书馆1977年版，第13页。

③ 〔汉〕刘安：《淮南子·主术训》："昔者神农……祀于明堂。明堂之制，有盖而无四方，风雨不能袭，寒暑不能伤，迁延而入，养民以公。"

④ 〔南宋〕胡宏：《皇王大纪》：炎帝"兴农桑之业，春耕夏耘，秋获冬藏。为台榭而居，治其丝麻为之布帛"。

⑤ 〔汉〕刘安：《淮南子·修务训》：炎帝"相土地［之］宜，燥湿肥垙高下，尝百草之滋味，水泉之甘苦，令民知所避就"。

实际上,早在炎帝时代之前,先民已经在摸索建造房子的技术,开始有了房子的雏形——"巢"。《韩非子·五蠹》说:远古先民"构木为巢,以避群害"。因古籍载有先民"暮栖树上"之说,所以,这种"巢"有可能是搭建于树林或木桩木柱上,还不能与后来出现的房屋宫室相类比。但不管怎样,我们的先民已有了"构木"即建造房屋的意识。古史传说中,将搭建此类房子的先民称为"有巢氏"。

如果说"构木为巢"说的是旧石器时代的事,那么,真正房屋的出现可能是在新石器时代的早中期,即炎帝时代及其以前。从考古发现看,中原地区属于裴李岗文化和老官台文化时期的房址,在河南贾湖遗址已发现有30多座,都是平面呈圆形或椭圆形的半地穴式建筑。这种房址分单间、多间两种。多间的有两开间、三开间、四开间,大多是依次扩建的,面积小,仅2—6平方米。① 年代距今约8200—7800年的长江中游的湖南澧县彭头山文化遗址,发现的房址,大型的(1号房址)面积有30多平方米,为地面建筑,小型的(2号房址)穴壁自上而下向内倾斜,面积约2平方米。彭头山文化澧县八十垱遗址,发现有地面式、半地穴式、干栏式、台基式四种房屋形式。

仰韶文化时期的房屋建筑,较之前仰韶文化的裴李岗文化、老官台文化有了较大发展。在仰韶文化的中早期即炎帝时代,居住遗址以西安半坡和临潼姜寨一、二期文化的遗址为代表。房址主要有圆形和方形两种:

方形房址平面呈方形或长方形。建造结构可分为半地穴式和地面建筑两种。半地穴式方形房址有姜寨36、46、47号等。这类房屋面积一般约20平方米,最小的4—5平方米,最大的160平方米。其特点是:四角呈圆角,凹入地下的房基,时间偏早的较深,偏晚的较浅。坑深的以坑壁为墙,坑浅的在坑壁上另筑矮墙,上架屋顶。门向因房的位置不同而异,门道多呈斜坡形,也有作台阶式的。门道与室内之间有门槛。居住面和墙壁涂抹草泥。47号房址,根据遗迹复原,应是一座四面坡大房子。长方形房屋有半坡1号房址,复原后面积达160平方米,房基中间有四根作正方形排列的大木柱,木柱顶端用树杈架设横梁,连同周围的小木柱和"附壁柱"一起支撑屋顶,屋顶上铺盖茅草。屋檐离地面较近,门道较窄,估计约1米宽,5—6米长。地面木构建筑房屋有方形和长方形两种。前者有半坡24、39号等房址,姜寨1、103、77号等房址,后者有姜寨63号房址。根据地面建筑结构推测,这类房屋有些可能是两面坡出檐的平房,有些是四角攒尖式或东西两面坡的房屋。

---

① 河南省文物研究所:《河南舞阳湖新石器时代遗址第二至第六次发掘简报》,《文物》1989年第1期。

圆形房屋从结构上分析可分为地面木构建筑、半地穴式和地穴式三种。地面建筑有半坡22号、姜寨44号以及山西芮城东庄村仰韶文化201号等房址;半地穴式建筑有半坡3号、姜寨127号等房址;地穴式建筑有姜寨124号等房址。这类房屋的共同特点是:房址平面近似圆形,直径一般约4—6米,个别面积较小,门向视房屋所在位置而定。房屋中间对着门口有一灶坑,灶坑有长方形、圆形、瓢形。灶坑与门口之间的门道两侧有隔墙,隔墙有密集的小柱洞,房子周围墙壁内也有许多柱洞。墙壁涂抹草泥,内壁光滑,外壁较粗糙。室内有1、2、4、6个不等的柱洞,是支撑屋顶的主柱。从倒塌的屋顶和墙壁残存看,似有紧密排列的木椽、藤条、树枝等上覆以草泥土,屋顶形状大体与屋内木柱分布相适应,有呈圆形、椭圆形的平顶,也有类似"蒙古包"尖锥形的。

六、日中为市

古史传说市场贸易的出现,也始于炎帝与炎帝时代。北宋司马光的《稽古录》记载:炎帝看到一个人的劳作,不足以满足自己的多种需要,于是,教民约定在一定的时间、地点,带上自产所剩之物,以物易物,以调剂物品余缺。这在先秦的《周易·系辞下》①《竹书纪年·前编》②等古籍中,均有炎帝首创"日中为市"的古史传说。

物质资料的生产,包括生产资料和生活资料的生产是交换发生的物质基础。原始贸易的出现,是社会生产力发展、剩余产品数量和种类不断增加扩大的结果。最初的商品交易,大概只能采取物物交换的形式,而且只可能在氏族集团之间进行。正如翦伯赞所说:"在这一时代的交换,并不是进行于个人与个人之间,而是氏族与氏族之间的集体的交换。"③随着交换品种的增多,交换地域的扩大,用来交换的中介物,即类似于今天货币作用的朋贝等便也产生了。再到后来,随着社会生产力的进一步提高,剩余产品的增多,原始公社制的瓦解,私人财产出现了,个人之间的商品交换也随之出现了。

要进行商品交换,就需要有一个统一的时间、确定的地点,于是,炎帝便发明了"日中为市",即把太阳当顶的正午定为交易的时间,把交通便利的地方定为交换地点。传说宝鸡的交易地点在距宝鸡市区不远的天台山有个叫"太阳市"的地方。在湖

---

① 《周易·系辞下》:炎帝"日中为市,致天下之民,聚天下之货,交易而退,各得其所"。
② 《竹书纪年·前编》:炎帝"立历日。日中为市"。
③ 翦伯赞:《先秦史》,北京大学出版社1999年版,第81页。

南炎陵、湖北随州也有类似的传说。在考古中，虽不可能直接发现当时交易的场景，但从宝鸡北首岭等仰韶文化遗址中出土的榧螺、贝壳(货币)可以知道，炎帝时代已经有了交易活动。因为，榧螺原产于沿海地区，它在北方出土，可能为交换而来。除此之外，在黄河中下游和长江中游诸遗址也有不少海贝遗存的出土。这不仅是作为饰物从沿海交换而来，从中还可以追溯货币的起源。不论是从甘肃兰州白道沟遗址出土的陶器产品，还是从湖北宜都红花套遗址出土的石器产品，以及它们生产规模及周围环境的发现，都证明其生产目的是为了交换，即商品性生产。其中红花套石器制作场的产品，推销范围远达周围数百公里外。①

"日中为市"这种原始的交易形式，在我国存在了很长时间，尤其是在较偏远的乡镇，至今还存在着。它的产生，不仅开创了原始交易市场，促进了原始经济的发展，而且加强了各氏族、各部落、各集团之间的交往、交流和融合。

七、削桐为琴

从古史传说和考古学文化看，炎帝在音乐方面的发明主要体现在乐器上。《竹书纪年·前编》说炎帝"作琴""作瑟"。东汉桓谭《新论》里说炎帝通过上观天文，下察地理，"始削桐为琴，练丝为弦"。《世本·作篇》里更为详细地介绍了"神农琴"的规格和音调，即"琴长三尺六寸六分，上有五弦，曰：宫、商、角、徵、羽"。说明炎帝时代已出现了器乐。

器乐离不开乐器。传说炎帝发明的五弦琴就是其中的一种。五弦琴这种乐器的制作，也和其他乐器的制作一样，是一种需要专门技艺的复杂劳动。它首先要精选上等的桐木材料，经过切割、打磨、组装、调试等一系列工序后才能完成。当然丝弦材料也是有一定讲究的。五弦琴的发明，无疑为中华民族器乐的产生和发展作出了重要贡献。据说到了"五帝"时代，五弦琴仍然是主要的乐器。舜的《韶乐》和《南风》，就是用五弦琴演奏的。又说周文王在炎帝五弦琴的基础上又"增二弦，曰少宫、少商"（《世本卷九·作篇》），以此来演奏《岐山操》《文王操》等乐曲。

若把文献记载中的传说与考古资料加以印证，我们不难发现，炎帝发明原始乐器的古史传说是有其考古学文化依据的。

迄今为止，我国境内发现音乐文物遗存的史前遗址已有近百处，出土的乐器和相

---

① 参见严文明：《中国新石器时代聚落形态的考察》，《庆祝苏秉琦考古五十五周年论文集》，文物出版社1989年版，第3页。

关文物也不下500件。尽管在这数百件文物中,可能因木制器易朽的原因,至今还未发现有传说炎帝发明的琴、瑟等乐器。但在大量出土的乐器文物中,其他乐器如笛、哨、埙、号等吹奏器,鼓、磬等打击器,以及铃、球等摇响器,不仅数量多,而且门类也较齐全。从乐器出土的遗址看,则大多在黄河中下游地区的仰韶文化遗址中。考古发掘出土的乐器质料,多以陶、骨所制为主,其中骨笛是目前所知最早的吹奏器(世界最早的骨笛是1995年发现于斯洛文尼亚的迪维·巴贝洞穴,距今43000年①)。骨笛的发现地点有河南的舞阳贾湖和裴李岗等遗址。研究者根据形制和地层,将其分为早、中、晚三期,并对其中分属于三期的五支骨笛进行了测音。早期骨笛开有五孔、六孔,能吹奏出四声音阶和完备的五声音阶;中期骨笛开有七孔,能吹奏出六声音阶和七声音阶;晚期骨笛开有七孔和八孔,能吹奏出完备的七声音阶以及七声音阶以外的变化音。这三期骨笛不同音阶的存在表明,早在距今9000年前,贾湖人已具备将音阶中音与音的关系进行有规律的选择和排列,并用不同的音程关系构成各种音阶的知识。在裴李岗还出土一支九孔骨笛。从笛身穿有两排相错的小孔看,有研究者认为,它不是演奏的乐器,而很有可能属于定音一类的乐器。在山东莒县陵阳河大汶口文化遗址,出土一支呈酒杯状的陶笛,可吹奏出四个不同音质的声音,音响与竹笛音质相似。

另外,哨、埙、号等乐器,分别在河南长葛石固遗址(裴李岗文化)和甘肃永靖大河庄遗址(齐家文化)以及西安半坡、太原义井、万泉荆村、玉门火烧沟、陕西华县井家堡等仰韶文化遗址出土。② 宝鸡陈仓区阳平镇双碌碡于1994年发现一件仰韶时期的陶号。陕西华县井家堡也出土了一件陶号,通长42厘米,中空,一头大,一头小,从其形状看,似由牛角号演变而来,只是牛角号易腐朽,不易保存,难以发现罢了。陶埙以陶土捏塑而成,外形各异,有橄榄形、椭圆形、卵形、兽形等形状,中空,有的只有气孔,有的有气孔也有音孔。西安半坡遗址出土两件陶埙,中空,鼓腹,两端略尖,呈橄榄状。其中一件两端各有一孔,长5.8厘米,中径2.8厘米,孔径0.5厘米;另一件只有一吹孔。据专门测定,远在6000年前的半坡陶埙,已可吹奏出与今天音程相近的声调。所以,有研究者认为,根据这个陶哨(实为陶埙)所吹出的两个音所构成的音程,我们可以认为当时所应用的音阶存在一个与我们今天所应用的五声音阶中的小三度相接近的音程。也就是说,先民当时应用的音阶和我们今天所使用的五声音阶有一个共同的小三度音程。

---

① 郭子月:《史前乐器与音乐的产生》,《光明日报》2018年12月19日第13版。
② 黄厚明、陈云海:《中国史前音乐初探》,《先秦·秦汉史》2002年第5期。

吹奏乐器中的"哨"有骨哨和陶哨。浙江余姚河姆渡遗址出土骨哨数量较多。骨哨用鸟肋肢骨中段制作,长约6—10厘米不等,骨管一侧钻有两孔,也有少数为三孔,器身微曲,中空,有的还在管中插一细骨,吹奏时推拉细骨以控制、变动音调。时至今日,杭州地区还用竹管做成竹哨,竹管中插入一根铁丝制成的一端包有棉球的"推拉器",吹奏时来回推拉铁丝,调节音调,演奏者可以吹奏出比较复杂的乐曲。在临潼姜寨仰韶文化遗址中还发现了石哨,其形制亦呈管状,中有一孔,功能与骨哨类似。在我国南方地区如江苏省苏州市吴中区草鞋山、苏州梅堰、常州圩墩村等遗址,还发现一种叫"陶勺"的乐器。该器呈球形,中空,有短柄,吹奏时手握短柄,口吹"勺"洞部,即可发出洪亮的声音。音调是靠用气大小、吹奏时间长短来控制。陶哨形状有鱼、鸟、人等。时至现代,陕西宝鸡、甘肃陇东等地区,仍有陶哨流行,鱼形哨气孔为鱼嘴,音孔在鱼背;鸟形哨气孔在鸟尾或鸟嘴,气孔在鸟背;人形哨气孔在"人"的头顶端,而音孔在"人"腹部。

除了吹奏乐器外,还有打击乐器,如缶、瓮、鼓、钟、磬等。缶、瓮等陶器既是生产、生活中不可或缺的用具,也是先民可资利用的"乐器"。因为缶、瓮之类不仅"叩"之有声,而且因器物大小、薄厚、形状和烧制、原料、火候的不同,敲击时可发出不同的音响,故而可以相互搭配,和谐成"乐"。传说尧时,"缶而鼓之""拊石击石"(《吕氏春秋·古乐》)。广为人知的战国时秦国国君秦昭王"击缶"的故事,就说明了这种"乐器"曾长期流行过。《魏书·乐志五》说:"垂钟和磬"。钟、磬是专用的乐器。在河南陕县庙底沟曾发现一件陶钟,泥质为彩陶,器口外侈,器壁向外斜直,中空,上部有柄,肩部两旁各有一孔通内壁,素面光滑。磬是新石器晚期才出现,因其为天然石材打制而成,所以称为石磬。目前主要在陕西、山西、河南的龙山文化遗址出现。《山海经·海内经》说:炎帝有个孙子叫伯陵。伯陵同吴权的妻子缘妇同居,缘妇怀孕多年,先后生下鼓、延、殳。炎帝时代之人以鼓为名,透露出鼓是当时一种重要的打击乐器,为人们所崇尚。并传说"鼓、延始为钟,为乐风",是钟的制造者。《礼记·明堂位》说:"土鼓、蒉桴、苇籥,伊耆氏之乐也。"从目前考古发现看,鼓产生的时间最早、数量最多、品种也最全,质料有木、陶两种。木鼓系用截断的树干凿制而成,鼓身上细下粗,中空,两端蒙皮,出土时鼓皮已朽。根据鼓腔内所见散落的数十枚鳄鱼骨板判断,鼓皮可能是用鳄鱼皮做成的。陶鼓因出土时所蒙皮已朽,所以被认为是一般的陶器,实际上其中相当部分可以视为陶鼓。陶鼓依据其形制和出土地层,可以分为"桶形""喇叭形""直口形"或"侈口形""筒状形"等。它们大都出土于距今5500—4000年之间的黄河中下游的仰韶文化和龙山文化的遗址中。在原始村落遗址还出土两种被称作"手摇器"的乐器,一种为空心陶球,圆形,两面微鼓,内装沙粒,中间有一穿孔,以便安装木棒,手持木棒摇之有声;另一种是陶铃,也是圆形内空,两面微鼓,内装沙粒,直接用手摇,发出特定音响。另外,还有龟铃,也叫龟响铃。前者主要分布于长江中下游地区,后者多分布于黄河中上游地区。

第二节　黄帝与黄帝时代的物质文明创造

黄帝与黄帝时代在物质文明方面的发明创造,根据于右任的《黄帝功德纪》,将其归纳为衣、食、住、行等 20 余项。当然,这些发明创造,有些可能是黄帝或与其臣子共同发明创造的,有些可能是黄帝或其臣子在继承炎帝时代发明创造的物质文明成果的基础上做了改进和发展,有些可能为裔族发明创造而附加在黄帝的名下。不管怎样说,这些发明创造与炎帝时代的发明创造一样,直接关乎民众生活的方方面面。因而,他活着的时候,其利于民;他死后,其威犹存;三百年后乃至世世代代,人们还虔诚地怀念他、敬仰他、赞颂他。下面就黄帝与黄帝时代的主要发明创造予以论述。

一、发展农耕

古史传说,黄帝在继承炎帝时代农耕文明的基础上,对生产工具、耕作技术、粮食品种做了进一步的改进、提高和发展,将原始农耕推进到一个新的历史阶段。所以,如果说炎帝是农耕文明的发明者、创立者,那么黄帝则是农耕文明的发展者、推动者。黄帝与黄帝时代农耕生产的进步性主要表现在以下三个方面:

一是生产工具的多样化、精致化。黄帝时代在继续沿用石刀、石斧、石铲、石磨棒的同时,对炎帝发明的耒耜做了进一步的改造。《世本》云:"垂作耒耜。"垂为黄帝的臣子。这里说的垂作耒耜,肯定不是简单的复制,而是进行了加工改造,使其精致化。考古发现,仰韶文化中晚期及龙山文化早期,大量复合工具的出现,使黄帝时代的先民们,或则"剡耜而耕,摩蜃而耨",或则"斧柯而樵,桔皋而汲"(《淮南子·氾论训》),即如翦伯赞所说:"在他们的手中,再不是拿的是粗糙的打制石器,而是研磨的石斧与石镰,再不是原始的掘土棒,而是进步的鹤嘴锄。"①骨耜、石铲等多种复合农具的出土,说明黄帝时代的人们较之炎帝时代已懂得并普遍实行翻土、锄耕,即农业已基本上进入耜耕农业阶段。

二是粮食品种的多样化。黄帝时代开始出现多品种的粟和粟以外的其他农作物品种,如高粱、蔬菜等。《史记·五帝本纪》载:黄帝"艺五种",《索隐》:"艺,种也,树也,五种即五谷。"《集解》引郑玄曰:"五种:黍、稷、菽、麦、稻也。"《五帝本纪》又云:"时播百谷草木。"《正义》云:"言顺四时之所宜而布种百谷草木也。"这些粮食品种在仰韶文化中晚期,如陕西渭南泉护村、郑州大河村、湖北京山屈家岭、甘肃秦安大地湾(晚期)、浙江余姚河姆渡(晚期)等遗址均有发现。在陕西武功赵家来客省庄第二期文化遗址还发现了麦秆,说明黄帝时代后期开始了小麦的种植。同时,还在甘肃秦安大地湾发现了油菜籽,郑州大河村发现了莲藕、莲子等植物。

三是耕作方式的精细化。黄帝时代由炎帝时代的"刀耕火种"粗放式的耕作转向"轮休"精细化的耕作。古史传说,黄帝始设"井田制",推广"步亩制",公平、互助经营。《黄帝内经》载:"黄帝升为天子,地献草木,述耕种之利,因之以广种。"《路史·疏仡纪·黄帝》载:"经土设井,以塞争端;立步制亩,以防不足。八家以为井,井设其中。"这是说:黄帝划分土地,用来防止争端,建立丈量土地的步亩制度,以防止土地的不足。八家各耕一块地,合为一个井田,中间的公田八家共耕,收入缴纳"国家"。这些措施反映了黄帝时代开始有了土地管理制度。实际上,据文献记载,井田制最早出现于西周,黄帝时代是否有井田制,还有待进一步探讨。尽管如此,起码说明一点,黄帝时代的农业耕作技术和田间管理都较前有了较大的提高。

黄帝时代耕作技术的精细化还反映在田间施肥管理上。虽在古史传说中无这方面的记载,但从新石器时代中晚期陕西渭南白水河流域众多遗址出土的粟、黍作物以及相关动物骨骼,经对其碳氮稳定同位素分析表明,该地区先民从距今5500年就已经开始了长期、持续地进行田间施肥管理,通过施有机肥(粪)来提高粮食产量。

黄帝时代是新石器时期的重要历史阶段,农耕文化的开端、发展是这个时代最显著的特征。在这个时代,不仅粮食作物从单一走向多品种,而且耕作方式、田间管理也由刀耕火种走向"轮休"、锄耕和施肥等,对后世农业发展产生了深远的影响,使

---

① 翦伯赞:《先秦史》,北京大学出版社1999年版,第77页。

"农业成为之后发达文明的基础"①。

二、缫丝制衣

衣裳是文明的标志。如果说炎帝时代的"织而为衣"还是初创、发轫时期,那么到了黄帝时代,衣服的制作技术、衣服原料等都有了很大的进步和改进,具体表现在以下几方面:

一是在衣服的用料上,黄帝时代的人们在继续沿用炎帝时代利用葛、麻等天然材料制衣的基础上,发明了丝织物。古史传说,最早将"先蚕"与黄帝元妃嫘祖联系在一起的是《周礼》《礼记》等古籍。其中均有西陵氏之女嫘祖"始教民育蚕治丝茧,以供衣服"②的记载。《路史·后纪五》云:"元妃西陵氏曰嫘祖,……以其始蚕,故又祀先蚕。"刘恕《通鉴外纪》载:"西陵氏之女嫘祖,为黄帝元妃,始教民育蚕,治丝茧以供衣服,后世祀为先蚕。"在明代徐光启《农政全书》和孙毂《古微书》中亦都说到黄帝元妃西陵氏"始蚕""始育蚕辑麻",并"以兴机杼,而成布帛"。③ 虽说这些传说未必真实,但联系考古出土的蚕茧、丝织品等遗存,以及将后来"浴蚕""招丝"之事推及"嫘祖",并非毫无根据和道理(详见第四章第二节)。1926年山西夏县荫村仰韶文化遗址出土的人工割裂蚕茧,1960年山西芮城西王村仰韶文化遗址出土的蛹形陶饰,1960年河北正定南杨庄仰韶文化遗址发现的两件陶蚕蛹,距今5500年、河南荥阳青台遗址出土的炭化的蚕丝织物,浙江吴兴县钱山漾遗址出土的炭化的丝绒和绢片等,以及在黄河流域、长江流域都出现的纺织工具,如纺轮、纺锤、线垛、绵坠以及织机构件等,则以实物证明黄帝时代已有了养蚕、抽丝、织丝的生产。特别是近年来,文物考古工作者在河南荥阳汪沟遗址中发现了仰韶文化时期的丝织品遗存。其中一件瓮棺收埋的婴儿头盖骨上,粘有炭化丝麻织品残留物,这些织物被确认为丝织物残存,距今已有5300—5500年。2017年,文物工作者又在巩义双槐树遗址发现了一件仰韶文化晚期

---

① [美]海斯、穆恩、韦兰:《人类简史》(王敬波译),天津人民出版社2017年版,第11页。

② (明)彭大翼:《山堂肆考》卷一四四《民业》;(明)王三聘:《事物考》卷五《礼仪》。参见王子今:《汉代"嫘祖"的历史记忆与文化影响》,王震中主编:《炎黄文化研究》(第十九辑),大象出版社2019年版,第48页。

③ 参见王子今:《汉代"嫘祖"的历史记忆与文化影响》,王震中主编:《炎黄文化研究》(第十九辑),大象出版社2019年版,第48—49页。

的牙雕蚕,长6.4厘米,宽0.6厘米,厚0.1厘米,背部凸起,昂首翘尾。"这是我国目前发现的时代最早的蚕雕艺术品。双槐树牙雕蚕的发现可能能为仰韶文化已存在缫丝技术提供一些旁证。"① 为此,沈从文说:"从殷商时期高级丝绸的生产和丝绸技术的成熟水平来推断,在殷商之前必然有一个较长的发展过程,其时间至少应在新石器时代的中晚期是合乎逻辑的。"② 制丝业的产生,是古代劳动人民长期种桑养蚕生产实践经验的总结和成果,因嫘祖地位特殊或贡献大而成为这一成果的代表人物。其实,据古史传说,丝绸生产发轫于炎帝时代。是说炎帝有个女儿名叫"帝女桑",曾"学道得仙居南阳崿山桑树上",善于"浴蚕子招丝"(《广异记》)。到了黄帝时代,在炎帝时代初始治丝的基础上,可能经嫘祖的改进、推广,丝绸生产更加专业化、普遍化,所以,后世传说嫘祖是中国养蚕、缫丝的始创者,历朝历代作为"先蚕神"予以立庙立日祭祀。

二是发明了衣和裳及鞋和帽。《世本》云:"伯余作衣裳。"《吕氏春秋·勿躬》云:"胡曹作衣"。据高诱注《吕氏春秋》《淮南子》和宋衷注《世本》都说"伯余""胡曹"是"黄帝臣",也有以"伯余"为黄帝的说法(《世本·粹集补注本》)。《物原》云:"胡曹作衣,伯余为裳"。据《释名·释衣服》云:"凡服上曰衣。……下曰裳。"说明黄帝时已有"衣"和"裳"的区分。考古也提供了这方面的实物。在宝鸡地区的仰韶文化遗址中发现一件彩陶,上有妇女穿衣服采摘果子的侧面图像,衣服是两个三角形,上衣和下裙是分开的。上衣无袖,类似今日的马甲,下衣(裳)像短裙一类形式。③ 与此同时,黄帝时代还发明了"冠冕(帽子)"和"扉履(鞋)"。《世本》云:"黄帝作旃冕""黄帝作冕旒""胡曹作冕""于则作扉履"。说明黄帝时代服饰的制作和种类比炎帝时代有了改进和增加。

三是对衣服作用产生了新的认识。如果说炎帝时代对衣服作用的认识仅仅局限于为了蔽体御寒,那么,进入黄帝时代,对衣服作用的认识已发生了改变,其被赋予了新的意义,即服饰服务于一种等级观念。《大戴礼·五帝德》云:"黄帝黼黻衣,大带黻裳。"注:"白与黑谓之黼,若斧文。黑与青谓之黻,若两巳相戾。"意思是说黄帝的上衣有斧形和黻形的花纹,下裳又宽又长。《物原》云:"因染彩以表贵贱。"黄帝通过

---

① 袁广阔:《中原仰韶文化丝织品的发现及其历史价值》,《光明日报》2020年10月19日第14版。

② 沈从文:《中国古代服饰研究》,上海书店出版社2005年版,第31页。

③ 石兴邦主编:《陕西通史·原始社会卷》,陕西师范大学出版社1997年版,第140页。

"取法乾坤天尊地卑之义"(《云笈七签》卷一百),将衣服的改造和使用与天尊地卑联系起来,对衣服施设颜色和纹饰,改变衣服的形制,以区别于普通的衣服,以此代表身份地位的贵贱高低。《易·系辞下》说:"黄帝、尧、舜垂衣裳而天下治,盖取诸乾坤。"衣裳是文明与野蛮的重要分野。"垂衣而治"是说黄帝时代已开始有了等级,出现了贫富差别,衣服成为地位和身份的象征。

三、始作瓦甑

在人类未发现火之前,茹毛饮血,以生食为食。到了火被发现后,开始了熟食。虽有了火,但在未掌握制陶技术之前,先民们还不可能用鼎锅之类东西烧煮食物。那时,人们将食物架在火上直接烧烤外,主要靠的是一种"石煮法"或"石烹法"。即前者是指将烧灼的石头,反复不断地投入盛有水和食物的木制或用树皮做的容器内,使之煮熟;后者是指将石板烧灼,把食物放在石板上加热、炙烤。如《古史考》所云:"神农时,民食谷,释米加烧石上而之。"《礼记·礼运》郑玄注:"中古未有釜甑,释米捋肉,加于烧石之上而食之耳。"或如《礼记·内则》郑玄所注:"以土涂生物,炮而食之。"是说将食物用泥土包起来,然后放在火中烧干,将此种方法古称"炮"。说明炎帝时代还未有"瓦甑"之类的容器。

到了黄帝时代,随着制陶技术的进步,各种形式的陶器大量产生,先民们除了用陶土作器物外,开始还用竹、木、骨、角、玉石、象牙等做原料,制成各类精美的日用器物。① 为此,黄帝对以前炎帝时代的"石煮法"做了改进,发明了名字称"甑"的灶具,开始使用蒸煮的方法,加热食物。如《事物纪原》(卷九)引《周书》云:"黄帝始蒸谷为粥。"《古史考》曰:"黄帝始蒸谷为饭,烹谷为粥。"又说:"黄帝始造瓦甑,火食之道成矣。"这是说黄帝发明用"甑"这种灶具做饭,蒸煮食物。像这种"瓦甑",在考古上已有发现。宝鸡北首岭出土的双联陶鼎,在距今五六千年马家窑遗址出土的陶炙子,公元前4000—公元前3000年大溪文化遗址出土的陶甑等,印证了文献记载的"黄帝作瓦甑"的传说。"甑"是中国古代的蒸食用具,甑的上半部分,与鬲通过镂空的箅相连,用来放置食物,利用鬲中的蒸汽将甑中的食物蒸熟。无疑这种灶具在当时来说要先进得多。"瓦甑"发明后,用陶器烧煮食物就成为人们一种普遍使用的炊煮方法。因为这种以加沙陶器做炊具,不仅耐火,不易破损,而且加热快。在改进人类蒸煮食

---

① 参见蒋南华:《中华古帝与文明研究》,贵州人民出版社2009年版,第83页。

物、改变人类饮食品种、结构方面,黄帝也作出了重要贡献。

　　瓦甑的使用,既促进了粮食加工工具、粮食贮藏窖穴的改进,同时也促进了家畜家禽的饲养。《世本》云:"雍父作杵""雍父作臼"。按宋衷的注释,雍父是黄帝的臣子。《易·系辞下》有"黄帝、尧、舜……断木为杵,掘地为臼,杵臼之利,万民以济,盖取诸《小过》"的记载。仰韶文化之前,即裴李岗文化遗址和磁山文化遗址出土有石磨盘、石磨棒,说明那时人们已用此工具加工粟谷、稻谷之类的粮食。杵臼的出现要较磨谷盘进步。因为杵和臼是相配合的复合加工工具,用杵向臼内放置的食物舂捣,要比石磨盘研磨食物的效率高,也易于将粟谷、稻谷的皮与仁分离开来。所以这种粮食加工工具在我国延续了很长时间,直至20世纪五六十年代,在偏僻的一些农村还在使用。考古发现,在黄河流域的半坡仰韶文化晚期遗址、姜寨仰韶文化第四期遗址分别发现杵臼各14件。石杵锤面光滑,有锤击的痕迹。在湖北宜都市红花套大溪文化遗址,还发现了两个地臼和木杵遗迹。① 由以前的"掘地为臼"发展为陶臼。从考古来看,最早出现陶臼是在长江流域,可能这与长江流域主要加工稻谷有关。稻谷的加工要比粟谷的加工费力和复杂。今湖北省十堰市郧阳区青龙泉、房县七里河石家河文化遗址,发现有完整的陶臼,深腹,筒形,圜底,底部为双层胎,一件底部厚度为4.4厘米,一件底部厚度为6厘米。用它捣稻谷时,先挖一个圆形坑,然后将陶臼放置坑内,四周再填上土,夯实,故叫"掘地为臼"。与其配合的工具是木杵。② 因木制容易腐朽,所以,至今未发现实物。杵臼的发明,为后来更为先进的石磨等类粮食加工工具的出现奠定了基础。

　　随着人们熟食范围的扩大和食品的增多,贮存食物和粮食的窖穴形体也有了进一步扩大,制作更为坚固。如在宝鸡福临堡仰韶文化遗址发现了4个子母口窖穴,它是在一个大型的袋状窖穴的底部一侧接连挖一个小型的袋状窖穴。窖穴多较为平整,窖穴四壁涂抹一层泥浆或草泥土,有的还经火烤,以加强防潮。这说明处在仰韶文化中晚期的黄帝时代,粮食产量有了较大提高,出现了余粮。

　　瓦甑的使用,方便了肉食的加工。于是,也促进了家畜家禽的饲养。《史记·五帝本纪》载:黄帝"淳化鸟兽虫蛾"。《事物纪原》(卷九)引《周书》云:"黄帝始燔肉为炙。"考古发现陕西的西安半坡、宝鸡北首岭和福临堡、临潼姜寨等仰韶文化遗址及西安客省庄第二期文化遗址,出土的家畜家禽和一些动物遗骨,也印证了文献的记载。

---

①② 参见吴汝祚主编:《炎黄汇典·考古卷》,吉林文史出版社2002年版,第305—306页。

在半坡遗址出土的有羊、牛、马及猪、狗等骨骼；在北首岭遗址出土的有猪、狗、牛、鸡等骨骼；在姜寨遗址出土的有梅花鹿等动物骨骼。这表明黄帝时代畜牧业也有了一定的发展。

四、建造宫室

如果说炎帝时代建造的房屋还处在初创时期，多为地穴、半地穴式结构，是用树枝和泥土混合一起的茅草房①，主要用途以遮风挡雨、防寒避暑以及防御野兽侵害的话，那么，进入黄帝时代，"在房屋结构的设计上和建筑工艺技术的发展上，都有明显的晚期超越于早期的进步性"②。房屋不仅仅是为了遮风挡雨，还有了新的用途，出现了规模巨大的城堡和宫室。其主要表现在以下三个方面：

其一，地面建筑多于半地穴式建筑，出现了两面、四面坡房屋，有了较为齐备的功能设施，房屋结构出现了套间，初步有了"前堂后室"的格局。③《路史·后纪五·黄帝》曰："乃广宫室，壮堂庑，高栋深宇，以避风雨。作合宫，建銮殿，以祀上帝，接万灵以采民言。""即库台，设栘旅，楹复格，内阶幽陛，提唐山墙，樀于惟工，斫其材而砻之。"这段话的意思是说，黄帝建造宽大的宫室，高大的正房侧屋，高高的栋梁，宽广的屋檐，又建造宽大的明堂和金銮宝殿用来祭祀上帝，迎接众神灵。又建库台，设立旅馆，房中的柱子是雕花的，内部台阶都是隐蔽的，外人都看不见，房屋的山墙也都很宽厚漂亮，房屋栏杆都修得很华美，斫削过的材料还要打磨光滑。虽然这里说得有些夸张，黄帝时代的人还不可能造出这样的房屋，这是用后世来推测前世，但是有一点可以肯定，说明了黄帝时代的建筑比起炎帝时代有了很大的进步，这是毋庸置疑的，也是有考古学文化根据的。1972年发掘的郑州大河村仰韶文化晚期房基8座，其中1—4号房基为目前我国发现同时期房屋建筑保存最好的一处，经碳14测定，距今5040±100年。它是一组地面建筑，东西并列，大小不同，门向有连间排房，均为木构房子，其中1号房基内有套间，即分堂分间。墙体采用了"木骨整塑"的建筑方法，墙

---

① 参见海斯、穆恩、韦兰：《人类简史》（天津人民出版社2017年版，第15页）："这种茅舍先由树枝和细树条编织成一个大致的房屋框架，然后在框架表面涂上一层厚厚的泥土，等烈日把泥土晒干，房子也就成型了。"

② 吴汝祚主编：《炎黄汇典·考古卷》，吉林文史出版社2002年版，第22页。

③ 参见黄石林：《中国古史中的黄帝时代》，《炎黄春秋》增刊《炎黄文化研究》1998年（总）第5期。

壁及地面用火烧烤成砖红色。这种两面坡式的排房建筑奠定了中国北方传统民居的基本形制,是中国古代建筑史上的一座里程碑。还有一种圆形房子,建在地面,木构,四周有柱洞,面积为15—20平方米。也有方形房子,面积在20平方米左右。房子中间有火塘,内分间。① 这种类型的房子,在西安半坡、临潼姜寨也有发现。这是炎帝时代所没有的。

其二,出现了"宫室"即"宫殿式"的大房子,有了多种功能用途。《新语》云:黄帝"伐木构材,筑作宫室,上栋下宇,以避风雨"。《白虎通义》云:"黄帝作宫室,以避寒暑,此宫室之始也。"《轩辕黄帝传》云:"(黄)帝始作屋,筑宫室……"这些说法在考古学文化上也得到了印证。在陕西扶风案板仰韶文化晚期,发现有一座大型房子,整体平面略呈凹字形,总建筑面积约为134.5平方米。其房屋结构较为复杂,有主室,有前廊,仅在墙基内的前廊和主室地面就有柱洞99个。这类房子就不仅仅是"避风雨"或"避寒暑",还具有了其他多种功能。所以,有专家推测,这座类似于殿堂式的大型建筑,绝非一般的居所,而应是当时社会中具有较高等级的人物聚集决议或举行重大活动的礼仪场所,也可能是一处巫术活动的中心地点,是进行祭祀活动的场所。② 像上面提到的具有"宫室"性质的大房子,在甘肃秦安大地湾仰韶文化晚期、郑州西山仰韶文化古城、河南灵宝西坡等遗址也有多处发现。秦安大地湾遗址如901号房址,以长方形主室为中心,东西两侧有与主室相通的侧室。主次分明,结构严谨,总面积达420平方米,主室总面积为132平方米。更值得注意的是居住面的外观与现代水泥地极为相似,其抗压力据测定每平方厘米为120多公斤,约等于100号水泥砂浆地面的强度。"在距今5000年左右的仰韶文化人能够制造出这样的人工制品,充分说明了他们的创造能力。"此外,在该遗址还发现了另一座大型房子,即405号房址。灵宝西坡遗址发现的特大型礼仪性建筑基址,坐西朝东,占地面积达516平方米。该遗址以近正方形半地穴式主室为中心,四周回廊环绕,布局井然有序,主次分明,形成了一个结构复杂严谨的建筑整体。"这也是目前发现的最早的中国传统的回廊式建筑,开创了中国古代大屋建筑的先河。"③郑州西山遗址发现了一座100平方米左右的大房子。这座大房子,"是迄今为止中国史前时期规模最为宏伟的建筑,代表了5000年前的仰

---

①② 参见吴汝祚:《中原地区中华古代文明发展史》,社会科学文献出版社2012年版,第62页,第63—64页。

③ 袁广阔:《中原仰韶文化丝织品的发现及其历史价值》,《光明日报》2020年10月19日第14版。

韶文化中晚期高水平的建筑技术"①，称为中国"五千年前的殿堂"。隋王通《文中子》云："黄帝有合宫之听。"其意是说黄帝在明堂听取臣子奏议。可见"宫室"不仅是祭祀、举行礼仪性活动之地，也是部落或部落联盟的议事之场所。

其三，出现了夯筑城池，显现出"城市"（实为大型聚落）的雏形。关于史前筑"城"的传说，《吕氏春秋》《淮南子》《世本》等书都说"作城"的人是鲧，但鲧在古史传说中是尧舜时期的人。如果说炎帝发明了原始建筑，那么，到了黄帝时代，由氏族居地而形成部落或部落联盟聚落，应无问题。所以，对于发明筑"城"的传说，与其归之于鲧，倒不如归诸黄帝，这更符合时代演化的特征。②从当时作"宫室"的建筑技术来看，可以说黄帝时代已具备了筑城的技术和力量。古史传说中也不乏这方面的记载。如《史记·封禅书》中记载方士言："黄帝时为五城十二楼。"《轩辕本纪》云："黄帝筑城邑，造五城。"《事物纪原》（卷八）引《春秋内事》曰："轩辕氏始有堂室栋宇。"《轩辕黄帝传》云：黄帝"……令筑城邑以居之，始改巢居穴处之弊"。但也有史传："神农之教曰，有石城十仞，汤池百步。又城池之设，自炎帝始矣。"（《事物纪原·城市藩御部第四十四》）说城最早出现于炎帝时代。考古发现，夯筑城墙始于黄帝时代是有可能的，但也不能排除炎帝时代的后期，有城的雏形产生。目前考古发现的城池，时间上限均为距今 6000 年以后，这正好与黄帝时代为仰韶文化中晚期即距今 6500—5000 年相吻合。在这一时段发现的湖南澧县城头山古城址，距今约 6000 年，是我国目前已知年代最早的古城。河南的灵宝西坡、巩义双槐树、偃师寨湾、郑州大河村等遗址和辽宁西部牛河梁坛、庙、冢遗址，距今约 5500—5000 年前后，前者面积约 40 万平方米，后者均在 30 万或 100 万平方米以上。学者们将这些古城都与黄帝与黄帝族相联系。在郑州西山发现一座仰韶文化晚期古城遗址，年代距今约为 5300—4800 年，平面呈不规则圆形，面积约为 10 万平方米。考古发现，墙基底宽约 11 米，城外有宽 5—7.5 米的壕沟。墙体采用方块版筑法夯筑而成。其年代正与黄帝时代大体对应。再如，近年在陕西西安市高陵区姬家乡发现的杨官寨遗址，其年代属于庙底沟和半坡四期文化，即仰韶文化的中晚期，与黄帝时代也正相符合。其面积达 80 万平方米。其址有巨大的环壕，发现"疑似墙基的遗存"，出土了"陶祖（男性生殖器）"等一批遗物。所以，考古学家石兴邦说，杨官寨遗址"具有鲜明的都邑性质"，"是炎黄文化中心区

---

① 吴汝祚：《中原地区中华古代文明发展史》，社会科学文献出版社 2012 年版，第 67 页。
② 参见王仲孚：《黄帝制器传说试释》，郑杰祥主编：《炎黄汇典·文论卷》，吉林文史出版社 2002 年版，第 297 页。

域的关中地带,也是全国唯一保存完整的超大型庙底沟城址",其"北区环壕以庙底沟时期全国最大城垣遗存(24.5万平方米)而与传说黄帝时代政教中心发生绝大关涉,故治历史文化的学者遂谓之为黄帝故都"。① 这些都为黄帝时代出现的夯土筑成的"都城"提供了物证。杨官寨遗址发掘者在《陕西高陵杨官寨遗址考古报告》中说:"我们有理由相信,这一遗址也许就是关中庙底沟文化的中心聚落。"又说:"该聚落很可能是一座庙底沟文化的城址。"②

摩尔根在《古代社会》一书中说:"住宅建筑与家族形态和家庭生活方式有关,它对人类由蒙昧社会进至文明社会的过程提供了一幅相当全面的写照。"③都城和礼仪性建筑的出现,是文明起源、形成的重要因素。黄帝时代多处城邑和宫室的出现,标志着黄帝时代开始显现出文明的曙光。

五、始作舟车

原始社会晚期,随着私有制的出现,交易市场的产生,以及外出打猎、祭祀等活动的频繁开展和战争的频频发生,人与人之间、氏族与氏族之间、聚落与聚落之间,相互交往越来越多。原来那种脚走、肩挑、背驮、手提已不能适应社会发展的需要,于是传说在距今6000年前后便出现了车和舟。而这个时期正是黄帝时代。所以古史传说是黄帝发明了车和舟。《汉书·地理志》云:"黄帝作舟车,以济不通,旁行天下,方制万里。"《古史考》云:"黄帝作车,引重致远。"《事物纪原》(卷二)引《易》言:"黄帝服牛乘马,则马驾之初也。"又引《古今注》曰:"指南车起于黄帝战蚩尤作大雾迷四方,于是作指南车也。"《路史·前纪七·轩辕氏》云:"横木为轩,直木为辕,以尊太上,故名轩辕氏。"黄帝因发明了车,所以被号为轩辕而闻名于世。

黄帝发明车子的传说是受了风蓬旋转的启示(《古今图书集成·考工典·车舆部汇考一》),是黄帝与族民们在生产实践中,通过长期观察和体验人们用圆柱滚动重物而经过改造,即改垫为轴,再在两旁加上轮子,便造成了车子。实际上,从文献记载看,我国车的出现相传为夏代奚仲造车。目前考古上出土最早的古代车是在商代晚

---

① 胡义成:《西安是"黄帝故都"吗?》,胡义成、曾文芳、赵东:《周文化和黄帝文化管窥》(下),陕西人民出版社2015年版,第317页。
② 王玮林等:《陕西省高陵杨官寨遗址考古报告》,转引自胡义成、曾文芳、赵东:《周文化和黄帝文化管窥》,陕西人民出版社2015年版,第297页。
③ [美]路易斯·亨利·摩尔根:《古代社会》(上),商务印书馆1977年版,第5页。

期的安阳小屯 40 号墓中。① 那么,黄帝时代是否有车,还有待考古证明。但在黄帝时代有类似于车子功能的"车"的出现是有可能的。

传说舟楫也是黄帝发明的。《世本·作篇》(秦嘉谟辑补本)云:"亥作服牛,共鼓、化(贺)狄作舟。"注云:三人皆为黄帝臣。《拾遗记》云:"轩辕变乘桴以作舟楫。"从这句话可以看出,黄帝发明舟楫,是受到人们"乘桴"的启示而借用木料制作的,即可能是先找来一段比较粗的木头,中间用石刀、石斧挖空,便成舟了。其实从考古发现看,在中国新石器时代的遗址中,最早的舟船、木桨之类水上交通工具发现于江南鱼米之乡,时间也早于黄帝时代。例如,1973 年和 1978 年,浙江余姚河姆渡出土了六支船桨;桐乡罗家角遗址出土过如同船底形的木质"拖泥板";吴兴钱山漾遗址和杭州水田畈遗址都出土过木桨;而最引人注目的当属浙江萧山跨湖桥遗址出土的独木舟。跨湖桥遗址的独木舟停放于近岸水域的水港边,遗址中还出土有划船用的木桨等。跨湖桥等遗址出土的独木舟、木桨等遗物,说明吴越之地的先民早在距今七八千年前就已造舟行船,我国东南沿海地区是发明、行驶独木舟最早的地区之一。舟的实物和模型不仅在长江流域有出土,在北方的渭河流域也有出土。宝鸡北首岭就曾出土一件精美的船形陶器——网纹船形壶。我们说虽然这些出土的舟楫遗存早于黄帝时代,但从文献记载在黄帝的名下,说明黄帝时代的舟楫制作技术和使用范围应该有进一步的改进和扩大。

车和舟的发明,大大便利了先民的出行,减轻了人们的劳动强度,使远距离交往和商贸活动成为可能。尤其对推动社会、经济、文化发展起到积极作用,加速文明社会发展的进程。

六、冶铜铸鼎

关于黄帝时代是否有鼎,目前学术界还有不同认识。但从传世文献来看,关于黄帝制器铸鼎的传说故事是流传很广的。从战国、两汉到两晋及至唐宋古史传说里,均有这方面的记载。《世本》云:"黄帝作宝鼎三。"《拾遗记》(卷四)还提到宛渠之民告诉秦始皇:"少典之子采首山之铜铸为大鼎。"西汉时期,司马迁在《史记·五帝本纪》中说:黄帝"获宝鼎,迎日推筴(策)"。《封禅书》说:"黄帝作宝鼎三,象天、地、人。"《汉书·郊祀志》记有公孙卿言方士申公独得黄帝"宝鼎"之说。《洞冥记》云:"黄帝

---

① 孙机:《中国古代物质文化》,中华书局 2015 年版,第 176 页。

采首山之铜铸刀,名鸣鸿,长三尺。"两晋、唐宋文献中这方面的记载也比较多,如《晋书·地道记》《水经注·河水》《通典》《元和郡县志》《太平寰宇记》(卷四)《元丰九域志》(卷三)《御地广记》(卷十)都有与上大体相同的记载。

但从这一时期的考古来说,至今还未发现铜鼎。但我们认为,并不能以此而否定黄帝时代有鼎的可能。从考古学文化考察,这个时期已有了冶炼技术,发现了铜矿、铜片和铜刀,却是不争的事实。如今陕西临潼姜寨仰韶文化遗址出土的一件半圆残铜片、一件残铜管,为我国目前出土最早的铜制品,距今6000多年。在陕西渭南北刘遗址出土的铜笄,属于仰韶文化庙底沟类型文物。1977—1978年,在马家窑文化遗址20号房址发现一件铜刀,经鉴定为青铜刀,形制规整。据测年代距今约5200年。铜鼎的形制是继承陶鼎而来的。这个时期以我国考古发现"陶鼎",再联系到"六千年以前的埃及和西亚一带就已开始使用铜""近东地区的铜匠们就逐渐开始用铜来制造刀、斧和其他工具"[①]的考古发现推测,黄帝作宝鼎是有可能的,随着考古学的发展,铜鼎可能会被发现的。

关于黄帝铸鼎地点,《史记·封禅书》云:"……黄帝采首山铜铸于荆山下。鼎既成,有龙垂胡髯,下迎黄帝……故后世因名其处曰鼎湖,其弓曰乌号。"从这段话里,提到三处地址,即首山、荆山和鼎湖。实际上是两处,鼎湖即荆山。若只说"铸鼎",仅涉及荆山一处。关于荆山和首山的具体地址,唐以前的文献中均未提到。为此,今人研究,主要有两种意见:一种认为在河南灵宝,一种认为在陕西富县。前者是以许顺湛为代表。他从三个方面加以论证:一是文献资料。现立于河南灵宝"铸鼎原"旧址的唐贞元十七年(801)《轩辕黄帝铸鼎原碑铭并序》,其碑铭文和序,是由虢州刺史太原王颜撰写。铭文中有两句话:"铸鼎兹原,鼎成上升""唐兴兹原,名常鼎新"。以后明清历代当地志书和碑文中,依据唐人的碑文,均说黄帝铸鼎地址在阌乡县(该县今并入河南省灵宝市)。二是地址地望。许先生认为,首山有五处,只有晋西南的首山(亦称雷首山,即中条山)有铜矿。荆山同名者甚多,只有灵宝的荆山与有铜矿的首山遥相呼应,近在咫尺。在《古今地名大辞典》中明确地说是黄帝的铸鼎地在荆山下,其地名曰:"鼎湖"。三是考古学文化。考古发现,灵宝铸鼎原周围初步统计有71处仰韶聚落遗址,连同距离较近的陕县34处仰韶聚落遗址相加,就在铸鼎原周围形成了一个仰韶聚落族团,而这个仰韶聚落族团,基本上都属于仰韶文化庙底沟类型,即距

[①] [美]海斯、穆恩、韦兰:《人类简史》(王敬波译),天津人民出版社2017年版,第13页。

今约6000—5000年。这个年代正好与黄帝时代仰韶文化中晚期相对应。再者,近年在铸鼎原周围的西坡遗址还发现了一批墓葬、灰坑和房屋基址,出土了一批文物。其中有一座建筑面积达516平方米的大房子基址。另外,还发现有非实用的石器、陶器和玉璧等礼器。这些房子,说明在这个时期,"出现了权贵,出现了贵族领袖人物"。根据以上三个方面,许先生认为将"黄帝铸鼎地望定位在今灵宝市"是可信的。① 另一种意见以杨东晨、胡义成等为代表。杨东晨在其《中国都城要览》一书中说:"黄帝铸鼎的荆山有湖南衡阳、陕西朝邑、陕西富平、河南灵宝、安徽怀远之说,但陕西富平、河南灵宝记载较多,且陕西富平(荆山部分区域划归今西安市阎良区),距黄帝葬地较近,比较可靠。"也有学者通过对历代文献的梳理,对"漆沮""泾渠"和"冯翊怀德(县)"等地名的考证,认为"大禹铸鼎荆山",如《史记·夏本纪》所说:"导汧及岐,至于荆山,逾于河"的"荆山",是指"岐山东到黄河中游的这个荆山,即我们在古籍中一般看到的雍州荆山,又汉冯翊荆山(地处今富平、三原、阎良一带)。"②黄帝铸鼎和大禹铸鼎是为一处。所以认为,对《轩辕黄帝铸鼎原碑铭并序》中的"唐兴兹原,名常鼎新"的"原",应该"指今陕西的三原、富平、阎良的三角地带"。这里有鼎湖、连湖、连城、锦城,还有三鼎村、鼎峙堡、卧龙村、盘龙村、化龙堡,等等。在这里,不仅黄帝铸鼎,大禹铸鼎,还有"汉武帝祀鼎和武则天再造九鼎"③的记载。从考古来看,富平一带也有较为密集的仰韶文化遗址,特别是近年发掘的仰韶文化杨官寨遗址就在其周围。杨官寨遗址距今约6000—5000年,属于庙底沟时期,正与黄帝时代相对应。

七、"教制九针"

古史传说,中医药起源于炎帝时代,是由炎帝发明的。而进入黄帝时代,黄帝为中医药的发展也作出了重要贡献。如《事物纪原》(卷七)引《黄帝内传》曰:"(黄)帝升为天子,针经脉诀,无不备也。故金匮甲乙之类,皆祖黄帝。"如果说炎帝时代的医药主要是以草药熬制成汤饮而治病,那么,到了黄帝时代,已出现了"主典医药,以疗众疾"(《帝王世纪》)的"天师"岐伯,有了针刺疗法,可以直接摘除病灶。随着针刺疗法的发展,与火疗相结合,产生了"针灸"术。《帝王世纪》说:"黄帝命雷公、岐伯论经

---

① 参见许顺湛:《追溯铸鼎原的历史辉煌》,灵宝市文化局:《黄帝铸鼎原论文集》2006年(内部),第87—99页。

②③ 刘宏涛:《对黄帝铸鼎之"荆山"若干问题的探索》,胡义成、曾文芳、赵东:《周文化和黄帝文化管窥》,陕西人民出版社2015年版,第402页。

脉,旁通问难八十一,为《难经》。教制九针,著《内外术经》十八卷。"是说黄帝命令雷公和岐伯论证经脉,与周围人相互对答了解有八十一种难治之病,著为《难经》,并教他们制作了九种针灸术,著《内外术经》共十八卷。说黄帝时代著有《内外术经》十八卷是不可能的,可能是将后世出的著作托名于黄帝名下罢了。但说黄帝时代已出现了"针灸"是有可能的。当然,这里所说的"针灸"与我们今天所说针灸是不能相提并论的。

黄帝时代发明针灸术,这已在考古上得到了佐证。如在半坡仰韶文化遗址发现的骨针中,有的无穿孔,针身较粗圆,一端为锐头,顶部呈圆弧形;也有的两头均呈锐头。有专家研究,认为这类骨针不可能作为缝纫用,可能是用来治病的。用骨针锐头刺破脓包,排除脓血,又用圆弧的一端进行点压。① 久而久之,人们发现针刺有治疗疾病的作用,同时发现人体上不同地方(穴位)与治疗某种疾病有关系,因而,针灸术也就随之孕育产生了。这种针刺疗法,就是中国古代医学史上所谓的砭石疗法。《黄帝内经·素问》云:"故其已成脓血,其唯砭石破锋之所取也。"《管子·法法》云:"痤疽之砭石。"都说明了砭石的治疗作用。在宝鸡北首岭仰韶文化遗址曾发现一块石头,据考古人员研究后认为,这就是当时古人用来治病的砭石。另外,在湖南的华容、长沙、益阳等地也分别发现了类似于具有砭石作用的小型的锛、刀等形式的医疗石具。

在黄帝时代,医术的发展还表现在对人体的经络、经穴和经脉有了一定的认识,并有了"察五气、立五运、洞性命、纪阴阳"(《路史·疏仡纪·黄帝》)的治病理论。为后世中医学理论发展打下了基础。

---

① 参见吴汝祚主编:《炎黄汇典·考古卷》,吉林文史出版社2002年版,第411页。

第八章　炎黄时代与中华文明之起源(下)

炎黄与炎黄时代不仅创造了辉煌的物质文明,而且在炎帝、黄帝的带领下,族民们以自己的聪明才智,经过长期的实践,创造了丰富的精神文明、政治文明和制度文明。尽管这些文明还处在低级阶段,处在孕育、萌芽、起源时期,还未形成完整的体系,但是,就是这些发明创造为以后精神文明的形成和发展奠定了基础,成为中国传统文化的"源"和"根"。没有这个源和根,也就没有后来的"流"和"枝"。所以,我们说炎黄时代是中华文明的源头所在,炎黄文化是中华文明的"魂文化"和"祖文化"。有了这个源和根、魂和祖,才使中华文明源远流长,根深叶茂,一脉相承,永续不绝。

第一节　炎帝与炎帝时代的精神文明创造

炎帝与炎帝时代在精神文明方面的创造和贡献,包含以德而王、设"正"分治、始设蜡祭、符号记事、作歌兴舞、创制历法等六个方面。

一、以德而王

古史传说,炎帝"以德以义"①。就是说炎帝时代是以"德"管理天下,治理氏族部落。也就是说,炎帝的执政之道,即使没有赏赐而人民也会努力,没有刑罚而奸佞也会停止。《淮南子·主术训》②《帝王世纪》③《广博物志》④等古籍均有此类记载。还

---

① 《吕氏春秋·上德》:"为天下及国,莫如以德,莫如行义。以德以义,不赏而民劝,不罚而邪止,此神农、黄帝之政也。"
② 《淮南子·主术训》:"昔者神农之治天下也,神不驰于胸中,智不出于四域,怀其仁诚之心。"
③ 《帝王世纪》:"诸侯夙沙氏,叛不用命,炎帝退而修德,夙沙之民自攻其君而归炎帝。"
④ 《广博物志》:"神农修德而夙沙至。"

传说炎帝对不听从自己命令的氏族,并不是采取"诛"或"驱"的办法,而是"教而不诛",以"德"报怨,然后使其归顺于姜炎族。如传说夙沙氏族,不听从炎帝命令还背叛他,但炎帝不是发兵征讨,而是"退而修兵",使其民"自攻其君而归",平定了夙沙氏的叛乱。炎帝采取的是"至德之隆"的德政理念,所以"法省而不烦,威厉而不杀"(《皇王大纪》),"刑政不用而治,甲兵不起而王""质朴无争,虽无号令,但人皆听从"。使先民过着"日出而作,日落而息""卧则居居,起则于于""无有相害之心"(《庄子·盗跖》)的和谐生活,即使边远地区的氏族部落也"没有不服从的"。因被炎帝的"圣德所感",所以,炎帝时代出现了"甘雨时降,五谷蕃植,春生夏长,秋收冬藏"(《淮南子·主术训》)的丰收景象,社会上出现和形成"其俗朴重端悫,不忿争而财足,无制令而民从"(《资治通鉴外纪》),"衣食饶溢,奸邪不生,安乐无事,而天下均平"(《淮南子·齐俗训》)的良好风气,各种事情"无不显著"。从炎帝生长、活动过的渭河流域到中原、华北的黄河中下游,以及长江中下游所发现的数以千计的仰韶文化遗址和出土的大量遗存看,此时正是原始社会的繁荣、鼎盛时期,与古史传说的炎帝时代是基本吻合的。

炎帝不仅以"德"治理"天下",而且用"德"能严格要求自己。古史传说,炎帝与族民一样,能亲自下田与大家一起耕种,作务庄稼,其妻也能亲自纺织做衣,夫妇二人时时事事都能走在前面,给大家做出表率。炎帝不仅事事走在大家前头,而且所做之事都是为"天下"人的利益而考虑。据考古发现,仰韶文化的墓葬中,殉葬品已有了数量的差别,说明此时已有了私有财产。但是炎帝作为一位部落首领,尽管"智能自贵于人",却"不望其报";面对剩余产品,却"不贪",与族民共甘苦,同患难;想民之所想,急民之所急,甘于奉献,不怕牺牲。正因为炎帝的智慧、才能、品德"自贵于人",所以才受到"天下"人的尊敬和祭拜。① 还有古史传说,炎帝为了发明医药,为民治病,遍尝百草,"一日而遇七十毒""百死百生"。一次误尝一种俗名叫"火焰子"的毒草,中毒而死。炎帝以为民而死实践了他的"修德"理念。传说中还有炎帝的女儿"精卫填海"和后裔"夸父追日"的故事,体现了炎帝及其后裔不屈不挠的拼搏精神。

"作教化民"也是炎帝"德"的一种表现。"作教"是言传身教或口耳相传;"化民"就是用"农耕""熟食"等先进的生产、生活方式来改变先民落后的生产、生活方式。传说炎帝制作耒耜,教导族民耕种五谷;教化族民要"躬勤田亩之事",如此,才能

---

① 《越绝书》卷十三载:"昔者神农之治天下,务利之而已矣。不望其报,不贪天下之财,而天下共富之。所以其智能自贵于人,而天下共尊之。"

"五谷丰登"(《拾遗记》)。他还把"德"推人及物,要善待自然,以省杀生。在炎帝的大力倡导下,"九州之民乃知谷食,而天下化之"(《管子·轻重戊》)。农耕生产得到了推广与普及。炎帝还通过发明音乐(乐器),"以通天地之德,以合神人之和"(《通志》),教育族民要和睦相处。在"教"的方式方法上,炎帝"顺民之性,育之者也"①。能按照人们的不同性格和需要,而施以不同的教育内容和方法。

炎帝的"德"还表现在他的宽厚仁慈,顾全大局。《逸周书·尝麦解》《史记·五帝本纪》等史书记载,炎帝、黄帝曾为争夺联盟领导权而在阪泉(今河北涿鹿县境内)发生战争,黄帝"三战,然后得其志"。炎帝失利后,并未与黄帝为敌,而是"尊轩辕为天子",加入炎、黄、蚩三部族组成的华夏联盟集团,与黄帝族、蚩尤族(东夷族)共同开创了华夏联盟新局面,为中华民族的起源和形成作出贡献。

二、设"正"分治

我们说,炎帝时代虽然国家还未产生,但是,氏族和部落的管理制度已初露端倪,有了专门的管理职务,分工而治。《南齐书·百官志》说:"建官设制,兴自炎、皞。"皞,指太皞或少皞。《春秋命历序》说:"神农始立州制形。"说明炎帝时代开始打破氏族界限,实行分区域管理。《左传·昭公十七年》记载:"炎帝火师而火名。""火师"即"火正"。在炎帝氏族部落内部,"以火纪官",分设"五正",即春、夏、秋、冬、中五官,分别管理大火、鹑火、西火、北火、中火。正,即"政",治理之义。因火对当时的先民来说,具有非凡的意义,农耕、食物加热、防寒取暖、驱逐野兽等都离不开火,因而按方位设立了多位火正管理。这符合当时的社会发展实际。又如柱为农正,共工为木正、水正、工正,祝融为火正,使他们来分别管理天地和四季,管理农耕生产。《通鉴外纪》说:"神农命赤冀为杵臼,命巫咸主卜筮,命刑天作《扶犁》之乐,命屏封作种书,命白阜作地理以理天下。"可知赤冀、巫咸、刑天、屏封、白阜都是炎帝的臣僚。还传说白阜不仅"图画地形",管理天下地理,还"通水道之脉"(《事物纪原》卷七),是专司水利的水正。

据考古发现,在公元前5000年前后,开始出现了较为明显的男女分工。② 男耕女织是几千年来中国农业社会性别的主要分工模式。《吕氏春秋·爱类》说:在炎帝时

---

① 〔晋〕傅玄:《傅子》卷三载,炎帝"躬身亲耕,妻室亲织,作为天下的表率"。
② 〔德〕维尔纳·施泰因:《人类文明编年纪事·经济和生活分册》,董光熙等译,中国对外翻译出版公司1992年版,第3页。

代,男子中如果有人在当年不种田,则天下就会有人因此而挨饿;女子中如果有人在当年不纺织,则天下就会有人因此而受冻。① 像炎帝时代这种男耕女织的分工制度在其他古籍中也有记载。如《商君书·画策》说:"神农之世,男耕而食,妇织而衣。"《淮南子·齐俗训》《刘子》《绎史》《天中记》等古籍也有大致相同的记载。这种男女分工制度在采集、渔猎时代并不明确,因生产内容简单,男女是共同采集或渔猎,即使有分工,可能也是临时性的;只有农耕出现以后,随着生产领域的扩大,生活内容的丰富,这种男女社会分工才逐渐固定下来,并形成制度。这从宝鸡北首岭、西安半坡等仰韶文化遗址出土的大量骨针、骨锥、陶纺轮等纺织工具可以得到印证。

三、始设蜡祭

炎帝时代以前,原始信仰和意识虽已产生,但还未形成较为固定的、全部落制度化的祭祀和礼仪。"随着农业生产的发展,炎帝部落逐步发展、壮大,融合了众多氏族,成为中原大地最强大的部落集团,为了稳定和凝聚各氏族部落,除了创立一套政治和社会制度外,还创立了一套较为规范的祭祀制度,祭天、祭祖、祭神,有了一定的形式和礼仪规定。"② 其中蜡祭、明堂祭、求雨仪式等传说,就是炎帝与炎帝时代所创立的重要的祭祀仪式。

所谓蜡祭,古代有着不同的称呼。《月令章句》说:"蜡祭:夏曰清祀,殷曰嘉平,周曰蜡,秦曰腊",而以"蜡"或"腊"比较通用。蜡祭即腊月之祭,是中国先秦和史前时期重要的一种祭祀形式。蜡祭对象,因时而异,主要是祭祀农业、田猎、畜牧业等诸神,以报岁终之功,祈求来年五谷丰登。《礼记·明堂位》"正义"注:"蜡是报田之祭。"可见,"报田""报啬"是蜡祭的主要内容。

蜡祭本是原始社会腊月里庆贺农业丰收的答谢礼仪,是农耕文化的产物和重要组成部分。文献传说炎帝初创农耕时,就同时创立了"蜡祭"。③ 在每年的十二月万物收藏后,"先啬而祭司啬焉,祭百种以报啬也"(《皇王大纪》卷一)。这里的"先啬"可能就是指炎帝。而据孔颖达所说,祭"司啬"的蜡祭并非第一代炎帝所创,而是后来

---

① 《吕氏春秋·爱类》:"神农之教曰:'士有当年不耕者,则天下或受其饥矣;女有当年不绩者,则天下或受其寒矣。'"
② 何星亮:《炎帝与中华民族的创新精神》,霍彦儒主编:《炎帝与民族复兴》,陕西人民出版社2006年版,第169页。
③ 《史记·补三皇本纪》:"炎帝神农氏以其初为田事,故为蜡祭,以报天地。"

继位炎帝祭祀最早的炎帝。① 在炎帝创立蜡祭的同时,还创立了"祭祀吉礼"②。关于炎帝始设蜡祭,在《礼仪集编》《礼书纲目》《尚史》《玉海》等书中也均有引用《礼记·郊特牲》及《正义》注释的记载。

古史传说,炎帝在进行蜡祭时,要举行盛大的演出活动,即"万民蜡戏于国中"③。传说炎帝还创作了一首有名的《蜡祭歌》,即祝祷词。其词云:"土返其宅,水归其壑,昆虫勿作,草木归其泽。"(《礼记·郊特牲》)表达了先民希冀得到后土的庇护,风调雨顺,五谷丰登的愿望。

蜡祭这种古老的祭祀仪式,在中国延续了数千年。《后汉书·礼仪志》说:"季冬之月,星回岁终,阴阳以交,劳农大享腊。"这里的"腊"即岁终蜡祭之别称。现今流行于神州大地的腊月二十三日祭灶、年三十日守岁及新春佳节等,可能就是炎帝时代蜡祭的传承和发展。

炎帝在除了始设蜡祭外,根据文献记载,他还始设"明堂""求雨"等祭祀礼仪和制度。《论语注疏》"序"说:"明堂是祭天之处。"所以,历来统治者都很重视"明堂"的祭祀。炎帝岁末年终都要向苍天报告一年来的收成,便在"明堂"祭天,④以求来年继续有好的收成。古史传说,神农氏祭天的明堂"有盖而无四方"(《新论》补佚)。即上有顶而四面无墙。

传说"求雨"也与炎帝有关。《神农求雨》一书对此做了详细的记述。⑤ 尽管此书为后人所作,但这种求雨仪式无疑在炎帝时代已经存在。因为"雨水与农业生产关系十分密切,旱或涝对农业生产具有决定性的作用。作为发明农业的炎帝部落集团,无

---

① 《五经正义》:"神农伊耆,一代总号,其子孙为天子者始为蜡祭,祭其先祖造田者,故有先啬也。"

② 《礼记·郊特牲》:"祭祀吉礼起于神农也。"

③ 《路史·炎帝》"每岁阳月,盏百神率,万民蜡戏于国中,以报其岁之成。"

④ 《淮南子·主术训》:"月岁时考,岁终献功,以时尝谷,祀于明堂。明堂之制,有盖而无四方……"

⑤ 《绎史》卷四载::"春秋雨日而不雨,甲乙不雨,命为青龙,又为火龙,东方小童舞之;丙丁不雨,命为赤龙,南方壮者舞之;戊己不雨,命为黄龙,壮者舞之;庚辛不雨,命为白龙,又为火龙,西方老人舞之;壬癸不雨,命为黑龙,北方老人舞之。如此不雨,命巫祝而暴之;如此不雨,神仙积薪击鼓而焚之。"

疑十分重视雨水。为祈求风调雨顺,创立了最早的祈雨仪式和制度。①

考古资料表明,如宝鸡北首岭遗址中墓葬的随葬品,陶瓮棺上开的小孔等,说明当时的人已有了灵魂和生死轮回观念。北首岭遗址中间6000多平方米的广场,可能就是记载中所说的蜡祭、明堂祭天求雨的场所。在其他地方,如河北武安磁山的"陷坑"②等也可能就是炎帝时代的先民们在此搞祭祀活动的场所。还有在武安磁山遗址发现的将成组的陶器和石斧、磨盘、磨棒之类生产及加工粮食的工具放在一起,半坡遗址发现的埋在地下的两个盛有粟谷的小罐以及在第二号窖穴中见到的有盖的小陶罐,这些"可能就是与祭祀有关活动的产物,大概是奉献'粟米之神'以求更多的丰收"③。像这种标志宗教信仰仪式的遗存在仰韶文化中早期遗址中有大量发现,这反映了炎帝时代的宗教信仰已比较发达了,不是初创时期的那种简单仪式。

四、符号记事

传说中国最早的记事制度始于伏羲。在《周易·系辞下》篇里做了较为详细的描述。史传伏羲称王天下的时候,通过观天象、察地理、识鸟文,又通过近观自身、远取诸物形象,发明了"八卦",以此与上天沟通,类比世上万物之情状。④"卦"者,挂也。就是将"记事"的绳子挂在墙上。东汉郑玄在《周易注》里说:"结绳为记,事大,大结其绳;事小,小结其绳。"其实,"结绳"和"八卦"是伏羲发明的一种记事方法。这可以说是符号记事的前身。到了炎帝时代,炎帝在继承伏羲"结绳记事"的基础上,从结绳发展到符号。《周易·系辞下》:"上古结绳而治,后世圣人易之以书契。"这里的上古是指伏羲时代,后世圣人是指炎帝、黄帝等人文始祖,书契是指刻画符号。

从考古资料看,从老关台文化到仰韶文化,从黄河流域到长江流域,已发现了较多的有刻画符号的遗存。距今8000年的甘肃秦安大地湾一期文化的陶器上发现十余种彩绘符号,与后来的西安半坡、临潼姜寨和大地湾二期陶器上的符号,形状大小

---

① 何星亮:《炎帝与中华民族的创新精神》,霍彦儒主编:《炎帝与民族复兴》,陕西人民出版社2006年版,第171页。

②③ 白寿彝总主编,苏秉琦主编:《中国通史·远古时代》(第二卷),上海人民出版社2004年版,第171页。

④ 《周易·系辞下》:"古者庖羲氏之王天下也,仰则观象于天,俯则观法于地,观鸟兽之文,与地之宜,近取诸身,远取诸物,于是始作八卦,以通神明之德,以类万物之情。"

基本相同。发掘者认为"可能是介于图画与文字之间的一种记事符号"①。距今8500—7500年的河南舞阳贾湖遗址,在20世纪80年代的发掘中出土16种刻画符号,分别刻在龟甲、骨器、石器、陶器等不同的器物上。龟甲上的刻符有9例,其中1例类似于甲骨文中的"目"字,其他的刻画为:"▬""═""八""川""╱""乂""日"等。骨器刻符中,"╱""▬"形直道很多,主要刻在骨笛上,作为制笛时设计孔位用;有一例刻在一牛肋骨上,另一牛肋骨上刻有"儿"。陶器刻符中,在一个罐的上腹部刻有一个光芒四射的太阳纹"☼",在一个陶坠上刻有"十"形纹。②贾湖遗址出土的这些符号,有研究者认为"应具有记事的功能"。③1986年,在安徽蚌埠吴郢乡双墩村发掘了一处距今六七千年左右的新石器时代的遗址。在遗址出土的陶器及残片上,除动物纹、植物纹刻画外,还有146例59种之多的刻画符号。据整理者研究,这些符号"包括了狩猎、捕鱼、网鸟、种植、养蚕、编织、饲养家畜、记事与纪数"等内容。并认为这些符号在一定范围内是得到认可的,"尽管仍是符号,却具备了文字的某些特征""再次表明在距今六七千年前,黄河和长江流域的许多地方的先民具有一定水平的用符号记事或表现某些概念的能力"④。距今7000年的宝鸡北首岭遗址出土的一件尖底瓶上,"有黑彩写画的'𠂉、w、ш、ш'等多种符号组合在一起,显然有比较复杂的含义"⑤。有学者说:"符号的出现为人类文明发展的一个重要的标志,语言、数学、艺术等最初都是由简单符号起源的。也许这是当时人类用于计数、记忆的标志,里面包含了复杂的信息。"⑥

关于刻画符号最早出现的时间,从世界范围来说,有一种观点认为,早在7万年前,人类"就已经开始使用有象征意义的符号"⑦,另有一种观点认为"人类是在4万

---

① 参见甘肃省博物馆、秦安县博物馆:《一九八〇年秦安大地湾一期文化遗存发掘简报》,《考古与文物》1982年第2期。

② 参见河南省文物研究所:《河南舞阳贾湖新石器时代遗址第二至六次发掘简报》,《文物》1989年第1期。

③④ 王震中:《中国史前文化中的符号与文字:文字的起源》,赵德润主编:《炎黄文化研究》(第15辑),大象出版社2013年版,第15页,第17页。

⑤ 中国社会科学院考古研究所:《宝鸡北首岭》,文物出版社1983年版,第131页。

⑥⑦ 尹亚利:《人类最早的画作与史前人类的洞穴壁画》,《光明日报》2018年11月28日第13版。

年前开始使用符号的"①。可见,距今六七千年前的炎帝时代出现以符号记事也就不足为奇了。

五、作歌兴舞

按照《孝经·授神契》所说,伏羲时代就开始有了音乐。其"乐名《扶来》,亦曰《立本》",又说"伏羲乐名《立基》",还说:"少昊乐名《九渊》""祝融之乐曰《属续》"。《乐图论》说:"伏牺有《网罟》之歌,神农有《丰年》之咏,黄帝有《龙衮》之颂,尧有《大唐》之歌。"因而,炎帝时代有音乐也是无疑的。《太平御览·乐书》引《礼记》说神农曾命刑天,"作《扶犁》之乐,制《丰年》之咏,是曰《下谋》也。"有些又写为《扶厘》。罗萍注说:"厘、犁,古音同耳。"但由于当时尚未发明文字,对当时人们演唱的歌词和曲调没有任何记载,因此,他们的歌词内容与曲调已无从查考。春秋战国时的《竹书纪年·前编》等古籍也有类似的记载。②《吴越春秋·勾践阴谋外传》所载的《弹歌》:"断竹、续竹、飞土、逐肉",传说为炎帝时代的音乐歌词。

音乐(声乐)如何产生的?《孝经·援神契》说:"神农乐名曰《扶犁》,亦曰《下谋》……按:《辨乐论》云:'昔伏羲氏,因时兴利,教民畋渔,天下归之,时则有《网罟》之歌;神农继之,教民食谷,时则有《丰年》之咏。'按:《扶来》歌即《凤来》之颂,乃神农之《扶犁》也。扶,凤;来,犁音相同。称是知神农因太昊之乐……"这段话说明,音乐是产生于人们的生产劳动中。同时,也说明炎帝之乐又是在继承伏羲和少昊之乐的基础上发展起来的。

炎帝制琴作乐的目的,不单纯是为了劳动之余的娱乐,更重要的是为了以乐匡正天下,和谐人心,教化民风,"修身理性"③。《白虎通义》曰:"琴,禁也,禁止于邪,以正人心也。"说明炎帝时代已意识到音乐在先民精神生活中的重要作用。

古史传说,舞蹈也产生于炎帝时代。《诗·大序》曰:"诗者,志之所之也。在心

---

① 李韵:《揭秘青藏高原 4 万年前的人类活动,这个发现有多重要?》,《光明日报》2018 年 12 月 4 日第 13 版。

② 《孝经·援神契》:"神农乐名曰《扶持》。"《竹书纪年·前编》:炎帝"作《下谋》之乐"。

③ 〔汉〕扬雄:《扬子》:"昔者神农造琴以定神,禁淫僻,去邪欲,反其天者也。"《资治通鉴外纪》:"削桐为琴,绳丝为弦,以通神明之德,合天地之和。"《世本》:"以其修身理性。"〔东汉〕桓谭:《新论》:"以通万物而考理乱也。"

为志,发言为诗,情动于中而形于言。言之不足,故嗟叹之。嗟叹之不足,故咏歌之。咏歌之不足,不知手之舞之,足之蹈之也。"说明舞蹈的产生基本上与歌咏是同步的。传说炎帝始作傩舞。它源于炎帝时代的驱疫除鬼仪式。这是一种头戴面具能威慑鬼蜮的舞蹈。这种大傩舞蹈常在蜡祭的前一日进行。按古代人的说法,祭祀之前先要驱疫除鬼,洒扫庭院。进行傩舞时,身强力壮、彪悍健美的舞者,戴着与氏族图腾、族徽等标志符号有关的的面具,随着激荡的傩乐和欢呼声,跳起内容丰富的舞蹈,以表达期望部落兴旺发达、平安无事的共同愿望。从上古"百兽率舞"到"方相氏熊皮铜面"而傩的记载,可以想象,当时傩舞场面的盛大和仪式的隆重。这种傩舞的遗绪,在今天的一些地方还可以看到。在今黄河、长江流域一些地方还保留一种赛神、耍社火等习俗。今陕西关中地区有一种"马勺社火脸谱",颇有傩舞之遗风,其脸谱千奇百怪、淳朴生动,显然是对原始傩舞脸谱的一种继承和发展。①

六、创制历法

古史传说,我国古代天文历法的最早创立者是伏羲。文献中有伏羲"始有甲历"(《通历》,又名《通纪》),"建分八历以应天气"(《春秋内事》,见《纬书集成》)的记载。但是,从文献记载看,炎帝对古代天文历法的发明和运用也作出了重要贡献。古史中多有"神农立四时"(《白孔六帖》卷六二),炎帝"正气节,审寒暑"(《路史·炎帝纪上》),"逮乎炎帝,分八节以始农功"(《晋书·律历志》),"神农以十一为正月"(《礼记·正义》),"畴昔神农,始治农功,正节气,正寒温,以为早晚之期,故立历日"(《物理论》)等传说。恩格斯在《自然辩证法》一书中曾说:"首先是天文学——游牧民族和农业民族为了定季节,就已经绝对需要它。"②炎帝时代既是发明游牧的氏族部落,也是发明农业的氏族部落,所以传说炎帝亦发明天文历法是有可能的。

实际上,我国的天文历法在旧石器时代就已开始萌芽。人们在长期的采集、渔猎生产实践中,通过对大自然的反复观察和亲身体验,已对寒暑、季节的变化有所了解。到了新石器时代,随着农耕生产的出现,何时耕种,何时收获,人与自然、生产与天文的关系越来越密切。于是,天文历法开始产生了。人们通过长时期地观察和记录日、月、星辰的运转和天体变化,逐渐懂得了一年有12个月,了解到天象的变化与季节的

---

① 参见霍彦儒、郭天祥:《炎帝传》,陕西旅游出版社1995年版,第112—113页。
② [德]恩格斯:《自然辩证法》,人民出版社1971年版,第35页。

变换之间可能存在的联系,出现了"大火历"①,把"观象授时"运用于农耕生产和动植物驯养培育。

  考古发现也为我们提供了这方面的例证。郑州大河村仰韶文化遗址中出土的残损陶钵,其肩部和腹部,绘有光芒四射的太阳纹,经复原,两只陶钵上的太阳纹均为12个,这恰与一年有12个月相合。有的陶钵上绘有月亮纹,两个月牙相对,中间绘有一个圆点,这也许是对新月、残月和圆月的不同月相的记录。还在一块陶片上,绘着由直线、曲线和三个圆点组成的图案,可能是对北斗星尾部形象的描述。② 尤其造型独特的彩陶双连壶,被誉为中国史前最美丽的彩陶。彩陶中的太阳纹、日晕纹、星座纹等天象图案,是目前我国已知最早的天文学实物资料。这可能是炎帝时代人们观测天象的记录。在河南濮阳西水坡仰韶文化遗址45号墓(距今约6500年),其墓坑上半部圆弧形是最原始的盖天图。这张"盖天图所表示的分、至日的昼夜关系非常合理,特别是春秋分日道,其昼夜关系的准确程度不差分毫"。墓坑形制"选取了春秋分日道、冬至日道和阳光照射界限,再加之方形大地,便构成了一幅完整的宇宙图形。以此说明了天圆地方的宇宙模式、寒暑季节的变化、昼夜长短的更替、春秋分日的标准天象以及太阳周日和周年运动规律等一整套宇宙理论"。墓主人骨架左右两侧有用蚌壳摆塑的龙虎图像,有专家认为这是符合真实天象的特殊天象图。墓内存在着"二象北斗"天象布局,与古代天文学中的二十八星宿和四象的恒星分群系统有着直接的关系,"直接涉及中国二十八宿的起源问题"。蚌塑的摆放,龙塑于墓主人的东侧,虎塑于墓主人的西侧,布列的方位与东方苍龙、西方白虎的格局相一致,反映的是春秋两季。墓主人的北侧有用蚌塑摆放的三角形图案,其东侧横置两根人的胫骨。蚌壳摆塑的三角形图案为斗魁,胫骨为斗杓。这应是北斗的图形。墓中展示图像不仅与真实的天象相吻合,而且也是仰韶文化时期的人们"观象授时"活动的真实记录。这里的"二象与北斗"天象图,也为以后形成的表示天空东、南、西、北四大组星象的"四象"分区法找到了来源。这对研究中国天文学的起源具有十分重要的意义。另外,在半坡仰韶文化遗址还发现了羊角形的彩陶图案和人面鱼纹图案,有学者从天文历法的角度分析认为:羊角柱是观测天象的图腾柱,它立于广场是为了立竿测影,二

---

  ① 参见王震中:《炎帝族对于"大火历"的贡献》,霍彦儒主编:《炎帝与民族复兴》,陕西人民出版社2006年版,第71页。
  ② 郑州市博物馆:《郑州大河村仰韶文化房基遗址》,《考古》1987年第1期。

者"构成了最古老的地平日晷";人面鱼纹是月相周而复始的变化。① 我们知道,炎帝族活动的主要地域在陕西关中和河南豫西、豫中及晋东南一带,而上面提到的半坡、西水坡等仰韶文化遗址,正是在炎帝的活动范围以内;从时间来说,这些遗址距今六七千年,与炎帝所处时代基本吻合。

第二节 黄帝与黄帝时代的精神文明创造

黄帝与黄帝时代在精神文明方面的创造和贡献,主要体现在建政立制、造字作书、造律作乐、绘画雕塑、婚丧嫁娶、考定星历、封禅祭祀等七个方面。而这些创造和贡献,开创了中华精神文明之源头,尤其为中华政治文明、制度文明的创立奠定了基础。当然,这些发明创造,有些在黄帝之前已开始萌芽或产生,有些是对已有精神文明成果的丰富和发展,有些则是由黄帝与黄帝时代的先民们发明创造的。

一、建政立制

前面讲到炎帝时代已有"建'正'分治"的管理制度建设,即政治制度的建设,但毕竟那时还是草创时期。到了黄帝时代,在继承前代管理制度的基础上,又有了新的发展,较前分工更为细致和明确,已初步具有"前国家"的政权性质。黄帝虽成为天下共主,建立了华夏族团,但实际上实行的还是联盟制,各部族还保持着相对的独立性。于是,黄帝为了便于协和各部族,避免各部族之间发生冲突或战争,开始谋划建立一种新的政治制度,便采取分土建邦的办法,建政立制,分而治之,即"举风后、力牧、常先、大鸿以治民"(《史记·五帝本纪》)。《史记·五帝本纪·正义》说:"四人皆帝臣也。"《集解》引郑玄云:"风后,黄帝三公也。"引班固云:"力牧,黄帝相也。"据《汉书·地理志》云:"昔在黄帝……方制万里,划壄分州,得百里之国万区。"颜师古注曰:"方制,制为方域也。画,谓为之界也。壄,古野字。"《路史·后纪一》云:"黄帝始分土建国。"称黄帝"命风后方割万里,画野分疆,得小大之国万区"。为了管理这"万区"之地,"黄帝立四监,以治万国"(《通典》卷三十二《职官十四》),"置左右大监,监于万国"(《史记·五帝本纪》),设立两个大臣帮他处理和监视他们。从此,部落与

---

① 参见陆思贤:《神话考古》,文物出版社1995年版,第153—157、121—124页。

部落之间有了疆界,人与人之间的耕地也有了分界,据说后来的井田制就是从这里萌芽的。

不仅如此,根据文献记载,黄帝设官分治还反映在其他几个方面。古史传说黄帝统一天下后出现了"云瑞",于是,以云名官。分设了所谓的"春官青云氏、夏官缙云氏、秋官白云氏、冬官黑云氏、中官黄云氏"(《皇王大纪》卷一)。这五种官职,实际上都与农业有关,管理不同季节的农事活动。《周礼·春官》云:"以五云之物,辨吉凶、水旱、降丰荒之祲象。"黄帝置三公之职,李贤注《后汉书·张衡传》云:"《帝王世纪》曰:'以风后配上台,天老配中台,五圣配下台。'"除"三公"之外,文献记载黄帝还设有"七辅""六相""五正"之官职。七辅:《论语·摘辅象》载:"黄帝七辅:风后受金法;天老受天录;五圣受道级;知命受纠俗;窥纪受变复;地典受州络;力墨(牧)受准斥。州选举,翼佐帝德。"六相:《管子·五行》篇载:"黄帝得六相而天地治,神明至。蚩尤明乎天道,故使为当时;大常察乎地利,故使为廪者;奢龙辨乎东方,故使为土师;祝融辨乎南方,故使为司徒;大封辨乎西方,故使为司马;后土辨乎北方,故使为李。是故春者土师也,夏者司徒也,秋者司马也,冬者李也。"五正:《三坟·地皇轩辕氏政典》曰:"岐伯,天师;后土,中正;龙,东正;融,南正;大封,西正;大常,北正。"以上记载清楚地告诉我们,黄帝时代已有了政权机构:天时、仓廪、手工业、农业等,都有部门和人员分工管理,特别是出现了军事将领和狱官。但按当时的社会发展,黄帝时未必有这么严密的管理部门和这么多的官职,可能是以后世之官制而推测黄帝时代,但那时已命官分职、各负其责却是可能的。

由于黄帝实行新的管理制度,民有居地,官有职位,所以出现了一派鼎盛气象,"时播百谷草木,淳化鸟兽虫蛾……节用水火材物,故民安乐,不使而成,不禁而止。百官无私,天下和,风雨时,五谷登,而人民寿。凤凰巢阿阁,麒麟游于郊。"(《皇王大纪》卷一)虽有些夸张,但从中可以看出黄帝时代已跨入了一个"前国家"时代,即从野蛮向文明的过渡时期。从庙底沟文化时期出现的众多城址和大量文化遗存可以看出当时的繁荣景象。黄帝的"画野分疆"、建政分治的政权制度,建立起了新的原始社会秩序,其理念和实践,为尧舜及其夏商周政权建设提供了范例,同时也为大禹将天下划分"九州"奠定了基础。

黄帝在华夏联盟集团政权机构的建设和形成中,注重对人才的选拔和任用。凡是品德、行为端正和有治国理政才能的,都能得到重用。据传,黄帝以大填、封巨、岐伯等为师友,请求他们辅佐。文献中记载黄帝的名臣还有:大桡、黔如、容成、羲和、尚仪、后益、胡曹、夷羿、祝融、仪狄、高元、虞姁、伯益、赤冀、乘雅、寒哀、王冰、史皇、巫彭、巫咸,"此二十官者,圣人之所以治天下也"(《吕氏春秋·勿躬》)。这里提到的二十位大臣各有其职,各有发明创造,共有20项。此外,《世本》还记有"仓颉作书""伶伦造律吕""臾区占星气""隶首作算数""伯余作衣裳""夷作鼓""尹寿作镜""倕作钟",嫘祖"招丝",等等。传说嫫母长相丑陋,但善良、贤淑,便纳为妃。《路史·黄帝纪》记载:黄帝"立四辅三公,六卿三少,二十有四官,凡百二十官有秩,以之共理,而视四民"。他们"各司其序,不相乱也"。当然,黄帝时代未必有这么多的官职和发明创造,根据考古学文化提供的资料,有些在此之前就已经存在,如"弓""矢",有些传说为炎帝时代所发明,如"纺织""医药",有些是后世才出现的,如"仪狄"。传说仪狄为殷商人,而非黄帝时代的人。但因黄帝能任贤用能,各司其职,所以,在他身边才有众多的贤人和有才之士。这也是黄帝之所以能建立起以他为首领的联盟集团且有众多发明创造的一个重要原因。

黄帝在华夏联盟集团的政治制度建设中,在继承炎帝"以德而王"执政理念的基础上,结合当时的社会发展情况,能创新政治制度,实行"修德"和"振兵"并举,以德为主的执政理念。进入黄帝时代,随着生产力的发展,社会发生新的变化,出现了贫富差距,氏族、部落之间为了争夺领导权或土地、财产,开始频频发生争斗或战争。《史记·五帝本纪》载:"轩辕之时,神农氏势衰。诸侯相侵伐,暴虐百姓,而神农氏弗能征"。于是,黄帝"乃修德振兵"(《史记·五帝本纪》),就是说,他一方面"治五气,艺五种,抚万民,度四方",即修治德政,顺应四时五方的自然环境,种植黍、稷、菽、麦、稻等作物,抚慰千千万万的民众,丈量四方土地使民众安居。一方面用"振兵""干戈",对"侵凌诸侯"的炎帝"三战,然后得其志";对"最为暴,莫能伐",且"不用帝命"而"作乱"的蚩尤,"战于涿鹿之野,遂擒杀"(《史记·五帝本纪》)。从当时氏族走向部落、部族联盟、融合的角度来说,战争具有加速族群联盟、融合和社会进步的积极作用。黄帝和黄帝族正是通过涿鹿、阪泉之战,与炎帝族、蚩尤族联合,"建立一种新秩序——第一次打破氏族制度的组织和观念,创立萌芽国家机构,结束这种混乱局面"[①],建立起华夏联盟集团,即形成早期华夏族。为中华民族的起源和形成作出了重要贡献。由于黄帝能采用"修德"与"振兵"并举的方式来治理部落,管理天下(黄河中下游一带),因此诸侯"咸来宾从""咸尊轩辕为天子"。可以说,黄帝时代是中国

---

① 罗琨:《让"消失的生命重返人间"以"启示当今时代"》,王俊义主编:《炎黄文化研究》(第二辑),大象出版社2005年版,第27页。

历史上的第一次统一。对尧舜以及后来的夏商周乃至秦汉一统天下,建立"大一统"的国家政权产生了重要影响。

二、造字作书

从前文我们已经知道,大概在距今 8000 年前后即前仰韶文化和仰韶文化中早期,也就是炎帝时代,就已出现刻画符号。这些符号,不只是单纯的符号而已,已具有"文字的性质",即记事的功能。当历史发展进入黄帝时代,即仰韶文化的中晚期,随着农业、畜牧业、手工业等经济社会各方面的进步,炎帝时代的那种符号"文字"自然也出现了新的变化和发展。从考古发现看,黄帝时代不仅符号的数量增多,而且发现的地域也十分广泛,黄河、长江流域均有发现。

那么,这些"具有文字性质"的符号是谁创造的?在古史传说中,多将文字的创造记在仓颉的名下。仓颉,也作苍颉。《世本》云:"史皇作书。"史皇即仓颉(《唐六典》)。又说:"沮诵、苍颉作书。"宋衷注:沮诵、苍颉为黄帝臣子。《韩非子·五蠹》云:"古者苍颉之作书也……"《吕氏春秋·君守》篇云:"苍颉作书。"汉初的《淮南子·本经训》云:"昔者仓颉作书……"《说文解字序》曰:"仓颉之初作书,盖依类象形,故谓之文;其后形声相益,即谓之字。文者,物象之本;字者,言孳乳而寖多也。"[①]《帝王世纪》曰:"黄帝史官仓颉,取象鸟迹,始作文字。"其他如《史记》《河图玉版》《策海》《路史》《述异记》《春秋元命苞》等古籍以及一些方志、碑文,均将文字的产生归功于仓颉一人,并誉其"造字圣人"。但在《荀子·解蔽》篇中云:"故好书者众矣,而仓颉独传者,壹也。"荀子将"造书"说成是"众"人,仓颉仅为"独传者"。此说是比较客观的。

因为,考古发现无论是北方的仰韶文化、大汶口文化、马家窑文化,还是南方的大溪文化、屈家岭文化等,都有大量的史前刻画符号乃至史前陶文的发现。如距今 5300 年马家窑文化半山类型彩陶发现了陶文"巫"字[②]等,还有用墨笔书写的记号,如"七""中""二""口"等,最常见的有"十""一""X"。在青海乐都柳湾发现有 130 余种,当

---

① "文"的本义是"交错的笔画",即"纹";"字"的本义是"孕育"。象其形体而造的是"文"(现在称独体字);在"文"的基础上滋生的是"字"(现在称合体字)。

② 王志安:《马家窑文化彩陶上发现中国最早可释读文字》,《中国文物报》2011 年 8 月 31 日第 7 版。

为文字产生以前用来记事的符号。①临潼姜寨②以及湖北杨家湾③等遗址出土陶器上也都发现了较多的刻画记号。其中半坡遗址出土有刻符陶器113件,刻符共计27种。姜寨遗址出土有刻符陶器129件,刻符共计38种。山东大汶口文化的晚期(其年代大体与仰韶文化的晚期至庙底沟二期文化相当),先后出土的刻写符号有17例9种,绘写的1例1种,共计18例10种。位于长江中游的大溪文化,考古学者在湖北宜昌杨家湾出土的陶器上,发现有刻画符号50多种,其后,在屈家岭文化的陶器上,也发现一些刻画符号,只是数量很少,也很简单。据不完全统计,仅在黄河、长江流域出土各种符号和陶文的仰韶文化遗址,至少不下几十处。而且各地出土的刻符,又具有共同的符样、相同的记号。④ 到龙山时期,如安徽蒙城尉迟寺遗址、浙江余姚的良渚文化遗址等,都有史前刻画符号和陶文的发现。前者出土的陶器上有6例"🏶"的符号;有1例"🏶"的符号;有1例上边是"🏶"、下边与莒县大朱村17号墓出土陶尊上的符号相似。后者在良渚文化的玉器和陶器上,也发现有"🏶"或其变体的符号,还发现刻有V形、+形、×形等10多种符号。⑤ 美国哈佛大学沙可乐博物馆收藏的良渚文化陶壶圈足内壁发现的刻画文字,确认有"子、㐭、人、土、宅、氏、肱……育"⑥九字。此外,在湖北省天门石家河遗址的陶器上,也发现包括"🏶"在内的六七种大汶口文化中曾经发现过的符号。石家河遗址属于石家河文化,其年代与黄河流域的龙山文化的年代相当。⑦其他如青岛赵村的龙山文化遗址出土的陶片、上海马桥第五层出土的某些陶器底上也都发现了相类似的记号。⑧ 目前发现的有刻画符号的陶器290多件,符号

---

① 参见《中国大百科全书·考古卷》,中国大百科出版社1986年版,第305页。
② 西安半坡博物馆、陕西省考古研究所、临潼县博物馆:《姜寨》(上),文物出版社1988年版,第141—144页。
③ 余秀翠:《宜昌杨家湾在新石器时代陶器上发现刻划符号》,《考古》1987年第8期。
④ 分别参见王志俊:《关中地区仰韶文化刻画符号综述》,《考古与文物》1980年第3期;黄石林:《中国古史中的黄帝时代》,郑杰祥主编:《炎黄汇典·文论卷》,吉林文史出版社2002年版,第579页。
⑤ 参见王震中:《中国史前文化中的符号与文字:文字的起源》,赵德润主编:《炎黄文化研究》(第十五辑),大象出版社2013年版,第21—22页。
⑥⑦ 黄石林:《中国古史中的黄帝时代》,郑杰祥主编:《炎黄汇典·文论卷》,吉林文史出版社2002年版,第580页。
⑧ 参见白寿彝总主编,苏秉琦主编:《中国通史·远古时代》(第二卷),上海人民出版社2004年版,第342页。

有50多种。像这种符号在当时能被较为广泛地应用,可能是与记事或传达某种信息有关。

除上面所说刻画符号外,在龙山时代还发现了一些图画文字。如陕西西安客省庄发现一件陶斝足内模上刻着一只蝎子形,与古文"万"字很相似。湖北天门石家河有的大陶尊上刻的杯形等图画文字,其陶尊形状、图画文字所在的部位、刻法等都与大汶口文化晚期陶尊上刻的图画文字的风格相似。大汶口文化的图画文字主要发现于山东莒县陵阳河遗址,共12器14字,再加上莒县大朱村4器4字和诸城前寨1器1字,总计有16器(或残片)18个字。① 良渚文化早期一件玉镯上便刻着一个圆圈加火形的图画文字,与大汶口陶尊上的图画文字完全一样;还有一个璧上刻一鸟立在阶梯形基座上,基座中有一圆圈纹饰,下面有一新月形,其图后部分也跟大汶口文化陶尊上的图画文字相同。② 西安半坡遗址出土的彩陶中的鱼纹、蛙纹、鹿纹;甘肃、青海等地彩陶中的蛙纹、鸟纹、犬纹等。这些精美的彩色纹饰,其中有些被研究者认为是具有记事性质的族徽图形。

从上面所举例子我们不难发现,黄帝时代相比于炎帝时代,其符号"文字"种类不仅越来越多,分布地域也越来越广,而且符号与"文字"之间的距离也越来越接近,有些个别符号已脱离了符号化,具有象形、指示和会意、假借等字意味。这是炎帝时代所没有的。

对黄帝时代出现的这些陶器上的刻画符号,我们如何去看?目前,学术界虽见仁见智,还有不同的说法,但随着众多遗址出土陶器上刻画符号和陶文的发现,有更多学者持肯定的态度,认为像这种符号在当时能在比较大的范围内出现,不是偶然或无意所为,而是与某种记事或传达某种信息有关,并将中国文字的源头追溯至炎黄时代即仰韶文化和龙山文化的早期出现的这些刻画符号。如郭沫若所说:"刻画的意义至今虽尚未阐明,但无疑是具有文字性质的符号……彩陶上的那些刻画记号,可以肯定地说就是中国文字的起源,或者中国原始文字的孑遗。"③ 苏秉琦等认为:"尽管二者

---

① 李学勤:《论新出大汶口文化陶器符号》,《文物》1987年第2期。
② 参见白寿彝总主编,苏秉琦主编:《中国通史·远古时代》(第二卷),上海人民出版社2004年版,第343页。
③ 郭沫若:《古代文字之辩证的发展》,《考古》1972年第3期。

还不能算是真正的文字,但距形成真正文字的时间应不会太远。"①针对大汶口文化的刻画符号,唐兰认为陶器上的这些符号是文字。这些象形文字与商周青铜文字、商周甲骨文字以及陶器文字,都是一脉相承的。李学勤也有相似的观点,认为大汶口文化的刻画符号,"同后世的甲骨文、金文形状结构接近,一看就产生很像文字的感受"。②就仰韶文化半坡类型的陶器符号,李先生指出:"符号有的简单,有的则相当复杂,接近文字,比如临潼姜寨的一个符号就很像甲骨文的'岳'字。""总的说来,从仰韶文化以来,陶器符号可以说是向甲骨文那样的文字趋近。"对距今6000年左右的蚌埠双墩遗址出土的600多个刻画符号,专家认为:具有一定表意、计数和简单的记事功能,是一种地域性的刻画符号,也可以称之为是处于前文字阶段的符号体系。③于省吾在其发表的一篇题为《关于古文字研究的若干问题》一文中,通过对半坡出土的陶器上的刻画符号的考释指出,既有指事系统的文字,也有象形和假借系统的简单文字,如于先生所解释的"五作×,七作+,十作│,二十作‖,示作T,玉作丰,矛作↑,卝作↓,阜作┠"等字中,玉、卝、阜之类就属于象形字,而五、七之类的纪数文字,多数古文字学者都认为是假借字。为此于先生强调指出:"不难设想,当时的简单文字不会也不可能只限于陶器上,陶器之外,自然要有更多的简单文字,只是我们现在还看不到罢了。这种陶器上的简单文字,考古学者以为是符号,我认为这是文字起源阶段所产生的一些简单文字。仰韶文化距今约有6000多年之久,那么,我国开始有文字的时期也就有了6000多年之久,这是可以推断的。"④唐兰把"🐦""🐦"释读为"🐦""炅"⑤;李学勤将良渚文化玉器上部均作鸟侧立于山上之形的四个图形,将前两个均可释为"岛"字,第三个释为"岛""炅"二字,第四个作鸟在山中之形,也释为"岛"字,是"岛"字的另一种形声文字。⑥为此,刘大白曾指出,最早的文字应有两个来源,一个是图画,一个是记号,而后者应更早。由这两个来源所造的字就是象形字和指示字。⑦

---

① 参见白寿彝总主编,苏秉琦主编:《中国通史·远古时代》(第二卷),上海人民出版社2004年版,第344页。

② 参见吴汝祚主编:《炎黄汇典·考古卷》,吉林文史出版社2002年版,第332—333页。

③ 李陈续:《刻画符号对汉字溯源意义重大》,《光明日报》2009年10月26日第2版。

④⑤⑥ 王震中:《中国史前文化中的符号与文字:文字的起源》,赵德润主编:《炎黄文化研究》(第十五辑),大象出版社2013年版,第29页,第33页。

⑦ 刘大白:《文字学概论》,转引自白寿彝总主编,苏秉琦主编:《中国通史·远古时代》(第二卷),上海人民出版社2004年版,第344页。

由此来看,"我国用刻画符号记事产生于仰韶文化早期的半坡类型,在此之前的老官台文化还有画彩的记号,年代约当公元前五千多年。图画文字最早见于大汶口文化晚期,年代约当公元前三千年左右"①。可见,传说炎帝、黄帝时代开始使用符号文字记事是有其考古学来源的。作为造字的代表性人物——仓颉也不是无中生有、空穴来风,而是有根据的。当然,传说仓颉造字,并不是说由他一个人完成的,而是说他起了"加工整理"或"独传"的作用罢了。犹如鲁迅所说:"但在社会里,仓颉也不止一个人,有的在刀柄上刻一点图,有的在门户上画一些画,心心相印,口口相传,文字就多起来,史官一采集,便可以敷衍记事了。中国文字的由来,恐怕也逃不出这例子的。"②所以,我们说文字的发明是时代的产物,是集体创造的结晶,而仓颉只是其中的代表人物、集大成者而已。

总之,前仰韶时代、仰韶时代及龙山时代的陶器、龟甲等器物上出现的刻画,总体上应属于符号的范畴,但也有一些已具备了文字的特征,如一、二、三、四、五、七、十等记数符号和"✶"(岳)、"⛰"(山)、"☉"(日)、"🐟"(鱼)、"👁"(目)等象形符号。凡是具有文字特征的这些符号,在形状结构上都可看到它与甲骨文、金文的某种联系,因而也就能够用古文字学的方法加以分析、释读。这大概是中国上古从符号到文字演化发展过程中的普遍现象,也是文字文明的重要表征之一。③在中华文明起源、形成的过程中,炎黄时代的符号和图画文字的出现,不仅是其重要现象和物化形式之一,而且为后来真正意义上的中国文字体系的形成奠定了基础。

三、造律作乐

如果说炎帝对音乐的贡献,侧重于对乐器的发明(参看第七章第一节),那么,进入黄帝时代,黄帝对音乐的贡献主要是在音律方面。黄帝时代的人们在通过总结炎帝时代及其以前的音乐成果的基础上,不仅对音乐的音律做了进一步的发展,创作出《咸池》等一批音乐作品,而且将音乐与人们的社会生活结合起来,服务于治国理政。

---

① 白寿彝总主编,苏秉琦主编:《中国通史·远古时代》(第二卷),上海人民出版社2004年版,第314页。

② 鲁迅:《门外文谈·字是怎么来的?》,《鲁迅杂文全集》(下),群言出版社2017年版,第214页。

③ 参见王震中:《中国史前文化中的符号与文字:文字的起源》,赵德润主编:《炎黄文化研究》(第十五辑),大象出版社2013年版,第21页。

《世本》说:"命伶伦考八音,调和八风,为《云门》之乐。"又说:"伶伦造律吕。"钱穆解释:在十二律里,"从黄钟数起,单数的又单分开叫'律',双数的叫'吕'。黄钟、太簇等就是律,大吕、夹钟等是吕。分称律、吕,合称'律'。"①说明黄帝时代,音律由原来的五音:宫、商、角、徵、羽,发展为七音,由于声调转变的关系,又发展为十二音律,即黄钟、大吕、太簇、夹钟等十二个新名词。《世本》云:"黄帝乐名《咸池》。"《史记·乐书·集解》引郑玄曰:"黄帝所作乐名,尧增修而用之。咸,皆也。池之言施也,言德之无不施也。"

关于黄帝对音律的发明,《吕氏春秋·古乐》篇做了较为详细的介绍:传说古时,黄帝叫伶伦创制乐律。伶伦从大夏山的西方,到达昆仑山的北面,从山谷中取来竹子,选择中空和壁薄厚均匀的竹子,截取两个竹节中间的一段——其长度为三寸九分——而吹它,把发出的声音定为黄钟律的宫音,吹出来的声音是"舍少"。接着依次共制作了十二根竹管,带到昆仑山下,听凤凰的鸣叫,借以区别十二乐律。雄凤鸣叫有六个声音,雌凤鸣叫也有六个声音。把根据这些声音定出的乐律同黄钟律的宫音相比照,都适度和谐,这些声音都可以由黄钟律的宫音派生出来。所以说,黄钟律的宫音是乐律的本源。黄帝又令伶伦和荣将铸造十二口钟,用以和谐五音,借以展示华美的声音。在仲春的月份,乙卯这天,太阳的位置在奎宿的时候,开始演奏它们,奏出的乐曲命名为《咸池》。②

黄帝对音乐的贡献,还表现在对音乐功用的扩展方面。尤其是进一步加强了音乐在社会生活中的教化作用。《云笈七签·轩辕本纪》云:"(黄)帝以容成子为乐师,帝作《云门》《大卷》《咸池》之乐,乃张乐于洞庭之野。北门成曰:其奏也,阴阳以之和,日月以之明,和风俗也。"《初学记》卷九引《归藏·启筮》还记载了黄帝在擒杀蚩尤后,创作了《枫鼓之曲》十章,以再现当年黄帝与蚩尤战斗的场面,以此激励军队的士气。传说黄帝还发明了军乐。《黄帝内传》载:"玄女请(黄)帝制角二十四,以警象;请(黄)帝铸钲、铙,以拟霮之声。"《古今注·音乐》亦载:"短箫铙歌,军乐也。黄帝使岐伯所作也。所以建武扬德,风劝战士也。"黄帝时代未必有军乐,但反映了黄帝时代已将音乐运用到战争中,以鼓舞士气是有可能的。

黄帝对音乐的贡献,也反映在制造乐器上。《世本》云:"黄帝使伶伦造磬。"目前

---

① 钱穆:《黄帝的故事》,郑杰祥主编:《炎黄汇典·文论卷》,吉林文史出版社2002年版,第155页。

② 来源于出国留学网,网址:https://www.liuxue86.com/a/3194251.html

在仰韶文化中还未发现形制相同的磬,但在龙山文化中发现了石磬。《帝王世纪》载:"黄帝损疱(伏)羲之瑟,为二十五弦,长七尺二寸。"瑟可能因是木制,易朽,至今在考古中还未发现,但在半坡、姜寨等仰韶文化遗址中发现了其他乐器,如陶鼓、陶埙等。《唐书·乐志》曰:"黄帝使岐伯作鼓吹,以扬德建武。"在陶寺龙山文化遗址中发现鼓面是用鳄鱼皮蒙的。这也不能排除黄帝时代已有了瑟、琴之类乐器,而且比炎帝时代有进一步的改造和发展。

黄翔鹏认为,我国有规律的音阶形式的产生,不会迟于距今5500年前的新石器时代。① 冯文慈认为:"在新石器时代以前,由于生产力十分低下,人们奋力劳动尚难以生存温饱,审美何以谈起?……只有到了这时(指新石器时代——作者注),审美观点才会萌芽,诗歌、音乐、舞蹈相结合的艺术才有可能从无到有,成为几千年来人类艺术创造的起点。"② 黄帝时代不仅已有音乐,而且已达到较高的程度,这不仅丰富了当时先民们的文化生活,而且为后来古代音乐走向成熟起到重要作用。

四、绘画雕塑

从上节我们知道,陶器是与农耕一起产生的。从考古发现看,大概在距今1万年前后就有了陶器的制作。但最初制作陶器,只是为了使用的方便,并不追求其是否美观。到了仰韶文化中早期,即炎帝时代,一种新的陶器——彩陶出现了。彩陶首次于1921年在河南渑池仰韶村新石器时代文化遗址发现,其后在甘肃、青海、陕西、宁夏、河南、河北、山西、山东等地也陆续有发现。这时的制陶工艺虽已相当成熟,器物规整精美,多为细泥红陶和夹砂红陶,但其上的纹饰简单,或席纹或绳纹,图案颜色单一,还不能完全被认为是绘画艺术。

进入仰韶文化中晚期,即黄帝时代,陶器与绘画结合,成为一门绘画艺术。其装饰以彩绘为主,器物上彩绘的精美花纹,反映出黄帝时代人们生活的部分内容及艺术创作的聪明才智。其装饰手法有磨光、拍印等。彩陶因时间跨度与分布地域的不同,

---

① 黄翔鹏:《新石器和青铜时代的已知音响资料与我国音阶发展史问题》,《音乐论丛》(第二辑),1979年版。转引自陕西省地方志编纂委员会(何炳武、刘宝才主编):《陕西省志·黄帝陵志》,陕西人民出版社2005年版,第30页。

② 冯文慈:《中国古代音乐史简述》,人民音乐出版社1989年版。转引自陕西省地方志编纂委员会(何炳武、刘宝才主编):《陕西省志.黄帝陵志》,陕西人民出版社2005年版,第30页。

又分为半坡、庙底沟及马家窑、半山和马厂等类型。

《世本》曰:"史皇作图。"《历代名画记》载:"史皇,黄帝之臣也,始造图画。"《易通卦验》说:"轩辕子苗龙,为画之祖。"考古发现,仰韶文化时期是彩陶绘画最繁荣时期,所以传说黄帝发明了彩陶绘画是完全有可能的。其绘画的内容,以半坡、庙底沟、马家窑等遗址出土的彩陶看,多绘有几何、动物、植物、天文、花鸟虫鱼等各种纹饰和图形,有的陶器上还出现了人物画。如北首岭陶壶上的水鸟啣鱼图;半坡陶盆上的鹿、鱼纹、人面纹、蛙纹、鸟纹、猪纹以及由以上纹样两种或三种组合的纹样;庙底沟彩陶比半坡成熟,点、线、面搭配得当,空间疏朗,纹饰节奏鲜明,韵律感强;马家窑文化制作的彩陶继承了仰韶文化庙底沟类型疏阔、爽朗的艺术风格,表现出精细、绚丽而又典雅的艺术手法,比仰韶文化庙底沟类型有进一步的发展,艺术成就达到了登峰造极的高度。其早期以纯黑彩绘花纹为主;中期使用纯黑彩和黑、红二彩相间绘制花纹;晚期多以黑、红二彩并用绘制花纹,表现出娴熟的绘画技巧。半山类型彩陶是在马家窑彩陶的基础上发展起来的,纹饰的特点是用红黑相间的锯齿纹构成漩涡纹、菱形纹和葫芦形纹以及棋盘格纹和瓜子纹等,形成互相连接,有前呼后应、鱼贯而行、连绵不断的艺术效果,与器型共同构成一种雄伟宏大的审美气势。另外,这一时期还有甘肃甘谷西坪陶瓶上的蜥蜴纹,河南临汝阎村陶缸上的鹳衔鱼石斧图、郑州大河村遗址出土陶钵上的日、月、星天象图,等等,都显示出当时高超的艺术水平。

从这些图画所反映的艺术风格看,既有装饰性的,也有写实性的。前者如庙底沟遗址彩陶上的三角纹、圆点勾叶纹等,华县柳枝镇遗址彩陶上的鸟纹,大汶口遗址彩陶上的三角纹、菱形纹和方格纹等。另外,还有网纹、草叶纹、螺旋纹、锯齿纹、葫芦纹、圆圈纹等几十种之多。后者除前面所举之外,还有人物和动物图形。人物图形主要有人面和人头像,如出土于青海大通上孙家的马家窑文化"连臂舞"[①]图案 彩陶盆,其上画有十五个人的跳舞场面,动物以蛙纹和鸟纹为主,动物图形如姜寨二期遗址出土的尖底瓶陶罐上的游鱼纹;秦安县王家阴洼半坡类型墓地出土的一件彩陶瓶,环绕腹部画着四条不同姿态的游鱼,构图生动活泼,活灵活现,堪称原始艺术之佳作。

除了彩绘陶,仰韶文化的晚期出现的彩绘图案的描绘也有很大进步,如临潼姜寨出土的彩陶图案,明显特点是复合图案增多,如在器物身上绘有鱼和鸟、鱼和蛙等复合图案,其直线条的转折和交换处逐渐变圆弧,呈现出刚柔兼济的风格。从绘画的颜

---

① 王克林:《彩陶盆舞蹈图案辨疑》,《考古与文物》1986年第3期。

色看,这时使用的颜料已多样化,由红发展到紫、黑、白等多种颜色。制陶技术上,半坡晚期已大量使用轮制,制陶工具也有长足发展。如临潼姜寨一座墓葬中出土了成套的绘画工具和颜料,墓主人当是陶工,说明当时出现了制陶专业和分工。① 从这些方面看,黄帝时代的彩陶和绘画已达到原始艺术较高的程度,取得了重要成就。即使今天看,也具有相当高的审美价值。为以后绘画艺术的发展奠定了基础,是绘画艺术产生的源头所在。

雕塑是黄帝时代产生的又一新的艺术门类。虽在文献上没有明确记载,但在距今6000年前后的仰韶文化遗址中发现却是十分丰富的。仰韶文化中有陶鸟、壁虎、陶人头、陶鸮鼎等雕塑。大汶口文化中发现的兽形鬶、鸟形鬶和玉龟;红山文化中发现的女神像和玉龙;北首岭发现的一件人头像雕塑。尤其是良渚文化发现的各种玉雕,更是精美绝伦,叹为观止。另外,出土的杯、钵、碗、盆、罐、瓮、盂、瓶、甑、釜、灶、鼎、器盖和器座等器物,种类繁多、造型优美,尤其是双耳尖底瓶,线条流畅、匀称,极具艺术美感。

出现在黄帝时代的绘画和雕塑,其目的是什么?仅仅是为消遣而已?鲁迅曾说:"画在西班牙的亚勒泰米拉(Altamira)洞里的野牛,是有名的原始人的遗迹,许多艺术史家说,这正是'为艺术的艺术',原始人画着玩玩的。但这解释未免过于'摩登',因为原始人没有十九世纪的文艺家那么有闲,他的画一只牛,是有缘故的,为的是关于野牛,或者是猎取野牛,禁咒野牛的事。"② 这段话对于我们理解黄帝时代绘画、雕塑的意义是有启发的。不仅反映了当时人们的生活情趣、思想智慧和对自我的认识,以及人与人之间的平等、和谐关系,而且对以后中国古代绘画、雕塑艺术产生了重要影响。

五、婚丧嫁娶

传说伏羲创立了嫁娶。实际上,伏羲处于渔猎时代,为旧石器时代的晚期,婚姻制度还是一种群婚制。这种婚姻关系与之前的杂婚不同。这时的婚姻关系,已排除了上下辈的婚姻关系,但不排除同辈包括兄弟姐妹之间的婚姻关系。这从传说的伏

---

① 参见陈全方:《从考古资料谈黄帝之功绩》,《黄帝与中国传统文化学术讨论会文集》编委会:《黄帝与中国传统文化学术讨论会论文集》,陕西人民出版社2001年版,第130页。

② 鲁迅:《门外文谈·字是怎么来的?》,《鲁迅杂文全集》(下),群言出版社2017年版,第213—214页。

羲、女娲兄妹结婚可以知晓。所以那个时代,还不可能出现男婚女嫁的现象。而嫁娶的婚姻,只有到了新石器时代的中晚期,婚姻才从群婚过渡到对偶婚,逐渐演变为嫁娶婚姻,即男娶女嫁。而黄帝时代是处在新石器时代的中期稍晚时期,即仰韶文化的中晚期,社会形态已进入母系氏族社会向父系氏族社会的过渡时期或父系氏族社会的初期。也就是说,有些氏族部落可能已进入父系社会,有些氏族部落还正处于转变阶段。反映在婚姻制度上,也可能处在对偶婚向一夫一妻制的转变或已部分地出现了一夫一妻制现象。

所谓对偶婚,就是说有"一个男子在许多妻子中有一个主妻(还不能称为爱妻),而他对于这个女子来说也是她的许多丈夫中的一个主夫"①。在这种婚姻关系或一夫一妻制下,才有可能产生嫁娶制婚姻。《史记·五帝本纪》载:"黄帝居轩辕之丘,而娶于西陵之女,是为嫘祖。嫘祖是黄帝正妃。"从这条记载看,正反映了黄帝时代一夫一妻制的婚姻关系已经开始出现,但还存在着对偶婚。可能这种对偶婚在当时一些地方还占据着主流。《国语·晋语四》载:"……凡黄帝之子,二十五宗,其得姓者十四人,为十二姓。"这条记载,正好反映了对偶婚的一些特点,即"按照对偶婚制,男子出嫁到妻方氏族去,所生子女以妻方氏族的姓氏为姓氏,这就是所谓的'得姓'。"②按照这种说法,黄帝之子二十五宗中有十四人嫁到外氏族,所以得姓十二,其余两人因嫁同一氏族,所以同姓。而有十一人留在本氏族,留在本氏族的儿子大概同黄帝一样,是从外氏族娶妻进来,所以就随了本氏族的姓。这说明"当时男子出嫁从妻居和男子娶妻女子从夫居的现象同时并存,也就是世系按男子计算的父系制和按女子计算的母系制同时并存。这正是母系氏族社会向父系氏族社会过渡时期所特有的现象。可见黄帝时代是母权制衰亡,父权制确立的时代"③。《通鉴外纪》云:"嫁娶相媒。"《世本》张注:"黄帝始制嫁娶。"《路史·疏仡纪·黄帝》云:"氏定而系之姓,庶姓别余上,而戚弹于下,婚姻不可以通,所以崇伦类,远禽兽也。"其意是说,氏定了之后就是姓的分支,庶民就在姓上有了分别,亲戚关系也就有了区别。同姓的人是不可

---

① [德]恩格斯:《家庭、私有制和国家的起源》,《马克思恩格斯选集》(第四卷),人民出版社1972年版,第41页。
② 林祥庚:《中华民族的象征——黄帝及其传说之试释》,郑杰祥主编:《炎黄汇典·文论卷》,吉林文史出版社2002年版,第350页。
③ 林祥庚:《中华民族的象征——黄帝及其传说之试释》,郑杰祥主编:《炎黄汇典·文论卷》,吉林文史出版社2002年版,第350页。

通婚的，用这个来提高人的道德，是和禽兽远远不同的。这说明黄帝时代婚姻可能已进入对偶婚或与一夫一妻制并存的时代，有了同姓不婚的禁忌。这既是婚姻的一个重要进步，也是文明的一种重要体现。

黄帝时代在新的婚姻制度产生的同时，丧葬制度也出现了新的变化。根据考古发现，在旧石器时代早期，没有丧葬礼制，人死去不掩埋，随便乱扔。《孟子·滕文公上》说："盖上世尝有不葬其亲者，其亲死，则举而委之于壑。他日过之，狐狸食之，蝇蚋姑嘬之。"到了旧石器中晚期已经有了丧葬。进入炎黄时代，丧葬制度已相当的完善。《路史·后纪五》说："棺椁之作，自黄帝始。"《路史·疏仡纪·黄帝》说："（黄帝）乃饰棺衾以送死，封崇木以当大事。"《事物纪原》（卷九）引《黄帝内传》说：黄帝"斩蚩尤，因置冢墓"。从考古来看，仰韶文化时期的墓葬已出现了瓮棺葬或棺椁葬两种形制。婚丧嫁娶制的确立，也标志着礼制文化自炎黄时代开始起源和萌生。

六、考订星历

《尚书·尧典》记载：尧"乃命羲和，钦若昊天，历象日月星辰，敬授人时。"《史记·五帝本纪》云：尧"命羲、和，敬顺昊天，数法日月星辰，敬授民时"。这都说的是唐尧时代制定历法的情况。这一记载已被2003年在山西襄汾陶寺考古发现的"古观象台"遗址所证实。陶寺古观象台是由13根夯土柱组成，呈半圆形，半径10.5米，弧长19.5米。从观测点通过土柱狭缝观测塔尔山日出方位，确定季节、节气，安排农耕。考古队在原址复制模型进行模拟实测，从第二个狭缝看到日出为冬至日，第12个狭缝看到日出为夏至日，第7个狭缝看到日出为春分、秋分。陶寺遗址距今4700年，观象台经测定的年代距今约4100年。学术界基本肯定该大型建筑为天文观测遗迹。陶寺遗址被发现后，大多学者认为该遗址为尧都所在地，观象台为尧代所建。但是，从文献和考古发现看，尧舜时代的历法已相当的成熟了。而要达到如此成熟，必有一个较为漫长的起源、形成过程。所以，古史传说中，分别有伏羲、炎帝、黄帝创立历法的文字记载。关于炎帝时代的历法，从本章《创制历法》中我们已经有所了解。炎帝所创制的历法，主要表现在"立四时""分八节"，即确立了四季和八种节气。而进入黄帝时代，其历法要较炎帝时代有了进一步的发展。文献中多有这方面的古史传说。《史记·历书》云："盖黄帝考定星历，建立五行，起消息，正闰余，于是有天地神祇物类之官，是谓五官。各司其序。"《索隐》引《世本》《律历志》云："黄帝使羲和占日，常仪占月，臾区占星气，伶伦造律吕，大桡作甲子，隶首作算数，容成综六历而著《调历》也。"大桡、容成、隶首均为黄帝的臣子。司马迁认为历法起于黄帝,除过《历书》外,其他如《五帝本纪》《封禅书》等也都提到此说。这几段话说明黄帝是很重视天象观察,为了定星历而专门设立官吏进行管理。《五帝本纪》还说到黄帝观测天体是"迎日推策"。"迎日",就是观测日月的运行;"推",就是推算;"策",就是历数。这是说黄帝通过观察、推算,来确定季节的变化。不仅《史记》中记载天文历法起于黄帝,较前的《淮南子·览冥》也有此记载:"昔者黄帝之治天下,而力牧、大山稽辅之,以治日月之行律治阴阳之气,节四时之度,正律历之数。"《说林》云:"黄帝生阴阳。"《路史·疏仡纪·黄帝》依据前人记载,说得更为具体:黄帝"命臾区占星,斗苞授规,正日月星辰之象,分星次象应,著名始终相验,于是乎有星官之书"。意思是说黄帝命令臾区据星辰测吉凶,命令斗苞传授规矩,来划定日月星辰之象,再把星辰分区分野,说明分野分星的对应验证,于是才有了星官这类书籍。《隋书·天文上》云:"星官之书,自黄帝始。"黄帝命大桡"探五行之情""察三辰(指日、月、星)于上,迹祸福于下,经纬历数",命容成作盖天,"综六术以定气象""立正爻以配气,致种爻以抵日,而时节定"。星官之书黄帝时代肯定没有出现,但其中一些星象黄帝时代可能已经有了。考古发现仰韶时代已经有了天文迹象图。在半坡仰韶文化遗址还发现了羊角形的彩陶图案和人面鱼纹图案,有学者从天文历法的角度分析认为:羊角柱是观测天象的图腾柱,它立于广场是为了立竿测影,二者"构成了最古老的地平日晷";人面鱼纹是月相周而复始的变化。① 以此可以看出,炎黄时代所创制的历法,为龙山时代尤其尧舜时代的历法成熟奠定了基础。

七、封禅祭祀

进入黄帝时代,宗教作为一种意识形态,也有了较快发展,并在炎帝蜡祭、明堂祭的基础上,出现了一种新的祭祀形式,即封禅。封禅是古代一种重要的祭天之礼。《史记·封禅书·正义》引《五经通义》云:"易姓而王,致太平,必封泰山。"一般认为,在古代帝王中只有有功于世的人,才能有资格去泰山封禅,举行祭天之礼。秦汉至清,上泰山行封禅影响较大的帝王有秦始皇、汉武帝、唐玄宗等。通过封禅将其治国功绩昭告天下,使其帝王之位得到上天的认可。古史传说,在中国历史上最早登泰山封禅的是黄帝。

---

① 参见陆思贤:《神话考古》,文物出版社1995年版,第153—157、121—124页。

《史记·封禅书》载："封禅七十二王,唯黄帝得上泰山封禅。"《韩非子·十过》云："昔者黄帝合鬼神于泰山之上。"通过封禅,一是昭告天下"统一天下"之功绩,二是"万国和",以封禅祭天活动加强"万国"的联盟和团结。当然,也有祈求苍天保佑,祈盼风调雨顺、庄稼丰收之意。不仅如此,黄帝还到华山、首山、太室、东莱等名山大川"常游,与神会"。《封禅书》还记载："黄帝郊雍上帝,宿三月。"雍地中心,指今陕西凤翔一带。《正义》引《括地志》云:"云阳宫,秦之甘泉宫,雍州云阳县西北八十里。秦始皇作甘泉宫,去长安三百里,黄帝以来祭圜丘处也。"圜丘是古代祭天的地方。据考古人员研究,近年在凤翔雍山考古发现的秦汉血池,是秦汉帝王祭天的地方,且在此地发现了一块上刻"上畤"①两个字的陶片。《封禅书》载:秦灵公四年,"作吴阳上畤,祭黄帝;作下畤,祭炎帝"。吴阳指吴山之南,在今宝鸡陈仓区境内,与雍山相距仅数十公里。其周围分布有多处仰韶文化遗址,北首岭、福临堡仰韶文化遗址就距此不远。由此可见,黄帝当年在此祭天也是有文献和考古学依据的。

黄帝除了封禅,还继承炎帝的"明堂"祭。关于黄帝时代的"明堂"形制,《汉书·郊祀志下》记载:汉武帝时,欲治明堂,但不知其形制,有位叫公玉带的济南人献给汉武帝《黄帝明堂图》,"明堂中有一殿,四面无壁,以茅盖,通水,水圜宫垣,为复道,上有楼,从西南入,名曰昆仑,天子从之,以拜祀上帝焉。"据此可知黄帝时代明堂之规模。当然,根据学者研究,明堂不仅仅是举行大型祭祀活动的地方,还是召开部落联盟会议和发布政令的地方。《事物纪原》(卷四)引《管子》曰:"轩辕有明堂之议。"就是说黄帝在此接见部落首领,与他们共同商议部落联盟大事。

根据《史记·封禅书》记载,黄帝在举行各种形式的祭祀活动的同时,还通过整合,"患百姓非其道者,乃断斩非鬼神者",从而使"黄帝时万诸侯,而神灵之封居七千"。这句话是说黄帝痛恨百姓中那些反对他的仙道的人,并处斩了那些诋毁鬼神的人,从而使黄帝时代有万家诸侯,而能主持名山大川神灵祭祀的封国就有七千家,完善了宗教祭祀体系。

黄帝时代的祭祀活动,也得到了考古学文化的佐证。如辽宁牛河梁"女神庙"遗址属于红山文化,距今 5500—5000 年,正好与我们所说的黄帝时代的中晚期相吻合。研究者从遗址庙堂发现的许多女性泥塑像和陶制品祭器看,"应该是一种公共性的祭祀活动场所"。出土的公元前 3300—2200 年的良渚文化大量精美玉器也证明了这一

---

① 张佳:《宝鸡凤翔雍山血池秦汉祭祀遗址发现"畤"字陶文》,《西安晚报》2017 年 6 月 26 日。

点。"这表明在黄帝时代或稍前,中国宗教崇拜已经发展到一个相当高的水平,已经超过居民生活点,为多个居民生活点所共同崇拜的偶像系统,并且能够兴建较大规模的祭祀场所。"①

祭祀必有礼仪。所以,古史传说,古代礼仪文化也萌发于炎黄时代。谯周《古史考》云:"……始诸饮食,致敬于鬼神,则祭祀吉礼起于神农也。《史记》云:'黄帝与蚩尤战于涿鹿',则有军礼也。《易·系辞》:'黄帝九事'章云:'古者葬诸中野。'则有凶礼也。又《论语撰考》云:'轩知地利,九牧倡教。'既有九州岛之牧,当有朝聘,是宾礼也……礼理起于太一,礼事起于燧皇,礼名起于黄帝。"②《尚书大传·略说》云:"黄帝始……礼文法度,兴事创业。"《白虎通义》说:"黄帝始作制度,得其中和,万世常存。"又说:"黄帝始制法度,得道之中,万世不易。"《云笈七签·轩辕本纪》还说:"(黄)帝始制七情,行十义之教。"这是说黄帝和他的大臣通过祭祀和衣冠制作来推行礼制的情况。

宗教祭祀是文明产生的重要因素,黄帝时代大型祭祀场所和频繁祭祀活动的出现,对中华文明的形成和发展,作出了重要贡献。

---

① 陕西省地方志编纂委员会(何炳武、刘宝才主编):《陕西省志·黄帝陵志》,陕西人民出版社2005年版,第47页。

② 阮元:《十三经注疏》(上册),中华书局1980年版,第1223—1224页。

第九章　炎黄文化与中国传统文化之肇端

中华传统文化博大精深、源远流长。而体现中国传统文化的主干文化则是先秦诸子的文化和思想。炎黄文化(狭义)作为中华传统文化的祖根文化、源头文化、基因文化,对诸子百家思想必然给以滋养和影响。《淮南子·修务训》说:"世俗之人,多尊古而贱今,故为道者必托之于神农、黄帝而后能入说。"我们说,实际上依附于炎黄文化的不仅仅是道家,炎黄文化影响波及诸子百家,如道、法、农、杂、阴阳、兵、术数、纵横、方技等,"其言皆称神农、黄帝"。司马迁说:"百家言黄帝。"(《史记·五帝本纪》)百家里自然包含有先秦诸子。虽则儒、墨两家很少言及炎黄,但其思想受到炎黄文化的影响是必然的。所以,我们说,先秦诸子文化,作为中华传统文化的主干文化,在其发生、形成和发展、成熟的过程中,必然要吸收炎黄二帝的某些文化因子和思想。考察以孔孟为代表的儒家思想、以老庄为代表的道家思想,以及墨家、法家、兵家等文化和思想,我们不难发现,因春秋战国时代的开放性和包容性,即"百花齐放""百家争鸣"的社会氛围,使其思想中蕴含着丰富的炎黄文化。而这些丰富的炎黄文化,既是先秦诸子文化、诸子思想产生的土壤和源头,同时,也成为先秦诸子文化、诸子思想的重要组成部分。从某种意义上说,没有炎黄文化,也就不可能或不会产生先秦诸子文化、诸子思想。反过来说,诸子文化、诸子思想的产生,不仅丰富了炎黄文化,也为炎黄文化创造性转化、创新性发展提供可能。所以,我们研究炎黄文化,自然离不开对炎黄和炎黄文化与先秦诸子文化、诸子思想关系的研究。这不仅有利于进一步认识炎黄文化在中华传统文化中的龙头地位,而且,也有利于进一步加深对先秦诸子文化产生、发展和内涵的理解和认识。本章主要对儒家、墨家、道家、法家、兵家与炎黄文化的关系予以论述。

第一节　炎黄文化与儒家思想

孔子(前551—前479年),名丘,字仲尼,鲁国人。有"圣人"之称,是儒家学派的创始人。孔子死后，儒家一分为八，其主要代表人物是孟子和荀子。虽则从孔子等人的言论中，未有对炎帝和黄帝的具体论述，但是，在儒家文化和孔孟等人的思想中，我们依然能看到炎黄文化对儒家文化和孔孟思想的潜在影响。这里主要就炎黄对孔孟思想的影响加以论述。

孔子儒学的核心思想是"仁"和"礼"。此外，还涉及"德治"和"教育""学习""天命""人学"等思想。何谓"仁"？孟子解释："仁者爱人"（《孟子·离娄下》）。怎么爱人？就是要去爱别人、帮助别人、体恤别人；要有"己欲立而立人，己欲达而达人"的思想，即自己想要站立起来，同时让别人也要站立起来；自己想要事事行得通，同时也要让别人事事行得通。通俗地说，好事要与别人分享，不可独占；还要有"己所不欲，勿施于人"（《论语·颜渊》）的胸怀，即坏事不可强加于人；另外，"仁"还有"克己"的意思，就是说，一个人不能有私心、欲望膨胀，处世接物不择手段。犹如《礼记·礼运篇》所说："不独亲其亲，子其子。"意思是说人们不单要奉养自己的父母，也不单要抚育自己的子女。言外之意，还要想到他人的父母和孩子。孔子的这种仁爱之心，由此及彼、由近及远、由亲及疏，推广全天下，四海之内皆兄弟。

由于孔子很重视"仁"，所以，在《论语》中，讲仁的地方很多，内容也很广泛。但是，"仁"的中心主旨是什么？孔子在《论语·学而》篇里说："孝悌也者，其为仁之本也。"《颜渊》篇里说："克己复礼，天下归仁焉。"这两句话归纳起来说，"仁"的本质就是要用"孝悌"从血缘上维护和巩固宗法关系，另一方面要用"复礼"来巩固奴隶制国家。

孔子不仅大力宣扬"仁"，而且对"礼"也是大加推崇。他教导学生说："兴于诗、立于礼、成于乐。"（《论语·泰伯》）并且一再强调："不学诗无以言，不学礼无以立。"（《论语·季氏》）孔子为什么很推崇"礼"？因为，在孔子看来，周礼维护了奴隶制国家"尊尊""亲亲"的社会等级制和宗法制。在夏商周三代中，周人由于最讲"礼"，所以社会安定、人民安居乐业。因而，孔子对西周特别向往，"周监于二代，郁郁乎文哉，吾从周"。睡觉还经常"梦见周公"。面对当时"礼崩乐坏"的局面，孔子之所以这样大加赞赏"礼"，其目的是为了要"正名"，要"复礼"，以"仁"为基础，以"礼"为规范，来挽救当时政治和社会的危机。要变"天下无道"为"天下有道"（《论语·季氏》）。

孔子虽然"祖述尧舜，宪章文武"，很少言及炎黄，但孔子的这些思想，在有关记载炎黄二帝的古史传说中，我们还会清楚地发现其传承脉络，看到炎黄文化对孔孟儒家思想产生和形成的影响。

《吕氏春秋·开春论·爱类》云："《神农之教》曰：'士有当年而不耕者，则天下或受其饥矣；女有当年而不绩者，则天下或受其寒矣。'故身亲耕，妻亲织，所以见致民利也。"这是说炎帝以苍生为念，为使他们不挨饿受寒，便亲自下田耕种，反映了炎帝的实干精神。《庄子·盗跖》篇中有句话："神农之世，卧则居居，起则于于，民知其母，不知其父，与麋鹿共处，耕而食，织而衣，无有相害之心，此至德之隆也。"晋傅玄《傅子·阙题》曰："不使不仁加乎天下，用武胜残，而百姓以济，此仁行于拨乱，黄帝是也。"贾谊《新书·修政语上》说："故黄帝职道义，经天地，纪人论，序万物，以信与仁为天下先。"这是说炎黄文化中蕴含着儒家思想体系的"仁""义""道"。《吕氏春秋·离俗览·上德》说："为天下及国，莫如以德，莫如行义。以德以义，不赏而民劝，不罚而邪止，此神农、黄帝之政也。"说明孔子所讲之"德""义"，无疑受到炎黄"德""义"的影响。孔子所提倡的"礼"，其来源不仅与周公的制礼作乐有关，也与黄帝所实行的礼俗有关。《尚书大传·略说》云："黄帝始……礼文法度，兴事创业。"《白虎通义·崩薨》载："礼始于黄帝，至尧、舜而备。"又说："黄帝始制法度，得道之中，万世不易。"《史记·封禅书》记载："炎帝封泰山，禅云云；黄帝封泰山，禅亭亭。"祭祀活动就是一种礼仪活动。黄帝发明的婚丧嫁娶，其中也体现有礼的成分。

　　孔子是一个很关心社会和谐的人。《论语》作为儒家经典，对于中华和谐文化也做了重要阐发，影响巨大而深远，成为中国人为人处世的至理名言。孔子说："礼之用，和为贵"（《论语·子路》），"君子和而不同，小人同而不和"（《论语·子路》）。而这种和谐思想，炎黄时代已露端倪。《通典·职官》载："黄帝立四监，以治四方。"《尚书·尧典》载："百姓昭明，协和万邦。"孔颖达疏："能使九族敦睦，百姓显明，万邦和睦。"《韩诗外传》（卷八）载："黄帝即位，施惠承天，一道修德，惟仁是行，宇内和平。"这正是炎黄时代的写照。是说黄帝刚一即位，就给百姓以实惠，注重德治，施行仁爱，达到了"宇内和平"。

　　《大戴礼记·五帝德》载："宰我问于孔子曰：'昔者予闻诸荣伊令，黄帝三百年。请问黄帝者人邪？抑非人邪？何以至于三百年乎?'"孔子回答说："生而民得其利百年，死而民畏其神百年，亡而民用其教百年，故曰三百年。"《尸子》（卷下）曰："子贡问孔子曰：'古者黄帝四面，信乎？'孔子曰：'黄帝取合己者四人，使治四方，不谋而亲，不约而成，大有成功，此之所谓四面也。'"孔子从时空两方面回答了宰我、子贡的提问。从孔子的回答中，我们可以看出，孔子对黄帝是很赞赏和钦佩的。所以，孔子思想受炎黄文化的影响也就不言而喻的了。

孟子(前372—前289年),名轲,字子舆。战国中期邹(今山东邹城)人。孟子是继孔子之后儒家学派最主要的代表人物之一。有"亚圣"之称。他在继承孔子"仁爱"思想的基础上,对"仁"学做了新的阐释和发展,提出了"仁政"。孟子政治思想的核心是"王道",而"王道"的核心是"仁政"。孔子认为"仁者爱人",孟子认为"爱人"就是"仁心","仁心"就是"不忍人之心"(《孟子·公孙丑上》)。其意思是说统治者有了"仁心",就能"治理天下可运于掌上"。并且根据当时的社会现实,提出统治者要施行"仁政",主张重要的首先要解决农民的土地问题,"制民之产"。分给农民"五亩之宅"和"百亩之田",这样"有恒产者有恒心",即农民有了土地,就可以安居乐业,而不会犯上作乱。他还提出除了解决农民土地外,还要对农民实行教养,主张实行"王道",反对"霸道"。依此可以看出,孟子的"仁政"含有强烈的民本主义思想。在民本思想基础上,又提出"民贵君轻"的口号。除了上面所说政治思想外,孟子还有伦理、教育和性善论等方面的思想。

孟子在继承孔子学说的同时,必然也接受了炎黄文化的影响。前文所说炎帝、黄帝对中华物质文明和精神文明的一系列发明创造,无不是反映着孟子的"仁政"思想。比如,《傅子·阙题》说:"疱牺神农,顺民之性,育之者也;黄帝除民之害,救之者也。"《文子·精诚》说:"老子曰:昔黄帝之治天下……强不掩弱,众不暴寡……"《淮南子·主术训》说:"昔者神农之治天下也……怀其仁诚之心……威厉而不杀,刑错而不用,法省而不烦。"这些记载不仅反映了炎黄时代已开始有了民本思想,而且这种民本思想贯穿于中国历史的全过程。

《商君书·画策》说:黄帝通过制定"君臣上下之义,父子兄弟之礼,夫妇配匹之合"等礼仪法规,以保证部落、部族、部落联盟及家庭人际关系的和谐。炎黄时代这一礼仪和谐思想也被孟子所继承,并在此基础上发扬光大。孟子说:"老吾老,以及人之老;幼吾幼,以及人之幼。"(《孟子·梁惠王上》)是说在尊敬自己老人的同时,也要想到尊敬他人的老人;在抚养自己孩子的同时,也要想到抚养别人的孩子。

《盐铁论·遵道》云:"上自黄帝,下及三王,莫不明德教,谨庠序,崇仁义,立教化。此百世不易之道也。"说明由黄帝开端,尧、舜、禹继承发扬的注重道德教育、强调社会秩序、崇尚仁义精神、重视教化作用,成为世代不变的章法。可见儒家崇尚仁义道德的优良传统,可以追溯至炎黄二帝尤其是黄帝。

总之,追溯儒家思想之来源,无疑与炎黄和炎黄文化有着渊源关系。其源头就是炎黄文化。

第二节 炎黄文化与墨家思想

墨家是由墨子创立的。墨子(前？—约前376年)，名翟，战国初期鲁国(也有说为"宋国人""齐国人"。另有"鲁阳(鲁山)人""滕州人"等之说)人，是中国古代思想家、哲学家、教育家以及军事家、社会活动家和自然科学家。被尊为"平民圣人""科学圣人"。1939年4月，毛泽东在抗大生产运动初步总结大会上的讲话中指出："墨子是一个劳动者，他不做官，但他是一个比孔子高明的圣人。"[①]

墨子思想主要体现在《墨子》一书里。该书原有71篇，今存53篇。是其门徒西汉人刘向记述其言行编纂而成的。因其思想主要反映下层人民的愿望，所以，在战国时期，墨家思想有着广泛的影响，与儒家同为诸子百家中的"显学"。如韩非子所言："世之显学，儒、墨是也。儒之所至孔丘也。墨之所至墨翟也。"(《韩非子·显学》)《吕氏春秋·仲春纪·当染》说："孔、墨之后学显荣于天下者众矣，不可胜数。"孟子说："杨朱、墨翟之言盈天下，天下之言，不归杨则归墨。"(《孟子·滕文公》)可见，墨家在当时地位之高，与儒家是相提并论。

墨子思想的基本要义，班固在《汉书·艺文志》中据刘向父子之文总结说："墨家者流，盖出于清庙之守。茅屋采椽，是以贵俭；养三老五更，是以兼爱；选士大射，是以上贤；宗祀严父，是以右鬼；顺四时而行，是以非命；以孝视天下，是以上同。此其所长也。"后世研究者根据其著作和班固的总结，将其主要内容归纳为"兼爱""非攻""尚贤""尚同""非命""天志""明鬼""节用""节葬""非乐"等十个方面。

我们说，墨子虽则在其著作《墨子》中未言及炎帝、黄帝，但从墨家思想看，却不难发现，墨子思想中有些内容无疑与炎黄文化、炎黄时代有着渊源关系和相通之处，即墨子思想受到了炎黄文化潜移默化的滋润和影响。有学者将这种未直接点名炎帝、黄帝而实际是讲炎帝、黄帝称为"隐言黄帝"[②]。笔者认为，这种说法是有一定道理的。作为古代一位伟大的思想家，不可能不了解炎帝、黄帝的功绩和思想，他在自己的言论中未提到炎黄二帝，并不等于否定炎黄精神和炎黄文化对其思想的潜移默化。

---

① 《毛泽东：墨子是比孔子高明的圣人》，人民网2018年1月26日。
② 倪正茂：《墨家"言黄帝"》，徐炳主编：《黄帝思想与先秦诸子百家》(第二卷下)，社会科学文献出版社2015年版，第300页。

墨子思想,一般认为是代表小生产者和下层人民的愿望,是一种"积极用世"思想,也就是平民思想。他同情百姓,倡导节俭,反对奢侈,抨击钟鸣鼎食。墨子说:"民有三患,饥者不得食,寒者不得衣,劳者不得息。三者,民之巨患也。然即当为之撞巨钟、击鸣鼓、弹琴瑟、吹竽笙而扬干戚,民衣食之财将安可得乎?即我以为未必然也。"(《墨子·非乐上》)意思是说,民众有三种忧患:饥饿的人得不到食物,寒冷的人得不到衣服,劳累的人得不到休息。这三样是民众的最大的忧患。然而当为他们撞击巨钟,敲打鸣鼓,弹琴瑟,吹竽笙,舞动干戚,民众的衣食财物将能得到吗?我认为未必是这样。他不仅言论上反对这种不劳而获,而且自己亲力亲为,与民同甘共苦。《庄子·天下》篇说:"后世之墨家,多以裘褐为衣,以屦蹻为服,日夜不休,以自苦为极。"为此,墨子倡导要以古代历史上先王圣事为本,以百姓利害为准则,提倡父要慈子、兄要慈弟、君要慈臣和爱自家、爱异国、爱异民的"兼爱"思想,提倡反对相互残害、互相兼并的"非攻"思想。正因为墨子的这种平民化思想和行事作为,所以,才特别受到后人的推崇。近代著名学者梁启超在其《先秦政治思想史》一书中说:"古今中外哲人中,同情心之厚,义务观念之强,牺牲精神之富,基督而外,墨子而已。"[1]

其实,墨子的这种"兼爱""非攻"的平民思想和精神品格,与炎黄二帝利族利民的务实精神如出一辙。前文讲到炎黄二帝在物质文明、精神文明方面的发明创造,炎黄二帝所具有的敢为人先的实干务实作风和无私无畏的奉献精神,就反映的是一种平民思想。《淮南子·齐俗训》说:"故神农之法曰:丈夫丁壮而不耕,天下有受其饥者;妇人有当年不织,天下有受其寒者。故身自耕,妻亲织,以为天下先。"这与《庄子》所说的墨子何其相似。

又如,在《淮南子·修务训》里同时记载了炎帝和墨子的故事。"古者民茹草饮水采树木之实,食蠃蚌之肉,时多疾病毒伤之害,于是神农乃始教民播种五谷,相土地〔之〕宜燥湿肥硗高下,尝百草之滋味,水泉之甘苦,令民知所辟就。当此之时,一日而遇七十毒。"相类似的故事记载有楚国攻宋国的故事,即"昔者楚欲攻宋,墨子闻而悼之,自鲁趋而〔往〕,十日十夜,足重茧而不休息,裂〔衣〕裳裹足,至于郢,见楚王……"对比两则记载,不难发现,颇有相通之处。

如此记载,还反映在"为宫室""为衣裳"等方面。如在《墨子·辞过》篇里说:"子墨子曰:'古之民未知为宫室时,就陵阜而居,穴而处,下润湿伤民,故圣王作为宫

---

[1] 梁启超:《先秦政治思想史》,中华书局2016年版,第180页。

室。'"又说:"古之民未知为衣裳时,衣皮带茭,冬则不轻而温,夏则不轻而清。圣王以为不中人之情,故作诲妇人治丝麻,梱布绢,以为民衣。"而《史记·五帝本纪·正义》云:"黄帝之前,未有衣裳屋宇。及黄帝造屋宇,制衣裳,营殡葬,万民故免存亡之难。"《纬书集成·春秋编·春秋内事》说:"轩辕氏以土德王天下,始有堂室,高栋深宇,以避风雨。"像这种内容在《越绝书》《风俗通义》《太平御览》《事物纪原》等书中也有记载。与《墨子》相较,可以想象,墨子在这里所说的"圣王"不是指其他,可能就是"隐言黄帝"或是炎帝。①

不仅在做事方面墨子与炎黄有相承之处,而且在重视人才方面,墨家之"言"亦同"黄帝言"。比如,《墨子·亲士》篇中说:"入国而不存其士,则亡国矣。见贤而不急,则缓其君矣。非贤无急,非士无与虑国。缓贤忘士,而能以其国存者,未曾有也。"墨子重视贤良人才的思想集中反映在《尚贤》篇里,提出"夫上贤者,此政之本也。"主张"聚义不避亲疏""聚义不避远近""聚义不避贫贱""官无常贵,民无终贱,有能则举之,无能则下之"。并说:"此固国家之珍,而社稷之佐也""国有贤良之士众,则国家之治厚;贤良之士寡,则国家之治薄。故大人之务,将在于众贤而已"。因而,对于贤人,要"富之,贵之,敬之,誉之"。《墨子》有两处提到"古者圣王"。这里的"圣王"有可能就是指黄帝。因为,黄帝在统一中原过程中,特别重视吸引人才,在其周围聚集了众多的治国能人,如"七辅""六相""五正"等能臣巧匠。如此,才创造发明了丰富的物质文明和精神文明。墨家重用人才的思想,无疑也受到炎黄文化的影响和启示。

又如,节用是墨子学说中的重要主张。其核心是节用财物,反对浪费,提出要"兴天下之利,除天下之害"。墨子认为:"圣王为政其发令行事,使民用财也无不加用而为者,是故用财不费,民德不劳,其兴利多矣。"他并举例如衣裳、宫室、甲盾、舟车等,认为这些东西越多越对国家不利,会造成"民财不足,冻饿死者"。墨子的这种节用思想,其言行与黄帝的节用思想一脉相承。《史记·五帝本纪》说:黄帝"时播百谷草木,淳化鸟兽虫蛾,旁罗日月星辰水波土石金玉,劳勤心力耳目,节用水火材物"。

阅读《墨子》一书,除上面所说外,其"尚同""非命"等思想,与炎黄文化也有着直接或间接关系,其来源植根于炎黄时代。1905年同盟会创办的《民报》,在其创刊号卷首列四大伟人肖像,以墨子与黄帝等并列,被尊为"世界第一平等、博爱主义大家"。

---

① 参见倪正茂:《墨家"言黄帝"》,徐炳主编:《黄帝思想与先秦诸子百家》(第二卷下),社会科学文献出版社2015年版,第303—306页。

孙中山说:"仁爱是中国的好道德。古时最讲爱字的莫过于墨子。"①其实,仁爱思想其渊源也无疑来自炎黄时代,是炎黄文化的重要内容。

第三节　炎黄文化与道家思想

老子(？—？)是道家学派的创始人,庄子(前369—前286)是老子之后道家学派的重要代表人物。老子生活于春秋末期,姓李名耳,谥号聃,楚国苦县(今河南鹿邑东)万乡曲仁里人,曾经担任(东)周王室管理图书的官吏。反映他思想的著作有《老子》一书,或称为《道德经》《五千言》《老子五千言》。庄子生活于战国的中晚期,姓庄名周,字子休(一作子沐),宋国蒙(今河南商丘东北,又说今安徽蒙城、山东东明)人。是我国先秦(战国)时期伟大的思想家、哲学家、文学家。曾在家乡做过管理漆园的小官,后来过着隐居生活。其著作有《庄子》一书。《老子》和《庄子》这两部著作,构成了先秦道家思想的主要内容。其他体现道家思想的著作还有《文子》《列子》等。

虽则老子在《道德经》中未言及炎帝和黄帝,但从其提出的"道""无为""均平"等思想看,无疑也是受到了炎黄文化的影响和熏陶。

老子在《道德经·第七十七章》中说:"天之道,其犹张弓欤？高者抑之,下者举之;有余者损之,不足者补之。"在这里老子提出了"天下均平"的思想。其实,这种思想在炎帝时代就已存在。《淮南子·齐俗训》中说:"故神农之法曰:'丈夫丁壮而不耕,天下有受其饥者;妇人当年而不织,天下有受其寒者。'故身自耕,妻亲织,以为天下先。其导民也,不贵难得之货,不器无用之物。是故其耕不强者,无以养生;其织不强者,无以掩形。有余不足,各归其身,衣食饶溢,奸邪不生,安乐无事,而天下均平。"这段话的意思是说,如果男子和女子不去耕种、纺织,那么就要挨饿受寒。所以,人人要自耕、亲织,如此才能衣食无忧,天下太平,过上平等的生活。庄子对炎帝时代的"天下均平"思想也很推崇。他在《盗跖·第二十九》篇中说:"神农之世,卧则居居,起则于于,民知其母,不知其父,与麋鹿共处,耕而食,织而衣,无有相害之心,此至德之隆也。"

老子思想的核心是"道"。这也是道家思想的重要概念。按老子的解释,"道"是

---

① 孙中山:《在桂林对滇粤赣军的演讲》,《孙中山全集》(第六卷),中华书局1981年版,第22页。

宇宙间万事万物的本原和其运行的规律。韩非子在《解老》篇中说："道者，万物之所然也，乃理之所稽也。"认为"道"就是万事万物之所以成功的法则。老子的这种思想在炎黄时代也有反映。比如，前面所讲到的炎帝、黄帝的各种发明创造，都是炎黄二帝遵循事物发展规律，根据当时社会需要而创造出来的。尤其是炎黄二帝对农业产生与发展的贡献，以农作物的生长规律而发明的历法，就是自然运行规律的反映。

"善"的概念在《道德经》中也多处出现，如"上善若水。水善利万物而不争，处众人之所恶，故几于道。"（《第八章》）意思是说道德高尚的人像水一样，水善于施利于万物而不争，安居于众人讨厌的低洼之地，其行为几乎符合道德的原则。又如"天下皆知美之为美，斯恶已；皆知善之为善，斯不善已。"（《第二章》）意思是说天下的人都知道美好的东西是美的，那么丑恶的东西就显露出来了；知道善良的事情是美好的，那么不善良的事情就显露出来了，等等。说明以老子为首的道家思想是很重视"善"的。其实，这种思想在炎黄时代已显露出来。《竹书纪年》载："时诸侯夙沙氏叛，不用帝命。其臣箕文谏而被杀。炎帝益修厥德，夙沙氏之民自攻其君而来归其地。"《帝王世纪》载："炎帝神农氏，长于姜水，始教天下耕种五谷而食之，以省杀生。尝味草木，宣药疗疾，救夭伤之命，百姓日用而不知，著《本草》四卷。"这些记载都反映了炎黄时代的"善"的出现。

在治国理政的措施上，道家也带有黄帝的政治色彩。老子提倡无为而治。司马谈《论六家之要旨》中写道：道家"其术以虚无为本，以因循为用"。即道家主张以"无"作为宇宙本体，以顺应自然为最终归属。无为，但不是说什么都不做，而是该做就做，不该做就不做。《淮南子·修务训》对"无为"有一个比较确切的解释："所谓无为者，私志不得入公道，嗜欲不得枉正术，循理而举事，因资而立［功］，（权）［推］自然之势，而曲故不得容者，事成而身弗伐，功立而名弗有。"顺应自然的勤政爱民之举也是无为而治的题中之意。而这个也体现在黄帝的治国中。《史记·五帝本纪》载：黄帝"披山通道，未尝宁居"。黄帝以务实、创新、开拓、奉献的精神，克勤克俭，利民利族，东至于海，南至于江，西至于崆峒山，北逐荤粥，足迹几乎踏遍大河上下，大江南北。他顺应时令，遵循自然规律，按照天地阴阳四时之纪，"时播百谷草木，淳化鸟兽虫蛾"（《史记·五帝本纪》），"黄帝教民，江湖陂泽山林原隰皆收采禁捕以时，用之有节，令得其利。"（《史记·五帝本纪·正义》）可见，炎黄文化对老子思想的影响之大。

善用人才，这也是治国措施的重要方面。《道德经》第六十八章说："善用人者为之下。"意思是说善于重视人才的人对人很谦下、谦虚。而这种重视人才思想在黄帝身上也能看到。《史记·五帝本纪》载:"置左右大监,监于万国""举风后、力牧、常先、大鸿,以治民。"说明黄帝在统一天下过程中,特别注意发挥人才的作用。据传,黄帝统一天下后,组织了有政治、科技、军事等 200 人的团队,治理"国家"。古人云:"知人善用方能人尽其才。"黄帝在这方面为后世树立了典范。

道家思想也体现有黄帝的包容和合精神。《道德经》第二十七章有言:"圣人常善救人,故无弃人;常善救物,故无弃物……故善人者不善人之师;不善人者善人之资。""江海之所以能为百谷王者,以其善下之。"(《道德经》第六十六章)《庄子》也强调"百家众技皆为所长"。而黄帝所具有的这种"常善"品格,能融合不同地区、不同部落的文明,创造了炎黄文化;通过多次征战,联合炎帝、蚩尤部族,建立华夏联盟集团;能以虚怀若谷的气度,协和万邦,"咸尊黄帝为天子",统一中原,建立"有熊国"。正是这种"有容乃大"包容开放开创了炎黄时代的盛世气象。

庄子继承了老子"道"的思想,并对老子"道法自然"思想做了进一步的阐发,在此基础上,又提出人与自然和谐相处的理念。与老子相较,庄子对炎帝、黄帝多有言论。他在其著作《庄子》一书中,曾有七处说到炎帝,十三处说到黄帝,保留了炎帝、黄帝许多传说故事。如黄帝在崆峒山见广成子、具茨山见大隗等。庄子还在《至乐》篇中提出"黄帝之道""神农之言",在《山木》篇中提出"神农、黄帝之言",在《盗跖》篇中对黄帝做出了很高的评价:"世之所高,莫若黄帝。"而且《庄子》开创了黄老并称的先例。[①] 从这些言论可以看出,庄子是非常推崇和敬仰炎黄二帝的。依此可见,炎黄文化必然要影响到庄子的思想。比如,老子主张"小国寡民",社会回归到"原始"社会去,庄子也是一样,他在《盗跖》篇中说:"神农之世,卧则居居,起则于于,民知其母,不知其父,与麋鹿共处,耕而食,织而衣,无有相害之心,此至德之隆也。"这段话说明,庄子所羡慕的"小国寡民"的理想社会,无疑是受炎帝与炎帝时代的影响。他所主张的人与自然的和谐思想也是在吸收了炎黄"和合"文化而形成的。"与麋鹿共处"就是人与自然的一种和谐。

当然,庄子在对黄帝推崇的同时,也对黄帝提出了批判。庄子说:"昔者黄帝始以仁义撄人之心。"(《庄子·在宥》)是说黄帝以仁义来扰乱人心。又说:"黄帝尚不全德。"庄子是反对仁义礼法的,"绝仁弃义"(《道德经》第十九章),认为仁义礼法束缚

[①] 蒋海松:《黄帝叙事中的道家政治理念》,徐炳主编:《黄帝思想与先秦诸子百家》(第二卷上),社会科学文献出版社 2015 年版,第 179 页。

人们的自由,只有抛开仁德,丢弃义理,人们才能回到孝慈。所以,庄子在《盗跖》篇里对包括黄帝在内的尧、舜、禹、汤、文王、武王等作为儒家理想的代表加以批驳。相对道家无为而治,黄帝是以杀伐取天下的,"与蚩尤战于涿鹿之野,流血百里"。但是,正如有学者所说:"这并非真表明《庄子》对于黄帝的绝对否定或者全盘贬责,更多的是庄子追求绝对无为的寓言式的写作,黄帝只是他借来批判仁义的道具而已,更多的是借题发挥。正因为庄子看到了'世之所高,莫若黄帝',故而借黄帝批仁义会取得最大的轰动效应……这说明的不是黄帝真的有多么的残暴,而只是反证了黄帝的巨大影响。"①此说有一定的道理。

总之,关于炎黄文化与道家思想的关系,古今多有学者注意,并多认为追溯道家思想的渊源,炎黄文化无疑是其重要来源之一。清代学者宋翔凤在其《过庭录》中认为:"老子著书,以明黄帝自然之理。"道教中有一种说法,《老子》的思想本原于上古黄帝。② 并且认为:"为了抬高道家声望,把地位崇高的始祖黄帝请出来,排在老子之前,把《老子》言道德之意视为黄帝修德思想之继续,并称'黄老道德之术。'"③李笑岩说:在先秦诸子中,道家思想与黄帝之学的契合程度无疑是最高的,因为道家思想相对于其他学说而言,"推天道以明人事"的倾向最为明显。《老子》中有"人法地,地法天,天法道,道法自然"之语,体现了这一特点,"推天及人"的思想正是道家同黄帝之学的契合点。④ 今人学者认为《黄帝四经》的发现,至少可以证明老子"德""理"结合的"道"论结构是"黄帝之言"的最核心的内容。⑤

关于黄帝文化对道家文化影响和传播之途径,在学界还有不同认识:一种认为稷下学术是"百家言黄帝"的源头。这始于齐国田氏自称为黄帝后裔并利用稷下学者之说;一种认为黄帝与老子的关联还在于一个称为"天老"的人。相传天老为黄帝之臣,在战国时代是黄帝君臣传说中较为重要的一位。但对此人有争议,有说天老就是老子,但也有人认为是黄帝的大臣。而且,有学者指出,黄老之学中的老就是天老,因老子的名声显赫而使之被取代,于是黄老之老转指老子。⑥还有一种意见认为,"应与渊

---

①⑥ 蒋海松:《黄帝叙事中的道家政治理念》,徐炳主编:《黄帝思想与先秦诸子百家》(第二卷上),社会科学文献出版社2015年版,第181页,第177—178页。

②③ 参见赵宗诚:《道教尚黄老探源》,《宗教学研究》1985年第1期。

④ 李笑岩:《先秦黄帝之学的产生和流传》,《河北师范大学学报》2013年第1期。

⑤ 黄海涛:《新时代与黄帝文化》,《华夏源》2018年第2期(总第60期)。

源于黄帝的天道阴阳观有关",应从道家思想"与黄帝间的联系去追寻"。①

关于"黄老之学",目前学界还有不同认识,有学者通过对《史记》有关黄帝、老子记载的分歧,认为先秦以前并没有"黄老学"这一概念,黄老学应是汉代以后才产生的说法。② 一种认为,"黄老之学"是存在的,它既不同于"黄学",也不同于"道学",是道家学派中的一支。③ 其代表性著作有湖南长沙马王堆3号汉墓出土的《黄老帛书》《鹖冠子》以及《庄子》《管子》书中的有关篇章。认为形成于战国中后期而鼎盛于西汉初期。其兴起是与当时普遍存在的希冀社会安定心理,统治者执行的休养生息政策,以及因秦朝"焚书坑儒"而造成诸子屈从阴阳五行、神仙方术、明哲保身有关。但随着汉武帝"罢黜百家,独尊儒术"统治思想的确立,黄老学也渐渐失去昔日的风采而走入沉寂。笔者认为,黄老学不管是出现于汉代,还是开始于战国,都说明黄帝和黄帝文化对道家的影响和当时从知识阶层到统治阶层对黄帝的认同和崇敬,对进一步提高炎黄二帝的地位有着积极意义。

第四节　炎黄文化与法家思想

法家是先秦诸子学派中一支重要的学派。法家的思想核心是"法治"。其代表人物有尸子、管子、商鞅、申不害、慎到等。韩非是法家学派的集大成者。

韩非(？—前233)生活于战国末期,是韩国宗室贵族。著有《说难》《孤愤》《五蠹》等十余万言。经后世人编辑而成《韩非子》。后因李斯等人谗言,而被秦始皇系于狱,不久自杀而亡,年仅40余岁。

炎黄时代是中国原始社会一个重要的转型、变革时期。社会型态由母系氏族社会向父系氏族社会过渡,由野蛮时代向文明时代过渡,由渔猎、游牧经济向农业经济过渡。创造、创新、变革、转型是当时社会的主旋律。而作为这个时代的"称雄"者炎

---

① 葛志毅:《〈黄帝帛书〉与黄老之学考辩》,徐炳主编:《黄帝思想与先秦诸子百家》(第二卷上),社会科学文献出版社2015年版,第130页。

② 徐炳:《我们为什么要研究黄帝思想(代序)——关于黄帝思想研究的八大问题》,徐炳主编:《黄帝思想与先秦诸子百家》(第二卷上),社会科学文献出版社2015年版,第11页。

③ 崔永东:《〈黄帝书〉中的司法观念及其影响》,徐炳主编:《黄帝思想与先秦诸子百家》(第二卷下),社会科学文献出版社2015年版,第373页。

黄二帝是这一时代的推动者和引领者。而管子、商鞅、韩非等法家所处的春秋战国时期,也是中国历史上一个重要的转型、变革时期,社会形态由奴隶社会向封建社会过渡,社会处在大分裂、大动荡、大组合,百花齐放、百家争鸣的时代。社会也以变革、转型为主旋律。尤其是韩非所处的战国末期,又是一个变乱迭起的时代,周室衰亡,诸侯纷争,弱肉强食,唯利是图的强权政治成为社会的主导。礼崩乐坏的社会现实促成了处士横议的百家争鸣的局面,但无论是儒家的礼乐教化,墨家的兼爱非攻,还是道家的无为而治、返璞归真,都因为充溢着对强暴的鞭挞或不与当政者同流合作而不切合实际。而韩非清醒地认识到,只有法家思想才能顺应时代潮流。于是,他总结了自炎黄以来法家的理论和实践,批判地吸收了其他各家的思想,针对当时的世事人心,创立了集法家之大成的法学体系。韩非之所以推崇炎黄时代和炎黄二帝,并从其"言论"中寻找治国依据,其中一个重要原因,自己所处时代与炎黄时代以及所思所想极为相似不无关系。

为此,倪正茂研究认为,黄帝与老子都提出"无为"理念,但二者的内涵是不同的。老子是强调无为而不争的,帛书《老子》说:"圣人之道,为而不争。"反映了老子思想的消极色彩。而《黄帝四经》强调:"不争亦无以成功。"认为该争而不去争,那就是"逆天""顺天者昌,逆天者亡",反映出黄帝思想的积极进取精神。这种积极的"无为"思想在《黄帝四经》中处处可见,如"……故王者不以幸治国,治国固有前道:上知天时,下知地利,中知人事",等等。韩非也提倡"无为",但他的"无为'不是来源于老子,而是"直接来源于黄帝之无为"。韩非提出的"上操度量,以割其下""为人君者"要"数披其木""掘其根本"等等的"无为""无害""无事"恰恰与黄帝的积极"无事"相应、相合、相谐。所以,韩非子在治国理政上的"无为"观点,不能"归本于黄老",只能"归本于黄帝"。①

《黄帝四经·十大经》篇强调:"欲知得失,请必审明察刑(形)。"这同韩非所说的"审合刑名""循实名而定是非"是一个意思。这是战国时期名归于法的产物。《十大经》是主张法治的,认为要确立其统治,必须要讲"规矩",即法度。只有依据法度才能平定像蚩尤那样的叛乱者。以此而言,可见韩非与黄帝法治思想的源流关系。

《黄帝四经·姓争》篇中说:"刑晦而德明,刑阴而德阳,刑微而德彰。"这是说,

---

① 参见倪正茂:《试从〈扬权〉篇看韩非与黄帝的关系——兼论司马迁之"百家言黄帝"》,徐炳主编:《黄帝思想与先秦诸子百家》(第二卷上),社会科学文献出版社2015年版,第76—77页。

"刑"与"阴"对应,"德"与"阳"对应,它们通过一明一暗的方式发挥着政治功能。该篇还提出了"刑德相养"的观念,认为二者之间相互补充,缺一不可。如云:"天德皇皇,非刑不可;穆穆天刑,非德必倾。"① 韩非在其《韩非子》篇中也提出治国要"刑德"并用的观点。他说:"明主之所导制其臣者,二柄而已矣。二柄者,刑、德也。何为刑德?曰:杀戮之谓刑,庆赏之谓德。为人臣者畏诛罚而利庆赏,故人主自用其刑德,则群臣畏其威而归其利矣。"主张刑、德不可偏废。韩非的这种"刑德"思想与黄帝的"阴阳刑德伦",不仅思想相通,而且语言相同,都提到了"刑""德"的概念。

管子(?—645 年)是春秋时人。后世人有归他为道家,有归他为法家,也有说他是杂家。他谈论炎帝、黄帝是比较多的。他在其著作《管子·任法》篇中说:"黄帝之治天下也,其民不引而来,不推而往,不使而成,不禁而止。故黄帝之治也,置法而不变,使民安其法者也。"又说:"所谓仁义礼法,皆出于法,此先圣之所以一民者也。"管子以黄帝以法治理天下为事例,说明法制的重要性,同时说明法家是很重视对炎黄时代法制的研究,从中吸收治国之思想。

商鞅(约前 395—前 338)也是战国时期一位重要的法家代表人物。他在其著作《商君书》(亦称《商子》)中,曾有三处讲到炎帝和黄帝。他在《画策》中说:"神农之世,男耕而食,妇织而衣,刑政不用而治,甲兵不起而王。神农既没,以强胜弱,以众暴寡,故黄帝作为君臣上下之义,父子兄弟之礼,夫妇妃匹之合;内行刀锯,外用甲兵,故时变也。"商鞅对炎帝时代和黄帝时代的不同治理特征做了总结,因为"时异""时变"之缘故,而采取不同的治理方法。以此为事例,论证其"以战去战""以刑去刑"策略的合理性。而他又强调指出:"昔之能制天下者,必先制其民者也;能胜强敌者,必先胜其民者也。"而制服民众的根本措施,就是实行"法治"。可见商鞅从炎黄时代为其法治思想寻找理论根据,说明商鞅及法家思想与炎黄文化也有着源流关系。

第五节 炎黄文化与兵家思想

在先秦诸子学派中,除了上面所提到的四家学派以外,影响较大的还有兵家学派。追溯其思想来源,也无不受到炎黄文化尤其是黄帝文化的影响,也就是说先秦兵

---

① 参见崔永东:《〈黄帝书〉中的司法观念及其影响》,徐炳主编:《黄帝思想与先秦诸子百家》(第二卷下),社会科学文献出版社 2015 年版,第 377 页。

家学派从炎黄文化中吸收了思想营养。

兵家的代表人物有春秋时的孙武、司马穰苴,战国时的孙膑、吴起、尉缭、赵奢、白起,汉初张良、韩信等。今传世的兵家著作有《孙子兵法》《孙膑兵法》《吴子》《六韬》《尉缭子》等,而影响最大的是孙武和孙膑。孙武,名武,字长卿,生卒年不详,春秋末期齐国乐安(今山东惠民县)人。孙膑,生卒年不详,真名失传,约活动于公元前4世纪下半叶。据考证,孙膑是孙武之后世子孙。一般认为孙武是兵家学派的创始人。

追本溯源,不少学者认为,先秦兵家思想来源于黄帝。张少瑜说:虽然较成熟的兵学是春秋战国时才产生的,但人们对于军事问题的思考却是伴随着远古时期的战争而开始的。从远古的兵道到后世的兵学,在这一过程中,黄帝军事思想具有源头性的影响。经过几千年的传承与发展,最终才形成了先秦兵家诸子较为完整的古典兵学思想。

那么,黄帝所具有的军事思想是如何产生的?古史传说,在五六千年前的炎黄时代,在今河北涿鹿县一带曾发生过炎、黄"阪泉之战"和黄、蚩"涿鹿之战"(此次战争详情将在第十章第一节叙述,此不赘言)。而这两次战争,黄帝不仅是战争的参与者,而且是这两次战争的主导者。"三战""然后得其志",形成以黄帝族为核心的炎、黄、蚩部落联盟。又经过"五十二战而天下咸服""诸侯咸尊轩辕为天子……天下有不顺者,黄帝从而征之,平者去之。"(《史记·五帝本纪》)实践出真知。黄帝的军事思想是从"身经百战"的实践中逐步摸索、体会和总结出来的。所以,黄帝不仅通过战争实践,创立了最早的军事制度,"黄帝始作制度,得其中和,万世长存"(《白虎通义·卷一》)。以战争方式与炎帝、蚩尤部落建立起华夏联盟集团,即华夏族的前身,一统中原,而且,因战争的需要,发明了一系列最早的武器装备。汉代《越绝书·外传记宝剑》载:"至黄帝之时,以玉为兵。"黄帝"作剑"(《孙膑兵法·势备》),并"命挥作弓,夷牟作矢"(《世本》)。黄帝除发明兵器外,还造指南车、发明阵法等。

黄帝正是通过丰富的战争实践经验,逐渐形成自己的军事思想。而黄帝的军事思想主要体现在《黄帝四经》的《经法》两篇《国次》《君正》和《十六经》中的《兵容》《本伐》。该书反映的黄帝军事思想非常丰富,其主要内容分为战争论与战争术两大部分。前者是讲对战争现象的认识,后者是讲指导战争取得胜利的方法。[①] 当然,《黄帝四经》并不是黄帝一个人亲自所写,因黄帝时代文字还未出现。尽管此书形成

[①] 参见张少瑜:《从兵道到兵法——黄帝军事思想与先秦兵学的源流关系》,徐炳主编:《黄帝思想与先秦诸子百家》(第二卷下),社会科学文献出版社2015年版,第425页。

于战国中期,①但从反映的主体内容来看,无疑包含着口耳相传的黄帝所创造的思想,即军事思想。唐兰先生说:《十大经》主要是讲军事,用了很大篇幅来讲黄帝故事,故本书应为黄帝之言。②

根据张少瑜的研究,兵家对黄帝军事思想的继承主要反映在以下四个方面:

首先,是对"黄帝科学的思维方式"的继承。"黄帝的思维方法有两点:一是天地人的划分;一个是重道。兵家对此均继承下来。天地人的划分,是天地与人的划分,所以,人的活动要按照天地的固有秩序和规则来进行。"《黄帝四经·十六经·前道》说:"治国固有前道:上知天时,下知地利,中知人事。"黄帝以此引出战争胜负也离不开这三事。《孙子》在言兵五事中,不仅将天地列入其中,而且,将地形、"九地"、行军、火攻也作为天地的自然条件对用兵的影响而加以研究。说明兵家也遵循了黄帝提出的尊重自然规律这一思路。重道,就是重视探讨客观规律。《法经》说:"始于文而卒于武,天地之道也。……三时成功,一时刑杀,天地之道也。……一立一废,一生一杀,四时代正,终而复始,人事之争也。"但对于战争不仅要思考用兵规律,还要考虑内政、外交、人心、国力等。兵家继承了这一点,尤其是孙武、孙膑最为明显。《孙子兵法》中说:"用兵之妙,存乎一心。"重视对战争规律的探讨,这是中国兵学的鲜明特色。③

其次,是对"黄帝慎战和义战"的继承。黄帝的战争观,主张顺天应人,既反对滥战,"提正名以伐,得所欲而止"(《黄帝四经·称》),也反对无原则的不争不战,特别赞成义战。《黄帝四经·五正》说:"天下大争,时至矣,不能不争……作争者凶,不争亦不成功。"并在《姓争》篇进一步说:"作争者凶,不争亦毋(无)以成功。顺天者昌,逆天者亡。毋逆天道,则不失所守。"战争的胜负,取决于顺天道而不是逆天道。为此,该争必争,该止必止。这讲的就是"义战"。实际上是说,战争是否得民心,得民心者得天下。《孙子》《吴子》《司马法》不仅继承了黄帝这一思想,而且予以充分发挥,形成中国兵学知兵而不好战,兵民同心战必胜的传统。④

再次,对黄帝"论兵统筹内政与外事"的继承。黄帝在论兵上,不是就兵论兵,而

---

① 陈鼓应:《关于帛书〈黄帝四经〉成书年代等问题的研究》,《黄帝四经今注今译——马王堆汉墓出土帛书》,商务印书馆2007年版,第31页。
② 参见徐炳杰:《〈黄帝四经〉军事思想及其对中国兵学传统的影响》,徐炳主编:《黄帝思想与先秦诸子百家》(第二卷下),社会科学文献出版社2015年版,第457页。
③④ 参见张少瑜:《从兵道到兵法——黄帝军事思想与先秦兵学的源流关系》,徐炳主编:《黄帝思想与先秦诸子百家》(第二卷下),社会科学文献出版社2015年版,第444页。

是与内政、外事结合起来,对外用兵既先要团结内政,又要富国力、得民心,得到人民的理解和支持。比如《黄帝四经·君正》篇说:"无父之行,不得子之用;无母之德,不能尽民之力。父母之行备,则天地之德也。三者备,则事得矣。……号令阖(合)于民心,则民听令。兼爱无私,则民亲上。"此言是说爱民如子,才能得到民心。孙武、吴起等兵家继承了黄帝这一思想,"以正守国,以奇用兵,先计而后战"(《汉书·艺文志》)。注意黄帝这一军事思想的运用和发挥。①

第四,对黄帝"治兵要得心,用兵要灵活"的继承。黄帝治兵注意要得兵心,教兵亲兵,赏罚分明。用兵则是从道出发,讲究规律和特性,即在用兵时,注意重柔、重后、重智等。虽说黄帝这一思想没有实际战例,但可看出黄帝在此方面所显现的智慧和理性认识。后世兵家在继承黄帝这一思想的基础上,形成了中国兵家带兵重得心,用兵讲谋略的传统。②

此外,黄帝关于军队的组织和纪律,带兵之人要有智慧而不恃用强力的军事思想也被兵家所继承。

尽管黄帝的军事思想只是初步的,还没有完全从内政外交等思想中独立出来,"但毕竟这些思想已经触及人类军事活动的主要方向和基本内容,洞见到了这些活动的基本规律,具有无穷的生命力"③。它对后世出现的兵家思想产生影响是完全有可能的。

---

① 参见张少瑜:《从兵道到兵法——黄帝军事思想与先秦兵学的源流关系》,徐炳主编:《黄帝思想与先秦诸子百家》(第二卷下),社会科学文献出版社2015年版,第444页。

②③ 参见张少瑜:《从兵道到兵法——黄帝军事思想与先秦兵学的源流关系》,徐炳主编:《黄帝思想与先秦诸子百家》(第二卷下),社会科学文献出版社2015年版,第445页。

第十章　炎黄二帝与中华民族共同体之形成

中华民族是对在中国 960 万平方公里内长期居住、劳动和繁衍的各民族的总称。"中华民族作为一个自觉的民族实体，是近百年来中国和西方列强对抗中出现的，但作为一个自在的民族实体则是几千年的历史过程所形成的。"①汉族是中华民族的主体民族，汉族的前身是华夏族，但汉族的来源不仅仅是华夏族，而是以华夏族为主要成分的多个古老民族即华夏、东夷、北狄、西戎、南蛮等相互融合的结果。正如梁启超所指出的："华夏民族，非一族所成。太古以来，诸族错居，接触交通，各去小异而求大同，渐化合以成一族之形，后世所谓诸夏是也。"②可以说："无论是从血统上来说，从文化传统上来说，华夏都是蛮夷戎狄共同创造的。"③而炎黄与炎黄族（华夏集团）作为华夏族的"共祖"和核心族，在华夏民族共同体的孕育、起源、形成过程中，发挥了极其重要的作用。

第一节　炎黄二帝与华夏族

所谓华夏族，在我国古代文献中，是指居住在中原地区的民族。徐旭生说："我国人民有一部分从古代起，就自称诸夏，又自称华夏，又或单称夏或华，到春秋战国以后，华夏就成为我们种族的名称。"④而对于"华""夏""华夏"或"诸夏""诸华"的含义，至今还有不尽相同的解释。《说文解字》说："夏，中国之人也。"这里的"夏"应是族名，"中国"是地名，即中原地区。《尚书·正义》卷一："华夏谓中国也"，《左传·襄

---

① 费孝通等：《中华民族的多元一体格局》，中央民族学院出版社 1989 年版，第 1 页。
② 梁启超：《中国历史上民族之研究》，转引自《中华民族凝聚力的形成和发展》，民族出版社，2000 年版，第 143 页。
③ 张正明：《先秦的民族结构、民族关系和名字思考》，《民族研究》1983 年第 5 期。
④ 徐旭生：《中国古史的传说时代》，广西师范大学出版社 2001 年版，第 43 页。

公四年》:"诸华必叛",杜注:"诸华,中国。"又闵公元年孔疏:"华、夏,皆谓中国也。"也指的是中原地区。汉孔安国《尚书注疏》卷十一对"华""夏"的解释:"冕服采章曰华,大国曰夏。"这是后人所基本认可的。今人有从地域文化的角度进行解释:"'华'或指华山,即陕西关中地区的华岳,或说华山就是嵩山;'夏'或说因夏水而得名,或说夏就是夏族的夏。作为地域概念,华夏指中原地区;作为民族概念,华夏指居住在中原地区的人民。"①

"华夏"一词虽然最早出现于我国第一部官方史书周武王时的《尚书·武成》:"华夏蛮貊,罔不率俾。"《左传》也较早地使用了"华夏"一词,《襄公·二十六年》:"楚失华夏,则析公之为也。"但这里所使用的"华夏"则指中原地区或中原国家。与此同时,在《尚书》中也首次出现了成书于周成王时的《梓材》篇,其中"皇天既付中国民越厥疆土于先王"一句,就有"中国"一词。另外,铸造于周成王五年(一说约1020年)的青铜器"何尊"也出现了"中国"二字,即"宅兹中国"。这里的中国均指"国之中""天下之中"之意。与"华夏"有相通的一面,都指代中原地区,也就是指代国家。

我们说,尽管"华夏"作为族称之名是在春秋战国以后,但作为一个自在的族体,却在炎黄时代或以前就已存在了。随着历史的发展,华夏族由小到大,一步步走向一统天下。《汉书·地理志上》说:

> 昔者黄帝,作舟车以济不通,旁行天下,方制万里,画野分州,得百里之国万区。是故《易》称"先王(以)建万国,亲诸侯",《书》云:"协和万国",此之谓也。尧遭洪水,襄山襄陵,天下分绝,为十二州,使禹治之。水土既平,更制九州,列五服,任土作贡。……殷因于夏,亡所变改。周既克殷,监于二代而损益之,定官分职,改禹徐、梁二州合之于雍、青,分冀州之地以为幽、并。故《周官》有职方氏,掌天下之地,辩九州之国。……周爵五等,而土三等……周室既衰,礼乐征伐自诸侯出,转相吞灭,数百年间,列国耗尽。至春秋时,尚有数十国,五伯迭起,总其盟会。陵夷至于战国,天下分而为七,合纵连横,经数十年。秦遂并兼四海。

这段话从历史的角度总结了华夏族从黄帝(实际上还包括炎帝、蚩尤等族)经尧、舜、禹到商、周再到春秋战国至秦统一各族的融合过程,反映了中华民族(华夏族)共

---

① 陕西省地方志编纂委员会(何炳武、刘宝才主编):《陕西省志·黄帝陵志》,陕西人民出版社2005年版,第47页。

同体形成的历史进程和特点,即由"一元多支"到"多元一体"①的历史实际。而这个"一元"则为黄帝(亦包括炎帝),也就是炎黄(华夏)集团。司马迁在《史记·五帝本纪》中,从种族的角度认为,华夏族始于"五帝"。而"五帝"之首则又始于黄帝。黄帝是华夏族即中华民族的始祖。尽管司马迁的这个"一元"论,古今以来遭到一些人的质疑,甚至被否定,但其确立了炎黄华夏是中华民族(华夏族)共同体的"凝聚核心"这一点却是毋庸置疑的。

一、华夏集团

徐旭生在其《中国古史的传说时代》一书中,将中国原始社会晚期的族群划为三大集团,即华夏、东夷和苗蛮。他说,华夏集团是"三集团中最重要的集团,所以此后他成了我们中国全族的代表,把其他的两集团几乎全掩蔽下去。此部族中又分两个大亚族:一个叫作黄帝,一个叫作炎帝"②。炎帝和黄帝就成为华夏集团的代表性人物,即华夏集团的凝聚核心,并说这"华夏、夷、蛮三族实为秦汉间所称的中国人的三个来源"③。所以我们说,从华夏(炎黄)集团到华夏联盟集团,又通过融合东夷、苗蛮、西戎、北狄各族团,再到华夏族,直至今天由56个民族组成的中华民族,其间虽经历了五六千年或更长的时间,但始终"以炎黄华夏为凝聚核心"。正如习近平总书记2019年9月在全国民族团结进步表彰大会上的讲话中所指出的:"我们悠久的历史是各民族共同书写的。早在先秦时期,我国就逐渐形成了以炎黄华夏为凝聚核心、'五方之民'共天下的交融局面。"④因而,华夏集团(炎黄集团)就成为华夏族/汉民族即我们今天中华民族起源的根、形成的源、发展的魂。

根据古代文献和相应的考古学资料,我们说华夏族的起源、形成大致经过了四个阶段:从"黄帝以姬水成,炎帝以姜水成"的华夏集团(炎黄集团),到涿鹿、阪泉之战的华夏联盟集团为孕育期;从涿鹿、阪泉之战到尧舜禹时期为华夏族的雏形期;从夏商西周到春秋战国时期为华夏族的定型期;从秦始皇统一六国后的秦汉及其以后为华夏族/汉族即中华民族的发展期。在此期间,炎帝和黄帝就成为华夏集团的代表性

---

① 石兴邦:《羌文化与凤县·序》,陕西人民出版社2011年版,第2页。
②③ 徐旭生:《中国古史的传说时代》,广西师范大学出版社2002年版,第45页,第43页。
④ 习近平:《在全国民族团结进步表彰大会上的讲话》,《光明日报》2019年9月28日第2版。

人物,即华夏集团的凝聚核心。所以我们说,从华夏(炎黄)集团到华夏联盟集团,又通过融合东夷、苗蛮、西戎、北狄各族团,再到华夏族,直至今天由56个民族组成的中华民族,其间虽经历了五六千年或更长的时间,但始终"以炎黄华夏为凝聚核心"。

在这四个阶段中,华夏集团(炎黄集团)作为华夏族共同体形成的核心,为华夏族的起源和形成作出了重要贡献。主要表现在四个方面:华夏集团(炎黄集团)开辟了华夏族以中原为中心的共同的生存地域,创造了华夏族以粟作农业和稻作农业为主的共同的经济生活,构建了华夏族以祖先崇拜为特征的共同的心理情感,建立了华夏族以姜、姬二族互通婚姻的血缘关系。

(一)共同生存地域的形成

首先,炎帝与黄帝一道为华夏族开辟了"姜水""姬水"流域的生存地域。这也是姜姓部落和姬姓部落的始居地(见第一章)。

其次,炎帝族、黄帝族或随着人口的增加、或气候变化等原因,除部分族民仍留居原地——渭河支流的姜水、姬水流域外,其部分族民则陆续向豫、晋、冀、鲁、鄂、湘、甘等一带迁徙,为华夏族开辟了以中原为中心的黄河中下游和以江汉为中心的长江中下游两大生存地(见第六章)。

再次,炎、黄、蚩之战,使炎黄二族的生存地域扩展至华北平原(下文详述)。

第四,华夏族(早期)与苗蛮族的融合,又使华夏族(早期)领地推进到江汉地区(下文详述)。

(二)共同经济生活的形成

世界上两位研究栽培作物起源的先驱者法国的德康多尔和苏联的瓦维洛夫,都认为中国北方是粟和黍的起源地,何炳棣更系统地论证了中原是粟、黍等旱地作物起源的核心地区。[①] 黄河中下游地区大量的考古发现也提供了这方面的实证。传说,炎帝发明了农耕文化,培育出粟、黍之类的作物,黄帝在炎帝发明粟作农业的基础上,又做了进一步地推进和发展,"艺五种""播百谷",诞生了粟、黍、稷、稻、麦等多种农作物品种。炎黄二帝的生活时代是在新石器时代的中晚期,其活动地区主要在以中原(关中、豫西、晋南)为核心的黄河流域,从时间、空间上正好相互印证。随着华夏族势

---

① 何炳棣:《黄土与中国农业的起源》,中华书局2017年版,第113—124页。

力的日益强大,其文化的进一步传播和影响,"公元前三千纪中华大地的古文化面貌同一性逐渐加强"①。这种"同一性"反映在农业和自然生态上,黄河流域"基本上都是粟作农业区,生态属于干旱或半干旱的森林草原环境。只有汉江北部和淮(河)黄(河)接壤地区为粟稻杂交种区,属湿热的森林草原带"②。与此同时,长江中下游,湖南道县玉蟾岩、浙江浦江上山和义乌桥头等遗址也诞生了稻作农业。距今9000年后传播到淮河流域和黄河下游地区,距今6000年后向华南、台湾甚至更远的地方扩散。而这个时期也正好处于炎黄时代,初步形成了"南稻北粟"的两大农业体系,此时的黄河流域和长江流域已经形成为以农业为主体的经济体系

(三)共同心理崇拜的形成

人类学、考古学研究表明:人类的"崇拜"心理大约产生于"原始社会的旧石器时代中期和晚期"③。而随着氏族社会的发展,在经历了图腾崇拜、女始祖即女性祖先崇拜后,到了新石器时代的中晚期,又出现了男性祖先的崇拜。这个时期,在我国正是古史传说中的炎黄时代。

上文第七、八两章说到炎帝有着多方面的业绩:刀耕火种、培育粟谷、制造耒耜、日中为市、制作衣裳、发明医药、削桐为琴、建造房屋、符号记事等。而在古史传说中,黄帝的发明和创造比炎帝还要多,几乎涉及衣食住行等社会生活的各个方面。因为他们"有功列于民"(《国语·鲁语》),是当时的英雄,所以不仅受到当时华夏族民的拥戴、崇敬,而且受祭于后世。如《国语·鲁语》说到有虞氏和夏后氏均"禘黄帝而祖颛顼",自认为是"黄、炎之后"。是说作为虞、夏后裔的杞人、鄫人、陈人都自认为炎帝、黄帝之后,相沿祭祀炎帝、黄帝。战国以后,对炎帝、黄帝的祭祀突破了血缘关系而成为多民族的"始祖"。如秦人自认为是少昊之后,春秋初作西畤,祭白帝少昊。到战国初,随着国土扩大,秦国所辖已包括了整个炎帝、黄帝的发祥地,于是秦灵公三年(前422)"作吴阳上畤,祭黄帝;作下畤,祭炎帝"(《史记·封禅书》)。以后汉高祖刘邦起兵反秦时,曾"祠黄帝,祭蚩尤于沛庭"。汉武帝时,始祭黄帝冢。东汉时期恢复

---

① 罗琨:《论阪泉之战和涿鹿之战》,《炎黄春秋》增刊《炎黄文化研究》1999年(总)第6期。

② 王震中:《从仰韶文化与大溪文化的交流看黄帝与嫘祖的传说》,《炎黄春秋》增刊《炎黄文化研究》1995年(总)第2期。

③ 吕大吉主编:《宗教学通论》,中国社会科学出版社1989年版,第361—372页。

三代于南郊祭天,并以太昊、炎帝、黄帝、少昊、颛顼等五帝配食之制,相沿至元代;唐代于京都立三皇(伏羲、炎帝、黄帝)五帝(少昊、颛顼、帝喾、帝尧、帝舜)庙,后至明清演变为历代帝王庙,对炎黄二帝的祭祀列入国家祀典。除此,对其"有功列于民"的后裔如柱、弃、共工、颛顼、唐尧、虞舜、大禹、祝融等也都受到人们的祭祀和崇拜。不仅如此,甚至对炎帝还加以神化。传说炎帝"人身牛首",为"太阳"神(《白虎通义·五行》),民间还将炎帝传说为"火神""农业之神""医药之神"等。对黄帝更是推崇备至,确立为中华民族的"人文初祖"。

由炎帝与黄帝建构的以英雄祖先为对象的心理崇拜,在华夏族、汉民族乃至中华民族的形成和发展过程中,发挥了极其重要的凝聚作用。"炎黄子孙"一语的演变和广泛使用就反映了这一事实。据《国语·周语下》载太子晋言:"夫亡者岂系无宠?皆黄、炎之后也。"班固《汉书·魏豹田儋韩王信》云:"赞曰:周室既坏,至春秋末,诸侯殆尽,而炎黄唐虞之苗裔,尚犹颇有存者。""黄、炎之后""炎黄苗裔",虽尚未形成一个独立词,但这一用语,已是"炎黄子孙"的雏形语。① 现在"炎黄子孙"已成为每一个中华儿女的自称用语,并以此而感到自豪,其中就蕴含着"英雄祖先"崇拜的心理情感。

这种共有的心理崇拜,不仅反映在自称是"炎黄子孙"上,同时还反映在以龙为图腾,自称为"龙的传人"。何星亮说:"龙原是一种图腾,但它与其他图腾有区别。它最初可能是一个部落的图腾,后来演变为超图腾、越民族的神,成为中华民族共同敬奉的、延续时间最长的图腾神。"②即如有学者所说的龙是中华民族的"广义图腾"③。如将炎帝说成是女登"感龙首"(《帝王世纪》)而孕,说炎帝是"人面而龙颜"(《春秋元命苞》);黄帝是附宝"见大电绕北斗枢星,感而怀孕"(《史记·五帝本纪》),"大电绕"就具有蛇的形象,蛇即龙的基本形体。《史记·孝武本纪》说:黄帝"鼎既成,有龙垂胡髯下迎黄帝。黄帝上骑……龙乃上去"。显然,在这里"龙"已成为炎帝、黄帝的化身和象征,成为氏族、部落、华夏族及中华民族共同崇拜的图腾对象。河南濮阳西水坡遗址发现的蚌壳摆塑的"龙""虎"形象,辽宁阜新查海遗址发现的"石龙",就说明中华民族很早就已产生了龙的崇拜心理。

---

① 参见霍彦儒:《"炎黄子孙"的历史演变及其意义》,霍彦儒:《孺子文集》(上),三秦出版社2007年版,第161—170页。
② 何星亮:《中国图腾文化》,中国社会科学出版社1992年版,第356页。
③ 庞进:《中国龙文化》,重庆出版社2007年版,第297页。

(四)共同血缘基因的形成

古史传说黄帝是炎帝之兄长(《新书·益壤》)。又传说炎帝和黄帝是同父(少典)同母(有蟜氏)兄弟,各拥有天下一半(《新书·制不定》)。另有古史传说炎帝、黄帝为同父异母,黄帝母为附宝(符宝、符葆、昊枢、吴枢),炎帝母为女登(安登、妊姒)(《帝王世纪》)。附宝和女登都是有蟜氏的女儿氏族。还有说炎帝与黄帝是同母异父或既不同父,又不同母等。① 这些说法,孰对孰错,暂且不论。但在这多种说法里,大都肯定了一个事实:炎黄二帝具有四五千年的亲缘关系。有学者从图腾学及原始社会婚姻形式和演变角度考察后认为:炎帝是牛氏男子和蛇(有蟜)氏女子妊姒婚配所生,黄帝生母附宝也为蛇(有蟜)氏,故炎帝母、黄帝母均为蛇氏,有血缘关系。② 还有学者从人类学角度考证后认为:吴权为炎帝之臣,"系羌族",与炎帝同族。"吴权之裔吴妪(枢)生黄帝,另分为姬姓""居姬水而得姓"。吴妪即附宝。③ 可见,炎帝、黄帝确为"兄弟"。当然,这里所说的"兄弟",不是我们今天意义上所说的兄弟,而是说他们二人同出于少典氏、有蟜氏,为"双胞族"。④ 因为炎黄为互通婚姻的双胞族,所以,古人说成"兄弟"是有道理的。姬姜二族的通婚关系,从炎黄时代开始,一直延续到两周之际,繁衍出数千个支族。《帝王世纪》说,帝喾高辛氏为姬姓。又说,帝喾有四位妻子,其子拥有天下。首位妻子是有邰氏的女儿,名叫姜嫄,生下后稷。有邰氏是炎帝的后裔族,封为姜姓,而姜姓炎帝是周人始祖弃(后稷)的"外家国"(《说文解字》)即舅家。弃为姬、姜两族(姓)通婚所生。周太王"爰及姜女"为妃叫太姜,生王季,王季生文王,文王元妃叫周姜,武王的元妃叫邑姜,是姜太公之女,生成王及唐叔虞。可见周建国以前和以后,姬姓贵族和姜姓贵族世为婚姻。"他们联姻的目的,是因为要加强炎黄同源的关系""团结一致,共同对付商朝等东夷族的压迫"⑤。姬、姜二族这种频繁的通婚,一直延续至春秋战国之际。除了周王多娶姜姓女子为妻之外,

---

① 参见王献唐:《炎黄氏族文化考》,齐鲁书社1985年版,第4—5页。
② 屠武周:《神农、炎帝和黄帝的纠葛》,《南京大学学报》(哲学社会科学版)1984年第4期。
③ 何光岳:《先吴的来源和迁徙》,《宝鸡文理学院学报》(哲学社会科学版)1995年第4期。
④ 霍彦儒:《姬姜二族的"三缘"关系》,《寻根》1997年第1期。
⑤ 何光岳:《炎黄源流史》,江西教育出版社1992年版,第913—914页。

其他姬姓诸侯国也有，如卫国有庄姜、敬姜、夷姜、宣姜、定姜，鲁国有文姜、声姜、哀姜、穆姜，晋国有姜氏（穆公夫人）、齐姜，郑国有武姜（申侯之女）、齐姜，芮国有芮姜等。另外，姜姓国也有娶姬姓者，齐国有季姬、王姬、蔡姬、卫姬、孟姬、虞姬、东郭姬等。①

从炎黄时代起，炎黄二帝开创建立的姬、姜二族的通婚、联合（其内部也有斗争，但这不是主要的）关系，促进他们到周代时已牢固地融为一体，共同灭掉强大的商王朝，奠定了炎黄姜姬为首的华夏族的主体，为发展成为世界人口最多的汉民族打下了牢固的基础。从华夏族吸收和融合周边各民族到形成汉民族及中华民族的数千年中，华夏/汉民族为何能绵延不断、长盛不衰，且像滚雪球一样越滚越大，不管遇到什么情况都不分裂，这与从炎黄二帝起所建立的姜、姬二族的婚姻关系不无关系。所以从某种意义上说"炎黄子孙"一语也就反映了这种源远流长的"血脉"关系的形成。也就是说，正是"这种以血缘为纽带的关系，发挥着巨大的维系中华文明的作用"②。尽管如《礼记·祭法》所说，当时的虞夏商周各部族的祖先不同，所崇拜、祭祀的对象不同，但是，这种本来隐含着文化传承断裂或分裂的危险状况，却"所幸这个危险由炎帝和黄帝消解了"③。

总之，从以炎帝、黄帝为首的华夏集团到融合东夷、苗蛮族，形成强大的华夏族，再到秦汉一统，汉民族的确立，其间历经了五六千年之久。而炎黄二帝作为华夏族、汉民族的缔造者，在其生存地域、经济生活、心理崇拜、亲缘关系等方面作出了开创性的贡献。因而，"尽管民族学和历史学已经证明华夏族并非单一祖先"④，但是后人却一直把炎黄二帝作为汉民族乃至中华民族始兴和统一的象征，作为共同的祖先加以供奉。正因为如此，几千年来，"尽管各民族之间或民族内部，产生过种种矛盾、冲突，以至于战争，也曾造成国家的分裂和地区之间政权的对立"，但"统一的时间长于分裂，而且越到后来，统一时间越长，统一的局面越巩固"⑤。这种巨大的凝聚力和牢固的稳定性，不能不说是与炎黄二帝缔造的华夏族为汉民族乃至中华民族之核心主体

---

① 何光岳：《炎黄源流史》，江西教育出版社1992年版，第915页。
②③ 严文明主编：《中华文明史总绪论》（第一卷），北京大学出版社2006年版，第3页。
④⑤ 萧克：《弘扬中华民族优秀文化，促进社会主义精神文明》，《光明日报》1991年5月11日第2版。

族有着密切的关系。民族肤纹学①的有关资料和研究成果也证明了这一点。历时30年、联合国内上百家研究单位、由张海国等千余名研究者共同参与的肤纹研究,应用肤纹聚类分析统计法,将中华56个民族梳理成南方和北方两大民族群,找到了民族肤纹的标志性群体,明确了民族主支和支系的关系等。在样本分析中他们发现,华夏民族的古老遗传密码在我们现代人肤纹上依然有着鲜明的印记。通过分析和比对发现,汉族的肤纹特征表现出很强的民族杂合性,是华夏民族集合的后代。换句话说,数千年来,汉族是在与各少数民族的融合中繁衍生息,而少数民族也在繁衍中与汉族进一步地融合和发展。所以,反映在人种族系上都是"东方蒙古人种,为同一人种系属"②。由此证明中华民族是多元的,又是一体的——中华各民族自古以来就是一家人!③

二、肇启华夏族

我们说,华夏族的形成,是经过了一个漫长的历史发展过程。在这漫长的历史形成过程中,根据古史传说,华夏、东夷、苗蛮三大集团"始而相争,继而相亲",在"相争相亲,参互错综,而归结完全同化"④。而在三大集团同化、融合的过程中,首先是炎帝、黄帝、蚩尤经过"阪泉之战"和"涿鹿之战",使炎、黄、蚩三大部族结成新的联盟集团,即华夏联盟集团。关于"阪泉之战"和"涿鹿之战"分别在《逸周书》和《史记》等古史中有记载。

首先是炎帝族与蚩尤族(东夷族)之间的战争。这里先对蚩尤作一交代。所谓蚩尤,与炎帝、黄帝一样也有多种说法。《说文》云:"蚩,虫也。"《广雅·释诂三》曰:"蚩,乱也。"《方言》卷十一云:"蚩,悖也。"蚩尤与炎黄二帝大概生活于同一时代,是新石器时代晚期传说性历史人物,中华民族的始祖之一。苗族人至今将蚩尤奉为祖

---

① 民族肤纹学是以民族群体为对象、以认定族群渊源关系为目标的基础研究科目。肤纹是古老民族的标志和印记,通过研究,可追踪民族的起源及其迁徙路线。肤纹在个人是各不相同、终身稳定,在民族群体间是有很大差异。同一民族群体的肤纹相对稳定。肤纹可以作为甄别、寻根和溯源的遗传标记物,对人类学、民族学、遗传学和医学的研究有着重要的意义。

② 王震中:《从仰韶文化与大溪文化的交流看黄帝与嫘祖的传说》,《炎黄春秋》增刊《炎黄文化研究》1995年(总)第2期。

③ 参见《56个民族肤纹特征表明中华民族自古是一家》,见上海交通大学新闻网。

④ 徐旭生:《中国古史的传说时代》,广西师范大学出版社2001年版,第45页。

先加以崇拜、祭祀。关于蚩尤的族属历来也有不同说法。有说他是东夷族的。《逸周书·尝麦解》说："蚩尤宇于少昊。"徐旭生据此认为蚩尤为东夷族。① 有说蚩尤是炎帝族的。《路史·蚩尤传》云："蚩尤，姜姓，炎帝之裔也""兴封禅，号炎帝"。有说蚩尤是黄帝族的。清华简《五纪》说："黄帝有子曰蚩尤，蚩尤既长成人，乃作五兵，五兵既成……将以征黄帝。"虽这种说法出自地下竹简，但再无其他作证，还不能成证据。正如有学者所说："虽言'黄帝有子曰蚩尤'，但不代表他们是真正的父子关系。"而"相当于说黄帝有子爵诸侯名蚩尤"②，此解释尚通。还有说蚩尤为三苗（也称苗蛮）之祖。《吕氏春秋·荡兵》云："高诱注：'蚩尤，少皞氏之末，九黎之君名也。'"《战国策·秦一》高诱注："蚩尤，九黎氏之君。"《史记·五帝本纪·正义》引孔安国曰："九黎君，号蚩尤是也。"九黎可能为多个氏族所组成的一个强大的部落或部族，蚩尤就是这个强大的九黎部族的首领。《国语·楚语下》韦昭注："三苗，九黎之后也。"既如此，自然蚩尤就为三苗之祖了，其族属于苗蛮族。但对此说法，有学者提出质疑，认为此说"没有可靠的证据"。认为此说可能基于涿鹿之战后，蚩尤失败，有部分族民由中原南迁至当时边远的江汉地区，与当地土著三苗族融合，自然蚩尤也就成为融合后新的三苗族的祖先之一。于是，"蚩尤也由古三苗文化意义上的祖先变成了后天苗族实质上的祖先"③。蚩尤的起源、活动和墓地，也颇为复杂，先后有山西、山东、河北等地，所以说"宇于少昊，以临四方"。具体来说，如《路史·蚩尤传》云："蚩尤产乱，出羊水，登九淖，以伐空桑。"注曰：羊水是指"上党羊头山水"。山西不仅有与蚩尤关系密切的羊水，还遗留有多处蚩尤城，如《太平寰宇记·河东道上·蒲州》："蚩尤城在县南十八里。"《大清一统志·宣化府》云："蚩尤城在保安州东南。"《山西通志·古迹四》云："安邑县蚩尤城，盐池东南二里。"据以上记载，有说蚩尤起源、活动于山西今高平、运城一带。但此说鲜有支持者。蚩尤与山东的关系，传说山东有蚩尤墓冢。《太平寰宇记·河东道七》载："按《皇览冢墓》曰：蚩尤冢在东平郡寿张县，坟高七丈。常十月祀之，冢上有赤气，如一疋红练，人谓之蚩尤旗。其肩髀冢在山阳郡巨野县，与身异处，故别葬之。"在早先的《元和郡县志》中也有记载。涿鹿之战后，蚩尤被杀，身首异处，所以蚩尤有两处葬地，均在山东，一处在寿张县，今兖州境内；一处在今巨野县境内。蚩尤与河北的关系，反映在蚩尤与黄帝的涿鹿之战（参见下文）上，因而，传

---

①③ 金荣权：《蚩尤、三苗与苗族的关系》，《信阳师范学院学报》（哲学社会科学版）2020年第5期。

② 李玲玲、杜勇：《蚩尤非黄帝子息》，《光明日报》2022年5月7日第11版。

说今涿鹿矾山镇留有蚩尤城、蚩尤泉等遗迹。蚩尤对中华文明的贡献,主要反映在军事活动方面,所以被誉为中国上古时期一位赫赫有名的"战神""兵主"。在古文献中,多处记载蚩尤氏是最早使用金属制造兵器的人。《管子·地数》云:"葛卢之山发而出水,金从之,蚩尤受而制之,以为剑铠矛戟。是岁相兼者诸侯九。雍狐之山发而出水,金从之,蚩尤受而制之,以为雍狐之戟芮戈。是岁相兼者诸侯十二。故天下之君顿戟一怒,伏尸满野,此见戈之本也。"其意是说,葛卢山发生山洪,金属矿石随之泄露出来,蚩尤就接管并控制了这一地区,开发矿石制造出剑、铠、矛、戟。同年便兼并了九个诸侯国。雍狐山暴发山洪,金属矿石随之而显露,又被蚩尤接管控制,利用矿藏造出雍狐之戟和芮地之戈。同年又兼并诸侯十二个。因此,天下之君顿戟一怒,奋然抗击,致使伏尸遍野。由此可见,擅取矿藏是这次血战的根源。《吕氏春秋·荡兵》云:"人曰'蚩尤作兵',蚩尤非作兵也,利其械矣。未有蚩尤之时,民固剥林木以战矣,胜者为长。"《事物纪原》卷九云:"[五兵]兵者:戈戟矛剑之总名也。《太白阴经》曰:神农以石为兵,黄帝以玉为兵,蚩尤乃铄金为兵,割革为甲,始制五兵。《吕氏春秋》曰:蚩尤作五兵:戈、殳、戟、酋矛、夷矛也。《世本》曰:蚩尤以金作兵器。然则盖始于炎帝,而铸金为刃,即自蚩尤始矣。"《史记·五帝本纪·正义》引《龙鱼河图》云:"黄帝摄政,有蚩尤兄弟八十一人,并兽身人语,铜头铁额,食沙石子,造立兵仗刀戟大弩,威振天下。"正因为蚩尤善于以金造兵器,被刘邦视为与黄帝一样的祭祀对象。《史记·高祖本纪》云:沛公"祠黄帝,祭蚩尤于沛庭,而衅鼓旗,帜皆赤。"《集解》引应劭曰:"《左传》曰:黄帝战于阪泉,以定天下。蚩尤好五兵,故祠祭之求福祥也。"但在历史上,对蚩尤评价更多的是微词和不雅。将其描述成一位十恶不赦的"愚人""乱臣""暴君"等。《尚书·吕刑》云:"蚩尤惟始作乱,延及于平民。罔不寇贼,鸱义奸宄,夺攘矫虔。"《史记·五帝本纪》曰:"蚩尤作乱,不用帝命。"《正义》引《龙鱼河图》云:蚩尤"诛杀无道,不慈仁"。《路史》卷十三云:蚩尤"顿戟一怒并吞无亲,九隅无遗,文无所立,志士寒心"。无论是正史还是野说,大都将蚩尤视作反面人物加以鞭笞。这种现象,可能与中国传统观念中"胜者王,败者贼"不无关系。

据《逸周书·尝麦解》载,炎帝与蚩尤因争夺领导权而在涿鹿(今河北省涿鹿县境内)发生战争。因蚩尤部族强大,兵器先进,炎帝"大慑",难以抵挡,"乃说于黄帝"。炎黄二族联合,"执蚩尤杀之于中冀",即在今河北涿鹿一带执杀蚩尤,"以甲兵释怒"(《史记·五帝本纪》),用战争解决了这场因争夺领导权而发生的纷争。但是,在《史记·五帝本纪》中未有此次战争的记载,只记载了炎帝与黄帝、黄帝(实为炎黄联盟)与蚩尤的两次战争。

第一次是炎帝(传说为第八代炎帝"榆罔")族与黄帝族之间的战争。传说炎帝欲侵犯凌辱诸侯,四方诸侯都归附于黄帝。于是,黄帝修治德政,整肃军旅,顺应四时五方的自然气象,种植黍、稷、菽、麦、稻等农作物,抚慰千千万万的民众,丈量四方土地使他们安居,教导以熊、罴、貔、貅、貙、虎为图腾的氏族部落习武练兵。在做好各方面战前准备后,与炎帝在阪泉郊野展开了大战。"阪泉"在什么地方?宋人沈括《梦溪笔谈》认为在今山西运城盐池附近,而今人研究大都认为在今河北涿鹿东南。战争的原因是炎帝"暴虐百姓""侵凌诸侯"(《史记·五帝本纪》),"黄帝行道而炎帝不听,故战涿鹿(阪泉——作者注)之野,血流漂杵"(《新书·制不定》)。从司马迁和贾谊的描述来看,这场战争规模庞大,黄帝联合了多个部落,"以雕、鹗、鹰、隼为旗帜",战于阪泉,经双方多次交战后,黄帝才战胜了炎帝。古籍中虽没有对炎帝投入"兵力"的具体交代,但从战争时间之长、规模之大、战斗之激烈可以看出,炎帝当时的势力也是非常强大的。这场战争使"黄帝、炎帝两个部落结盟,连同分别属于他们的附属部落,形成了一种超越亲属联盟的新型联合体的雏形,确立了黄帝的领导地位"①。

第二次是黄帝与蚩尤之间的战争。虽说在黄蚩之间发生,实际上是以炎黄为首领的华夏集团与以蚩尤为首领的东夷集团之间的战争。因"蚩尤作乱,不用帝命",于是黄帝就又向四方诸侯征集军队,与蚩尤在涿鹿②郊野进行战斗,遂擒获并杀了蚩尤。在征集的诸侯军队里,就有炎帝部族的族民。其实,据《史记·五帝本纪》等文献记载,黄帝与蚩尤的战争也进行了多次。在此战之前,黄帝就经常动用军事力量,联合诸侯征讨蚩尤,但因蚩尤率领 81 人(氏族),个个兽身人语,铜头铁额,食沙石子,造立兵仗刀戟大弩,彪勇强悍,威震天下(《古今事物考》卷六引《吕氏春秋》),所以,"九战九不胜"(《太平御览》卷十五引《黄帝元女战法》),没有谁能够征服他。但天下万民都要让黄帝代天行道,而黄帝因施行仁义不能禁止蚩尤暴行,便仰天长叹。于是,上

---

① 罗琨:《论阪泉之战和涿鹿之战》,《炎黄春秋》增刊《炎黄文化研究》1999 年(总)第 6 期。

② 关于"涿鹿"地望,多有异说。有作者根据《史记·五帝本纪·索隐》所说涿鹿"或作'浊鹿',古今字异耳"。认为:"'鹿'与'陆'通,'涿鹿'又可写作'浊陆',今山西运城解州镇西二十五里'浊泽','浊陆'可能就是浊泽边的陆地。"参见赵玉钟、张玉勤:《论尧文化》,《山西师范大学学报》(哲学社会科学版)2010 年第 4 期。

天派遣玄女下凡,授予黄帝"兵信神符",黄帝又联合炎帝族,才最后制服了蚩尤,又率领军队平定了八方。蚩尤死后,天下暴乱又起,黄帝遂画蚩尤形象以威利、安抚天下,天下都说蚩尤未死,八方氏族部落这才都尊崇、归顺了黄帝。(《龙鱼河图·蚩尤》)关于黄帝与蚩尤的最后一次战争,《资治通鉴外纪》做了较为详细的描述:蚩尤作乱不听从黄帝命令,于是黄帝便向四方诸侯征集军队,与蚩尤在涿鹿郊野交战,蚩尤兴起大雾,士兵因此而昏沉迷茫。然后黄帝制作指南车,率领四方军队将其包围,遂擒获蚩尤并在此杀掉他,所以,以后这个地方就叫"绝辔之野"。可见,这场战争也是非常激烈的,最后以蚩尤的被擒杀而结束。传说,后来黄帝尊蚩尤为"兵主",即战争之神。他勇猛的形象仍然让人畏惧,黄帝便把他的形象画在军旗上,用来鼓励自己的军队勇敢作战。对此次黄蚩之战,在《山海经·大荒西经》中也早有记载:"蚩尤作兵伐黄帝,黄帝乃令应龙攻之冀州之野。应龙畜水,蚩尤请风伯、雨师,纵大风雨。黄帝乃下天女曰魃。雨止,遂杀蚩尤。"

经过这两次战争,"诸侯咸尊轩辕为天子",在"黄炎部落联合体的基础上,与更大范围内的其他氏族、部落或部落联合体结成松散的联盟关系"①。从此,"华夏联盟集团"即华夏族开始孕育和雏形。华夏族的地盘也随之扩至豫东、冀南、山东一带。

华夏联盟集团进入尧舜禹时代,与苗蛮集团(三苗)之间的冲突开始加剧。关于这一点,古籍中也有不少的记载。《尚书·尧典》:"窜三苗于三危。""三危"专家考证为今敦煌,后与氐羌族融合。《吕氏春秋》记述尧战南蛮,舜赶走苗民,并更易了他们的习俗。《墨子·非攻下》说禹亲自拿着上天所赐的令牌,去征讨有苗部落。共工之子后土佐禹治水,"平九土"。通过战争及经济、文化的相互交流,使苗蛮集团逐渐同化、融合于华夏。从江汉地区大溪文化、屈家岭文化及"'湖北龙山文化'一系列地区文化遗存中有越来越多的华夏族中原地区仰韶文化,河南、陕西龙山文化的文化因素"②中可以看出,华夏族(早期)的势力已达到江汉地区。

炎黄与炎黄二族从宝鸡渭河流域起源到东进中原,经过炎黄二帝与蚩尤的涿鹿之战和炎帝与黄帝之间的阪泉之战,华夏与东夷、苗蛮"三大族不断接触,始而相斗,继而相安,血统与文化逐渐交互错杂,终于同化,形成一种融合而较高的民族文

---

① 罗琨:《论阪泉之战和涿鹿之战》,《炎黄春秋》增刊《炎黄文化研究》1999年(总)第6期。

② 李绍连:《略论炎黄二帝及其历史业绩》,《炎黄春秋》增刊《炎黄文化研究》1995年(总)第2期。

化——华夏文化"①,"形成了以炎黄部落为主导力量的庞大的华夏集团,进而与东夷、苗蛮诸部落融合而形成中华原始文化共同体"②,初步形成华夏民族共同体。在这个民族共同体中,"炎黄集团是我们民族最早形成起来的脊梁和主体,奠定了民族文化的根基"③。这种文化共同体,从考古学文化方面也得到印证,从大地湾、磁山、裴李岗到半坡、庙底沟,再到大汶口等文化,从彭头山、河姆渡到大溪、马家浜,再到石家河、良渚等文化,说明在距今8000—4000年前后以中原为中心的黄河中下游和长江中下游的广大地区已成为一个"统一的整体",成为早期华夏民族共同的生存地。

三、一统天下④

西方一位著名军事家曾说:"战争是一种人类交往的历史。"在这场炎、黄、蚩"交往"之战中,从族群融合的意义上说,战争在加速早期华夏族孕育、起源方面发挥了积极作用。这是中华民族发展史上的第一次联盟,开辟了黄帝时代。

进入黄帝时代,预示着黄帝成为天下之共主。这时的黄帝时代与炎帝时代比较起来,发生了重大变化。随着社会形态向父系氏族社会过渡,农业的发展,以及社会各方面的进步,出现了私有制,权力的争夺也逐渐加剧,如《史记·五帝本纪》所说:"天下有不顺者,黄帝从而征之。"战争成为建立统一新秩序的重要手段。如前面所说征讨炎帝、蚩尤等。为此,黄帝"以师兵为营卫"。通过建立军队维持社会秩序,通过"习用干戈,以征不享",使东夷、苗蛮等天下的"万国""诸侯咸来宾从","咸尊轩辕为天子,代神农氏,是为黄帝"。于是建立起以黄帝为首领(酋长)的炎帝、蚩尤等氏族部落参加的华夏联盟集团。

华夏联盟集团的建立,在促进华夏族形成的同时,又促进了华夏联盟集团统治地区文化的大融合。联盟使各部落、部族迁徙、往来、杂居和交流成为可能,于是也就促进了各部族、各地区生产技术、生活习俗和文化艺术的相互融合,形成统一的共性文化,即华夏文化。中原地区发现的仰韶文化,虽有多种不同的类型,但所表现出的共性也是显而易见的。

---

① 天石:《中国古史的传说时代·序》,广西师范大学出版社2003年版,第5页
②③ 石兴邦:《研究姜炎文化,振奋民族精神,以促进新文化建设的繁荣和发展》,宝鸡市社科联:《炎帝论》,陕西人民出版社1996年版,第12页。
④ 这里所说"天下",是指中原地区,即以河南、陕西关中、湖北北部、山西南部、河北西南部和山东西部等地区,即黄河中下游一带。

另外,华夏联盟的建立,为中国历史上最早的国家在中原地区的建立创造了条件。因文化的融合,各部族的结盟,逐渐打破了以血缘关系为基础的社会结构,成为以地区划分居民而进行管理,其族群开始具有了"现代民族"的性质。恩格斯在《家庭、私有制和国家的起源》一文中说:"国家和旧的氏族组织不同的地方,第一点就是它按地区来划分它的国民。……这种按照居住地组织国民的办法,是一切国家共同的。……第二个不同点,是公共权力的设立。"① 当然,黄帝时代还没有真正意义上的国家,但黄帝所建立的华夏联盟集团已具有国家的性质,即以中原地区"来划分它的居民",设立"公共权力"管理社会事务。这个时期正处在国家产生的前夜,即研究者所说的"酋邦"时期,也有学者称为"古国"时期。这个"酋邦""国体"的出现,为后世夏商周"王国"的诞生奠定了基础,而黄帝"一统"的思想理念则成为一切后世有作为统治者和先进阶级所遵从的基本的治国原则。

第二节　炎黄二帝与"四夷"族

炎黄二帝在推进华夏族形成的过程中,另一个重要贡献是与"四夷"族的融合,为形成华夏族/汉民族乃至中华民族奠定了基础。

何为"四夷"?"四夷"(或"四裔")是华夏族对周边东夷、南蛮、西戎、北狄民族集团的"简称"。这在商周时期就比较明确了。当然,此时所用概念还不固定,有时称"夷"或"蛮",有时又称"戎"或"狄","非以四者分四方也"(《丰镐考信别录》卷三)。该词最早可能出现于《左传·昭公十七年》记载的孔子听到昭公与郯子一段对话后,孔子说:"吾闻之,'天子失官,学在四夷'。犹信。"而真正明确此称呼,则是战国以降汉族形成前后。《礼记·王制》篇说:

> 中国戎夷,五方之民,皆有性也,不可推移。东方曰夷,被发文身,有不火食者矣。南方曰蛮,雕题交趾,有不火食者矣。西方曰戎,被发衣皮,有不粒食者矣。北方曰狄,衣羽毛穴居,有不粒食者矣。中国,夷蛮戎狄,皆有安居,和味,宜服,利用,备器。五方之民,言语不通,嗜欲不同。

这里所谓的东夷、南蛮、西戎、北狄,实际上是从两层意义上来划分少数民族:一

---

① [德]恩格斯:《家庭、私有制和国家的起源》,《马克思恩格斯选集》(第四卷),人民出版社1972年版,第166页。

层是以地域来划分,以周王室为中心从大的东、南、西、北四个方位进行总结;一层是以习俗为区分标准,如所谓"粒食之民""羽毛穴居""语言不通"等,但只是就其中很有代表性的一部分习俗而言,并不十分严格。这在最初并无贬义,而仅作为对生活在所谓中原地区之外的四方之民的泛称。①

虽则"四夷"的名称源于商,在商代出土的甲骨文字中,已有了"夷蛮戎狄"的称呼,但是,我们知道,观念的产生与族体的形成往往是不同步的,在"四夷"产生以前,夷、蛮、戎、狄作为一个"自在的民族实体"早已存在,这已是公认的事实。王献唐认为:"当时四夷皆炎帝一族,被逐于黄河流域散至四方者也。……因其同为炎帝,故总名曰夷。"②《穀梁传序》:"四夷交侵"疏:"四夷者,东夷、西戎、南蛮、北狄之总号也。"《左氏文十六年》传疏曰:"夷为四方总号。"王先生又说:"戎、狄、夷、蛮、氐、羌实为一族,皆炎帝苗裔,名称虽别,族实不分。"③此说是否确切,我们暂且不论,但有一点却是很明确的,就是说炎黄二帝或其后裔在向四方的迁徙中与居住于东、南、西、北的夷、蛮、戎、狄"四夷"族,在经济、文化的交流中,曾发生或多或少的关系,而这种关系不仅表现在血缘、地缘方面,而且表现在业缘即文化的相互吸收、交往、交流、交融等方面。因而,"四夷"也自然就成为华夏族中重要的组成部分。

一、炎黄与东夷

《礼记·王制》曰:"东方曰夷。"《说文解字》释云:"夷,平也,从大,从弓,东方之人也。"概指东方以狩猎为生的民族。它的地域范围大约在淮河以北和黄河下游地区。根据日照秦家管庄、沂源骑子鞍山的千人洞、新泰乌珠台和沂源扁扁洞等遗址考古发现,早在旧石器中晚期到新石器时期,东夷人就一直生活在这一带。在这漫长的历史发展中,东夷形成了众多种类,有从外方迁来的,如从北辛文化、仰韶文化、大汶口文化和山东龙山文化的遗存来看,有来自淮河上游贾湖、长江下游崧泽移民,也有来自北方草原、黄河中游的移民,无疑也有一直生活在这里的土著人。所以,古代有所谓"九夷"之称。在经过历史的演变,又形成以少昊、伯益为首的嬴姓集团、以皋陶为首的偃姓集团和以太昊伏羲氏为首的风姓集团。其统称为东夷族。

徐旭生认为,中国远古时期存在着华夏、东夷、苗蛮三大集团,蒙文通虽与徐先生

---

① 参见曾文芳:《夏商周民族思想与政策研究》,人民出版社2008年版,第94页
②③ 王献唐:《炎黄氏族文化考》,齐鲁书社1985年版,第27页,第48页。

说法不同,但也认为,中国远古时代,其民族可分为江汉、河洛、海岱三大族团。① 这里所说"海岱",其地域范围与徐先生所说"东夷"大致相同。华夏集团是以炎黄二帝为核心,从其发祥地东迁时,先后与居住于山东的太昊、少昊和蚩尤发生接触、碰撞和交战、交融,如前面所说的炎、黄、蚩之战。有的还自称是炎帝或黄帝的后裔,如《路史·后纪四·蚩尤》云:蚩尤上泰山"兴封禅,号炎帝"。至炎、黄、蚩三大族相结合为"华夏部落联盟"时,次于蚩尤的少昊等部落亦主动参加其联盟。可见,东夷集团不仅是一个古老的集团,而且是较早就与炎黄集团发生密切关系的一个集团,是华夏族重要的来源者之一。

东夷中除主要的部落部族如蚩尤、少昊与华夏融合较早外,以后的颛顼、帝喾、伯益、皋陶等都是东夷族的显赫人物,他们都与炎黄族有着程度不同的关系。《孟子·离娄下》云:"舜生于诸冯,迁于负夏,卒于鸣条,东夷之人也。"舜还被民主推举为联盟最高军事首长,成为"五帝"之一。其手下汇集了后稷、禹以及炎帝族后裔后土、四岳等。"九夷"及其后裔分别迁徙到西戎、北狄、南蛮族所在的地区,蚩尤还被南蛮尊奉为祖先之一,少昊去世后还被秦人敬奉为西方之"白帝"。西羌族团分布区域中的亳、姚、妫、康、义渠、叟、西王母、大月氏、河伯、羿、夷等,皆为东夷族之裔支族。在南方和北方各地也同时分布着东夷族的一些支系。周光华考证:战败的蚩尤古称"九黎"族系,多次受到征讨,被迫迁徙。有的向西迁到"邹鲁之地"(《拾遗记》),即今天的甘肃渭源一带,由此融合为历史上的氐羌族群;② 有的被迫向西南迁徙。所以,后来的'西南夷'与古山东东夷族系是有血亲瓜连的。南迁到今天的湖北,即古人说的荆楚地区的东夷人,被称为三苗。由此进入湖南的衡山地,在西靠洞庭湖,东靠鄱阳湖的水乡地带生活。后来又从荆楚地区西迁南进,分散到我国西南边地四川、贵州、云南一些山区地带,及至东南亚的有关国家中,华夏文化也由此在这些地区传播扩散。另外,东夷族中有的则从黄海、渤海沿岸北迁至东北,进入朝鲜半岛,到达日本群岛和库页岛,甚至远迁南北美洲;有的北迁至蒙古和西伯利亚;有的西迁至陕甘、新疆和中亚、印度半岛;有的南迁到长江、珠江流域,远至中印半岛和太平洋群岛。③

东夷在其漫长的数千年历史发展中,不仅迁布各地,与迁徙之地的华夏族交流、

---

① 蒙文通:《古史甄微》,郑杰祥主编:《炎黄汇编·文论卷》,吉林文史出版社 2002 年版,第 17—24 页。

② 周光华:《华夏起源与齐文化融合》,《管子学刊》2007 年第 2 期。

③ 参见何光岳:《东夷源流史·前言》,江西教育出版社 1990 年版,第 1—5 页。

交融,而且商人、秦人也与以炎黄为核心的华夏族有着密切的关系。有文献记载:少昊为"黄帝之子"。《史记·三代世表》云:舜、禹、契、后稷,皆黄帝之裔孙。殷(商)契为帝喾之妃简狄所生。帝喾为"黄帝之曾孙也"(《史记·五帝本纪》)。而商人的早期活动之地是在冀南、豫东北、鲁西南一带,也原为东夷部族的部分领地。秦人之来源,目前学界大多认为是由东方而来,是东夷族的一支,秦人与黄帝的关系,《史记·秦本纪》说:"秦之先,帝颛顼之苗裔。"《世本》曰:"颛顼是黄帝之孙。"《大戴礼记·五帝德》说:"颛顼,黄帝之孙,昌意之子也,曰高阳。"《史记·三代世表》也说:"帝颛顼,黄帝孙。"凤翔秦公一号大墓(秦景公)出土石磬铭文:"高阳有灵。"高阳及颛顼。秦人自认为是颛顼后裔,也就是黄帝的后裔。"西戎"的后裔苻洪(前秦皇帝)自称其祖先为"有扈之苗裔,世为西戎酋长"。"有扈"为大禹之后。后秦皇帝姚苌,自认为其祖先"羌酋"是虞舜之后,也就是黄帝之后。

总之,东夷族所包含的各支系,如太昊、少昊、蚩尤以及商人、秦人等,虽并非来源于一个族系,即所谓黄帝的后裔,但包括夏人、周人在内,他们却都是在黄帝所开创的大部落联盟的基础上发展起来的,已初步把不同来源的祖先汇集成以黄帝为始祖的大系统,与炎黄有着千丝万缕的联系,构成华夏族的主要力量,融合成以"华夏"为称号的民族共同体,而炎黄则成为华夏民族共同体公认和崇拜的始祖之一。①

二、炎黄与南蛮

《礼记·王制》:"南方曰蛮。"《说文解字》释云:"南蛮,蛇种,从虫。"虫蛇怎么能成蛇种?王献唐释:"南地卑隰,多生爬虫。蛮者,曼也。虫蛇之行曼延,因名虫蛇曰蛮,更名其地曰蛮……后又以之专属东越耳。"②南蛮族成分比较复杂,既有"三皇"的后裔及西戎、东夷的徙入,又有江南的土著氏族或部落的存在。"南蛮,蛇种",说明"蛮"为以龙为图腾的太昊伏羲氏、女娲氏、炎帝等后裔族。所谓"蛮",是勤劳勇敢的美称。蛮人是古代具有高度文明的优秀民族之一,也是最早发明蚕丝的民族之一。蛮族很早就活动在黄河流域,他们曾是西羌炎黄族系与东夷太昊、少昊族系的成员,后分别向东南西北迁徙,被称为东蛮、南蛮、西蛮和北蛮。在其所排列的南蛮族系中与炎黄族有关系者,主要有以下两种民族:

---

① 参见高强:《齐鲁与炎黄》,汉民族研究会年会暨中华民族视阈下的汉民族文化研究学术研讨会《论文集》2018年(内部),第39页
② 王献唐:《炎黄氏族文化考》,齐鲁书社1985年版,第44页。

苗蛮 苗蛮又称"苗族"或"三苗""有苗""苗民",为南蛮集团中的主要部族之一。《史记·五帝本纪》云:"三苗在江、淮、荆州。"《战国策·魏策一》卷二二记载:吴起云:"昔者,三苗之居,左有彭蠡之波,右有洞庭之水,文山在其南,而衡山在其北。"其主要居住活动地范围在今"湖北、湖南、江西等地为中心,迤北河南西部熊耳、外方、伏牛诸山脉间"①。三苗的来源说法较多,大概与传说中的炎帝后裔榆罔能结合上的,主要有蚩尤为炎帝后裔之说。《尚书·吕刑》卷十九孔颖达疏引韦昭曰:"三苗,炎帝之后。"汉东方朔《神异经·西荒经》云:"西方……荒中,有人面目手足皆人形,而胳下有翼,不能飞,为人饕餮,淫逸无度,名曰苗民。""胳下有翼",并不是指某种自然的鸟形,而是一种想象中的鸟崇拜造型。《水经注·渭水》云:渭水上游有苗谷和苗谷水,在三危(今甘肃敦煌)之北。古代这里是炎帝族后裔的迁居地,即羌人的活动地。苗民的裔支族,后有迁入江汉地区及南方的。《山海经·海内经》载:南海之内,"有人曰苗民。有神焉,人首蛇身,长如辕,左右有首,衣紫衣,冠旃冠,名曰延维,人主得而飨食之,伯天下。"郭璞注:"延维,委蛇",苗民是以原生态龙(蛇)为图腾信仰,反映出其受到伏羲、女娲、炎帝等裔族以龙(蛇)为图腾的影响。

南蛮与黄帝族的关系,有说南蛮集团中的苗蛮也为黄帝之裔。《山海经·大荒北经》云:"颛顼生驩头,驩头生苗民。"是说颛顼是驩头之父,苗民之祖父,驩头是苗民之父。在《大荒南经》则云:"鲧妻士敬,士敬子曰炎融,生驩头。"又说鲧为驩头之祖先。虽所说有异,但据《史记·五帝本纪》所说,颛顼为鲧之父,都属于黄帝族系。南蛮与黄帝有关系的还有楚人。《史记·楚世家》记载:楚人先祖"出自帝颛顼高阳"。颛顼为黄帝之孙,那么,楚人自然也就是黄帝之后裔。

古越族 古越族是南蛮中的土著氏族,分布地域相当广泛。《说文解字》云:"戉,斧也。"新石器时代的黄河、长江流域遗址中,皆发现有石钺(戉),是一种先民使用的生产工具。以"钺"为图腾的氏族则称钺(越)人。唐嘉弘说:早在南中国商周几何印纹陶以前,南中国已经分布着丰富多彩的新石器时代文化遗存。其中如分布在长江下游江浙境内的河姆渡文化和良渚文化,江西境内的山背文化、筑卫城和营盘里下层文化,福建的昙石山文化,广东的石峡文化和增城金兰寺下层等原始文化。钺(越)在殷甲骨卜辞中达160条之多,当中还有"西钺""东钺""南钺"等。从卜辞内容看,甲骨文的钺,主要为一方国之名或一部落之名。南钺即古越人。又说:《尚书·禹

---

① 徐旭生:《中国古史的传说时代》,广西师范大学出版社2003年版,第65页。

贡》所记"淮、海惟扬州"和"荆及衡阳惟荆州"的界线,应该说是一个传统的相当长的界限。从淮河流域到东南沿海,为古扬州的大概境域,其间居住了许多部落,有的泛称为蛮,有的泛称为夷,有的泛称为越,此越为杨越。① 今福建、浙江、广西、广东、海南、台湾、湖南以及江苏、安徽和湖北省的南部,均为古越(后称"百越")人分布地。新石器时代晚期开始产生的印纹陶文化,当属于古越人的文化遗存。

炎黄及其后裔族与南蛮中的古越族早有往来。《鸿庞氏传》里明确记载了炎黄与越人的关系。其书内载炎帝第四代孙禄续被封为泾阳王以治理南方,居住在洞庭湖一带,娶洞庭之君的女儿为妻,生子崇揽,号貉龙君。他与妪姬生一胞胎,胞又生"百卵",得儿子百人,长大后有一子为文郎国君,号"雄王"。"盖百果乃百粤(越)之始祖也""神农为百粤之祖"。不言而喻,这是古越人尊奉炎帝为始祖(百越之称较晚,约在战国时期)。其中炎帝后裔演变的古越人,只有"杨越"。②《周礼·夏官司马第四·职方氏》云:"河内曰冀州……其泽薮曰杨纡"。《山海经·海内北经》云:"阳汙之山,河出其中;凌门之山,河出其中。"《穆天子传》记为"阳纡之山"。阳纡即阳汙。凌门山即龙门山。《山海经·中山经》云:"阳华之山……杨水出焉,而西南流注于洛。"《淮南子·地形训》云:"九薮,秦之阳纡"。《史记·越王勾践世家·索隐》云:杨越"有本作杨雩,音吁,地名也,今音越,谯周亦作杨越"。今有学者考证:今之陕西韩城龙门西尚有杨家岭。杨水即今黄龙县的石堡川,正好西南注入北洛水,为古杨人居住地。此水发源于与韩城邻近的冢字梁,冢字梁向东延伸出一系列山脉,直至龙门,还跨过黄河伸入山西河津市、乡宁县境。这一系列山脉便是古代的阳纡之山。则杨纡即原越。《路史·国名纪甲》把杨列为姜姓之内,《国名纪丁》又把越列为夏后氏之后,《史记·越王勾践世家》也有"禹之苗裔,而夏后帝少康之庶子"的记载。实则杨、越原分别为炎帝、黄帝之后裔。两者结合为杨越,乃是杂居后所致。后逐渐南迁,与土著族结合形成杨越。③

南蛮族系成分繁多,以土著氏族分布地域最广,如古越、濮、蜀、巴、苗等,还有从黄河流域徙入的炎帝裔族、戎人、东夷族等,势力强大。如《史记·五帝本纪》云:"三苗在江淮荆州,数为乱。"所以,"五帝"时期,尧、舜、禹与南蛮的战争不断,主要发生在江汉地区。尧、舜、禹经过长期多次地"征三苗",才取得了最后的胜利。南蛮历经漫长而曲折的发展,蛮人才大部分逐渐融入汉族,有部分则分别融入苗、瑶、畲、土家、

---

① 参见唐嘉弘:《中国古代民族研究》,青海人民出版社1987年版,第516页。
②③ 参见何光岳:《百越源流史》,江西教育出版社1989年版,第72页。

彝、白、侗、布依、仡佬、仫佬、毛南、壮、傣、水以及突厥、蒙古、孟、芒、兴门、莽、孟加拉、门巴等族。到明代以后，蛮人的称谓逐渐消灭，至今只有瑶族中一部分人自称为"蛮""荆蛮"等。

古越是长江下游（包括珠江流域）的庞大族群，部分还北徙入长江中游地区。华夏、东夷、西戎等支裔族不断南迁，与古越人相结合，分别形成了于越、闽越、欧越、骆越、杨越、干越、骠越、越裳、越章等部落。至西周、春秋时期，越国成为"五霸"之一。战国至秦汉，又形成"百越"中的闽越、瓯越、东越、东瓯、南越、南海、南武、外越、西瓯等王国、侯国、部落。楚国强盛后，相继攻灭于越、越章、杨越，成为江南大国，后被秦国灭亡。秦汉王朝相继统一了南越、西瓯、东瓯、南海、南武、东越、闽越、瓯越等，成为汉民族的一部分。逃入偏僻山区的史称"山越"，至晋代时多数人融入汉族，一部分人形成瑶族、畲族，还有的向西南迁徙，形成傣族、掸族及京族等。今日我国云南有傣族，湖南、贵州、广东、福建、浙江、江西、安徽及湖北等省，有侗、壮、水、布依、畲等族分布。海南省的黎族、台湾的高山族，以及东南亚诸国的黑泰人、白泰人、那加人、寮人等，大多是百越的后裔。可见百越族系是个年代流传久远，分布地域广泛，古老而庞大的民族，是中华民族的重要一员。

另外，蛮人中的炎帝后裔祝融部族迁居湘南后，随着人口的增加和四处迁徙，广布于今广西、云南等地，也成为"五帝"时代"南蛮"的一员。炎帝裔族共工子孙徙入江南后，亦称蛮，但时代较晚，故不多叙。

三、炎黄与西戎

《礼记·王制》载："西方曰戎。"其名出现于西周。① 其含义，《说文解字》云："戎，兵也，从戈甲。"戎是指"西夷之人能治戈甲，因名为戎"②。戎的含义有广、狭之分，广义的戎指古代西方、北方高原或山区的所有氏族与部落，有的又迁入内地；狭义的戎，则是指西戎，亦即华夏族所称谓的西戎民族集团，分布在陇山（今陕西与甘肃的分界处）以西。《尔雅·释地》云："九夷，八狄，七戎，六蛮，谓之四海。"注曰："七戎在西"，即"五帝"时期的西戎民族集团。《大戴礼记》云："南蛮，东夷，北狄，西戎"；《礼记·明堂位》称有"六戎"；《周礼·夏官司马第四·职方氏》称有"五戎"。可见，西戎

---

① 徐杰舜：《汉民族支源戎狄论》，《重庆文理学院学报》（哲学社会科学版）2014年第3期。

② 王献唐：《炎黄氏族文化考》，齐鲁书社1985年版，第47页。

是对西方之民的泛称。西戎人的生活习俗,《礼记·王制》云:"被发衣皮,有不粒食者矣。"《说文解字》云:"戎,牧羊人也。"是说西戎为无定处的游牧民族,喝奶、食羊、牛、马肉等,戎装,善于骑马射箭。《诗经·商颂·长发》曰:"有娀方将,帝立子生商。"郑笺:"娀氏之女,简狄吞乙而生商。"据此,有学者释为娀氏即有娀氏,亦作戎氏、有戎氏,"乃出于黄帝之后,手执戈盾,身披皮甲,全副武装保卫部落的安全"[①]。考古资料显示,西戎氏族约在七八千年以前就有了,非黄帝后裔。至于说"出于黄帝之后",乃是融合后自称祖先为黄帝而已。我们在此仅述西戎中分出的氐与羌两大部族。他们出自西戎,历史悠久,比炎帝要早,融合后氐族与羌族自称为炎帝后裔。

据《山海经》之《大荒西经》《海内南经》《海内经》等记载:炎帝之孙灵恝生互人(互、氐通用),炎帝后裔"伯夷父生西岳(案:系四岳之讹),西岳生先龙,先龙是始生氐羌。氐羌,乞姓。"这里说的氐羌是一个族的名称。《逸周书·王会篇》说:"氐羌以鸾鸟,"孔晁注云:"氐地之羌,不同,故谓之氐羌,今谓之氐也。"是说"'氐羌'是羌族中一支的专名,'羌'是各种羌族的总名"[②]。以后随着氐羌发展为一支大的部族,而逐渐单称为"氐"。如《山海经·海内南经》载:"氐人国,在建木之西。"《史记·西南夷列传》亦载:"皆氐类也。"都是指氐。而在《后汉书·西羌传》中,则把所有诸羌总称为西羌(包括氐羌、马羌、北羌及其他诸羌),并说明他们来源是相当原始的。从目前研究情况看,考古资料反映的黄河上游很早就有先民活动,距今约8000多年前新石器时代早期,秦安大地湾遗址已有房基、灶坑、陶器等。而炎黄二帝生活于距今7000—5000年的仰韶文化时期,炎帝为其中早期,黄帝为其中晚期,他们的后裔较晚。如炎帝后裔灵恝、伯夷父都不可能是氐或羌族的祖先,但是从中可以看出,炎帝族、黄帝族及其后裔迁入黄河上游并与氐或羌之祖先族的融合是比较早的。氐与羌之称,一般认为是在夏代,商代甲骨文已有两族之字。从文献记载帝舜巡视天下时,已达"氐""羌"之地来看,尧舜时氐、羌就已与西戎或戎分称(《大戴礼记·五帝德》)。《御览》引《风俗通义》云:"羌本西戎卑贱者也。主牧羊,故羌字从羊、人,因以为号。"说明氐、羌与戎族一样,也以"羊"为图腾,族系相同。因而,有学者说,氐羌属于"藏彝等族语系,最初分布于陇山以西,今甘肃、青海、川西北一带的诸部,统称氐羌,自成一族系"[③]。

[①] 何光岳:《氐羌源流史》,江西教育出版社2000年版,第2页。
[②] 刘起釪:《古史续辨》,中国社会科学出版社1991年版,第173页。
[③] 陈连开主编:《中国民族史纲要》,中国财政经济出版社1999年版,第9页。

从氐、羌二族的关系看,刘起釪先生认为,炎黄二帝之父族少典出自氐,炎黄二帝之母族有蟜出自羌,所以氐和羌往往并称,"'氐''羌'一词就成了兼指出于同一血缘的氐和羌两族了"①。下面将氐(或氐羌)、羌(或西羌)二族的演变分别加以论述。

氐族(早期)　《北史·氐传》云:"氐者,西夷之别种,号曰白马。"氐人的中心地在陇坻(今甘肃东部天水一带)。因氐之本义为低,为平,因而氐族即为居于水滨或低下的平原的族类。②以此可知,氐族或部落多居住生活于沟壑纵横、丘陵与河谷交错的西北黄土高原上,定居农耕,就地取材,建筑木板屋居住,妇女纺织麻布,缝制衣服,生活习俗与羌族不同,语言也不一样。所以"氐与羌自古以来便是两族"③,其语言、服饰、经济、文化、习俗各方面都有其不同的特点。④具体地说,从春秋战国至秦汉,氐人的活动地域西起陇西,东至略阳,南达岷山以北的地区,即今甘肃省东南,陕西省西南,四川省西北交界处,包括渭水、汉水、嘉陵江、岷江诸水源头。刘起釪通过对《史记·西南夷列传》《汉书·地理志》《华阳国志》中对"氐"记载的分析后认为:"在整个西羌区域内,可基本以渭水向西北斜接洮、湟一线,作为氐、羌二者的粗略分界线,渭以北迄河西走廊大抵为古代氐族区域。"又说:"至于氐族区域有时也称羌,则是沿用其族的共名,因氐原属羌的一种,由它本身也称氐羌来的。"⑤自秦代开始,中央王朝始在氐人聚住地设置行政区划,汉代在氐族地区设有武都郡、陇西郡、阴平郡等,并置十三氐道。⑥从目前研究看,氐族从戎族内分离出来的时间,约在炎帝之孙灵恝时期,至帝舜时,炎帝后裔四岳之子先龙族又迁入氐族居住区,使氐人有所发展,并有了乞姓,商代初年时才形成较大部落。《诗经·大雅·殷武》云:"昔有成汤,自彼氐羌,莫敢不来享,莫敢不来王。"氐部落初居陇坻,汉代分布于"三郡"之十三氐道(县),形成以居住地名称为号的不少种落。氐族与汉族长期相处,接受汉文化较多,且过着农耕定居生活,经济较为发达,文明程度比其他少数民族要高。在西晋末年永嘉八王之乱时,氐族乘机而起,加入"五胡乱华"的行列,先后建立了前秦、仇池、后凉等国。到了唐代时,几乎都融入汉族。属于氐人系统的僰人、白人则向西南迁向川西、滇北、滇中。

---

①⑤　刘起釪:《姬姜与氐羌的渊源关系》,《古史续辨》,中国社会科学出版社1991年版,第174页,第178页。

②　徐中舒:《论巴蜀文化》,四川人民出版社1982年版,第70页。

③④　马长寿:《氐与羌》,广西师范大学出版社2005年版,第8页。

⑥　陈连开:《中国民族史纲要》,中国财政经济出版社1999年版,第487—488页。

关于氐族与炎黄二帝的关系,有说既有地域上的渊源,即同处于渭河中上游(见第六章),又有族名语音上的渊源,即"少典"之"典"是"氐"的音转,"有蟜"之"蟜"为"羌"的音转。① 但笔者认为,不论氐族与炎帝后裔的血缘关系如何,但大体属于炎帝族系是可信的。

羌族(早期)　　所谓羌,也称西羌。马长寿解释:"大抵言之,颇似汉语中'民'之音义,即人民之义。"②《竹书纪年》云:"成汤十九年,大旱,氐羌来宾。"这是"羌"的正式记载。氐族和羌族同出自西戎,且与炎帝西迁之氐族融合较早,因而也有称其为炎帝后裔的。《后汉书·西羌传》释云:羌,"所居无常,依随水草,地少五谷,以畜牧为主。"《说文解字》云:"羌,西戎,牧羊人也。从人从羊,羊亦声。"《尔雅》疏:"戎类曰眷羌"。即戎羌同类。羌族起源于青海(青海湖古称"卑禾羌海",可能与羌人的居住有关)、河曲、湟水及甘肃大夏河、洮河、渭水上游一带的高原、草原,如刘起釪所说:"渭以南的陇西、青海以迄川、藏,大抵为古代羌族区域。"③ 羌族以放牧羊群为主要经济来源,也以羊为图腾,是姜姓炎帝的一个分支。

由于氐、羌分布地域的不同,经济形态、生活习俗也不相同,所以,在长期发展中又形成语言等不同的民族。"五帝"时期的华夏族,将氐、羌、戎统称为西戎民族集团。甘肃临洮以西和青海的新石器时代晚期考古学文化,也反映了羌族的一些生产、社会状况。后来,名称繁多的羌人部落不断迁徙,分布在青海、甘肃、新疆、西藏、四川、云南、贵州、宁夏及陕西北部等地,再演变为别的民族。但他们在追溯祖先时,仍有尊奉炎帝为祖先的,如四川阿坝藏族自治州藏胞家中,至今供奉着牛头人身的大神,其原型就是炎帝。其民间习俗也多与炎帝有关,如四川省北川羌族自治县羌民自古以来家家就有崇拜"火""羊头""白石"的习俗。

对于考古学文化,目前学术界一般认为:黄河中上游地区从新石器时代到青铜器时代的马家窑文化、齐家文化、卡窑(约)文化、唐汪文化、寺洼文化及安国文化等,基本上都是古代羌族(包括氐族)的文化遗存,与中原文化有着密切的关系,从而证明了西戎民族集团在新石器时代,就与炎帝及之后的华夏族有着密切的联系。经过春秋战国时期的民族大融合,部分羌人(包括氐人)融到了华夏族之中,成为华夏族的一员。

---

①③　刘起釪:《姬姜与氐羌的渊源关系》,《古史续辨》,中国社会科学出版社1991年版,第181—182页,第178页。

②　马长寿:《氐与羌》,广西师范大学出版社2006年版,第12页。

徐中舒在《羌族史·序》中说："羌族是古代西戎牧羊人,分布在中国西部各地。"① 如传说的以羌人为主体建立的夏朝,其创立者禹就是羌人。"禹兴于西羌"(《史记·六国年表》),"生于石纽",石纽传说是在今岷江上游的羌族地区,即今北川羌族自治县的禹里乡,属古蜀西川境内。羌族不仅分布甚广,而且族类复杂、繁盛,在商、周有羌方,还有姜戎及姜姓诸国(炎帝系),是构成华夏族的重要成分。如分布于甘青一带的羌族,或以动物之名为号,有牦牛、白狗、参狼、白马、黄羝、黄羊、黄牛等,以表示族支的图腾崇拜;或以地名为号,有勒姐、卑湳、宕昌等,以表示地缘性的羌支联盟;以父名为号,有先零、烧当、钟羌,以表示父系世袭的传统。在历史上,羌人还有建国的。如党项羌建立了西夏国,与宋、辽、金抗争达一个多世纪,最后也融入汉族。还有一部分羌人在迁入云南的途中,沿途留居,与越、蛮、夷等族系人相融合,形成分布广泛的彝族或仫佬族。迁居于云南西部的羌人,与吐蕃、越人相融合,"形成哈尼、傈僳、普米、拉祜、怒、基诺、景颇、阿昌、独龙、苦聪、拉基等族";羌人的一支则向西南深入到西藏高原,分别建立了强盛的吐蕃王国及羊同、苏毗、哥邻、岭国和唃厮啰等国及地方政权,后形成"藏族";"还有一些羌人远越喜马拉雅山及帕米尔山,在域外分别建立了悉立、章求拔、大小勃律、巴达克山、拉达克、坎巨提、克什米尔、尼婆罗、不丹和锡金等国"②。今日中国境内的戎、羌、氐之演变的少数民族,以藏族的人口最多。

总之,古代羌族在长期的历史发展过程中,不断地发生分化。除最大的一部分不断向东迁徙,同汉族发生密切的关系,并融入汉族之外,"一部分西迁进入新疆塔里木盆地,与当地土著同化,成为现代维吾尔族先民的一部分;一部分远迁至我国西南地区,成为今彝族先民的一部分;一部分迁至今四川西北部,逐步发展为现代羌族;一部分留居青海,演化成今天的土族;还有相当一部分,则迁入青藏高原腹地,与青藏高原的土著民族相融合,发展成为后来的藏族"③。正如费孝通所说:"羌人在中华民族形成过程中所起的作用似乎和汉人刚好相反。汉族是以接纳为主而日益壮大的,羌族却以供应为主,壮大了别的民族。很多民族包括汉族在内从羌人中得到血液。"④

---

① 冉光荣等:《羌族史·序》,四川人民出版社1985年版,第1页。
② 何光岳:《氐羌源流史·前言》,江西教育出版社2000年版,第2页。
③ 罗广武:《西藏自古以来就是中国的一部分》,《光明日报》2008年5月5日第3版。
④ 费孝通:《中华民族的多元一体格局》,中央民族学院出版社1989年版,第25—26页。

四、炎黄与北狄

《礼记·王制》:"北方曰狄"。《诗·旄邱序》:"狄者,北夷之号。"狄与戎之名一样,始见于西周。① 马长寿说:"北狄可能是后世所谓'狄历'或'丁零'的简译,是由Turk 原翻译来的。"高翔麟《说文字通》说狄"通翟"。何谓狄?根据王献唐的说法:"狄即趯,谓兽走疾趯也。《礼记·乐记》注:'狄涤,往来疾貌。'古谓之狄,今谓之跳,指兽奔而言,殆即麋鹿之属也。……北方地多走兽,因名曰狄,更名所居之族人亦曰狄。"②北狄古称山戎、荤鬻、熏育、鬼方、姜方、严允、猃狁等,初期活动于今陕北、晋北、冀北及内蒙古南部一带。"五帝"时期所说的北狄,指的就是这些北方部族。《国语·周语》中始见"戎狄",《周礼》《大戴礼记》等载有四狄、五狄、六狄、七狄、八狄之称,说明北狄的氏族、部落之繁多。先民之初以采集、狩猎为主要生活方式,故《礼记·王制》云:"北方曰狄,衣羽毛,穴居"。就是说在黄土高原挖窑洞居住。后来,北狄民族随着畜牧业的发展,气候的变化,耕地的草原化,逐渐以畜牧业为主,学会了骑马射箭,体格也强壮起来。《大戴礼记·千乘》篇云:"北辟之民曰狄,肥以戾。"《说文解字》云:"狄,赤狄,本犬种。狄之为言,淫辟也,从犬,亦省声。"是说北狄是以"犬"为图腾的民族。

王献唐说:"其族亦出神农,为榆冈之后。"③说明北狄诸氏族与炎帝族交往较早,姜延氏族的部分成员由渭水北迁入桥山以北(今延安)后,逐渐又向北迁入河套(今属内蒙古)一带,与荤鬻交错相居,共同生产和生活。从陕北、晋北、冀北及内蒙古南部的仰韶文化遗址,可以佐证炎帝族的文化已扩展到这些地区。后来,黄帝族兴起,遍居于渭水及黄河以北,渐与北狄也交往增多,故《山海经·大荒西经》云:"有北狄之国,黄帝之孙曰始均,始均生北狄。"《潜夫论·志氏族》云:"隗姓赤狄,婿姓白狄……汉有隗嚣、季孟,短即犬戎氏,其先本出黄帝。"(汪继培校云:"短当作姐")这句话中的"婿"字、"短"字,皆为"姬"字形讹。④《世本》云:"共鼓、贯狄。"宋衷注:"黄帝二臣也。"有说:贯狄,当系狄人酋长。⑤ 这里所说,显然是炎黄两族融合后,北狄又

---

① 徐杰舜:《汉民族支源戎狄论》,《重庆文理学院学报》(哲学社会科学版)2014 年第 3 期。
②③ 王献唐:《炎黄氏族文化考》,齐鲁书社 1954 年版,第 47 页。
④ 参见沈长云:《中国历史·先秦史》(1),人民出版社 2006 年版,第 5 页。
⑤ 何光岳:《北狄源流史》,江西教育出版社 2002 年版,第 7 页。

尊奉黄帝为祖先,其意义与尊奉炎帝为祖先是一样的,而非北狄与炎黄真的有血缘关系。华夏族形成后,炎黄两族相融合,北狄又自称是炎黄后裔。何光岳说:"北狄是中国北方古老的民族群体。他们过着以游牧与狩猎为主的迁移生活,有的后来发展成为半农半牧而渐趋于定居的生活,到春秋时,有的已发展为小国。他们来源复杂,但皆属于炎黄族系,如匈奴乃系夏桀之后,白狄、长狄乃系黄帝之裔,赤狄隗姓为炎帝之裔,而允姓则又属于黄帝后裔。突厥则为炎黄的混合体。"①王献唐说:"其族亦出神农,为榆罔之后。"②从目前研究看,北方的民族是夏代后才进入游牧经济的,"三皇""五帝"时期的北狄则大都还是农业经济。有学者说:"进入新石器时代,草原上出现了农业文明。人们一般认为长城是游牧与农耕的分水岭,其实早在新石器时代,农业文明就发展到了蒙古草原边缘,甚至进入了草原。"③内蒙古昭乌达盟巴林左旗的富河文化、西辽河上游的兴隆洼文化、红山文化等,是自成体系的北方定居农业文化,其年代与中原磁山文化、裴李岗文化和龙山文化相当。遗址中大都有打制的石锄、石镐和石镰,磨制的石斧、石锛、石铲、石镰等农耕生产工具和相应的陶器出土,还有朱开沟居住遗址,几乎都是以定居锄耕农业为主的遗址,未发现以游牧或畜牧业为主的遗存。只有到了青铜时代(夏商周),随着技术的进步,马的引进,蒙古草原才走上游牧的道路④。这些文化与炎帝、黄帝及五帝时期氏族迁徙和定居的农耕有着直接关系。

  北狄族系在以后的演变融合中曾称猃狁、犬戎、鬼方等,再演变融合为匈奴、长狄、白狄、赤狄(炎帝后裔)等。东北大兴安岭一带的北魏鲜卑人,亦自谓"魏之先出自黄帝轩辕氏"(《北史·魏本纪第一》)。隋朝时匈奴大都融入汉族,今存有宇文、赫连、独孤等姓氏。匈奴强盛后将残存的北狄驱逐到了漠北(今蒙古)的北部及贝加尔湖(今俄罗斯),后北狄又逐渐散布于西伯利亚广大地区。他们又逐渐与东夷、汉人、东胡、鲜卑、乌桓融合,演变为丁零族,至南北朝又称铁勒、高车。隋唐之际蒙古草原的突厥族兴起,取代了东胡,后发展为东、西突厥,占据亚、欧部分地区,形成许多种落,建立了许多大小国家。何光岳说:"北狄、匈奴、突厥人分布之广,涉及华北、新疆、内外蒙古、西伯利亚、中亚、印度、埃及、巴尔干半岛等广大地区。"⑤北狄、匈奴、突厥"三个族群并非同源,只是都先后分布于中国的北方,且都系炎黄子孙中的不同派系,

---

 ①⑤ 何光岳:《北狄源流史·前言》,江西教育出版社2002年版,第1页,第3页。
 ② 王献唐:《炎黄氏族文化考》,齐鲁书社1985年版,第47页。
 ③④ 邢莉、易华:《草原文化》,辽宁教育出版社1998年版,第9页,第10—11页。

都是中华民族大家庭中的成员"①。

从以上炎黄与"四夷"族关系的简要论述中我们可知,炎黄二帝与"四夷"有着密切的关系,从古代华夏、东夷、北狄、西戎、南蛮"五大民族集团"到中华民族多元一体格局的形成,这期间发展与演变的历史是十分悠久的,过程和情况也是相当复杂的。他们不仅在本地区范围内迁徙,而且还在中国及邻国地域内迁徙。华夏/汉族不断向"四夷"地区迁徙和融合,"四夷"除了互相之间迁徙和融合外,还不断向中原(广义)迁徙,与华夏/汉族相融合。秦汉以后,有一部分融合到华夏/汉族,有一部分在其原有居住地或迁徙地"聚族而居",继续发展。除了近代个别迁入的境外民族外,逐渐形成为今天的50多个少数民族,成为中华民族的重要成员。正如范文澜所说:"按地区及文化遗物来推测,新石器时代的人,就是后来构成中华民族各族的祖先。"②而在这不断的你来我往交流和融合中,炎黄二帝作为中华民族始祖和凝聚力的一种象征,则一直处在主体和核心的地位,始终得到人们的崇敬和缅怀。为此,全球华人及华裔皆自称是"炎黄子孙"也就不难理解了。

第三节 炎黄二帝与中华姓氏

中国是世界上最早出现姓氏的国家,距今大约有五六千年的历史。中国人姓氏的产生,不仅缔造了中华民族五千多年连续不断的文明史,而且成为中华民族自炎黄二帝开创华夏族以来生生不息的血脉基因,成为凝聚中华民族不裂不散的重要纽带。因为,姓氏既是一种血缘符号,又是一种地缘符号和文化符号,所以,探讨炎黄二帝与中华姓氏之关系,不仅对认识炎黄二帝在中华姓氏文化中的地位和作用,而且对认识炎黄二帝在中华民族起源、形成和凝聚中的地位和作用,都具有重要的历史和现实意义。

从中华姓氏起源和演变看,自炎黄时代至夏、商、周三代,"姓"和"氏"是分开的,有着严格的区别。姓,《说文解字·女部》曰:"姓,人所生也。"《白虎通·姓名》亦曰:"姓,生也。"代表氏族的血统。是指同一个老祖母传下来的具有共同血缘关系的

---

① 何光岳:《北狄源流史·前言》,江西教育出版社2002年版,第4页。
② 范文澜:《中国通史简编》(第一编),人民出版社1964年版,第42页。

称呼,同族则同姓;氏,其义复杂,古有"是""民""示"等,①后引指古代贵族宗族系统的称号或个人,是由姓派生出来的分支,代表身份和地位。周代实行宗法制,"胙之土而命之氏"。其命氏有以国名为氏、以邑名为氏、以官名为氏、以职业名为氏、以住地名为氏、以血缘关系远近之称为氏、以贵族的字为氏、以天子赐氏、以谥号为氏、以祖辈的字为氏等形式。至于姓和氏二者之间的关系,清代学者袁枚在撰写的《随园笔记》一书中说:"礼疏云:天子赐姓赐氏,诸侯赐氏不赐姓。贵有氏,贱无氏;男有氏,女称姓。姓者,所以统系百世而不变也;氏者,所以别子孙所自出,一传而变也。"《通鉴外纪》亦说:"姓者,统其祖考而自出;氏者,别其子孙之所自分。"这段话的意思是说,姓是氏之本,氏由姓所出;姓代表血缘,氏代表权力。姓,用以别婚姻,即姓同而氏不同,婚姻不可通;氏同而姓不同,婚姻可通。氏,用以别贵贱,贵者有氏,贫贱者有名而无氏。到了春秋战国时期,血缘和权力完全归于父系,所以姓和氏的差别逐渐消失。到了西汉时期,姓和氏的差别基本消失。所以司马迁在《史记》中将姓和氏混而为一。清代学者顾炎武在《日知录》里亦说:"姓氏之称自太史公始混而为一。"同时,随着宗法分封制的灭亡,代表贵贱的"氏"和区别婚姻的"姓"之间没有了本质的区别,则二者仅剩下了标记血缘系统符号的作用。于是,姓和氏也就成为同一个概念,统一指姓。②

中华姓氏文化是中华民族传统文化的重要组成部分,博大精深,源远流长。所谓博大精深,是说中华姓氏来源浩繁庞杂,既有一姓多源者,又有几姓同出一源者,还有在历史进程中因某种需要而改姓、赐姓、变异者等。古今以来中国有多少姓氏,至今没有一个比较确定的数字。汉代史游《急就篇》列有130个姓;唐代林宝《元和姓纂》收录1232个姓;宋代流传的《百家姓》收录442个姓,邵思《姓解》收录2566个姓;郑樵《通志·氏族略》收录2255个姓;元代马端临《文献通考》收录3736个姓;明代陈士元《姓觿》收录3625个姓,王圻《续文献通考》收录4657个姓;近代邓献鲸《中国姓氏集》收录5652个姓,王素存《中华姓府》收录7720个姓。20世纪90年代出版的袁义达《中华姓氏大辞典》收录11969个姓,同时还收录异译、异体字姓氏3136个。③ 2004

---

① 参见徐铁生:《中华姓氏源流大辞典·序》,中华书局2004年版,第1页。
② 参见张海瀛:《炎黄二帝——中华姓氏之根》,王俊义主编:《炎黄文化研究》(第六辑),大象出版社2007年版,第64页。
③ 袁义达、张诚:《中国姓氏——群体遗传和人口分布》,东北师范大学出版社2002年版,第18页。

年中华书局出版的、由徐铁生编著的《中华姓氏源流大辞典》汇聚了31684个姓,其中汉姓(包括少数民族使用的汉式姓氏)10523个,译姓(根据少数民族语言翻译成汉文的姓氏)21050个,译姓演变为汉姓的姓氏111个,这是目前收录姓氏条目最多的一部姓氏辞典。① 其内涵之丰富,一个姓可以说就是一部历史,即具有历史、文化、民族、政治等多方面内涵。为此,自古以来,就有专门研究姓氏文化的谱牒学、姓氏学的学科。言其源远流长,是说中华姓氏起源早。现在一般研究者认为,中国人的姓源于母系氏族社会,氏源于父系氏族社会,为古史传说中的炎黄时代。古史记载黄帝"吹律定姓"(《古今事物考》)。这一时期是中华姓氏制度的萌芽和起源期,随后经过"五帝"和夏商时期,是中华姓氏制度的形成和发展期,又经过西周到春秋战国时期,是中华姓氏制度的定型和普及期。至今,中华姓氏已形成一个庞大的姓氏文化体系,成为谱牒学的重要内容。

据袁义达、张诚统计,在"当今中国流行的前200个姓氏中,出自炎帝姜姓系统的姓氏约占10%,出自黄帝姬姓系统的姓氏约占89%"。也就是说当今中国人中应有99%的人为"炎黄子孙"。② 从这一组数字里,我们可以看出中华姓氏与炎帝、黄帝有着密切的关系。

一、炎帝"姜"姓之祖,分支易姓均源于"姜"

姜姓是中国22个古姓——妘、姒、子、姬、风、嬴、己、任、姞、祁、芈、曹、妘、董、姜、偃、归、曼、熊、隗、漆、允(《日知录》)之一。据有关学者统计,在当今100个大姓中,出自炎帝者13个,占比13%,人口数量约为6500万,占人口总数的5%;以当今300大姓中,出自炎帝者25个,占比8.1%,实际人口8500万,占人口总数的6.1%。③ 仅以当今"姜"姓来说,在100个大姓中,占第50位,人口约为450万,占全国人口的0.37%,即每10000个人中就有37人姓姜。④ 当然,这组数字里不排除外族加入的

---

① 参见徐铁生:《中华姓氏源流大辞典·前言》,中华书局2004年版,第9页。
② 刘庆柱:《中华文明五千年不断裂特点的考古学阐释》,《中国社会科学》2019年第12期。
③ 参见张新斌:《略论中华姓氏中的"黄帝主体"文化现象》,张庚富、武敬东主编:《全国炎黄文化论坛暨第五届中部六省炎黄文化论坛论文集》,山西人民出版社2018年版,第47页。
④ 袁义达、张诚:《中国姓氏——群体遗传和人口分布》,东北师范大学出版社2002年版,第221页。

数量。

　　姜姓来源,从史料记载看,有两个渠道:一是出自炎帝,一是出自外族改姜姓。这里我们主要讨论第一种意见,即炎帝姜姓的来源。关于姜姓始于炎帝的记载,较早见于《国语·晋语四》:"炎帝以姜水成……炎帝为姜。"其后的《竹书纪年》《世本》《说文解字》《帝王世纪》等古籍皆言炎帝居姜水以为姓,即炎帝以水名为姓。在今人的研究中,又提出了不同的观点,归纳起来,大致有四种说法:一是认为炎帝以图腾为姓。二是认为以羌改姜。对此,又有三种看法:其一,因居地不同而改之。《后汉书·西羌传》云:"西羌之本,出自三苗,姜姓之别也。"依据此种记载,有学者认为"姜与羌本属同源,为西方著名的氏族"①,"住在甘肃的羌人一直称羌,而住在陕西(可能包括甘肃东部)的羌人,则别称为姜了"②。还有学者依据司空季子和司马迁所说,认为炎帝与黄帝是出于同父(或同氏族)的兄弟关系,"本姓"相同,都姓"公孙",后长大因炎帝住到姜水,便以居地而将公孙改为"姜"。③ 其二,因生产方式不同而改之。认为羌和姜是同族群的两个分支,从游牧经济走向畜牧经济的羌人称为"羌",而从游牧经济走向农耕经济的羌人则称为"姜",后者就是炎帝氏族。④ 其三,由音转而来。有学者认为:"姜"是"羌"的音符(其声纽为牙音的同类相转),"'姜'由羌、蟜音转"。⑤ 三是赐姓。郑玄《驳五经异义》云:"炎帝姜姓,太昊所赐。"四是从母姓。"炎帝姜姓,为姜女所生。"⑥故姓姜。以上诸说,尽管分歧,除了第四点从母姓外,但有一点是肯定的,均认为姜姓(外族改姓除过)源于炎帝,换言之即炎帝为姜姓之祖。那么,炎帝的姜姓又是如何得的? 本文认为是以图腾为姓(参见第三章第二节)。

　　关于姜姓的流变,《国语·周语下》云:"禹治水土,其共工之从孙,四岳佐之。"帝尧为表彰禹治水有功,在"赐姓曰姒,氏曰有夏"的同时,亦"祚四岳国,命以侯伯,赐姓曰姜,氏曰有吕"。韦昭注:"姜,四岳之先,炎帝之姓也。炎帝世衰,其后变易,至四

---

①　徐旭生:《中国古史的传说时代》(增订本),科学出版社,1980年版,第123页。
②　邹衡:《论先周文化》,《夏商周考古学论文集》,文物出版社1980年版,第351—第352页。
③　钱杭:《论中国古史上的"姓"与"氏"》,《学术月刊》1999年第10期。
④　王小盾:《高原人和平原人的共同祖先》,《寻根》1995年第4期。
⑤　刘起釪:《炎黄二帝时代地点考》,《炎黄春秋》增刊《炎黄文化研究》1994年(总)第1期。
⑥　王献唐:《炎黄氏族文化考》(节选),郑杰祥主编:《炎黄汇典·文论卷》,吉林文史出版社2002年版,第361页。

岳有德,帝复赐之祖姓,使绍炎帝之后。以国为氏也。"由此可知,尽管炎帝因图腾而为姜姓,但其子孙却因"世衰"而"变易他姓",直到其后裔伯夷(四岳,亦尊称太岳)在今河南南阳建立吕国后,才又被赐姓姜。炎帝之后,见于史书最早的姜姓人物是伯夷孙姜尚(姜尚因是吕国的子孙,亦名吕尚、吕望)。

据宋代邓名世《古今姓氏书辨证》卷十三载:姜姓自夏、商到西周,分为齐、许、申、甫四国。《世本·氏姓》篇曰:"炎帝,姜姓。许、州、向、申,姜姓也。"许国原在今河南许昌一带,后先后迁至今河南叶县西南、安徽亳州东南、河南西峡、河南鲁山东南。春秋战国之际,许国被楚所灭,后裔以国为姓;申国原居今陕西、山西间。《通志·氏族略》云:"申,伯爵,姜姓,炎帝四岳之后,封于申,号申伯,周宣王之元舅也。"后被楚国灭掉,后裔以国为姓;甫国在今河南南阳西,因宣王时改"吕邑"为"甫邑",建甫国,春秋时被楚所灭,后裔以国为姓;州姓故址在今山东安丘东北之淳于城,西周初武王所封,建立州国,其后裔以国为姓;向姓故址在今山东莒县南,春秋时曾建立向国,国灭后,其王室贵族及其他族人以国为姓。此外,炎帝后裔姜姓在东方建国的还有:析(今河南内乡、淅川)、封(今河南封丘)、隰(今河南武陟)、厉(今湖北随县)、高(今山东济南)、剧(今山东)、甗(今山东)、崔(今山东济南)、卢(今山东省济南市长清区西南)、廪邱(今山东郓城)、焦(今安徽亳县)、黄、姒、薛、沈(均在今山西汾河流域)等。另外,还有雷、方、井、山、丘等。这些均以国为姓,分为24姓。齐国建都于今山东淄博市东北的临淄一带。田和灭齐,姜子牙后代分散各地,支裔歧分,子孙繁衍,先后分为71姓。有研究者考证,周代金文嵌姓的女性称谓有455例,其中姜姓的出现数量已占到五分之一强。① 据秦嘉谟辑补的《世本·氏姓篇》,仅炎帝后裔姜姓一支,汇集为16个属地(即地区或方国),107个氏。每个氏又发展为姓,即107个姓。

汉初,居住在今山东、河南的姜氏发展成为关东大族(豪族),迁至关中,后遂居今甘肃天水。三国时代蜀汉大将军襄平侯姜维,居上邽(今甘肃省天水市西南)。族人世居天水郡,称"天水"为其堂号。另外,广汉(今四川省)姜氏、九真(今越南清化省)姜氏亦都是天水姜氏的分支,从魏、晋至唐、宋,逐渐播迁分布于今江苏、四川、河北、河南、江西、浙江、安徽、山东、广东等地。到了明清时期,今山西、陕西、贵州、湖南、福建、湖北等省也有姜姓的聚居点。在此期间,姜氏族人还纷纷向中国南部闽、粤和台湾迁徙,而渡海到台湾者又以来自粤籍居多。据有关资料记载,第一个到达台湾的姜

---

① 曹兆兰:《金文女性称谓中的古姓》,《考古与文物》2002年第2期。

姓始祖是姜朝凤。他是姜世良(明代洪武年间,先迁到福建漳州龙溪县红豆村,发迹后,其子孙后代又迁居今广东陆丰市盐敦乡,繁荣发展后,其子孙最先又迁居台湾)的第11代孙,于清乾隆二年(1737)航海过峡,迁居台湾。先居台湾新竹县红毛港,后子孙繁衍,又分迁居台北等地。自姜朝凤入台后,姜姓人氏迁台者不断增加,成为台湾的一个重要姓氏。目前,姜姓在台湾姓氏中排名第62位。后裔分支命氏计73个姓氏。

依据《世本》《史记》《路史》《姓氏考略》《通志》《万姓统谱》《姓氏急就篇》《风俗通》及《古今姓氏书辨证》《姓源》《姓纂》等古籍和今人台湾学者姜竹提供的《炎帝神农姜姓诸氏渊源表》、何光岳《炎黄源流史》的考证、归纳,炎帝神农氏后裔分支命氏散布在全国各地及邻国的姓氏大约有366个(又一说为433个姓①),分别为:姜、魁傀、魁、炎、神、农、厉山、厉、赖、烈山、烈、列山、列、山、列御、裂、丽山、丽、伊耆、耆、大庭、大、节、缙云、三苗、三饶、三乌、危、蛊、白、白乙、柱、稷、封、封父、富父、钜、巨、舟、药、穆、畜、阪泉、鉏丘、籍丘、公干、侯汾、侯豆、佚豆、潞、路、路中、戎子、斛律、斛、解批、皋落、落、乌镘、狄、方、句龙、句、绚、共、洪、后、夸、逢、蜂、有邰、邰、有台、台、驹、怡、帖、默怡、墨胎、墨台、墨、伯、玄氏、氏、羌戎、羌、乞、乡、函井、同蹄、吕、甫、旅、刑、许、甘、申、申屠、齐、谢、纪、郦、戏、露、薄姑、薄、蒲、孤竹、竹、竺、州、淳于、淳、浮、焦、国、章仇、章、井、百里、明、西乞、灌檀、檀、太公、望、牙、尚、绍、茶、浦、柯、指、彦、青、年、角、洴、丘、邱、大陆、陆、东郭、铎、间公、间丘、间葵、余丘、佘丘、佘、蛇丘、蛇、其、即、略、於陵、易、翰公、公翰、丁、伋、丁若、崔、左子、左、右子、右、骆、将具、癸、乐利、献、高、高堂、尹文、卢、柴、仲孙、诸儿、无知、毋知、无圉、齐季、桓、亘(互)、旦、棠、卢蒲、蒲、蒲卢、卢胥、善弋、古蒲、隰朋、朋、庆、庆父、贺、孝、懿、子襄、襄、栾、子雅、子屋、子旗、旗、子工、子功、子泉、子公、子韩、雍门、子夏、子渊、渊、子乾、灵、臼季、移、公牛、公牵、公皙、皙、公纪、士疆、士强、(强)、士、景、晏、平、公旗、壬、仲长、麻、颛、东宫、咸丘、梁丘、虞丘、东门、唐孙、畅、莱、斜、吕相、姁、姜林、姜范、神农、神民、励、连山、郦山、骊山、庭、阜、曲阜、缙、云、三鱼尧、怪、丙、邴、邴意、向、嗣汾、宇文、榆、鉤、龚、土、蒙、逢公、逢丘、逢门、逢孙、亮、噎、鸣、岳、公孙、休、杨、礼、锡我、止、文、直、且、直人、鄌(许)、叔、函、申鲜、宇、貌、齐貌、射、蒲如、蒲姑、符、亳、州公、于、鄂、彰、补、泙、湃、糕、勾龙、北(丘)、垚、耨、间、将其、将、钜、卢门、但、堂、襄隰、囊、宾、捷、接、楒、揖、我、子

---

① 何光岳:《中华姓氏源流史》,湖南教育出版社2003年版,目录。

牟、艾、禀丘、剧、禚、南史、西郭、北郭、北、弦、秱、析、子剡、储、淯、氏、是、琅、鄟、谭、覃、阚、福子、连、昼、汲、郲、朱襄、戎、文、充、聂、查等。以上这些姓氏或以国、或以邑、或以人名、或以草木等为姓氏,他们随着历史的演进,有些消失了,有些又分支变易他姓,有些还成为名门望族或大族、豪族,如姜齐支裔的崔、卢、吕、高、贺、齐等姓。但不管怎样的发展变化,其祖源均来自炎帝姜之本姓。①

二、黄帝"姬"姓之祖,分支易姓均源于"姬"

姬姓亦是我国22个古姓之一。但从1982年全国人口普查统计,姬姓未进入100个大姓之列,其原因是在漫长的历史发展中,黄帝姬姓子孙被分封各地,多数以国或以地为姓氏所造成的。在300个大姓中,列入207位,人口约为44万,占全国人口的0.035%。② 若将出自黄帝姬姓的其他姓氏予以全部统计,有学者研究后提出,在当今100个大姓中,出自黄帝者86个,占比86%,实际人口数量约为9.74亿,占人口总数的76%;在当今300个大姓中,出自黄帝者270多个,占比90%;实际人口数量约为10.6亿。③ 若将炎帝的人口加起来,出自炎黄二帝的人口总量约达11.45亿,占总人口的96.1%,为当今人口的主体。

《史记·五帝本纪》云:"自黄帝至舜、禹,皆同姓而异其国号,以章明德。故黄帝为有熊,帝颛顼为高阳,帝喾为高辛,帝尧为陶唐,帝舜为有虞。帝禹为夏后而别氏,姓姒氏。契为商,姓子氏。弃为周,姓姬氏。"《三代世表》云:"舜、禹、契、后稷,皆黄帝子孙也。"据司马迁"天下皆同姓,同姓皆一家"的民族大一统思想,中华民族无论是华夏族,还是东夷、南蛮、西戎、北狄等古代中原周边地区的少数民族,都是炎黄子孙,根同一系,本自一源;中国人的姓氏产生于唐、虞、夏、商、周的上古时期,而唐、虞、夏、商、周的古帝之姓,皆为黄帝姬姓分衍而来。

关于姬姓的来源,从现有资料看,有三个渠道:一是源于黄帝姬姓。《左传·昭公十七年》:"昔年,黄帝氏以云纪,故为云师而云名。"杜预注:"黄帝,姬姓之祖也……"

---

① 谢钧祥:《中原寻根》,河南人民出版社1994年版,第443页。据《姜氏会讯》统计:姜姓自炎帝神农氏以降,后裔分支命氏共计为247个姓氏。

② 参见徐铁生:《中华姓氏源流大辞典》,中华书局2004年版,第230页。

③ 参见张新斌:《略论中华姓氏中的"黄帝主体"文化现象》,张庚富、武敬东主编:《全国炎黄文化论坛暨第五届中部六省炎黄文化论坛论文集》,山西人民出版社2018年版,第47页。

二是以周姓改姬姓。据《姓氏考略》记载："梁（梁朝）周弘正，谄事王伟，避侯景讳改姓姬氏，周石珍亦改姓姬氏。"三是外族改姬姓。这里我们主要来讨论第一种意见，即黄帝姬姓的来源。

黄帝姬姓的来源，古今研究者亦有多种看法。归纳起来主要有五种观点：其一，以水名为姓。《国语·晋语四》云："黄帝以姬水成……黄帝为姬。"是说黄帝生于姬水，故姓姬。① 其二，"改姓"或分化而来。《史记·五帝本纪》云："黄帝者，少典之子，姓公孙，名曰轩辕。"司马贞《索隐》案："黄帝生于寿丘，长于姬水，因以为姓……，是本姓公孙，长居姬水，因改姓姬。"《通鉴外纪》云："黄帝，有熊国君少典之子，姓公孙，名轩辕，生于寿丘，长于姬水，改姓姬。"从少典与黄帝的关系看，似乎说明少典的"公孙"是比黄帝的"姬"姓更为古老的一个姓。黄帝出生在寿丘，"本姓公孙"，后来在姬水边长大成人，故"改姓"为姬。② 其三，以图腾为姓（参见第三章第二节）。其四，赐姓。郑玄《驳五经异义》云："黄帝姬姓，炎帝所赐。"其五，音转而来。刘起釪先生认为，"典"是"氏"的音转（二声纽全同，韵部做了阴阳旁对转），"姬"由氏、典音转。③ 以上诸说尽管分歧，但有一个共同点，都认定姬姓之祖、之源来自黄帝，即黄帝族的图腾。

随着黄帝子孙的繁衍，由姬姓又分出多个姓氏。《国语·晋语四》云："司空季子曰：'……凡黄帝之子，二十五宗。其得姓者十四人，为十二姓，姬、酉、祁、己、滕、箴、任、荀、僖、姞、儇、依是也'。"《史记·五帝本纪》亦云："黄帝二十五人，其得姓者十四人。"这些新的姓氏实际上就是从黄帝族姬姓分化出来的。他们从黄帝族分化独立出来以后，或者随着时间的变迁，或者由于分居新的地域，久而久之，便采用新的姓氏来命名族名。据记载，黄帝的 25 个儿子为四母所生，得姓 12 个，分化为 12 个胞族，散居各地，发展到 101 个属地（方国、诸侯），派生出 510 个氏，其中，仅一个姬姓，就衍分出 198 个氏。④

夏、商、西周时期到春秋战国时期，是中华姓氏的发展、普及和定型时期。关于夏、商、周三代古帝之姓的来历，司马迁根据《帝系姓》《五帝系牒》等牒记、历数之书，

---

① 王相笺注：《百家姓考略》，中国书店出版社 1991 年版，第 47 页。
② 参见钱杭：《论中国古史上的"姓"与"氏"》，《学术月刊》1999 年第 10 期。
③ 刘起釪：《炎黄二帝时代地点考》，《炎黄春秋》增刊《炎黄文化研究》1994 年（总）第 1 期。
④ 参见谢钧祥：《中原寻根》，河南人民出版社 1994 年版，第 60 页。

在《史记》中做了如下的考察。据《夏本纪》载:"禹者,黄帝之玄孙而帝颛顼之孙也。"颛顼既生穷蝉,传帝舜一系,又生鲧,鲧生文命,文命即代鲧治水有功而开创夏朝的夏后氏帝禹,从母姒姓,从父姬姓。据《殷本纪》载:商朝的始祖姓子,名契;而契是高辛氏次妃陈锋氏之女所生。"帝喾高辛氏,黄帝之曾孙也。"据《周本纪》载:周王始祖后稷(名弃)是高辛氏与元妃有邰氏之女姜嫄所生,姓姬。《礼记·祭法》也有大致相同的记载:"有虞氏禘黄帝而郊喾,祖颛顼而宗尧。夏后氏亦禘黄帝而郊鲧,祖颛顼而宗禹。殷人禘喾而郊冥,祖契而宗汤。周人禘喾而郊稷,祖文王而宗武王。"由此可见,颛顼、帝喾、尧、舜及夏、商、周民族都将黄帝奉为自己的祖先神,五千年中华文明史初创阶段的古帝之姓,皆同根共祖,源出黄帝。

据秦嘉谟辑补的《世本》,黄帝、颛顼、帝喾、尧、舜、禹、契等族(周族未计)总共18姓,他们的后代占据152个属地,组成了152个方国,包括875个氏。这里说的18姓,实际上是早期的有血缘关系的18个系统;所谓属地就是指地区,或称方国,或称诸侯国。这800多个氏的名称,有一部分在后来被淘汰了,有的被简化了,绝大部分被简化为单姓,少数保留为复姓。现在社会上存在的姓,可以说百分之九十以上包括在这800多个氏以内(氏和姓的内涵本来是不一样的,但后来氏的名称都演化为姓了)。①

关于周之"姬"姓之来历,大致有两种说法:一是说出自黄帝的姬姓。《国语·周语下》云:"我姬氏出自天鼋。""天鼋",韦昭注:"十二星次之一"。郭沫若认为西周青铜器铭文的族徽"黿"形当为"鼋"字,并说"'天鼋'即轩辕也。《周语》:'我姬氏出自天鼋,犹言出自黄帝'"。马叙伦亦从此说。② 以此可知,黄帝为姬周之远祖。一是说与图腾或生育行为的特征有关。王充在《论衡·诘术》中说:"古者因生以赐姓,因其所生赐之姓也……周履大人迹,则姬姓也。"这是说,古人生下来就有了姓,是由其所出生之物而命名。周始祖的母亲踩上了图腾熊的足迹而生,故以"姬"("迹")为姓。周人灭商后,成康之际,为了巩固其统治,"昔周公吊二叔之不咸,故封建亲戚,以蕃屏周。管、蔡、郕、霍、鲁、卫、毛、聃、郜、雍、曹、滕、毕、原、酆、郇,文之昭也。邘、晋、应、韩,武之穆也。凡、蒋、邢、茅、胙、祭,周公之胤也"(《左传·僖公二十四年》)。《荀子·儒效》说:周公"兼制天下,立七十一国,姬姓独居五十三人"。所封的同姓子孙,或以地为姓,或以国为姓,其后均成为姬周的裔支姓氏,如:"管、蔡、郕、霍、鲁、卫、毛、

---

① 参见许顺湛:《论中华人文始祖与炎黄子孙》,《中华人文始祖——炎黄二帝巨塑奠基纪念文集》,河南人民出版社1991年版,第61—62页。

② 参见王贵民、杨志清主编:《炎黄汇典·史籍卷》,吉林文史出版社2002年版,第7页。

聃、郜、雍、曹、滕、毕、原、酆、郇、邗、晋、应、韩、凡、蒋、邢、茅、胙、祭、吴、虞、虢、郑、燕、魏、芮、彤、荀、贾、耿、滑、焦、杨、密、随、巴"(《日知录·姓》卷二十三)姓。据今人研究,周代金文中出现的女性称谓姬姓使用数已是"三分天下有其一",占到当时455例的32.75%。① 从这一侧面可知,当时姬姓使用之普遍。这与周王室及姬姓诸侯贵族掌握政权有关。周朝实行的分封制度,与宗法制度的紧密结合,使各国同姓便为兄弟,异姓则为甥舅,彼此之间都有了血统关系。

据《史记·五帝本纪》记载,不但颛顼、帝喾、唐尧、虞舜和夏、商、周上古的华夏族古帝是源出黄帝这位同根同宗的本家,而且"中国"以外的周边地区古代其他民族也出自黄帝一系。少昊族(东夷)的后代,据《路史》作者统计:偃姓国二十二个,嬴姓国五十七个,李姓国四个,纪姓国六个,蔑姓国二个,还有不知何姓的国九个,总共六姓一百个国。《世本》云:"少昊,黄帝之子。"说明这六姓都与黄帝姬姓有关。北狄是指北方的民族,《山海经》云:"黄帝之孙曰始均,始均生北狄。"《世本》亦云:"翟(狄)氏,黄帝之后,代居翟(狄)地。"是说北狄为黄帝子孙。司马迁说:"匈奴,其先祖夏后氏之苗裔也,曰淳维。"(《史记·匈奴列传》)这是说处在北方的匈奴亦是黄帝的后代。南方的吴、越、楚、巴、蜀、苗民,亦自认为是黄帝子孙。如《史记·楚世家》载:"楚之先祖出自帝颛顼高阳氏。"在高阳氏的后裔中,有个叫吴回的,号祝融氏。祝融生陆终,陆终生昆吾、参胡、彭祖、会人、曹姓、季连等六子,今衍出己、董、彭、秃、妘、曹、斟、芈八姓(祝融八姓)。其中,第六子季连(芈姓)的后裔鬻熊为楚国的开创者。又如《越王勾践世家》载:"越王勾践,其先禹之苗裔,而夏后帝少康之庶子也。"《东越列传》又载:"闽越王无诸及越东王摇者,其先皆越王勾践之后也,姓驺氏。"东越出自勾践,勾践出自夏禹,夏禹出自黄帝,一脉相承。

秦汉以后的魏、辽、金、夏、元、清等少数民族,在他们入主中原,取得政权后,亦都表明为黄帝后裔。如魏晋南北朝时的夏国赫连勃勃、鲜卑慕容氏、氐秦苻氏、匈奴刘渊、羯人石勒、契丹以及在世界屋脊上建立的藏族政权,都自认为是炎帝、黄帝的苗裔。满人建立的清王朝,仅在康熙朝就先后遣使17次祭祀炎帝陵和黄帝陵。据调查,在历朝历代中,少数民族多达6636个两字以上的汉字姓,其中5100多个均为古代少数民族姓氏的汉译。今天尚在使用的复字姓仅剩250多个,其中除80%的是原有汉姓和近代新创造的以外,古代留存下来的仅有50多个,其余的5050个全部都改

---

① 曹兆兰:《金文女性称谓中的古姓》,《考古与文物》2002年第2期。

成了汉姓。① 这反映了他们对汉族姓氏的认同。

据1983年5月3日《人民日报》的统计资料表明,当今中国人口最多的前十大姓是李、王、张、刘、陈、杨、赵、黄、周、吴。另据2007年公安部治安管理局对全国户籍人口的一项统计分析,前十大姓为王、李、张、刘、陈、杨、黄、赵、吴、周。又据有关资料显示,十大姓中的前五姓,其人口合计超过3.5亿,若再加上后五姓(以每姓为4000万人口计算),这十姓合计约达5.5亿人以上,几乎占全中国人口的一半。而这十大姓的来源,均可上溯至黄帝。分别是:李——始祖皋陶—女华—大业—颛顼;王——一支始祖太子晋—周灵王—周太王亶父……后稷,一支始祖齐国田氏……妫满……帝舜,一支始祖比干……商汤王天乙……契;张——始祖挥—帝少昊(玄嚣);刘——一支始祖士会……刘累……帝尧,一支始祖王季—周成王……周太王亶父……后稷;陈——始祖妫完……妫满……帝舜;杨——一支始祖尚父……周宣王……周太王亶父……后稷,一支始祖伯侨……周成王弟叔虞……周太王亶父……后稷;赵——始祖造父……季胜——蜚廉……皋陶……颛顼;黄——始祖陆终,后裔—吴回—老童—颛顼;周——一支始祖周太王亶父……后稷,一支始祖烈——周平王……周太王亶父……后稷;吴——始祖太伯、仲雍—周太王亶父……后稷。②

三、姬、姜通婚,构成了中华民族凝聚力形成的"血缘"基因

《国语·晋语四》云:"昔少典娶于有蟜氏,生黄帝、炎帝……二帝用师以相济也,异德之故也。"从季子的话里,我们可以知道,黄帝和炎帝是从少典、有蟜氏族分裂出来的两个"双胞族",因住在两个相邻而又不同的水系即姜水流域和姬水流域独立发展,而成为"异姓""异德"。"德"依据《易·系辞下》《庄子·天地》《韩非子·解老》等古籍的解释,其初义便是"生",指种的繁衍,也可引申为族群的性质,③也就是指传统、风俗习惯、生活方式和特征等。④ "异姓则异德",据古代社会同姓不婚,姬、姜二族便成了两个长期的通婚族(族外婚),并以联姻而结为部落联盟,互为相济,彼此救援。⑤

---

①② 参见王泉根:《姓氏谱系与中国文化之根》,《寻根》1994年第2期。

③⑤ 赵世超:《炎帝与炎帝传说的南迁》,郑杰祥主编:《炎黄汇典·文论卷》,吉林文史出版社2002年版,第568页。

④ 参见霍彦儒:《姬姜二族的"三缘"关系》,宝鸡市社科联:《姜炎文化论》,三秦出版社2001年版,第160页。

姬、姜二族的婚姻关系，从文献记载可追溯至"五帝"时期的帝喾高辛氏。《史记·五帝本纪》"正义"引《帝王世纪》云："帝喾高辛氏，姬姓也。"又云：帝喾有"四妃，卜其子皆有天下。元妃有邰氏女，曰姜嫄，生后稷"。邰，《说文解字》云："炎帝之后，姜姓所生，周弃外家国"。可见，周人始祖后稷（弃）为姬姜二族通婚所生。

姬、姜二族的这种联姻，从周的建国前到建国后即西周时期就更为频繁。古公亶父为"周家历史第一代"，他的妻子是古公在岐下娶的，是姜水边长大的姜姓女子。因这是第一位从姜姓族（有邰氏）里嫁给姬周族的女子（《诗经·大雅·绵》），所以后人称她为"太姜"。又据《帝王世纪》载："武王妃，太公之女，曰邑姜……生太子诵（成王）。"可见，在周朝建立前，姬姓贵族与姜姓贵族就已世为婚姻。周朝建立之后，姬姓诸侯，仍是以与申、吕、齐、许等姜姓诸侯通婚为常例。在一定意义上说明，周朝是姬姜两姓族联盟建立起来的王朝。同时，历史也说明，随着姬姜联盟的破裂，西周也就走向灭亡。周宣王之母为姜氏，其皇后又为姜氏。宣王子幽王之后为申后，是申伯（侯）的孙女，生下平王宜臼。由于幽王宠爱褒姒而废弃申后及太子宜臼，另立褒姒之子余臣为太子，这就破坏了姬、姜联姻的感情纽带，引起姬、姜两姓情感的破裂。于是，申侯大怒，联络缯、西夷、犬戎等姜姓联军攻破镐京，杀幽王于骊山之下，导致西周灭亡。这一正一反的例子，说明姬、姜二姓的联姻是姬姜二族政治联盟的基础，在西周政权的建立和巩固过程中起着特别重要的作用。

姬、姜两姓的通婚，除西周时的周王室外，姬、姜为了维护东周王朝政权和巩固各诸侯国的统治，并把这种联姻推及春秋时的各诸侯国。如"姬姓之国娶姜姓者，卫国有庄姜、敬姜、夷姜、宣姜、定姜，鲁国有文姜、声姜、哀姜、穆姜、敬姜，晋国有姜氏（穆公夫人）、齐姜，郑国有武姜（申侯之女）、齐姜。姜姓之国娶姬姓者，齐国有季姬、王姬、蔡姬、卫姬、孟姬、虞姬、东郭姬等"①。

从前文我们知道，姓从中国的史前传说时代就已开始。由于那时的子女"知其母，不知其父"，所以将一些代表氏族标志和符号的"图腾"转化为姓，以此来代表有共同血缘关系的氏族，即一个氏族名下的成员都出自同一个母系祖先。如《左传·隐公八年》载："天子建德，因生以赐姓。"《说文》载："姓，人所生也。"随着氏族、部落之间的交往、融合，姓亦得到了普及和扩大。秦汉以后，随着"姓"和"氏"的"混而为一"，将姓由最初的图腾得姓变为多种的得姓方式以后，姓的"生"的本义亦逐渐变得

---

① 何光岳：《炎黄源流史》，江西教育出版社1992年版，第915页。

模糊起来。也就是说,姓从"族"的方面说,其表示血缘关系的功能已基本消失,仅剩下一个"符号"而已。尽管如此,若追溯一个民族的起源,其最早形成民族的氏族或部落,则是以血缘关系为"脐带"的。也就是说,形成一个民族的内核或者说"基因"就是血缘。《原姓》篇云:"氏一再传而可变,姓千万年而不变。"这里所说的"姓"实际上指的是"血缘"。所以,从某种意义上说,"姓"则是这种血缘关系的一种反映。华夏族的形成过程也是如此。

中华民族的主体民族是汉族。汉族先世,主要渊源于先秦时期的华夏族。而华夏族的来源,据古史传说则源于炎、黄、蚩联盟集团。我们知道,炎、黄这两个氏族即姜姓、姬姓,是从少典、有蟜氏分裂出来的,并从炎黄时代起,就是两个通婚族,建立了具有血缘关系的华夏集团。以姬、姜华夏集团为核心,通过融合东夷、苗蛮、百越等族,至春秋战国,形成了以夏、商、周三族融为一体的、并有"四夷"参加的华夏族;至秦汉时期,又形成了汉民族。经过魏、晋、南北朝、隋、唐,以至于宋、元、明、清,汉民族无论是作为统治民族还是被统治民族,都是人口占绝大多数。汉地经济是历代王朝立国之基,汉文化始终起主导作用。其"中间经历两次由大分裂到重新南北多民族统一,终至实现大统一,汉族始终发挥了中华民族凝聚核心和主体民族的作用……近现代中华民族从自发到自觉大联合,汉族同样起着凝聚核心和主体民族的作用"[①]。汉民族之所以能有如此强大的凝聚力,成为各民族共同的凝聚核心,其形成原因既与汉民族所处的优越地理环境、稳定的共同地域、拥有强大的国家政权、发达的社会经济、悠久的历史文化传统以及善于与各族人民相处、彼此间频繁的经济、文化交流、相互依存,共同反对民族压迫、阶级压迫,共同反对帝国主义的武装侵略与掠夺等所结成的难以分割的联系有着密切的关系,但同时,我们也不得不承认,血浓于水,与形成汉民族之内核和"基因"的姬、姜二姓的血缘关系有着一定的作用。再说,前者所举因素可能会因时因地、或其他某种原因而发生变异,但唯独五千年"血脉"源远流长,是永远不会改变的,其血管里永远流淌的是"龙"的血液。所以,我们说姬、姜二姓之通婚,构成了中华民族凝聚力形成的"血缘"基因。

综上所述,追本溯源中华姓氏,其占比98%以上来源于姬、姜二姓,人口占总量的96%以上。所以,炎黄二帝为中华姓氏之根、之源,炎黄二帝既是中华民族的人文始

---

① 陈连开:《中国民族史纲要》,中国财政经济出版社1999年版,第132页。

祖,又是中华民族的血缘始祖,中华儿女自认为是"炎黄子孙",是有其充分的历史依据的。因而,中华民族自原始社会末期,就开始有了寻根问祖、慎终追远的思想意识和优良传统。经夏商周至春秋战国以降,这种意识越来越自信自觉,出现了《世本》等一批专门记载和研究姓氏、家族的谱牒学。实际上,这种寻根问祖、追溯姓氏源流的过程,"就是增强民族向心力和凝聚力的过程。而这个过程完全是自觉自愿、潜移默化、入情入理的,是最深层次的,可以说是润物无声、渗物无痕、耳濡目染、不知不觉的,因而是最具有感染力的"①。基于此,由炎黄姜姬二姓构建起来的中华姓氏体系,也就成为筑牢中华民族共同体意识的重要内容。同时说明"作为'炎黄子孙'的中华儿女自新石器时代晚期以来,一代又一代传承、缔造了五千年不断裂的文明历史"②。

第四节 炎黄二帝与中华龙文化

自古以来,在中国人的心目中,"龙"是人世间最神秘和最神圣之物,具有无比崇高的地位。因而,上至皇亲国戚,下至平民百姓,均对龙怀有一种敬畏之心。数千年来,"龙"所形成的博大精深的龙文化,不仅成为中华民族的文化标识,而且"龙"所形成的"龙精神",成为中华民族的精神象征。追溯龙文化的起源,炎黄时代与龙和龙文化有着密切的关系,也就是说,龙和龙文化起源、形成于炎黄时代。

一、炎黄时代与龙文化

关于龙文化的研究,历代研究者有两种根本对立的意见,一种意见认为龙是神话动物,根本不存在;另一种意见认为龙是自然界中真实存在的动物。前者指龙是"神话动物"和"祥瑞动物",如《说文解字》说:"鳞虫之长。能幽能明,能细能巨,能短能长,春分而登天,秋分而潜渊。"《瑞应图》说:"黄龙者,四龙之长,四方之正色,神农之精也。能巨细,能幽明,能短长,乍存乍亡。"

后者指龙是"蛟龙古鳄""蛇"以及马、鱼、蚕等等,如《左传·襄公二十一年》云:

---

① 张海瀛:《炎黄二帝——中华姓氏之根》,王俊义主编:《炎黄文化研究》(第六辑),大象出版社2007年版,第67页。

② 刘庆柱:《中华文明五千年不断裂特点的考古学阐释》,《中国社会科学》2019年第12期。

"深川大泽,实生龙蛇。"《荀子·致士》篇云:"川渊者,龙、鱼之居也。"《孟子·滕文公下》云:"当尧之时,水逆行,泛滥于中国,蛇龙居之,民无所定……禹掘地而注入海,驱龙蛇而放之菹。"尽管认识不同,但龙作为一种文化现象,依然为古今人们所重视和崇敬。

据考古发现可知,我国最早的龙形象出现于新石器中晚期,即我们前面所说的炎黄时代(距今7000—5000年),在中国大地上先后发现了多处"龙"文化遗存。被学术界广泛确认的有:属于仰韶文化的陕西宝鸡北首岭遗址(距今约7000年)发现的鱼形龙、浙江余姚河姆渡遗址(距今约7000年)的鹰形龙,河南濮阳西水坡遗址(距今约6400年)的鳄形龙,甘肃甘谷西坪遗址(距今5500年)的鲵形龙,河南陕县(距今约5000年)的蜥蜴形龙;属于赵宝沟文化的内蒙古赤峰敖汉旗小山遗址(距今约6000年),分别发现了猪、鹿、鹰、牛等龙形;属于良渚文化的有浙江余杭反山遗址(距今约5000年)发现的虎形龙;属于红山文化的有内蒙古赤峰三星他拉村遗址(距今约5000年)发现的马形龙,辽宁建平县发现的距今约5000年的熊形龙;属于马家窑文化的有甘肃武山傅家门遗址(距今约5000年)发现的鲵形龙;属于大溪文化的有湖北黄梅焦墩遗址(距今约6000年)发现的牛形龙;属于屈家岭文化的有湖北天门石河镇遗址(距今约4800年)发现的猪形龙等。另外,在距今约4500年的大汶口文化山东莒县陵阳河遗址、龙山文化的陕西石峁古城遗址、山西襄汾陶寺遗址和山东日照两城镇遗址分别发现了蛇、鹰、虎等龙形及龙形纹图案。而"这些动植物在先民崇拜、敬畏的文化滤镜下被逐渐神化,形象上更经由不断加工、融合、创新,形成了不同区域各有特色的原始龙形象。简言之,仰韶文化中不同地区的鱼龙、蛇龙、鳄龙,均是现实生活中鱼、蛇、鳄等自然形象神格化的产物"①。

关于炎黄时代与龙文化的关系,不仅反映在考古上,历代文献典籍中也多有记载。

炎帝与龙文化 古籍记载有《帝王世纪》:"炎帝神农氏……母曰任已……游华山之阳,有神龙首感女登于尚(常)羊,生炎帝。"《春秋元命苞》:"少典妃女登,游华阳,有神龙首感之于常羊,生神农。"《宋史·符瑞志》:"有神龙首感女登于常羊山,生炎帝神农。"《史记·五帝本纪·正义》:"神农氏姜姓也。母曰任姒,有蟜氏女登为少典妃,游华阳,有神龙首感生炎帝。"《路史·后记三》:"女登感神于常羊,生神农于烈

---

① 袁广阔:《龙图腾:考古学视野下中华龙的起源、认同与传承》,《光明日报》2020年12月3日第11版。

山之石室……龙颜而大唇。"许顺湛解释以上记载说:"炎帝母族是有蟜氏,父族是少典氏。女登与龙交而生炎帝,说明少典氏必是龙图腾,炎帝是龙之子。'任巳'与'任姒'同,巳本身就是蛇,炎帝母族中也有蛇图腾崇拜。少典为有熊氏国君,也崇拜熊图腾。蛇和熊都是龙的组成部分。因此,炎帝的父族、母族都是龙图腾。"其父族、母族以龙为图腾,那么,说明炎帝与龙图腾也有关系。但在有些古史传说中,将炎帝说成"人身蛇首"(《北堂书钞》卷一《异表》)、"龙首龙颜"(《诗含神雾》)、"人首牛身"(《竹书纪年》笺按)。这里所说"牛首""龙首龙颜",不能理解为我们生活中的牛或想象中的龙,而应从图腾崇拜的角度去理解,是说炎帝与炎帝族曾有过龙或牛(其实为羊)的图腾。再者,在炎帝世系里,与龙有关系的还有共工氏。如《路史·后记二》注音《归藏·启筮》:"共工人面,蛇身,朱发。"《淮南子·坠形训》:"共工氏有子曰句龙,为后土。"《山海经·大荒北经》:"共工臣名曰相繇,九首蛇身自环。"此外,民间也多有炎帝与龙的传说。如炎帝出生到九龙泉"洗三",九龙游出向其喷水;炎帝的妻子是龙女;炎帝三岁就去拜见龙王降雨要均匀;炎帝养龙犬上天盗谷种,等等。

黄帝与龙文化 关于黄帝及其后裔颛顼、帝喾、尧、舜、禹以及夏商周都与龙文化有着直接或间接的关系。如《竹书纪年》:"黄帝轩辕氏,其母附宝,见大电绕北斗枢星,光照郊野,感而孕二十五月而生帝于寿丘。生而能言,龙颜,有圣德,刻百神朝使之。"前面说到炎帝父族为龙图腾,黄帝与炎帝同为少典族分支,也当为龙图腾。黄帝居住有熊,理应为熊图腾,熊为龙的组成部分,也可理解为龙图腾。黄帝母因见大电绕北斗而怀孕,大电视雷的表象,与雷是同一体,雷只可听,电只可见。《论衡》说:"雷龙同类。"也可说"电龙同类"。由此可见,黄帝的出生与符宝感龙有关。① 所以,史书中也多有黄帝与龙关系的记载。如《史记·天官书》:"轩辕黄龙体。"《史记·五帝本纪》:"(黄帝)生日角龙颜,有景云之瑞,以土德王,故曰黄帝。"《山海经·海外西经》:轩辕国"人面蛇身,交尾首上"。《淮南子·天文训》:"中央土也,其帝黄帝,其佐后土……其兽黄龙。"据古史传说,黄帝的生不仅与龙有关系,而且黄帝的死也与龙有关系。《史记·孝武本纪》:"黄帝采首山铜,铸鼎于荆山下。鼎既成,有龙垂胡髯下迎黄帝。黄帝上骑,群臣后宫从上龙七十余人,龙乃上去。余小臣不得上,乃悉持龙髯,龙髯拔,堕黄帝之弓。百姓仰望黄帝既上天,乃抱其弓与龙胡髯号,故后世因名其处曰鼎湖,其弓曰乌号。"这段话说黄帝骑龙上天显然是不可能的,而是在凸显黄帝的

---

① 参见许顺湛:《龙文化与中华民族》,《许顺湛考古论集》,中州出版社2001年版,第325页。

神圣性和对黄帝的崇拜。黄帝的军事等活动也与龙分不开。如《山海经·大荒北经》:"蚩尤作兵伐黄帝,黄帝乃令应龙攻之冀州之野。"《管子·五行》:黄帝"得苍龙而辨于东方"。《淮南子·冥览训》:"黄帝治天下……青龙进驾。"

在古史传说中,不仅传说黄帝与龙有关系,而且传说其后裔颛顼、帝喾、尧、舜、禹与龙也有关系。如《大戴礼·五帝德》:"颛顼乘龙而至四海。"《山海经·海内经》:"汉水出鲋鱼之山,帝颛顼葬于阳,九嫔葬于阴,四蛇卫之。"《大戴礼·五帝德》:"帝喾春夏乘龙,秋冬乘马。"有学者说这里所说的马不是一般的马,是马类龙,是龙马。① 传说尧、舜的出生与龙有关。《竹书纪年》:"(尧)母曰庆都,生于斗维之野,常有黄云覆其上,及长,观于三河,常有龙随之。"《竹书纪年》:"帝舜有虞氏,母曰握登,见大虹,意感而生舜于姚丘……龙颜,大口,黑色。"禹之父鲧,《说文解字》:"鲧,鱼也。"《归藏·启筮》:"鲧死三岁不腐,剖之以吴刀,化为黄龙。"《列子·黄帝篇》:夏后氏"蛇身人面"。许顺湛说:"禹母'修巳'就是一条长蛇,因巳与蛇古为同字,金文龙字多从巳,蛇的儿子当然还是蛇。禹为姒姓,姒与巳同,因此禹应该是蛇姓,说夏后氏'蛇身人面'是正确的。不论是蛇姓还是蛇身,都说明龙图腾痕迹在禹的身上表现得还很明显,难怪禹巡游、治水都有龙相助。"《淮南子·精神训》:"禹南省方济于江,黄龙负舟。"

关于炎黄与龙的关系,还有一条重要史料,《国语·晋语四》说炎帝、黄帝都是由有蟜氏族的女子所生。有蟜氏即蛇氏。《说文解字》十三云:"蟜,虫也。"古"虫"字像蛇盘曲之状。《山海经·海外南经》:"虫为蛇,蛇为鱼。"郭璞注:"以虫为蛇,以蛇为鱼。"郝懿行注:"今东齐人亦呼蛇为虫也。"至今在民间也多有将蛇叫作"长虫"的。说明此说是颇为古老的。又知蛇为"龙"之原生型。所以,炎黄二帝其母族则以"蛇"为图腾,也就是说以"龙"为图腾。因炎黄二帝已处在母系氏族社会向父系氏族社会过渡时期或初步进入父系氏族社会,所以只能继承父族图腾,即炎帝以"羊"为图腾,黄帝以"熊"为图腾(详见第三章第二节)。

从以上考古学文化和古史传说看,炎黄时代是中华龙文化的重要起源和形成时期,为以后夏商周和春秋战国龙文化的发展和繁荣奠定了社会基础。随着历史的发展,龙文化成为人们意识中的重要观念,产生了各种各样的类型龙,如有学者将龙分类为"生物龙""文化龙""艺术龙"。生物龙即指在民间将蛇、鱼、鲵、蜥蜴、鳄鱼等自

---

① 参见许顺湛:《龙文化与中华民族》,《许顺湛考古论集》,中州出版社2001年版,第326页。

然界动物也视为龙家族祭祀崇拜。文化龙是指因信仰而创造的生物界没有的龙,包括"政治龙""宗教龙"。"政治龙"就是宫廷龙,如皇帝被称为"真龙天子""龙的年号"等;宗教龙即指儒教龙、道教龙、佛教龙等;艺术龙是指五色龙,有角、有翼、有足、有珠与无角、无翼、无足、无珠等的龙。① 正是这些形形色色、林林总总的各种各样的龙,构成一个庞大而系统的龙的世界,构成了一个内涵丰富而精深的龙文化体系,成为中华民族文化的重要组成部分。

二、中华民族与龙文化

在中国大地上,流传着一句话——"龙的传人"。这是对中华民族与龙的关系最朴素也是最精练、最高度的概括,凝结着中华民族悠久的历史和深厚的文化。这里所说的"龙",已不是一般意义上的龙,而是中华民族的象征,是中华民族团结、力量和精神的写照,是中华文化的标识。那么,为什么在中国人的心目中对龙和龙文化有如此浓烈、真挚、持久的感情?概括地说,这与中华民族特殊的起源、形成、发展和壮大分不开,与中华民族在长期的历史发展中所铸就的民族心理、性格、品格、精神有着渊源关系。具体来说大概有以下三个方面的原因:

一是由祖先崇拜即图腾崇拜所产生的。中华民族是一个知恩图报的民族,慎终追远,崇拜祖先,是中华民族的优秀品格和精神。远在史前时期,就产生了祖先崇拜的心理意识,且流传至今而不衰。"国之大事,在祀在戎"(《左传·成公十三年》)"凡治人之道,莫急于礼;礼有五经,莫重于祭"(《礼记·祭统》),将"祀"和"祭"视为国家和国家礼制的头等大事。而在对"三皇五帝"的始祖祭拜中,炎黄二帝以"三皇五帝"代表性人物,受到历代华夏儿女的崇敬,被尊称为中华民族人文始祖,炎黄文化被视为中华文化的根脉文化、源头文化。

从前文我们知道,炎黄二帝与龙和龙文化有着密切的关系,炎黄二帝的生与死都离不开龙,龙成为炎黄二帝的化身。所以,龙也就成为华夏(炎黄)联盟集团的图腾。我们说,炎帝、黄帝、蚩尤阪泉、涿鹿之战②后,"诸侯咸尊轩辕为天子",以黄河中下游为居地,建立起华夏(炎黄)联盟集团。联盟集团中的东夷族,古史传说"太皞氏以龙纪,故为龙师而龙名",到了"少皞挚之立也,凤鸟适至,故纪于鸟,为鸟师而鸟名"

---

① 参见何星亮:《关于龙文化的若干问题》,《龙文化与现代文明》,中国经济文化出版社2003年版,第8—15页。

② 参见本章第一节。

(《左传·昭公十七年》)。从这条记载看,东夷族在太皞时代也是以龙为图腾,到了少皞时代而是以鸟为图腾。黄帝在统一了东夷族后,为了稳定、团结强大的东夷族,凝聚华夏联盟集团,便以由多种动物(部分)融合而形成"一体"的"龙"代替"熊",作为华夏联盟集团的图腾。闻一多说:龙"是一种图腾(Totem),并且是只存在于图腾中而不存在于生物界中的一种虚拟的生物。因为它是由许多不同的图腾糅合成的一种综合体",是"蛇图腾兼并与同化了许多弱小单位的结果"。"大概图腾未合并以前,所谓龙者只是一种大蛇。这种蛇的名字便叫'龙'。后来有一个以这种大蛇为图腾的团族(Klan)兼并了,吸收了许多别的形形色色的图腾的团族,大蛇这才接受了兽类的四脚,马的头,鬣和尾,鹿的角,狗的爪,鱼的鳞和须……于是便成为我们现在所知道的龙了。"①

那么,如前所说,为什么龙能成为中华民族共同敬奉的图腾神?这可能与炎黄时代赋予龙"祥瑞动物"的传说不无关系。《史记·五帝本纪》说:黄帝"有土德之瑞,故号黄帝"。《索隐》则曰:"黄龙地螾见。"《封禅书》亦曰:"黄帝得土德,黄龙地螾见。夏得木德,青龙止于郊,草木畅茂。"又曰:"昔秦文公出猎,获黑龙,此其水德之瑞。"《龙鱼河图》曰:"黄龙从洛水出,诣虞舜,鳞甲成字,令左右写文章,龙去。"《汉书·文帝纪》:文帝"十五年春,黄龙见于成纪,上乃下诏议郊祀"。类似于这样的记载,古籍中是比较多的。从这些记载里,我们可以看到,龙的出现是大吉大利的征兆,不管是黄龙、青龙、黑龙,都是兆瑞吉祥的"神灵"。②

那么,龙又怎么会成为吉祥物呢?王大有解说:"龙之当初所以为吉祥物,是因为本初龙,亦即原生龙,是与族民的生产、生活发生极其密切的关系的物候动物,因为它的春苏冬眠的生活习性而成为某些族团人们的徽标。当这些族团内部出现婚姻关系时,或与别的族团发生婚姻关系时,龙的徽标就成为族称。于是龙就在观念上而不是在事实上成为父母双亲系族团子裔们的祖先。恰恰是龙的最初的物候性征,或生命节律性征,被远古人视作'同类相感'的'祥瑞'性征。当着族团人群因各种原因终于分裂为统治者和被统治者时,本来属于族全体成员的祖先神——祥瑞图腾神,却被统治者独占。统治者为了强化其统治地位,就把龙的兆瑞吉祥一面极端夸大,成为自己皇权的护身符,成为夸耀自己政绩的粉饰物。"③这种说法是有一定的道理的。

从此,随着华夏联盟集团的壮大和发展,即经过华夏民族、汉民族,再到中华民

---

① 闻一多:《伏羲考》,《闻一多全集》(第一卷),三联书店1982年版,第26页
②③ 参见王大有:《中华龙种文化》,中国时代经济出版社2006年版,第30页。

族,龙作为最初华夏联盟集团的图腾神,也愈来愈深入人心,抽象为一种文化、一种意识,即"龙的传人"意识,直至今天成为中华民族的象征和标识。于是,龙崇拜就成为祖先崇拜,敬畏龙就是敬畏祖先,敬畏炎黄二帝,敬畏中华民族。

二是由龙文化的形成与中华民族的形成的相似性所产生的。学者们基本认可,龙是由多种动物形象融合而成的形象。宋罗愿《尔雅翼·释龙》说:"角似鹿,头似驼,眼似鬼,项似蛇,腹似蜃,鳞似鱼,爪似鹰,掌似虎,耳似牛。"闻一多说:"龙图腾,不拘它局部的像马也好,像狗也好,或像鱼、像鸟、像鹿都好,它的主干部分和基本形态却是蛇。这表明在当初那众图腾单位林立的时代,内中以蛇图腾为最强大,众图腾的合并与融化,便是这蛇图腾兼并与同化了许多弱小单位的结果。"①庞进在其《中华龙文化》②一书中认为:"龙是中国古人对蛇、鳄、鱼、蜥蜴、鲵、猪、马、牛、鹿、虎、熊等动物,和雷电、云、虹霓、龙卷风、星宿等自然天象多元融合而产生的一种动物。"在龙形成之前,这些动物已分别为有关氏族的图腾崇拜对象。"而龙的形成过程,实际上也就是将这些崇拜融合在一起的过程。"③而对今天的中华民族而言,其"多元一体",也是经过长期的历史发展过程而逐渐形成的,即以炎黄二帝为核心的华夏集团,首先通过融合东夷族团,组成华夏联盟集团;再由华夏联盟集团融合苗蛮族团而组成华夏族(初级);再由华夏族通过融合"四夷",经过春秋战国到秦汉时期,汉民族开始出现;汉民族经过魏晋南北朝一直到明清,通过近2000年不断与周边少数民族的融合,像滚雪球一样形成今天具有56个民族的中华民族。从中华民族融合过程的简要叙述中,我们不难看出,中华民族多族群的融合过程与龙和多动物的融合过程何等相似。这正好反映了二者形成的一致性。所以,龙不仅是华夏/汉民族的象征,也是中华民族的象征。正如《龙的传人》歌词所说的:"古老的东方有一条龙/它的名字就叫中国/古老的东方有一群人/他们全都是龙的传人/巨龙脚底下我成长/长成以后是龙的传人/黑眼睛黑头发黄皮肤/永永远远是龙的传人"。

三是由龙精神与中华民族精神的相通性所产生的。龙文化在其漫长的历史发展过程中,逐渐形成了瑞祥、和合、利民、奋进的文化精神和品格。"瑞祥",前面已谈到,中华民族远古以龙为图腾,今又自称"龙的传人",是因为龙能为人类带来祥和安宁、能为人类除恶驱邪。尤其是中国古代封建帝王,不仅独占龙,而且视其为皇家瑞气,衣食住行等等都离不开"龙"。上行下效,在民间龙也成为人们心目中至高无上的神。

---

① 闻一多:《伏羲考》,《闻一多全集》(第一卷),三联书店1982年版,第26页。
②② 庞进:《中华龙文化》,重庆出版社2007年版,第3页。

因而，人们在社会生活和经济活动中，不论是地名还是人名，不论是企业名还是产品名，多以"龙"为名。如地名有龙山、龙洞、龙城等；人名有大龙、小龙、宗龙等；企业名有中华龙网、华龙集团、九龙公司等；产品名有海龙啤酒、龙须面、双龙酒等。人们以龙为名，其目的就是希望因"龙"而带来吉祥和时运，幸福和美满。"和合"，是指龙涵容化用"百物"特点，即取其多种动物的某一部分而组合成的一种新的"龙"形象，所以体现在龙的身上，具有兼容、包容、综合、化和的品格，体现了中华民族协和万邦、海纳百川的博大胸怀。"利民"，是指为人间带来的各种好处和利益。如传说龙能兴云布雨，司水理水，止雨致雨的本领。"奋进"，是说龙具有与时俱进、开拓进取、奋发有为、自强不息的精神。与时俱进是说龙能适应时代的不断发展变化而改变其形象，如在历史上先后出现过"原龙""夔龙""角龙""飞龙""黄龙""祥龙""黑龙"等等。《易经》第一章载："潜龙勿用""见龙在田""飞龙在天""亢龙有悔"，以此说明事物的发展变化，解释"天行健，君子以自强不息。"(《易大传·象传》)。这句话意思是说，自然界的事物都在按一定规律在健康的不断的运行着，而人们也应该像自然界那样积极上进、永不停息。①

从上面龙的精神可以看出，与我们所讲的炎黄精神、中华民族精神具有极大的相通性。中华民族是一个自古以来就有民族精神的民族，具有勤劳、勇敢、团结、自强、奋进、创造、创新等丰富的精神内涵。而这些丰富的精神内涵自炎黄时代就已开始体现出来(参见第十一章)。随着中华民族数千年的磨难、奋斗、发展，积淀了丰富的精神文化，如"红船精神""五四精神""井冈山精神""长征精神""抗战精神""雷锋精神""铁人精神""女排精神""抗洪精神""抗疫精神"，等等。而这些精神文化中渗透着龙的精神，龙的精神也体现着中华民族的精神。正是这二者的相通性，使龙在华夏儿女心目中占据神圣的地位，让华夏儿女自称为"龙的传人"。

总之，龙对中华民族的孕育、起源和形成，对中华民族的发展和壮大，发挥着重要的团结、凝聚作用，不断激励着中华民族开拓进取、砥砺前行。正如袁广阔所说："中华龙的形象，是撷取拼合多种动物交融的神物，其形成与演变过程正是中华文明不断发展的真实写照：从仰韶时代以中原为主星，带动周边满天星斗；到龙山时代的逐渐融合，最终形成夏商时期多元一体的格局。经历数千年的创造、演进、融合与涵育，龙

---

① 参见庞进：《中华龙文化》，重庆出版社2007年版，第293—294页。

最终升华为中华民族的精神象征、文化标志、信仰载体和情感纽带。"①

第五节　炎黄二帝与中华民族凝聚力

何谓中华民族凝聚力？先说"中华"。"中华"一词有两层含义：一是指地域性的，与"中国"相通，均指中原地区。在魏晋南北朝时期，"中华"一词多有出现。如《晋书·刘乔传》："今边陲无备豫之储，中华有杼轴之困。"这里的"中华"相对"边陲"，指中原地区；裴松之在《三国志·蜀志五·诸葛亮传》注中云："若使（亮）游步中华，骋其龙光，岂夫多士所能沈翳哉。"这里的"中华"与上面一样，也是指中原地区。另一层意思有指文化、文明之意。"中华"之"华"有"华夏"之"华"的意思。如《左传·定公十年·正义》疏云："有服章之美，谓之华。"实际上"中华"一词，是取"中国""华夏"各一词的首字而组合成的。今天，我们所说"中华"与"中国"，均指国家专有名称。

再说"民族"。"民族"二字在我国最早出现于《南齐书》卷五十四："今诸华士女，民族弗革。"在以后唐人②著作里也出现有"民族"二字。但古代多将"民"与"族"分为两个概念阐述。而将二者合称一个概念使用，则始于近代。清代王韬在1882年所著《洋务在用其所长》一文中说："夫我中国乃天下至大之国也，幅员辽阔，民族殷繁，物产饶富，苟能一旦发奋自雄，其坐致富强，天下当莫与颉颃。"（《弢园文录外编》卷三）其后1899年梁启超在《东籍月旦》一文中也开始使用"民族"一词。"民族"作为一个概念在中国广泛使用，是与近代以来的民族民主革命运动相联系的。今人在《辞海》里对"民族"的解释：一是"泛指历史上形成的、处于不同社会发展阶段的各种人们共同体，如原始民族、古代民族、现代民族等"，二是"人们在历史上形成的一个有共同语言、共同地域、共同经济生活以及表现于共同文化上的共同心理素质的稳定共

---

① 袁广阔：《龙图腾：考古学视野下中华龙的起源、认同与传承》，《光明日报》2020年12月3日第11版。

② 〔唐〕李筌：《太白阴经》序言："夫心术者，上尊三皇，成五帝。贤人得之以霸四海，王九州；智人得之以守封疆，挫强敌；愚人得之以倾宗社，灭民族。故君子得之固穷，小人得之倾命。是以兵家之所秘而不可妄传，否则殃及九族。"

同体"。① 2005年5月召开的中央民族工作会议,对"民族"的解释为:"民族是在一定的历史发展阶段形成的稳定的人们共同体。一般来说,民族在历史渊源、生产方式、语言、文化、风俗习惯以及心理认同等方面具有共同的特征。有的民族在形成和发展过程中,宗教起着重要作用。"②以上二者解释相较,后者表述更准确、更全面。

那么,何谓中华民族?中华民族是一个泛指概念,是中国各民族的总称。包括现在生活在中国960万平方公里上的、平等相待的56个民族及海外侨胞。现在,中华民族基于长期交流与交融,而已形成一个相互认同、具有共同意识的多民族联合共同体。它最早是由梁启超提出的,出现于《论中国学术思想变迁之大势》③一文中。

何谓"凝聚力",原为物理学概念,指物质结构中分子与分子、原子与原子之间黏合在一起的某种内在力量。后引申为文化学、伦理学概念,通常指集体或某一社会共同体内部各成员因共同的利益和价值目标一致而结为有机整体的一种聚合力。民族凝聚力或国家凝聚力是文化学、伦理学中最具代表性的凝聚力概念。中华民族凝聚力是指在其漫长的历史发展的长河中,逐渐形成的维系中华各民族生存与发展的一种内在力量,即所具有的吸引力、同化力和向心力。也就是费孝通所说的"几千年来一直维持延续下来的""包含在传统文化里这股相容和融合的凝聚力"④。"这种凝聚力与中华民族的起源、形成和发展有着血肉般的联系"⑤,成为中华民族生生不息的深厚基础和一脉相承(不排除血缘关系)的文化"基因"。

中华民族凝聚力既是一个重大的理论问题,也是一个重大的实践问题。有人认为,"在中华56个民族中汉族是起凝聚作用的"。此话虽有一定的道理,但不全面。我们说,中华民族凝聚力,是各种因素交互作用的结果,是由地理、经济、文化、心理、多民族统一、共同抵御外族入侵等诸多因素所构成的。而其中文化因素是各种凝聚力因素中最突出、最基础、最深厚的因素。文化既是一个国家的灵魂,也是一个民族

---

① 辞海编辑委员会:《辞海》(下册),上海辞书出版社1999年版(普及版),第5117页。
② 转自高强:《炎黄文化与中华民族凝聚力》,人民出版社2009年版,第7页。
③ 梁启超:《论中国学术思想变迁之大势》,《饮冰室合集》(七),中华书局1989年版,第21页。
④ 费孝通:《面对世纪之交 回顾传统文化》,《文化与文化自信》,群言出版社2010年版,第133页。
⑤ 《中华民族凝聚力的形成与发展》编写组:《中华民族凝聚力的形成与发展》,民族出版社2000年版,第1页。

的灵魂。所以,我们说,中华民族的凝聚力的核心则应是由炎黄二帝和其所创造的文化、文明所构成。因为,炎黄二帝是中华民族的人文始祖,炎黄文化是中华文化、文明的根、源、魂。所以,炎黄二帝就具有了"民族共祖""文化纽带"和"英雄感召"的象征作用,因而,也就具有了中华民族凝聚力的情感基础、思想基础和精神基础。正是这三方面的合力作用,才构成了中华民族的凝聚力。

一、炎黄二帝具有"民族共祖"的象征作用,这是中华民族凝聚力的情感基础

从文明的初曙时期起,在中华文明的宗教观念中,就明显具有崇天敬祖的特点。而且,这种特点在夏商周时期不断得到发展和完善,形成了"以食配天"的礼制。因而,炎帝、黄帝从很早时候起,就以"始祖"的名义(其中亦有帝王、天帝等的名义)受到华夏族的认同、崇敬和祭祀。

据史书记载,对黄帝祭祀最早始于有虞氏一系。《国语·鲁语上》记鲁大夫展禽的话:"……有虞氏禘黄帝而祖颛顼……夏后氏禘黄帝而祖颛顼……"韦昭注:"……有虞氏出自黄帝、颛顼之后,故禘黄帝而祖颛顼……"又注:"虞、夏俱黄帝、颛顼之后,故禘祖之礼同。"战国时有虞氏后裔的传世铜器"陈侯因𰻞敦"铭文有"昭缵(统)高祖黄帝"的文字,自称黄帝为高祖(《左传》的《昭公八年》《哀公元年》和《史记·陈杞世家》《史记·田敬仲完世家》)。因齐王尊黄帝,在"稷下之宫"亦形成了"百家言黄帝"(《史记·五帝本纪》)的局面。在商周时期,有祭祀五方天帝之礼,炎帝、黄帝等配食(《周礼·春官·小宗伯》)。秦国至灵公时,"作吴阳上畤,祭黄帝;作下畤,祭炎帝"(《史记·封禅书》)。因鄜畤、吴阳上畤、下畤及密畤,位于雍城附近,故称"雍四畤",为"国之大事"。秦统一后,仍重祭"雍四畤"之祀。秦末,刘邦"祠黄帝、祭蚩尤于沛庭"。刘邦入关后,以"天有五帝"而增立黑帝祠,由原"雍四畤"而变为"雍五畤"。其即帝位后多承秦制,行"雍五畤"之礼(《史记·高祖本纪》《集解》引应劭语)。后文帝又作渭阳五帝庙、长门五帝坛(《史记·孝文本纪》)。武帝于都城长安东南郊作太(泰)一坛,坛旁祠黄帝;以后武帝又作甘泉太(泰)一坛,以"五帝环居其下";于泰山下作明堂,以祠太一、五帝;又于汉元封元年(前110),武帝"北巡朔方……还,祭黄帝冢桥山"(《史记·孝武本纪》)。至宣帝时,"又立龙山仙人祠及黄帝……凡四祠于肤施"(《史记·封禅书》《汉书·郊祀志》)。成帝时改于京都长安南郊行祭天之礼,罢各地诸祠,后又恢复旧制。(《汉书·地理志》)哀帝时又先改后

复旧。至平帝时,王莽摄政,"祭五帝于西郊"。后王莽篡位称帝,自谓黄帝之后,并立祖庙,"郊祀黄帝以配天",天下初定"祭于明堂太庙"(《汉书·王莽传》)。东汉建都洛阳,于城南设圜坛以郊天,"赤帝位在丙巳之地,黄帝位在丁未之地",又"祀五帝于明堂""兆五郊于洛阳四方"并"宗祀五帝于孝武所作汶上(泰山下)明堂"等。(《后汉书·郊祀志》)魏晋南北朝时期,基本上沿用汉制,各在其国都设祠坛郊天及祭祀五帝。(《晋书·礼志》《宋书·礼志》《南齐书·礼志》《魏书·礼志》《通典·礼二》)

隋唐以后,仍行郊天及祭五帝之礼。唐玄宗敕示:"三皇五帝,创物垂范,永言殷祀,宜有钦崇。"并又诏示:"其三皇以前帝王宜于京城内共置一庙""以春秋二时享祭"(《唐会要·卷二二》)。由此开启京都立庙祭祀黄帝等古帝王之先河。宋代因皇帝崇尚道教而有景灵宫之设。宋真宗以梦见黄帝言"是赵之始祖"为由,尊黄帝为圣祖,以筑景灵宫而奉之(《宋史·礼志七》《礼志十二》)。并诏示:"崇饰诸州有黄帝祠庙"(《宋史·真宗纪》)。宋徽宗时又于京城筑九成宫以置九鼎,并以铸鼎之地作宝成宫,"中置殿曰神灵,以祠黄帝"(《宋史·礼志七》)。南宋时虽偏安临安(今杭州),仍仿旧而祭祀。元代统治者虽为异族,但为巩固其一统天下,很快接受了炎黄时代以来的文化。元成宗继位之初"命郡县通祀三皇"(《元史·祭祀五》),并于大都(今北京)城内明照坊建造三皇庙,供奉伏羲、炎帝、黄帝及历代名医像。至顺帝至正十年(1356),又"命祭三皇如孔子礼"(《续文献通考·群庙一》)。元代加封孔子为"大成至圣文宣王"。以如此巨大的规模祭祀黄帝等,并遍置三皇庙于全国各地(《元史·祭祀五》),这不仅前所未有,而且为后世所无。

明代对传统诸礼多有改制。洪武四年(1371),"帝以天下郡邑通祀三皇为渎"而罢祀。六年"帝以五帝……于京师立庙致祭"。嘉靖时,"建三皇庙于太医院北,名景惠殿。中奉三皇及四配"(《明史·礼志四》)。将黄帝一体三位,各以帝王、圣师及先医的名义与伏羲、神农等合祭于诸庙,但只限于京师之地。清代为满人统治,几乎全盘汉化,悉遵旧制。康熙年间,于文华殿东建传心殿,奉祀伏羲、神农、黄帝等如旧。康熙等帝亦亲祭,行三跪六拜礼。元代各州县所置三皇庙,至明清有存者,主要为民间祭祀。

对炎帝的尊崇、祭祀,在历史上虽没有对黄帝的尊崇、祭祀那么重视,但是也有一些记载。对炎帝的祭祀,主要表现在"籍田"上。正如东汉应劭在《风俗通义》中所说,神农最先懂得使用地力,种植五谷蔬菜,因而成为农业始祖,被尊奉为"地皇"。夏商以来,就开始有了祭奠农神、祈求五谷丰登的典礼。如《令鼎铭》曰:"王大藉农于淇田。"周人将后稷(弃)、烈山氏之子"柱",与炎帝一样祀为"农神"(神农)(《礼记·祭法》)加以祭祀。战国时,秦灵公有"祭炎帝"之举,首开官方祭炎活动。至汉,仍时有祭祀。汉高祖刘邦开祭"五帝"之先,汉武帝多次"行幸雍,祠五畤"。汉文帝首开"籍田"之礼(《汉书·文帝纪》),以祭"先农",即"炎帝神农"。以后汉皇帝大都效仿之。三国时的魏国帝王,为显示其正统地位,均有籍田之举。晋武帝泰始四年(268)诏曰:"夫国之大事,在祀与农",并"以太牢祀先农"。晋孝明帝以"神农配火"(《晋书·礼志上》)。

隋唐以后由于对农业的重视,而更重视籍田礼仪。隋设籍田在京城长安南郊,"以侍中奉耒耜,载于象辂"(《隋书·礼仪志》)。唐代皇帝亲自参加籍田。唐太宗贞观三年(629)在长安城通化门外东郊十里设先农坛祭祀炎帝,于坛南十步躬耕籍田(《通典》卷四六"籍田"条)。唐高宗和武则天常驻跸东都洛阳,便于祭祀和举行籍田大礼。唐又在洛阳上东门外七里道北设置先农坛和籍田(《通典》卷四六"籍田"条)。唐玄宗开元二十三年(735),敕建三皇五帝庙祀神农。(《旧唐书·礼仪志》)

北宋刚一建立,宋太祖赵匡胤便让其官员寻访"炎帝陵",在酃县(今炎陵县)御祭,"三岁一举,率以为常"①。不仅如此,北宋王朝还于都城汴京朝阳门外七里筑造先农坛,籍田祭神农。宋仁宗明道二年(1033)亲自籍田,公侯效仿,规模之大,而超过以往任何一次。(《宋史·礼志》)南宋虽偏安江东,但仍继承了北宋传统,于临安嘉会门外以南四里的玉津园附近祀先农籍田。(《宋史·礼志》)

元明清祭祀、籍田礼仪更为完善。元代虽皇帝未亲籍田,但此事照常进行,"其祀先农,命有司摄事"(《春明梦余寻》)。明太祖定都南京,于洪武二年(1369)建先农坛于南郊,亲祭先农,躬耕籍田;迁都北京,在宫城之南建起了先农坛,每年仲春二月,由北京地方最高行政长官顺天府尹致祭。以后每代皇帝登基初年,都要亲祭先农,行籍耕礼。崇祯十五年(1642)还对祭祀乐作了修订。(《明史·礼志》)清朝基本上继承了明代的礼制。康熙三十五年(1696)正月,派大臣到酃县的炎帝陵去祭祀;雍正二年(1724),赏赐籍田农夫布匹,颁赐各省嘉禾图;乾隆还亲自到中南海丰泽园指导农耕演习。清朝的祭祀先农一直延续至光绪年间,并规定各省、府、州、县,都要设立先农坛籍田。②

在历史上对炎黄二帝的"认祖",不仅表现在华夏/汉民族中,而一些非华夏/汉民

---

① 曹敬庄:《炎帝与炎帝陵》,湖南人民出版社2001年版,第223页。
② 霍彦儒、郭天祥:《炎帝传》,陕西旅游出版社1995年版,第158页。

族亦予以认同。例如,春秋战国时期,地处长江上游、中游和下游的蜀、巴、楚和吴、越被中原称为"蛮越",而此时纷纷认同华夏,甚至自称黄帝、炎帝苗裔之正宗。① 魏晋南北朝时期,夏国赫连勃勃自称:"朕大禹之后,世居幽朔……今将应运而兴复大禹之业。"(《晋书·赫连勃勃载记》)鲜卑慕容氏"其先有熊氏之苗裔,世居北夷,邑于紫蒙之野,号曰东胡"(《晋书·慕容廆载记》)。氐秦苻氏,称"其先盖有扈之苗裔"(《晋书·苻洪载记》)。鲜卑拓跋氏认为是"轩辕之苗裔"(《魏书·卫操传》)。鲜卑宇文氏又称"其先出自炎帝,炎帝为黄帝所灭,子孙遁居朔野"(《北史·周本纪(上)》)。刘渊是匈奴贵族,石勒是羯人,都认为他们是匈奴别部。而据《史记》《汉书》载:"匈奴,其先祖夏后氏之苗裔也,曰淳维。"(《史记·匈奴列传》《汉书·匈奴传(上)》)又如前面提到的元、清两代对炎、黄二帝的祭祀,仅清朝于炎帝陵御祭就达 38 次之多。(清道光十八年《炎陵志》)这些族源认同是否符合历史事实,并不重要。重要的是,这种认同反映了非华夏/汉民族与华夏/汉民族的一种强烈的认同心理,即情感。据有关专家考证,时至今日中华民族中,除汉族之外,有苗、羌、藏等 33 个少数民族与炎黄二帝有"共祖"关系。

总之,从春秋战国的"炎黄苗裔"(《汉书·魏豹田儋韩王信传》)到司马迁的华夷诸族共祖,②至今日的"炎黄子孙";从秦汉的"四畤""五畤"及"籍田"到今日全国多处修陵建祠的寻根祭祖热,在长达数千年的历史长河中,炎黄二帝在中华民族中的"共祖"地位不但未曾动摇过,而且随着岁月的推移,愈加巩固,越来越具有强大的凝聚力,其原因之一亦是最根本的,就是炎黄二帝具有"民族共祖"的象征作用。

二、炎黄二帝具有"文化纽带"的象征作用,这是中华民族凝聚力的思想基础

炎黄二帝不仅具有"民族共祖"的象征作用,而且具有文化纽带的象征作用。这是说,炎黄二帝不仅是中国原始社会"一个"或"一个氏族"的"人物",而且是中国古代文化、文明的一个符号、代号、象征。③ 由炎黄二帝创造的炎黄文化,在今人的认识

---

① 陈连开:《中华民族起源与炎黄始祖大认同》,刘正主编:《炎帝文化与 21 世纪中国社会发展》,岳麓书社 2002 年版,弟 149—151 页。

② 邓乐群:《秦汉时期炎黄崇拜的神人转换》,《新华文摘》2003 年第 2 期。

③ 张岱年:《炎帝黄帝是中国古代文明的象征》,《炎黄春秋》增刊《炎黄文化研究》1994 年(总)第 1 期。

上,有两种理解:从狭义上理解,"指的是炎黄时代的中国文化……包含了从炎黄之前到夏禹这一历史时期的文化"①。从广义上理解,认为炎黄文化不仅是炎黄时代的文化,而且是泛指中华文化,或者说,就是中华文化一种形象的称谓。李侃说:"炎黄文化的内涵,不但早已大大超越了传说中炎黄时代的文化,而且也大大超越了传说封建时代的文化。它已经成为从古到今一脉相承而又不断发展、不断更新的中华民族传统文化的总体代表。"②从广义上理解炎黄文化,自然也就不仅是某一个或几个民族的文化,而是包括从古到今凡生活在中华大地上一切民族在内的所创造的整个中华文化。戴逸说:"我们所说的'炎黄文化',通常是指中国各民族祖先共同创造的历史文化成果的总和……不仅包括远古先民的原始文化,也包括其后裔,即生息在中国土地上各民族所创造的文化的总和,既包括汉族的文化成果,也包括各少数民族的文化成果。"③狭义、广义的两种理解,只是反映了认识的不同角度,而并不是互相排斥的。刘纲纪先生在提出狭义的理解时,又说:"从广义理解来看,由于炎黄文化是中华文化的源头、始基,因此,我们也可用炎黄文化一词泛指、代称中华文化。"正因为炎黄文化已不是一般(即狭义)意义上的文化,所以,李瑞环曾说:"中华炎黄文化也可以说就是中华民族文化,博大精深,源远流长,影响深远,是祖先留给我们的一份极其丰厚、极其珍贵的遗产。"④萧克也曾说:"中华炎黄文化随着中华民族的发展而不断发展,反过来又对中华民族的形成、繁衍、统一和稳定产生巨大影响,使中华民族以其伟大的创造力、强大的生命力和巨大的凝聚力,屹立于世界民族之林,在世界历史上写下了重要的一页。"⑤

从广义上对炎黄文化的理解,其实,不啻始于今日,而从先秦时期就已开始,到秦汉之际,随着大一统思想的流行,以及炎黄二帝"共祖"地位的确立,炎黄二帝所创造的文化,已被看作不是一人一族之文化,而是"华夷一体"之文化。

例如,炎帝的创造发明即炎帝文化,根据《周易》《国语》《管子》《庄子》《商君书》

---

① ② 转自鲁谆:《世纪之交的炎黄研究与中华文化》,《炎黄春秋》增刊《炎黄文化研究》1999年(总)第6期。

③ 戴逸:《研究炎黄文化 建设现代文明》,湖北省炎黄文化研究会:《炎黄文化与现代文明》,武汉出版社1993年版,第21—22页。

④ 《中华炎黄文化研究会在京成立》,《光明日报》1991年5月11日。

⑤ 萧克:《弘扬中华民族优秀文化 促进社会主义精神文明建设》,《光明日报》1991年5月11日。

《吕氏春秋》《世本》《史记》《汉书》《帝王世纪》《史记·补三皇本纪》《路史》等史籍的记载,可以归纳出十个方面,即"制耒耜""教耕生谷""作陶""织而衣""尝百草""煮盐""作琴""作瑟""构木为榭""日中为市"等。又如,黄帝的创造发明即黄帝文化,根据《周易》《国语》《世本》《史记》《古史考》《新语》《汉书》《白虎通义》《拾遗记》《路史》等史籍的记载,可以归纳为二十多个方面,即"作衣裳""蒸谷为饭""作宫室""作舟车""广耕种""劝蚕桑""为木正""冶铜鼎""置有市""立货币""作书""作画""作弩""为律""造磬""制九针""嫁娶""饰棺衾""作历""作数""推演阴阳""作华盖(伞)""铸火镜"等。另外,《汉书·艺文志》《轩辕黄帝传》《归藏》等书,还记载了托名黄帝的六十余种著作。

以上所说炎帝、黄帝的发明创造,显然不是一人或一族所为,而是将多人或多族的发明创造集中于炎、黄二帝之一身。再说有些发明创造,显然不是炎黄时代所出现的,而是以后才有的,如"作宝鼎"(铜镜)"立货币"、《黄帝内经》等等。实际上,炎黄二帝的发明创造,将古史传说与出土的仰韶文化遗存加以印证,可信的就是十余项。那么,为什么要把众多人或族群发明创造的东西集于一人或一族呢?且越往后传说的要多于前面的传说?这或许有多种解释,但其中有一种解释是应该肯定的,即前文所说,从先秦时期起,炎黄二帝已被当作为"华夷"共祖而尊崇和祭祀的缘故。因而,炎黄二帝所创造的文化亦就成为"华夷"文化的代表,而且越往后随着"华""夷"的相互认同、同化、融合,这种由炎黄二帝所创造的"炎黄文化"代表中华传统文化的理念愈加明显。这说明我们的古人也已看到炎黄二帝具有文化纽带的象征作用,尤其是在社会的大变革或是华夏民族走向统一、巩固统一时期,更应如此,将"炎黄二帝"所创造的"炎黄文化",并由此而形成的"炎黄思想"这面旗帜高高举起,以维护华夏族乃至中华民族的统一。我们认为,这就是为什么要将多种发明创造"叠加层累"在炎黄二帝身上的直接原因,也就构成中华民族凝聚力的思想基础。总之,从"血浓于水"到"炎黄子孙"再到"龙的传人",正表达了中华民族从血缘认同到文化认同的心理认知过程。而文化认同是比血缘认同更深刻、更高级、更广泛的一种认同。

三、炎黄二帝具有"英雄感召"的象征作用,这是中华民族凝聚力的精神基础

毛泽东曾经说过,人是要有一点精神的。同样,对一个民族来说也必然要有其安身立命、自立于世界民族之林的民族精神。所谓民族精神,是指一个民族在长期的共

同生活和共同的社会实践中逐步形成和发展的,为民族大多数成员所认同和接受的思想品格、价值取向和道德规范,是一个民族的心理特征、文化传统、思想感情等的综合反映。它是民族文化的精神主体,是这一民族文化的升华和灵魂,在民族的发展中起着至关重要的作用,影响着民族的生存状态和发展方向。所谓中华民族精神,是指中华各民族在中华大地上长期的共同生活和共同的社会实践中逐步形成和发展的,为中华民族大多数成员所认同和接受的思想品格、价值取向和道德规范,是中华民族的心理特征、文化传统、思想感情等的综合反映。它是中华民族文化的精神主体,是整个中华文化的升华和灵魂,在中华民族的发展中起着至关重要的作用,关乎着中华民族的生存状态和发展方向。为此,无论对世界其他民族来说,还是对我们中华民族来说,自古至今,都非常看重民族精神的培育和弘扬,民族精神被看作一个民族生生不息、团结凝聚的精神纽带。正如江泽民在党的十六大报告中提出的:"必须把弘扬和培育民族精神作为文化建设极为重要的任务,纳入国民教育全过程,纳入精神文明建设全过程,使全体人民始终保持昂扬向上的精神状态。"并曾多次强调指出:"有没有昂扬的民族精神,是衡量一个国家综合国力强弱的一个重要尺度。"习近平总书记亦多次谈到中华民族精神在实现中华民族伟大复兴的"中国梦"的重要意义。他说:"中国人民的特质、禀赋不仅铸就了绵延几千年发展至今的中华文明,而且深刻影响着当代中国发展进步,深刻影响着当代中国人的精神世界。中国人民在长期奋斗中培育、继承、发展起来的伟大民族精神,为中国发展和人类文明进步提供了强大精神动力。"[①]所以,要培育和弘扬中华民族精神,首先就要追溯、研究中华民族精神产生、形成和发展的历史。而中华民族精神产生和形成的历史,我们不能不说其精神起源于炎黄二帝及其所代表的时代,即炎黄时代。

近年来,随着对炎黄与炎黄文化的研究,对炎黄二帝及其所具有的精神品格的研究,我们对炎黄二帝及其精神有了越来越明确地认识。炎黄二帝既是我们中华民族的伟大始祖,也是我们中华民族的伟大英雄。他们在创建华夏族、华夏文明方面,为人类作出了卓越的贡献,辐射出强大的英雄感召力,表现出非凡的精神品格。所谓炎帝精神,有学者概括为敢为人先的实践精神,百折不挠的创造精神,脚踏实地的务实精神,自强不息的进取精神,无私无畏的奉献精神;[②]也有学者概括为向往光明、奋发

[①] 习近平:《在第十三届全国人民代表大会第一次会议上的讲话》,《光明日报》2018年3月21日第2版。

[②] 霍彦儒、郭天祥:《炎帝传》,陕西旅游出版社1999年版,第178—181页。

有为的自强精神,心怀天下、为民谋利的大公精神,勇于探索、巧于创新的原创精神,不畏艰险、百折不挠的献身精神,含弘光大、品物咸亨的厚德精神,通神合天、怡情悦性的乐天精神;①有学者还概括为自强不息、厚德载物、民为邦本、创造创新和爱国精神。② 关于黄帝精神,有学者概括为自强不息的创造精神,建功立业的有为精神,为民利族的奉献精神,身体力行的实践精神,勤俭修身的自律精神;③有学者概括为"创造、奉献、团结、进取"④。当然,对炎黄二帝精神的概括还有种种(具体论述参见第十一章)。但不管概括为几条,其核心是"创新""凝聚""奉献",正如《周易大传》所说的"自强不息""厚德载物"。这既是对炎黄二帝精神的集中表述,也是对中华民族精神的集中表述。

炎黄二帝所具有的精神,是中华民族的精神基因、内核、灵魂,她犹如一面旗帜——中华民族文化、中华民族历史、中华民族复兴的光辉旗帜,永远飘扬在中华民族世世代代生息的大地上。从五千年前的炎黄时代,到今天的21世纪,这面旗帜并不因为时间的流逝而褪色,而是随着历史的演进,愈加色泽光亮、鲜艳夺目。在中国历史上,从朝代的交替更迭,从分裂走向统一,每在历史的转折关头,不管是华夏/汉民族政权,还是少数民族政权,都将炎黄二帝这面旗帜打出来,如历史上先后出现的几次"炎黄热"或"黄帝热"——春秋战国、秦汉、辛亥革命、抗日战争和今天改革开放等,都以炎黄文化、炎黄精神感召、凝聚华夏儿女,维护国家和民族之统一。这也是中华民族虽历经数千年而不衰、不断、不散的重要原因之一。

当然,炎黄精神作为一种"原创"精神,不是一成不变的,其内涵和外延是与时俱进的,随着时代的进步不断获得新的补充和发展。也就是说炎黄精神只有升华为伟大的中华民族精神,并不断适应新时代的需要而创造性转化、创新性发展,才能具有强大的创造力、生命力、感召力和凝聚力。比如,中国传统文化中"天行健,君子以自

---

① 参阅陈望衡:《试论炎帝精神》,刘正主编:《炎帝文化与21世纪中国社会发展》,岳麓书社2002年版,第98—102页。

② 参见常巧章:《炎黄文化与中华民族精神》,霍彦儒主编:《炎帝与汉民族论集》,三秦出版社2003年版,第170—74页。

③ 参见李秀芳、肖云儒:《中华传统文化的精神母题和人格模型——文化学眼光中的轩辕黄帝》,《黄帝与中国传统文化学术讨论会文集》编委会:《黄帝与中国传统文化学术讨论会文集》,陕西人民出版社2001年版,第28—29页。

④ 参见程宝良:《黄帝精神与中华民族精神》,《黄帝与中国传统文化学术讨论会文集》编委会:《黄帝与中国传统文化学术讨论会文集》2001年版,第58页。

强不息"的昂扬向上精神;"地势坤,君子以厚德载物"的宽厚包容精神;"民无信不立"的诚信精神;"杀身成仁,舍生取义"的奉献精神;"富贵不能淫,贫贱不能移,威武不能屈"的"大丈夫"精神;"鞠躬尽瘁,死而后已"的尽职尽责精神;"己所不欲,勿施于人""四海之内,皆兄弟也"的互利互助互爱精神;"人生自古谁无死,留取丹心照汗青""苟利国家生死以,岂因祸福避趋之""天下兴亡,匹夫有责""先天下之忧而忧,后天下之乐而乐"的忧国忧民、爱国主义精神;"苟日新、日日新""穷则变、变则通"的变革创新精神,等等。在解放战争和社会主义建设时期,中华民族所表现出的"星星之火,可以燎原"的"井冈山精神";"爬雪山、过草地、吃树皮"的"长征精神";"自力更生,艰苦奋斗"的"延安精神";大义凛然,视死如归的"红岩精神";无私无畏的"铁人""大庆"精神;全心全意为人民服务的"张思德、雷锋精神";"严防死守"的"抗洪精神";"万众一心、众志成城,团结互助、和衷共济,迎难而上、敢于胜利"的 2003 年的"抗'非典'"和"一方有难、八方支援"2020 年的"抗击新冠疫情精神"等,就反映了不同历史时代、面对不同的历史任务和危难,中华民族所具备和需要的伟大精神。因而,也就具有了强大的生命力、感召力和凝聚力。在此精神的维系下,中华民族才能从小变大,由弱变强,才能弱而不衰,分而不裂。

今天,我们中华民族所处时代,发生了翻天覆地的变化,这就需要培育一种能适应当今时代的伟大的民族精神。于是,邓小平在我国刚进入改革开放时期,在全党全国大力倡导"革命和拼命精神,严守纪律和自我牺牲精神,大公无私和先人后已精神,压倒一切敌人和压倒一切困难的精神,坚持乐观主义、排除万难去争取胜利的精神"①。江泽民从新的历史条件和历史任务出发,提出了"六十四字创业精神",即:"解放思想、实事求是,积极探索、勇于创新,艰苦奋斗、知难而进,学习外国、自强不息,谦虚谨慎、不骄不躁,同心同德、顾全大局,勤俭节约、清正廉洁,励精图治、无私奉献"②。在十六大报告中,江泽民又以简明的语言对中华民族精神做出高度概括:"在五千多年的发展中,中华民族形成了以爱国主义为核心的团结统一、爱好和平、勤劳勇敢、自强不息的伟大民族精神。"胡锦涛 2008 年在全国抗震救灾总结表彰大会上,将当代中国人民的伟大民族品格总结为:"和衷共济、团结奋斗、自强不息、敢于胜利、

---

①② 转引自邵华泽:《大力弘扬和培育民族精神》,《十六大报告辅导读本》,人民出版社 2002 年版,第 308 页。

关爱生命,崇尚理性。"①习近平在第十三届全国人民代表大会第一次会议讲话中提出中国人民具有伟大的"创造""奋斗""团结""梦想"精神。② 邓小平、江泽民、胡锦涛、习近平的讲话,既是对过去中华民族精神的继承,又是对今天中华民族精神内涵的丰富和发展。当然,中华民族精神无论怎样发展和创新,其精神基因、内核,即炎黄二帝的原创精神不仅不会消亡,还会赋予新的内涵而继续发挥其感召力和凝聚力。所以说,炎黄二帝"英雄感召"的象征作用,是中华民族凝聚力的精神基础。

---

① 胡锦涛:《在全国抗震救灾总结表彰大会上的讲话》,《光明日报》2008年10月9日第2版。

② 习近平:《在第十三届全国人民代表大会第一次会议上的讲话》,《光明日报》2018年3月21日第2版。

第十一章　炎黄精神及其当代价值

炎黄二帝在其缔造中华民族、创建中华文化和中华文明的过程中,逐渐形成了一种精神——炎黄精神。这种精神,既是中华民族自立于世界民族之林的一面旗帜,又是中华文化和中华文明传承发展、与时俱进的不竭动力,同时为中华民族精神的形成,孕育了最基础的"基因"。这种发端于上古、绵延数千年的炎黄精神,已成为不同时期、不同地域人们共有的一种民族精神和力量源泉;成为今天社会主义核心价值观和构建中华民族精神家园的重要内容;是"铸牢中华民族共同体意识"的重要基石。其创造创新精神在今天新时代仍然具有积极意义和强大生命力,为丰富今天"以爱国主义为核心的民族精神和以改革创新为核心的时代精神"①提供了有益基础,具有重大的价值。

第一节　炎黄精神的深厚内涵

所谓"精神",从字义理解,精是指精华、精粹、精髓,神是指神采、神灵、神韵。精神是指事物的精髓、神韵。②据《辞海》解释,从哲学含义理解,精神是相对于物质而言,"指人的内心世界现象,包括思维、意志、情感等有意识的方面,也包括其他心理活动和无意识的方面"。合两者为一体,整合哲学与心理学的含义,"精神"还有"政治社会学"的引申概念:即将某种价值观念、世界观加以精练提升,准确概括,并通过激发人们的积极心理状态,进行宣传教育,以期在社会实践中充分发挥其作用。如雷锋精神、焦裕禄精神、白求恩精神、长征精神、延安精神等,常常用人物或专有名词来命

---

① 习近平:《在庆祝中国共产党成立95周年大会上的讲话》,《光明日报》2016年7月2日第2版。

② 参见鲁谆:《试谈炎黄精神》,王俊义主编:《炎黄文化研究》(第八辑),大象出版社2008年版,第31页。

名,作为这种"精神"的概括或标识。

所谓炎黄精神,就是以炎帝为首的姜炎族和以黄帝为首的姬黄族及其后裔在与自然和社会斗争中,在摆脱愚昧和野蛮、追求先进和文明的过程中,逐渐形成的实干、创新、务实、进取、和合、献身等伟大精神。这种精神既是炎黄时代的时代精神,也是中华原始先民所共有的精神品质。

从文献记载和传说看,炎黄二帝对中华民族的伟大贡献是多方面的,而他们在作出这些重大贡献的实践中所逐渐形成和表现出来的伟大精神也是极其丰富的。概括起来讲,炎黄精神主要表现在如下六个方面。

一、敢为人先的实干实践精神

炎帝作为姜炎部族的首领,其实干实践精神是"与民并耕而食",即与他的族民们一样,上山狩猎,下田耕种。在生产实践中,在与自然界的斗争中,日积月累,逐渐认识,不断总结,以自己的聪明才智,发明创造了丰富的物质文明和精神文明。而这些发明创造,都是他敢为人先的大胆探索、反复实践的结果。《左传·昭公十七年》载炎帝"火师"而"火名",他不仅善于利用火蒸煮食物,以化腥臊、防治疾病,而且他还善于把火推广应用到农耕生产方面,刀耕火种,即用火烧荒,开垦土地。这种"刀耕火种"的农耕技术,就是他在与自然界的长期较量中,农耕生产的实践中,逐渐认识、总结出来的。又如,粟谷的发现,医药的发明,都是他长期驯化、遍尝百草的结果。炎帝的实干实践精神不仅仅在于他的亲身参与,更重要的是在于他的"敢为人先"。就是说,炎帝所实践的领域,都是他人未能或未敢闯入的"禁区"。尝百草就是一例。

黄帝与炎帝一样,也是一位敢为人先的有为者、实干者、实践者。他敢为人先的实干实践的精神主要体现在他与族民们进行的一系列的发明创造。《鹖子》说:"黄帝十岁,知神农之非而改其政。"说明黄帝从小就树立要发展社会、治理天下、建功立业的远大志向。等到长大,他看到各个部落生产能力低下,族民生活困难,相互抢劫,争斗不断,便立下建立联盟、统一天下、让百姓安居乐业之大志。于是,他首先从自身做起,推行德治,又通过征伐,与炎帝族和蚩尤族联盟。黄帝所有的发明创造和煌煌功绩,都来自他的敢为人先的实干和实践。正是在他利民利族的实干精神和敢为人先的实践精神感召和带动下,他身边的臣子也都有发明创造,如羲和占日、常仪占月、臾区观星、伶伦教舞、仓颉造字、史皇作画,等等。由于黄帝有多方面想干事、干实事、干大事的有为团队和人物,因而为中华文明的产生和发展作出了重大贡献。也正是黄帝及其臣子的这种利民利族的实干和身体力行的实践精神,创造了黄帝的盛世时代。

《淮南子·览冥训》载:

> 昔者黄帝治天下,而力牧、太山稽辅之,以治日月之行律,治阴阳之气;节四时之度,正律历之数;别男女,异雌雄;明上下,等贵贱;使强不掩弱,众不暴寡,人民保命而不夭,岁时孰而不凶;百官正而无私,上下调而无尤;法令明而不闇,辅佐公而不阿;田者不侵畔,渔者不争隈;道不拾遗,市不豫贾;城郭不关,邑无盗贼,鄙旅之人相让以财;狗彘吐菽粟于路,而无忿争之心。于是日月精明,星辰不失其行;风雨时节,五谷登孰;虎狼不妄噬,鸷鸟不妄搏,凤皇翔于庭,麒麟游于郊;青龙进驾,飞黄伏皂;诸北、儋耳之国,莫不献其贡职……

上面的描述,未必是黄帝时代的真实写照,可能为作者所想象和向往的理想社会。但从中也不难看到,黄帝统一天下后,由于他与其臣子的实干而使社会有了很大进步,族民们过着定居的农耕生活确是不争的事实。这也被大量出土的仰韶文化中晚期的各类文化遗存所证明。有为才有位,实干才被尊。正因为黄帝敢为人先的实干实践精神,才受到族民们的拥戴,"诸侯咸归黄帝",尊黄帝为天子。

二、百折不挠的创造创新精神

创造创新是炎黄时代的主旋律。炎帝的创业活动,也就是他的创造发明活动。史传炎帝发明了耒耜、粟谷、医药、市场、纺织、琴瑟,等等。但这些发明创造不可能是一朝一夕所能完成的,不难想象,不知要经过多少次的失败,经受多少回的挫折才成功的。更何况是在那样简陋的条件之下,其艰难程度不言而喻。《淮南子·修务训》记载炎帝发明医药,"一日而遇七十毒""百死百生";《周易·系辞下》记载炎帝发明耒耜,"斫木为耜,揉木为耒";《新论·琴道》记载炎帝发明琴弦,"上观法于天,下观法于地";《世本》记载炎帝"削桐为琴,练丝为弦",等等。从这些记载里我们可以清楚地看到,炎帝为了发明创造这些东西,付出了多少艰辛的劳动,甚至不惜牺牲生命。正是他的这种百折不挠、坚韧不拔的创造创新精神,才使他在创业实践中,敢为人先,大胆探索,不怕挫折和失败,为中华文明的产生和发展作出了卓越的贡献。

黄帝不仅是一位卓越的政治领导人物,而且是一位杰出的科技发明者、创造者。据史书记载,黄帝与其臣子的发明创造达二三十种之多,不仅涉及人们的日常生活衣食住行等方面,而且涉及"国家"制度等多个方面。《尚书大传·略说》载:"黄帝始……礼文法度,兴事创业。"《白虎通义》载:"黄帝始作制度,得其中和,万世长存。"又说:"黄帝始制法度,得道之中,万世不易。"这里都是说,黄帝是法度的创造者、发明者。孔颖达在《礼记·正义》中依据古史传说和纬书残篇详细论述了五礼产生的时代和经过。其中在讲到礼起源时说:"礼有三起,礼理起于太一,礼事起于燧皇,礼名起于皇(黄)帝。"孔氏认为,黄帝之前有"礼理""礼事",但没有形成"礼名",黄帝时代才有了"礼"之名,肯定了黄帝对制度文明的创造。《云笈七签》(卷二)说:"三皇之后,而有轩辕黄帝……黄帝以来,始有君臣父子,尊卑一别,贵贱有殊。"《玉海》(卷一〇二)引《通历》说:"黄帝兴封禅之礼。"说明中华礼仪文化形成于黄帝时代。黄帝对制度文明的创建,还反映在创嫁娶制度和创丧葬制度等方面。

这些创造发明,不仅反映了黄帝是一位具有大智慧的人,聪明超群,才能出众,勇于探索,善于思考,而且反映了黄帝善于集思广益,发挥团队的智慧和力量。所以我们说,黄帝的创造精神也是与其大智大勇、百折不挠分不开。这种精神是中华民族的传统品格。正是这种大智大勇、百折不挠的创造创新精神,才使中华民族一步步走到今天,而且愈走愈强。

三、造福于民的求真务实精神

不管是炎黄二帝的实干实践精神,还是炎黄二帝的创造创新精神,归结到一点,都与他们脚踏实地、造福于民的求真务实精神分不开。炎帝的求真务实精神,就是一切以氏族、部落的利益为最高利益,以为全体氏族、部落成员谋福祉为其出发点和归宿。考察炎黄二帝的发明创造,无不与氏族、部落的前途命运攸关,与族民们的生死存亡相联系。炎帝发明耒耜,是为了提高农耕生产水平,解决族民们吃饭穿衣问题;发明"日中为市",搞物物交换,是为了便利族民们的生产生活,促进经济发展;发明琴弦,是为了丰富族民们的精神文化生活,并以乐舞和谐族民们之间的关系,加强姜炎、姬黄部族的团结。黄帝正妃嫘祖发明养蚕缫丝,是为了改善族民们的服饰衣着;发明房屋宫室,是为了改善族民们的居住条件;发明舟车,是为了族民们便于"引重致远",行走天下;黄帝臣子仓颉作书(文字),是为了族民们便于相互交流和记事,等等。因为炎黄二帝的每一项发明创造,都与族民们的生存生活息息相关,急族民之所急,想族民之所想,诚心诚意地为族民谋幸福,实实在在地为族民办实事,所以,被族民推举为首领。后世人们赞誉炎帝为"火神""太阳之神""农业之神""医药之神"、尊炎黄二帝为"人文初祖"、嫘祖为"蚕神"、仓颉为"造字圣人",人们自称为"炎黄子孙"。

四、自强不息的开拓进取精神

除上面所说的三种精神外,自强不息的开拓进取精神,也是炎黄二帝创业精神的重要内容。炎帝自强不息的开拓进取精神,不仅体现在他所作出的众多贡献上,还体现在他为中华民族始兴和统一所做出的不懈努力上。为了姜炎部族的生存、繁衍和壮大,他在其生息之地姜水之畔建聚落,使族民们过上定居生活。随着氏族人口的增长,炎帝又带领姜氏族民迁徙四方,开拓新的生活之地。涿鹿、阪泉之战后,炎帝虽则失利,但他并不因此而退却、气馁,除一部分族民继续留居中原、晋东南等地,与黄帝联盟,共同开发黄河中下游地区外,又带领一支族民,迁徙于江汉及衡湘地区,建立新的生活、生产区,并把以农耕为主要内容的姜炎文化传播到迁徙之地,与当地土著族民共同发展姜炎文化,从而使姜炎文化辐射中华大地,成为中华文明的源头之一,与黄帝文化,共同构成炎黄文化,连绵数千载而不衰。

黄帝的开拓进取精神,主要体现在不满足于局促的生活环境,为部落、部族发展不断开辟新的生存空间和领地。根据《国语·晋语》记载,黄帝与炎帝早期共同生活于渭河中上游地区,而随着部落的发展壮大,带领族民迁往四方各地,东到东海,西至甘青,南越长江,北达晋冀北部,地域相当于现在的大半个中国。《史记·五帝本纪》记载黄帝"迁徙往来无常处,以师兵为营卫""天下有不顺者,黄帝从而征之,平者去之,披山通道,未尝宁居"。正是因为黄帝这种不满足现状,奋斗不止、勇往直前的开拓精神,才使华夏族有了不断发展壮大的生存空间,才使华夏族像滚雪球一样,越滚越大,成为今天具有14亿人口的大国,才有了广袤无垠的960万平方公里的国土。追溯其源头,就是来源于黄帝、炎帝和炎黄时代。

五、崇德尚仁的共襄和合精神

和合就是和平、和谐。炎黄二帝的共襄和合精神,就是说炎黄二帝在其各项社会活动中,在处理族与族、人与人、人与自然等之间关系时所表现出的虚怀若谷、包容宽厚、相互协作的品德。《越绝书·外传枕中》载:"昔者神农之治天下也,务利之而已矣。不望其报,不贪天下之财,而天下共富之。所以其智能自贵于人,而天下共尊之。"因炎帝在治理天下时,能秉公办事,不求回报,不贪天下之财,"身自耕,妻亲织,以为天下先",所以,族民们都拥戴他,"共尊之"。另一方面,炎帝在治理天下时,还能"怀仁诚之心……养民以公",所以,《淮南子·主术训》称:"其民朴重端悫,不忿争而财足,不劳形而功成,因天地之资而与之和同。"因炎帝能以"仁诚之心"对待族民们,能把"养民"当作为部落的公事,所以大家面对财物没有纷争,互相谦让,彼此襄助,因而财物很丰足,不劳顿身心,而能取得成功,因有天地的帮助,建立起人与人、人与自然之间的"和同"关系。因而,《淮南子·齐俗训》称炎帝时代是"衣食饶溢,奸邪不生;安乐无事,而天下均平",即社会公平和谐、族民团结友爱的时代。

黄帝的共襄和合精神主要体现在四个方面。

一是以战争促和。战争既是流血的征服,同时也是流血的文化交流。中华民族早期的大融合,就是通过战争实现的。黄帝当时所处时代是一个大动荡、大重合的时代。根据《史记·五帝本纪·正义》引《龙鱼河图》记载,"诸侯相侵伐",百姓苦难,而"神农氏世衰""弗能征"。蚩尤是"造立兵仗刀戟大弩,威振天下,诛杀无道,不慈仁"。于是,黄帝"修德振兵""与炎帝战于阪泉之野""与蚩尤战于涿鹿之野"。黄帝通过与炎帝和蚩尤的战争,终于形成了"诸侯咸尊黄帝为天子"的局面,实现天下的第一次融合、统一。而成为"天下共主"的黄帝,并未对战败者赶尽杀绝,而是表现出一种宽容博大的胸怀和气度,"抚万民,度四方",即"东至于海,登丸山,及岱宗。西至于空桐,登鸡头。南至于江,登熊、湘。北逐荤粥,合符釜山,而邑于涿鹿之阿"。所到之处,"治五气,艺五种",即顺应天时地利,"时播百谷草木,淳化鸟兽虫蛾"。继承、推广炎帝重稼穑、善农耕的传统,促进了黄河流域游牧经济向农耕经济的转变和发展,并通过"官名皆以云命,为云师。置左右大监,监万国",促进了"万国和",使黄河流域各部落相融合,走向联盟、统一的局面。

二是黄帝的共襄和合精神还反映在以分封促社会的和合方面。据《国语·晋语四》记载,黄帝有子二十五宗,只有两姓与黄帝同姓姬。据《路史·国名记》记载,黄帝不论异同,封其子孙约七十国,分布于今天的河南、河北、山西、山东、陕西、安徽、广东、四川、湖北、江苏、蒙古、青海等地。通过分封子孙,治理各地,不仅进一步巩固了和合的统一局面,而且奠定了中华古国最早之版图和以后中华民族之雏形。以后一些少数民族如西藏之羌、回族之安息、苗黎族之禹号、蒙古族之匈奴、东胡族之鲜卑等,据史学家考证,也自称为黄帝子孙而繁衍发展所形成。[①]

三是黄帝的共襄和合精神还体现在图腾综合中。民间传说,中华民族是龙的传

---

① 参见李秀芳、肖云儒:《中华民族文化的精神母题和人格模型》,郑杰祥主编:《炎黄汇典·文论卷》,吉林文史出版社2002年版,第587页。

人。而龙是黄帝(大龙)综合各部落图腾(小龙)而成的图腾象征——龙。所以,大龙身上既有鹿之角、牛之头、虾之须,也有小龙的影子,即朱雀的爪子,浑身长满鱼之鳞,一个各部落图腾的和合体。[①]

四是黄帝的共襄和合精神还体现在他善于团结各类人才,协作共同做事。据有关文献记载,黄帝有近200个辅佐自己的臣子,他们组成政治、科技等不同团队,而黄帝都能将他们团结在自己周围,"咸尊轩辕为天子",服从黄帝的调遣和管理。

炎黄二帝的共襄和合精神与他们的"崇德""尚仁"品格分不开。《淮南子·道应训》:"昔宿沙之民,皆自攻其君而归神农。"说明炎帝是善于团结、襄助其他氏族,所以,宿沙族民才离开本族首领,而归顺炎帝族。贾谊《新书·修政语上》载:"黄帝职道义,经天地,纪人伦,序万物,以信与仁为天下先。"意思是说,黄帝把行道义作为职责,取法天地,建立人伦关系,排列好万物,首先在天下实践诚信和仁义。《韩诗外传》(卷八)载:"黄帝即位,施惠承天,一道修德,惟仁是行,宇内和平。"说明黄帝统一天下,作了天子后,给百姓以实惠,注重德治,施行仁爱,达到了"宇内和平。"黄帝对其"敌人"也不是要杀便杀,而是"以仁义不能禁止蚩尤"后,"乃长天而叹",在"万民欲令"下,才不得已"行天子事",擒杀蚩尤。"蚩尤没后,天下复扰乱",而黄帝没有像擒杀蚩尤一样去对待蚩尤族的其他成员,而是如《史记·五帝本纪·正义》引《龙鱼河图》所记载:"遂画蚩尤形象以威天下,天下咸谓蚩尤不死,八方万邦皆为弭服。"说明黄帝共襄和合精神是与"德治""仁义"紧紧连在一起。为此,我们可以说炎黄时代是中华民族德治、仁义思想的开端。

我们说,正是炎帝、黄帝的这种共襄和合精神,使炎帝部族、黄帝部族和蚩尤部族形成了华夏联盟集团,开创了中国历史上第一个和谐社会,为形成华夏族(汉民族前身)乃至中华民族,建立"大一统"国家奠定了基础。

六、无私无畏的奉献献身精神

我们知道,炎黄所处的时代,是中国原始社会由母权制到父权制,由旧石器时代到新石器时代,由蒙昧到野蛮、文明的转折时期。历史每前进一步,都要经受血与火的考验,都要付出惨重的代价。炎帝以及我们的原始先民要开创完成这一划时代的转变,要跨越这个历史的门槛,而进入到一个新的时代、新的生活天地。不难想象,他

[①] 参见李秀芳、肖云儒:《中华民族文化的精神母题和人格模型》,郑杰祥主编:《炎黄汇典·文论卷》,吉林文史出版社2002年版,第587页。

们要付出多么巨大的代价,甚至不惜献出生命。更何况,我们的原始先民,从衣食来源来说,"食草木之实,鸟兽之肉;饮其血,茹其毛""衣其羽皮""未有火化""时多疾病毒伤之害";从居住环境来说,"冬则居其营窟,夏则居其橧巢""与麋鹿共处";从生产手段来说,生产工具极其简陋,使用的是粗制的石器和骨器。险恶多变的自然环境,无法科学认识和控制的天灾人祸,时时都在压迫、威胁着先民的生存和安全。但是,从前文所说的炎帝、黄帝的创业来看,面对如此凶悍强大的自然遭遇,以炎帝为首的姜炎族和以黄帝为首的姬黄族,没有退却,没有屈服,而是以坚韧不拔、顽强拼搏、自强不息的无私而无畏的奉献献身精神,以超人的智慧和才能,一步一步艰难地创造着人类的先进文明,改造着自己的生存环境和生活条件,推动着历史车轮的前进。最能说明炎帝无私而无畏的献身精神的是典籍中记载的,炎帝为了发明医药,亲尝百草,"一日而遇七十毒""一日百死百生"。民间传说,炎帝在辨尝百草中,误食了一种毒性极强的草——断肠草而死。这个传说虽有很大的附会性,但有一点是可以肯定的,他的"死"是与"救死扶伤",创造人类先进文化、文明分不开的。联系到炎帝建立的多方面历史功绩,这种"死"不正是他创业和献身精神的真实写照吗?

据古史传说,黄帝将自己的一生全部奉献给自己的部落、部族和族民。黄帝曾周游天下,其目的是为部落找到一处适宜的居住环境。在游历中,学习各地先进的耕作和制陶等技术,并将这些生产知识和技术带回部落,发展本族的农耕生产和手工业生产。还有传说,黄帝为了与炎帝族搞好关系,当黄帝听说九黎族人抢走了炎帝族谷种、而炎帝却怀疑这是自己族人干的事情后,他将自己的母亲作为人质,不顾身家性命,去追赶抢谷种的九黎族人。炎帝知道后,与黄帝族重新和好。黄帝时代虽是实行对偶婚制,但在一些偏僻地方还存在着抢娶漂亮女子的陋俗。黄帝为了大家和睦相处,禁绝此类事情发生,便身先垂范,娶丑女嫫母为妻,树立重德重情的婚姻观念。还有文献传说,当黄帝打败了蚩尤、炎帝后,不是急于祝贺其取得的功绩,而是考虑如何安置因战争而使炎帝、蚩尤族那些无家可归的人,组织他们发展农耕生产和手工业,其精神感动了蚕神和大地,蚕神为他献丝,"乃称织维之功";大地为他献草木,"述耕种之利,因之以广耕种"。等到社会稳定,族民安居乐业后,他又开始寻求新的家园和治国之策,"披山开道,未尝宁居""迁徙往来无常处"。① 可以说,黄帝的一生,既是开拓、创造的一生,也是奋斗、奉献的一生。"鞠躬尽瘁,死而后已"。这是黄帝无私无畏

---

① 参见李秀芳、肖云儒:《中华民族文化的精神母题和人格模型》,郑杰祥主编:《炎黄汇典·文论卷》,吉林文史出版社2002年版,第588页。

的奉献精神的真实写照。

总之,炎黄在其创业活动中所表现出来的精神内涵是极其丰富的。这伟大的实干实践、创造创新、求真务实、开拓进取、共襄和合、奉献献身的六种精神,不仅凸显出炎黄二帝作为当时杰出的部落部族首领、中华人文始祖和中华文明创始者所独有的思想精神品质,而且创造出一个个人间奇迹,有力地推动了当时原始社会的发展进步,成为炎黄文化的精神内核,为中华民族留下了宝贵的物质财富和精神财富,成为今天中华民族精神形成的重要源头,也成为中华传统文化重要的主根文化、源头文化的精髓和基因。

第二节 炎黄精神的当代价值

炎黄精神,作为优秀的文化传统,随着中华民族的形成、发展和壮大,其内涵在不断地丰富和深化,塑造了中华民族的人文品格,升华为中华民族的民族精神和价值追求,成为渗透于中国政治、法律、文学等领域和人生观、价值观、道德观的精神元素,并代代传承,成为中华儿女智慧和精神力量的源泉。不论是古代的四大发明、周秦帝业、汉唐鼎盛,还是近代以来无数次地抵御列强侵略、抗击自然灾害,等等,我们无不看到炎黄精神的存在,看到炎黄精神在凝聚中华民族、实现民族伟大复兴的"中国梦"、推进中华文明发展征程中所起的强大的感召和激励作用。

今天,我们所处的时代,虽则与炎黄生活的时代有天壤之别,发生了翻天覆地的变化,但炎黄精神作为一种升华了的民族精神和价值追求,在我们今天仍有着很强的现实性,应该继续发扬光大。因而,我们今天缅怀炎黄二帝,光大炎黄精神,就有着更为重要的现实意义和深远的历史意义。

炎黄二帝的精神价值,在不同的方面,有着不同的价值内涵。

一、炎黄精神构成了中华民族精神的丰富内涵

首先,从中华民族精神的形成、发展来看,炎黄精神不仅是中华民族精神形成和发展的源头,而且构成了中华民族精神的丰富内涵。

张岱年说:"关于中华民族的民族精神,我提出一项见解,认为《周易大传》的两句话'自强不息''厚德载物'是民族精神的集中表述,……自强不息的哲学基础是重

视人格的'以人为本'的思想,厚德载物的哲学基础是重视整体的'以和为贵'理论。"并说:"炎黄二帝致力于发明创造以造福于人民,正是'自强不息''厚德载物'的形象。"①张岂之说:"什么是炎黄精神?一句话,这就是人文精神。""人文精神可以称之为'以人为本'(或'以民为本')的精神。"②鲁谆说:"炎黄精神与中华民族精神是相一致的。民族精神是一个民族在其历史活动中表现出来的最富有生命力和代表性的思想、品格和意志,是一个民族赖以生存和发展的精神支撑。炎黄二帝是中华民族公认的人文始祖,他们的精神理所当然地是中华民族精神的源头和重要组成部分。"③习近平指出:"精神的力量是无穷的,道德的力量也是无穷的。中华文明源远流长,孕育了中华民族的宝贵精神品格,培育了中国人民的崇高价值追求。自强不息、厚德载物的思想,支撑着中华民族生生不息、薪火相传,今天依然是我们推进改革开放和社会主义现代化建设的强大精神力量。"④习近平并将中国人民的伟大精神概括为"创造""奋斗""团结""梦想"等四种精神。⑤

从以上引文中,我们不难看出,炎黄精神与中华民族精神是一脉相承,有传承有发展。中华民族精神内含着炎黄精神,炎黄精神又体现着中华民族精神。二者相辅相成,相融相交。因此,深入研究炎黄精神,传承、弘扬炎黄精神,不仅有助于更好地认识、弘扬与培育中华民族精神,构建中华民族的共有精神家园,而且有助于培育和践行社会主义核心价值观,坚定文化自信,增强文化自觉,铸牢中华民族共同体意识和构建人类命运共同体。

二、从我国国情的角度认识炎黄精神的当代价值

从我国国情的角度认识炎黄精神的当代价值,需要加强以下三个方面的认识。

---

① 张岱年:《炎黄传说与民族精神》,王俊义、黄爱平编:《炎黄文化与民族精神》,中国人民大学出版社1993年版,第11—13页。

② 张岂之:《炎黄精神就是中华人文精神》,《炎黄春秋》增刊《炎黄文化研究》2001年(总)第8期。

③ 鲁谆:《试谈炎黄精神》,王俊义主编:《炎黄文化研究》(第七辑),大象出版社2008年版,第31页。

④ 习近平:《在会见第四届全国道德模范及提名奖获得者时的讲话》,《光明日报》2013年9月27日第1版。

⑤ 习近平:《在第十三届全国人民代表大会第一次会议上的讲话》,《光明日报》2018年3月21日第2版。

1. 国家的昌盛,民族的振兴,人民的富裕,需要弘扬炎黄精神

首先,是由"我们穷,底子薄,教育、科学、文化落后"①的欠发达的基本国情所决定的。毛泽东曾经指出:"要使全体干部和全体人民经常想到我国是一个社会主义大国,但又是一个经济落后的穷国,这是一个很大的矛盾。要使我国富强起来,需要几十年艰苦奋斗的时间……"②邓小平也曾指出:在这种国情下搞四个现代化,就"要老老实实地艰苦创业……要有一个艰苦创业的过程"③。如此,才能改变我国贫穷落后的面貌,实现社会主义现代化,自立于世界民族之林。

其次,这是由我国实现"两个一百年"的宏伟目标所决定的,即实现中华民族伟大复兴的"中国梦"。党的十九大报告指出:在2020年全面建成小康社会、实现第一个百年奋斗目标的基础上,再奋斗15年,在2035年基本实现社会主义现代化。从2035年到21世纪中叶,在基本实现现代化的基础上,再奋斗15年,把我国建成富强、民主、文明、和谐、美丽的社会主义现代化强国。④ 要完成这两个一百年所设计的艰巨的历史任务,就必须要继承和发扬自力更生、艰苦奋斗的创业、奉献精神,扎扎实实、兢兢业业地把我们的各项工作做好。正如习近平所指出的:"中华民族伟大复兴,绝不是轻轻松松,敲锣打鼓就能实现的。全党必须准备付出更为艰巨、更为艰苦的努力。""全党一定要保持艰苦奋斗、戒骄戒躁的作风,以时不我待、只争朝夕的精神,奋力走好新时代的长征路。"⑤并引用《战国策·秦策》里的一句话:"行百里者半九十"来说明坚持到最后,才能取得胜利。

再次,这也是由世界各国激烈竞争和挑战所决定的。当今世界复杂多变,正处在大发展大调整大变局时期,随着世界多极化、经济全球化深入发展,科学技术日新月异,各种思想文化交流交融交锋更加频繁。为此,世界各国之间的经济竞争、文化竞争和政治、军事竞争,尤其是以美国为首的西方发达国家欲以经济、文化的实力和政治、军事上的强权施压而称霸世界的竞争愈演愈烈。尽管经过40多年的改革开放,

---

①③ 中共中央文献编辑委员会:《邓小平文选》(第二卷),人民出版社1994年版,第221页,第222页。

② 中共中央文献编辑委员会:《毛泽东著作选读》(下册),人民出版社1986年版,,第796页。

④ 新华社评论员:《深刻把握"分两步走"的新目标》,新华网2017年11月23日。

⑤ 习近平:《决胜全面建成小康社会 夺取新时代中国特色社会主义伟大胜利——在中国共产党第十九次全国代表大会上的报告》,《光明日报》2017年10月28日第1版。

我国的社会、经济、文化、军事、科技等方面有了较快发展,但以美国为首的西方国家并不喜欢我们的崛起,千方百计采取各种手段,予以遏制、打压,甚至扼杀。或是挑起"贸易战",或是叫嚣南海"航行自由",或是扬言要"武力制服中国",对我们的压力、威胁也愈来愈大。面对如此激烈的竞争、挑战和压力,我们亦需要继承和发扬自力更生、艰苦奋斗的创业和奉献精神,抓住机遇,迎接挑战,把我们的经济搞上去、科技搞上去、军事搞上去。否则,就会再次失去机遇,与发达国家的差距愈拉愈大,重蹈挨打受气的覆辙。

2. 文化的繁荣,文明的提升,道德的重建,需要弘扬炎黄精神

建设现代化的社会主义强国,既要抓好物质文明建设,也要抓好精神文明建设;既要有经济的硬实力,也要有文化的软实力。如果"只重视物质的作用,而轻视精神的作用;只重视物质文明,不重视精神文明,对国家对民族对人民都是一种危险的倾向"①。近年来,出现的以权谋私、贪污受贿、道德失范、诚信缺失等问题,以及拜金主义、享乐主义、极端个人主义等不良现象,就与我们一段时期讲经济建设多了,而讲精神文明建设少了;讲物质享受多了,而讲艰苦创业、无私奉献少了;讲个人私欲多了,而讲国家集体利益少了不无关系。在当今进入全面建设社会主义现代化的关键时期和深化改革开放的重要时期,我们要全面提升中华民族的精神文明素质,提高全体公民道德意识,确立以"富强、民主、文明、和谐,自由、平等、公正、法治,爱国、敬业、诚信、友善"的社会主义核心价值体系,这是摆在我们全党全国各族人民面前的一项紧迫而重大的任务。在文化繁荣、文明提升、道德重建中,需要弘扬炎黄精神,传承中华优秀传统文化。因为,"在5000多年文明发展中孕育的中华优秀传统文化,积淀着中华民族最深沉的精神追求,代表着中华民族独特的精神标识,是中华民族生生不息、发展壮大的丰厚滋养,是中国特色社会主义植根的文化沃土,是当代中国发展的突出优势,对延续和发展中华文明、促进人类文明进步,发挥着重要作用"②。炎黄精神作为中华民族精神的源头精神,炎黄文化作为中华民族优秀传统文化的祖根文化,无疑也包含在5000多年的文化、文明之中。

3. 国家的统一,民族的团结,社会的和谐,需要弘扬炎黄精神

我国是一个由多民族组成的国家,"尽管民族学和历史学已经证明华夏族并非单

---

① 江泽民:《论社会主义精神文明建设》,中央文献出版社1999年版,第11页。
② 中共中央办公厅、国务院办公厅:《关于实施中华优秀传统文化传承发展工程的意见》,《光明日报》2017年1月26日第1版。

一祖先,但是,后人却一直把炎黄二帝作为中华民族始兴和统一的象征",作为共同的祖先加以供奉。"这种发端于上古,绵延数千年的观念,成为不同时期,来源于不同地域的人们所共同具有的民族意识。"①炎黄二帝以艰苦创业、无私奉献的精神而创立的炎黄文化,"成为一种反映民族共同感情的联系纽带,体现和包容了华夏族形成一个统一性的自我意识"②。正因为如此,几千年来,"尽管各民族之间或民族内部,产生过种种矛盾、冲突,以至于战争,也曾造成国家的分裂和地区之间政权的对立",但"统一的时间长于分裂时间,而且越到后来,统一的时间越长,统一的局面越巩固"③。这种巨大的凝聚性和牢固的稳定性、和谐性,正是这种以炎黄文化、炎黄精神为核心的传统文化的体现。

今天,我们进行改革开放和现代化建设,要实现中华民族伟大复兴的"中国梦",特别重要的一条,就是要有一个稳定、和谐的社会环境。而稳定、和谐的社会环境,首先是来自国内各民族的大团结、大和谐。要加强各民族的大团结、大和谐,就要弘扬炎黄精神,继承和光大中华民族优秀传统文化,炎黄精神是团结中华各民族的思想基础,是凝聚中华各族人民的精神纽带。

习近平总书记指出:"深化民族团结进步教育,铸牢中华民族共同体意识,加强各民族交往交流交融,促进各民族像石榴籽一样紧紧抱在一起。"④"铸牢中华民族共同体意识",这是维护国家统一的思想基石,是促进民族团结的必要和首要条件,是实现中华民族伟大复兴的"中国梦"的必然要求。而要筑牢民族共同体意识,加强中华民族大团结,长远和最根本的是要增强文化认同。而要实现文化认同,其中一条就是要坚定文化自信,继承和大力弘扬中华民族优秀传统文化,在尊重差异、各美其美、兼收并蓄中实现各民族文化交融共生、和谐发展,形成各民族同呼吸、共命运、心连心、美美与共的强大精神纽带。而这个精神纽带,就是炎黄文化,炎黄精神。

另外,我们进行改革开放和现代化建设,实现祖国统一,还需要世界各国尤其是海外炎黄子孙的支持。而炎黄精神作为一种文化认同,民族的精神纽带,既有利于沟通海峡两岸炎黄子孙的相互理解和交融,也有利于加强同海外炎黄子孙的相互交流和对民族、国家的认同。近年来,海外炎黄子孙,怀着强烈的思乡之情,回大陆寻根祭

---

①②③ 萧克:《弘扬中华民族优秀文化传统,加强社会主义精神文明建设》,《炎黄春秋》1994年第5期。

④ 习近平:《决胜全面建成小康社会 夺取新时代中国特色社会主义伟大胜利——在中国共产党第十九次全国代表大会上的报告》,《光明日报》2017年10月28日第1版。

祖、旅游观光,并以各种方式支持祖国的现代化建设,就是这种民族向心力和认同感的生动体现。

如上所述,炎黄精神虽说对当今社会有其重要价值和意义,但是,它毕竟产生于远古时代,与我们今天所处时代还有很大的不同,其所讲的精神内涵也是有区别的。那么,如何使炎黄精神适应新时代的需要,也就是说,如何从中挖掘新时代可资利用的东西,这就要求我们必须做好两方面的工作:一是"创造性转化",一是"创新性发展"。只有在"创造"和"创新"上下功夫,才能做好"转化"和"发展"。

何为创造?何为创新?创造,就是对炎黄文化、炎黄精神注重发掘和利用,找到与现实的契合点,深入挖掘蕴含其中有用的价值观念、道德规范、治国智慧,将其转化成我们今天的价值观念、道德规范和治国智慧。比如前面提到的"六种"炎黄精神,对今天构建中华民族共有精神家园和铸牢中华民族共同体意识,实现中华民族伟大复兴的"中国梦",就有着很大的启示和借鉴作用。因为历史往往具有很大的相似性,炎黄时代正是炎黄二帝的创业时代,今天我们所处的新时代正处在民族复兴也就是创业的时代。创新,就是在继承炎黄精神的基础上,结合新时代、新气象、新作为,创新出适应新时代所需要的新的民族精神、国人品格。比如,习近平所讲的中国人民伟大的"梦想"精神[①],就是在总结前人梦想、追梦精神的基础上,而提出来的一种新的民族精神,这是对中华民族精神内涵的丰富和发展。再如,我们所践行的社会主义核心价值观,也是对中华民族精神的丰富和发展,既是对炎黄精神的继承,也是对炎黄精神的创新。所以,"创造性转化"和"创新性发展",是新时代继承和弘扬包括炎黄文化、炎黄精神在内的一切中华民族优秀传统文化的根本途径和最佳方法。

今天,我们研究炎黄精神,继承和弘扬炎黄精神,不仅是实现两个"一百年"和现代化的时代的需要,也是在21世纪中期实现中华民族伟大复兴的"中国梦"的历史需要。为此,我们要依据新时代、新要求做好炎黄精神"创造性转化"和"创新性发展",使炎黄精神成为永远激励亿万炎黄子孙的强大力量源泉。

---

① 习近平:《在第十三届全国人民代表大会第一次会议上的讲话》,《光明日报》2018年3月21日第2版。

第十二章　炎黄祭祀与历史现实意义

中国人素有"慎终追远""法祖敬宗"的传统。而且这种传统的起源是相当早的,"自生民以来则有之"(《后汉书·祭祀志》)。考古发现,距今约3万年前的北京周口店山顶洞人就开始有了宗教性的祭祀意识(灵魂观念)。① 人类祭祀的对象先是从天地神自然崇拜而逐渐发展到对祖先神的崇拜和祭祀。文献中有"礼有五经,莫重于祭"(《礼记·祭统》),"国之大事,在祀与戎"(《左传·成公十三年》)等记载。在以后的多种古籍中,如《国语》《管子》《礼记》《史记》等,也都将祭祀列为礼仪的第一位,视为与战争同等重要的国家大事,并将祭祖礼仪看作对祖先崇拜的具体表现。作为中华民族共有始祖的炎黄二帝,自然也就成为历代祭祀的主要对象。并且在长达数千年的祭祀中,逐渐形成了公祭、民祭、籍田等形式的畤、坛、郊、庙、祠、陵、明堂等祭祀。

第一节　古代炎黄祭祀

炎帝、黄帝祭祀有着漫长的历史。对炎帝的祭祀,若从传说的黄帝在今宝鸡天台山祭祀炎帝算起,大概距今已有五六千年的历史;对黄帝的祭祀,若从有虞氏算起,约有四千多年的历史。战国时期秦国国君秦灵公以国家名义祭祀炎帝、黄帝,距今也已有两千三四百年的历史。秦汉以降的历朝历代,或是始祖祭、天帝祭、五帝祭,或是朝廷祭、民间祭,均将炎帝、黄帝列入其中。宋代以后,由于宋王朝的倡导和重视,炎帝、黄帝祭祀在宋元明清尤其是明清以后,成为朝廷每年的一项重大活动,不仅每一位登基皇帝要派朝廷命官去炎帝陵或黄帝陵祷告、祭奠,而且朝廷若每遇一件如战争、抗灾等重大事件,也都要派朝廷命官去炎帝陵或黄帝陵祷告、祭奠。另外,起源于先秦

---

① 傅亚庶:《中国上古祭祀文化》,高等教育出版社2006年版,第9页。

时期的"籍田",到西汉末年也演变为一项祭祀炎帝活动。明代在北京修建的先农坛,明清的历朝历代皇帝,每年正月春耕时节,都要率文武百官在北京先农坛举行耕籍礼——籍田,以昭示天下要重视农耕,开始春播。在清代雍正朝的倡导下,全国各省、府、县也都相继建起了三皇庙(伏羲、炎帝、黄帝)、先农坛,由地方长官率领当地官员效仿皇帝行耕藉礼,以祭炎帝,同时,以身作则,昭示老百姓重视农耕,适时播种。

一、古代炎帝祭祀

古代炎帝祭祀从祭祀的场地来划分,可以分为三种祭祀类型:一是京都和地方祠坛庙祭祀,二是炎帝陵祭祀,三是先农坛祭祀("籍田")。

(一)京都和地方祠坛庙祭祀

对炎帝的祭祀可谓由来已久、源远流长。宝鸡民间传说着炎帝误尝断肠草不幸身亡后,黄帝专程赶赴天台山祭拜炎帝的故事。为此,炎帝长眠的天台山,被后世人称为"蔔(祭)陵""嘉陵""蟠冢"。《路史·后纪》说:黄帝当年祭拜炎帝是在古陈仓即今宝鸡市区一带。天台山位于今宝鸡市渭滨区境内,至今遗留有一处烧香台,当地民间传说,这是当年黄帝祭拜炎帝的地方。这虽系民间传说,但我们认为是有可能的。其一,炎帝族与黄帝族为"双胞族",住地相邻,世代通婚,有亲缘关系;其二,从考古发现的祭祀场所遗迹和大量祭祀器物来看,在距今7000—5000年的炎黄时代,祭祀已成为氏族部落内普遍而重要的一项活动。如在甘肃秦安大地湾,陕西宝鸡北首岭、福临堡,陕西西安半坡、临潼姜寨等前仰韶文化和仰韶文化遗址中,均发现有"大房子"。这些大房子,研究者认为,是"中国宗教和殿堂制度建筑的最早遗制"[①]。即有可能为当时用于氏族公共集会、宗教祭祀及未成年青年男女欢聚的场所。祭祀所使用的祭物、祭器也有发现,如在磁山遗址窖穴中存放粮食的底部,有猪、狗骨架的发现。有学者认为,这是"祭地祈年的场所",窖穴内的粟、肉,就是在礼仪活动时献给神灵的贡物;以卵石铺筑的祭坛,和石磨盘、石磨棒、陶盂、陶支座为核心的组合器物,在祭祀礼仪中可能起到了"原始礼器"的作用,"与祭坛共同构成中国原始礼仪建筑和礼制文化的源头"[②]。其三,宝鸡北首岭、福临堡,就在距离仅有十多里的天台山烧香台的北面,隔渭河相望。

---

① 石兴邦主编:《陕西通史·原始社会卷》,陕西师范大学出版社1997年版,第237页。
② 吴汝祚主编:《炎黄汇典·考古卷》,吉林文史出版社2002年版,第201页。

在中国古史的传说时代,对炎帝的祭祀也不仅仅在今宝鸡有传说,在山西晋东南也有传说。据有关文献记载,炎帝有天下传了十七世后,黄帝族兴起,黄帝开始称雄,封炎帝后裔参卢在今长治、晋城一带,守护其先祖的坟茔,以供奉炎帝。(《路史·炎帝》)依此传说,说明黄帝曾封炎帝之后于山西古上党地区,令其为炎帝守陵,奉祀炎帝。

夏商时期,炎帝及炎帝之子柱等人作为"农神",就已受到祭祀。古史传说,烈山氏的儿子柱也善于耕种,从夏代以前就被祭祀;周弃也是善于耕种的人,自商代以来就受到祭祀。(《左传·昭公二十九年》《汉书·郊祀志》)

两周时期,将炎帝与黄帝的祭祀上升为一种国家意识。《史记·周本纪》说武王克商后追思先代圣王,于是用褒奖的规格封炎帝的后裔在"焦"地,黄帝的后裔在"祝"地,让其后裔奉祀先祖。《史记·封禅书》又说,秦灵公三年(前422),朝廷在今宝鸡陈仓区境内的"吴山之阳",兴建下畤,祭祀炎帝。《说文解字》载:"畤,天地五帝所基址祭地。从田,寺声。右扶风有五畤。好畤、鄜畤皆黄帝时祭。或曰秦文公立也。"王筠句读:"畤者,止也。其制坛而不屋,但有基址,故谓之畤。"《字汇补·田部》:"畤,凡土高处曰畤。"上述说明畤的形制是与坛相似。坛,古时为祭祀而做的土台子。《玉篇·土部》:"坛,封土祭处。"陆德明释文引马融曰:"坛,土堂。"《公羊传·庄公十三年》何休注:"土基三尺土阶三等曰坛。"后来发展为坛上增设阶陛殿堂,成为华丽的建筑群。关于"畤"祭炎帝,这是见之于文字记载最早的一次官方祭祀炎帝活动,也可称为"国祭"。2018年10—12月由中国国家博物馆等四家联合组建的吴山祭祀遗址考古发掘队,通过对陈仓区新街镇庙川村吴山祭祀遗址的考古发掘,发现8万多平方米的祭祀遗址,确定祭祀坑94处,清理出8处,出土玉人、玉琮、车镳和一件农具——铁锸等器物。中国国家博物馆副研究员、考古领队游富祥认为,此次发现的吴山祭祀遗址的遗物种类,与血池祭祀遗址(吴山遗址与凤翔雍山血池遗址直线距离仅约20公里)出土文物基本相同,说明两个遗址的功能也基本相同。根据《史记·封禅书》"秦灵公作吴阳上畤,祭黄帝;作下畤,祭炎帝"的记载推断,铁锸作为农具出现,可能跟祭祀"农神"炎帝有关。[①] 如果此说不误,说明秦灵公当年在此祭祀炎帝是有历史根据的。

虽说先秦时期祭祀炎帝的资料很少,且记载不详,但将这为数不多的文字连缀起

[①] 陈亮、王星:《宝鸡又发现大型祭祀遗址》,《宝鸡日报》2018年12月8日第2版。

来看,仍然可以窥见其大概祭祀情景。先秦时期的炎帝祭祀包括祖先祭祀、农神祭祀和五方帝祭祀等多种形式,其中祖先祭祀可能在炎帝族及炎帝族后裔中延续了很长时间,到周代逐渐扩展到各地各族,而五方帝祭祀见于《周礼》,其礼当形成于周代以前。① 先秦时期的炎帝祭祀开创后世时、郊、庙、陵、(先农)坛等多种祭祀形式之先河。

秦朝统一后,继承秦国的祭祀传统,炎帝继续得到崇祀。刘邦入关后曾问臣下:以前秦国祭祀的上帝是哪四帝?臣下回答说:秦人立坛祭祀的是白帝、青帝、黄帝、赤帝(炎帝)。(《汉书·郊祀志》)说明秦朝时仍在祭祀炎帝。

汉高祖刘邦为了宣扬以汉代秦的合法性,编造了赤帝子斩白帝子的故事,实际上是把炎帝尊为感生帝。刘邦在秦人祭祀四帝的基础上又设立了"北畤",祭祀黑帝即颛顼,形成了完整的五帝祭祀系统。现已考古确定,今凤翔"雍山血池秦汉祭祀遗址"就是当年汉高祖刘邦设立的"北畤"。② 汉文帝对五帝祭祀更为热衷。他在渭阳建造了五帝庙,在同一座屋宇下,每帝各设一门,正面分别有五门,各门与所设帝王持有的颜色是一致的。祭祀时所用的祭品和所采取的礼仪也和雍邑五畤完全相同。汉文帝不仅建五帝庙进行祭祀,文献记载还说他在一年夏季四月的一天,出宫到达长门,好像看见五个人站在道路的北边,就依照他们直立的地方兴建了座五帝坛,用"五牢"进行郊祭。(《史记·孝文本纪》)郊祭是古代天子夏季亲自参加的一种祭祀上帝的祭典活动,是祭祀仪礼中规格最高的一种祭祀形式。以此说明炎帝在五帝系统中占有重要位置。到武帝时期,汉武帝封禅时在泰山下祭祀五帝,各就他们同色的方位,黄帝和炎帝位在一处,这些都由负责官员侍奉祭祀。(《史记·封禅书》)

西汉皇帝除了在泰山封禅祭祀炎帝外,汉文帝、汉景帝、汉武帝、汉宣帝、汉成帝还分别"郊雍,祀五畤",即在今宝鸡一带祭祀包括炎帝在内的五帝(其他四帝:黄帝、太昊、少昊、颛顼)。汉武帝在位53年曾先后祭祀13次。

东汉光武帝刘秀建立东汉时,再度借助赤帝子的故事,声称东汉为火德,遂使汉兴以来聚讼不休的德运之争画上了句号。东汉郊祭时,不仅祭祀包括炎帝在内的五帝,而且每逢立夏之日还要专门郊祭炎帝。③

---

① 曲英杰主编:《炎黄汇典·祭祀卷·前言》,吉林文史出版社2002年版,第2页。
② 陕西省考古研究院秦汉研究室:《2008—2017年陕西秦汉研究综述》,《考古与文物》2018年第5期。
③ 《后汉书·祭祀志》:"立夏之日,迎夏于南郊,祭赤帝、祝融。"

魏晋南北朝时期基本上继承了汉代的祭祀传统,对炎帝的祭祀主要为天帝祭祀、明堂祭祀、迎气之祀和先农坛祭祀等。南郊祭天是天子地位和王朝统治的象征。在《魏书·僭晋司马叡列传》里载有王敦欲篡位的事,他回答属下说:"尚未南郊,何为天子!"可见南郊祭祀之重要。说明在这一时期,炎帝已享有与天子同等地位的祭祀。因魏晋南北朝是分裂割据时期,每个政权的统治者为了争夺正统地位,都要举行郊天大典,同时祭祀包括炎帝在内的五帝。在这一时期举行过郊天大典的还有魏文帝、魏明帝、吴孙权、蜀刘备、晋武帝、晋元帝、晋成帝、晋康帝、晋安帝、宋武帝、宋孝武帝、齐高祖、梁武帝、陈武帝、北魏道武帝、北魏明元帝、北魏献文帝、北魏孝武帝、北齐高祖神武帝、北周武帝等。魏晋南北朝时期举行过迎气之祀的有魏明元帝、北齐诸帝、北周诸帝等。

明堂祭祀是一种古老的祭祀形式。炎帝是明堂祭祀的对象之一。据文献记载,晋武帝、宋孝武帝、齐高祖、梁武帝以及北齐、北周等皇帝均在明堂中设五帝位,并以有功德之君配祀,还分别作有《祠天地五郊送神歌》(傅玄)、《宋明堂歌·赤帝》(谢庄)、《梁明堂祭歌·赤帝》(萧子云)、《北齐五郊乐歌·赤帝文明乐》《北周祀五帝歌·赤帝云门舞》(庾信)等。

北周统治者宇文氏,自称是炎帝之后(《周书·文帝纪》),所以,北周对炎帝祭祀尤为重视。孝闵帝于元年正月下诏说,我本出自神农,设明堂以祭祀祖先来陪祭上帝,在庙里祭祀太祖。(《周书·孝闵帝纪》)这年正月,孝闵帝首先去南郊圜丘和北郊方丘,祭祀皇天后土和炎帝。可见南北朝时期尽管战争频仍,社会动荡,但朝廷祭祀炎帝活动却未停止,照常进行。

隋朝虽然只有短短的几十年,但对炎帝祭祀的重视程度,不逊于前代。隋文帝、隋炀帝都曾举行过隆重的郊祭、明堂祭、五方帝祭和先农坛祭。有文献说,隋文帝受上天之命,第二年冬至这一天,在圜丘祭祀苍天上帝,以太祖武元皇帝配祀五方上帝,其他历代历朝皇帝并随从祭祀。(《通志·礼略》)

唐代除了继续郊祭、明堂祭、五方帝祭和先农坛祭祀炎帝外,还增加了三皇庙(伏羲、炎帝、黄帝)祭。据《大唐开元礼》卷一载:大凡国家都有大祭祀、中祭祀、小祭祀,而苍天上帝、五方上帝、皇地祇、神州宗庙都为大祭祀。在圜丘祭祀苍天上帝时,要以五方上帝和五帝(太昊、炎帝、轩辕、少昊、颛顼)一起随从祭祀。立夏时皇帝在南郊祭祀赤帝。

唐代在国都长安城始立"三皇庙",开创了帝王庙祭。《唐会要》说:"天宝六岁

(747)正月十一日,敕三皇五帝,创物垂范,永言殷祀,宜有钦崇。三皇:伏羲,以勾芒配;神农,以祝融配;黄帝,以风后、力牧配。……其择日及置庙地,量事营立。"说明炎帝被祭祀的地位在唐代有了较大提升。

辽、金是属于北方游牧民族契丹人和女真人建立的政权。他们亦尊崇炎帝,祭祀炎帝。辽统治者自称"炎帝之后"(《辽史·世表》),对炎帝的尊崇自不待言。金统治者虽未自称炎帝之后,但对包括炎帝在内的历代帝王却非常尊重,三年一祭,分别在陈州(今淮阳县)祭祀伏羲,在亳州(今亳州市)祭祀神农,在坊州(今黄陵县)祭祀轩辕。(《金史·礼志》)

明朝祭祀炎帝的主要形式为陵祭、庙祭、殿祭和先农坛祭。明初仍行元制,通祀伏羲、神农、黄帝三皇,以十大名医陪祀。明太祖朱元璋为了"厘正祀典,凡天皇、太乙、六天、五帝之类,皆为革除"(《明史·礼志一》)。于是,圜丘祭天以五帝配食、明堂祭以五帝配祭、五方帝祭和蜡祭神农氏等古老祭礼均被革除,而炎帝陵祭、三皇庙祭、先农坛祭在得到延续的同时,还开创了传心殿祭。洪武元年(1368)冬至,于圜丘祭祀苍天上帝,由皇帝亲自行祭,历经"迎神""奠玉帛""进俎""奉牲""初献""亚献""终献""彻豆""送神""望燎"等礼仪步骤,并由协律郎等配合着演奏《中和》《肃和》《凝和》《寿和》《豫和》《熙和》《雍和》《安和》《时和》及《武功》《文德》等典礼音乐和舞蹈。并将这种祭祀活动推广到全国州、府、县。其目的是表示一种政教上的宣示:表明皇朝的正统。洪武四年(1371),朱元璋又以"三皇继天立极,开万世教化之原",而"药师可乎"的原因(《明史·礼志四》),令天下郡县不得以药师之名随意祭祀三皇。明世宗始兴先圣先师之祭。嘉靖九年(1530),在文华殿的东面,开始祭祀伏羲、神农、黄帝、尧、舜、禹、汤、文、武、周公、孔子等。在每年春天和秋天的第二个月"开讲"前一日,皇帝要亲自前往致祭。

明清时期,朝廷在京都(今北京市)设立"历代帝王庙"。历代帝王庙为明清两朝祭祀三皇五帝、历代帝王和功成名将的皇家庙宇。其始建于明嘉靖九年(1530),清代屡有修葺。占地面积约2.1万平方米,建筑面积6000平方米,主要建筑有影壁、山门、钟楼、景德门、景德崇圣殿及配殿、碑亭等。景德崇圣殿是专门供奉历代帝王牌位的地方。中华人民共和国成立后,一度曾为学校使用。2004年修复开放。1996年被国务院公布为全国重点文物保护单位。景德崇圣大殿内供奉三皇五帝和历代开国、守业帝王188人的牌位,东、西配殿供奉历代文臣武将79人的牌位。炎帝和黄帝牌居于中央显赫处。可见炎帝、黄帝地位之崇高和后世人对其之崇敬。每年春夏两季皇

帝都要亲自在这里举行祭奠典礼。(《大明会典》卷九一)

除了历代朝廷以"国家"名义祭祀炎帝外,在今宝鸡、随州、高平、台湾等地也有民祭炎帝的活动。

宝鸡九龙泉是传说中的炎帝诞生沐浴之地。据文献记载,九龙泉至少在魏晋以前就已存在。① 其泉位于今宝鸡市渭滨区峪泉村,"泉出九穴,其水清冽""相传炎帝始生浴此,有'浴圣九龙泉'碑"(清《重修宝鸡县志》)。后人为纪念炎帝,在九龙泉旁修建了座神农庙。

神农庙始于唐代,具体时间无文字可考,地址在今渭滨区神农镇峪泉村。到了北宋,著名文学家苏轼曾在《初游楼观五百言诗》中写道:"……鸡岭云霞古,龙宫殿宇幽。南山连大散,归路走吾州。""龙宫殿宇幽"一句,就是写的这座祠。因为:一是"神农"亦称"神龙";二是苏轼在诗中所说的从鸡峰山下到大散关,与此祠所在的峪泉村正好是在一条路线上。从诗中一个"幽"字,可以想见当年神农庙之宏大规模和庄严气势。

神农庙有文字记载始于清代。清《凤翔府志》和《宝鸡县志》记载:"神农庙:一在县东郊,一在县南郊九龙泉上。"乾隆十四年(1749)对神农庙进行了一次小修葺。以后神农庙因年久失修而"垣墉圮颓,断碣仆地,泉井四旁,垒块牙错,殊失庄严"(乾隆三十年《重修神农祠九龙泉碑记》)。乾隆三十年(1765),邑人许起凤倡导,"附近居人,竞发诚愿,谋修亭宇""莫不踊跃从事""不数月而工告成",对神农庙进行了一次较大规模的修缮。民国二十年(1931)前后,神农庙又进行了一次较大修缮,具体修缮情况,无文字记载。在1949年前夕又修葺了两次。重修后的神农庙规模:坐南朝北,南依土崖,北临渭河,占地约五亩;南高北低,分为台上台下,上下以石阶为道。分为东、西、中三院。三院后有神窟三孔,现存两孔。东院:后院有三间大殿,供奉炎帝之母安登塑像。塑像后有通道,长约百米,通原台之外。前院一飞檐鼓楼,双层,可攀登。中院:后院为三间神宝殿,殿高7米,进深7米,形成正方形殿堂,硬山建筑。殿前有献殿三间,供参拜者供奉祭物。两旁为庑殿,各三间。门前台下为九龙泉,其旁立一"浴圣九龙泉"碑。西院:后院为三间大殿,前有乾隆三十年立的《重修神农祠九龙泉》碑。前院建有一座两层钟楼,以十八根盘龙柱相撑。两院外建有一魁星楼,上有"九龙压七象"之木刻额匾。三院以墙相隔,中有内门互通,回旋幽深;再配以祠北

---

① 清乾隆三十一年(1766)达灵阿:《重修凤翔府志》转引自《帝王世纪》载:"炎帝神农氏长于姜水,东有浴帝九眼泉(九龙泉)。"

宏敞的戏楼和巍巍森严的龙王庙，苍劲参天的古柏，形成了一处庄严肃穆、宏大壮观的祭祀圣地。神农庙于每年农历正月十一、七月七，当地群众自发组织，以庙会形式祭祀炎帝。

湖北随州的古代炎帝祭祀，根据文献记载和民间传说，于南朝起开始在今殷店立庙"长年祀之"（《荆州记》）。到了宋代，厉山神农社已扩展为神农庙。北宋《元丰九域志》载：随州"神农庙在厉乡村。《郡国志》云："厉山，神农所出。厉山，炎帝所出也。"北宋罗泌《路史》亦载："神农井在赖山，即厉山。旧说提一井则八井皆动，人不敢触。今惟一穴，大木旁荫，即其处立社。社今废，后复建炎帝庙焉。"明弘治四年（1491），知州杨宪为神农像饰以服帽。明正德四年（1509）在洞天山东麓复修神农庙，庙内塑有炎帝像。明嘉靖十一年（1532），随州知州范钦率民众在殷店重修殿宇，并立《神农洞天碑记》，碑云："惟炎帝神农古迹，著本州黄连村大河冲，东有神农观，西耸棋盘山，山下有神农庙，中有神农洞，即号洞天之所，皆为上古遗踪，其势苕□，其形磅礴，水绕山环，地灵人杰，斯迹正与在□民程仲安住基相近，□见神通显化，德被生民，□□□妙用宏敷，功施社稷，□□□□□□□□□莫非上古圣神继天立极之功，渐民以仁，摩民以久，□功当所报也。是以辄举斯心，喜舍水植砖瓦，财银谷帛，命匠建修神农洞，庙焕然□□□□华矣。"嘉靖二十年（1541）五月，神农庙所在地发生地震，志书描述说："地大震，有声如雷，黄连村裂为壑，周五里皆震，越月乃止。"神农庙处在震中位置，庙毁。据1988年版《随州志》记载："神农洞……谣传有神农所用桌、凳、榻等石器。洞旁旧有神农观，祀奉炎帝。近有神农宅、神农井……"此后，神农庙移建距神农洞下朱店河（古漂水）西500余米处。中华人民共和国成立后，神农庙曾改建为学校，后又改为村办工厂，20世纪80年代改为镇管委会。同时祭炎帝也停止。现在，神农庙前还幸存一株600年以上树龄的银杏树，遗址中还能见到一些残碑和石墩，在两面坡房屋的山墙上还能看到汉代和明代的青砖。由此可见，殷店镇神农庙是随州地区祭祀炎帝神农最早的地方。20世纪60年代，传说神农洞还有一间房大的空间，里面有香坛和石桌。后洞门石头坍塌，洞口变得狭窄。

另一处祭祀炎帝的庙宇为厉山镇神农庙。其庙始建于明代。万历五年（1577），知州阳存愚在厉山立炎帝神农氏遗址碑。万历三十八年（1610），知州王纳言主持修复神农遗迹，隆其庙宇。此后神农庙时兴时废，直到清同治十三年（1874）出版的《随州志》所绘古厉山镇图上，神农庙、神农洞等仍清晰可见。后由于连年战乱，被毁。

山西高平古代建庙祭祀炎帝，可能兴起于北朝末年至隋唐时期。北齐天保二年

(551)碑记载:"神农圣灵所托,远瞩太行。"隋开皇五年(585)宝泰寺碑记载:"炎帝获嘉禾之地。"唐天授二年(691)牛元敬撰写的泽州高平县羊头山清化寺碑记载:"此山炎帝之所居也。"唐天祐七年(910)墓志铭中说:"泽州高平县神农乡神农里。"据统计,在古上党地区有炎帝陵(五谷庙)等庙宇52处,碑石125通。① 从这众多炎帝庙宇和碑石看,说明北齐至隋唐时期,包括高平在内的古上党地区已有比较集中的祭祀炎帝活动场所。其活动日期多集中在农历二三月到七八月份之间。祭祀礼仪多以民间形式举办。据古史传说,位于今神农镇庄里村的炎帝陵距今已有5000年的历史。元成宗大德九年(1305)曾遣使致祭,禁樵采。立于明万历三十九年(1611)的"炎帝陵"碑,距今已有400多年。不仅历朝历代民间岁时致祭,而且每年春秋时节,县府亦派员到此祭祀。②

台湾的民祭炎帝始于开发初期,据连横《台湾通史》记载,自隋文帝开始,大陆移居台湾者渐多。③ 移民者为了渡海平安,便随身携带炎帝神农牌位。抵台后,为了祈求风调雨顺、五谷丰登,庇佑人畜平安,便有了初期的炎帝神农氏民间祭祀。到了郑成功、郑经父子入台后,开始陆续修建庙宇,敬奉祖先神明。台湾最早在庙宇祭祀炎帝神农,可追溯至郑成功入台前十五年(1646)台南地方士绅姚孝兴建的开基药王庙,以祭祀药王神农大帝。④

各地祭祀炎帝的场所及活动往往是在地方政府主导下修建和完成的,但相对于中央政府的郊祭、庙祭、明堂祭、五方帝祭、先农坛祭等,其民俗色彩更浓,更能反映普通民众对炎帝的崇敬和怀念。

(二)炎帝陵祭祀

传说湖南炎陵县(原为酃县)炎帝陵祭祀始于汉代。有文字记载的炎帝陵祭祀始于宋代。宋代在继承前代郊祭、明堂祭、五方帝祭、先农坛祭和三皇庙祭等祭祀形式的同时,还增加了炎帝陵祭。宋乾德元年(963),太常博士聂崇义说:皇帝是以火德上承正统,以供奉赤帝为感生帝,每年的正月,另外设坛进行祭祀,以服从火德。于是,

---

①② 中共高平市委、市政府编著:《炎帝故里》,山西人民出版社2014年版,附页,第54页。

③ 连横《台湾通史》,广西人民出版社2005年版,第3页。

④ 参见湖南省人民政府台湾事务办公室、株洲市人民政府台湾事务办公室:《海峡两岸共祭炎帝神农氏》,岳麓书社2015年版,第90页。

便在汴京城南郊筑坛祭祀炎帝。(《宋史·礼志》)宋太祖赵匡胤"定国运以火德王,色尚赤"(《宋史·太祖本纪》),尊崇炎帝为感生帝,人们称宋朝为"炎宋",因而有宋一代特别重视祭祀炎帝。赵匡胤是通过兵变"黄袍加身"的,因此需要为新王朝的建立寻找其合理性。于是,他派人遍访古帝王陵墓,但就是找不到炎帝陵。后来他做一梦,梦见在南方有始祖炎帝出现,便派属下"驰节觅求"(《宋史·太祖本纪》)。于是,乾德五年(967),他下诏建湖南酃县炎帝陵,并遣员外郎丁顾言诣潭州(长沙郡)告祭。太平兴国年间(976—984),因酃县地僻路险,交通不便,一度将炎帝殿宇迁至茶陵城南。南宋淳熙十三年(1186),炎帝陵又迁回原址。淳熙十四年(1187),衡州守臣刘清之奏请朝廷,因炎帝陵祠宇荒废,建议重修。(《文献通考》卷一〇三)于是,宋孝宗下诏衡州重修炎帝陵庙。(《宋史·孝宗本纪》)同年,罗泌祭拜炎帝陵,并作文说:"神农有天下,传七十世。在古最为长世者。葬于茶陵,见于《郡国志》《帝王世纪》。予作《路史》,记之详矣。后十有五年,始获拜陵下。"(淳祐八年《酃县志》卷四《炎陵》)。湖南安抚使、知潭州陈韡又奏请朝廷说:南宋是以火德王,对火德炎帝应该加倍祭祀、钦崇。现在炎帝陵在衡州茶陵县,陵庙已长久未修缮了。希望考虑选择吉日兴修,以此来表达崇敬奉祀之意。时宋理宗下诏同意重修。(《续文献通考》卷八五)皇帝祭祀炎帝陵开始于宋太祖,但因宋代朝廷祭祀炎帝陵无文献可考,所以宋代具体的祭祀炎帝陵情况不甚了解。

明代除了对三皇庙等祭祀外,就是炎帝陵祭。明代除了建文帝外,其余诸帝皆派遣官员赴炎帝陵祭祀,这为以往历朝所没有。从明洪武四年(1371)朱元璋遣国史院编修雷燧赴湖南炎帝陵告即位致祭,到崇祯元年(1628)明思宗遣官员赴炎帝陵告即位致祭,明代祭祀达15次之多(清道光十八年(1838)《炎陵志》),分别为:明洪武四年(1371),朱元璋遣国史院编修雷燧赴湖南炎帝陵告即位致祭;永乐元年(1403),明成祖遣翰林院编修杨溥赴炎帝陵告靖难致祭;宣德元年(1426),明宣宗遣翰林院编修曾鹤龄赴炎帝陵告即位致祭;正统元年(1436),明英宗遣行人司行人雷复赴炎帝陵告即位致祭;景泰元年(1450),明代宗遣尚宝司少卿朱礼赴炎帝陵告即位致祭;天顺元年(1457),明英宗遣尚宝司少卿凌信赴炎帝陵告复辟致祭;成化元年(1465),明宪宗遣中书舍人解祯亮赴炎帝陵告即位致祭;弘治元年(1488),明孝宗遣翰林院编修于材赴炎帝陵告即位致祭;正德元年(1506),明武宗遣太仆寺少卿何孟春赴炎帝陵告即位致祭;嘉靖元年(1522),明世宗遣翰林院编修尹襄赴炎帝陵告即位致祭;隆庆元年(1567),明穆宗遣太常寺少卿王凝赴炎帝陵告即位致祭;万历元年(1573),明神宗遣吏部给事中张楚城赴炎帝陵告即位致祭;天启元年(1621),明熹宗遣官员赴炎帝陵告即位致祭;天启七年(1627),明桂瑞王至炎帝陵告即藩位致祭;崇祯元年(1628),明思宗遣官员赴炎帝陵告即位致祭。

清代基本上继承了明代的祭祀制度,对炎帝的祭祀有增无减,主要形式有陵祭、庙祭、殿祭等,其中陵祭次数之多,历代王朝无出其右。分别为清顺治八年(1651),顺治皇帝遣侍读学士白允谦赴炎帝陵告即位致祭,开清帝致祭炎帝陵之先河。康熙皇帝七年(1668)、二十一年(1682)、二十七年(1688)、三十五年(1696)、三十六年(1697)、四十二年(1703)、四十八年(1709)、五十二年(1713)、五十八年(1719),分别遣宗人府府丞高珩、督捕理事官魏双凤遣詹事府少詹事舒书、太仆寺少卿王绅、詹事府少詹事巢可托、通政司左通政张格、翰林院编修惠士奇、通政司左通政戴璠赴炎帝陵致祭;雍正元年(1723)、二年(1724)分别遣都察院左副都御史金应璧、都察院左副都御史杨汝谷赴炎帝陵告即位致祭;乾隆皇帝元年(1736)、二年(1737)、十四年(1749)、十七年(1752)、二十年(1755)、二十五年(1760)、二十七年(1762)、三十七年(1772)、四十一年(1776)、五十年(1785)、五十五年(1790)分别遣太常寺少卿雅尔呼达、内阁学士兼礼部侍郎吴金、大理寺少卿陈世烈、大理寺卿罗源汉汉军镶红旗副都统兼大理寺卿李世倬、礼部侍郎程景伊、都察院左都御史董邦达、户部左侍郎范时纪、詹事府詹事梦吉、内阁侍读学士欧阳瑾、礼部左侍郎庄存与、内阁学士傅霖等赴炎帝陵致祭。仅乾隆一朝遣官致祭炎帝陵达12次之多,创历代历朝之最。嘉庆皇帝元年(1796)、五年(1800)、十四年(1809)、二十四年(1819)、二十五年(1820),分别遣荆州左翼副都统成德后就近改派衡州协副将徐琨、国子监祭酒玉麟、理藩院右侍郎策丹、都察院左副都御史韩鼎晋、荆州副都统七克唐阿等赴炎帝陵致祭;道光皇帝元年(1821)、九年(1829)、十六年(1836)、二十六年(1846)、三十年(1850)分别遣荆州副都统七克唐阿、湖南镇箪镇总兵陈阶平、湖南绥靖镇总兵官李约文、永州镇总兵英俊、湖广荆州左翼副都统官文等赴炎帝陵致祭;咸丰皇帝二年(1852)、十年(1860),分别遣湖广荆州左翼副都统官文、湖南布政使文格等赴炎帝陵致祭;同治皇帝元年(1862),遣湖南署布政使恽世临赴炎帝陵致祭;光绪皇帝元年(1875),遣荆州左翼副都统穆克德布赴炎帝陵致祭。(清道光十八年(1838)《炎陵志》)

(三)先农坛祭祀("籍田")

籍田亦是祭祀先农(炎帝)的一种形式。所谓籍田,韦昭解释说:"籍,借也。"就是说借用民众的力量来治理天下,供奉祖宗庙宇,并且来规劝、率领天下民众,使他们能从事农耕生产。(《汉书·文帝纪》)用一句话概括,是指中国古代为天子、诸侯举行籍礼而设置的田地。每年春耕前,由天子、诸侯执耒耜象征性地在籍田上三推或一拨,称为"籍礼",以表示对农耕生产的重视。

这种籍田制度,自我国商周时期就开始存在。商代的金文中已有"耤田"之词。《令鼎铭》说:"王大耤(通"籍")农于淇田。"说明这时已经有了管理"籍田"的官员。相传商周时天子有籍田千亩,诸侯百亩,均征用民力以耕种,收获归天子和诸侯所有。《诗经·颂·载芟》曰:"载芟载柞,其耕泽泽。"意思是说挖掘野草树木的根,耕地时土块飞奔发出清脆的响声。这是首周天子在春耕时用以躬耕籍田的音乐歌词。

秦汉以后,籍礼作为一种帝王祭祀炎帝的仪式而被保留下来,但籍田规模缩小,即后人俗话所说的"一亩三分地",其收获的粮食供社稷和宗庙使用。我们说,此时虽然还没有将"籍礼"与祭祀炎帝直接、明确地挂钩,但铭文中"籍农于淇田"的"淇田"就与炎帝种五谷于"淇山之阳"①的传说联系起来。可以说这是夏商以来祭祀柱和弃(后稷)的延续。

至于帝王籍田、祭祀炎帝的礼仪,到了汉文帝的时候,官方才正式恢复起来。汉文帝二年(前178)正月,昭告天下说:农耕是国家之根本。天下广开籍田,我亲自率百官耕种,收获的粮食献给宗庙(《史记·孝文本纪》),表明汉王朝对农耕的重视。自此以后,历朝历代的皇帝每逢"正月始耕"(《后汉书·礼仪上》)之日都要先祭神农,然后再躬耕籍田,将"祭"和"耕"有机地结合起来。而在两汉时,"官祠先农"已明确是指炎帝。② 这一祭祀炎帝的礼仪一直延续至清代。

南北朝时期的炎帝祭祀也体现在籍田活动中。晋武帝泰始四年(268),有官员奏请朝廷开始籍田祭祀先农,以命令管理部门执行此事。于是皇帝下诏,说国家的大事,在于祭祀与农耕。所以自古以来有作为的国君皇帝亲自籍田,用收获的粮食来供奉郊野庙堂,又以籍田之举教化天下民众。而近世以来,籍田仅有数步,虚有仰慕始祖之名,却没有供奉神农、教化民众农耕之实,因而让御史乘车载农具以籍田,并用牛、羊、猪三牢祭祀先农。(《晋书·礼志》)此后的宋、齐、梁、陈各朝亦尊旧制,实行籍田之礼,并均设先农坛以祭炎帝。

---

① 《管子·轻重戊》:"神农氏作,树五谷淇山之阳。"
② 〔南朝·宋〕范晔:《后汉书·礼仪志》注引《汉旧仪》:"春始东耕于田,官祠先农。先农即神农炎帝也。"

隋朝的籍田是在长安南郊进行。隋文帝为了显示他对农耕的重视,对北齐的籍田礼仪还做了小的改动,让侍中执耒耜,乘坐用象牙装饰的车,跟从在木制的御史所乘车子之后。(《隋书·礼仪》)原来北齐帝王籍田时,令御史乘马车,载耒耜于玉辂,而文帝改侍中奉耒耜,载于帝王所乘的象辂。

在籍田礼仪上,唐代在继承隋代的基础上有所变化。先农坛由原高五尺加高至九尺,"其色饰以青",以青色象征绿色的庄稼。隋时籍田于南郊,唐改籍田在东郊。改动的原因是唐太宗李世民认为,长安城所在的关中地区,春耕是从东向西进行的,所以帝王亲耕籍田为天下先,也应该首先从东开始。《旧唐书·礼仪志》记载:贞观三年(629)正月,唐太宗在长安城通化门外东郊十里设先农坛祭祀炎帝,于坛南十步亲自掌犁籍田。以后的武则天、唐睿宗、唐玄宗等唐帝王也都很重视炎帝的祭祀。①

由于唐代末年至五代时期,天下大乱,政权更迭频繁,籍田之礼废除近百年。北宋雍熙四年(987),宋太宗下诏在来年正月选择良辰吉日在东郊举行籍田礼仪。(《宋史·礼志》)于是,这年正月十七日,宋在都城汴京朝阳门外七里处,修筑先农坛,命官员"享帝神农氏"。对这次籍田活动,宋王朝极为重视,做了一番精心准备,命翰林学士、宰相等人以大礼仪使、礼仪使的身份参与其中,具体负责筹备此事。(《政和五礼新仪》)到宋仁宗朝,宋仁宗为了表示他力劝农桑的决心,没有依照"三推而止"的古制,而是一口气耕了十二畦田,成为古来籍田最多的帝王。宋代还设四方蜡坛,行大蜡之礼,"东西以日月为主,各以神农、后稷配;南北皆以神农为主,以后稷配"(《宋史·礼志》)。

元朝对炎帝的祭祀仍沿用和保留了前代的礼仪。改国号为元的第二年即元世祖至元九年(1272),元朝就开始了先农坛的祭祀。于至元十四年(1277)二月戊辰,在京都东郊祭祀先农。于至元十五年(1278)二月戊午,祭祀先农,以蒙古人的后裔代表朝廷籍田。于至元二十一年(1284)二月丁亥,又任命翰林学士承旨撒里蛮代表朝廷祭祀先农,行籍田礼仪。武宗至大三年(1310)四月,根据大司农的奏请,修建农、蚕二坛。每年朝廷下诏像祭祀社稷一样的要祭祀先农,礼乐用登歌,时间在仲春的上丁时分,以后有时在上辛或甲日。祝文说:"维某年月日,皇帝敬遣某官,昭告于帝神农氏。"依据元代礼制规定,皇帝亲自派遣使者代表朝廷致祭的有三个对象:一是社稷,

---

① 〔后晋〕刘昫:《旧唐书·礼仪志》:唐玄宗开元二十三年(735)正月,"亲祀神农于东郊,以勾芒配"。

二是先农,三是宣圣。① 而官员经常祭祀的有五个对象:社稷、宣圣、三皇、岳镇海渎、风师雨师。(《元史·祭祀志》)而对"三皇"的祭祀始于元贞元年(1295),初期下诏命令各郡、县同祭三皇,就像祭祀宣圣一样。太昊伏羲氏以勾芒氏这位神仙陪祀,炎帝神农氏以祝融氏这位神仙陪祀,轩辕黄帝氏以风后氏、力牧氏这些神仙陪祀。虽说元朝皇帝从未亲祭躬耕,但据《炎陵霍氏五修族谱》《炎陵志》的记载,以朝廷名义派遣官员组织的御祭活动至少有两次,一次是蒙古族官员、学士阿沙石花任御祭官,另一次是汉族官员江存礼任御祭官。

明代对炎帝的祭祀,可以说最为隆重的是先农坛祭。明太祖朱元璋定都南京,在洪武二年(1369)于南郊建先农坛,并于二月亲祭先农,祭祀毕,行耕籍礼。礼毕后,还在坛旁设宴犒劳百官耆老,并赐农夫布一匹。(《明史·礼志三》)明成祖朱棣迁都北京,仿南京之制,在宫城之南建起了先农坛。每年仲春二月,由北京所在地的最高行政长官顺天府尹致祭于先农坛。后凡遇皇帝登基之初则亲祭先农,行耕籍礼,其余年份则不举行。自弘治元年(1488)后,又恢复旧制:规定每年农历二月,皇帝亲耕籍田,祭祀先农。嘉靖二年以后,皇帝不再躬耕亲祭,只遣朝廷官员祭祀先农。(《明史·礼志三》)崇祯十五年(1642),崇祯皇帝又亲祭先农,躬行籍田大礼,并对祭祀礼乐作了一些修订,明令以后耕籍,应该唱《豳风》《无逸》诗。教坊俚俗的歌词,严格命令要加以改正。

明代皇帝亲耕亲祭(遣官代耕代祭)先农坛情况分别为:洪武在位31年,耕、祭4次;永乐在位22年,耕、祭2次;宣德在位10年,耕、祭2次;正统在位14年,耕、祭6次;成化在位23年,耕、祭3次;弘治在位18年,耕、祭1次;正德在位16年,耕、祭3次;嘉靖在位45年,耕、祭8次;隆庆在位6年,耕、祭4次;天启在位7年,耕、祭1次;崇祯在位17年,耕祭1次。(《明实录》《明会要》)

清代是中国先农坛耕祭之礼发展的顶峰时期。顺治十一年(1654)开始恢复了祭祀先农、行耕籍礼老传统。且把这一祀先农籍田的活动,一直延续到清末光绪年间。康熙时始创《祈谷九章》乐。二十八年(1689),又撰《谷祝文》(《授时通考》卷四九)用作祭祀炎帝的祈祷之辞。雍正初年,谕言国家以民为本,民以食为天。按照礼仪,天子要耕籍千亩,诸侯要耕籍百亩。这耕籍之礼同时也适应于臣下,当地官员应该遵照执行。通过实际耕种,使朝廷上下大小官员都知道耕种的艰辛,要考察地力的肥沃

---

① 汉平帝元始元年谥孔子为褒成宣公。此后历代王朝皆尊孔子为圣人,诗文中多称为"宣圣"。

与贫瘠,观察天气的阴晴风雨。真是"养民务本,道实由之"(《授时通考》卷四九)。雍正二年(1724),祭祀先农行耕籍礼之后,他赏赐籍田农夫每人四匹布,颁赐各省嘉禾图一幅。雍正五年(1727),又下诏规定全国各省及府、州、县都要设立先农坛籍田。在每年的仲春亥日,由地方行政长官率领官属农夫祭祀先农,行九推籍田之礼。(《清史稿·礼志》《清史稿》卷八三)这是前代所没有的创举。乾隆三年(1738)在举行耕籍大礼前六日,亲自到中南海丰泽园指导农耕演习。

清代前后经历了10个皇帝,在位共268年,而皇帝亲历先农坛的次数达247次。分别为:顺治在位18年,耕、祭8次;康熙在位61年,耕、祭58次;雍正在位13年,耕、祭13次;乾隆在位60年,耕、祭58次;嘉庆在位25年,耕、祭25次;道光在位30年,耕、祭29次;咸丰在位11年,耕、祭11次;同治在位13年,耕、祭13次;光绪在位34年,耕、祭29次;宣统在位3年,耕、祭3次。

总之,清代从顺治二年(1645)在正殿七室庙祭祀历代帝王开始,中室祭祀太昊伏羲氏、炎帝神农氏、黄帝轩辕氏起,到康熙二十四年(1685)建传心殿,祭祀圣师伏羲、神农、轩辕始,到雍正皇帝四年(1726)八月下令在全国设立先农坛,再到乾隆皇帝六年(1741)亲祭传心殿,六十一年(1796)归政。有清一代,炎帝作为古帝王、先农神、先医神、先圣师,不仅得到了朝廷的隆重祭祀,而且得到了各地官府和百姓的隆重祭祀。

清代除朝廷每年以籍田祭祀先农外,各省、府、县地方政府从雍正年间起,也年年籍田祭先农。例如连横的《台湾通史·典礼志》"籍田"条目云:"直(台湾)省各府、州、县均于东郊建先农坛,高二尺有一寸,宽二丈五尺,祀先农。旁置籍田,备农具黑牛,择土宜之谷贮之。以农人二,免其役,给口粮,使耕之。仲春之日,有司先期斋沐。至日,文武官率属朝服致祭,帛一、羊豕一、铏一、簠一、簋一、笾四、豆四,行三跪九叩礼。毕,易服,知府秉耒,佐执青箱,知县播种。其在州县,则知府、知县秉耒,佐执青箱播种,耆老一人牵牛,两农扶犁,九推九返,农夫终亩。既毕,朝服,率耆老、农夫望阙谢恩,行三跪九叩礼。籍田之谷,以供祭祀,重农也。"①由此可知,当时台湾各地与大陆一样,依清朝之例,从雍正年间起,府、州、县开始每年仲春时节举行祀先农活动。官方的籍田活动,不仅对重农起到了示范和引领作用,而且对台湾民众的神农信仰,起到了积极的推动作用。

---

① 连横:《台湾通史·典礼志》,广西人民出版社2005年版,第127—128页。

根据清乾隆十九年(1754)重修的《宝鸡县志》记载,清时宝鸡的先农坛祭祀也是很隆重的。原宝鸡县先农坛址设在今宝鸡市内北塬半坡处的神武路东侧(今金台区神武路小学内),为坛、庙合一的建筑群落。先农坛在南,丈许高,上树一碑。神农庙在坛之北,坐北朝南,正殿三间,建在土塬的一块台地上,遥对渭河,雄伟壮观。大殿正中供奉着炎帝像。大殿东西两边,各有厢房一间。神农庙前为广场,这里大概就是知县秉耒亲耕的地方。按照《宝鸡县志》里的说法,每年要在朝廷规定的日期(仲春亥日)前三天致斋。至亥日,参加祭祀的官员都要穿上朝服,肃立先农坛前恭祭神农。礼仪完毕,换掉朝服,由知县亲自扶犁、撒种。耕作之时,择一耆老长者牵牛,农夫二人扶犁,九推九返。不仅如此,每年十月秋收以后,还要举行庙会祭祀以答谢神农的恩典。

二、古代黄帝祭祀

古代黄帝祭祀,从祭祀的地址来说,分为两种:一种是庙宇祭祀,主要是在京都和有关地方祭祀;一种是陵祭,在今陕西省黄陵县黄帝陵所在地。

1.京都与地方庙宇祭祀

对黄帝的祭祀,从文献记载看,可追溯至5000多年前。传说黄帝去世后,当时人们立庙设坛对黄帝进行祭祀。《绎史》卷五引《纪年》及《博物志》说:"黄帝崩,其臣左彻取衣冠几杖而庙祀之。"[①]《魏土地记》说:宏农湖县有轩辕黄帝登仙处。黄帝采首山之铜,铸鼎于荆山之下,有龙垂胡于鼎,黄帝乘龙升天,从登者七十人,遂升于天,故名其地鼎胡。《晋书·地道记》《太康记》皆言及胡县,汉武帝改胡为"湖",并云黄帝自处乘龙上天。其地处于山西永济和河南灵宝交界一带。考古资料证明黄帝时代已有了祭祀。如考古发现的辽宁东山嘴红山文化的祭坛和牛梁河的女神庙,就说明当时已经有了神庙祭祀活动。

尧、舜、禹时代,黄帝祭祀已走向常态化,并开始以始祖名义进行祭祀。《国语·鲁语上》记载鲁大夫展禽的话说:"有虞氏禘黄帝而祖颛顼""夏后氏禘黄帝而祖颛顼"。《礼记·祭法》亦说:"有虞氏禘黄帝而郊喾。"韦昭注,禘是指圜丘祭。圜丘,《周礼·春官·大司乐》曰:"冬日至,于地上之圜丘奏之。"贾公彦疏:"《尔雅》'土之高者曰丘',取自然之丘。圜者,像天圜也。"实际上早期的圜丘就是我们今天所说的

---

① 参见陕西省地方志编纂委员会(何炳武、刘宝才主编):《陕西省志·黄帝陵志》,陕西人民出版社2005年版,第108页。

圆土堆,以象征天圆之形。① 以此"表明有虞氏一系当为黄帝的直接传人,至少是与黄帝之间的亲缘关系密切"②。因为虞舜为帝,"禋于六宗",自然要以黄帝为首尊,使之配食于天。说明有虞氏和夏后氏都将黄帝看作为自己的远祖而加以祭祀。此制为夏后氏所遵循,商周时有所改变,但"有虞氏一系当在其封国内立黄帝庙以祭之"③却一直延续着。

三代时期,尤其是商周二代,由于父系制度的完善,人们特别重视直系血缘关系,商人是"禘喾而郊冥,祖契而宗汤"(《礼记·祭法》),周人是"禘喾而郊稷,祖文王而宗武王"(同上)。即使如此,黄帝仍然得到了祭祀。周代有祭祀五方天帝之礼,以黄帝等配食。《周礼·春官·小宗伯》云:"兆五帝于四郊。"郑玄注:"五帝,苍曰灵威仰,太昊食焉;赤曰赤熛怒,炎帝食焉;黄曰含枢纽,黄帝食焉;白曰白招拒,少昊食焉;黑曰汁光纪,颛顼食焉。黄帝亦于南郊。"杨宽说:"其祭祀五帝之礼很可能在商代就已有了,到了周代做了进一步完善,而诸天帝之名则为后起。"④

春秋战国时期,对黄帝祭祀和对炎帝祭祀一样,在祭祀类型上分为始祖祭祀、天帝祭祀、圜丘祭祀和帝王祭祀。在这些祭祀中,均有黄帝配食。在此期间,有史书确凿记载的是《史记·封禅书》:秦灵公四年(前422)在宝鸡吴山之阳,设上畤以祭黄帝。这是中国历史上有明文记载的第一次"国家"祭祀黄帝。据2016—2017年陕西省考古研究院在陕西凤翔雍山考古发掘,发现了秦汉时期皇帝祭祀天地的"血池祭祀遗址"。随后又在该遗址发现了一块上刻"上畤"二字的汉代陶瓮残片。⑤ 刘庆柱说:"就'凤翔雍山血池秦汉祭祀遗址'的科学性、祭祀性与祭祀对象的历史重要性而言,它是以往所有祭祀遗存不可与之同日而语的!虽然我们在凤翔雍山发现的是秦汉时代'血池祭祀遗址',但它是从春秋战国时代秦国的祭祀文化传承发展下来的。如果根据《史记·封禅书》记载,我们甚至可以追溯'五千年不断裂的中华文明'之源

---

① 中国明、清两代帝王每年冬至祭天的祭台,在北京天坛内。为汉白玉石砌成的三层圆台。四面有栏杆、台阶;外围有两道围墙。其北有一座圆殿皇穹宇,是存放天神牌位的专用建筑。皇穹宇外有圆形围墙,南面有三座砖拱门,俗称"回音壁"。
②③ 曲英杰:《历代祭祀黄帝考述》,《炎黄春秋》增刊《炎黄文化研究》1996年(总)第3期。
④ 杨宽:《中国上古史导论》,上海人民出版社2016年版,第161页。
⑤ 陈亮:《凤翔血池遗址发现畤字陶文》,《宝鸡日报》2017年6月27日第7版。

头,其中从凤翔雍山上溯'黄帝郊雍上帝',就有了从'已知'求索'未知'的科学研究价值。"①可见,《史记·封禅书》所说是不虚的,是有根据的。此遗址被评为2016年全国十大考古新发现之一。②

再加上在此之前秦襄公在"西陲(今甘肃礼县)""作西畤,祠白帝",即少昊,秦文公作鄜畤,郊祭白帝,秦宣公作密畤于渭河以南(今宝鸡市陈仓区),以祭青帝。在此期间,又形成了"百家言黄帝"的局面。这一切说明炎黄二帝在当时人的心目中占有极其崇高的地位。

秦汉时期,秦始皇统一全国后,秦朝仍重祭"雍四畤",其他西畤、畦畤等也不废止,继续沿用秦国对白、青、黄、赤四帝的祭祀。刘邦起事于沛(今江苏沛县),"祠黄帝……于沛庭"(《汉书·高帝纪》)。汉朝建立初期,刘邦又设北畤,祭黑帝,与原"雍四畤"合为"雍五畤"。刘邦即位多承袭秦制,于是行祭"雍五畤"之礼。自然黄帝也是受祭者之一。文帝即位后,作渭阳五帝庙、长门五祭坛;武帝时,于长安东南郊作太一坛,坛旁祠黄帝;在甘泉宫作太一坛,以"五帝坛环绕其下";后又在泰山下作明堂,以祠五帝。至宣帝,在五龙山立仙人、黄帝、天神等四祠。成帝时,一度将祭天之礼改在都城长安南郊,其他各地诸祠作罢,后又恢复旧制。哀帝时先改后恢复。至平帝,王莽摄政,改行"祭天南郊",祭五帝于西郊。王莽篡位、自认黄帝之后,郊祭黄帝以配天。东汉建立后迁都洛阳,光武帝建武二年(26)在洛阳城南建圜丘,设五帝坛,黄帝位于丁未之地,还专设"黄郊",即在夏日以祭祀黄帝迎接季气。同时,又"祀五帝于明堂""兆五帝于洛阳四方",并"宗祀五帝于孝武所作汶上(即泰山下)明堂"。在这一时期,将黄帝以天帝之神祭祀的同时,对黄帝也以人文始祖进行祭祀。如王莽即位后,以黄帝为初祖,修黄帝庙,将黄帝祭祀奉为"国祭",并号令天下百姓都要祭祀黄帝,以证明自己的皇帝之位是先祖所赐。

魏晋南北朝时期,虽然政权更迭频繁,但是,各统治者尤其是少数民族的统治者,为了争取其政权的合法性,包括黄帝之内的五帝祭祀,继承前朝之制,在其国都设祠、坛郊天及祭祀五帝(《通典·礼二》),且五帝一起祭祀,反映了各族融合的趋向。其

---

① 刘庆柱:《辉煌雍城——全国(凤翔)秦文化学术研讨会论文集·序》,三秦出版社2017年版,第2页。
② 李韵、鲁博林:《距今一万年前后的人们已经有爱美意识了——2016年全国十大考古新发现揭晓》,《光明日报》2017年4月13日第5版。

祭祀较之于远古单纯祭拜天神和以人间五帝配祭诸天帝不同,表明愈来愈重视人事活动。① 在这一时期的黄帝等五帝祭祀中,采用了三种形式:一是沿用汉代礼制,在京都南郊祭天的同时祭祀五帝。据《文献通考·郊社三》记载,举行过郊天大典的帝王有魏文帝、魏明帝、吴孙权、蜀刘备、晋武帝、晋元帝、晋成帝、晋康帝、晋安帝、宋武帝、宋孝武帝、齐高祖、梁武帝、陈武帝、北魏道武帝、北魏明元帝、北魏献文帝、北魏孝武帝、北齐高祖神武帝、北周武帝等。二是在明堂中举行五帝祭祀的,如宋孝武帝、齐高祖、梁武帝等。三是在传说黄帝遗迹的地方祭祀黄帝。如北魏太宗明元皇帝曾两次驾幸桥山,以太牢祠黄帝庙(《魏书·太宗纪》),北魏太武帝拓跋焘东幸广宁,以太牢祭黄帝(《魏书·世祖纪》),北魏文成帝拓跋濬东巡历经桥山,祭祀黄帝(《魏书·礼志》)。在这一时期,还有一种现象,魏晋与南北朝祭祀略有不同,前者沿用旧制,祭祀主要是祭天随祭、明堂拜祭和迎气之祀;后者明确出现了"五人祭"的提法,一方面黄帝以五方上帝之一身份享祀,另一方面黄帝又以五人帝身份配祀。②

隋唐时期,虽祭祀继承传统,但祭祀更制度化、规模化,也更表现出重视人事的倾向。隋唐时沿袭了在南郊祭天以五帝配,以及四时迎气之祭的做法。隋代"天子每以四立之日及季夏……各于其方之近郊为兆,迎其帝而祭之"(《隋书·礼仪志二》)。唐代《开元礼》规定:冬至南郊祭天,并设昊天上帝和五方帝之神座,五郊之黄郊多定在季夏土王日③举行。唐武德、贞观年间,仍岁祀五帝。唐天宝六年(747),唐玄宗敕谕:"三皇五帝,创物垂范,永言龟镜,宜有钦崇。"(《文献通考·宗庙十三》)将黄帝列入"三皇(另有伏羲、神农)"之一,且与其他诸帝一并单独立庙祭祀。从此开启了在京都立庙祭祀黄帝等古帝之先河。但唐代,五郊祀中多重视东郊,唐玄宗就于开元二十六年(738),亲往东郊迎气。(《旧唐书·礼仪志四》)因唐为土德,所以,对黄帝祭祀是比较重视的。

宋元时期,黄帝祭祀继续得到重视。在祭祀的形式上与前代相比稍有变化。宋代不再在京城设立三皇五帝庙,因皇帝崇尚道教而有景灵宫之设。大中祥符五年

---

① 参见曲英杰:《历代祭祀黄帝考述》,《炎黄春秋》增刊《炎黄文化研究》1996年(总)第3期。

② 参见陕西省地方志编纂委员会(何炳武、刘宝才主编):《陕西省志·黄帝陵志》,陕西人民出版社2005年版,第113页。

③ "根据五行理论,五行轮流居统治地位,土王日之'王'指当政为王,即夏六月土为王时。"参见《陕西省志·黄帝陵志》,陕西人民出版社2005年版,第113页。

(1012)宋真宗梦见黄帝言"宋之始祖"为由,尊黄帝为圣祖,其配为圣祖母,于京都开封城内兴筑景灵宫以奉之,后又增建诸殿以供宋皇帝御容(《宋史·礼志七》);次年,又诏示:"诸州有黄帝庙,并加崇葺。"(《宋史·真宗纪》)至宋徽宗,在京城筑九成宫以置九鼎,置鼎之地又作宝成宫,"中置殿曰神灵,以祠黄帝"(《宋史·礼志七》)。南宋仿旧制在临安(今杭州)建景灵宫,"初筑三殿,圣祖居前"(《宋史·礼志七》),以祭圣祖黄帝。元代,蒙古人入住中原,统治者为了巩固其统治地位,很快接受了炎黄二帝以来的传统文化。元成宗即位之初,便命郡县通祀三皇(伏羲、神农、黄帝),并在京城大都(今北京)建三皇庙。(《元史·祭祀五》)武宗诏示:"三皇配位依文庙从祀礼。"至顺帝时,再"命祭三皇如孔子礼,遣中书省臣代祭"(《续文献通考·群庙一》)。并置三皇庙于全国各地(《元史·地理志》),"实一代创典"(《续文献通考·群庙一》臣按语)。

明清时期,黄帝庙宇祭祀不仅得到重视,而且得到了加强。明代对传统祭礼多有改变。朱元璋即位,为严肃祭祀,罢郡县祭祀三皇之制,在京城南京设立历代帝王庙,"祭以五帝、三王及汉、唐、宋创业之臣",每岁春秋致祭。明成祖迁都北京,未建帝王庙前,将三皇和历代帝王附属天地祭祀。嘉靖即位,复建历代帝王庙,恢复常态祭祀。(《明史·礼志四》)在庙祭的同时,明代对黄帝陵祭祀也非常重视(将在下文叙述)。清代对黄帝的祭祀沿袭明代。在历代帝王庙多为皇帝亲自主祭,一年春、秋各一次。其规模、礼仪形式较前更加规范和隆重。重修《大清一统志》载:康熙十四年(1675),"圣祖躬祭,届时致斋毕,翼日昧爽,驾出西华门,至庙降,入幄次盥讫,入直殿就位上香。三皇位前,三跪六拜,奠帛、爵,读祝,俱初献时行。凡三献。分献官祀两庑如仪。"后皇帝亲祭,即依此礼;而遣官致祭,行三跪九叩礼。此外,明清以来,对元代各州县所置三皇庙,犹有存在的,主要为民间祭祀。

对于历代京城和地方庙宇祭祀黄帝的意义,曲英杰说:"如果说,先时的以黄帝等配祭昊天、上帝和五方天帝,是立足于上下一统,显示空间延展上的东西南北归于中央,那么,后一时期的以黄帝等与历代帝王、圣师孔子及名医等合祭,则应该是着意于后者归宗,体现时间延续上的炎黄二帝以来一脉相承。黄帝由一姓之祖发展为配祭诸天帝的五帝之一,再演变为与历代帝王等合祭的三皇之一,从某种意义上说,正是历史发展的必然结果。"[①]

[①] 曲英杰:《历代祭祀黄帝考述》,《炎黄春秋》增刊《炎黄文化研究》1996年(总)第3期。

2.黄帝陵祭祀

与庙祭一样,黄帝陵的陵祭也是由来已久、源远流长。先秦可能因人死葬不树不封,故未有陵祭方面的记载。秦汉以后,开始了陵祭。《史记·五帝本纪》载:"黄帝崩,葬桥山。"《封禅书》亦载:汉元封元年(前110),汉武帝"北巡朔方,勒兵十万。还,祭黄帝冢桥山,释兵须如"。汉武帝开黄帝陵祭祀之先河。

至唐代宗大历五年(770),鄜州节度使臧希让"上言坊州轩辕黄帝陵阙请置庙,四时列于祀典。从之"(《文献通考·宗庙十三》)。从这条记载看,黄帝陵至迟于唐代宗之前迁入坊州(后改称中部县)。至宋代,宋初建隆二年(961),宋太祖诏示:"先代帝王陵寝宜令所属州府,遣近户守视,其冢墓有堕毁者亦加修葺。"(同上)后乾德四年(966)又下诏,黄帝等十四帝"各置守陵五户,岁春秋祠以太牢"(同上)。坊州黄帝庙原立于坊州城西,后移至于城东今址。自宋至清,黄帝陵庙经过多次整修,大体沿袭旧制。至清末,陵庙保存完整,古柏参天,碑石林立,香火不断。至民国三十三年(1944),改中部县为黄陵县。

在坊州黄帝陵致祭始于唐大历年间,至宋代又制礼,三年一享,以仲秋之月,牲用太牢,祀官为本州长官,祝版请御署。金代改为依期降祝版,不请御署。

明代皇帝朱元璋废除各地建立的"三皇庙"等祭祀,规定祭祀黄帝由皇帝或派遣大臣祭祀后,中部县桥山黄帝陵被列为国家祭祀圣地,要求祭陵的祭文、日期、祭品的名称、数量和主祭、陪祭官员姓名都要刻石立碑。设五品官员二人守护陵墓。洪武七年(1374)明太祖降旨,在轩辕庙内塑造黄帝坐像。①

据嘉庆十二年(1807)《中部县志》和民国三十三年(1944)《黄陵县志》记载:明代皇帝遣官祭祀黄帝陵的有:太祖朱元璋洪武四年(1371)遣中书省管勾甘、武宗朱厚照正德元年(1506)遣鸿胪寺寺臣张昱、世宗朱厚熜嘉靖十年(1531)遣延安府通判梁知让、神宗朱翊钧万历元年(1573)遣尚宝司少卿石星和万历二十八年(1600)遣延安府知府徐安、熹宗朱由检天启元年(1621)遣锦衣卫加正一品俸都指挥使侯昌国等致祭黄帝陵。前后进行14次。其中明太祖2次,明成祖、宣宗、代宗、英宗各1次,明武宗、世宗各2次,其中一次是御制祭文。以后明穆宗、熹宗各1次,明神宗2次,均为御制祭文。今在黄帝陵保存有明太祖、成祖、宣宗、代宗、英宗、武宗、世宗、穆宗、神

---

① 参见陕西省地方志编纂委员会(何炳武、刘宝才主编):《陕西省志·黄帝陵志》,陕西人民出版社2005年版,第115页。

宗、熹宗等皇帝遣使致祭黄帝的碑文。①

清朝对黄帝陵的祭祀,见于记载的有30次:清世祖顺治八年(1651)遣专官致祭于黄帝陵;清圣祖康熙元年(1662)、七年(1668)、二十一年(1682)、二十七年(1688)、四十二年(1703)、四十八年(1709)、五十二年(1713)、五十八年(1719)分别遣专官工部杨运昌、工部右侍郎加一级苏拜、鸿胪寺卿刘楷、大理寺少卿莫音代、户部右侍郎加二级张世爵、内阁学士兼礼部侍郎蔡升元、左春坊左赞善兼翰林院检讨吴孝登致祭于黄帝陵;清世宗雍正元年(1723)、二年(1724)、十三年(1735)分别遣通政使司右通政钱以垲、都察院左副都御史江球、太常寺少卿鲁国华致祭于黄帝陵;清高宗乾隆二年(1737)、十四年(1749)、十七年(1752)、二十年(1755)、二十五年(1760)、三十七年(1772)、四十一年(1776)、五十年(1785)、五十五年(1790)分别遣翰林院侍读学士世臣、太常寺少卿钟衡、太常寺少卿涂逢震、太常寺卿熊学鹏、都察院左副都御史赫庆、宗人府府丞李友棠、内阁学士唐吉泰、内阁学士胡高望、内阁学士依兰泰致祭于黄帝陵;清仁宗嘉庆元年(1796)、五年(1800)、二十四年(1819)分别遣陕西副都统花向阿、户部右侍郎周兴岱、都察院左副都御史和桂致祭于黄帝陵;清宣宗道光元年(1821)、十六年(1836)、二十六年(1846)、三十年(1850)分别遣西安副督统哈兴阿、陕西延榆绥镇总兵官郭继昌、西安右翼副都统甘露致祭于黄帝陵;清宣宗道光为太后万寿晋号,遣致祭于黄帝陵。在这30次的致祭中,其中清世祖顺治在位18年,祭陵1次;清圣祖康熙在位61年,祭陵9次;清世宗雍正在位13年,祭陵3次;清高宗乾隆在位60年,祭陵10次;清仁宗嘉庆在位25年,祭陵3次;清宣宗道光在位30年祭陵4次。

另外,清朝末年,爱国人士丘逢甲在抗击日寇失败后,在友人的提示下,专程来到中部县(今黄陵县)祭扫黄帝陵。1907年重阳节陕西同盟会祭扫黄帝陵。1908年,来自四川、甘肃、山西、广东、陕西等地46人祭拜黄帝陵,宣读祭文,并决定每年农历二月二祭拜陵墓。②

---

①② 参见陕西省地方志编纂委员会(何炳武、刘宝才主编):《陕西省志·黄帝陵志》,陕西人民出版社2005年版,第116页,第116—118页。

第二节　现代炎黄祭祀

现代炎黄祭祀是指从辛亥革命后的 1912 年元月 1 日"中华民国"成立至今,在历史上被称为现代史。本节主要叙述近百年来的国家、地方和民间的炎黄祭祀活动。

一、现代炎帝祭祀

现代炎帝祭祀包括两个阶段:一是中华民国时期,即从 1912 年到 1949 年中华人民共和国成立;一是中华人民共和国时期,即从中华人民共和国成立至今。

由于历史的原因,这种祭祀典礼活动在民国时期及中华人民共和国成立后的前 30 年基本上处于停止状态。到 20 世纪 80 年代中后期,随着改革开放和思想解放运动的开展,以及文化寻根热的兴起,祭祀炎帝的典礼活动也在有炎帝陵庙的陕西宝鸡、湖南炎陵、湖北随州和山西高平等地陆续开始举办。经过 30 多年的祭祀活动,这几个地方已形成了以清明节、重阳节、炎帝诞辰和忌日等为祭奠日,以公祭、民祭为主办形式的祭祀典礼。这种寻根祭祖活动对弘扬中华优秀传统文化、构建全民族共有精神家园和铸牢中华民族共同体意识具有重要而积极的意义。

现代炎帝祭祀若以祭祀地分,可分为陵祭和庙宇祭;从主办方性质分,可分为两种类型:一是地方政府庙、陵祭。这种由政府主办的祭祀,称为公祭,亦称为官祭。一是地方民间庙、陵祭。这种由个人、家庭、家族、行业、社区或民间社会组织等名义主办的祭祀,称为民祭。为了叙述的方便,本节按公祭、民祭予以叙述。

(一)公祭炎帝

中华民国成立到 1949 年中华人民共和国成立期间,由于内忧外患,战争频发,政局动荡,无论是北京政府(北洋军阀),还是南京(重庆)政府(国民党),都无暇于祭祀炎帝。

在此期间,由当地政府组织的较大规模的炎帝陵祭祀活动,有文字记录的是湖南省政府于 1940 年 10 月 10 日在酃县(今炎陵县)炎帝陵举行的祭祀活动。这一天正值"中华民国""双十节"(国庆日),时任第九战区司令长官兼湖南省政府主席薛岳特遣湖南省政府秘书长李扬敬率各厅主要负责人,专程前往炎帝陵致祭。①

自此以后,直到中华人民共和国成立后的近四十年内,除有炎帝陵庙的地方民间祭祀炎帝外,以政府名义组织的祭祀活动基本停止。"文化大革命"十年中,民间祭祀也基本上不再进行。到了20世纪80年代中后期,随着思想解放、改革开放的深入开展,炎帝祭祀活动也开始在有传说炎帝遗迹或有陵庙的地方逐渐开展起来。经过30多年的发展,炎帝祭祀已在陕西宝鸡、湖南炎陵、湖北随州、山西高平等地形成了一个政府主办、民间参与、礼仪完备、规模宏大的节日圣典。

陕西宝鸡公祭炎帝活动始于20世纪90年代初。

1958年前后,在全民破除迷信运动中,峪泉村神农庙内的殿、楼、亭、阁等建筑物,除存两孔窑洞外,其他均被拆除。庙宇地址另作他用。20世纪90代初,宝鸡市人民政府决定易地重建炎帝祠。1991年10月正式开工,1993年8月竣工。重建的炎帝祠呈正方形,占地8100平方米。建筑面积3800平方米。主要建筑有大殿、东西庑殿(配殿)、回廊、山门等。

重建的炎帝祠坐落于炎帝园(原名河滨公园)内,分为两个区域:祠前广场祭祀区和祠内大殿区。祭祀区是一块占地约3000平方米的广场。大殿区分别由山门、回廊、大殿、钟鼓亭、东西庑殿等建筑组成。大殿东西两角建有钟、鼓亭,内置钟和鼓。殿内供奉着用玻璃钢制成的炎帝塑像,铁锈红色,像高5米,象征着炎帝开创的中华五千年文明史。炎帝祠整个建筑为秦汉风格,青砖棕瓦,石栏云拱,古朴雄浑,庄严肃穆。

1993年至1995年在每年的农历七月初七(传说为炎帝忌日)在此举行公祭炎帝典礼,1996年以后改为每年的清明节。主办单位为宝鸡市人民政府,承办单位自1996年以后为宝鸡炎帝研究会(今名宝鸡炎帝与周秦文化研究会)。公祭于2014年暂停,连续举办了21年。以后改为民祭。参祭人员为市级及部分县区党、政、军、群、学等代表,规模一般为3000人左右。主祭人为现任市长。祭祀场地布置和仪式的主要内容:山门上方悬挂"××年清明宝鸡各界民众公祭炎帝典礼"横标,广场四周树插杏黄龙旗,供桌上摆放"中华人文始祖炎帝"牌位。典礼开始时间为9点50分,取"九五之尊"之意。典礼仪程主要有全体肃立,击鼓鸣钟(各13响,代表13亿人民),敬献花篮,敬献佳肴珍馐,恭读祭文,行三鞠躬礼,乐祭(锣鼓、歌舞等),恭送炎帝牌位安置

---

① 参见谭建勋:《抗战时期湖南省政府祭祀炎帝陵前后记略》,《神州第一陵》,湖南省新闻出版局1992年(内部),第46页。

大殿,瞻仰炎帝像等。2005、2006、2009三年,宝鸡市人民政府联合中华炎黄文化研究会等社会组织在宝鸡炎帝陵举办了三次全球华人祭祀大典。来自全国人大、政协和中央有关方面的领导及海内外代表共计约3万人参加祭祀。

湖南炎陵公祭炎帝于1990年正式恢复。1955年1月,因香客失火,炎帝陵主殿、行礼亭被焚。"文化大革命"十年中再遭毁坏,夷为平地。在多方努力下,于1986年6月开始重修,经过两年多施工,于1988年10月竣工并对外开放。

新修复后的炎帝陵殿,"修旧如旧",是按清代皇宫式样设计,采用接三重檐歇山顶,全部承袭古代木结构。既保持了浓厚的清式古建风格,又较前布局更加合理。比原陵殿在规模上有所扩大。整个陵殿分为五进:午门、行礼亭、主殿、墓碑亭、陵寝。占地3839平方米,建筑面积903平方米。殿内雕梁画栋,富丽堂皇。比清道光年间重修的炎帝陵殿规模更加宏大,气势更为雄伟。

在陵殿之南,由湖南省人民政府主持,炎帝陵基金会投资,于2002年9月建成新的神农大殿、祭祀广场、朝觐广场、圣德广场、圣火台、咏丰台、祭祀大道等。使炎帝陵全域面积扩大至5200多万平方米,建筑面积增至2.1万多平方米。

从1990年正式恢复官方祭祀,至今已连续举办了30多年。祭祀时间是在每年的清明节或重阳节。祭祀场地:2001年前在原炎帝陵殿举行,2002年后在新建神农大殿前举行。祭祀定制:省政府每五年于重阳节举行一次,株洲市政府每两年于清明节举行一次,其余年份清明节由炎陵县人民政府举办。以湖南省人民政府名义主办的祭祀活动,规模一般为5000人左右,逢特别年份,参祭人数达万人以上。参加者除湖南省、市、县党政群等各界代表外,还有来自全国有关省市代表和海内外专家学者代表。每次都有中央领导及有关部委的领导参加。

因举办规模的不同,其祭祀仪式程序亦有所增减。一般祭祀场地的布置:祭祀台上方悬挂"xx年公祭炎帝陵典礼"横标,陈设谷、豆、鲜果、中草药等各99种。供桌摆放鲜花、蜡烛、三牲等祭品。祭奠正式时间为上午9时09分。议程主要有:主、陪祭人就位,击鼓九通,鸣金九响,鸣炮奏乐(乐队演奏古乐),敬献供品(五谷、三牲、鲜果),敬献花篮,向炎帝塑像三鞠躬,主祭人恭读祭文,焚帛书,鸣炮,奏乐,礼成。仪式结束后谒陵。之后,在广场演出大型祭祀歌舞。

湖北随州公祭炎帝始于20世纪90年代初。祭祀场地在历山镇神农庙。神农庙位于炎帝神农纪念馆东北烈山半山腰,坐东朝西。主要建筑有神农文化广场、神农牌坊、神农桥、神农纪念馆、神农庙等。院西有神农洞,传说神农诞生于此。20世纪90

年代中期在距神农庙约 200 米处的历山山顶,修建神农功德殿,坐北朝南。占地 10320 平方米,建筑面积 2466 平方米。湖北省人民政府又于 21 世纪初期新建炎帝神农故里风景区。主要建筑有圣火广场、谒祖广场、炎帝神农大殿等。谒祖广场为正方形,长宽均为 117 米,面积 1.4 万平方米,可容纳 2 万人同时参加祭拜活动。炎帝神农大殿坐北朝南,庑殿顶,三重檐,仿秦汉高台圆柱直檐建筑风格,古朴庄重,气势恢宏。建筑面积 1575 平方米。新建炎帝神农故里风景区与原神农庙、神农纪念馆连成一片,总面积达 2.5 平方千米。

湖北公祭炎帝开始几年为随州市人民政府主办,以后改为历山镇镇政府或民间社会组织举办。2009 年开始,由湖北省人民政府主办。祭祀时间为每年农历四月二十六日。祭祀场地为新建炎帝神农大殿前广场。至今已连续举办了 10 年。参祭人员除本省党政企事业等民众代表外,还邀请海内外的专家学者、社会知名人士、港澳台及华侨等代表。全国人大、政协领导及国家有关部委领导也参加祭祀。参加人员一般达四五千,有年达上万人。祭祀场面的布置:祭祀台上方悬挂"xx 年炎帝神农生辰祭典"横幅,炎帝塑像前的香案上,摆放牛羊牺牲、时果鲜花、香烛蜡烛等祭品;祭祀区以界别组成方阵。公祭典礼时间为上午 9 时,仪式一般分为击鼓奏乐、敬献花篮和五谷、上香、恭读祭文、焚烧祭文、三鞠躬、歌舞告祭、瞻仰炎帝塑像、参观神农纪念馆等。

山西高平公祭炎帝始于 2000 年。祭祀典礼设在羊头山神农广场举行。神农庙于 2001 年落成,坐北朝南,前为 4500 平方米的祭祀广场。广场北端是祭祀台,台上有石雕炎帝站像。神农庙坐落在羊头山南麓半山腰,前为 500 平方米的平台,后为庙院。建筑分上下两院。下院为五间山门,上院为高悬于神农洗药池之上的炎帝大殿。殿内有炎帝金身塑像,大殿东西各有 12 间展厅。神农庙三面环山,犹如躺卧于一片绿洲之中,十分幽静。庙院后面是羊头山。在半山腰,有北魏时期留下的石窟、石佛塔。在山顶有用石板新砌的一座"祭坛"。传说这是当年炎帝祭天的地方。在山梁西面,分别有神农城、神农井、神农泉、五谷畦、炎帝高庙等遗址。

山西高平公祭炎帝原日期不定。2010 年以后改为每年农历四月初八。公祭炎帝已连续举办了 11 次。祭祀地址前三年设在神农镇的五谷祠(炎帝陵),从 2004 年始,设在重新修建的羊头山神农广场。开始两年由神农镇人民政府主办,从 2002 年开始由高平市人民政府或晋城市人民政府主办。

其他地方公祭炎帝有河南省的郑州黄河风景区、沁阳神农山中华始祖坛,湖北神农架木鱼镇等地,山西长治市等地也有不定期的公祭炎帝活动。郑州黄河风景区经过20年的施工,于2007年建起106米高的炎黄二帝大型塑像,是年农历三月三在炎黄二帝广场,举办了有3万来自海内外炎黄子孙参加的落成祭祀大典。以后,每年于农历三月三前后举办炎黄文化周活动。

(二)民祭炎帝

从1912年至1949年,由于战争等原因,公祭炎帝基本停止,民间祭炎活动仍绵延不绝,每逢春节、清明、重阳、冬至以及农历的四月初八、四月二十六(传说炎帝生日)和七月初七(传说炎帝忌日)等日期,陕西宝鸡、湖南酃县、湖北随州、山西高平等地民众都会以个人、家庭、社会团体等形式自发组织前往炎帝陵、炎帝祠(庙)进行祭拜。

陕西宝鸡有组织民祭炎帝,自20世纪80年代中期起。由宝鸡市渭滨区神农镇峪泉村村民自发于每年农历正月十一(传说炎帝诞辰日)举办庙会,为期三天,有唱戏、祭祀、商贸等活动。该村于2000年由村民自愿捐款,对原神农庙进行了重建。修建神农大殿三间和300多平方米的殿前祭祀广场。

1993年起,渭滨区神农镇与宝鸡桥梁厂联合,在炎帝陵举行民祭活动。炎帝陵位于渭滨区神农镇常羊山上,修建于1992年。主要建筑有陵冢、炎帝大殿、东西侧殿、牌坊、上山车道、步行台阶、石碑等。陵区和祭祀区共占地35平方千米,建筑面积2万多平方米。陵区由陵前区、祭祀区、墓冢区三大部分组成。陵前区由神农门、炎帝行宫等建筑组成。神农门位于通往炎帝陵濛峪沟沟口。在通向陵区石阶路右侧为一小院,院内有土窑两孔,洞中供奉着炎帝神位。当地百姓传说,这里曾是"炎帝行宫"。当年炎帝率领姜炎族在天台山一带垦荒采药,经常在此歇息。

祭祀区有座牌坊,坐南朝北,飞檐斗拱,气势宏伟。山门牌坊东面是祭祀广场。广场约有500多平方米,可容纳千人凭吊。两侧为偏殿,正南2米高的台基上坐落着高大雄伟的炎帝大殿,殿前置神农鼎和香炉,左右为钟、鼓楼,整个建筑古朴典雅,带有浓郁的民族风格。炎帝大殿内,正中是高大的炎帝坐像,双手紧握谷穗,目光炯炯有神。大殿两侧是大型彩色壁画,再现了炎帝创世救民的丰功伟绩——"降牛耕田""制耒作陶""选种播谷""百果藏实""鞭草尝药",还有炎帝初生时的"人身牛首""神鸟送禾""炎帝抱太阳"等故事。

炎帝大殿的后面,是2005年新建的一个占地约1万平方米的祭祀广场和第二座炎帝大殿。大殿为梯形,气势凌然。殿内塑有9.5米高的炎帝塑像和百家姓祠堂。

第二座大殿后面,一条百米高的石阶山道直通陵墓区。台阶山道两旁是百代帝王石雕像、狮柱和苍翠挺拔的松柏。炎帝陵墓依山起冢,显得十分高大,直逼云霄。陵墓四周,松柏森森,十分幽静。整个炎帝陵区,由一条中轴线(南偏西18℃)南北贯通,牌楼、山门、大殿、墓冢以轴线空间为序列,依山就势纵向排开,高低起伏,犹如巨龙腾空,气势宏大。

1993年农历七月初七首届民祭炎帝后至今,已连续举办祭祀活动28年,参加人员主要为本地村民及来自市区有关单位、社区和社会组织以及省内外的个人、民间团体等。参祭人员每次达千人以上。祭祀议程有:全体肃立,击鼓鸣钟,敬献花篮,主祭人上香奠酒,民众代表敬献"三牲""五谷",恭读祭文,行三鞠躬礼。最后参祭人员登山谒陵。

宝鸡民祭还有宝鸡炎帝祠。由于以宝鸡市人民政府名义清明主办祭祀炎帝典礼,自2014年起改为民间祭祀,至今已连续举办了8年。民祭议程基本上沿用公祭议程,增加了敬献供品。主办方为宝鸡炎帝与周秦文化研究会。参加人员为市县企事业单位和一些社会组织等各界民众代表,人数约为千人左右。

湖南炎陵民祭炎帝时间主要在农历正月期间,从每年的农历二十三开始,延续至元宵节过后。民祭高潮是年三十晚至初一,祭祀地址在炎帝陵墓前。每到这个时候,方圆一二百里的民众,将活牲或猪或羊或鸡运到炎帝陵,在陵墓前宰杀,以此祭奠始祖炎帝。有些为了能在年三十晚上抢烧头香,白天早早来到炎帝陵,一直等到午夜。这种民间祭祀形式已延续了上千年,至今仍热度不减。每年春节期间,到炎帝陵祭拜的各行各业民众达数万人。其他如春分(又称为分社节、药王节)、清明、谷雨(祭茶神)、四月二十六(炎帝诞辰日)、农历六月初六(尝新节)、重阳、冬至等传统节日和节气,也有群众自发来到炎帝陵以宰杀活牲祭拜炎帝。

湖北随州民祭炎帝,据说1949年以前,在距神农洞西几十米处的神农庙进行。此庙依山而建。始称三皇庙,后称神农庙。每年正月初一、十五,有数千人来这里烧香,襄樊、枣阳的香客较多,还有武汉的香客乘船到此来敬香,尤其每年正月初一,不少人争着来烧头香。1958年庙被拆毁。经过"文化大革命"之后,历山炎帝遗迹仅剩下"一洞寂然,一碑横卧",残破不堪。20世纪80年代后期,神农庙重建,民众于每年的农历四月二十六来到庙里,以烧香、磕头、烧纸的形式祭拜炎帝。

山西高平民祭炎帝自古以来就有,一直延续到1958年前后。自此以后,由于破除迷信和"文化大革命"破"四旧"等原因,致使有些神农庙宇被毁或另做他用。自20世纪80年代开始,祭祀炎帝活动陆续在炎帝行宫、炎帝寝宫、炎帝陵(五谷祠)、神农庙等庙宇开始举办。2014年高平市人民政府又重修炎帝陵,于2016年5月竣工。重修后的炎帝陵整体布局以大殿为中轴线,自北向南设有大殿、祭殿、拜殿、山门、钟鼓亭、百草殿、医药殿、农业名人堂、炎帝文化展示厅等。建筑为仿古风格,占地35平方千米,总面积6782平方米。气势恢宏、庄严肃穆。同年开始在新建炎帝神农大殿前广场举办民祭炎帝活动。至今已连续举办了6年,由中华炎黄文化研究会和高平市炎帝文化研究会主办,参加祭祀的有中央和有关部委及全国社会组织、部分省市的领导,台湾同胞及来自多个国家和地区的海外侨胞、当地各界民众代表等,累计约有3万多人来到这里祭拜炎帝。祭祀主要议程分为:盛世钟鼓、恭启圣门、敬献花篮、净手上香、恭读拜文、行施拜礼、敬食献礼、敬献佾舞、祈福中华等。

此外,其他地方的民祭炎帝还有台湾地区、河南淮阳五谷庙、甘肃天水炎黄庙、福建永春炎帝庙等。台湾地区有神农庙达198座,[1]较有代表性神农庙宇有高雄市的大社区青云台、左营区莱公丰谷宫、后劲乡凤屏宫、林德宫德兴殿,新北市的三重区先啬宫、土城区五谷先帝庙、中和区福和宫,苗栗县的公馆乡五鹤山五谷宫、三湾乡五谷庙、竹南镇五谷宫,台北市北区的慈生宫,嘉义市东区的大天宫,桃源市龙潭区的龙元宫,南投县竹山镇的保安宫,台中市雾峰区的圣贤宫等。台湾一般为每年农历四月二十六日(传说为炎帝诞辰日)举行祭祀活动,前后二天。仪式于26日上午10点开始,循古礼行"三献礼",分为迎神、进馔、上香、初献礼、读祝、亚献礼、上香、终献礼、饮福受馔、望燎、送神等步骤。[2]近年来,规模最大的一次祭祀活动是2004年1月1日,台湾姜氏宗亲会等社团在台北市林口体育馆隆重举行的"全球华人祭祖大典"。台湾地区各界人士万余人参加了祭祀活动。湖南学者何光岳应邀率大陆各界代表30余人参加了祭祀。

河南淮阳五谷庙民间祭祀炎帝在每年的农历三月初三。这天四乡八村的群众来到五谷庙,磕头烧香,燃放鞭炮,祭拜炎帝。平时每月的初一、十五,或遇到红白喜事,也有来此祭祀的,多以个人、家庭或家族进行。甘肃天水神农庙民祭时间在每年农历的四月二十六,由本地庙首组织举行祭祀活动,参加人员多为邻近村社群众。其他时

---

[1] 湖南省人民政府台湾事务办公室、株洲市人民政府台湾事务办公室:《海峡两岸共祭炎帝神农氏》,岳麓书社2015年版,第108—114页。

[2] 钟宗宪:《炎帝神农信仰》,学苑出版社1994年版,第155页。

间为群众自行祭祀,多在每月的初一、十五。据传福建的炎帝祭祀始于隋代初年。随着中原民众南迁,与佛教道教一起入闽,经宋元明清而使炎帝与炎帝文化广为传播。据统计,现在供奉神农氏炎帝的宫、庙、殿堂,有5县40余处。永春县仙洞真宝殿始建于隋开皇九年(589),其余几县则一般为明代建庙,始奉神农炎帝。永春县目前有19处祭祀炎帝的庙宇,其中仙洞真宝殿已延续了1400多年。该庙于每年农历二月二十六为庙会日,前后3—5天。活动内容包括"暖寿供""庆寿大供"、贡盘展览、文艺表演、响铳烟花、巡游村落等。除庙会日祭祀外,还有每月农历初一、十五两次"香灯"小供。①

二、现代黄帝祭祀

现代黄帝祭祀与现代炎帝祭祀一样,亦包括两个阶段:一是中华民国时期,即从民国元年(1912)到民国三十八年(1949)中华人民共和国成立;一是中华人民共和国时期,即从中华人民共和国成立至今。

对黄帝的祭祀,除了陕西黄帝陵公祭、民祭外,河南新郑、河南灵宝、浙江缙云、甘肃清水等地也从20世纪90年代起,陆续开始对黄帝开展公祭或民祭活动。经过30多年的祭祀活动,这几个地方均已形成了以清明、三月三(农历)、重阳等祭祀日和以公祭、民祭黄帝的祭祀形式。与炎帝祭祀一样,这些寻根祭祖的黄帝祭祀活动,对弘扬中华优秀传统文化、构建全民族共有精神家园和铸牢中华民族共同体意识具有重要而积极的意义。

现代黄帝祭祀,也与炎帝祭祀一样,若以祭祀场地来分,可分为陵祭和庙祭;以主办方来分,可分为两种类型:一是由地方政府主办的陵祭或庙祭,即公祭;一是由地方民间组织主办的陵祭或庙祭,即民祭。为了叙述的方便,本节按后者的分类予以分别叙述。

(一)公祭黄帝

陕西黄陵现代公祭黄帝始于中华民国初年。1912年1月1日,中华民国成立。孙中山就任临时大总统,3月,委派由15人组成的代表团赴陕西黄陵县黄帝陵致祭。孙中山以中华民国临时大总统的名义亲笔撰写祭文,让赴黄帝陵致祭的代表团宣读。

---

① 参见林绥国主编:《仙洞神农大帝》,2011年(内部),第184—187页。

其文曰:"中华开国五千年,神州轩辕自古传。创造指南针,平定蚩尤乱。世界文明,惟有我先。"这实际上是公祭,也就是国家祭祀。

自此以后,中华民国期间共祭黄帝陵 26 次,其中以国民党中央名义祭祀 11 次,以国民政府名义祭祀 10 次,以陕西省政府名义祭祀 2 次,以个人名义祭祀 2 次,以陕甘宁边区(解放区)政府名义祭祀 1 次。民国二十六年(1937)四月五日清明节,国共两党在黄帝陵前举行了共祭仪式。中国共产党方面委派林祖涵(林伯渠)参加,国民党方面委派张群、顾祝同等参加,各自宣读祭文。中国共产党方面《祭黄帝陵文》由时任中共中央政治局常委、中央革命军事委员会主席、中华苏维埃政府主席毛泽东亲自撰写。其文曰:

> 中华民国二十六年四月五日,苏维埃政府主席毛泽东、人民抗日红军总司令朱德,敬派代表林祖涵,以鲜花时果之仪致祭于我中华民族之始祖轩辕黄帝之陵,而致词曰:
>
> 赫赫始祖,吾华肇造。胄衍祀绵,岳峨河浩。聪明睿智,光被遐荒。建此伟业,雄立东方。世变沧桑,中更蹉跌。越数千年,强邻蔑德。琉台不守,三韩为墟。辽海燕冀,汉奸何多!以地事敌,敌欲岂足?人执笞绳,我为奴辱。懿维我祖,命世之英。涿鹿奋战,区宇以宁。岂其苗裔,不武如斯:泱泱大国,让其沦胥?东等不才,剑屦俱奋。万里崎岖,为国效命。频年苦斗,备历险夷。匈奴未灭,何以家为?各党各界,团结坚固。不论军民,不分贫富。民族阵线,救国良方。四万万众,坚决抵抗。民主共和,改革内政。亿兆一心,战则必胜。还我河山,卫我国权。此物此志,永矢勿谖。经武整军,昭告列祖。实鉴临之,皇天后土。尚飨!①

这次国共两党共祭黄帝陵,对推动抗日民族统一战线的建立,发挥了积极作用。

这一时期祭祀场地设在桥山黄帝陵墓冢区。陵前设一祭棚,棚中置一桌,陈设酒醴、果品、祭菜、杯箸、香炉、烛台等祭品。祭祀人员集聚陵前举行祭奠。主要仪程:主祭官就位,参祭者就位,上香、献爵、献花,恭读祭文,行三鞠躬礼,静默三分钟,奏乐鸣炮,绕陵一周,合影留念等。②

中华人民共和国成立后,自 1955 年起,公祭黄帝陵恢复,由陕西省人民政府领导

---

① 转引自毛泽东手书《祭黄帝陵文》碑。
② 参见陕西省地方志编纂委员会(何炳武、刘宝才主编):《陕西省志·黄帝陵志》,陕西人民出版社 2005 年版,第 144 页。

人主祭。1964年至1979年公祭活动中断,1980年恢复。1994年起,每年都有国家领导人,即全国人大常委会副委员长和全国政协副主席及中央有关部委领导与来自港澳台、海外华侨代表及陕西各界代表参加公祭。参祭人员一般在5000人左右。2003年前,祭祀场地均在桥山黄帝陵墓冢区,搭建祭亭。祭亭上方悬挂"公祭黄帝陵典礼"横幅,祭亭内供桌摆放祭器、水果、鲜花、蜡烛、棉花等。议程:全体肃立,主祭人和陪祭人就位,奏古乐,敬献花篮和花圈,三鞠躬礼,恭读祭文,讲话,鸣放鞭炮,绕陵一周,留影和植纪念树等。

黄帝陵分为两个区域:桥山陵冢区和山下轩辕庙区。黄帝陵号称"天下第一陵",总面积86.67万平方米,陵区有古柏8万余株,苍劲翁郁,庄严肃穆。陵冢位于山顶正中,坐北朝南,底边周长48米,高3.6米。陵周建有祭亭、棂星门、仿汉代石阙等,陵前正南数十米处有传说中汉武帝祭黄帝时所筑的汉武仙台。轩辕庙位于桥山东南麓,现有新、老殿两座。老殿建于唐代,上悬"人文初祖"牌匾,殿前广场有黄帝手植柏,相传为其亲手所植,树龄达5000多年,高23米,树干下围10米,其旁还有棵传说的汉武帝挂甲柏,遒枝苍劲,柏叶青翠。新殿位于老殿后面,于1992年起,经过12年施工,于2004年完成整修。整修后的黄帝庙院占地4万平方米,总建筑面积1.32万平方米。其中祭祀区占地1万平方米,主要包括大殿、祭祀广场、三出阙、东西角楼、隧道等建筑。大殿1700平方米,由直径1.2米粗圆形石柱围成40多米见方的空间,框架结构,全石材花岗岩仿汉建筑。大殿顶中央有14米的圆形天光,下立黄帝石刻画像,地面中心采用青、红、白、黑、黄五种彩色石材铺砌。祭祀广场面积8500平方米,可容纳万人同时在此开展祭祀活动。东、西、北三面为柏树林带。新建轩辕桥、山门、诚心亭、碑亭、轩辕殿等建筑坐北朝南,整齐排列。构成为一座雄伟壮观、气势恢宏的轩辕庙宇区,显示出黄帝的崇高地位。

自2004年开始,每年清明节公祭黄帝典礼场地,设在新建的黄帝大殿前祭祀广场举行。典礼9点50分开始。主要仪程有击鼓鸣钟、敬献花篮、恭读祭文、三鞠躬礼、歌舞告祭、御龙升天、进殿瞻仰黄帝塑像等。随后,参加祭祀的中央、省、市领导前往黄帝墓冢地植树,以作纪念。

河南新郑公祭黄帝开始于1992年。该年农历三月三(阳历4月5日),新郑县人民政府(1994年后改为新郑市)于具茨山黄帝庙举办了首届寻根拜祖(炎黄文化节前身)活动。自此以后,于每年的农历三月三前后,由新郑县(市)与有关单位联合举办"炎黄文化节",同时,在轩辕庙举办拜祖活动。自2006年农历三月三开始,由河南省政协主办,郑州、新郑两级人民政府承办,至今已连续举办了15次。祭祀场地设在黄帝故里景区黄帝广场。

黄帝故里景区位于新郑市老城北关,由四个区域构成。第一个区域为中华姓氏广场区,主要建筑和设施有鼎坛、黄帝宝鼎、中华姓氏墙等;第二个区域主要建筑和设施有汉阙、日晷、轩辕指南车、牌坊、轩辕桥等;第三个区域主要建筑和设施有轩辕故里碑、石熊、黄帝祠、大殿东西配殿、照壁等;第四个区域为拜祖广场区,主要建筑和设施有黄帝广场、黄帝圣像、文化长廊、圣火台、九龙壁、轩辕丘、中华龙、黄帝纪念馆等。拜祖广场南北长126米,东西宽67米,可容纳上万人同时祭拜黄帝。①

每年参加的祭祀人员有来自全国人大、政协和省部级有关部门领导,台湾国民党前领导人,港澳台、海外华侨及社团组织和省市县各界群众代表等,人数一般在5000人左右。拜祖仪式9点50分开始。主要议程有鸣炮、敬献花篮、净手上香、行施拜礼、恭读《拜祖文》、高唱颂歌、乐舞敬拜等。

台湾地区于每年4月24日遥祭黄帝陵。在这一天,台湾地区领导人或亲祭、或遣官致祭。台湾政界、军界文武官员参加。设纠仪、司仪、赞引、读祝各一人。另设司香、司帛、司花、司爵、司牲、司果、司馔等若干人。祭品祭器分别有牛、羊、猪,簠簋、笾豆等。议程主要有全体肃立、主祭人就位、陪祭人就位、参祭人就位、奏祭乐、上香、读祝、行三鞠躬礼、献帛、献花以及初献爵、亚献爵、终献爵、献牲、献果、献馔、献粢盛、焚祝、奏祭乐、礼成等。② 台湾的遥祭更体现了传统的祭祀形式。

其他地方公祭黄帝的有河南灵宝、浙江缙云、甘肃清水、河北涿鹿、河北迁安等地,有些在清明节,有些在黄帝诞辰日,即农历三月三,或农历二月二,由当地政府主办公祭黄帝活动。

(二)民祭黄帝

现代民祭黄帝,全国凡有黄帝庙、三皇庙、轩辕祠的地方均有民祭活动。民祭黄帝历史久远,有些地方可追溯至先秦时期。除了20世纪五六十年代破除迷信和"文化大革命"等原因民祭被停止之外,在这百年的现代历史时期,民祭时常进行。

---

① 参见赵文浩、秦洪源:《寻根黄帝故里》,国际炎黄文化出版社2009年版,第66—72页。

② 参见陕西省地方志编纂委员会(何炳武、刘宝才主编):《陕西省志·黄帝陵志》,陕西人民出版社2005年版,第163页。

陕西黄陵民祭黄帝,在现代历史时期,自民国二十四年(1935)公祭前,便已有了民祭。但那时的民间祭祀无固定仪式,往往随祭祀者的意愿及当地习俗而定。1988年农历九月初九的重阳节,恢复有组织地进行民间祭祀,黄陵县民间各界代表在黄帝陵墓冢区举行祭祀轩辕黄帝活动。个别年份或有特殊大事还在其他日期举行,至今已连续举办了34次。参加人员除了当地民间各界群众代表外,还有来自全国各地及港澳台地区的代表。参加人数一般在3000—5000人,有些年份超过万人。2004年以后祭祀场地移至黄帝大殿前广场。议程与公祭大体一致,有时增加敬献三牲、上香、烧纸、奠酒等内容。

除有组织的节日民祭黄帝外,平时还有个人、团体等前来黄帝陵、庙进行祭祀。自20世纪80年代以来,据不完全统计,先后有百余位党和国家领导人及省部级领导来黄帝陵祭拜和考察。香港、澳门回归祖国,也都在黄帝陵举行纪念立碑仪式。

河南新郑民祭黄帝习俗也由来久远。传说黄帝臣左彻削木为像祭拜黄帝。春秋时期,还传说新郑一带已有"三月三,上西山,拜轩辕"的歌谣和民俗。这种民间祭祀延续至今。在每年的农历三月三前后或清明节等传统节日,或个人、或家庭、或社会团体自发来到黄帝祠、具茨山(始祖山)黄帝庙祭拜,请愿还愿。祭拜仪式一般是上香、跪拜、烧纸等。

除此之外,甘肃天水、清水,浙江缙云,河南灵宝,河北涿鹿和迁安、山西晋城、台湾等地也都有以庙会形式的民间祭拜黄帝活动。

第三节　炎黄祭祀的历史现实意义

自古以来各地祭祀炎帝、黄帝的活动,既有古代朝廷和今日政府倡导、主办和参与的,也有民间群众自发组织的。其规模、形式亦是有大有小、多种多样。不管规模、形式如何,但其意义是基本一致的,即《礼记》中《祭仪》《祭法》《祭统》等篇所认为的,祭祀有三大功能:一是返祖报本;二是伦理教化;三是致天下之和。这是就一般的祭祀而言。具体对炎黄二帝的祭祀,从历史意义上来说,大概有以下三个方面:

一是加强民族情感(血缘)的归属。中华民族自古以来是一个特别看重伦理道德的民族,认祖归宗是中华民族的一大特点。因而,不管是虞夏商周的华夏族,还是夷蛮戎狄的"四夷"族,都视黄帝为"高祖",自称为"黄、炎之后""炎黄之后裔"。战国至秦汉以降，随着"天下定于一""大一统"观念的出现，司马迁在《史记》里，以"五帝"为开端，编排了一个系统而完整的华夏血统网。他在《三代世表》里说："舜、禹、契、后稷，皆黄帝子孙也。"相较而言，先秦及秦汉时期对炎黄的祭祀，基本上都具有情感即血缘归属的反映。

二是增强民族文化的认知。文献记载，炎帝发明创造了农耕、陶器、医药、交易、音乐、衣裳、房屋等等，为人类的生存和发展作出了重大贡献。黄帝也是一样，在衣、食、住、行、农、工、商、文字、历数等方面也都有发明创造。炎黄二帝所发明的这些物质和精神产品，是人类的共同财富，不仅为华夏/汉民族的民众所享用，而且也为其他非华夏/汉民族的民众所享用。所以，这些发明创造也就成为中华民族文化的重要组成部分。通过祭祀活动，身感体悟，在潜移默化中，增强对炎黄和炎黄文化、中华民族文化的认知。

三是加强华(华夏/汉民族)、夷("四夷"/少数民族)民族的政治联盟。在中国历史上，有几个历史时期，为少数民族("四夷")主政，他们为了表示其政权的合法性，即正统性(包括汉族)，也自认为"其先祖出自炎帝""夏后氏之苗裔""黄帝之后""有虞氏之苗裔"等。清代自顺治帝始，曾先后御祭炎帝陵38次，黄帝陵22次。这里除了文化的认知、认同外，更多的是一种政治上的联盟，即政治认同。

现代社会祭祀炎黄二帝，至少具有以下几方面的意义。

一是有利于加强中华民族的凝聚力。凝聚力是民族兴旺的基础，强大的源泉。对此，石兴邦曾有一段精辟的论述。他说："有了凝聚力，才能有民族成员和民族整体之间的向心力，成员之间的亲和力，才能激起民族无限旺盛发展的生命力，进而会形成众志成城的坚强集体。"[①]而一个民族凝聚力的形成是由多种因素交互作用的结果，既有地理、政治、经济、文化等方面的因素，也有共同心理状态、亲情、乡情、民族感情和国家感情的爱国主义思想等因素。中华民族凝聚力的形成也不例外。但在这多种因素中，从历史的渊源上来说，世代相传、绵延不断的炎黄与炎黄文化，在中华民族的形成和发展过程中，无疑发挥着极其重要的纽带作用，"是中华民族文化的主体思想和祖根"，具有核心的作用。我们知道，中华民族是由汉族和其他55个少数民族所构成，作为主体民族的汉族，其前身为华夏族。华夏族的开端是炎、黄、蚩，即华、夷、蛮部落联盟集团。所以，中华民族虽经数千年风风雨雨，甚至发生内乱，遭到外族列

---

① 石兴邦：《研究姜炎文化振奋民族精神，以促进新文化建设的繁荣和发展》，宝鸡市社科联：《炎帝论》，陕西人民出版社1996年版，第12—13页。

强的侵略,但始终裂而不散,弱而不垮,今天依然屹立于世界民族之林,成为泱泱大国,这不能不与对炎黄二帝、炎黄文化的认同有极大的关系。

所谓"认同",简言之,就是社会成员对自己某种群体归属的认知和感情的依附。炎黄认同就是指对炎黄二帝、炎黄文化的认知和感情依附。对炎黄二帝的公祭和民祭,是加强中华民族56个民族相互认同的重要形式和途径。认同是凝聚力的基础。因而,对炎黄二帝的祭祀,也就成为加强中华民族凝聚力的重要途径和手段。这也就是为什么每在历史发生转折的重要关头,或是涉及国家、民族生死存亡的关键时刻,或是战胜某种大的自然灾害,或是取得某次御敌灭寇的胜利时总要去祭祀炎帝、黄帝的原因。

那么,为什么祭祀炎黄二帝能增强对民族、国家的认同? 能起到加强中华民族凝聚力的作用? 因为,今天我们称炎帝、黄帝为"人文初祖",其祭祀既不是古代对天神的祭祀,也不是古代对血缘先祖、帝王和"五方帝"的祭祀,它本质上是一种文化活动,是一种中华民族文化的认同活动。我们称炎帝、黄帝为"华夏始祖""中华始祖",但不同于历史上所说的"始祖"或"先祖""祖先",而主要是指"人文初祖",突出的是文化的炎帝、黄帝观念,突出的是传承和弘扬炎黄精神。也就是说,我们今天祭炎帝、黄帝,是从国家统一,民族凝聚和伟大复兴为其出发点和归宿点。中华民族自称"炎黄子孙",不是仅指一个代表血缘的称呼,即"子子孙孙",而是指文化意义上的寻根祭祖。当然,对个体而言,也不排除有血缘上的认祖归宗。共同的文化认同必然会产生共同心理,即认同感。

关于民族认同与国家认同的关系,就中国国家而言,民族认同是国家认同的基础。因为中国是一个由多民族组成的国家,这就构成了中华民族与世界上其他单一民族国家的不同。中华民族是包括境内56个民族在内的民族共同体。这个民族共同体,并不只是56个民族加在一起的总的称呼,而是已经形成为你中有我、我中有你、相互依存、相互包容、血脉交融的统一的整体。因而,除了56个民族各自民族内部的认同外,还有着更高层次的认同问题,即对中华整体民族的认同问题。也就是说,民族认同要处理好"多元"与"一体"的关系,既尊重"多元"即56个民族的内部的自我认同,更要强调"一体"即由56个民族所构成的中华民族之"一体"的大认同。只有对中华民族之"一体"的大认同,才能有对中国国家的认同。因为中国国家是建立在中华民族基础之上,也就是56个民族之上。所以,只有中华民族的认同和凝聚,才能达到国家的认同和统一;只有在中华民族大认同的基础上,才能上升到对国家的认同,才能实现海峡两岸的统一。否则,国家认同和统一就犹如沙滩楼阁无坚实之基础。回顾中国的历史,每当王朝更迭,新登基的皇帝往往要将炎黄二帝与其祖先和其他帝王一样进行祭祀,就连少数民族的皇帝也不例外,自称是炎黄二帝的后裔,其目的就是要增强对其皇权的认同,增强朝廷内外、上下的凝聚,进而提高对国家(朝廷)的认同,以巩固其皇位。今天我们祭祀炎黄二帝则是达到民族认同、民族凝聚,进而实现国家认同、国家统一的重要途径。据赵建昌、高强二位问卷调查统计,全国有92.6%(黄帝)和82.6%(炎帝)被调查对象认为应该祭祀炎黄二帝,祭祀炎黄二帝不仅能够增强中华民族的团结,而且是增强中华民族凝聚力的有效途径。①

近几年来,习近平总书记曾在不同场合多次提出要"铸牢中华民族共同体意识"②,并强调指出:"一部中国史,就是一部各民族交融汇聚成多元一体中华民族的历史。"③中华民族共同体意识是指中国各民族在不断交往交流交融的历史进程中,在历史、心理、社会、制度、政治、文化等层面取得一致性或共识性的集体身份认同。而集体身份认同是民族凝聚力的基础。只有在此基础上,中华民族才能形成共同体意识,才能铸牢中华民族的共同体意识。要实现和铸牢民族共同体意识,炎黄二帝的年年祭祀无疑是一个特别重要而且有效的途径。

二是有利于传承和弘扬中华文明、中华优秀传统文化。学者们大多认为,中华文明起源于距今五千多年前的炎黄时代。炎黄二帝对中华文明的发生、形成和发展作出了重大贡献。尤其是黄帝通过与炎帝、蚩尤的阪泉、涿鹿之战建立的以黄帝为首的华夏联盟集团,如有学者所指出的,这是国家出现的前奏,是"前国家"或"早期国家"的始创。④ 炎黄二帝对原始物质文明和精神文明所作出的一系列重大贡献,不仅为夏商周三代更高一级文明的出现奠定了基础,而且为中华民族和中国国家的诞生、形成和发展奠定了基础。今天,我们祭祀炎黄二帝,既可认识中华民族、中华文明是世界上唯一没有中断、延续时间最长的民族和文明,同时也可认识到我们今天传承中华文明责任的重大。再说,祭祀的本身就是一种文明的传承,一种礼仪文明、感恩思想、孝

---

① 赵建昌、高强:《炎黄文化感知调查研究》,《华圣文化》2014年第4期。

② 习近平:《决胜全面建成小康社会 夺取新时代中国特色社会主义伟大胜利——在中国共产党第十九次全国代表大会上的报告》,《人民日报》2017年10月28日第1版。

③ 习近平:《在全国民族团结进步表彰大会上的讲话》,《光明日报》2019年9月28日第2版。

④ 王震中:《中国文明起源的比较研究》,陕西人民出版社1994年版,第254—260页。

道文化的继承和弘扬。

从文化的发生学角度来说,炎黄文化是中华传统文化的"源"和"根",是民族文化的血脉和基因。而从炎黄文化的广义来说,炎黄文化又是中国传统文化。习近平总书记指出,中华优秀传统文化是中华民族的精神命脉,是涵养社会主义核心价值观的重要源泉,也是我们在世界文化激荡中站稳脚跟的坚实根基。他并多次强调指出,要把具有当代价值的优秀文化传承下去、弘扬起来。① 所以,我们今天祭祀炎黄二帝,实际上就是在弘扬炎黄文化,也就是在弘扬中国优秀传统文化。《礼记·祭法》云:"夫圣王之制祀也,法施于民则祀之,以死勤事则祀之,以劳定国则祀之,能御大灾则祀之,能悍大患则祀之。此皆有功烈于民者也。"这是说,凡是受到人们崇敬和祭拜的,都是有功于国家和老百姓的功臣和英雄。在祭祀活动中,人们通过特定的仪式和空间建构,通过聆听祭文祭乐、观赏古典歌舞、体验祭祀礼仪等这种"活起来"的传统文化,通过在庄严肃穆氛围中慎终追远、感怀先祖的丰功伟绩,一方面可以了解中国传统文化的起源和内涵,一方面可以受到传统文化的感染和熏陶,增强民族、国家意识感。

三是有利于滋养和培育中华民族的民族精神,构建中华民族的精神家园。民族精神是一个民族赖以生存和发展的精神支撑。在五千多年的文明历史演进中,中华民族形成了以爱国主义为核心的团结统一、爱好和平、勤劳勇敢、自强不息的伟大的民族精神;在改革开放的新时期,中华民族又形成了勇于改革、敢于创新的时代精神。追溯中华民族精神之起源和形成,与炎黄时代、炎黄精神是分不开的,也就是说,炎黄精神是中华民族精神的重要源头和组成部分,而中华民族精神又是对炎黄精神的融合和升华。炎黄二帝在其发明、创造的物质文明、精神文明中所产生的敢于实践、勇于创新、开拓进取、无私奉献的精神,作为中华民族的民族精神,作为中华民族的优秀传统,在过去的几千年中,为中华民族的始兴和国家的统一发挥了重要而积极的作用;现在和未来,还会为中华民族的振兴和富强,为实现中华民族伟大复兴的中国梦,继续发挥重要而积极的作用。习近平总书记指出,"黄帝陵是中华文明的精神标识",这里虽说的是黄帝,实际上也适用于炎帝。今天,我们祭祀炎黄二帝,从中可以强烈地感受到炎黄精神的存在和其生命力,感受到炎黄精神的感召、激励和教育作用。再说祭祀的过程本身也就是对炎黄精神的继承和弘扬。我们说,弘扬炎黄精神实际上

---

① 习近平:《在纪念孔子诞辰2565周年国际学术研讨会暨国际儒学联合会第五届会员大会开幕会上的讲话》,《光明日报》2014年9月25日第2版。

就是弘扬中华民族精神,就是对民族精神和时代精神的践行、培育和提升。习近平总书记指出,中华传统文化滋养了中华民族的生生不息、发展壮大。① 而中华传统文化的源头就是炎黄文化,中华民族精神的源头就是炎黄精神。那么,也可以这样说,炎黄文化、炎黄精神滋养了中华民族文化和中华民族精神。所以,今天我们培育民族精神和时代精神,离不开继承、弘扬炎黄文化、炎黄精神。构建中华民族精神家园,也离不开继承、弘扬炎黄文化、炎黄精神。所以,从这个意义上说,炎黄祭祀活动也是滋养和培育中华民族精神与构建中华民族精神家园最有效的途径之一。

四是有利于加强海峡两岸交流和实现国家统一。实现海峡两岸统一,这是全体华夏儿女的共同心愿,是中华民族的头等大事。而要实现两岸统一,其中一个重要渠道,就是要加强两岸同胞的交往、交流。而炎黄二帝的祭祀活动为加强两岸同胞交往、交流搭建了座重要平台。抗日战争期间的1937年清明节,国共两党在黄帝陵共祭黄帝,促进了抗日民族统一战线的形成。今天,我们祭祀炎黄二帝,无疑在加强两岸人员来往、交流,实现两岸统一,发挥积极的促进作用。血浓于水。面对共同的祖先,必然产生共同的语言、共同的情感和共同的心理。例如,自2010年起,台湾中华神农大帝协进会等社会团体每年组织岛内60余家神农宫庙的信众和台湾企业联合会成员及台湾各界代表五六百人赴湖南炎陵县炎帝陵,与当地民众共同举办"海峡两岸炎帝神农文化祭"系列活动,即举办"海峡两岸炎帝神农祭祀大典""海峡两岸炎帝神农文化论坛""海峡两岸民俗文化展演"等。② 又如,台湾的专家学者和炎帝、黄帝宫、庙的信众,还多次前往黄陵、宝鸡、新郑、随州、高平等地,参加祭祀炎帝、黄帝典礼和学术研讨会或论坛。近年来,台湾政界一些高层人物,如台湾国民党领导人连战、吴伯雄、洪秀柱,新民党领导人郁慕明、宋楚瑜等,自21世纪以来,曾多次到黄陵、新郑、随州、高平等地参加炎帝或黄帝的祭祀大典。台湾国民党领导人在其任职期间,还在每年的清明节遥祭黄帝陵。通过这一系列的文化、经贸交流活动,加强了两岸同胞的认同,增强了两岸人民的互信。为增强中华民族凝聚力和构筑中华民族共同体意识发挥着积极作用。正如参加2014年随州甲午年世界华人炎帝故里寻根节的全国人大原副委员长许嘉璐所说:"举办寻根节是一项非常有意义的活动,很能触动和

---

① 习近平:《胸怀大局 把握大势 着眼大事 努力把宣传思想工作做得更好——在全国宣传工作会议上的讲话》,《光明日报》2013年8月21日第1版。

② 湖南省人民政府台湾事务办公室、株洲市人民政府台湾事务办公室:《海峡两岸共祭炎帝神农氏》,岳麓书社2015年版,第149—157页。

凝聚全球华人尤其是两岸四地炎黄子孙的感情。"①台湾著名学者李亦园也说:"黄帝的形貌如何较不重要,重要的是黄帝确确实实存在于人们心中,逐渐成为中华民族凝聚的一股力量。"②国民党中评委主席团主席张荣恭说:"炎帝在炎黄子孙心目中的地位非常崇高,两岸人士到随州来实地祭拜炎帝,是很有现实意义和历史意义的。我们同为炎黄子孙,共同的祖先,共同的历史,共同的文化,追求共同的未来,这种文化交流能使两岸人民心灵契合。"③中央台办、国台办副主任叶克冬说:"炎帝神农文化是中华传统文化的一个重要组成部分,两岸同胞可以通过祭拜炎帝这个活动,加强心灵之间的沟通,增进了解。这是一种很好的方式,能够使'两岸一家人'的精神深入到两岸同胞的心里,让大家为实现'中国梦'共同努力。"④台湾嘉义市大天宫董事长方雕义说:"看到海峡两岸、世界各地的华人来这里寻根谒祖,社会的参与度非常高,我感受到了炎黄文化的凝聚力,感受到了炎黄文化的向心力。"⑤这种炎帝文化的交流,使两岸有了更多的认同度,不仅是两岸文化交流的共同平台,而且也是深化两岸文化交流合作的动力。⑥ 祭祀炎帝、黄帝"已成为整合居民向心力的表征"⑦。

另外,炎黄祭祀还有利于促进寻根祭祖旅游文化、带动地方旅游经济发展。对普通民众来说,祭祀炎黄二帝还有其精神寄托的作用。

总之,我们今天公祭炎帝、黄帝,不是曾经有人所说的一种宗教信仰活动,更不是一种敬神的封建迷信活动,也不是个别地方政府为了提高知名度、吸引人气、拉动旅游的经贸活动,而是有着深刻的文化内涵和社会价值。它不仅对增强民族、国家认同感,加强中华民族凝聚力,筑牢中华民族共同体意识有着重要的积极意义,而且对传

---

① 许享红、刘诗诗:《传承炎帝精神 弘扬中华文化——第十届全国人大常委会副委员长、中华炎黄文化研究会会长专访》,《炎黄》,武汉出版社,2014年(总)第19期。

② 李亦园:《人类的视野》,上海文艺出版社1998年版,第61页。

③ 张琴:《随州在两岸文化交流上有重要意义——访国民党中评委主席团主席张荣恭》,《炎帝神农文化》2014年(总)第12期。

④ 张琴、冯家园:《寻根节是两岸同胞沟通的纽带——访中央台办、国台办副主任叶克冬》,《炎帝神农文化》2014年(总)第12期。

⑤ 徐梦晗:《两岸的情感和文化相连相同——访台湾中华神农大帝协进会副理事长、嘉义市大天宫董事长方雕义》,《炎帝神农文化》2014年(总)第12期。

⑥ 张景堂等:《两岸共祭炎帝神农活动对推动神农大帝信仰之影响》,《根》2014年(总)第5期。

⑦ 钟宗宪:《炎帝神农信仰》,学苑出版社1994年版,第157页。

承中华文明、弘扬中华优秀传统文化、培育民族精神和时代精神、构建中华民族精神家园也有着重要的积极的意义。同时对海峡两岸同胞之间交往、交流,实现两岸统一,也有着重要而积极的作用。

第四节 升格炎黄"国祭"与申请"世遗"

我们说,自先秦以来留下的大量有关炎黄方面的传说史料;近百年尤其是近四十多年来,炎黄文化研究所取得的丰硕成果;自古至今炎帝、黄帝祭祀,尤其是黄帝陵祭祀,海内外亿万中华儿女的积极参与;大量史前遗址尤其是仰韶、龙山文化的陆续发现,使亿万炎黄子孙达成共识、取得认同:炎黄二帝是中华民族伟大的人文初祖,是中华民族的光辉旗帜,是中华民族共同体的凝聚核心;炎黄文化是中华文明、中华民族文化之根、之源、之魂;炎黄祭祀是铸牢中华民族共同体意识的重要途径;黄帝陵是凝聚中华亿万儿女的精神纽带,充分体现着中华文化的特质和精神内涵。所以,在全国各族人民走进新时代、迈进新征程,为实现中华民族伟大复兴的"中国梦",完成祖国统一,以及面对经济全球化和世界形势大变局,面对欧美强权的打压,反华势力的挑拨、围堵、污名、"甩锅"等,将炎帝、黄帝祭祀升格为国家祭祀(简称"国祭")和申请炎黄祭祀为世界遗产(简称"世遗"),正当其时,具有重大而深远的历史和现实意义。

(一)升格黄帝陵祭祀为"国祭"的意义

一是有利于将炎黄认同、民族认同上升为国家认同,增强"爱国"观念。对于具有56个民族的中国国家而言,在这多种认同中,国家认同是最根本、最基础、最重要的认同。只有取得全体公民对国家的认同,才能有国家的凝聚力,才能使国家长治久安。刘庆柱说:"我们要有个物化载体,把全中国各族人民凝聚起来。我建议用黄帝把我们连起来,我们要从文化上、历史上谈中华民族的认同性,谈国家的认同性。祭黄帝不是单单血缘上找祖宗。为什么叫黄帝?'帝'的前提是他必须是国家政治领导人。因此,许嘉璐先生说的祭拜黄帝,应该成为国家祭祀,也就是'国祭'。所谓'国祭'实际是'祭国',和祭祖联系起来就是祭祖国。"[①]这里说的"祭国""祭祖国"实际上就是指对国家的认同,也就是爱国主义。因为,以国家名义祭祀炎帝、黄帝,就是体

---

① 刘庆柱:《国祭也是祭国》,《光明日报》2015年9月7日第16版。

现国家意志,体现从国家层面对炎黄二帝的认同,反过来说,炎黄二帝是中华民族的象征,也就是中国国家的象征,认同炎黄二帝也就是认同中国国家;认同炎黄二帝是中华民族之始祖,也就是认同炎黄是中国国家之"始祖"。联系海内外当前存在的"台独""港独""藏独"等分裂势力,这种分裂势力可能还会长期存在,所以,加强国民的国家认同就显得更为重要和迫切。回溯中国历史,无论是华夏/汉民族执掌政权,还是少数民族执掌政权,都尊炎黄为祖先,将炎黄二帝列入祭拜对象,其目的就是以此证明自己执掌政权的合理性和合法性,以此取得天下子民对朝廷的认同。古代中国,朝廷就指代国家。认同朝廷,就是认同国家。今天,我们祭拜炎帝、黄帝,虽不能说是为了证明共产党执掌政权的合理性和合法性,但说明今天的中国国家是古代中国国家的传承和发展,今天的中华文化、中华文明、中华民族是古代中华文化、中华文明、中华民族的传承和发展。正如毛泽东所说:"今天的新政治新经济是从古代的旧政治旧经济发展而来的,中国现时的新文化也是从古代的旧文化发展而来的,因此,我们必须尊重自己的历史,决不能割断历史。"①所以,升格炎黄祭祀为"国祭",无疑是加强国家认同的一种有效途径。近年来,每年数以万计的海内外中华儿女自愿参加各类形式的炎黄祭祀、炎黄文化活动,就"从一个侧面说明了中华民族自我意识的高扬,甚至可以说是又一次觉醒的标记"②。也就说明对中国国家认同意识的增强。

二是有利于从国家层面普及炎黄文化和中华优秀传统文化,增强和提高对炎黄文化和中华优秀传统文化的自知、自信和自觉。今天多有学者认为,炎黄文化与中华传统文化有着密切的关系,既是"源"又是"流"。我们"国祭"黄帝陵,就可以从国家层面,肯定炎黄文化是中华文化的祖根文化、源头文化,是中华传统文化的重要组成部分;炎黄精神是今天中华民族精神之滥觞,是中华民族复兴的光辉旗帜。有国家祭祀力量的推动,就便于炎黄文化和中华优秀传统文化的传承和弘扬,对增强文化自知、自信、自觉有着重要作用。当前,因炎黄祭祀分别于与炎黄有关系的几个地方举办,所以,为了地方利益,多将炎黄文化看作是一地之文化,据为己有,各自唯宗,断章取义,相互打架,出现了"局内"热闹"局外"冷清的状况。这就必然影响到炎黄文化和中华优秀传统文化的普及和推广,尤其是非炎黄地的民众,对此兴趣不高,对炎黄知之甚少。这无疑影响到对炎黄文化的自知、自信和自觉,自然也影响到对中华优秀传统文化的自知、自信和自觉。

---

① 毛泽东:《新民主主义论》,《毛泽东选集》(第2卷),人民出版社1966年版,第668页。
② 许嘉璐:《从拜祭炎黄想到的》,《光明日报》2017年5月6日第11版。

三是有利于整合各地祭祀资源,提升祭祀质量;整齐祭祀秩序,严肃祭祀礼制;淡化祭祀功利,回归祭祀本义。自20世纪80年代以来,多地通过挖掘炎黄文化资源,成立社会组织,政府支持参与,陆续举办祭祀炎黄活动,积累了丰富的炎黄文化资源,也积累了丰富的黄帝陵祭祀文化。但由于分散各地,多从本地经济利益出发,"祭祀搭台,经贸唱戏",相互攀比,你争我抢。这不仅严重影响到祭祀的严肃性,失去了祭祀的本来意义,也是对人、财、物的消耗和浪费。因而,根据历史传统,特需将陕西黄帝陵祭祀上升为"国祭",整合祭祀资源,整齐祭祀程序,提高祭祀质量,使炎黄祭祀回归本义——认祖归宗,发挥祭祀文化的独特作用,使人民群众通过参加祭祀进一步增强参与感、获得感、认同感,净化心灵,培育精神,以文化人、以文育人。

(二)申请黄帝陵祭祀为"世遗"的意义

随着我国经济的崛起,国际地位的提升,改革开放的逐步深入,一带一路的实施,我国政治、经济越来越受到国际社会的关注,包括炎黄文化在内的中华传统文化也越来越引起国际社会的兴趣和关注。例如,每年不乏非华裔海外人士到炎帝、黄帝陵或其他有炎黄遗迹的地方,或参加祭祀活动,或参观考察。为此,在这全球化背景下,如何将以炎黄文化为代表的中华优秀传统文化推向世界,由文化大国成为文化强国,取得世界话语权,崛起于世界民族之林,笔者认为在升格黄帝陵祭祀为"国祭"的同时,特别申请黄帝陵祭祀为"世遗",这不仅有必要性,而且有可能性。先说必要性:从国内来讲,这对进一步提高黄帝、黄帝陵在华夏儿女心目中的崇高地位,坚定文化自信,建设中华民族精神家园,增强中华民族凝聚力和铸牢中华民族共同体意识有着不可替代的作用;从国际来讲,不仅对构建全人类命运共同体有重要的启示和借鉴意义,而且以祭祀黄帝陵为平台,对加强各国之间文明互鉴,促进世界各民族文化交往交流,推动世界和谐发展,共同进步繁荣也有着积极意义。中共中央办公厅、国务院办公厅发出的《关于进一步加强非物质文化遗产保护工作的意见》中也指出:"积极做好联合国教科文组织非物质文化遗产名录项目的申报和履约工作。"而炎帝、黄帝祭祀作为国家级非遗项目,也正当其时。再说可能性:前文已经说过,黄帝陵不仅有传承上千年的完备的祭祀礼仪和积淀深厚的历史文化,而且有汉唐以来的陵庙建筑和良好的自然生态环境,即相传距今五千多年的"黄帝手植柏",两千多年的"汉武帝挂甲柏",覆盖桥山的数万株柏树,其周围还有数百处新石器时代的文化遗址等。这一切构成了或无形的、或有形的历史和自然的双遗产。这是"申遗"的基础。

第十三章　炎黄与炎黄文化研究概述

炎黄与炎黄文化研究,若从西周《逸周书》算起,至今已有3000多年的历史。在这漫长的历史过程中,从大的方面可分为古代和现代前后两个时期。古代时期,有部分为资料记载,有部分是研究性的。这个时期为炎黄与炎黄文化研究的奠基期,为今人研究奠定了基础,即史料基础。近现代以来,炎黄与炎黄文化研究进入了一个发展、繁荣时期。尤其是1978年改革开放的新时期以来,在众多专家学者和各类炎黄社会组织积极参与、当地政府以及中央、省市领导人的支持下,其研究出现了空前未有的繁荣局面。有关炎黄与炎黄文化的研究会、研讨会、论坛、祭祀活动等如雨后春笋般遍地开花,出版的各类学术著作、发表的各种论文,可以用"汗牛充栋"来形容。所研究、探讨的问题涉及炎黄与炎黄文化的各个方面,其成果之丰富可以"无与伦比"来描述。这一时期的研究,将在炎黄与炎黄文化研究学术史上留下辉煌的一页。

第一节　古代炎黄与炎黄文化研究

炎黄与炎黄文化研究从先秦就已经开始。从西周到清末以前,在长达3000多年的研究中,出现了众多有关涉及炎黄二帝生平事迹、政治思想、道德教化、典章制度、科学文化、历史遗迹、传说掌故、供奉祭祀等方面的论著。粗略计算,文献典籍达350多部,遍及经、史、子、集等多个方面,涉及明清方志440多部[①]。另外,还有大量的碑

---

① 1.参见万里、刘范弟、周小喜:《炎帝历史文献选编》,湖南大学出版社2012年版;2.李学勤、张岂之总编,王贵民主编:《炎黄汇典·史籍卷》,吉林文史出版社2002年版;3.罗琨主编:《炎黄汇典·方志卷》,吉林文史出版社2002年版;4.陕西省地方志编纂委员会(何炳武、刘宝才主编):《陕西省志·黄帝陵志》,陕西人民出版社2005年版,第317—476页;5.陕西省地方志编纂委员会(霍彦儒主编):《陕西省志·炎帝志》,三秦出版社2009年版,第543—714页;6.黄帝陵基金会(刘宝才、韩养民主编):《黄帝文化志》,陕西人民出版社2008年版,第3—374页。

文、祭文、诗文、韵语、墓志、简帛等。这些书目，既有资料记载，也有学术研究；既有炎黄古史的研究，也有炎黄文化史的研究。研究中对炎帝和黄帝的生地、称谓和尊号，炎帝与神农氏、黄帝、蚩尤的关系，炎黄二帝的迁徙等已有论述。这个时期为近现代研究奠定了基础。

一、研究概况

先秦时期是炎黄二帝传说典籍化的重要时期，口耳相传的炎黄二帝事迹被先后收录在《逸周书》《左传》《国语》《周易》《竹书纪年》《世本》《山海经》《穆天子传》《大戴礼记》《尸子》《孟子》《管子》《庄子》《韩非子》《商君书》《战国策》《吕氏春秋》等20多部典籍里。在这些典籍中，对炎黄二帝的出生、生地、称谓、姓氏、迁徙以及事迹，炎帝与黄帝的关系等问题均有所记述。在谈到炎帝与神农氏时，除《世本》外，其他典籍均是将二者分开记述，并未视为一人。这一时期所记述的内容，虽则基本上是资料性的，研究不多，且文字简短，但为后世人们研究炎黄与炎黄文化提供了最基本、最珍贵、也比较可信的文献资料。今人将这一时期的有关炎黄二帝的资料，列为研究的第一等资料。

秦汉时期是谈论炎黄二帝较多的时期，也是确立炎黄二帝华夏始祖地位的时期。在这一时期，先后出现了有近30种涉及炎黄二帝的论著。随着《史记》等经典史籍将炎黄二帝，尤其是将黄帝确立为"五帝"之首，再加上《新语》《新书》《淮南子》《春秋繁露》《汉书》《白虎通》《论衡》《说文解字》《潜夫论》《风俗通义》《列仙传》等典籍，通过对炎黄二帝的记述，进一步确立了炎黄二帝的始祖形象。马王堆汉墓帛书《黄帝四经》和银雀山汉简等出土文献中也多有涉及炎黄二帝的珍贵史料。

在这一时期，炎黄二帝的研究较先秦时期，有很大的进展，不仅出现的论著多，而且论著中涉及炎黄二帝的文字、篇幅也较先秦时期增多，炎黄二帝的形象、事迹更加丰满和明晰。在炎帝研究方面，提出了一个很重要的观点，即将炎帝与神农氏"合户"，视其为一人，为以后这方面的研究提出新的观点和理论。在黄帝研究方面，《史记·五帝本纪》将黄帝的居地、妻室、子嗣等做了较为全面、系统的梳理，死葬何地，谁是黄帝的继承人也做了交代。在司马迁的笔下，将黄帝描述为一位具体的历史人物，从生到死，对他的功绩也讲得清清楚楚。不仅如此，还提出了"五帝"说，并将黄帝列入"五帝"之首，将颛顼、帝喾、尧、舜以及夏商周三代都归入黄帝世系之中，建立起一个庞大的华夏族为"一家"的"血统"体系。这反映了当时秦汉统治者的"大一统"思想,与其时代要求和历史发展相一致。黄帝始祖地位的确立,对以后国家的统一,华夏民族、中华民族的形成和发展产生了重大影响,对我们了解炎黄时代提供了非常重要的史料。这是我国古代著名史学家司马迁对中国历史、中华民族的伟大贡献。同时,在其《五帝本纪》中也确立了炎帝、蚩尤的始祖地位。《汉书·艺文志》中有28种著作假托黄帝或黄帝臣属之名,《古今人表》将黄帝列为历史人物的上上等,这说明黄帝传说对汉文化的广泛影响和黄帝在华夏族/汉族(中华民族)心目中的崇高地位。

魏晋南北朝时期,虽然战争不断,社会动荡不安,国家处在分裂状态,但从民族和文化的发展角度来说,出现了大交流和大融合的局面。在王朝的轮番交替中,统治者为了巩固其统治地位,各族竞相打出炎黄二帝的旗号,自称是炎黄之后,以正统自居。如《后汉书》《三国志》《晋书》《宋书》《南齐书》《梁书》《陈书》《魏书》《北齐书》《周书》《华阳国志》等史志书籍,和一些子书如《帝王世纪》《水经注》《博物志》《古史考》《古今注》《抱朴子》《拾异记》《金楼子》《搜神记》《列子》《孔子家语》《昭明文选》等,均对炎黄二帝有记载。尤其是晋人皇甫谧撰写的《帝王世纪》,把散见于各种典籍里的有关炎黄二帝的资料搜集到一起,为炎黄二帝编写了一份"履历表",不仅保存了先秦、秦汉以来一些散佚的资料,而且将其加以系统化,可称为秦汉以前关于炎黄二帝记载的集大成者。虽则该书中对炎黄二帝事迹的记述有相互抵牾的地方,也夹杂了一些神话色彩,但不可否认,其中也不乏包含有真实的历史内容,对今天的炎黄二帝研究及"三皇""五帝""三代"的研究,该书也不失为参考书目之一,且愈来愈受到研究者的重视。

隋唐及辽宋元明清时期,炎黄二帝的研究,继续得到加强。宋太祖赵匡胤下诏建炎帝陵,辽统治者自称是炎帝后裔,元统治者命郡县通祀伏羲、神农(炎帝)、黄帝三皇,明清两朝皇帝多次或亲自或委派官员籍田、祭炎帝陵和黄帝陵等。统治者的这些举措,虽不是研究,但其重视炎黄二帝的祭祀,在客观上推动了炎黄与炎黄文化的研究。这一时期对炎黄二帝的事迹记载和研究也较前多了起来,篇幅加长加大。如《隋书》《旧唐书》《辽史》《金史》《宋史》《元史》《明史》《文献通考》《稽古录》《广博物志》《括地志》《元和郡县志》《元丰九域志》《读史方舆纪要》《元和姓纂》《古今姓氏书辨证》《广黄帝本行记》《太平寰宇记》《云笈七签》《纲鉴易知录》《资治通鉴外纪》《皇王大纪》《黄帝轩辕传》《事物纪原》《古文观止》《轩辕黄帝》《历世真仙体道通鉴》《古今事物考》《大明一统志》《大清一统志》《日下旧闻考》,以及杜佑的《通典》、郑樵的《通志》、罗泌的《路史》、马骕的《绎史》等,对炎黄二帝既有记述又有评说。如其中的

《路史》一书,在收录文献、民间传说等多方面材料的基础上,对炎黄二帝事迹作了更为全面、系统的整理和记述。其中虽则有不少为"路边"传闻,可信度有限,但也有其合理的东西可供研究者参考。唐王瓘撰写的《广黄帝本行记》、北宋张君房撰写的《轩辕本纪》、南宋人撰写的《轩辕黄帝传》等著作,均对黄帝事迹做了系统、全面的详细梳理和论述,篇幅达上万字以上。这一时期,还有一个值得注意的现象,一是类书的出现,如《云笈七签》《太平御览》《册府元龟》等,对宋以前有关炎黄二帝的记载,做了较为广泛的收录,保留了上古以来大量的有关炎黄二帝的史料,为后世人们研究提供了方便。

另外,在炎黄二帝的研究中,除上面所列举的部分古籍以外,从东汉起,还出现一种现象,即对古籍的注疏。如东汉郑玄、高诱,三国吴国韦昭以及刘宋裴骃、唐司马贞和张守节等人对《周易》《国语》《史记》等书的注疏,其中也保留有部分的资料和研究成果,对后世人的研究也具有重要的借鉴和参考价值。

二、主要研究观点述论

综观古代著述,对炎黄二帝事迹的记载与研究主要涉及其生葬、事功、迁徙、后裔、炎帝与黄帝的关系及炎帝与神农氏的关系等问题。为了行文的方便,下面分别予以简述。

(一)关于炎帝与炎帝文化研究的主要观点

第一,炎帝的出生地。关于炎帝出生地主要有三种说法:陕西宝鸡、湖北随州、山西高平。《国语·晋语四》载:"炎帝以姜水成"。郦道元在《水经注·渭水》中解释:"岐水又东迳姜氏城南,为姜水。"指明姜水在今宝鸡扶风与岐山一带,为渭水的一条支流。而《大明一统志》又说:"姜氏城在宝鸡县南七里,城南有姜水。"即指今宝鸡市区南面的清姜河。明清时期所修《凤翔府志》和《宝鸡县志》均有同样的说法。以上两说虽不在一处,但却在一地,即今陕西宝鸡境内,均为渭河支流,毋庸置疑。《帝王世纪》称炎帝"本起烈山,或称烈山氏。"烈山在"今随厉乡"。郦道元在《水经注·漻水》中说:列山山下有一穴,父老相传说是"神农所出生处也"。《括地志》说:"神农生于厉乡",厉乡"在随州随县北百里,所谓烈山氏也"。《路史·后纪三》曰:"生神农于列山之石室。"此为神农出生于湖北随州说。《元和郡县志》卷十五引《后魏风土记》说:"神农城在羊头山上。山下有神农泉,即神农得嘉谷之地。"此为神农出生于山西高平说。实际上，先秦文献，仅提到"姜水"，而秦汉以后才扩展至"烈山""羊头山"等地。显然，这与以后炎帝族群的迁徙有关。

第二，炎黄二帝之关系。关于此问题古人有三种说法，即"同胞兄弟说""同父异母说"和"双胞氏族说"。最早提及炎帝与黄帝关系的是《国语·晋语四》云："昔少典娶于有蟜氏，生黄帝、炎帝。"西汉的贾谊据此在《新书·益壤》篇中说："黄帝者，炎帝之兄也。"他又在《制不定》篇中说："炎帝者，黄帝同父母弟。"是说炎帝与黄帝是同父同母兄弟。晋人皇甫谧在《帝王世纪》中说："炎帝神农氏，姜姓也。母曰任姒，有蟜氏女，名曰女登，为少典正妃。""黄帝有熊氏，少典之子，姬姓也，母曰附宝，其先即炎帝母家，有蟜氏之女。"按此来说，炎黄二帝是同父异母兄弟。但晋人郭璞对炎黄兄弟说予以否认，他在注《山海经·大荒东经》时认为，"诸言生者，多谓其苗裔，未必是亲所产"。唐代司马贞在《史记·五帝本纪·索隐》里说："少典者，诸侯国号，非人名也。"郭璞、司马贞道出了炎黄关系的真相，指明炎帝与黄帝并非同胞兄弟，而是"双胞族"。清代文人崔述在其《补上古考信录》中也认为炎帝、黄帝而非兄弟关系。

第三，炎帝与神农氏的关系。这个问题一直是古代文献中记述较多且分歧较大的问题，历来存在着两种观点：一种观点认为炎帝非神农氏，神农氏亦非炎帝，本为两人，分而论之。如《逸周书·尝麦解》曰："赤帝大慑，乃说于黄帝，执蚩尤，杀之于中冀。以甲兵释怒。"又曰："神农之时，天雨粟，神农耕而种之。"（《太平御览》卷七十八引《逸周书》）炎帝与神农各有事迹，显系两人。《管子·封禅》云："神农封泰山，禅云云；炎帝封泰山，禅云云"，神农、炎帝非为一人，十分明确。另一种观点主张炎帝即神农氏，神农氏即炎帝，二者并称，视为一人，合而论之。如先秦典籍《世本·氏姓篇》说："姜姓，炎帝神农氏后。"首次将炎帝与神农连称。唐代孔颖达在《左传》正义中说："《帝系》《世本》皆为炎帝即神农氏。"由此可证，唐代所见《世本》中确有"炎帝神农氏"之说。董仲舒在《春秋繁露》中有"以神农为赤帝"一语，赤帝及炎帝，也认为炎帝与神农氏为一人。而真正开始把炎帝与神农氏合二为一的是东汉学者班固和王符。班固在《汉书·古今人表》中明确使用了"炎帝神农氏"一语，在《汉书·律历志》中他又说："以火承木，故为炎帝。教民耕农，故天下号曰神农氏。"王符在《潜夫论》中说："有神龙首出常羊，感妊姒，生赤帝魁隗，身号炎帝，世号神农。"进一步将炎帝和神农的关系确定为"身号"与"世号"的关系。蔡邕在《独断》一书中称"炎帝为神农氏"。晋人皇甫谧干脆在《帝王世纪》里明确地说："神农氏，姜姓也，母曰妊姒，有蟜氏女登，为少典妃，游华阳，有神龙首，感生炎帝，人身牛首，长于姜水。有圣德，以火德王,故号炎帝。初都陈,又徙鲁。又曰魁隗氏,又曰连山氏,又曰列山氏。"进一步确立炎帝与神农氏为一人。

其实,东汉以后,关于"炎帝神农氏"的提法,一直有人质疑。三国时的谯周在《古史考》一书中批评王符将炎帝与神农氏合为一人的做法。清代学者崔述在《补上古考信录》中说:"《汉书·律历志》以炎帝为神农氏,太皞为庖羲氏,后之学者编纂古史,皆遵之无异词。以余考之不然。《易传》曰:'庖羲氏没,神农氏作;神农氏没,黄帝、尧、舜氏作'。是庖羲、神农在黄帝之前也。《春秋传》曰:'黄帝氏以云纪,故为云师而云名;炎帝氏以火纪,故为火师而火名;共工氏以水纪,故为水师而水名;太皞氏以龙纪,故为龙师而龙名。'是炎帝、太皞在黄帝之后也。庖羲、神农在黄帝之前,炎帝、太皞在黄帝之后,然则庖羲氏之非太皞,神农氏之非炎帝也明矣!"崔述在梳理前代记载的炎帝资料的基础上,对前人有关炎帝与神农氏、黄帝的关系进行了辨析,提出神农氏非炎帝的观点,对后世产生了一定的影响。

为什么会产生对炎帝与神农氏关系的不同认识,主要是由于先秦典籍在提及炎帝和神农氏时的不统一而造成的。先秦对炎帝和神农氏的记载主要有三种情况。一是以《左传》《国语》《山海经》为代表,只提炎帝,不提神农氏;二是以《周易》《尸子》《孟子》《庄子》《商君书》《韩非子》《战国策》等为代表,只提神农氏,不提炎帝;三是以《逸周书》《管子》《吕氏春秋》为代表,既提炎帝(赤帝),又提神农氏,但并不连称"炎帝神农氏",而是分别表述。西汉时期的一些论著,也有此种情况,要么如《新语》只提神农氏,要么如《新书》只提炎帝,要么二者并列提出,如《淮南子》《史记》等。由于这种说此不说彼,或二者并说,就给人们带来错觉,一种认为二者等于一人,因其事迹有相通的一面;一种认为二者不等于一人,因二者分而论之。

第四,炎帝的世系。对于这个问题,也多有不同认识。有说八世520年(《纬书集成·春秋命历序》),有说八世530年(《帝王世纪》),或说自"神农至榆罔四百二十六年"(《通鉴外纪》),有说"神农七十世有天下"(《尸子》),或说"十五世"(《路史·后纪四》)。关于炎帝在世时间,有说在位"百有四年而殁"(《皇王大纪》),有说在位"百二十年而崩"(《通鉴外纪》),还有说在位"一百四十年"(《路史·后纪四·蚩尤传》罗萍注)。

另外,关于炎帝与蚩尤的关系,也有不同的说法,有说蚩尤为炎帝之后裔(《路史·后纪四·蚩尤传》罗萍注),有说蚩尤为"九黎之首"(《战国策·秦一》高诱注),非炎帝族人等。

(二)关于黄帝和黄帝文化研究的主要观点。

第一,黄帝的出生地。对此古人有多种说法,即"姬水""寿丘""轩辕丘""轩辕谷"等。《国语·晋语四》载:"黄帝以姬水成。"姬水何处,古文献没有记载。《帝王世纪》云:"生黄帝于寿丘。"又说居"轩辕之丘","长于姬水"。《史记·五帝本纪·正义》案:"母曰附宝……生黄帝于寿丘。寿丘在鲁东门之北,今兖州曲阜县东北六里。"《水经注·渭水》云:"南安姚瞻以为黄帝生于天水,在上邽城东七十里轩辕谷。"《大明一统志·河南布政司》说:"轩辕邱在新郑县境,古有熊氏之国。轩辕黄帝生于此,故名。"由于记载只有名称,没有具体所指地域,所以,一方面为后世人留下了极大的研究空间,同时也为后世人留下了黄帝生地之谜,至今还是学术界探讨的问题之一。黄帝的生地,先秦文献仅说在"姬水",秦汉以后,将其扩展至"轩辕之丘""寿丘"等地。这显然与黄帝族群的迁徙有关。

第二,黄帝的后裔和世系。对黄帝的后裔、世系也有不同的说法。《史记·五帝本帝》《帝王世纪》均言黄帝有二十五子。但二十五子的世系,《世本》《大戴礼记》等书与《山海经》所说不同。据《山海经》所载,黄帝世系:黄帝生禺虢,禺虢生禺京(《大荒东经》);黄帝生昌意,昌意生韩流,韩流生颛顼(《海内经》),颛顼生伯服(《大荒南经》)、淑士(《大荒西经》)、老童,老童生祝融——生太子长琴(同上)、重(同上)、黎—噎(同上);颛顼生老童(同上)、叔歜(《大荒北经》);黄帝生骆明,骆明生白马(鲧),白马生驩头—苗民(同上)、炎融——驩、禹(《海内经》)——均国—役采—修鞈(毛民)(《大荒北经》);黄帝生苗龙,苗龙生融吾,融吾生弄明(一作卞明),弄明生白犬(犬戎)(同上),白犬"生……始均,始均生北狄(《纬书集成·春秋命历序》)。尽管世系不大相同,但有一点说明,黄帝世系延续了很长时间却是一致的。《路史》中的《黄帝纪》《国名记》,对黄帝后裔涉及的更多。为我们今天研究黄帝世系提供了较多资料。

第四,黄帝之名的来源。对黄帝之名的来源,也有不同的观点。《史记·五帝本纪·索隐》案:"有土德之瑞,土色黄,故称黄帝。"《正义》说:黄帝"生日角龙颜,有景云之瑞,以土德王,故曰黄帝"。等等(参见第三章第一节)。

另外,对于黄帝的世系延续时间、黄帝在位时间,也都有不同的说法。《竹书纪年》:黄帝"传十世一千五百二十年",《帝王世纪》:黄帝"在位百年而崩,年百一十岁矣",《路史·黄帝上》:黄帝在位"年百十七",《竹书纪年》:黄帝在位"百年地裂而陟"。

另外,关于黄帝与"三皇""五帝"的关系,有把黄帝列入"五帝"的,如《史记·五帝本纪》,也有将黄帝列入"三皇"的,如《礼稽命征》等(参见第五章)。

第二节　现代炎黄与炎黄文化研究

从20世纪初至今,炎黄与炎黄文化研究已经走过了百年历程。把这一百多年与前两千多年相比,无论是在著述方面,还是在论文发表和参加研究的人员方面,仅数量就是古代研究数倍或十几倍甚至几十倍。在研究理论上,引用了历史唯物主义和辩证唯物主义的理论;在研究方法上,文献记载与考古学文化相结合,即"二重证据法"和"多学科的结合"。尤其是20世纪下半叶到21世纪20年代的近四五十年以来,炎黄与炎黄文化研究出现了新景象,从国家到地方陆续建起了10多个以研究炎黄文化或炎帝文化、黄帝文化为宗旨的学术研究团体,由过去的个人研究走向有组织、有计划、有目的的团队研究,各类形式的学术研讨会、论坛此起彼伏。仅20世纪80年代以来,据不完全统计,召开研讨会(论坛)不下百场,著述不下百部,发表论文(炎帝、黄帝分开计算)不下千篇。对炎黄与炎黄文化的研究除了历史上已有过研究的问题继续予以研究外,主要对炎黄祭祀、炎黄精神以及炎黄与炎黄文化与中华民族、中华文明、中华文化的关系、龙文化、"三皇五帝"等问题做了较为全面、系统的研究,并取得了丰硕的成果。尤其引人关注的是以更宽阔的学术视野开展炎黄学学科、黄帝思想的探讨和研究。同时,炎黄与炎黄文化的研究带动了中华民族、中华文明起源、形成的一系列问题的研究,对推动海峡两岸及世界各地炎黄子孙的交往、交流、交融,海外炎黄子孙回国寻根问祖、旅游观光亦发挥着积极作用。

一、研究概况

(一)20世纪上半叶研究概况

20世纪初至中华人民共和国成立,是现代炎黄与炎黄文化研究的成型期。在这一时期,据不完全统计,出版图书40多部,发表论文180多篇。其主要论著有《黄帝魂》《最新中学中国历史教科书》(夏曾佑)、《中国历史教科书》(刘师培)、《中国伟人传五种》和《中华四千年开化史》(梁启超)、《中国上古史研究讲义》(顾颉刚)、《古史甄微》(蒙文通)、《古史辨》(顾颉刚、罗根泽、吕思勉、童书业)、《古史新证》(王国维)、《古史考》(顾颉刚)、《吕著中国通史》(吕思勉)、《黄帝战蚩尤》(朱泽甫)、《先秦史》(翦伯赞)、《中国原始社会》(尹达)、《中国古史的传说时代》(徐旭生)、《黄帝》(钱穆)、《中国通史简编》(范文澜)等。主要论文有《〈史记〉本起于黄帝说》(朱希祖)、《神农列山氏》(陈去病)、《中国民族由何而来》(缪凤林)、《桥山黄帝陵考》(邵元冲)、《由陈侯因𬭚敦铭黄帝论五帝》(丁山)、《黄帝之传说》(徐中舒)、《黄帝之制器故事》(齐思和)、《黄帝故事地望考》(钱穆)、《少昊考》(吕思勉)、《武梁祠后石室所见黄帝蚩尤战图考》(刘铭恕)、《黄帝与尧之传说及其地望》(孙作云)、《黄帝族地考》(陈寄生)、《黄帝及其时代》(姜蕴刚)、《中华民族，黄帝子孙，一耶？二耶？》(陈子怡)等。

这些论著和论文，对炎黄二帝特别是黄帝的生地、迁徙、功绩、葬地、时代等问题，在充分利用古代典籍和传统考据方法的基础上，借鉴近代西方学术研究的理论和方法，对炎黄与炎黄文化做了较为全面、深入的研究。但在辛亥革命时期，由于受当时历史和认识的局限，其研究往往带有较强的功利性和政治性，不免带有大汉族主义的色彩。尽管如此，这毕竟开启了现代以来真正意义上较为全面地研究炎黄与炎黄文化之先河。到民国时期，炎黄与炎黄文化研究出现了较为活跃的局面，产生了顾颉刚等主编的《古史辨》(七册)、蒙文通的《古史甄微》、钱穆的《神农与黄帝》、徐旭生的《中国古史的传说时代》等一批成果，形成了一个炎黄与炎黄文化研究的小高潮。

这一时期，研究的主要问题有：

第一，进一步确立了炎黄二帝是中华民族始祖和人文初祖的地位，正式提出"炎黄子孙"这一称谓。严复在《道学外传》一文中说："而今乃奉此五百兆炎黄之胄，二千年圣神之教，以听若辈之位置，返之仁人志士之用心，当咸以为不可也。"① 章太炎在《驳康有为书》中说："满人既不可欺，富贵既不可复，而反使炎黄遗胄，受其蒙蔽，而缓于自立之图。"② 刘师培在《攘书》中说："炎黄之裔，厥惟汉族。"③ 1904年，夏曾佑在《最新中学中国历史教科书》中说："故言中国信史者，必自炎黄之际始。" 1906年7

---

① 王栻主编：《严复集》，中华书局1985年版，第485页。

② 张枬、王忍之编：《辛亥革命前十年间时论选集》(第一卷)，三联书店1960年版，第763—764页。

③ 钱锺书主编，朱维铮执行主编：《刘师培辛亥前文选》，三联书店1998年版，第15页。

月,《复报》发表署名嗣辑的文章——《"新民丛报"非种族革命论之驳议》,内称:"就令天不佑汉,不能尽恢复中原,使得祖国一片干净土以为炎黄子孙驻足地……"①另外,秋瑾、丘逢甲等在其诗作中,分别提到"炎帝"②"黄炎孙"③"黄炎之子孙"④。当然,这个时期也有不同的声音。梁启超说,上古帝王是"带有神话性的,纵然伟大,不应作传。譬如黄帝很伟大,但不见得真有其人。太史公作《五帝本纪》,亦作得恍惚迷离。不过说他'生而神明,弱而能言,幼而徇齐,长而敦敏,成而聪明'。这些话,很像辞章家的点缀堆砌,一点不踏实,其余的传说,资料尽管丰富,但绝对靠不住。纵不抹杀,亦应怀疑"⑤。

第二,提出了我国古代三部族(民族)集团。蒙文通提出"江汉民族""河洛民族"和"海岱民族"的"三民族"说,将炎帝划入江汉民族,黄帝划入河洛民族。⑥ 徐旭生提出"华夏集团""苗蛮集团"和"东夷集团"的"三集团"说,将炎黄二帝列入华夏集团。⑦ 二者虽对炎黄二帝的生活地域有所不同,即前者将炎帝说成江汉一带,将黄帝说成河洛一带;后者则说华夏集团主要由"两个大亚族:一个叫作黄帝,一个叫作炎帝"组成,其发祥于"今陕西省的黄土原上"⑧。而后世研究者更多趋向于认同徐旭生的说法。

第三,在研究方法上,开始注意运用"二重证据法",即将文献资料与考古学文化和出土金文资料相结合,这为研究开辟了新的途径。如上面提到的由丁山撰写的《由陈侯因𬭚敦铭黄帝论五帝》和徐旭生撰写的《中国古史的传说时代》就分别采用了考古学文化资料和出土金文资料,使论证更为严密和有说服力。

第四,"疑古派"的产生。疑古派的主要观点均反映在《古史辨》里。《古史辨》前后出版七册,共收录了考辨中国古史真伪的论文350多篇,其中不乏涉及三皇五帝者。关于炎黄二帝的真实性问题,顾颉刚提出"层累地造成的中国古史"观,认为"神

---

① 张枬、王忍之编:《辛亥革命前十年间时论选集》(第二卷),三联书店1963年版,第552页。
② 钱仲联主编:《中国近代文学大系·诗词集(二)》,上海书店1991年版,第255页。
③④ 丘逢甲:《岭云海日楼诗钞》,上海古籍出版社1982年版,第288页,第279页。
⑤ 梁启超:《中国历史研究法·中国历史研究法补编》,中华书局2015年版,第279页。
⑥ 蒙文通:《古史甄微》,郑杰祥主编:《炎黄汇典·文论卷》,吉林文史出版社2002年版,第17—27页。
⑦⑧ 徐旭生:《中国古史的传说时代》,广西师范大学出版社2003年,第45页,第55页。

农、黄帝不过是想象中的人物"①,是层累地造成;而王国维认为上古"传说之中,亦往往有史实为之素地"②。顾颉刚等疑古学者的观点对于打破民族一元论,廓清炎黄二帝传说不无裨益,但彻底否认包括炎黄二帝在内的上古历史,否认民族认同的必然性与合理性,却不免矫枉过正,失之偏颇。为此,张岱年说:"疑古派有时走得太远。把儒家所传述的尧舜禹等都看作神话人物,炎帝神农氏、黄帝轩辕氏更被认为是神话人物了。……于是中国上古历史大大缩短了。"③

第五,关于炎帝与神农氏的关系问题,得到了进一步的研究。徐旭生认为"炎帝绝不是神农""这全是受大一统观念的蔽塞,遂以为有相似的行为就是一个人"④,又说:"综合工作人把他们两个说成一人,也不能说他完全无理由。"⑤此论不仅指出了炎帝与神农关系的本相,点明了后世合称炎帝神农氏的原因,而且肯定了炎帝与神农氏合并的合理性,不失为公允、中肯之论。

总之,这一时期的炎黄与炎黄文化研究取得了一定的成果,影响深远,为以后的继续研究打下了基础。

(二)20世纪下半叶至21世纪20年代初研究概况

中华人民共和国建立70年来,炎黄与炎黄文化研究进入一个发展和繁荣时期。根据研究现状,分为前后两个时期:

第一个时期(1949—1977)为炎黄与炎黄文化研究的沉寂期。由于破除封建迷信思想和十年"文化大革命"运动极"左"思潮、路线的干扰,炎黄与炎黄文化研究很少有人问津,鲜有专门著述、论文出版和发表。"文化大革命"前,仅有的几部通史和断代史,如《中国历史纲要》(尚钺)、《三皇五帝的故事》(章明)、《中国通史》(周谷城)、《上古神话》(高亨、董治安)等,均从神话的角度对炎黄二帝加以介绍,文字简略。这里要特别一提的是在1960年,文物出版社再版了徐旭生的《中国古史的传说时代》(增订本)。发表的论文包括《黄帝陵庙简考》(张筱衡)之内仅有40余篇,基本上也是从神话的角度对炎黄二帝进行研究。从1966年至70年代末,大陆的炎黄与炎黄

---

① 《古史辨·自序》(第一册),上海古籍出版社1982年版,第58页。
② 王国维:《古史新证》,清华大学出版社1994年版,第2页。
③ 张岱年:《炎黄传说与民族精神》,转自鲁谆:《世纪之交的炎黄研究与中华文化》,黄帝陵基金会(刘宝才、韩养民主编):《黄帝文化志》,陕西人民出版社2008年版,第448页。
④⑤ 徐旭生:《中国古史的传说时代》,文物出版社1985版,第124页,第242页。

文化研究同其他学术研究一样,因受"文化大革命"的冲击而陷入停顿状态,仅有1976年出版的由郭沫若主编的《中国史稿》一部。在第一册里,有一段关于记述炎黄及太昊、少昊等古帝王事迹的文字。在此期间,由于各类学术刊物停办,也就没有炎黄方面的研究性论文发表。

在大陆学术出现一片空白的情况下,倒是港台地区还有学者在继续坚持炎黄与炎黄文化的研究。主要论文有《炎帝与黄帝的新解释》(李宗侗)、《中国上古史待定稿·史前文化的鸟瞰》(李济)、《〈国语〉黄帝二十五子得姓传说的分析》(上下)(杨希枚)、《黄帝制器传说试释》和《神农氏传说试释》(王仲孚)等。

第二个时期(1978—2020)为炎黄和炎黄文化研究的复兴、发展和繁荣期。随着文化"寻根热"的兴起,炎黄文化研究亦随之兴起,且至今方兴未艾。据不完全统计,截至2020年底,全国及省、市、县已建立各类炎黄文化学术研究社会组织40多家,[①]召开全国及国际性学术研讨会、论坛100多场,[②]出版专著、论文集200余部,[③]通过知网搜索及参照有关志书,各类报刊发表论文(包括有关新闻、讲话、医药等文章)共计5200多篇。[④]

这些著作和论文,对炎黄与炎黄文化中所涉及的一些理论和方法问题做了较为深入的探讨,对一些长期争论不休的问题也初步达成共识。通过研究,使炎黄文化即中华传统文化得到了进一步传播和普及,同时也培养了一批热心和专门从事炎黄文化研究的专家学者。在学术研究和旅游文化的推动下,炎黄二帝的祭祀活动也在有炎黄二帝遗迹和传说的地方开展得如火如荼,其声势和规模愈来愈大,规格也愈来愈高,"寻根祭祖"成为当地一项重要的文化旅游项目,"炎帝故里""黄帝故里"已成为当地一块文化品牌,其陵、殿也成为当地带有标志性建筑物。这些研究和活动不仅推动着当地文化旅游产业的发展,同时,对弘扬中华民族优秀传统文化,提高广大人民群众的人文素养,促进全社会精神文明建设亦起到积极的推动作用。尤其在增强民族凝聚力,构建中华民族共有精神家园、铸牢中华民族共同体意识以及构建全人类命运共同体等方面,更是发挥着有效的促进作用。

[①②] 参见陕西省地方志编纂委员会(霍彦儒主编):《陕西省志·炎帝志》,三秦出版社2009年版,第284—287页,第288—291页。

[③④] 1.陕西省地方志编纂委员会(霍彦儒主编):《陕西省志·炎帝志》,三秦出版社2009年版,第300—304页;2.陕西省地方志编纂委员会(何炳武、刘宝才主编):《陕西省志·黄帝陵志》,陕西人民出版社2005年版,第514页。

四十多年的炎黄与炎黄文化研究,大致可以分为三个阶段:复兴(1978—1991)、发展(1992—2001)和繁荣(2002—2021)三个阶段。这三个阶段只是一个大致分法,不一定确切,仅是为了叙述的方便和便于读者了解。

复兴 随着拨乱反正,历史进入新时期,炎黄与炎黄文化研究在经过中华人民共和国成立到1978年近30的沉寂后,于20世纪80年代初,尤其是中后期,随着改革开放、文化寻根热的兴起,炎黄与炎黄文化研究也随之升温。随着1980年清明节陕西省对黄帝陵祭祀的恢复,当地一些民间人士也开始了对黄帝有关故事和资料的搜集、整理与研究。如陕西人民出版社重印了由于右任主编的《黄帝功德纪》,编撰出版了《历代名人吟黄陵》等图书。80年代中期,湖南省全国人大、政协代表提案重修炎帝陵。为配合这一盛举,由《光明日报》出版社编辑出版了《炎帝和炎帝陵》一书,著名历史学家周谷城题写书名并作序,书内附录了陈云等多位党和国家领导人的题词。在此推动下,湖南省于1989年4月在全国率先成立了炎黄文化学会和湖南省社会科学院炎黄文化研究所。同时,召开了由省内外80多位专家学者参加的首届炎黄文化学术研讨会,会后出版了《炎黄文化论文集》。从某种意义上说,这次研讨会在全国正式拉开了炎黄与炎黄文化研究的序幕。1989年12月宝鸡召开了"炎帝与姜炎文化"学术研讨会,就炎帝的起源地和姜炎文化的定义和内涵作了初步探讨。随后于1991年11月份,湖北省社会科学联合会和随州市人民政府联合,在随州市召开了有120多位专家学者参加的首届"炎帝文化暨炎帝故里研讨会",就炎帝文化的内涵和炎帝的起源进行了讨论。出版了论文集《炎帝》(长江文艺出版社,1990年)。1987年5月河南省郑州黄河游览区党委书记王仁民在新加坡、韩国、美国等国家和中国香港地区访问时,有感于海外华人以"炎黄子孙"相称,遂发起"筹建炎黄二帝巨型塑像的倡议"。1988年12月在北京成立了全国性的炎黄二帝巨型塑像筹建委员会,为1991年5月中华炎黄文化研究会的成立奠定了基础。同时,对炎黄与炎黄文化研究也起到推动作用。

在此之前,即1978年至1987年之间,虽有研究史前文化的论文见诸报端,但大多是从神话或传说的角度来研究史前历史人物,如伏羲、炎帝、黄帝、共工、尧、舜、禹等,而涉及炎黄与炎黄文化的论文仅有10多篇。此时期代表性的论文有曲辰的《黄帝战蚩尤遗址考辨》(《河北师院学报》1982年第2期)、杨国勇的《炎黄华夏考》(《山西大学学报》1982年第4期)、林庚祥的《中华民族的象征——黄帝及其传说之试释》(《福建师范大学学报》1983年第4期)、屠武周的《神农、炎帝和黄帝的纠葛》(《南京大学学报》1985年第1期)、杨亚长的《炎帝、黄帝传说初步分析与考古学观察》(《史前研究》1987年第4期)等。此后1988年至1990年前后,直接以炎黄与炎黄文化为研究对象的论文逐渐多了起来,发表于各类报刊的论文有310多篇。① 其中有周维衍的《"华夏"刍议——兼谈"炎黄"应为"黄炎"》(《学术月刊》1988年第3期)、刘起釪的《姬姜与氐羌的渊源关系》(《华夏文明》1989年第二集)、李绍连的《炎黄二帝与中华民族文化》(《光明日报》1989年10月25日)和《炎黄文化与炎黄子孙》(《中州学刊》1992年第5期)、张玉勤的《神农、炎帝、黄帝关系》(《山西师范大学学报》1990年第3期)、唐嘉弘的《炎帝传说考述——兼论姜炎文化的源流》(《史学月刊》1991年第1期)以及邓乐群的《"炎黄子孙"称谓的文化意蕴——评〈炎黄子孙不是中华民族、中国人民〉的同义词》(《湖南师范大学学报》1991年第5期)等,对炎黄与炎黄文化的有关问题做了较为深入的探讨。

这一阶段出版的专著和论文集有30多部,主要有王献堂的《山东古国考》(齐鲁书社,1983年)和《炎黄氏族文化考》(齐鲁书社,1985年)、冉光荣和李绍明、周锡银的《羌族史》(四川民族出版社,1985年)、顾颉刚的《中国上古史研究讲义》(中华书局,1988年)、费孝通等人的《中华民族多元一体格局》(中央民族学院出版社,1989年)、余明光的《黄帝四经与黄老思想》(黑龙江人民出版社,1989年)、柏明和李颖科的《黄帝传》(陕西人民出版社,1990年)、刘起釪的《古史续辨》(中国社会科学出版社,1991年)、中华炎黄文化研究会编的《炎黄文化论文集》(《中国文化研究》增刊,1991年)。在陆续出版的一些通史、民族史、社会史著作中,也将炎帝、黄帝列章或列节加以论述。特别是再版了徐旭生的《中国古史的传说时代》(科学出版社,1985年)。此外,宝鸡、随州、酃县(今炎陵县)等地还编辑出版了炎帝文献史料选编之类的书籍。

这一阶段的炎黄与炎黄文化研究,从所研究的问题看,不论是个人的研究,还是学术研讨会,主要集中在如下几个方面:炎黄二帝的生葬地、炎黄族的迁徙、炎黄二帝的功绩等问题上。其应用资料大多为文献及民间传说,其研究方法,还未完全脱离神话学、民俗学等学科。历史学、考古学、民族学、人类学的研究虽在一些论文和著作里有所体现,但还未形成主要的研究方法。在这一时期值得注意的是,在一些报刊还出

---

① 1.参见陕西省地方志编纂委员会(霍彦儒主编):《陕西省志·炎帝志》,三秦出版社2009年版,第300—304页;2.参见陕西省地方志编纂委员会(何炳武、刘宝才主编):《陕西省志·黄帝陵志》,陕西人民出版社2005年版,第514页。

现了争鸣文章,如葛剑雄的《炎黄子孙不是中华民族、中国人民的同义词》(《光明日报》1989年7月5日)。宝鸡学人从文化学角度提出了"姜炎文化",丰富了炎帝文化的研究内容。

尽管这一阶段的研究尚在复兴阶段,多在前人已研究的问题上展开,但已涉及炎黄与炎黄文化的多个方面,为今后进一步研究积累了学术资源。相较而言,这一时期的炎帝与炎帝文化研究要比黄帝与黄帝文化研究更活跃一些,出版的著作和发表的论文也相对多一些。

在这一阶段最能代表炎黄与炎黄文化研究复兴的,除了一些研究成果外,是1991年5月10日中华炎黄文化研究会在北京宣告成立,并召开了以"炎黄文化与民族精神"为主题的座谈会。标志着炎黄与炎黄文化研究进入一个新的发展期。

发展 中华炎黄文化研究会的成立,使炎黄与炎黄文化研究由过去分散式的个体独立研究走向有组织有计划的群团研究。其主要表现在以下几方面:

一是在中华炎黄文化研究会成立的影响和推动下,1992年由张岂之牵头,成立了陕西省轩辕黄帝研究会。随后,河南、湖北、福建、广东、河北、天津、上海等省市也相继成立了以"炎黄文化"命名的研究会。在传说有炎黄遗迹的地方如陕西宝鸡和延安、河南新郑和新密、湖北随州、湖南炎陵等市县相继成立了以"炎黄文化"或"炎帝""炎帝文化"或"轩辕黄帝""黄帝文化"等命名的研究会。经过10年发展,社会组织由此前的10个省市增加到18个省市,20多个市县也先后成立了炎黄文化研究会或炎帝文化研究会。这些社会组织的成立,团结和吸引了一大批有志于炎黄与炎黄文化研究的专家学者,尤其是诸多著名、知名专家学者的积极参与,有力地推进了炎黄与炎黄文化的研究。

二是出版和发表了一批高质量和较高质量的著作和论文。据不完全统计,在这10年间,各类报刊共计发表论文900多篇,[①]为前期的2培多;出版著作(包括论文集)90多部,为前期的3倍。出版专著主要有:何光岳的《炎黄源流史》(江西教育出版社,1992年)、李绍连的《华夏文明之源》(河南人民出版社,1992年)、炎帝与宝鸡课题组编写的《炎帝·姜炎文化》(三秦出版社,1992年)、蔡柏顺的《炎黄二帝研究》(中州古籍出版社,1992年)、余明光的《黄帝四经今注今译》(岳麓出版社,1993年)、

---

① 1.参见陕西省地方志编纂委员会(霍彦儒主编):《陕西省志·炎帝志》,三秦出版社2009年版,第305—318页;2.参见陕西省地方志编纂委员会(何炳武、刘宝才主编):《陕西省志·黄帝陵志》,陕西人民出版社2005年版,第514—516页。

景明的《神农氏·炎帝》(西北大学出版社,1993年)、宗钟宪的《炎帝神农信仰》(学苑出版社,1994年)、霍彦儒、郭天祥的《炎帝传》(陕西旅游出版社,1995年)、何炳武、姚敏杰的《历史文化名城黄陵》(西北大学出版社,1995年)、曲辰的《中华民族的先祖》(人民日报出版社,1995年)、文怀沙和邵盈午的《中华根与本——宝学概论》(中国文联出版公司,1996年)、石兴邦主编《陕西通史·原始卷》(陕西师范大学出版社,1997年)等。出版的论文集主要有：王俊义、黄爱平主编的《炎黄文化与民族精神》(中国人民大学出版社,1993年)、湖北省炎黄文化研究会主编的《炎黄文化与现代文明》(武汉出版社,1993年)、宝鸡市社科联编的《炎帝论》(陕西人民出版社,1996年)、许顺湛的《许顺湛考古论集》(中州古籍出版社,2001年)、黄帝与中华传统文化学术讨论会文集编委会编的《黄帝与中华传统文化学术讨论会论文集》(陕西人民出版社,2001年)、曾雨农主编的《炎帝文化丛书》五卷本(湖南人民出版社,2001年)等。

发表的论文主要有：严文明的《谈炎黄传说与炎黄文化》(《炎黄文化与民族精神》,中国人民大学出版社,1993年),张岂之的《黄帝与陕北黄土高原》(同上),李学勤的《古史、考古学与炎黄二帝》(同上),马世之的《试析炎黄文化的发祥地》(《炎黄文化研究丛书》,河南科学技术出版社,1993年),刘宝才的《炎黄时代——中华文明的开端》(《西北大学学报》,1994年第3期),李民的《黄帝的传说与燕文化的渊源》(《中原文物》,1994年第1期),刘起釪的《炎黄二帝时代地望考》(《炎黄春秋》增刊《炎黄文化研究》,1994年第1期),张岱年的《炎帝黄帝是中国古代文明的象征》(同上),李衡眉的《三皇五帝传说及其在中国史前史中的定位》(《中国社会科学》,1997年第2期),罗琨的《五帝与文明初曙的英雄时代》(《中国古代文明与国家形成研究》上编,云南人民出版社,1997年),赵世超的《炎帝与炎帝文化的南迁》(《陕西师范大学学报》,1998年第4期),黄石林的《中国古史中的黄帝时代》(《炎黄春秋》增刊《炎黄文化研究》,1998年第5期),鲁谆的《世纪之交的炎黄研究与中华文化》(《炎黄春秋》增刊《炎黄文化研究》,1999年第6期),李秀芳、肖云儒的《中华传统文化的精神母题和人格模型》(《文博》,1999年第1期),张岂之的《文明起源与炎黄时代》(《光明日报》2001年6月11日),石兴邦的《黄帝与中华民族的形成和发展》(《黄帝与中华传统文化学术讨论会论文集》,陕西人民出版社,2001年)等。

三是全国和地方以"炎黄"或"炎黄文化"或"炎帝""黄帝""炎帝文化""黄帝文化"等冠名的学术研讨会此起彼伏,蓬勃开展。据不完全统计,仅从1992年至2001

年的 10 年间,地市以上的学术研讨会就有 30 多次,先后有千人次以上的专家学者参加了研讨,提交论文千篇以上。其中有中华炎黄文化研究会、河南省炎黄文化研究会和新郑县(今为新郑市)人民政府联合主办于 1992 年召开的"炎黄文化与中原文明"、宝鸡市社科联与宝鸡炎帝研究会(今为宝鸡炎帝与周秦文化会)联合于 1993 年召开的"首届炎帝与姜炎文化"、上海炎黄文化研究会于 1995 年召开的"炎黄文化的历史走向和民族精神的重铸"、湖北省炎黄文化研究会于 1996 年召开的"炎黄文化与道德建设"、中华炎黄文化研究会与宝鸡炎帝研究会于 1998 年联合召开的"炎帝与中国传统文化"、中华炎黄文化研究会与中国藏学研究中心等单位于 1999 年联合召开的"炎黄文化与中华民族"、中华炎黄文化研究会与炎帝陵基金会于 2001 年联合召开的"炎帝文化与 21 世纪中国社会发展"等学术研讨会,在国内外产生了较大影响,促进了炎黄与炎黄文化研究的发展。

四是创刊了一批以炎黄与炎黄文化为研究对象的刊物。中华炎黄文化研究会在 1991 年创办的《炎黄春秋》杂志的基础上,于 1994 年增刊《炎黄文化研究》,每年一期,约 30 万字,每期开辟有《炎黄二帝研究》及与此相关的栏目,至 2001 年共出刊 8 期,发表炎黄文化专题研究论文近 30 篇。有著名、知名专家学者如费孝通、张岱年、任继愈、李学勤、张岂之、张文彬、罗琨、吴汝祚、黄石林等在其刊物上面发表论文。该刊物所发炎黄与炎黄文化方面的论文在学术界产生较大影响。另外,上海、广东、湖北、河南等省市炎黄文化研究会也相继创办了本学会会刊。

这一阶段是新时期炎黄与炎黄文化研究的重要阶段,研讨频繁,成果丰硕,为繁荣期的到来做好了学术上的准备。其主要特点:其一,加强多学科的研究,尤其是注意文献资料与考古资料的结合,即运用"二重证据法"的研究方法。其二,研究领域扩大。除了继续对炎黄与炎黄文化的本体问题开展研究外,还延伸至炎黄与"五帝"、炎黄与中华文明起源、炎黄与华夏/汉民族、炎黄精神与中华民族精神、炎黄文化与中国传统文化、炎黄文化与周秦文化等问题的研究。其三,加强了系统性研究,出版了多本专著。其四,注重炎黄与炎黄文化相关资料的搜集和整理。如张岂之主编的黄帝及黄帝陵史料汇编《五千年血脉》、刘文学编纂的《黄帝故里通鉴》等。其五,开始注意炎黄与炎黄文化的普及和宣传。如河南拍摄了《炎黄二帝》电视连续剧,黄陵、宝鸡、炎陵等地相继拍摄了有关炎帝、黄帝的专题片等。

另外,在这一阶段还有一个重要现象:中央和地方一些热爱炎黄与炎黄文化的现任领导及退下来的老领导,或通过担任研究会顾问、或参加学术研讨会、或邀请到各地参加炎黄祭祀大典、题词等,以及有关地方政府和事业、企业单位的支持,对炎黄与炎黄文化研究也起到有力的助推作用。

繁荣 从2002年起,炎黄与炎黄文化研究进入繁荣期。在这一阶段,中国共产党的十六大、十七大、十八大、十九大报告中,都将推进社会主义文化强国建设、推动社会主义文化大发展大繁荣,弘扬中华优秀传统文化,建设中华民族共有精神家园,增强中华民族凝聚力,铸牢中华民族共同体意识作为国家基本战略方针提出。党的十九大报告中,将文化自信、文化自觉提到国家发展战略的高度,明确指出:"文化是一个国家、一个民族的灵魂。文化兴国运兴,文化强民族强""没有高度的文化自信,没有文化的繁荣兴盛,就没有中华民族伟大复兴。"[①]不仅如此,习近平总书记在一系列讲话中,还多次对传承和弘扬中华优秀传统文化作出重要指示。2017年2月中共中央办公厅、国务院办公厅发出《关于实施中华优秀传统文化传承发展工程的意见》,这是中华人民共和国建立以来,首次由中央"两办"就传承和弘扬中华优秀传统文化发出的文件。在此之前,中央还发出了《关于加快构建中国特色哲学社会科学的意见》的文件。这些《意见》和习近平总书记关于传承和弘扬中华优秀传统文化的一系列重要讲话,不仅对炎黄与炎黄文化研究指明了方向,而且极大地推进研究的发展和繁荣。其主要成绩表现在以下几方面:

一是研究成果卓著。在这一阶段,继续有大批论文发表和著作出版。著作(包括论文集)约为80部。其成果主要有:由中华炎黄文化研究会组织人力,李学勤、张岂之任总编,历时五年编写的八卷本《炎黄汇典》(包括《史籍卷》《方志卷》《祭祀卷》《文论卷》《考古卷》《诗歌卷》《民间传说卷》《图像卷》),约400万字,500幅照片,于2002年由吉林文史出版社出版。对炎黄二帝和其他有关方面的史、志资料,包括祭祀、传说、考古及百年来发表论文等做了全面、系统的梳理,代表着这一时期炎黄与炎黄文化研究的最新、最高水平,是炎黄与炎黄文化研究的集大成之作。为进一步推进炎黄与炎黄文化研究做出了基础性工作,提供了资料保障。随后,各地又先后出版了由何炳武、刘保才主编的《陕西省志·黄帝陵志》(陕西人民出版社,2005年)、张人元主编的《炎黄始祖一体血脉百家姓》(吉林文史出版社,2007年)、刘宝才、韩养民主编的《黄帝文化志》(陕西人民出版社,2008年)、霍彦儒主编的《陕西省志·炎帝志》(三秦出版社,2009年)、姬传东主编的《黄帝后裔五千年》(河南人民出版社,2010

---

① 习近平:《决胜全面建成小康社会 夺取新时代中国特色社会主义伟大胜利——在中国共产党第十九次全国代表大会上的报告》,《光明日报》2017年10月28日第1版。

年)、梁晋高主编的《炎帝古庙》(文物出版社,2011年)、刘文学主编的《中华太庙宗谱》(河南人民出版社,2012年)、曹敬庄、周新发主编的《炎帝陵志》(湖南人民出版社,2019年)等均为百万字左右的大型集成式志书。这些图书或是对全国,或是对地方炎黄古史传说、碑文、遗迹、考古、民俗、诗文、方志等资料从不同角度予以整理,为读者和研究者提供了方便。

这一阶段出版的个人专著主要有:周若祁主编的《黄帝陵区可持续发展规划研究》(华文出版社,2002年)、许顺湛的《五帝时代研究》(中州古籍出版社,2005年)、高强的《炎黄子孙的文化意蕴》(三秦出版社,2007年)刘毓庆的《上党神农传说与华夏文明起源》(人民出版社,2008年)、王晖的《古史传说时代新探》(科学出版社,2009年)、李玉洁的《中国古代传说的英雄时代》(社会科学出版社,2010年)、王震中的《中国古代国家的起源与王权形成》(《中国社会科学院历史所学刊》第七集,商务印书馆,2011年)、霍彦儒的《炎帝故里——华夏先祖的诞生之地》(陕西人民出版社,2014年)、杨东晨的《中华文明探源》(三秦出版社,2017年)、周洪宇、王文虎的《炎黄国祭论》(福建教育出版社,2017年)、高强的《炎黄文化与中华民族凝聚力》(人民出版社,2019年)等。

出版的论文集达40余种。会议论文集有宝鸡市社科联编的《姜炎文化论》(三秦出版社,2001年);宝鸡炎帝研究会(霍彦儒主编)编辑出版的《炎帝与汉民族论集》《炎帝与民族复兴》《炎帝·姜炎文化与和谐社会》《炎帝·姜炎文化与民生》等4本论文集,共收论文230余篇;陕西省黄帝陵基金会与陕西省轩辕黄帝研究会从2006年开始每年编辑一册论文集,先后出版了《黄帝与中华文化》《黄帝祭祀与中华传统文化》《黄帝陵是中华文明的精神标识》等论文集15册,共收入论文达800余篇。另外,中华炎黄文化研究会、河南、湖南、湖北、河北、山西、浙江、甘肃等省、市、县炎黄文化研究会均分别出版有炎黄文化研究方面的论文集,如《炎帝文化》《炎帝文化与21世纪中国社会发展》《黄帝与中华姓氏》《新时期炎黄文化研究的回顾与思考》《华夏同始祖 天下共连山》《炎黄文萃》《炎黄颂》(上、中、下)《黄帝思想与先秦诸子百家》(上、下)《炎黄精神与和谐文化》《文明圣鉴》《炎帝故里 山西高平》《对黄帝的国家祭奠应该放在哪里?》《黄帝缙云 文化浙江——中国第四届黄帝文化学术研讨会论文集》以及"中部六省"[①]分别出版的研讨会论文集等。个人论文集有刘宝才的《求学

---

① 中部六省是指湖北、湖南、河南、安徽、江西、山西。

集》(陕西人民出版社,2005年)和《求学续集》(陕西人民出版社,2019年)、霍彦儒的《孺子文集》(上下)(三秦出版社,2007年)等。这些论文集中所收论文,从不同角度、层次对炎黄二帝的发祥地、迁徙、功绩、祭祀、精神和炎黄文化的内涵做了论述。

这一阶段在各类报刊发表的论文,根据"中国知网"和有关志书提供的统计,约有4000篇,是前两个阶段总和的3倍多,且质量也有较大提高。主要有:霍彦儒的《炎黄二帝与华夏族开端》(《中央民族大学学报》,2002年第4期)、王树民的《五帝时代历史探秘》(《河北学刊》,2003年第2期)、许顺湛的《三论黄帝时代与中国文明的源头》(《炎黄文化研究》,2006年总第3辑)、金宇飞的《炎黄传说的考古学证明》(《复旦大学学报》,2003年第3期)、何星亮的《炎帝与中华民族的起源》(《社会科学研究》,2004年第1期)、霍彦儒的《炎黄二帝与中华民族凝聚力的形成》(《宝鸡文理学院学报》,2004年第3期)、宝鸡炎帝研究会(霍彦儒执笔)的《宝鸡:炎帝故里,姜炎文化的发祥地》(《光明日报》,2006年7月31日)、石兴邦的《论"炎黄文化研究"及有关问题》(《炎黄文化研究》,2006年总第4辑)、罗琨的《文明探源与炎帝史迹索隐》(《宝鸡文理学院学报》,2007年第1期)、张彦宏的《陕北的史前文化与"黄帝文化"的考古学观察》(《光明日报》,2007年4月5日)、张玉勤、张辉杰的《论黄帝、炎帝及华夏文明的起源》(《山西师范大学学报》,2007年第5期)、高强的《近百年炎黄文化研究的回顾和思考》(《炎黄文化研究》,2007年总第5辑)、赵馥洁的《论黄帝文化中历史与价值相融合的特征》(《炎黄文化研究》,2008年总第7辑)、瞿林东的《黄帝文化精神与统一多民族国家的历史》(《炎黄文化研究》,2008年总第7辑)、李伯谦的《考古学视野的三皇五帝时代》(《炎黄文化研究》,2008年总第8辑)、王震中的《五帝古史传说研究》(《炎黄文化研究》,2012年总第14辑)、李凭的《黄帝历史形象的塑造》(《中国社会科学》,2012年第3期)、张富祥的《先秦华夏史观的变迁》(《文史哲》,2013年第1期)、刘全志的《先秦话语中黄帝身份的衍生及相关文献形成》(中国社会科学),2015年第11期)、霍彦儒的《陕西黄帝陵"国祭"地位的形成》(《长安大学学报》,2016年第3期)、曹定云的《黄帝部落族、"轩辕氏"图腾初探》(《光明日报》,2016年5月9日)、尹全海的《炎黄记忆传统的当代表达——炎黄学叙论》(《信阳师范学院学报》,2018年第3期))、霍彦儒的《试论炎黄精神及其当代价值》(《信阳师范学院学报》,2018年第5期)、徐光春的《谈谈炎黄文化》(《光明日报》,2018年7月21日)、高强的《炎黄文化与中华民族凝聚力论纲》(《西北大学学报》,2018年第6期)和《抗日战争时期炎黄文化的勃兴》(《清华大学学报》,2018年第6期)、沈长云的《人文始祖——黄帝》(《光明日报》,2018年11月24日)等。这些论文进一步深化和扩展了炎黄与炎黄文化有关问题和领域的研究。

二是学术研讨会、论坛频繁召开和举办,且规模大、层次高。据不完全统计,省级以上有关炎黄与炎黄文化方面的研讨会、论坛等就有60多场次,中华炎黄文化研究会、中国先秦史学会等全国性研究会和学会,分别联合陕西、河南、山西、湖南、湖北、河北、浙江等省、市、县人民政府或学术团体,先后召开了以"炎黄文化与民族精神""炎黄文化与现代文明""炎黄文化与中华民族""炎黄文化与闽台文化""炎黄文化与河洛文明""炎黄蚩三祖文化""炎帝文化与21世纪中国社会发展""炎帝与汉民族""炎帝与民族复兴""黄帝祭祀与中华传统文化""炎帝·姜炎文化与和谐社会""黄帝与中华文化""炎帝·姜炎文化与民生""炎黄精神与和谐文化""新时期炎黄文化研究的回顾与思考""黄帝陵是中华文明的精神标识""黄帝陵·文化自信""中华五千多年文明与民族伟大复兴""黄帝与中华姓氏""嫘祖文化""炎黄文化与新时代""炎帝·姜炎文化与丝路寻根""海峡两岸神农炎帝文化""'五帝'文化""炎黄学""炎黄文化与新时代精神""祭祀黄帝陵与中华民族伟大复兴新征程""黄帝文化与黄河文化"等为主题的学术研讨会和论坛。其中中部六省自2013年始,轮流每年由一省炎黄文化研究会主办一次炎黄文化研讨会,至今已举办了8次,参加的专家学者共计近千人(次)。陕西自2006年始,每年清明节期间召开全国性学术研讨会,至今已召开了16次之多,海内外共计有千位以上专家学者参加;河南新郑自2006年开办黄帝文化论坛,至今已举办15次,先后邀请讲演专家五六十位;湖北随州自2009年开办炎帝文化论坛,至今已开办12次,邀请讲座专家近40位;陕西宝鸡21世纪以来先后召开和举办了5次国际国内学术研讨会和论坛,有近300人(次)的海内外专家学者参加;湖南炎陵、山西高平、河北迁安、浙江缙云、湖北远安、四川延亭、甘肃清水等地也先后多次召开研讨会、举办论坛。参加以上研讨会、论坛的单位和人员不仅涉及大陆、港澳台如北京大学、清华大学、中国人民大学、中国社会科学院、香港中文大学、台湾大学、澳门大学等,以及国外如美国、日本、韩国、新加坡、加拿大等高等院校和科研院所,而且涉及大陆和港澳台一大批著名、知名专家学者,如费孝通、张岱年、任继愈、许嘉璐、邹衡、李学勤、张岂之、张文彬、石兴邦、严文明、李伯谦、刘庆柱、李亦园、汤加恩、陈连开、沈长云、王震中等。

三是创办了一批以炎黄与炎黄文化为主题的刊物。中华炎黄文化研究会从2003年起联合黄帝陵基金会、炎帝陵基金会,将原来《炎黄春秋》增刊《炎黄文化研究》一年一辑改为一年两辑的书刊型杂志,至 2021 年共出刊 20 辑;湖北省炎黄文化研究会创办的《炎黄》书刊型杂志,已出版 32 期;延安炎黄文化研究会创办的《华圣文化》,至今已出刊 70 多期;河南新郑黄帝故里研究会创办的《华夏源》,至今已出版 80 多期;陕西省轩辕黄帝研究会创办的《华夏文化》,至今已出版 120 多期。另外,山西高平、山西长治、湖北随州、湖南炎陵等炎帝文化研究会或炎黄文化研究会分别创刊了《炎帝文化》《炎帝神农文化》《炎陵文化》《炎黄天地》《根》等刊物。据不完全统计,现全国仅炎黄与炎黄文化研究方面的专业性刊物达 20 余种(包括内部出刊的),年发行量在两三万份。另外,在有关高等院校和科研院所主办的哲学社会科学学报和报刊上,亦开辟有"炎黄文化""炎黄学""国学"等栏目,刊发有关炎黄与炎黄文化方面的论文。

四是炎黄二帝的祭祀活动进一步推动了炎黄与炎黄文化学术研究。除了陕西黄陵、陕西宝鸡、湖南炎陵、湖北随州等地继续每年举办祭祀炎帝、黄帝典礼外,21 世纪以来,山西高平、山西长治、河南新郑、河北涿鹿、河南沁阳、湖北神农架、甘肃清水、河南孟津、河北迁安、四川延亭、湖北远安、浙江缙云等地也雕塑、新建了炎黄二帝塑像和祭祀大殿,在每年的清明节或农历三月三、重阳节举行公祭或民祭炎黄、嫘祖等活动。河南郑州经过 20 年的施工,于 2007 年完成炎黄二帝巨型塑像,并举办了有 3 万人参加的大型落成典礼。其后每年农历三月三,举办炎黄文化周。在祭祀活动的推动下,炎黄与炎黄文化的研究得到了当地政府及有关科研单位和学术团体的重视、支持和参与。如陕西宝鸡的炎帝祭祀,陕西黄陵和河南新郑、浙江缙云的黄帝祭祀,湖南炎陵和湖北随州的炎帝祭祀等分别被列入国务院第一或二、三批公布的全国非物质文化遗产保护名录,推动着研究进一步发展。

这一时期研究的主要特点。其一,研究视野进一步扩大。其表现:一是除了对前面已提到的有关问题继续加以研究外,近年来的研究更注意炎黄与炎黄文化与时代、现实的结合。如 2006 年在陕西宝鸡召开的"炎帝·姜炎文化与和谐社会"、2007 年在长沙召开的"炎黄精神与和谐文化"、2009 年在陕西宝鸡举办的"炎帝·姜炎文化与民生"、2020 年在湖南株洲举办的"炎黄文化与新时代精神"、2021 年在陕西西安举办的"黄帝陵·文化自信"等研讨会或论坛,其主题都有很强的时代性和现实性。二是跳出地方狭隘观念、利益观念,进入理性的科学的研究领域,加强了各地研究成果共享和交流互鉴。

其二,重视将炎黄与炎黄文化研究与解决重大历史问题相结合。如"炎黄时代与中华文明的起源""炎黄文化与中华民族的起源与形成""炎黄文化与中华民族凝聚力""祭祀黄帝陵与铸牢中华民族共同体意识"等。

其三,在注重学术研究的同时,重视炎黄与炎黄文化的普及、宣传。配合寻根祭祖旅游,有的学者编写出版了《炎黄文化读本》(鲁谆、高强)、《炎帝文化读本》(刘玉堂)、《神农氏百谜》(惠焕章、崔彦)、《炎帝陵史话》(唐家钧、张前荣)、《中国节日志·祭炎帝》(霍彦儒)等社科普及读物。在文学艺术方面,出版了《轩辕黄帝评传》(高其国)、《黄帝传》(上中下)(李延军)、《轩辕黄帝传》(武中宪)、《黄帝文化研究丛书》(苏峰等)、《炎黄二帝》(乔辉)等著作,并摄制和出版了多部(册)有关炎黄二帝方面的影视剧、专题片、画册等。宝鸡、株洲、黄陵、新郑等地还举办了炎帝故里、炎帝陵、黄帝陵楹联、诗词、书画、歌曲等征集大赛活动,出版了书画、楹联、诗词等专辑。与此同时,炎黄之类学术组织和一些专家学者,走进学校、社区、军营、机关,开办炎黄文化讲座和公开课。

其四,注意对有关涉及炎黄与炎黄文化古籍的整理和译注。如山西省高平市金石志编纂委员会编的《高平金石志》(中华书局,2004年),宫长为、郑建英主编的《炎帝神农氏——中华远古文明追踪》(中国文史出版社,2005年),刘文学主编的《黄帝故里通典》(中州古籍出版社,2005年),周新发点校、注释的清同治十二年(1873)《鄠县志》(西安出版社,2011年),万里、刘范弟、周小喜辑校的《炎帝历史文献选编》(湖南大学出版社,2012年),李浩主编的《黄帝祭文汇编简注》(西北大学出版社,2021年)等。

其五,在研究方法上,更加自觉地运用了"二重证据法",即将"地上之材料"与"地下之材料"相互印证。有学者还提出了"三重证据法",在运用考古、文献证据时,还引用了民俗材料。这一时期,由于注重于运用"二重证据法"等多学科——历史学、考古学、民族学、文献学以及人类学、民俗学、哲学、文艺学、影视学、生物学等综合性研究,所以,"在诸如炎黄时代、炎黄迁徙和活动地域、炎黄文化的内涵等方面,取得了明显的效果"[①]。

其六,地方政府、学者、学术团体的重视、支持和参与。在召开的一系列研讨会和各类炎黄活动中,都可以看到当地政府、学者和学术团体的身影。尤其是地方政府从人力、财力和物力上给予了巨大支持。从某种意义上说,正是由于地方各方的大力支

[①] 王之光:《开拓炎黄文化研究的新局面——"新时期炎黄文化研究的回顾与思考"学术研讨会综述》,赵德润主编:《炎黄文化研究》(第十二辑),大象出版社2011年版,第283页。

持,才使得炎黄与炎黄文化研究延续至今。仅以宝鸡为例,自21世纪以来,几次大的学术研讨会都是政府买单,仅学术研究一项已投入资金近百万元。陕西、河南、浙江、甘肃等地的黄帝文化研究,湖南、湖北、山西等地的炎帝文化研究,其投入的财力、物力分别以六位、七位数计算。近年来,炎黄文化研究已被列为国家和地方政府及有关高等院校、科研院所哲学社会科学基金资助项目。《炎黄文化与中华民族凝聚力》(高强)被列为2009年国家社科基金项目,《祭炎帝》(霍彦儒)和《黄帝陵祭》(韩养民)作为第二批子项目被列为国家社科基金特别委托项目——《中国节日志》,《黄帝祭祀研究》(何炳武)被列为2010年国家社科基金资助项目,《炎黄学概论》(李俊、王震中)被列为2018年国家社科基金特别委托项目等。

其七,形成了一支较为稳定的专业和业余相结合的研究队伍。既有老一辈的资深专家学者,又有还未走出校门的研究生、博士生;既有在职的研究人员、干部职工,又有离退休的老专家、老领导及民间人士等。

二、主要研究观点述论

中华人民共和国成立70多年来,关于炎黄与炎黄文化的研究,观点迭出,异彩纷呈。若要给以全面总结,实属难为。这里仅就主要研究的几个问题予以归纳并加以简要介绍(有些问题已在前面章节中做了论述的,这里不再重复,或根据需要,仅简单提及):

1.关于炎黄二帝是"神"还是"人"的研究。此问题一直是炎黄和炎黄文化研究中特别纠结的问题之一。近年来,随着炎黄与炎黄文化研究的深入,尤其是史前考古学文化的日益发展和丰富,学者们愈来愈认识到对古史传说中炎帝、黄帝(包括颛顼、帝喾、尧、舜、禹等古帝王)应该给以足够的重视,而不要轻易抹杀或否定其历史存在。李学勤说:"司马迁的《史记》始于《五帝本纪》,而《五帝本纪》开端就是黄帝的史事,也提到炎黄二帝的关系。这样重要的记载,我们不应该忽略过去、不予研究的。"[①]又说"炎黄二帝以及其后裔的种种传说都不是虚无缥缈的东西"[②]。张岱年说:"神话是有意编造的,传说则是远古以来口耳相传的历史故事……传说可能把历史人物过分

---

① 参见鲁谆:《世纪之交的炎黄研究与中华文化》,《炎黄春秋》增刊《炎黄文化研究》1999年(总)第6期。

② 李学勤:《古史、考古学与炎黄二帝》,《当代学者自选文库·李学勤卷》,安徽教育出版社1999年版,第50页。

夸大了,但仍然是人不是神。"①又说:"神与人有一个重要区别,神是不死的,人是有死的。传说中的尧舜禹以及炎帝黄帝都是有死的,都是人而非神,这应该是比较明确的。"②王震中认为:古史传说有实有虚,虚实相混,历史与神话相交融。对古史中的"实",尹达称之为"史实素地"③;对古史中的"虚",即历史与神话相交融的情形,杨向奎说是"历史中有神话,神话中有历史"④,对"有关神农炎帝的古史传说,是中华民族的先民对于自己的祖先、祖先神及祖先对人类所作贡献的一些带有神话色彩的历史回忆"⑤。刘宝才说:"我们进行黄帝祭祀研究,不能回避黄帝身份的定位问题,这是我们整个研究的基础。作为社会历史上中华文明开创期的伟大人物,我们必须将黄帝其人及其功绩肯定下来。我们祭祀的黄帝是一个实有的历史人物,否定了这一点就从根本上否定了黄帝祭祀。因此,我们审慎地综合运用文献学、考古学及人类学的相关知识论证黄帝是中华人文始祖的结论。"现在,学界基本上达成共识,炎黄二帝是人而非神。炎帝、黄帝是"真实的历史人物",真有"其人其事"的观点,已越来越被人们所接受。同时也认识到,炎帝、黄帝"不是一个特定的人,而是一个集体(氏族和部落);不是一代人,而是一个'历史时代'"⑥。有学者指出:从人类学的角度来说,炎黄二帝与汉语中所说的"神话人物""文化英雄"相当。虽文化英雄"引领着人类文化的进程,代表着人类文明的方向","集中体现着上古人民的智慧和才能的人格",但"不能机械地将其视为历史上的某个具体人物。因为到现在为止,我们并没有获得炎黄之为历史人物的确切证据"⑦。尽管炎黄二帝身上有神奇的东西,但他们与古希腊神话中的普罗米修斯不同,虽都被称为"文化英雄",但炎黄二帝"身上的历史味或者说

---

① 张岱年:《炎黄二帝是中华古代文明的象征》,王俊义、黄爱平主编:《炎黄文化与中华民族》,中国人民大学出版社1996年版,第4页。
② 张岱年:《炎黄传说与民族精神》,王俊义、黄爱平主编:《炎黄文化与民族精神》,中国人民大学出版社1993年版,第8页。
③ 尹达:《衷心的祝愿——为〈史前研究〉的创刊而作》,《史前研究》1993年创刊号。
④ 杨向奎:《杨向奎学术文选》,人民出版社2000年版,第121页。
⑤ 参见王震中:《文化认同、民族认同与高平神农炎帝文化的历史地位》,王震中主编:《炎黄文化研究》(第十八辑),大象出版社2018年版,第2—3页。
⑥ 曹定云:《炎帝文化研究中集大成之作——〈陕西省志·炎帝志〉读后有感》,赵德润主编:《炎黄文化研究》(第十二缉),大象出版社2011年版,第280页。
⑦ 周洪宇、王文虎:《炎黄精神论》,东方出版社2019年版,第3页。

人情味比普罗米修斯更浓"①。是说炎黄二帝是"人格"和"神格"的人物。大凡流传至今的上古人物大都有这方面的双重身份或者说双重形象。造成这种"双重"的原因是在口耳相传中因某种需要而附加上去的,但并不影响其"人格"的存在。

在肯定炎黄二帝是"人"而非"神"的同时,有学者对影响较大的"神话历史化"也提出了不同观点。认为:"'神话历史化'本是在进化论指导下忽视文化多样性的错误假定。"并认为:"根本不存在所谓的'神话历史化',倒是十足的'历史神话化'""20世纪前期学术研究中令学者们感到人神难辨的传说人物,其神异色彩多半是在这场运动中被涂抹上去的。"②有学者认为《山海经》中的神话人物是由历史人物转化的,"黄帝的传说如果没有久远影响,没有为中华民族普遍认同,这些神话是根本不会出现的"③"黄帝具有驱使鬼神的能力就是在原始宗教的背景下出现的"④。大家基本认同"数千年来,在中国人心目中占据重要地位的黄帝,正是历史上真正的黄帝与传说神化了的黄帝的统一体"⑤的观点。

2.关于炎黄文化的界定。一种是狭义理解,认为炎黄文化"指的是炎帝与黄帝时代的中国文化。……炎黄文化包含了从炎帝之前到夏禹这一历史时期的文化"。另一种是广义理解,认为炎黄文化不仅是炎黄时代的文化,而且泛指中华文化,或者说就是中华文化一种形象的称呼。⑥高强在肯定炎黄文化具有狭义和广义的同时提出:"在广义和狭义的炎黄之间似乎还可以划分出一种'中义'的炎黄文化来""把这种介于广、狭义之间的炎黄文化定义为发端于炎黄时代,并在炎黄时代以后对炎黄传说进行阐发的文化,如黄老学,托名黄帝的典籍,中医学里的黄帝、神农,道教中的黄帝,民间的炎黄传说,历代对炎黄的祭拜,对炎黄二帝的研究,等等。'中义'炎黄文化既突

---

① 周洪宇、王文虎:《炎黄精神论》,东方出版社2019年版,第3页。
② 常金仓:《中国神话学的基本问题:神话的历史化还是历史的神话化》,《陕西师范大学学报》(哲学社会科学版)2000年第3期。
③ 刘宝才:《黄帝文化文献述论》,《求学集》,陕西人民出版社2004年版,第562页。
④ 刘宝才:《黄帝文化中的神仙故事》,《求学续集》,陕西人民出版社2019年版,第151页。
⑤ 张岂之:《论陕北黄土高原是中华民族的发祥地》,《陕西日报》1990年4月9日第2版。
⑥ 鲁谆:《世纪之交的炎黄研究与中华文化》,黄帝陵基金会(刘宝才、韩养民主编):《黄帝文化志》,陕西人民出版社2008年版,第453页。

破了狭义的炎黄文化的时空限制,又弥补了广义炎黄文化失之宽泛的不足。"①徐光春根据文化有大概念和小概念的界定,提出黄帝文化也有大概念和小概念之分:大概念是以黄帝为首的先人们创造的物质财富和精神财富的综合;黄帝文化的小概念是指黄帝带领百姓们创造的精神财富。他又从时空角度认为,黄帝文化也有个大概念和小概念的问题:大概念的黄帝文化是指"一群黄帝"的文化,也就是指以黄帝为代表的"三皇五帝"时代的文化;小概念则是专指轩辕黄帝本身创造的文化,那也就是当时近百年的文化。②刘宝才说:"炎黄文化是炎黄时代和后代与炎黄有关的中国文化。"③实际上也是指"中义"文化。尽管在表述上有所不同,但大多数学者认为炎黄文化有广、狭义之分,其研究范围既不能太宽泛,又不能过于狭窄。为此,在炎黄文化研究中,为了避免研究的空泛化或狭隘化,有多位学者认为"中义"说比较符合实际,有利于揭示炎黄文化的内涵和外延,进行科学的研究。

3.关于炎黄祭祀和炎黄"国家祭祀"(以下简称"国祭")的研究。炎黄祭祀问题是近40年来,尤其是近20年来讨论比较热烈的话题之一。2005年4月,中华炎黄文化研究会与陕西黄帝陵基金会、延安炎黄文化研究会共同就此问题,在西安专门召开了一次题为"黄帝祭祀与中国传统文化"学术研讨会。曾有学者对公祭黄帝提出质疑,认为这是宗教信仰活动,是迷信。④针对此言论,与会学者展开热烈的讨论。大家一致认为:"我们祭祀黄帝陵,不是把黄帝当成神灵来祭祀,而是在一种肃穆的气氛中追思中华民族先辈们如何创造文明,如何造福子孙。我们要继承和发展他们的事业,使中华民族伟大的复兴梦在21世纪初期真正实现。"⑤有学者说:"从民族自觉到民族复兴的进程中,中华民族祭祀黄帝,扬弃了天神的黄帝观念,淡化了作为帝王的黄帝观念,重新突出了作为祖先的黄帝观念……所以,当代黄帝祭祀不是着重血统观念的祖先祭祀,也不是有神论的宗教祭祀,它是中华民族伟大复兴运动中一种具有重大

---

① 高强:《近百年炎黄文化研究的回顾与思考》,黄帝陵基金会(刘宝才、韩养民主编):《黄帝文化志》,陕西人民出版社2008年版,第484页

② 参见徐光春:《让黄帝文化与时代同行》,《华夏源》2018年(总)第59期。

③ 刘宝才:《炎黄文化三题》,《求学续集》,陕西人民出版社2019年版,第78页。

④ 葛剑雄:《"国家级"公祭黄帝于法无据》,《中国地名》2004年(总)第118期。

⑤ 张岂之:《心祭重于形祭》,黄帝陵基金会:《黄帝祭祀与中华传统文化学术研讨会论文集》,陕西人民出版社2007年版,第3页。

意义的特殊文化行为。"①对炎黄祭祀的意义,张文彬说:"祭祀炎黄、敬宗祭祖活动,有利于培养新型人际关系、构建社会主义和谐关系;有利于培养崇高的民族精神,加强社会主义精神文明建设;有利于增强民族团结、共创美好未来;有利于和平统一、实现民族复兴。"②

炎黄二帝"国祭"问题,这是近年来一个热门话题。不仅学界有人提出,召开座谈会,在报刊发表文章,还有学者出版了《炎黄国祭论》专著,而且每年的全国人代会和政协会上,都有代表和委员们提请将黄帝祭祀升格为"国祭"的提案。可以说,将黄帝祭祀升格为国家祭祀,不论是学界,还是其他界别,包括行政部门大都没有异议,而且呼声越来越高。有学者说:这"从一个侧面说明了中华民族意识的高扬,甚至可以说是又一次觉醒的标记"③。其必要性是对当前社会信仰价值观和社会主义理想观的构建④;是"时代创造力和时代精神"的体现,是形成中华民族巨大凝聚力和显示中华民族的民族性的需要⑤,也是文化自信、文化自觉的反映。有学者从当前世界上一些国家、民族分裂的形势指出:"在这样的时代下,像中华民族,像中国这样悠久历史的国家怎么应对它?我觉得祭拜黄帝,实际既是文化祭祀也是政治祭祀,从这点来说是时代要求的必然。"⑥有学者还通过历代王朝对炎黄祭祀的描述指出:"历代祭祀黄帝实际上是国家行为,也就是国家祭祀。这种祭祀活动体现的是从五帝时代、夏商周、秦汉魏晋南北朝至唐宋元明清不同王朝认为其均为黄帝创建的国家继承者。"⑦所以,"国祭也是祭国"⑧,体现着"国家的力量"。但问题是在什么地方举行"国祭",其争论较大。一种意见是放在陕西黄帝陵,一种意见是放在河南新郑,还有一种意见是放在北京天坛。对前两种意见多有论文发表于《光明日报》等报刊。但从总体来看,

---

① 刘宝才:《黄帝祭祀与中华民族》,《求学续集》,陕西人民出版社2019年版,第115页。

② 张文彬:《研讨黄帝祭祀文化 传承中华优秀文明——在黄帝祭祀与中华民族传统文化学术研讨会开幕式上的发言(代序)》,黄帝陵基金会:《黄帝祭祀与中华传统文化学术研讨会论文集》,陕西人民出版社2007年版,第4页。

③ 许嘉璐:《从祭拜炎黄想到的》,《光明日报》2017年5月7日第11版。

④ 周洪宇、王文虎:《炎黄国祭论》,福建教育出版社2017年版,第167—181页。

⑤ 许嘉璐:《把拜祭黄帝上升为国家级拜祭》,《光明日报》2015年9月7日第16版。

⑥⑧ 刘庆柱:《国祭也是祭国》,《光明日报》2015年9月7日第16版。

⑦ 刘庆柱:《中华文明五千年不断裂特点的考古学阐释》,《中国社会科学》2019年第12期。

从尊重历史、尊重传统、尊重习俗的角度出发,大多数人还是倾向于在陕西黄帝陵举办"国祭"典礼。这不仅符合海内外炎黄子孙的心愿,也体现了中央领导人的意图。习近平指出:"黄帝陵是中华文明的精神标识","轩辕黄帝陵文化积淀十分深厚"①。李瑞环也曾指出:"一定要把黄帝陵整修好,上对得起祖宗,下对得起子孙。"又说:"黄帝是我们民族的人文始祖,黄帝陵是中华儿女共同敬仰的圣地。做好黄帝陵的整修和保护工作,对弘扬中华文化,激励爱国热情,增添民族凝聚力,促进'四化'具有重要意义。"②当然,这个问题的最终落实,是由国务院或全国人民代表大会决策。从发展趋势看,黄帝祭祀升格为国家祭祀既有历史依据,学术支撑,也为民心所向,只是个时间的迟早问题。另外,还有学者提出将黄帝陵祭祀申请为世界"非遗"。③

4.关于"炎黄子孙"称谓的研究。有学者认为,"炎黄子孙"这一提法不符合华夏/汉民族形成和发展的历史,不符合今天中华民族的实际,不利于统一大业和国际友好。④ 还有学者认为"炎黄子孙"的提法"不能涵盖整个中华民族",因为一些跨国民族,如俄罗斯族、朝鲜族等,他们都有自己的族源和发展轨迹,所以,"则无论从什么角度都无法与炎黄二帝拉上血缘关系",因而,主张使用"中华民族""中华儿女""华夏子孙""中国人民",慎用或不用"炎黄子孙"和"炎黄文化"。⑤ 但多数学者认为:"古代中国的各个民族,即使在血缘谱系上与炎黄传说无关,但从文化的角度来说,仍然在炎黄以来的大文化圈内,并且有所参与,有所贡献。……今天世界上华人华裔自称炎黄子孙,是有道理的。"⑥"我们经常所说的炎黄子孙,固然不能排除血统上的遗传

---

① 姚引良:《黄帝陵是凝聚海内外中华儿女的精神纽带》,陕西省公祭黄帝陵工作委员会:《黄帝陵是中华文明的精神标识》,陕西人民出版社2016年版,第1页。

② 转引自张锦秋:《耕耘好民族的精神家园》,陕西省公祭黄帝陵工作委员会办公室:《对黄帝的国家祭奠应该在哪里?》2016年(内部),第111页。

③ 霍彦儒:《新时代新征程全球化视野下关于祭祀黄帝陵与铸牢中华民族共同体意识的研究》,陕西省黄帝陵文化园区管理委员会、西北大学中国思想文化研究所:《祭祀黄帝陵与中华民族伟大复兴新征程学术论坛论文集》,西北大学出版社2021年版,第53—56页。

④ 葛剑雄:《炎黄子孙不是中华民族、中国人民的同义词》,《光明日报》1989年7月5日第3版。

⑤ 参见杜荣坤、白翠琴:《对"炎黄子孙"提法之我见》,霍彦儒主编:《炎帝与汉民族论集》,三秦出版社2003年版,第68页。

⑥ 李学勤:《炎黄文化与中华民族》,黄爱平、王俊义主编:《炎黄文化与中华民族》,中国人民大学出版社1996年版,第3页。

关系,但更重要的则是文化传统上的继承关系。"①"所有中国人,几乎都承认自己是'炎黄子孙'。我想这种承认,并不仅或者主要不是血缘上的'认祖归宗',而是文化上的寻根认同。"②"炎黄子孙"的"子孙"并非指血缘意义上的"后代",而是文化意义上的"后代"。"在全球范围内,能有一个被所有中华儿女所接受的具有文化象征意义的总体称谓是必要的。而这个总体称谓非'炎黄子孙'莫属。"③鄙人认为:"炎黄子孙"称谓与其说是一个血缘符号,倒不如说是一个文化符号。广大海内外华人华侨自称"炎黄子孙"实际上是对炎黄二帝与炎黄文化的认同,是"文化寻根"的需要,是"文化自信""文化自觉"的表现,具有"民族感情的凝聚力和无限的生命力"。因此,只要这种认同心理继续存在,"炎黄子孙"称谓就会被海内外华人华侨继续沿用下去。再说,经过数千年的发展,从华夏(炎黄)集团到华夏联盟集团,又到华夏族/汉族,再到今天的中华民族,达到了高度的融合统一,尽管还有56个民族的存在,但在政治、经济、文化等各方面已经融为"一体"即"多元一体"。所以今天所使用的"炎黄子孙"其意义是在文化的认同上,只要认同于炎黄文化即中华文化,就可以自称"炎黄子孙",从这个意义上说,"炎黄子孙"就是指中华民族。④

5.关于炎黄精神与当代价值的研究。对此问题,多有学者论述。越来越多的学者认为炎黄文化和炎黄精神对当今时代有着深刻的启示和借鉴作用。有的把炎帝精神概括为"敢为人先的实践精神,百折不挠的创造精神,造福于民的务实精神,自强不息的进取精神,无私无畏的奉献精神"⑤五个方面,有的概括为"创造、奋斗、利民、仁

---

① 谷苞:《关于如何正确理解炎黄子孙的探索》,《西北民族研究》1995年第2期。
② 李侃:《炎黄文化与现代文明的初步思考》,湖北省炎黄文化研究会:《炎黄文化与现代文明》,武汉出版社1993年版,第29页。
③ 分别参见邸永君:《关于"炎黄子孙"内涵的阐释》,霍彦儒主编:《炎帝与汉民族论集》,三秦出版社2003年版,第433—434页;高强:《炎黄子孙称谓的来龙去脉》,《光明日报》2008年2月4日第12版。
④ 霍彦儒:《"炎黄子孙"称谓的历史演变及其意义》,黄帝陵基金会:《黄帝祭祀与中华传统文化学术研讨会论文集》,陕西人民出版社2007年版,第253页。
⑤ 霍彦儒:《论炎帝精神及其现实意义》,宝鸡市社科联:《炎帝论》,陕西人民出版社1996年版,第246—248页。

爱、奉献、团结"①六个方面,有的将黄帝精神概括为"创造、奉献、团结、进取"②四个方面,有的概括为"创造""发展""奋斗""亲和"四个方面③。有学者认为,炎黄二帝致力于发明创造以造福于人民,正是"自强不息""厚德载物"的具体反映。④ 有学者指出:"几千年来,炎黄二帝作为中华民族始兴和统一的象征,对于海内外中华儿女的民族认同和增强凝聚力、向心力,发挥了巨大作用。"⑤有学者说:"炎黄文化是中华民族精神的总概括,具有十分丰富的内涵,集中体现了中华民族伟大的首创和凝聚精神;黄帝文化所代表的是,肇始于中国文明起源期——炎黄时代,又在五千年中华文明发展中得到充分发展的中华民族精神;崇尚科学技术是黄帝文化的一种特质。"⑥周洪宇、王文虎在《炎黄精神论》中认为,不能把炎黄精神看成是"为他人着想""帮助他人""扶危济困""默默奉献"的"中国好人精神","炎黄精神的基本内涵可以确定为:以炎黄为主体的引导中国文化向前发展的基本思想和动力"。并从外延角度认为,炎黄精神有广义和狭义之分:狭义的炎黄精神"是指炎帝和黄帝在其文化创造中所体现出来的内在追求和主观面貌";广义的炎黄精神"是指中华文化在其发展过程中所体现的内在追求和主观面貌"。又借用雅斯贝尔斯"轴心期"理论,将炎黄精神分为四个阶段:"一为前轴心时期的炎黄精神,二为轴心时代的炎黄精神,三为后轴心时代的炎黄精神,四为中华现代化进程中的炎黄精神。"并指出:"这四个阶段有一个共同的精神脉络,即炎黄精神,但是不同历史阶段又有显著不同的内容。"⑦这里所说的炎黄精神实质上是中华民族精神或中国精神。我们说尽管各人表述的不完全一样,但大家一致认为,炎黄精神实际上也就是炎黄时代的精神,她是中华民族精神的"根"和"源",也是中华民族精神的重要组成部分。

关于炎黄精神的当代价值,有学者认为,弘扬炎黄创造精神,有利于我们更好地

---

① 徐光春:《炎帝精神与当代发展》,《随州日报》2018年6月16日第4版。
② 程良保:《黄帝精神与中华民族精神》,黄帝与中国传统文化学术讨论会文集编委会:《黄帝与中国传统文化学术讨论会文集》,陕西人民出版社2001年版,第58页。
③ 徐光春:《让黄帝文化与时代同行》,《华夏源》2018年(总)第59期。
④ 张岱年:《炎黄传说与民族精神》,王俊义、黄爱平主编:《炎黄文化与民族精神》,中国人民大学出版社1993年版,第11页。
⑤ 费孝通:《弘扬炎黄文化 振奋民族精神》,《光明日报》2002年4月9日第4版。
⑥ 鲁谆:《世纪之交的炎黄研究与中华文化》,《炎黄春秋》增刊《炎黄文化研究》1999年(总)第6期。
⑦ 周洪宇、王文虎:《炎黄精神论》,东方出版社2019年版,第4页。

贯彻创新驱动的战略,在新时代更好地创造、创新、创业;弘扬炎黄的奋斗精神,有利于我们在新时代更好地进行伟大斗争,夺取新时代伟大斗争的新胜利;弘扬炎黄的利民精神,有利于我们更好地坚持以人民为中心的思想,更好地发展经济,改善民生,实现人民对美好生活的向往;弘扬炎黄的仁爱精神,有利于我们在新时代更好地践行社会主义核心价值观,加强全社会的思想道德建设,提高全社会的文明程度;弘扬炎帝的奉献精神,有利于我们在新时代树立为国家作贡献、为人民服务的良好风气;弘扬炎黄的团结精神,有利于我们在新时代繁重的任务和神圣的使命面前,更好地加强全党的团结、全民族的团结,更好地实现全民族的统一和平,推进世界的和平安宁,推进人类命运共同体的建设。① 总之,今天继承和弘扬炎黄精神,在全球背景下,对巩固和加强多元一体的中华民族凝聚力,铸牢中华民族共同体意识,践行社会主义核心价值观,具有重要的时代意义。

6.关于炎黄时代与中华文明起源的研究。这也是这一时期众多学者特别关注的问题之一。按照目前普遍说法,中华文明开始于距今5000多年前,标志文明起源的因素包括国家、文字、青铜、祭祀礼仪等"三因素"或"四因素"。但有学者指出,研究中华文明的起源,不仅要注意这几个方面,还应关注农业文明的产生。农业是一切文明因素产生的基础。为此,提出农业文明是中华文明起源的重要源头和标志之一的观点。因为中国社会发展的实际情况是,在史前社会(主要指新石器时代),是以农立族;进入文明社会即国家出现以后,是以农立国。所以,农业在中国社会的发展中始终占有极其重要的地位,甚至具有决定性的作用。即便是今天的现代化社会,农业在整个国民经济中仍然具有基础性的意义。尤其对中国这样一个历代人口众多的国家来说,农业就显得更为重要。"民以食为天"就是对农业所占地位重要性最深刻的概括。② 因而,有学者指出:"生产性生产的产生——农业革命,是人类脱离原始状态的革命,同时也是文明起源的关键一环。都市的出现、文字的产生、复杂的社会组织形成以及具有共同宗教信仰和各类艺术等都是在农业革命的基础上形成的。"③这就是说,有了农业文明的产生,才有文明社会其他文明因素的产生,进而才有文明的起源和形成;反之,文明的起源就成了无源之水、无本之木。为此,邹衡说:"姜炎文化本是

---

① 徐光春:《炎帝精神与当代发展》,《随州日报》2018年6月16日第4版。
② 参见霍彦儒:《再论姜炎文化》,《孺子文集》(上),三秦出版社2007年版,第217页。
③ 何星亮:《炎帝与中华文明的起源》,霍彦儒主编:《炎帝与汉民族论集》,三秦出版社2003年版,第157页。

华夏文明源头之一。"①所以,从农业文明产生的意义上说,中华文明的起源或更早,距今有10000年的历史。有学者将中华文明历史发展过程大体概括为三个阶段:邦国文明(公元前4000—前2000年,与五帝时期相对应)、王国文明(与夏商周三代相对应)、现代文明。并通过炎黄时代聚落群和文明要素的举例,提出中国文明的起源必须在邦国文明阶段去寻找。五帝时代是中国文明的初级阶段,是中国文明的形成期。五帝之首是黄帝,从逻辑上说黄帝时代应该是中国文明的源头。②为此,学者们普遍认为,炎黄文化是中华文化的祖根文化、龙头文化、基因文化;炎黄时代是中华文明的孕育和起源期,也是中华民族的孕育和形成期,是根、源、魂之所在。

7.关于炎黄文化与中华民族凝聚力的研究。中华民族凝聚力是20世纪80年代以来学界一直关注的又一重要问题。为此,在炎黄与炎黄文化研究中,将二者结合起来进行研究,也成为炎黄文化研究的一项重要内容。在这方面,也曾有多篇论文、著作发表和出版。有学者认为,炎黄二帝所具有的"民族共祖""文化纽带""英雄感召"的象征作用,构成了中华民族凝聚力的情感、思想、精神基础。所以,炎黄与炎黄文化具有增强中华民族凝聚力的核心作用。③有学者认为:"炎黄文化是祖根文化。一方面,从文明起源上讲,炎黄是人文始祖,炎黄文化是中华文明的龙头文化;另一方面从中华民族的起源上讲,今日以汉族为主体包括56个民族在内的中华民族乃是历史上以炎黄族为核心,经华夏族和汉族不同阶段的民族融合而形成的。炎黄族是早期华夏民族之核心,是中华民族之根。这也是炎黄作为'人文始祖'在中华民族形成进程意义上的解释。因此炎黄文化成为中华文明和中华民族的纽带和精神维系。"④有学者从历史和现实的角度,纵横两方面,运用历史、考古和人类学等学科,全面、系统地论述了炎黄文化与中华民族凝聚力的互动关系,认为:研究中华民族凝聚力离不开对炎黄文化的研究,反过来,研究炎黄文化也离不开对中华民族凝聚力的研究。通过二者之间互动关系的研究,可以帮助我们更深刻地理解炎黄文化的内涵和中华民族凝聚力的形成,为我们提供一个观察中华民族多元一体格局的形成与发展的独特视角,

---

① 邹衡:《漫谈姜炎文化》,宝鸡市社科联:《炎帝论》,陕西人民出版社1996年版,第2页。
② 许顺湛:《三论黄帝时代是中国文明的源头》,黄帝陵基金会:《黄帝祭祀与中华传统文化学术研讨会论文集》,陕西人民出版社2007年版,第191页。
③ 霍彦儒:《炎黄二帝与中华民族凝聚力》,《宝鸡文理学院学报》2004年第3期。
④ 王震中:《炎黄作为人文始祖的意义》,《光明日报》2017年9月16日第11版。

这对于历史学和民族学都有重要的学术价值。同时,在当前新的世界历史背景下和面对中国新时代实现中华民族伟大复兴的"中国梦",传承炎黄文化,弘扬炎黄精神,是增强中国文化软实力、增强中华民族凝聚力、实现中华民族伟大复兴的内在需要。因为,中华民族的复兴,离不开中华文化的复兴;中华文化的复兴,又离不开传承、弘扬炎黄文化、炎黄精神。如此,才能强化对中华文化、中华民族、中国国家的认同,增强文化自信和文化自觉,进而铸牢中华民族共同体意识,增强中华民族凝聚力,实现中华民族伟大复兴。[1]

8.关于黄帝都城的研究。《史记·封禅书》说:"(黄帝)时为五城十二楼。"《汉书·郊祀志》也有此记载。《事物纪原》引《轩辕本纪》说:"黄帝筑邑造五城。"又引用《黄帝内传》说:"(黄)帝既杀蚩尤,因之筑城阙。"有文献说,这座城阙,是在涿鹿。现在涿鹿矾山镇有城墙遗址,当地人传说为"黄帝城"。经考古实为汉代城址。有文献记载,黄帝建有熊国,有熊国都在轩辕之丘,即今河南新郑境内。[2]但从考古上,并未在新郑地区找到有熊国都的城址。有学者认为在郑州周围发现的大河村类型仰韶文化可以称为黄帝时代晚期文化。[3]有学者还将位于郑州市北郊23公里处的西山古城定位为黄帝时代晚期的古城。[4]这说明黄帝时代有都城是事实。黄帝或黄帝部族的都城(居邑)在何处?有学者发表文章,认为"石峁城是黄帝部族居邑"[5]。但因石峁古城遗址较晚,即距今4300年左右,而未能被多数学者所接受。有学者还提出,近年发掘的西安杨官寨遗址(庙底沟类型)为"黄帝古国'都邑'"[6]。又有学者认为,甘肃大地湾遗址仰韶晚期宏伟的建筑基址F405和F901,前者碳十四测定年代为距今5040年,后者为距今5000—5300年,是后代"四阿双重檐"和"前朝后寝"宫殿建筑的前身,"它反映了大地湾是当时宗教和政权中心所在地,可称之为轩辕国的'首府'"[7]。众说纷纭,莫衷一是。对黄帝都城遗址的确立,还需要考古界和历史学界继

---

[1] 高强:《炎黄文化与中华民族凝聚力》,人民出版社2019年版,第11、13、425页。

[2][3] 许顺湛:《五帝时代研究》,中州古籍出版社2005年版,第55—56页。

[4] 许顺湛:《中原第一城——黄帝时代的郑州西山古城》,王俊义主编:《炎黄文化研究》(第一辑),大象出版社2004年版,第32页。

[5] 沈长云:《石峁古城是黄帝部族居邑》,《光明日报》2013年3月25日国学版。

[6] 胡义成:《西安"黄帝都邑"杨官寨遗址探析》,胡义成、曾文芳、赵东:《周文化和黄帝文化管窥》(上),陕西人民出版社2015年版,第299页。

[7] 黄石林:《中国古史中的黄帝时代》,郑杰祥主编:《炎黄汇典·文论卷》,吉林文史出版社2002年版,第574页。

续努力。

9.关于炎黄文化与中华民族基因的研究。中华民族何以生生不息？中华文明何以延续数千年而不断裂？其中一个重要因素即有一脉相承的文化基因。习近平指出："中华民族延续数千年,有其独特的价值体系。中华优秀传统文化已经成为中华民族的基因,植根在中国人内心,潜移默化影响着中国人的思想方式和行为方式。"①炎黄文化作为中华优秀传统文化的根文化,自然也就成为中华民族生生不息的文化基因,成为中华文明数千年不断裂的文化基因。有作者说："基因作为遗传的基本单位,控制着生物体的代谢过程,体现在生物个体一定的遗传特性上。文化基因则把各个文化的基本特性传承下去。文化是民族的灵魂。中华民族五千年血脉绵延至今,既是生物基因的传承,更是文化基因的传承。以汉族为核心、多元一体的中华民族,正因为各民族优秀文化基因交汇融合和优势互补,使其更加具有生命力和凝聚力。"通过古史传说的炎黄二帝遗留下来的文化基因的梳理,认为"以利天下""天地大美""为天下先""至德之隆"四个方面,是对后世影响很大的文化基因。② 有学者认为中华民族自古以来具有"慎终追远"的优良传统,而数千年来形成的炎黄祭祀,已经不单单反映的是中华民族的血脉关系,而反映的是一种中华民族的文化关系,也就是习近平总书记所说："黄帝陵是中华文明的精神标识。"这种文化标识,既反映在黄帝陵不仅是中华文化源远流长的文化符号、中华民族生生不息的民族象征,而且也反映在黄帝陵是凝聚中华民族的精神纽带。正是有这种文化基因,才使中华民族由起源、形成到发展、壮大,绵延五六千年至今仍然自立于世界民族之林。③

10.关于炎黄二帝与华夏族/汉族、中华民族始祖关系的研究。如何看待炎黄二帝与华夏族/汉族、中华民族的始祖关系,有不同的认识和观点。有的认为炎黄二帝是汉民族的始祖,对"始祖"解释仅限于血缘方面。为此,对炎黄二帝为中华民族共同始祖产生怀疑。有学者根据徐旭生关于三大部族(炎黄、东夷、南蛮)"始而相争,继而相亲,以后相争相亲,参互错综,而归结于同化"的观点认为："有人因此认为汉族来

---

① 习近平:《青年要自觉践行社会主义核心价值观——在北京大学师生座谈会上的讲话》,《习近平谈治国理政》(第一卷),人民出版社2016年版,第170页。
② 鲁谆:《炎黄始祖与文化基因》,《炎黄》,武汉出版社2016年版,第5—7页。
③ 霍彦儒:《黄帝陵是凝聚海内外炎黄子孙的精神纽带》,陕西省公祭黄帝陵工作委员会办公室:《黄帝陵是中华文明的精神标识学术交流会论文选集》,陕西人民出版社2016年版,第218—228页。

源于华夏族,这是片面的,应该说汉族主要来源于华夏、东夷、苗蛮三大部族的融合体。因为经过长期的斗争,已是这三大部族的血统和优秀文化难分彼此地融为一起了。"又说:"有人把黄帝看作为汉族的祖先是片面的,甚至是错误的。如前所述,今天的汉族包含了华夏、蛮、夷等中国境内大多数原始部落的血统和文化,是一个有别于任何部族的庞大融合体。在这个意义上说,不仅炎帝和黄帝是汉族的祖先之一,蛮、夷诸部族的祖先也应是汉族的祖先之一。同样,后代那些分别源于蛮、夷等原始部族的少数民族,也与汉族有共同的祖先。另外,亦有少数华夏族的后裔由于种种历史原因迁徙到边远地区而成为少数民族,直接或间接承认炎帝或黄帝为他们的祖先。再则,包括汉族在内的国内56个兄弟民族也都是在汉、唐、宋甚至更晚的时期形成的,距离炎黄时代有三四千年之遥。由于迁徙、杂居、通婚等原因,子孙繁衍,支系无谱,很难在血统方面准确判别几千年前的某部族首领是某部族的祖先,与其把炎帝、黄帝或其他某个原始时代的英雄人物看作是某族的祖先,不如把他们看作是整个中华民族的共同祖先更科学、更符合历史实际。"① 所以,对炎黄作为中华民族的共同始祖的提法,仅仅拘泥于血统上的认同是片面的、狭隘的,更多的应该着眼于民族文化的创造、融合和历史传承,着眼于炎黄铸造中华民族共同体的历史上的奠基和开创作用。为此,炎黄二帝是中华民族的人文初祖已达成共识。

11.关于黄帝思想、"黄老之学"和《黄帝四经》的研究。"黄帝思想"这是近年来提出的一个新概念。目前还有不同认识:一种观点认为:将《黄帝四经·经法》等篇说成"黄帝思想"(也有学者称为"黄学")的代表作"欠妥"。因为,在《汉书·艺文志》中,大部分学派都有依托黄帝的著作,这样一来,"'黄学'就成为杂而无统的东西的合称,没有一个明确的主旨。所以,'黄学'概念的提出并不恰当"。② 一种观点认为:"黄帝思想"是存在的。这一概念是由清华大学法学院凯原中国法治与义理研究中心主任廖凯原首次提出的。他在2011年《环球法律评论》第二期发表的《〈黄帝四经〉新见:中国法治与德治科学观的反熵运行体系》论文中正式使用和论述了这一概念。自2013年以来,已先后多次召开了以"黄帝思想与道、理、法""黄帝思想与先秦诸子百家""法治与轩辕文化文明"等为主题的学术研讨会,出版《黄帝思想与诸子百家》

---

① 李绍连:《略论炎黄二帝及其历史业绩》,《炎黄春秋》增刊《炎黄文化研究》1995年(总)第2期。

② 参见陈鼓应:《关于帛书〈黄帝四经〉成书年代等问题的研究》,《黄帝四经今注今译——马王堆汉墓出土帛书》,商务印书馆2007年版,第34—35页。

等多卷本论文集。徐炳认为:"黄帝思想实则是中国法治与义理的源头,也是先秦诸子百家的源头,先秦任何一家都程度不同地接受、继承了黄帝思想。研究中国古代思想史,首先要研究黄帝思想,然后才能明白中国五千年文明史,才能认清诸子百家的思想渊源和流变,才能更深刻、更准确地认识先秦各家学说。"①他在《我们为什么要研究黄帝思想》一文中又说:体现黄帝思想的《黄帝四经》,虽则这不是黄帝所作,但其"理论元素、原始观点就是黄帝提出来的,是属于黄帝的",是"自黄帝时代始代代口耳相传,在传递中不断增减、修正、丰富、发展而来的,包括文字语言都是在代代相传中不断打磨精炼而成的"②。

对于"黄老之学"和《黄帝四经》的研究,目前也比较热。有无"黄老之学"和"黄学",目前也有不同认识:一种观点认为根本不存在什么"黄老之学",而只有"黄学"(黄帝思想)。③一种观点认为"黄老之学"是道家的一个学派,盛于战国中晚期至西汉初期。《黄帝四经》是依托于黄帝之名,而其思想基础是老子思想,即"黄学"是由老子学说发展而来。④第三种观点认为"黄学"本有自己久远的渊源,"马王堆汉墓出土的古佚书四种,只能是黄老之学,而不是纯粹的黄帝学"⑤。第四种观点认为《黄帝四经》是"黄学"的代表作,"黄帝之言"的渊薮,体现了"黄学"的主要思想内容。⑥

对于《黄帝四经》的成书时间:一般认为《黄帝四经》成书于公元前400年,即战国中晚期。与孔子的《论语》、老子的《道德经》大致是在同一时期内成书的。⑦对《黄帝四经》的作者,也有着不同的认识:一种观点认为是"一人一时之作"⑧,而非黄帝著作。一种观点认为,1973年马王堆汉墓出土的帛书《黄帝四经》,较为集中地反映了黄帝思想,是黄帝之作。持这种观点的学者又认为,若果承认黄帝是一个具体的人或部落首领,那么可以推论:《黄帝四经》的原始理论元素和观点就是黄帝提出来的,是以黄帝为首的那个时代的人们(而不是黄帝一个人)总结他们之前几千甚至几万年的

---

①②③⑦ 徐炳:《我们为什么要研究黄帝思想(代序)——关于黄帝思想研究的八大问题》,徐炳主编:《黄帝思想与先秦诸子百家》(第二卷上),社会科学文献出版社2015年版,第2—6页,第10—12页,第8—9页。

④⑧ 参见陈鼓应:《关于帛书〈黄帝四经〉成书年代等问题的研究》,《黄帝四经今注今译——马王堆汉墓出土帛书》,商务印书馆2007年版,第34—35页。

⑤ 参见葛志毅:《黄帝与黄帝之学》,《炎黄春秋》增刊《炎黄文化研究》1996年(总)第3期。

⑥ 参见崔永东:《〈黄帝书〉中的司法观念及其影响》,徐炳主编:《黄帝思想与先秦诸子百家》(第二卷下),社会科学文献出版社2015年版,第374—375页。

实践经验而逐步形成的知识和思想观念。这些思想观念又经过黄帝时代及世世代代口耳相传,并在相传过程中不断修正、丰富、发展而最终形成了今天我们能看到的《黄帝四经》。所以,《黄帝四经》不能被看作是黄帝或某个人的作品,而应看作为是以黄帝为代表的中华文明初期的思想结晶。之所以以"黄帝"之名相称,是因为黄帝是那个时代的英雄人物、杰出代表,这就像将各种发明创造都集中在炎帝、黄帝身上一样。① 还有学者从《黄帝四经》成书时代的角度认为:"成书时代是一回事,所刊载和体现的思想则是另一回事。在某一时代成书或文本之抄写并不能说明这一著作完全是这一时代的作品,后人在传授、整理、抄写的过程中,因各种需要和可能的情况,加入后来者时代色彩、观点内容的文字、言辞,也属于正常情况。不能说某种书成书于某一时代,其所反映的思想就只能是该时代的思想内容。《黄帝四经》从主体内容上看,体现了黄帝所创造的'黄学'",其"兵学主体则应是黄帝的军事思想,只不过是战国时人将其整理成文献而已"②。

笔者认为此说有一定的道理,认为"黄学"是存在的,它是黄帝及其后裔长期实践经验的总结,不是一人一时之作品。《黄帝四经》所反映的黄帝思想应该看作为黄帝时代的集体智慧,犹如毛泽东思想是中国共产党人的集体思想一样。正因为黄帝思想的这种独特性,所以才被称为百家诸子思想之源头(此问题在第九章有论述)。所以研究黄帝思想,应该主要研究《黄帝四经》。当然,我们这里所说的黄帝思想,并不是春秋战国时所说的诸子百家思想,更不同于我们今天所讲的思想。它仅仅是一种初步的、经验性、未形成系统性的一种思想萌芽。

从目前学界来说,认为《黄帝四经》为黄帝之作,所体现的是黄帝原创性思想,愈来愈得到学人的认可。《黄帝四经》由四篇作品组成:第一篇《经法》,包括《道法》《国次》《君正》《穴分》《四度》《论》《亡论》《论约》《名理》;第二篇《十大经》,包括《立命》《观》《五正》《果童》《正乱》《姓争》《雌雄节》《兵容》《成法》《三禁》《本伐》《前道》《行守》《顺道》《名刑》;第三篇《称》;第四篇《道原》。其书所体现的黄帝思想极为丰富,涉及哲学、法学、军事等多个方面。其主要内容包括:对自然和社会中所存在

---

① 参见徐炳:《我们为什么要研究黄帝思想(代序)——关于黄帝思想研究的八大问题》,徐炳主编:《黄帝思想与先秦诸子百家》(第二卷上),社会科学文献出版社2015年版,第6页。

② 徐炳杰:《〈黄帝四经〉军事思想及其对中国兵学传统的影响》,徐炳主编:《黄帝思想与先秦诸子百家》(第二卷下),社会科学文献出版社2015年版,第455—456页。

的恒定法则的论述；对刑名、刑德、阴阳、雌雄（节）等对立统一相互转化关系的揭示；对阴阳、雌雄、动静、取予、屈伸、隐显、实华、强弱、卑高等矛盾对立转化关系的探讨；对"道"的本体和功用所进行的探源等。

当然，我们也不可否认黄老之学有其自己久远的渊源。因为，在西汉之前的著作里，如《国语》《大戴礼记》以及《黄帝四经·十大经·立命》等书里已有黄帝的"遗言余教"①。对"黄老之学"，学界多有学者认为不仅存在，而且是"道家中的一个派别"②，在战国中后期至汉初，曾产生过重要影响，为当时之"显学"。因黄帝思想研究仅为近年来兴起，所以有关问题还需要做进一步研究。

总之，在这一历史阶段，尤其是新时期以来，炎黄与炎黄文化研究的发展和繁荣，既得益于历史、考古、民族、人类等学者的重视与参与，也得益于国家、地方和民众的关注和支持。正是在各方的协同重视、参与、支持和努力下，出现了炎黄与炎黄文化研究的繁荣景象，对炎黄二帝的起源地、炎黄二帝的称谓、炎黄时代、炎黄世系、炎黄族图腾、炎黄族迁徙、炎黄祭祀、炎黄精神、炎帝与神农氏的关系、炎帝与黄帝的关系、炎帝与蚩尤的关系、炎黄学、"炎黄子孙"的称谓、炎黄文化与诸子文化的关系、炎黄文化与中华文明的起源和形成、炎黄文化与中华民族的起源和形成、炎黄文化与中国国家认同、炎黄文化的当代价值等问题的研究产生了一大批成果。但是，在综合运用历史学、考古学、民族学、人类学、民俗学、文字学等多学科综合研究和跨学科研究，梳理炎黄与炎黄文化的源流、进一步认识和把握炎黄文化的内涵、实质、特征等，淡化研究中的功利性，整合各地研究资源与力量，加强炎黄文化与中华传统文化、诸子思想、黄帝思想、炎黄学、炎黄文化在海外的传播和影响、炎黄文化的转化、创新和发展等方面，仍有潜力可挖，还需要团结协作，继续努力。

---

① 参见葛志毅：《黄帝与黄帝之学》，《炎黄春秋》增刊《炎黄文化研究》1996年（总）第3期。
② 崔永东：《〈黄帝书〉中的司法观念及其影响》，徐炳主编：《黄帝思想与先秦诸子百家》（第二卷下），社会科学文献出版社2015年版，第373页。

主要参考文献

一、著作

1. [东汉]班　固.汉书[M].北京:中华书局,1962.

2. [东汉]许　慎.说文解字[M].北京:中华书局,1963.

3. 范文澜.中国通史简编(修订本)(第一编)[M].北京:人民出版社,1964.

4. [德]恩格斯.家庭、私有制和国家的起源,马克思恩格斯选集(第四册)[M].北京:人民出版社,1972.

5. [东汉]王　充.论衡[M].上海:上海人民出版社,1974.

6. 郭沫若.中国史稿(第一册)[M].北京:人民出版社,1976.

7. [美]路易斯·亨利·摩尔根,杨东莼、马　雍、马　巨译.古代社会[M].北京:商务印书馆,1977.

8. 邹　衡.夏商周考古学论文集[M].北京:文物出版社,1980.

9. 十三经注疏[M].北京:中华书局,1980.

10. 曹础基.庄子浅注[M].北京:中华书局,1982.

11. 闻一多.闻一多全集(一)[M].北京:三联书店,1982.

12. 中国社会科学院考古研究所.宝鸡北首岭[M].北京:文物出版社,1983.

13. [汉]司马迁.史记[M].北京:中华书局,1985.

14. 袁　珂.《山海经》校译[M].上海:上海古籍出版社,1985.

15. 中国大百科全书总编辑委员会《考古卷》编辑委员会.中国大百科全书·考古卷[M].北京:中国大百科全书出版社,1986.

16. 于右任.黄帝功德纪[M].西安:陕西人民出版社,1987.

17. [秦]吕不韦.吕氏春秋[M].长沙:岳麓书社,1989.

18. [汉]刘　安.淮南子[M].长沙:岳麓书社,1989.

19. 费孝通.中华民族多元一体格局[M].北京:中央民族学院出版社,1989.

20. [北魏]郦道元.水经注[M].上海:上海古籍出版社,1990.

21. 刘起釪.古史续辨[M].北京:中国社会科学出版社,1991.

22. 何光岳.炎黄源流史[M].南昌:江西教育出版社,1992.

23. 炎帝与宝鸡课题组.炎帝·姜炎文化[M].西安:三秦出版社,1992.

24. [春秋]商 鞅.商君书[M].贵阳:贵州人民出版社,1993.

25. 宝鸡市考古工作队、陕西省考古研究院宝鸡工作站.宝鸡福临堡——新石器时代遗址发掘报告[M].北京:文物出版社,1993.

26. 景 明.神农氏·炎帝[M].西安:西北大学出版社,1993.

27. 王钟翰.中国民族史(修订本)[M].北京:中国社会科学出版社,1994.

28. 黄永堂.国语全译[M].贵阳:贵州人民出版社,1995.

29. 陆思贤.神话考古[M].北京:文物出版社,1995.

30. 霍彦儒,郭天祥.炎帝传[M].西安:陕西旅游出版社,1995.

31. 刘雁翔.伏羲庙志[M].兰州:兰州人民出版社,1995.

32. 吴诗池.中国原始艺术[M].北京:紫禁城出版社,1996.

33. [晋]皇甫谧.帝王世纪[M].沈阳:辽宁教育出版社,1997.

34. [清]朱右曾,[民国]王国维,黄永年.古本竹书纪年辑校[M].沈阳:辽宁教育出版社,1997.

35. [民国]王国维,黄永年.古本竹书纪年辑校[M].沈阳:辽宁教育出版社,1997.

36. 石兴邦.陕西通史·原始社会卷[M].西安:陕西师范大学出版社,1997.

37. 宝鸡市地方志编纂委员会.宝鸡市志(上)[M].西安:三秦出版社,1998.

38. [清]王先慎,锺哲.韩非子集解[M].北京:中华书局,1998.

39. 陈连开.中国民族史纲要[M].北京:中国财政经济出版社,1999.

40. 何炳武.黄帝与中华文化[M].西安:陕西旅游出版社,1999.

41. 吕振羽.史前期中国社会研究(上下)[M].石家庄:河北教育出版社,2000.

42. 编写组.中华民族凝聚力的形成和发展[M].北京:民族出版社,2000.

43. 顾颉刚.古史辨自序(上下)[M].石家庄:河北教育出版社,2000.

44. 郭沫若.中国古代社会研究(上下)[M].石家庄:河北教育出版社,2000.

45. 刘俊男.华夏上古史研究[M].延吉:延边大学出版社,2000.

46. 许顺湛.许顺湛考古论集[M].郑州:中州古籍出版社,2001.

47. 启 良.中国文明史(上)[M].广州:花城出版社,2001.

48. 张岂之.(本卷主编:刘宝才、钱逊、周苏平)中国历史·先秦卷[M].北京:高等教育出版社,2001.

49. [战国]墨　翟.墨子[M].北京:华龄出版社,2002.

50. 李学勤,张岂之.炎黄汇典(1—8卷)[M].长春:吉林文史出版社,2002.

51. 徐旭生.中国古史的传说时代[M].桂林:广西师范大学出版社,2003.

52. 刘　珂,李克和.管子译注[M].哈尔滨:黑龙江人民出版社,2003.

53. 王玉哲.中华远古史[M].上海:上海人民出版社,2003.

54. 于智荣.贾谊新书[M].哈尔滨:黑龙江人民出版社,2003.

55. 钱　穆.黄帝[M].北京:生活·读书·新知三联书店,2004.

56. [苏]Л.Е.海通.图腾崇拜[M].何星亮译,桂林:广西师范大学出版社,2004.

57. 白寿彝,苏秉琦.中国通史·远古时代(修订本)[M].上海:上海人民出版社,2004.

58. 陕西省地方志编纂委员会.陕西省志·黄帝陵志[M].西安:陕西人民出版社,2005.

59. 李　济.中国文明的开始[M].南京:江苏教育出版社,2005.

60. 许顺湛.五帝时代研究[M].郑州:中州古籍出版社,2005.

61. 西安半坡博物馆,良渚文化博物馆.史前研究[M].西安:三秦出版社,2005.

62. 王震中.中国古代文明的探索[M].昆明:云南人民出版社,2005.

63. 傅亚庶.中国上古祭祀文化(第二版)[M].北京:高等教育出版社,2005.

64. [台湾]连横.台湾通史[M].桂林:广西人民出版社,2005.

65. 徐日辉.伏羲文化研究[M].北京:中国教育文化出版社,2005.

66. 吕思勉.先秦史[M].上海:上海古籍出版社,2005.

67. 吕思勉.吕思勉读史札记(上)(修订本)[M].上海:上海古籍出版社,2005.

68. 黄怀信.逸周书校补注译(修订本)[M].西安:三秦出版社,2006.

69. 沈从文.中国古代服饰研究[M].上海:上海世纪出版集团,2006.

70. 高　强.炎黄子孙称谓的源流与意蕴[M].西安:三秦出版社,2006.

71. 王大有.中华龙种文化[M].北京:中国时代经济出版社,2006.

72. 朱乃诚.中国文明起源研究[M].福州:福建人民出版社,2006.

73. 袁行霈,严文明,张传玺,楼宇烈.中华文明史(第一卷)[M].北京:北京大学出版社,2006.

74. 李学勤.走出疑古时代[M].长春:长春出版社,2007.

75. 霍彦儒.孺子文集(上下)[M].西安:三秦出版社,2007.

76. 张人元.炎黄始祖一体血脉百家姓[M].长春:吉林文史出版社,2007.

77. 钱志强.古代美术与中国文明起源研究[M].北京:中国社会科学出版社,2007.

78. 何光岳,杨东晨.中华炎黄时代[M].西安:三秦出版社,2007.

79. 北京先农坛史料选编编辑组.北京先农坛史料选编[M].北京:学苑出版社,2007.

80. 陕西省考古研究院,宝鸡市考古队.宝鸡关桃园[M].北京:文物出版社,2007.

81. 庞　进.中国龙文化[M].重庆:重庆出版社,2007.

82. 李学勤.中国古代文明起源[M].上海:上海科学技术文献出版社,2007.

83. [清]宋　衷,[清]秦嘉谟.世本八种[M].北京:中华书局,2008.

84. 黄帝陵基金会.黄帝文化志[M].西安:陕西人民出版社,2008.

85. 刘毓庆.上党神农传说与华夏文明起源[M].北京:人民出版社,2008.

86. 张富祥.东夷文化通考[M].上海:上海古籍出版社,2008.

87. 陕西省地方志编纂委员会.陕西省志·炎帝志[M].西安:三秦出版社,2009.

88. 严文明.仰韶文化研究[M].北京:文物出版社,2009.

89. 王　晖.古史传说时代新探[M].北京:科学出版社,2009.

90. 姬传东.黄帝后裔五千年[M].郑州:河南人民出版社,2010.

91. 李玉洁.中国古史传说的英雄时代[M].北京:科学出版社,2010.

92. 梁启超.要籍解题及其读法[M].长沙:岳麓书社,2010.

93. 高平市炎帝文化研究会.炎帝古庙[M].北京:文物出版社,2011.

94. 万　里,刘范弟,周晓喜.炎帝历代文献选编[M].长沙:湖南大学出版社,2012.

95. 刘文学.中华太庙宗谱[M].郑州:河南人民出版社,2012.

96. 吴汝祚.中原地区中华古代文明发展史[M].北京:社会科学文献出版社,2012.

97. 常崇信.宝鸡河流考略[M].杨凌:西北农林科技大学出版社,2012.

98. 霍彦儒.炎帝故里——华夏先祖的诞生之地[M].西安:陕西人民出版社,2014.

99. 孙　机.中国古代物质文化[M].北京:中华书局,2015.

100. 胡义成,曾文芳,赵东.周文化和黄帝文化管窥[M].西安:陕西人民出版社,2015.

101. 湖南省人民政府台湾事务办公室,株洲市人民政府台湾事务办公室.海峡两岸共祭炎帝神农氏[M].北京:岳麓书社,2015.

102. 杨　宽.中国上古史导论[M].上海:上海人民出版社,2016.

103. 霍彦儒.中国节日志·祭炎帝[M].北京:光明日报出版社,2016.

104. 杨东晨.中华文明探源[M].西安:三秦出版社,2017.

105. 周洪宇,王文虎.炎黄国际论[M].福州:福建教育出版社,2017.

106. 高　强.炎黄文化与中华民族凝聚力[M].北京:人民出版社,2019.

107. 刘庆柱.不断裂的文明史——对中国国家认同的五千年考古学解读[M].成都:四川人民出版社,2020.

108. 韩建业.中华文明的起源[M].北京:中国社会科学出版社,2021.

二、论文集·期刊

109. 中国湖北省随州市厉山炎帝神农纪年馆.炎帝[M].武汉:长江文艺出版社,1991.

110. 湖北省炎黄文化研究会.炎黄文化与现代文明[M].武汉:武汉出版社,1993.

111. 黄爱平,王俊义.炎黄文化与中华民族[M].北京:中国人民大学出版社,1996.

112. 宝鸡市社科联.炎帝论[M].西安:陕西人民出版社,1996.

113. 张耀民.庆阳古代史论[M].兰州:甘肃文化出版社,1997.

114. 黄帝与中华传统文化学术讨论会文集编委会.黄帝与中华传统文化学术讨论会文集[M].西安:陕西人民出版社,2001.

115. 宝鸡市社科联.姜炎文化论[M].西安:三秦出版社,2001.

116. 轩辕黄帝与缙云仙都编辑委员会.轩辕黄帝与缙云仙都[M].杭州:浙江人民出版社,2001.

117. 刘　征.炎帝文化与21世纪中国社会发展》[M].长沙:岳麓书社,2002.

118. 霍彦儒.炎帝与汉民族论集[M].西安:三秦出版社,2003.

119. 中华炎黄文化研究会等.龙文化与现代文明[M].北京:中国经济文化出版

社,2003.

120. 王树新,孟世凯.炎帝文化[M].北京:中华书局,2005.

121. 李　凭,赵导亮.黄帝文化研究[M].太原:山西古籍出版社,2005.

122. 杨连珍,许永生.黄帝铸鼎原论文集.(内部出版)2005.

123. 霍彦儒.炎帝与民族复兴[M].西安:陕西人民出版社,2006.

124. 霍彦儒.炎帝·姜炎文化与和谐社会[M].西安:三秦出版社,2007.

125. 黄帝陵基金会.黄帝祭祀与中华传统文化学术研讨会论文集[M].西安:陕西人民出版社,2007.

126. 中华炎黄文化研究会等.炎黄精神与和谐文化.(内部出版),2007.

127. 朱恪孝,谢阳举.黄帝与中华文化研讨会论文集[M].西安:西北大学出版社,2008.

128. 丁凤英.炎黄文萃[M].武汉:武汉出版社,2009.

129. 新时期炎黄文化研究的回顾与思考学术研讨会组委会学术组.新时期炎黄文化研究的回顾与思考学术研讨会论文汇编.(内部出版),2010.

130. 王震中.华夏同始祖　天下共连山[M].郑州:大象出版社,2010.

131. 霍彦儒.炎帝·姜炎文化与民生[M].西安:三秦出版社,2010.

132. 张新斌,刘五一.黄帝与中华姓氏[M].郑州:河南人民出版社,2013.

133. 成茂林,梁晋高.山西高平　炎帝故里[M].太原:山西人民出版社,2014.

134. 徐　炳.黄帝思想与先秦诸子百家(上下)[M].北京:社会科学文献出版社,2015.

135. 丁凤英.炎帝神农与中医药文化[M].武汉:武汉出版社,2015.

136. 陕西省公祭黄帝陵工作委员会办公室.黄帝陵是中华文明的精神标识学术交流会论文选编[M].西安:陕西人民出版社,2016.

137. 王震中.炎帝故里　山西高平[M].北京:九州出版社,2016.

138. 陕西省公祭黄帝陵工作委员会办公室,西北大学中国思想文化研究所.黄帝陵·文化自信清明学术交流会论文选集[M].西安:西北大学出版社,2017.

139. 任大援,李子林,张执均.炎帝神农与中华文化传承创新学术研讨会论文集[M].武汉:武汉出版社,2017.

140. 陕西省公祭黄帝陵工作委员会办公室,西北大学中国思想文化研究所."中华五千多年文明与民族伟大复兴"学术交流会论文集[M].西安:西北大学出版社,2018.

141. 陕西省公祭黄帝陵工作委员会办公室,西北大学中国思想文化研究所."2019年清明祭黄帝陵与弘扬中华优秀传统文化"学术论坛论文集[M].西安:西北大学出版社,2019.

142. 中华炎黄文化研究会.《炎黄春秋》增刊《炎黄文化研究》.1—10期.

143. 中华炎黄文化研究会.炎黄文化研究(1—19辑)[M].郑州:大象出版社.

后　记

　　建立炎黄学这门学科的想法,在我与其他同仁编纂《陕西省志·炎帝志》期间,就开始产生了。从正式提出到完成本书,前后历经了十余年。十多年来,这件事时时萦绕在我的心头,犹如骨鲠在喉,寝食难安。此想法提出后虽得到一些学者的赞同,但在报章、杂志上很少看到此类研究文章。所以,对我也带来一些困惑和疑虑,是否是一种"异想天开",为此也迟迟未能下笔。当我于2014年先后完成《中国节日志·祭炎帝》和宝鸡历史文化丛书之一《炎帝故里——华夏先祖的诞生之地》两部书稿后,有了较多时间思考这一问题。我考虑若再不进行此书的撰写,随着年龄渐大,就再也没有机会了。于是,经过一段时间的准备,便于2016年初开始动笔(电脑)。由于公事、私事诸多事情的干扰,只能利用节假日,所以是写写停停,停停写写,一度产生了放弃的念头。时至2017年11月,在一次由中华炎黄文化研究会召开的全国会员单位工作会上,从王震中先生口中得知,准备12月份在北京召开"炎黄学"学科建设座谈会,随后又在《光明日报》看到"炎黄学"学科建设座谈会和成立信阳师范学院"炎黄学"研究院的报道,我心里有说不出的高兴,感到一个炎黄文化研究学科化建设的新时代来到了[①]。座谈会上专家学者一致肯定建立炎黄学学科的重要性和必要性,认为"正逢其时",提出"要用'学'打造炎黄文化核心学术生产力;要依托'学'推动炎黄文化与当代创造性转化和创新性发展;要在'学'的旗帜下建立起文化自信和文化自觉。"[②]随后,本人也被邀请,两次参加了在信阳师范学院召开的炎黄学公开课备课会和《炎黄学概论》编写座谈会。炎黄学研究院学术委员会也随之成立,本人被邀请作为成员之一参加。《炎黄学概论》也被立项为2018年度国家社会科学基金特别委托

[①②] 沈文慧、朱国伟:《炎黄学:中国传统文化的龙头之学》,《光明日报》2018年1月20日13版。

项目。

在此激励下,我又鼓起勇气,坚定信心,坚持一年多时间的艰苦写作,终于在2019年初完成了初稿,如释重负,心情也格外地轻松起来。因这期间又有其他课题,于2022年5月才完成最后一次修改。

由于"炎黄学"是一门新兴学科,所研究的内容极其复杂,又涉及多门学科,再加上有些问题至今还未取得共识,所以仅凭个人之学、之智、之思,实难臻于完善。所以,从某种意义说,只能是自己在研学炎黄文化过程中的一点心得体会。它是否对炎黄学学科建设有所补益,只能由读者去评判了。

在此书稿出版之际,我首先要感谢我国著名历史学家张岂之先生,他是我的良师益友,自20世纪90年代初结识以来,先生多次邀请我参加黄陵、西安召开的黄帝文化学术研讨会,让我有机会分享先生及其他学者的学术教诲和研究成果,拜读先生和其他学者的宏论大作。先生虽已是九十有五的高龄老人,但还常常活跃在各类学术活动中。他是陕西学术界的一面旗帜,为陕西乃至全国炎黄文化研究厥功甚伟,其德至大。其人品、文品,其治学精神,堪称表率,为我们这些后学者树立了为人、治学的楷模。同时,我还要感谢石兴邦先生(已故),自结识几十年来,其人格,其学养堪称一流,他平易近人,在多次的接触中,使我受益匪浅。尽管先生已到耄耋之年,还在潜心学术研究,为我们这些后学者树立了又一个做人、治学的楷模。另外,还要感谢已故老领导,我们宝鸡炎帝与周秦文化研究会原名誉会长陈同钢先生(已故),宝鸡炎帝与周秦文化研究会学术顾问、宝鸡文理学院教授彭曦先生以及我周围的众多同仁们。他们多年来对我的学术研究、学会工作给予了极大的鼓励、帮助和支持,我从他们身上学到许多有益的东西。还要感谢高强教授、辛怡华研究员、王宏波副研究员的关心和协助,宝鸡市社科联、宝鸡炎帝与周秦文化研究会、西北大学出版社等单位的支持和王震中先生百忙中赐序、责任编辑马平先生等各位编校的辛勤劳动。与其说这本书是我多年心血的结晶,倒不如说是我与我的同仁们集体智慧的结晶。

经申请,该书稿被陕西省社科联立项为2022年陕西省社科精品文库出版资助项目和郑州中华之源与嵩山文明研究会第七批(青年)课题(编号:Q202015);西北大学出版社有限责任公司副总经理桂方海先生等人为该书的出版亦付出了一定的心血,值此一并表示感谢。

另外,还要感谢妻子秦荷芬和家人,多年来对我的支持和做出的各方面辛勤劳动。

由于学养欠佳,书中难免有诸多错误、不当之处,敬请诸位同仁和读者不吝赐教、批评指正。

作 者

2022 年 12 月